Lukas Handschin

Der Konzern im geltenden schweizerischen Privatrecht

Der Konzern im geltenden schweizerischen Privatrecht

von

Lukas Handschin
Dr. iur., Rechtsanwalt,
Privatdozent an der Universität Basel

Schulthess Polygraphischer Verlag Zürich

© Schulthess Polygraphischer Verlag AG, Zürich 1994
ISBN 3 7255 3193 5

Vorwort

Die vorliegende Arbeit ist in den Jahren 1988 bis 1992 entstanden und Ende 1992 von der juristischen Fakultät der Universität Basel als Habilitationsschrift angenommen worden. Das Manuskript wurde am 1. August 1992 abgeschlossen.

Mein Dank gilt in erster Linie Herrn Prof. Dr. Dr. h.c. Frank Vischer für seine Betreuung während der Entstehung dieser Arbeit und für die Freiheit, die er mir dabei gelassen hat. Mein Dank geht aber auch an meine Bürokollegen in Zürich für das Verständnis, das sie für meine Beschäftigung mit diesem Thema aufgebracht haben und an Herrn Reinhard Obermüller und an meinen Vater für die kritische Durchsicht des Manuskripts.

Zürich, im Dezember 1993   Lukas Handschin

Inhaltsübersicht

Inhaltsverzeichnis	VII
Abkürzungsverzeichnis	XXVII
Literaturverzeichnis	XXXI

1. Teil: Einleitung

§ 1	Fragestellung	1
§ 2	Praktische Bedeutung der Konzerne und des Konzernrechts	6
§ 3	Konzerne und konzernähnliche Strukturen	21

2. Teil: Begriff, Rechtsnatur und Arten

§ 4	Konzernbegriff, Ausgangslage und Fragestellung	27
§ 5	Mehrheit von Unternehmen	36
§ 6	Einheitliche Leitung	42
§ 7	Wirtschaftliche Einheit	56
§ 8	Der einheitliche Konzern	62
§ 9	Der körperschaftliche Konzern	67
§ 10	Insbesondere der Genossenschaftskonzern	70
§ 11	Das Mutterunternehmen	79
§ 12	Das Tochterunternehmen; insbesondere die Frage der übermässigen Selbstbindung	84
§ 13	Konzernzweck und Gesellschaftszweck	92

3. Teil: Rechtsverhältnisse innerhalb des Konzerns

§ 14	Konzernleitungspflicht	109
§ 15	Verträge zwischen Tochter- und Mutterunternehmen	115
§ 16	Gleichbehandlungsgebot als Pflicht der Gesellschaft und der Aktionäre	133
§ 17	Minderheitenschutz und Grenzen der einheitlichen Leitung	143
§ 18	Wechselseitige Beteiligungen	160
§ 19	Rechte des Mutterunternehmens am Tochterunternehmen	166
§ 20	Die Emanzipation des Tochterunternehmens durch Zerstörung der einheitlichen Leitung	175

4. Teil: Einheitsbehandlung des Konzerns; Konzernaussenrecht

A   Einheitsbehandlung des Konzerns (ohne Haftungsfragen)

§ 21	Einheitsbehandlung des Konzerns als Ausnahme	183
§ 22	Publizität und konsolidierte Konzernrechnung	188
§ 23	Einheitlicher Besitz des Konzerns	204
§ 24	Persönlichkeitsrechte des Konzerns	209

B   Konzernwirkung von Verträgen und die vertragliche Haftung der Mutter

§ 25	Verträge mit Konzerngliedern; Feststellung der Vertragsverhältnisse	219
§ 26	Konzernwirkung von Verträgen mit Konzerngliedern	241
§ 27	Konzernwirkung von Verträgen in der Anwendung	258
§ 28	Verpflichtung mehrerer konzernseitiger Vertragsparteien	283

C   Die ausservertragliche Haftung der Mutter; insbesondere aus unerlaubter Handlung

§ 29	Übersicht über die Haftungsverhältnisse	293
§ 30	Die Haftung der Mutter für eigenes Verhalten	297
§ 31	Die Haftung der Mutter gestützt auf aktienrechtliche Pflichten; insbesondere der Durchgriff	311

D   Die Haftung der Mutter für Sachverhalte innerhalb der Tochterunternehmen

§ 32	Die Haftung des Mutterunternehmens als Organ sowie für Organe der Tochter	317
§ 33	Die Haftung der Mutter für Handlungen der Tochter; die Tochter als Hilfsperson	338
§ 34	Die Haftung der Mutter als Inhaberin von Anlagen der Tochter	356

5. Teil: Zusammenfassung

§ 35	Das schweizerische Konzernrecht in der Übersicht	363

Sachregister   375

Inhaltsverzeichnis

1. Teil: Einleitung

§ 1 Fragestellung 1

I. Ausgangslage 1
1. Konzerne als Tatsache 1
2. Keine umfassende Konzernrechtskodifikation 1
3. Das schweizerische Konzernrecht als nicht einheitlich kodifiziertes Recht 1

II. Ziele dieser Arbeit 2
1. Darstellung des schweizerischen Konzernprivatrechts als Resultat der Rechtsordnung 2
2. Beschränkung auf das Konzernrecht in einem engen Sinn 3
3. Beschränkung auf das Privatrecht 4
4. Beschränkung auf die schweizerische Konzernpraxis 4
5. Gliederung der Arbeit 4

§ 2 Praktische Bedeutung der Konzerne und des Konzernrechts 6

I. Einleitung 6

II. Rechtsgeschichtlicher Überblick 6
1. Der Konzern bis 1918 6
2. Der Konzern zwischen 1918 und 1945 8
3. Der Konzern nach 1945 10
4. Stand des Konzernrechts / Hinweis auf ausländische Lösungen 11
5. Der Stand des Konzernrechts in der EG 14

III. Tatsächliche Bedeutung des Konzernrechts 16
1. Wirtschaftliche Bedeutung der Konzerne und tatsächliche Bedeutung des Konzernrechts 16
2. Das fehlende dringende Bedürfnis nach einem kodifizierten Konzernrecht 17
3. Das Fehlen des Problembewusstseins nicht als Fehlen des Problems 18

§ 3 Konzerne und konzernähnliche Strukturen 21

I. Vorbemerkung 21

II. Der Konzern 21
1. Begriff 21
2. Arten 21

III. Abgrenzungen 24

1.	Abgrenzung zum Einheitsunternehmen	24
2.	Abgrenzung zum Kartell	24
3.	Abgrenzung zum Trust	25

2. Teil: Begriff, Rechtsnatur und Arten

§ 4 Konzernbegriff, Ausgangslage und Fragestellung 27

I. Der Konzernbegriff im Gesetz und in der Rechtsprechung 27
1. Gesetz 27
2. Praxis des Bundesgerichts 29

II. Der Konzernbegriff in der Lehre 30
1. Ausgangslage 30
2. Zusammenfassung von Gesellschaften 30
3. Einheitliche Leitung 31
4. Einheitliche Leitung durch ein Unternehmen 32
5. Wirtschaftliche Einheit 33

III. Fragestellung bei der Formulierung des Konzernbegriffs 33
1. Ausgangslage 33
2. Offene Kodifikation als Zwang zur Einschränkung 34
3. Unterschiedliche Bedürfnisse als Zwang zur Einschränkung 34
4. Ergebnis 35

§ 5 Mehrheit von Unternehmen 36

I. Der Begriff des Unternehmens 36
1. Ausgangslage 36
2. Kein einheitlicher Unternehmensbegriff im Schweizer Recht 36

II. Der Unternehmensbegriff im Konzernrecht 37
1. Der Zweck des Unternehmenserfordernisses in seiner Funktion als Teil des Konzernbegriffs 37
2. Das Mutterunternehmen als natürliche Person 37
3. Die Gesellschaft immer als Unternehmen? 39
4. Die Aktiengesellschaft immer als Unternehmen? 40
5. Die Rechtsnatur des Tochterunternehmens 41

III. Schluss 41

§ 6   Einheitliche Leitung   42

I.   Begriff der Leitung   42

1.   Fragestellung   42
2.   Potentielle oder effektive Leitung   42
3.   Inhalt der Leitung   44

II. Die Ausübung der Leitung / Leitungsmechanismen   46

1.   Ausgangslage   46
2.   Die Ausübung der internen Leitung   46
3.   Die Ausübung der externen Leitung   49
4.   Die Ausübung der Leitung durch interne und externe Mittel   53

III. Die Annahme der Leitung durch das Tochterunternehmen als Grundlage für die Konzernbildung?   54

1.   Fragestellung   54
2.   Annahmeerklärungen vor der Konzernbildung   54
3.   Die Konzernbildung ohne Annahmeerklärung des Tochterunternehmens   55
4.   Annahmeerklärungen des Tochterunternehmens nach der Konzernbildung   55

§ 7   Wirtschaftliche Einheit   56

I.   Wirtschaftliche Einheit als selbständiges Konzernerfordernis?   56

II. Wirtschaftliche Einheit als die von der Konsolidierung erfassten Werte 56

1.   Ausgangslage / Fragestellung   56
2.   Der Konsolidierungskreis als Gegenstand einer Willenserklärung; die Konzernerklärung   57

III. Wirtschaftliche Einheit als die einheitliche Verwendung der Betriebsergebnisse   57

1.   Tatsächliche einheitliche Verwendung der Betriebsergebnisse als Ausgangslage   57
2.   Mögliche einheitliche Verwendung der Betriebsergebnisse   58
3.   Unmögliche einheitliche Verwendung der Betriebsergebnisse   59

IV. Wirtschaftliche Einheit durch organisatorische Aufgliederung der Geschäftsbereiche auf Tochterunternehmen   60

§ 8   Der einheitliche Konzern   62

I.   Fragestellung   62

1.   Ausgangslage   62
2.   Der Konzern als Körperschaft?   62

II. Der einheitliche Konzern   64

1.   Keine Gesellschaft   64
2.   Keine subsidiäre Anwendung der Normen des Gesellschaftsrechts auf den einheitlichen Konzern   64

III.	Die Rechtsnatur des einheitlichen Konzerns	65
1.	Die Tochterunternehmen im einheitlichen Konzern als Objekte der Beherrschung durch das Mutterunternehmen?	65
2.	Der einheitliche Konzern als einheitlicher Herrschaftsbereich	65

§ 9 Der körperschaftliche Konzern 67

I.	Begriff / Rechtsnatur	67
II.	Praktische Bedeutung	67
III.	Die Kontrollebenen im körperschaftlichen Konzern	68
1.	Ausgangslage	68
2.	Die Ebene der mitgliedschaftlichen Kontrolle des Mutterunternehmens	68
3.	Die Ebene der konzernmässigen Kontrolle durch das Mutterunternehmen	68

§ 10 Insbesondere der Genossenschaftskonzern 70

I.	Ausgangslage	70
1.	Der Genossenschaftskonzern als Widerspruch in sich selbst?	70
2.	Fragestellung	71
II.	Die Mechanismen der einheitlichen Leitung im Genossenschaftskonzern	72
1.	Ausgangslage	72
2.	Leitungsmechanismen des Genossenschaftsrechts	72
3.	Die Kontrolle der Generalversammlung der Tochtergenossenschaft	75
4.	Die Ausübung des Stimmrechts innerhalb der Muttergenossenschaft im Genossenschaftskonzern durch die Tochtergenossenschaft	77
III.	Mischformen	78

§ 11 Das Mutterunternehmen 79

I.	Begriff	79
II.	Die Rechtsnatur des Mutterunternehmens	79
1.	Das Mutterunternehmen als natürliche Person	79
2.	Das Mutterunternehmen als juristische Person oder als andere Gesellschaft	79
III.	Einzelfragen	80
1.	Die Konzernmutter beim körperschaftlichen Konzern	80
2.	Mehrere Mutterunternehmen	82

Inhaltsverzeichnis XIII

§ 12 Das Tochterunternehmen; insbesondere die Frage der übermässigen Selbstbindung 84

I. Begriff 84

II. Die Rechtsform des Tochterunternehmens 84
1. Ausgangslage: Das Tochterunternehmen als Aktiengesellschaft 84
2. Tochterunternehmen in anderer Rechtsform 84

III. Übermässige Selbstbindung des Tochterunternehmens durch die Konzernierung? 86
1. Fragestellung 86
2. Einheitliche Kontrolle als Grund zur Aberkennung der juristischen Persönlichkeit? 87
3. Die Gefahr der dauernden Fremdkontrolle gemäss Art. 27 ZGB als Ausschlussgrund der Rechtspersönlichkeit? 89

§ 13 Konzernzweck und Gesellschaftszweck 92

I. Fragestellung / Ausgangslage 92
1. Der Gesellschaftszweck 92
2. Der Konzernzweck 93

II. Insbesondere der Zweck der Tochterunternehmen 94
1. Fragestellung 94
2. Inhaltliche Grenzen der gesellschaftsinternen Zweckbestimmung 94
3. Formelle Grenzen der Zweckbestimmung der Tochtergesellschaft und der einheitlichen Leitung 96
4. Insbesondere der Endzweck der Gewinnstrebigkeit des Tochterunternehmens 97
5. Der Zweck der wirtschaftlichen Unabhängigkeit als Abwehrmittel gegen die Konzernierung? 98
6. Die Rechte der Gläubiger bei Zweckänderungen des Tochterunternehmens 99

III. Insbesondere die Frage der stillschweigenden Zweckänderung 100
1. Fragestellung 100
2. Der Zweck als gesellschaftsinterne Materie 100
3. Der Zweck als Materie mit Wirkung auf Dritte 101
4. Die stillschweigende Zweckänderung der Konzerntochter 102

IV. Der Zweck des Mutterunternehmens 103
1. Fragestellung 103
2. Die Bildung und Kontrolle von Tochterunternehmen als Gegenstand des thematischen Zwecks des Mutterunternehmens 104
3. Der thematische Zweck des Mutterunternehmens als Grundlage einer Zweckverfolgungspflicht? 106

V. Gesellschaftszweck und Gesellschaftsinteresse 107
1. Ausgangslage 107
2. Gesetzliches Umfeld als Ausgangspunkt für die Bestimmung des Gesellschaftsinteresses 107

3.	Der Gesellschaftszweck und das Gesellschaftsinteresse	108
4.	Gesellschaftsinteresse und Konzerninteresse	108

3. Teil: Rechtsverhältnisse innerhalb des Konzerns

§ 14 Konzernleitungspflicht 109

I. Fragestellung 109

II. Konzernleitungsmacht als Konzernleitungspflicht? 109
1. Ausgangslage: Gleichbehandlung von Unterlassung und Handlung 109
2. Die schadenersatzauslösenden Unterlassungen des Mutterunternehmens im einzelnen 110

III. Konzernleitungspflicht als Folge des Konzern- resp. Gesellschaftszwecks? 112
1. Fragestellung 112
2. Die Konzernleitungspflicht als Folge der Konzernbildungspflicht? 112
3. Die Konzernleitungspflicht als Folge der thematischen Zweckverfolgungspflicht 112

IV. Die Konzernleitung als Handlungsspielraum 113
1. Ausgangslage 113
2. Die Konzernleitung als Handlungsspielraum mit nichtfestgelegten Grenzen 113

§ 15 Verträge zwischen Tochter- und Mutterunternehmen 115

I. Fragestellung 115
1. Vertragsbeziehungen zwischen Mutter- und Tochterunternehmen in der Praxis und während der Dauer der Konzernbeziehung 115
2. Die Vertragsbeziehungen zum ehemaligen Mutterunternehmen nach der Auflösung der Konzernbeziehung 117

II. Der Vertragsschluss zwischen den Konzerngesellschaften 117
1. Zwei übereinstimmende Willensäusserungen als Folge einer Willensbildung 117
2. Der Vertragsschluss auf seiten des Tochterunternehmens 120
3. Die Vertretungsmacht der Verwaltung des Tochterunternehmens bei unausgewogenen Konzernverträgen 121
4. Der Vertragsschluss durch das Tochterunternehmen als Resultat einer Übervorteilung oder Drohung? 123
5. Übermässige Selbstbindung in Vertragsbeziehungen des Tochterunternehmens 124
6. Der Vertragsschluss auf seiten des Mutterunternehmens 126

III. Beherrschungsverträge 127
1. Begriff 127
2. Beherrschungsverträge als konzernbildende Verträge? 127
3. Beherrschungsverträge als Verträge zur Aufhebung der Gewinnstrebigkeit 129

Inhaltsverzeichnis XV

IV. Entherrschungsverträge 129
1. Fragestellung 129
2. Der Entherrschungsvertrag und die statutarischen Kompetenzen der Generalversammlung und der Verwaltung 130
3. Der Entherrschungsvertrag mit den Organen der Tochter zur Zerstörung der Leitungsvermutung 130
4. Der Entherrschungsvertrag zwischen Mutter und Tochter, nur gestützt auf statutarische Bestimmungen 131

§ 16 Gleichbehandlungsgebot als Pflicht der Gesellschaft und der Aktionäre 133

I. Fragestellung 133
1. Gleichbehandlungsgebot aus dem Gesellschaftsrecht 133
2. Gleichbehandlungsgebot aus dem Übernahmerecht 133

II. Das Gleichbehandlungsgebot der Gesellschaft 134
1. Das aktienrechtliche Gleichbehandlungsgebot als Ausgangslage des konzernrechtlichen Minderheitenschutzes 134
2. Inhalt des aktienrechtlichen Gleichbehandlungsgebots 134
3. Ungenügen des aktienrechtlichen Gleichbehandlungsgebots als Instrument des Minderheitenschutzes 135

III. Das Gleichbehandlungsgebot unter Aktionären 136
1. Fragestellung 136
2. Gleichbehandlungsgebot im Übernahmerecht als allgemeines Prinzip? 136

IV. Das Gleichbehandlungsgebot als Recht des Aktionärs auch gegenüber dem alten Mehrheitsaktionär 137
1. Ausgestaltung des Gleichbehandlungsgebots im Übernahmefall 137
2. Das Gleichbehandlungsgebot im Übernahmerecht als Recht gegenüber dem zukünftigen Mutterunternehmen 138
3. Das Gleichbehandlungsgebot unter den Aktionären als vermögenswertes Recht des Minderheitsaktionärs am inneren Wert der Gesellschaft 140
4. Keine Einschränkung der Minderheitsaktionärsrechte bei nach neuem Recht gebildeten Konzernen 141
5. Gleichbehandlungsanspruch des Minderheitsaktionärs im Konzern 142

§ 17 Minderheitenschutz und Grenzen der einheitlichen Leitung 143

I. Fragestellung / Ausgangslage 143
1. Der Minderheitsaktionär des Tochterunternehmens 143
2. Der Minderheitsaktionär bei der Konzernierung des Tochterunternehmens 144
3. Minderheitenschutzunabhängige Grenzen der einheitlichen Leitung 144

II. Grenzen der einheitlichen Leitung / Minderheitenschutz 144
1. Fragestellung 144
2. Formelle Grenzen der einheitlichen Leitung 145

3.	Materielle Grenzen der einheitlichen Leitung / Normen des Minderheitenschutzes	147
4.	Insbesondere die Frage der aktienrechtlichen Treuepflicht als Grenze der einheitlichen Leitung	148

III. Abwehrmöglichkeiten der Minderheitsaktionäre 150

1.	Einleitung / Fragestellung	150
2.	Auskunftsrecht des Aktionärs gegenüber der Verwaltung	151
3.	Einsetzung eines Sonderprüfers durch den Richter	151
4.	Anfechtung der Generalversammlungsbeschlüsse	153
5.	Abwehrrechte gegen stillschweigende Zweckänderungen	155
6.	Direkte Ansprüche gegenüber der Verwaltung des Tochterunternehmens und dem Tochterunternehmen selber	156
7.	Direkte Ansprüche gegen das Mutterunternehmen	157

IV. Der Schutz des Minderheitsaktionärs als Gegenstand eines Regelungsbedürfnisses 157

1.	Ausgangslage	157
2.	Kein zusätzlicher materieller Minderheitenschutz	158
3.	Kaufpflicht des Mutterunternehmens auch nach der Konzernierung als Lösung	158
4.	Kaufpflicht des Mutterunternehmens nur als ergänzendes Instrument des Minderheitenschutzes	159

§ 18 Wechselseitige Beteiligungen 160

I. Ausgangslage 160

1.	Fragestellung	160
2.	Die Lösung des neuen Aktienrechts	160

II. Wechselseitige Beteiligungen im schweizerischen Konzernrecht 161

1.	Gleichbehandlung des Erwerbs und der Ausübung des Stimmrechts	161
2.	Erwerb durch Tochterunternehmen, die auf andere Weise beherrscht werden	162
3.	Erwerb durch eine konzernfreie Gesellschaft, an der die Gesellschaft mehrheitlich beteiligt ist oder auf andere Weise die einheitliche Leitung ausübt	163
4.	Erwerb durch eine konzernfreie Gesellschaft, an der die Gesellschaft mehrheitlich beteiligt ist, aber keine einheitliche Leitung ausübt	164

§ 19 Rechte des Mutterunternehmens am Tochterunternehmen 166

I. Fragestellung 166

1.	Wert der Beteiligung und Werte der Beteiligung	166
2.	Recht des Mutterunternehmens an der Beteiligung	166
3.	Recht des Mutterunternehmens an den Werten der Beteiligung?	167
4.	Kein Kontrollwert im körperschaftlichen Konzern	167

II. Der Kontrollwert als Vermögenswert 167

1.	Begriff	167
2.	Der Kontrollwert als Bestandteil des inneren Wertes einer Gesellschaft	168

3.	Der Kontrollwert als bilanzierungsfähiges Aktivum	169
III.	Rechtsnatur des Kontrollwerts als Vermögenswert	170
1.	Fragestellung	170
2.	Absolute Qualität aller Vermögenswerte	171
3.	Der Kontrollwert als rechtlich geschützter Vermögenswert	172
4.	Das Recht am Kontrollwert als Recht am Tochterunternehmen	172

§ 20 Die Emanzipation des Tochterunternehmens durch Zerstörung der einheitlichen Leitung 175

I.	Grenzen der einheitlichen Leitung	175
1.	Ausgangslage	175
2.	Die einheitliche Leitung der Verwaltung als nicht unmittelbar durchsetzbare Leitung	175
3.	Die fehlende Leitung als Zerstörung der Leitungsmechanismen?	176
4.	Die Abwehr des Tochterunternehmens gegen Leitungshandlungen des Mutterunternehmens	178
II.	Insbesondere die Emanzipation des Tochterunternehmens	179
1.	Fragestellung	179
2.	Wirkungen und Folgen der Emanzipation des Tochterunternehmens	179
3.	Keine rechtmässige Emanzipation	180
4.	Abwehrmittel des Mutterunternehmens	180
5.	Befolgungspflicht von Weisungen des Mutterunternehmens	182

4. Teil: Einheitsbehandlung des Konzerns; Konzernaussenrecht

A Einheitsbehandlung des Konzerns (ohne Haftungsfragen)

§ 21 Einheitsbehandlung des Konzerns als Ausnahme 183

I.	Ausgangslage	183
1.	Fragestellung	183
2.	Stufen der einheitlichen Behandlung	183
II.	Grundlagen der Einheitsbehandlung des Konzerns	184
1.	Keine Haftung des Aktionärs als Grundsatz	184
2.	Keine Einheitsbehandlung des Konzerns nur gestützt auf die wirtschaftliche Einheit	184
3.	Einheitsbehandlung des Konzerns gestützt auf den Anwendungsbereich von Einzelnormen	185
4.	Einheitsbehandlung des Konzerns gestützt auf im Einzelfall vorliegende Sonderbeziehungen zwischen dem Mutter- und dem Tochterunternehmen	186

5. Einheitsbehandlung des Konzerns gestützt auf im Einzelfall vorliegende Sonderbeziehungen zwischen dem Konzernglied und Dritten   186

III. Einheitsbehandlung des Konzerns im schweizerischen Konzernrecht   186

1. Einheitsbehandlung des Konzerns (ohne Haftungsfragen)   186
2. Konzernwirkung von Verträgen und die vertragliche Haftung der Mutter   187
3. Die ausservertragliche Haftung der Mutter   187
4. Die Haftung der Mutter für Sachverhalte innerhalb des Tochterunternehmens   187

§ 22 Publizität und konsolidierte Konzernrechnung   188

I. Der Konzern als wirtschaftliche Einheit   188

1. Ausgangslage   188
2. Die einheitliche Betrachtung der wirtschaftlichen Einheit: Die konsolidierte Konzernrechnung   188
3. Keine einheitliche Behandlung der wirtschaftlichen Einheit trotz konsolidierter Konzernrechnung   189
4. Konsolidierungspflicht im Gesetz und in den Buchführungsstandards   189

II. Die interne Konsolidierungspflicht   190

1. Fragestellung   190
2. Die Konzernleitungspflicht und die interne Konsolidierung   191
3. Die Pflicht zur ordnungsgemässen Geschäftsführung und die interne Konsolidierung   191

III. Träger der externen Konsolidierungspflicht   192

1. Grundsatz; Fragestellung   192
2. Die externe Konsolidierungspflicht der kleinen Aktiengesellschaft   193
3. Die externe Konsolidierungspflicht des Mutterunternehmens, welches keine Aktiengesellschaft ist   194
4. Keine externe Konsolidierungspflicht des nichtbuchführungspflichtigen Mutterunternehmens   197
5. Die externe Konsolidierungspflicht des Mutterunternehmens, welches zugleich Tochterunternehmen ist   197

IV. Konzernbegriff und Kosolidierungskreis   199

V. Die Art und die Vornahme der konsolidierten Konzernrechnung   199

VI. Insbesondere Bilanzierung von Anteilen an Tochterunternehmen   200

1. Fragestellung   200
2. Die Kapitalkonsolidierung   201
3. Die Konsolidierung von Minderheitsanteilen   202
4. Insbesondere die Konsolidierung von Tochterunternehmen, an welchen keine Anteile gehalten werden   203

§ 23 Einheitlicher Besitz des Konzerns 204

I. Ausgangslage 204
1. Besitz als tatsächliche Beziehung 204
2. Besitz als Anknüpfungspunkt von Rechtsfolgen 204
3. Der mehrfache Besitz 204

II. Besitzverhältnisse im Konzern 205
1. Der Besitz mehrerer juristischer Personen an der gleichen Sache 205
2. Der Besitz des Mutterunternehmens und des Tochterunternehmens an der gleichen Sache 205
3. Das Mutterunternehmen als mittelbarer selbständiger Besitzer 206
4. Das Mutterunternehmen als unmittelbarer unselbständiger Besitzer? 206

§ 24 Persönlichkeitsrechte des Konzerns 209

I. Einleitung 209
1. Einheitliche Erscheinung des Konzerns 209
2. Der Konzern als einheitlicher Träger eines einheitlichen Persönlichkeitsrechts? 209

II. Träger von Persönlichkeitsrechten 210
1. Träger der Persönlichkeitsrechte im formellen Sinn 210
2. Andere Träger von Persönlichkeitsrechten 210
3. Träger von wirtschaftlichen Persönlichkeitsrechten 211

III. Persönlichkeitsrechte des Konzerns 212
1. Der Konzern als Träger von Persönlichkeitsrechten 212
2. Der Konzern als Träger von wirtschaftlichen Persönlichkeitsrechten 214
3. Die Geltendmachung von Persönlichkeitsverletzungen durch den Konzern 215

IV. Das Namensrecht als Persönlichkeitsrecht des Konzerns 216
1. Das Namensrecht als Teil des Persönlichkeitsrechts 216
2. Der konzernrechtliche Namensschutz 216

B Konzernwirkung von Verträgen und die vertragliche Haftung der Mutter

§ 25 Verträge mit Konzerngliedern; Feststellung der Vertragsverhältnisse 219

I. Fragestellung / Ausgangslage 219
1. Fragestellung 219
2. Vorfrage: Feststellung der Vertragsverhältnisse 220
3. Inhalt der Verträge mit Konzerngliedern 220

4.	Der Einbezug anderer Konzernglieder als Ausweitung der Haftungsbasis	221
5.	Der Einbezug anderer Konzernglieder zur Erhöhung der Flexibilität innerhalb des Konzerns	221

II. Feststellung der Vertragsverhältnisse ... 222

1. Vorbemerkung / Fragestellung ... 222
2. Bestimmung der Vertragspartei auf der Konzernseite ... 222
3. Stellvertretungsverhältnisse innerhalb des Konzerns; insbesondere die Anscheinsvollmacht im Konzern ... 225
4. Zwischenergebnis ... 229

III. Folgen des fehlenden Konsenses und des Irrtums über die Person der konzernseitigen Vertragspartei ... 229

1. Fehlender Konsens über die Person der konzernseitigen Vertragspartei ... 229
2. Irrtum des Dritten über die Person der konzernseitigen Vertragspartei als Willensmangel? ... 231

IV. Konzernseitige Aufklärungspflicht? ... 232

1. Ausgangslage ... 232
2. Folgen der fehlerhaften Willensbildung bei Verschulden auf Konzernseite ... 233
3. Folgen des widerrechtlichen Verhaltens ... 236

V. Der Tatbestand der Täuschung durch einen Dritten im Konzern (auch über den Vertragsinhalt) ... 238

1. Fragestellung ... 238
2. Ausweitung des Begriffs der Beteiligten über die Vertragsparteien hinaus ... 238
3. Der Beteiligte als Subjekt einer fremden Meinungsbildung ... 239
4. Konzerngesellschaften als Beteiligte ... 240

§ 26 Konzernwirkung von Verträgen mit Konzerngliedern ... 241

I. Vertragliche Wirkungen nur für die vertragschliessenden Parteien ... 241

1. Grundsatz und Fragestellung ... 241
2. Ausnahme: Konzernwirkung von Verträgen ... 241

II. Konzernwirkung bei Verträgen, die andere Konzerngesellschaften mitverpflichten ... 242

1. Keine Konzernwirkung mit unmittelbarer Verpflichtung ... 242
2. Konzernwirkung nur mit mittelbarer Verpflichtung ... 242
3. Konzernwirkung von Verträgen und der Durchgriff ... 244

III. Konzernwirkung bei Verträgen, die ein Leitungshandeln versprechen ... 245

1. Ausgangslage ... 245
2. Unmöglichkeit von Verpflichtungen, die das Mitwirken der Tochterunternehmen bedingen? ... 245
3. Versprechen einer bestimmten Leitungshandlung oder eines bestimmten Erfolgs? ... 247

IV. Konzernwirkung bei Verträgen, die einen Erfolg versprechen ... 249

Inhaltsverzeichnis XXI

1.	Ausgangslage	249
2.	Versprechen durch das Tochterunternehmen immer als Versprechen eines bestimmten Erfolgs?	250
3.	Insbesondere Verträge mit Konzernwirkung mit mittelbaren Unterlassungspflichten	251

V. Wirkungen der Verträge mit mittelbarer Mitverpflichtung 251

1.	Pflicht zur Realexekution nur beim Versprechen zu einer Leitungshandlung	251
2.	Verschuldensabhängiger Schadenersatz beim Versprechen einer bestimmten Leitungshandlung	252
3.	Kausaler Schadenersatz beim Versprechen eines bestimmten Erfolgs	252

VI. Konzernwirkung von Verträgen, die andere Konzerngesellschaften mitberechtigen 253

1.	Allgemeines / Fragestellung	253
2.	Kein Sonderfall bei Verträgen, die mit dem Mutterunternehmen abgeschlossen werden	254
3.	Verträge, die andere Konzerngesellschaften mitberechtigen, als Verträge zu Gunsten Dritter mit einem Aussenstehenden als Prommissar	254
4.	Verträge, die andere Konzerngesellschaften mitberechtigen, als Verträge zu Gunsten Dritter mit den Aussenstehenden als Promittent	255
5.	Verpflichtungen des Promissars im Vertrag zu Gunsten Dritter	256

§ 27 Konzernwirkung von Verträgen in der Anwendung 258

I. Fragestellung / Ausgangslage 258

II. Die Feststellung der vertraglich festgelegten Konzernwirkung von Leistungs- und Unterlassungspflichten 258

1.	Ausgangslage	258
2.	Inhalt der vertraglichen Verpflichtung	259
3.	Insbesondere die zeitliche Abfolge zwischen dem Vertragsschluss mit der Mutter und der Tätigkeit der Tochter	261
4.	Insbesondere die Mitverpflichtung des nach Vertragsschluss zum Konzern gestossenen Tochterunternehmens	261
5.	Die Mitberechtigung anderer Konzernunternehmen	262

III. Die gesetzliche Konzernwirkung von Verträgen 263

1.	Das Tochterunternehmen als Instrument des Mutterunternehmens	263
2.	Fähigkeiten der Tochterunternehmen als Fähigkeiten des Mutterunternehmens	265
3.	Wichtige Gründe im Konzern	266
4.	Bindung des Mutterunternehmens an Verträge zwischen der Tochter und Dritten	269
5.	Das Tochterunternehmen als Erfüllungsgehilfe der Mutter	270

IV. Die konzernseitige Weitergabe von Informationen an andere Konzerngesellschaften 272

1.	Fragestellung	272
2.	Das Wissen der Konzerngesellschaften und das Wissen des Konzerns	272
3.	Weitergabe an Dritte als Freisetzung der Information aus dem Machtbereich des Verpflichteten	273
4.	Weitergabe an Dritte, die dem Verpflichteten nicht untergeordnet sind	274

V.	Die Verrechnung mit Konzernforderungen	275
1.	Ausgangslage	275
2.	Verrechnung nur bei Forderungen zwischen den gleichen Personen	275
3.	Verrechnung im Konzern	276
4.	Faktische Verrechnung im Konzern beim Vorliegen mehrer Forderungen	278
VI.	Konzernverschaffungsverträge	278
1.	Begriff / Fragestellung	278
2.	Versprechen der Leistung der Tochter durch die Mutter; die Haftung der Mutter für mangelhafte Leitung der Tochter	279
3.	Versprechen der Leistung der Mutter durch die Tochter	279
VII.	Einheitsbehandlung des Konzerns im Mietrecht	280
1.	Nutzung der Mietsache durch andere Konzernunternehmen	280
2.	Konzernbetrachtungsweise beim Eigenbedarf im Mietrecht	281

§ 28 Verpflichtung mehrerer konzernseitiger Vertragsparteien 283

I.	Vorbemerkung / Fragestellung	283
II.	Vertragsverhältnisse mit unechter Konzernwirkung: Der ausdrückliche Einbezug von anderen Konzerngliedern	284
1.	Unmittelbare und ursprüngliche Mitverpflichtung	284
2.	Schuldbeitritt	284
3.	Der Garantievertrag	285
4.	Bürgschaft	287
III.	Insbesondere Patronatserklärungen und ähnliches	287
1.	Vorbemerkung	287
2.	Garantieähnliche Verträge	288
3.	Patronatserklärungen ohne Verpflichtungswillen	291
4.	Interessenerklärungen	292

C Die ausservertragliche Haftung der Mutter; insbesondere aus unerlaubter Handlung

§ 29 Übersicht über die Haftungsverhältnisse 293

I.	Ausgangslage: Keine Haftung des Mutterunternehmens für Verbindlichkeiten der Tochtergesellschaft im Aktienrecht	293
II.	Ausnahme: Haftung des Mutterunternehmens aufgrund anderer Haftungsgrundlagen wie ein Dritter?	293
III.	Die Nichthaftung des Aktionärs für Verbindlichkeiten der Gesellschaft als Grund eines generellen Haftungsausschlusses?	294

Inhaltsverzeichnis　　　　　　　　　　　　　　　　　　　　　　　　　　XXIII

1. Fragestellung	294
2. Kein Haftungsausschluss bei gleichzeitigem Vorliegen einer Haftung des Mutterunternehmens aus eigenem Recht	294

IV. Die ausservertragliche Haftung des Mutterunternehmens; insbesondere aus unerlaubter Handlung　　　295

1. Abgrenzungen	295
2. Die Haftung des Mutterunternehmens für eigenes Handeln	295
3. Die Haftung des Mutterunternehmens als Organ sowie für Organe der Tochter	295
4. Die Haftung des Mutterunternehmens für Handlungen des Tochterunternehmens	296
5. Haftung der Mutter als Halter / Inhaber der Anlage der Tochter	296

§ 30 Die Haftung der Mutter für eigenes Verhalten　　　297

I. Fragestellung　　　297

II. Haftung des Mutterunternehmens aus Delikt　　　297

1. Ausgangslage	297
2. Insbesondere die absichtliche, sittenwidrige Schädigung (Art. 41 Abs.2 OR)	298
3. Die Anstiftung durch das Mutterunternehmen	299
4. Mittäterschaft und Gehilfenschaft durch das Mutterunternehmen	301
5. Insbesondere die eventualvorsätzliche Handlung des Mutterunternehmens	301
6. Insbesondere die fahrlässige Handlung des Mutterunternehmens	302

III. Haftung des Mutterunternehmens aus culpa in contrahendo　　　304

1. Fragestellung	304
2. Die Teilnahme des Mutterunternehmens an einer culpa in contrahendo der Tochter	305
3. Die Haftung des Mutterunternehmens aus culpa in contrahendo beim Vorliegen einer vertraglichen Haftung der Tochter	307
4. Die Haftung des Mutterunternehmens für die culpa in contrahendo der Tochter	308

IV. Haftung des Mutterunternehmens aus ungerechtfertigter Bereicherung　　　309

1. Fragestellung	309
2. Die Bereicherung	310
3. Die ungerechtfertigte Bereicherung	310

§ 31 Die Haftung der Mutter gestützt auf aktienrechtliche Pflichten; insbesondere der Durchgriff　　　311

I. Ausgangslage / Fragestellung　　　311

II. Die Haftung der Mutter gestützt auf die Vorschriften über den Durchgriff　　　311

1. Vorbemerkung; Abgrenzung zum Begriff des Durchgriffs im weiten Sinn	311
2. Der Durchgriff im engen Sinn	312

D Die Haftung der Mutter für Sachverhalte innerhalb der Tochterunternehmen

§ 32 Die Haftung des Mutterunternehmens als Organ sowie für Organe der Tochter 317

I. Die schadenstiftende Person als Organ des Tochter- und des Mutterunternehmens 317

1. Ausgangslage 317
2. Vorfrage: Rechtliche Identität von Organ und Gesellschaft? 318
3. Die juristische Person als Organ (im haftungsrechtlichen Sinn) des Tochterunternehmens 319
4. Andere Vertreter des Mutterunternehmens beim Tochterunternehmen 325

II. Widerrechtliche Handlungen des Organs und der Gesellschaft 326

1. Handlungen des Organs als Handlungen der Gesellschaft 326
2. Die Verletzung individueller Pflichten als widerrechtliche Handlung nur des Organs 327

III. Die Haftung des Mutterunternehmens als Organ gemäss Art. 754 OR 329

1. Fragestellung 329
2. Der Organbegriff im aktienrechtlichen Verantwortlichkeitsrecht 330
3. Die leitenden Personen beim Mutterunternehmen als faktische Organe des Tochterunternehmens 332
4. Die Konzernmutter als faktisches Organ 333
5. Die Haftung des Mutterunternehmens aus aktienrechtlicher Verantwortlichkeit 334

§ 33 Die Haftung der Mutter für Handlungen der Tochter; die Tochter als Hilfsperson 338

I. Der Vertreter des Mutterunternehmens beim Tochterunternehmen als Hilfsperson 338

1. Fragestellung 338
2. Der Vertreter des Mutterunternehmens als Hilfsperson 339

II. Das Organ des Tochterunternehmens als Hilfsperson des Mutterunternehmens 340

1. Die Vereinbarkeit mit Art. 707 Abs. 3 OR 340
2. Das fehlende formelle Weisungsrecht 341

III. Die Haftung für das Organ des Tochterunternehmens als Hilfsperson 342

1. Ausgangslage 342
2. Die Einrede der sorgfältigen Auswahl 343
3. Die Einrede der pflichtgemässen Überwachung und Instruktion und der zweckmässigen Organisation 344

IV. Die Tochtergesellschaft als Hilfsperson 344

1. Fragestellung und praktische Bedeutung 344
2. Der Begriff der Hilfsperson resp. des Erfüllungsgehilfen in Art. 55 und 101 OR 345
3. Insbesondere die Hilfsperson als juristische Person 346

4. Die Tochter als Hilfsperson des Mutterunternehmens; die Frage des Subordinationsverhältnisses	348
5. Verursachung des Schadens durch die Tochtergesellschaft in Ausübung geschäftlicher Verrichtungen	350
6. Der Entlastungsbeweis des Mutterunternehmens	351
7. Die Haftung des Mutterunternehmens für Kausalhaftungen des Tochterunternehmens	354

§ 34 Die Haftung der Mutter als Inhaberin von Anlagen der Tochter — 356

I. Fragestellung	356
II. Der Begriff des Inhabers und des Halters im Haftpflichtrecht	357
1. Ausgangslage	357
2. Der Begriff des Halters resp. des Inhabers im Recht der scharfen Kausalhaftungen	358
III. Das Mutterunternehmen als Halter resp. Inhaber des Betriebes, der im Eigentum des Tochterunternehmens steht?	359
1. Fragestellung / Vorbemerkung	359
2. Tatsächliche Verfügung des Mutterunternehmens über den Betrieb	359
3. Nutzen und Gefahr des Betriebes beim Mutterunternehmen	360
IV. Die Haftung des Mutterunternehmens gestützt auf die scharfen Kausalhaftungen	361

5. Teil: Zusammenfassung

§ 35 Das schweizerische Konzernrecht in der Übersicht — 363

I. Ausgangslage	363
II. Konzern: Begriff und Rechtsnatur	363
1. Begriff (§§ 4–7)	363
2. Rechtsnatur (§§ 8–13)	364
III. Rechtsverhältnisse innerhalb des Konzerns	364
1. Konzernleitungsmacht und Konzernleitungspflicht (§ 14)	364
2. Grenzen der einheitlichen Leitung: Verträge innerhalb des Konzerns (§ 15)	365
3. Grenzen der einheitlichen Leitung: Normen des Minderheitenschutzes (§§ 16–17)	365
4. Wechselseitige Beteiligungen (§ 18)	366
5. Rechte der Mutter an der Tochter; Emanzipation der Tochter (§§ 19–20)	366
IV. Einheitsbehandlung des Konzerns: Konzernaussenrecht	367
1. Einheitsbehandlung als Ausnahme (§ 21)	367
2. Konsolidierungspflicht des Konzerns (§ 22)	367
3. Einheitliches Persönlichkeitsrecht des Konzerns (§ 24)	367

V.	Konzernaussenrecht: Vertragsbeziehungen mit Konzerngliedern	368
1.	Ausgangslage; Feststellung der Vertragsverhältnisse (§ 25)	368
2.	Verträge mit Konzernwirkung (§§ 26–27)	368
3.	Mehrere konzernseitige Vertragsparteien (§ 28)	370
VI.	Konzernaussenrecht: System der Haftung im Konzernrecht	371
1.	Ausgangslage (§ 29)	371
2.	Haftung aus Vertrag? (§§ 25–28)	371
3.	Haftung aus culpa in contrahendo? (§ 30 IV)	371
VII.	Insbesondere die Haftung der Mutter aus Delikt (§§ 30ff)	372
1.	Haftung wegen eigener widerrechtlicher Handlung (§§ 30–31)	372
2.	Kausalhaftung gestützt auf Gefahren im eigenen Herrschaftsbereich (§ 34)	372
3.	Haftung wegen eigener widerrechtlicher Handlungen bei der Tochter (§ 32)	372
4.	Haftung der Mutter für die Organe der Tochter als Hilfsperson (§ 32 I–III)	373
5.	Haftung der Mutter für die Tochter als Hilfsperson (§ 32 IV)	373
6.	Einheit von Herrschaft und Haftung auch als Grundsatz des Konzernhaftungsrechts	374
7.	Keine Haftung des Mutterunternehmens für Schulden der Tochter	374

Sachregister 375

Abkürzungsverzeichnis

Die Zahlen in den Zitaten beziehen sich auf den Jahrgang der entsprechenden Publikation und auf die Seitenzahl.

a.a.O.	am angeführten Ort
ABGB	Allgemeines Bürgerliches Gesetzbuch für Österreich
ABl.	Amtsblatt
Abs.	Absatz
AG	Aktiengesellschaft
AGB	Allgemeine Geschäftsbedingungen
alt	Frühere Fassung des betreffenden Gesetzes
a.M.	anderer Meinung
AppGer	Appelationsgericht
Art.	Artikel (im Singular oder Plural)
AS	Eidgenössische Gesetzessammlung. Amtliche Sammlung der Bundesgesetze und Verordnungen. Titel seit 1948: Sammlung der eidgenössischen Gesetze. Amtliche Sammlung der Bundesgesetze und Verordnungen
AT	Allgemeiner Teil
BankG	Bundesgesetz über die Banken und Sparkassen vom 8. November 1934
BBl	Bundesblatt
Bd.	Band
BewG	Bundesgesetz über den Erwerb von Grundstücken durch Personen im Ausland vom 16. Dezember 1983
BezG	Bezirksgericht
BG	Bundesgesetz
BGB	Bürgerliches Gesetzbuch für das Deutsche Reich vom 18. August 1896
BGE	Entscheidungen des schweizerischen Bundesgerichtes Amtliche Sammlung (Lausanne)
BGer	Bundesgericht
BGH	(deutscher) Bundesgerichtshof
BGHZ	Entscheidungen des deutschen Bundesgerichtshofes in Zivilsachen (Detmold)
BJM	Basler Juristische Mitteilungen (Basel)
BV	Bundesverfassung der Schweizerischen Eidgenossenschaft vom 29. Mai 1874
BVG	Bundesgesetz über die berufliche Alters-, Hinterlassenen- und Invalidenvorsorge vom 25. Juni 1982
ders.	derselbe (Autor)

dgl.	dergleichen
d.h.	das heisst
Diss.	Dissertation
DSG	Bundesgesetz üben den Datenschutz vom 19. Juni 1992
E.	Erwägung
EG	Europäische Gemeinschaften
EHG	Bundesgesetz über die Haftplicht der Eisenbahn- und Dampfschiffahrtsunternehmungen und der Post vom 28. März 1905
ElG	Bundesgesetz betreffend die elektrischen Schwach- und Starkstromanlagen vom 24. Juni 1902
EMRK	Konvention zum Schutz der Menschenrechte und Grundfreiheiten vom 4. November 1950
f.	und folgende (Seite, Note usw.)
ff.	und folgende (Seiten, Noten usw.)
FER	Fachkommision für Empfehlungen zur Rechnunsglegung (schweizerische)
FN	Fussnote
FS	Festschrift, Festgabe
GAV	Gesamtarbeitsvertrag
Ger	Gericht
g.M.	gleicher Meinung
GmbH	Gesellschaft mit beschränkter Haftung
HGer	Handelsgericht
h.L.	herrschende Lehre
h.M.	herrschende Meinung
Hrsg.	Herausgeber
HRVo	Handelsregisterverordnung vom 7. Juni 1937 / 9. Juni 1992
i.d.R.	in der Regel
insb.	insbesondere
inkl.	inklusive
IPR	Internationales Privatrecht
IPRG	Bundesgesetz über das Internationale Privatrecht vom 18. Dezember 1987
i.V.m.	in Verbindung mit
JAR	Jahrbuch des Schweizerischen Arbeitsrechts (Bern)
JdT	Journal des Tribunaux (Lausanne)
KG	Bundesgesetz über Kartelle und ähnliche Organisationen vom 20. Dezember 1985
Komm.	Kommentar
LFG	Bundesgesetz über die Luftfahrt vom 21. Dezember 1948
lit.	litera = Buchstabe

Abkürzungsverzeichnis XXIX

m.E.	meines Erachtens
N	Note; Randnote
Nr.	Nummer
OGer	Obergericht (gefolgt von der amtlichen Ankürzung des Kantons)
OR	Bundesgesetz über das Obligationenrecht vom 30. März 1911/18. Dezember 1936
Pra	Die Praxis des Bundesgerichts (Basel)
RG	Reichsgericht
RGZ	Entscheidungen des Deutschen Rechsgerichts in Zivilsachen (Leipzig)
S.	Seite
SAG	Schweizerische Aktiengesellschaft (Zürich, seit 1990 SZW)
SchKG	Bundesgesetz über Schuldbetreibung und Konkurs vom 11. April 1889
SchlT	Schlusstitel
SJ	La semaine judicaire (Genève)
SJZ	Schweizerische Juristen-Zeitung (Zürich)
SMI	Schweizerische Mitteilungen über Immaterialgüterrecht (Zürich)
sog.	sogenannt
spez.	speziell
SPR	Schweizerisches Privatrecht (Basel)
SR	Systematische Sammlung des Bundesrechts
StenBull NR	Stenographisches Bulletin des Nationalrates
StGB	Schweizerisches Strafgesetzbuch vom 21. Dezember 1937
SVG	Bundesgesetz über den Strassenverkehr vom 19. Dezember 1958
SZW	Schweizerische Zeitschrift für Wirtschaftsrecht (Zürich; bis 1989 SAG)
u.	unten
u.a.	und andere(s); unter anderem (anderen)
u.s.w.	und so weiter
u.U.	unter Umständen
UVG	Bundesgesetz über die obligatorische Unfallversicherung vom 20. März 1981
UWG	Bundesgesetz gegen unlauteren Wettbewerb vom 19. Dezember 1986
V	Verordnung
vgl.	vergleiche
VMM	Verordnung über Massnahme gegen Missbräuche im Mietwesen vom 10. Juli 1972
Vorbem.	Vorbemerkungen
VR	Verwaltungsrat
WM	Wertpapier-Mitteilungen (Frankfurt a.M.)
WuR	Wirtschaft und Recht (Zürich)
z.B.	zum Beispiel
ZBJV	Zeitschrift des Bernischen Juristenvereins (Bern)

ZGR	Zeitung für Unternehmungs- und Gesellschaftsrecht (Frankfurt a.M.)
Ziff.	Ziffer
zit.	zitiert
ZPO	Zivilprozessordnung
ZR	Blätter für Zürcherische Rechtsprechung (Zürich)
ZSR	Zeitschrift für Schweizerisches Recht (Basel)
z.T.	zum Teil
z.Zt.	zur Zeit

Literaturverzeichnis

Aepli Viktor	Kommentar zum schweizerischen Zivilgesetzbuch, Art. 114–126 OR, Zürich 1991
Albers-Schönberg Max	Haftungsverhältnisse im Konzern, Zürich 1980
Arnold Klaus P.	Das Recht am Unternehmen in der Rechtsprechung des Schweizerischen Bundesgerichts und des deutschen Bundesgerichtshofes, Zürich 1971
Bachmann Rolf	Bankkonzernrechnung, Bern und Stuttgart, 1991
Ballerstedt Kurt	Kapital, Gewinn und Ausschüttung bei Kapitalgesellschaften; eine gesellschaftsrechtliche Betrachtung, Tübingen 1949
Baumbach Adolf / Hefermehl Wolfgang	Wettbewerbsrecht: Gesetz gegen den unlauteren Wettbewerb, Zugabeverordnung und Nebengesetze, München 1990
Baumbach Adolf / Hueck Alfred	Aktiengesetz, München, 1968
Bär Rolf	Aktuelle Fragen des Aktienrechts, in ZSR 1966, S. 326ff.
Bär Rudolf	Grundprobleme des Minderheitenschutzes in der Aktiengesellschaft, in ZBJV 95, S. 369ff
Becker H.	Kommentar zum schweizerischen Zivilgesetzbuch, Art. 1–183 OR, Bern 1941
Beer Max	Der Minderheitenschutz im Aktienrecht, Bern 1944
Behr Giorgio	Ein Votum für die Organisationsfreiheit, in Konzernrechtsgespräch, St. Gallen 1988, S. 129ff
Berger Roger	Die Zweckgenossenschaften des Verbandes schweiz. Konsumvereine (VSK), Basel 1955
Binder Andreas	Die Verfassung der Aktiengesellschaft, Grüsch 1987
Binder Peter M.	Das Verbot der Einlagerückgewähr, Winterthur 1981
Böckli Peter	Das neue Aktienrecht, Zürich 1992
Born Karl Erich	Wirtschafts- und Sozialgeschichte des deutschen Kaiserreichs, Stuttgart 1985
Bosman Aleidus	Konzernverbundenheit und ihre Auswirkung auf Verträge mit Dritten, Zürich 1984
Brehm Roland	Kommentar zum schweizerischen Zivilgesetzbuch, Art. 41–44 OR, Bern 1986

Bruggmann Carl Henry	Zum Problem des Genossenschaftsverbands, Basel 1952
Bucher Eugen	Schweizerisches Obligationenrecht, Allgemeiner Teil ohne Deliktsrecht, Zürich 1988
Bucher Eugen	Organschaft, Prokura, Stellvertretung; zugleich Auseinandersetzung mit BGE 95 II 442 ("Prospera"), in Festgabe W. F. Bürgi, 1971 (zit.: Organschaft)
Bürgi Ruedi	Möglichkeiten des statutarischen Minderheitenschutzes in der personalistischen AG, Entlebuch 1987
Bürgi Wolfhart	Das Poblem des Minderheitenschutzes im schweizerischen Aktienrecht, in SAG 29, S. 81ff (zit.: Minderheitenschutz)
Bürgi Wolfhart	Kommentar zum schweizerischen Zivilgesetzbuch, Art. 698–738 OR, Zürich 1969
Bürgi Wolfhart	Kommentar zum schweizerischen Zivilgesetzbuch, Art. 739–771 OR, Zürich 1979
Bürgi Wolfhart	Kommentar zum schweizerischen Zivilgesetzbuch, Art. 660–679 OR, Zürich 1957
Bütikofer Max	Genossenschaftsverbände nach dem schweizerischen Obligationenrecht, Bern 1945
Caflisch Silvio	Die Bedeutung und die Grenzen der rechtlichen Selbständigkeit der abhängigen Gesellschaft im Recht der Aktiengesellschaft, Winterthur 1961
Canaris Willhelm	Täterschaft und Teilnahme bei der Culpa in Contrahendo, Festschrift Giger, S. 104
Capitaine Georges	Le statut de sociétés holdings en suisse, in ZSR, Bd. 62, S. 1a ff.
Curti Arthur	Aktiengesellschaft und Holdinggesellschaft in der Schweiz, Berlin 1930
Dallèves Louis	Problèmes de droit privé relatifs à la coopération et à la concentration des entreprises, in ZSR 92, S. 565ff
Dennler Markus	Durchgriff im Konzern, Entlebuch 1984
Deschenaux Henri / Tercier Pierre	La responsablilité civile, Bern 1982
Dombert Matthias	Verkehrssicherungspflicht und Abfallrecht: Die Haftung des Abfallproduzenten, in Produktehaftpflicht International 2/91
Druey Jean Nicolas (Hrsg.)	Das St. Galler Konzernrechtsgespräch, Bern und Stuttgart 1988

Druey Jean Nicolas	Aufgaben eines Konzernrechts, In ZSR 1980, S. 279ff (zit.: Aufgaben)
Druey Jean Nicolas	Föderalistische Staatsverfassung – ein Modell für die Konzernverfassung, in Konzernrechtsgespräch, St. Gallen 1988, S. 161ff (zit.: föderative Staatsverfassung)
Druey Jean Nicolas	Geheimsphäre des Unternehmens, Basel und Stuttgart 1977 (zit.: Geheimsphäre)
Druey Jean Nicolas	Zentralisierter und dezentralisierter Konzern – ist die Diferenzierung rechtlich wünschbar und machbar, in Konzernrechtsgespräch, St. Gallen 1988, S. 89ff (zit.: Differenzierung)
Druey Jean Nicolas	Organ und Organisation, in SAG 1981, S. 77 (zit.: Organ)
Druey Jean Nicolas	Empfiehlt es sich, das Recht faktischer Unternehmungsverbindungen – auch im Hinblick auf das Recht anderer EG-Staaten – neu zu regeln? Gutachten H für den 59. Deutschen Juristentag, München 1992 (zit.: Gutachten)
Egger August	Kommentar zum schweizerischen Zivilgesetzbuch, Art. 1–89, Zürich 1978
Egger August	Missbrauch der Vertretungsmacht, in Festschrift für Carl Wieland, Basel 1934 (zit.: Vertretungsmacht)
Emmerich Volker / Sonnenschein Jürgen	Konzernrecht, München 1989
Eppenberger Matthias	Information des Aktionärs – Auskunfts- oder Mitteilungspflicht, Bern und Stuttgart 1990
Falkeisen Emanuel	Die Vertretung juristischer Personen im Verwaltungsrat, insbesondere ihre rechtliche Natur, Zürich 1947
Forstmoser Peter	Die aktienrechtliche Verantwortlichkeit, Zürich 1987 (zit.: Verantwortlichkeit)
Forstmoser Peter	Grossgenossenschaften, Bern 1970 (zit.: Grossgenossenschaften)
Forstmoser Peter	Schweizerisches Aktienrecht, Band I/1, Zürich 1981 (zit.: Aktienrecht)
Forstmoser Peter / Meier-Hayoz Arthur	Einführung in das schweizerische Aktienrecht, Bern 1983
Frankenberg Philipp	Die konzernmässige Abhängigkeit, Zürich 1937
Friedlaender Heinrich	Konzernrecht, Berlin und Frankfurt/M. 1954

Gauch Peter	System der Beendigung von Dauerverträgen, Freiburg/Ue 1968 (zit.: Dauerverträge)
Gauch Peter/ Schluep Walter R.	Das Schweizerische Obligationenrecht, Allgemeiner Teil, Zürich 1991
Gautschi Georg	Kommentar zum schweizerischen Zivilgesetzbuch, Art. 425–491 OR, Bern 1962
Gautschi Georg	Fiduziarische Rechtsverhältnisse besonderer Art, in SJZ, 45, 1949, S. 301ff (zit.: Rechtsverhältnisse)
Geigy-Werthemann Catherine	Die rechtliche Bedeutung garantieähnlicher Erklärungen von herrschenden Unternehmen im Konzern, in Festgabe zum Schweizerischen Juristentag, Basel 1973
Gerhard W.	Die Änderung von Zweck und Gegenstand im schweizerischen, sowie im deutschen und französischen Recht, Winterthur 1957
Gerwig Max	Schweizerisches Genossenschaftsrecht, Bern 1957
Gessler Ernst / Hefermehl Wolfgang/ Eckardt Ulrich / Kropff Bruno	Aktiengesetz Kommentar, §§ 291–318, München 1976
Gessler Ernst / Hefermehl Wolfgang / Eckardt Ulrich / Kropff Bruno	Aktiengesetz Kommentar, §§ 76–147, München 1973/74
Gmür Roland / Gaviezel Werner	Mietrecht – Mieterschutz; Leitfaden für die Praxis, Zürich 1979
Graf Hansjörg	Verträge zwischen Konzerngesellschaften, Bern 1988
Grüninger Harold	Die Unternehmensstiftung in der Schweiz: Zulässigkeit – Eignung – Besteuerung, Basel und Frankfurt/M. 1984
Guhl Theo / Merz Hans / Kummer Max / Koller Alfred / Druey Jean Nicolas	Das Schweizerische Obligationenrecht, Zürich 1991
Gutzwiller Max	Kommentar zum schweizerischen Zivilgesetzbuch, Art. 879–926 OR, Zürich 1974
Haefelin Ulrich/ Müller Georg	Grundriss des allgemeinen Verwaltungsrechts, Zürich 1990

Literaturverzeichnis XXXV

Harms Wolfgang	Konzerne im Recht der Wettbewerbsbeschränkungen, Köln/Berlin/Bonn/München 1968
Haunreiter Leo	Die Beteiligung an Aktiengesellschaften, Gossau 1981
Haussmann Fritz	Grundlegung des Rechts der Unternehmungszusammenfassung, Mannheim 1926
Hediger Martin P.	System des Besitzrechtes, Bern 1985
Helbing Carl	Personalvorsorge und BVG, Bern und Stuttgart 1990
Hinderling Hans	Der Besitz, in Schweizerisches Privatrecht, Band V/1, Basel 1977
Hinderling Hans-Georg Goepfert Peter	Sandoz-Brand: Haftung im Fadenkreuz von Völkerrecht, Aktienrecht und Strafrecht, in SJZ 83, 1987, S. 57ff
Hirsch Alain	La protection des actionnaires "de lege ferenda", in SAG 50, S. 65ff
Höhener M. Alexander	Der Konzern im englischen Recht, Zürich 1976
Höhn Ernst	Steuerrecht, Bern und Stuttgart 1988
Homberger A.	Kommentar zum schweizerischen Zivilgesetzbuch, Art. 919–977 ZGB, Zürich 1938
Homburger Eric	Leitfaden zum neuen Aktienrecht, Zürich 1991 (zit.: Leitfaden)
Homburger Eric	Zum "Durchgriff" im schweizerischen Gesellschaftsrecht, in SJZ 67, S. 249 (zit.: Durchgriff)
Hommelhoff Peter	Die Konzernleitungspflicht: Zentrale Aspekte eines Konzernverfassungsrechts, Köln 1982
Imboden Max / Rhinow René	Schweizerische Verwaltungsrechtsprechung, Stuttgart und Basel 1976
Isay Rudolf	Das Recht am Unternehmen, Berlin 1910
Jäggi Peter	Ein Gerichtsurteil über den "abhängigen" fiduziarischen Verwaltungsrat, in SJZ 56, S. 1ff
Joss Robert Willy	Konzernrechtsfragen im deutschen und schweizerischen Recht, Aarau 1935
Käfer Karl	Kommentar zum schweizerischen Zivilgesetzbuch, Art. 958–964 OR, Bern 1981
Kaiser Urs	Die zivilrechtliche Haftung für Rat, Auskunft, Empfehlung und Gutachten, Bern 1987

Kehl Dieter	Der sogenannte Durchgriff, Zürich/Dietikon 1991
Kellenbenz Hermann	Deutsche Wirtschaftsgeschichte, München 1987
Keller Alfred	Haftpflicht im Privatrecht, Bern 1979
Keller Max / Gabi Sonja	Das schweizerische Schuldrecht, Band II (Haftpflichtrecht), Basel und Frankfurt/M 1985
Keller Max / Schaufelberger Peter	Das schweizerische Schuldrecht, Band III (ungerechtfertigte Bereicherung), Basel und Frankfurt/M 1983
Klausberger Kurt	Die Willensmängel im schweizerischen Vertagsrecht, Zürich 1989
Kleiner Beat	Einige Gedanken zur Rechtstellung der AG in ihrem wirtschaftspolitischen Umfeld, in Festschrift Vischer 1983, S. 67ff
Koppensteiner H.-Georg	Definitionsprobleme im Konzerngesellschaftsrecht, in SAG 2/1985, S. 74ff
Kramer Ernst A.	Grundfragen der vertraglichen Einigung, München und Salzburg 1972
Kramer Ernst A.	Kausalität im Haftpflichtrecht: Neue Tendenzen in Theorie und Praxis, in ZBJV 123, S. 289ff (zit.: Kausalität)
Kummer Max	Das oberste Organ des Genossenschaftsverbandes, in Berner Festgabe zum schweizerischen Juristentag 1979, Bern 1979, S. 265ff
Künzle Hans Rainer	Der direkte Anwendungsbereich des Stellvertretungsrechts, Bern 1986
Lachat David / Stoll Daniel	Das neue Mietrecht in der Praxis, Zürich 1991
Lehner Georg Rudolf	Die Verantwortlichkeit der Leitungsorgane von Aktiengesellschaften in rechtsvergleichender und internationalprivatrechtlicher Sicht, Basel 1981
Lemp Paul	Vertragsschluss durch Organe in Doppelstellung, in Festgabe W. Schönenberger, 1968, S. 309ff
Liefmann Robert	Kartelle, Konzerne und Trusts, Stuttgart 1927 (zit.: Konzerne)
Liefmann Robert	Beteiligungs- und Finanzierungsgesellschaften, Jena 1921 (zit.: Finanzierungsgesellschaften)
Locher Ernst Robert	Die Gewinnverwendung in der Aktiengesellschaft, Diessenhofen 1983

Literaturverzeichnis   XXXVII

Lutter Marcus	Stand und Entwicklung des Konzernrechts in Europa, in ZGR 3/1987, S. 324ff (zit.: Stand)
Lutter Marcus	100 Bände BGHZ: Konzernrecht, in ZHR 151 (1987), S. 444ff (zit.: Konzernrecht)
Mandel Roland	Die richterliche Interessenabwägung in der Frage des Aktienrechtlichen Minderheitenschutzes, Basel 1974
Mantel Hans-Jürg	Die vereinsrechtlichen Momente im neuen schweizerischen Genossenschaftsrecht, Bern 1948
Maurer Hans	Das Persönlichkeitsrecht der juristischen Person bei Konzern und Kartell, Aarau 1953
Meier-Hayoz Arthur	Einleitungsartikel des schweizerischen Zivilgesetzbuches, Zürich 1979 (zit.: Einleitungsartikel)
Meier-Hayoz Arthur	Zur Typologie im schweizerischen Gesellschaftsrecht, in ZSR 90 I, S. 293ff (zit.: Typologie)
Meier-Hayoz Arthur	Der Richter als Gesetzgeber, Zürich 1951 (zit.: Richter)
Meier-Hayoz Arthur	Kommentar zum schweizerischen Privatrecht, (Art. 641–701 ZGB) Bern
Meier-Hayoz Arthur / Forstmoser Peter	Grundriss des schweizerischen Gesellschaftsrechts, Bern 1989
Meier-Schatz Christian	Über die privatrechtliche Haftung für Rat und Anlagerat, in Mélanges Piotet, S. 151ff
Merz Hans	Kommentar zum schweizerischen Zivilgesetzbuch, (Art. 1–10 ZGB) Bern
Merz Hans	Obligationenrecht, allgemeiner Teil, Basel und Frankfurt 1984
Mestmäcker E.-Joachim	Verwaltung, Konzerngewalt und Rechte der Aktionäre, Karlsruhe 1958
Müller Albert	Die Beeinträchtigung fremder Forderungen als Delikt im Sinne von OR 41 Abs.2, Zürich 1975
Müller Jörg Paul	Die Grundrechte der schweizerischen Bundesverfassung, Bern 1991
Nägeli Eduard	Die Doppelgesellschaft, Zürich 1935
Nenninger John	Der Schutz der Minderheit in der Aktiengesellschaft nach schweizerischem Recht, Basel und Stuttgart 1974
Nigg Hans Walter	Die Genossenschafterhaftung, Zürich 1990

Nobel Peter	Das "Unternehmen" als juristische Person?, in WuR 1980, S. 27ff (zit.: Unternehmen)
Nobel Peter	Zum neuen Börsengesetz, in ZSW, 41, 1991 (zit.: Börsengesetz)
Oertle Matthias	Das Gemeinschaftsunternehmen (Joint Venture) im schweizerischen Recht, Zürich 1990
Oesch Franz Peter	Der Minderheitenschutz im Konzern nach schweizerischem und amerikanischem Recht, Winterthur 1971
Oftinger Karl	Schweizerisches Haftpflichtrecht, Band I, Zürich 1975
Oftinger Karl / Stark Emil	Schweizerisches Haftpflichtrecht, Band II/1, Zürich 1987
Oftinger Karl / Stark Emil	Schweizerisches Haftpflichtrecht, Band II/2, Zürich 1989
Oftinger Karl / Stark Emil	Schweizerisches Haftpflichtrecht, Band II/3, Zürich 1991
Oser Hugo / Schönenberger Willhelm	Kommentar zum schweizerischen Zivilgesetzbuch, Art. 1–183 OR, Zürich 1929
Patry Robert	Grundlagen des Handelsrechts, in SPR, Bd. VII/1, Basel 1976
Pedrazzini Mario	Grundriss des Personenrechts, Bern 1989 (zit.: Personenrecht)
Pedrazzini Mario	Die Verleitung zum Vertragsbruch nach neuem UWG, in SMI, 1991, (zit.: Vertragsbruch)
Pelzer Martin	Übernahmeangebote nach künftigem Europarecht und dessen Umsetzung ins deutsche Recht, ZGR-Sonderheft 9/1990
Pelli Fulvio	Der Grundsatz der schonenden Rechtsausübung als Schranke der Ermessensfreiheit der Generalversammlung einer Aktiengesellschaft, Zürich 1978
Pestalozzi Anton	Einige Fragen aus der Praxis des Konzernrechts, in SJZ 75, S. 249ff
Petitpierre-Sauvin Anne	Droit des sociétés et groupes de sociétés, Genf 1972
Peyer Hans-Konrad	Die Zweimann-Aktiengesellschaft, Bern 1963
Picenoni Vito	Rechtsformen konzernmässiger Abhängigkeit, in SJZ 51, S. 321ff
Plüss Martin	Der Schutz der freien Aktionäre im Konzern, Gais 1977

Literaturverzeichnis XXXIX

Praël Christoph	Eingliederung und Beherrschungsvertrag als körperschaftliche Rechtsgeschäfte, Berlin 1978
Probst Dieter C.	Die verdeckte Gewinnausschüttung nach schweizerischem Handelsrecht, Zürich 1981
Raiser Ludwig	Konzernbildung als Gegenstand einer rechts- und wirtschaftswissenschaftlichen Untersuchung, Berlin 1964
Rambert G.	Les sociétés de participation et la societé anonyme, Lausanne 1927
Rasch Harold	Deutsches Konzernrecht, Köln/Berlin/Bonn/München 1968
Recordon Pierre-Alain	La protection des actionnaires lors des fusions de scissions de sociétés, Genf 1974
Rehbinder Eckard	Konzernaussenrecht und allgemeines Privatrecht, Bad Homburg/Berlin/Zürich 1969
Reinhard Rudolf	Gedanken zum Identitätsproblem bei einer Einmanngesellschaft, in Festschrift H. Lehmann, 1956, S. 576ff.
Rey Heinz	Die Grundlagen des Sachenrechts und des Eigentums, Bern 1991
Riemer Mans-Michael	Kommentar zum schweizerischen Zivilgesetzbuch, Art. 80-89bis ZGB, Bern 1975.
Roggwiller Hans	Der "wichtige Grund" und seine Anwendung in ZGB und OR, Aarau 1956
Rohr Andreas	Der Konzern im IPR unter besonderer Berücksichtigung des Schutzes der Minderheitsaktionäre und Gläubiger, Zürich 1983
Ruedin Roland	Vers un droit des groupes de sociétés?, in ZSR 1980, S. 155ff (zit.: vers un droit)
Ruedin Roland	Prépositions pour un droit suisse des groupes de sociétés, in SAG, 54, 1982, 99ff; zit.: Konzernbegriff)
Schluep Walter R.	Die wohlerworbenen Rechte des Aktionärs und ihr Schutz nach schweizerischem Recht, Zürich und St. Gallen 1955 (zit.: wohlerworbene Rechte)
Schluep Walter R.	Privatrechtliche Probleme der Unternehmenskonzentration und -kooperation, in ZSR 92, S. 165ff (zit.: Unternehmenskonzentration)
Schluep Walter R.	Schutz des Aktionärs auf neuen Wegen, SAG 33, 1961, S. 137ff., 170ff., 188ff. (zit.: Schutz)

Schmid Ernst Felix	Genossenschaftsverbände, Zürich 1979
Schmitt Petra	Das Verhältnis zwischen Generalversammlung und Verwaltung in der Aktiengesellschaft, Zürich 1991
Schnyder Anton K.	Patronatserklärungen – Haftungsgrundlage für Konzernobergesellschaften, in SJZ 86, S. 57ff
Schönenberger Wilhelm / Jäggi Peter	Kommentar zum schweizerischen Zivilgesetzbuch, Art. 1–17 OR, Zürich 1973
Schreiber Christian	Die Zweckbindung bei der Aktiengesellschaft, Zürich 1974
Schucany Giovanni	Die Vertreter juristischer Personen im Verwaltungsrat einer Aktiengesellschaft, Zürich 1949
Schucany Emil	Kommentar zum schweizerischen Aktienrecht, Zürich 1960
Schultz Dietrich / Reinhardt Rudolf	Gesellschaftsrecht, Tübingen 1981
Serick Rolf	Durchgriffsprobleme bei Vertragsstörungen, Karlsruhe 1989
Siegwart Alfred	Kommentar zum schweizerischen Zivilgesetzbuch, Art. 530–619 OR, Zürich 1938
Siegwart Alfred	Kommentar zum schweizerischen Zivilgesetzbuch, Art. 620–659 OR, Zürich 1945
Slongo Bruno	Der Begriff der einheitlichen Leitung als Bestandteil des Konzernbegriffs, Zürich 1980.
Soergel Hs. Th.	Kommentar zum BGB, §§ 123ff, Stuttgart/Berlin/Köln/Mainz
Sonnenberger Jürgen	Französisches Handels- und Wirtschaftsrecht, Heidelberg 1991
Sonnenschein Jürgen	Organschaft und Konzerngesellschaftsrecht, Baden-Baden 1976
Spiess Arnold	Der Grundsatz der gleichmässigen Behandlung der Aktionäre unter besonderer Berücksichtigung des deutschen und französischen Rechts, Zürich 1941.
Spiro Karl	Die Haftung für Erfüllungsgehilfen, Bern 1984 (zit.: Erfüllungshilfe)
Spiro Karl	Haftung für Abschluss- und Verhandlungsgehilfen in ZSR 105, 1986, 643 (zit: Verhandlungsgehilfe)
Spiro Karl	Haftung für Doppelorgane, in Festschrift Vischer (zit: Doppelorgane)

Literaturverzeichnis XLI

Stark Emil W.	Kommentar zum schweizerischen Zivilgesetzbuch, Art. 919–941 ZGB, Bern 1984
Stauber Eric	Das Recht des Aktionärs auf gesetz- und statutenmässige Verwaltung und seine Durchsetzung nach schweizerischem Recht, Zürich 1985
Staudinger Julius / Bund Elmar	Kommentar zum BGB, Berlin 1978
Staudinger Julius / Dilcher Hermann	Kommentar zum BGB, Berlin 1978 *(§ 123 BGB)*
Stebler Markus	Konzernrecht in der Schweiz – ein Überblick über den Stand der Lehre und Rechtsprechung, in Konzernrechtsgespräch, St. Gallen 1988, S. 9ff
Stehli Martin	Aktionärschutz bei Fusionen, Zürich 1975
Stockmann Heinrich	Zum Problem der Gleichbehandlung der Aktionäre, in Festschrift Bürgi, S. 387ff
Tanner Brigitte	Quoren für die Beschlussfassung in der Aktiengesellschaft, Zürich 1987
Tappolet Klaus	Schranken konzernmässiger Abhängigkeit im schweizerischen Aktienrecht, Zürich 1973
Tobler Ernst	Die Haftungsverhältnisse in verbundenen Unternehmen, Bern 1948
Troller Alois	Immatrialgüterrecht, Basel 1968
Tschäni Rudolf	Amerikanische Lehren für ein schweizerisches Konzernrecht, in SAG 52, S. 65ff (zit.: Lehren)
Tschäni Rudolf	Funktionswandel des Gesellschaftsrechts, Bern 1978 (zit.: Funktionswandel)
Tschäni Rudolf	Unternehmensübernahmen, Basel 1991 (zit.: Unternehmensübernahmen)
Tuor Peter / Schnyder Bernhard	Das schweizerische Zivilgesetzbuch, Zürich 1986
Uttendoppler Kurt	Die Durchsetzung des Konzerninteresses im schweizerischen Aktienrecht, Bern 1986
Vischer Frank	Die konsolidierte Rechnungslegung in der Aktiengesellschaft, in SAG 48, S.81 (zit.: Konsolidierung)
Vischer Frank	Zur Stellung des Verwaltungsrats in der Grossaktiengesellschaft, in: die Verantwortung des Verwaltungsrats in der AG, Zürich 1978 (zit.: Grossaktiengesellschaft)

Vischer Frank / *Rapp Fritz*	Zur Neugestaltung des schweizerischen Aktienrechts, Bern 1968
von Graffenried André	Über die Notwendigkeit einer Konzerngesetzgebung, Bern/Frankfurt/M. 1976
von Plana Jean-Louis	Die rechtliche Behandlung des Aktienmantels, Basel 1976
von Planta Andreas	Die Haftung des Hauptaktionärs, Basel und Fankfurt/M. 1981
von Planta Andreas	Doppelorganschaft im Verantwortlichkeitsrecht, in Festschrift Vischer, S. 60ff. (zit.: Doppelorganschaft)
von Planta Flurin	Der Interessenkonflikt des Verwaltungsrates der abhängigen Konzerngesellschaft, Zürich 1987
von Steiger Werner	Die Rechtsverhältnisse der Holdinggesellschaften in der Schweiz, in ZSR 62, S. 198a ff (zit.: Holdinggesellschaften)
von Steiger Werner	Kommentar zum schweizerischen Zivilgesetzbuch, Art. 772–827 OR, Zürich 1965 (zit.: Kommentar)
von Steiger Werner	Gesellschaftsrecht, die Personengesellschaften, in SPR, Bd. VIII/1 1976
von Steiger Fritz	Das Recht der Aktiengesellschaft in der Schweiz, Zürich 1952 (zit.: Aktiengesellschaft)
von Steiger Fritz	Grundriss des schweizerischen Genossenschaftsrechts, Zürich 1963 (zit.: Grundriss)
von Tuhr Andreas / *Peter Hans /* *Escher Arnold*	Allgemeiner Teil des schweizerischen Obligationenrechts, Zürich 1974/1979
von Wittenfeld	Organschaft und Konzernhaftung, in NJW, 1949, S. 93ff
Wälde Thomas	Die Angemessenheit konzerninterner Transfergeschäfte bei multinationalen Unternehmen nach Konzernrecht, in AG 12/1974, S. 370ff
Watter Rolf	Die Verpflichtung der AG aus rechtsgeschäftlichem Handeln ihrer Stellvertreter, Prokuristen und Organe, Zürich 1985 (zit.: Verpflichtung)
Watter Rolf	Unternehmensübernahmen, Zürich 1990 (zit.: Unternehmensübernahmen)
Wernli Martin / *Romy Isabelle /* *Wollmann Gautier Eve*	UWG: Gesetz, Materialen, Rechtsprechung, Lausanne 1989

Weber Rolf	Praxis zum Auftragsrecht und zu den besonderen Auftragsarten, Bern 1990
Wieland Alfred	Wie weit gilt das Erwerbsverbot eigener Aktien für den Erwerb von Aktien einer Holdinggesellschaft durch eine von dieser kontrollierten Tochtergesellschaft, in SAG 20, S. 57ff
Wieling Hans Josef	Sachenrecht, Band I, Berlin/Heidelberg 1990
Winkler Robert	Die Rechtsvermutungen aus dem Besitz, Zürich 1969
Würdinger Hans	Aktienrecht und das Recht der verbundenen Unternehmen, Karlsruhe 1981
Zäch Roger	Kommentar zum schweizerischen Zivilgesetzbuch, Art. 32–40 OR, Bern 1990
Zogg Hans	Der Konzernabschluss in der Schweiz, Winterthur 1978
Zulauf Joos A.	Die wechselseitige Beteiligung im schweizerischen Aktienrecht, Winterthur 1974
Zulliger Felix	Eingriffe Dritter in Forderungsrechte, Zürich 1988
Zünd André	Einheitliche Leitung – Bedeutung und Tauglichkeit des Begriffs, in Konzernrechtsgespräch, St. Gallen 1988, S. 77ff
Zünd André	Grundsätze der Konsolidierung – Ihre Existenz, Notwendigkeit und Ermittlung in der Schweiz, in SAG 52, S. 128ff
Zweifel Martin	Fragen des Minderheitenschutzes in einem schweizerischen Konzernrecht, in SAG 50, S. 91ff (zit.: Minderheitenschutz)
Zweifel Martin	Holdinggesellschaft und Konzern, Zürich 1973

1. Teil: Einleitung

§ 1 Fragestellung

I. Ausgangslage

1. Konzerne als Tatsache

Mehrere Unternehmen, die, unter einheitlicher Leitung stehend, eine wirtschaftliche Einheit bilden sind ein Konzern[1]. Der Konzern ist eine von der Praxis entwickelte Organisationsform und keine vom Recht vorgegebene, wird von ihm aber als Tatsache zum Teil erfasst und anerkannt[2]. Statistisch erhobene Daten zur Bedeutung der Konzerne in der Schweiz fehlen; Schätzungen zufolge[3] sind über die Hälfte aller Gesellschaften Teil eines Konzerns, die meisten davon als Tochtergesellschaften.

2. Keine umfassende Konzernrechtskodifikation

Trotz seiner grossen praktischen Bedeutung als Organisationsform für wirtschaftlich tätige Unternehmen hat der Gesetzgeber den Konzern nicht einheitlich geregelt. Die mit der Revision des Aktienrechts neugeschaffenen Normen regeln nur Teilfragen[4]. Das schweizerische Recht kodifiziert den Konzern nicht umfassend.

3. Das schweizerische Konzernrecht als nicht einheitlich kodifiziertes Recht

Bemühungen des schweizerischen Gesetzgebers, den Konzern in absehbarer Zukunft zum Gegenstand einer einheitlichen und kodifizierten Ordnung zu machen, sind nicht festzustellen[5]. Trotz der unvollständigen gesetzlichen Regelung und trotz

---

1　Unten § 3 I.
2　Vgl. FN 4 unten.
3　Unten § 2 I.
4　Art. 663e bis 663d OR (Konzernrechnung); Art. 659b OR (Erwerb eigener Aktien); Art. 671 Abs.4 und 708 OR (Holdingprivileg); Art. 727c OR (Unabhängigkeit der Konzernkontrollstelle).
5　Botschaft zur Revision des Aktienrechts vom 23. Februar 1983: "Die Konzerne werfen mannigfaltige Probleme auf, die in einer weiteren Revisionsphase gelöst werden müssen."

der Tatsache, dass ein grosser Teil der Lehre zum Konzern nicht das materielle Konzernrecht in den Mittelpunkt ihrer Betrachtungen stellt, sondern die Formulierung der Wünschbarkeit eines Konzernrechtes und seiner allfälligen Ausgestaltung[6], hat auch die Schweiz ein Konzernrecht, das alle sich in diesem Zusammenhang stellenden Fragen regelt, denn die schweizerischen Konzerne bewegen sich nicht in einem rechtsfreien Raum[7]: Jeder Sachverhalt wird von der Rechtsordnung erfasst, auch wenn er vom Gesetz nicht ausdrücklich erwähnt wird und nicht zum Gegenstand einer ihn betreffenden Kodifikation gemacht worden ist[8]. Dieser Grundsatz gilt insbesondere auch beim Konzern: Die Fragestellungen bei der Formulierung des schweizerischen Konzernrechts sind Folge der fehlenden Kodifikation und des Umstandes, dass auch die Gerichte in dieser Sache nicht rechtsschöpfend tätig geworden sind und – zum Beispiel gestützt auf Art. 1 Abs.2 ZGB – keine umfassenden konzernrechtlichen Regelungen aufgestellt haben.

II. Ziele dieser Arbeit

1. Darstellung des schweizerischen Konzernprivatrechts als Resultat der Rechtsordnung

a)   Das Konzernrecht in erster Linie als Resultat der gesamten Rechtsordnung

Ziel der vorliegenden Abhandlung ist die Darstellung des *geltenden* schweizerischen Konzernprivatrechts. Dabei kann nur zum Teil auf gesetzliche Regelungen und Gerichtsentscheide gegriffen werden. Vielmehr sind die einzelnen Prinzipien und Regeln durch die Anwendung und Auslegung der allgemeinen Grundsätze des Privatrechts und der Gesetzesregeln, insbesondere des Gesellschaftsrechts, zu erarbeiten[9].

b)   Grenzen des geltenden Rechts als Grenze der Untersuchung

Die gegebene Aufgabestellung – die Darstellung des *geltenden* schweizerischen Konzernprivatrechts – verbietet es, über das Recht hinauszugehen und Lösungen zu vertreten, die mit der geltenden Rechtsordnung nicht übereinstimmen. Innovative Überlegungen finden daher nur innerhalb der Freiräume statt, welche das Gesetz bietet: durch Hinweise auf die Möglichkeit richterlicher Rechts-

---

[6]   Zweifel, Holdinggesellschaft, S. 145ff; Dallèves, S. 633ff; von Graffenried, passim; Plüss, S. 56ff; Slongo, S. 121ff; Druey, Aufgaben, insbesondere S. 300ff; Ruedin, S. 169ff; Höhener, S. 139ff.
[7]   Lutter, Stand, S. 329 und für den GmbH-Konzern: Emmerich/Sonnenschein, S. 9.
[8]   Art. 1 Abs.2 ZGB; Meier-Hayoz, Einleitungsartikel, S. 39ff.
[9]   Auch Lutter, Stand, S. 330; Druey, Aufgaben, S. 300.

findung[10], durch Auslegung und vor allem durch die Anwendung des geltenden Rechts auf den Konzern.

c)   Die Erfassung des geltenden Rechts als Voraussetzung für seine Reform

Ausgangslage jeder neuen Kodifikation ist die Erfassung des bisherigen Rechts. Jede neue Kodifikation eines vom Recht bisher nicht erfassten Themas ist materiell eine Revision, die ohne Kenntnis des geltenden (ungeschriebenen) Rechts nicht erfolgen kann. Selbst wenn es Ziel der Untersuchung wäre, ein neues Konzernrecht zu entwerfen, erübrigte sich die vorgängige Erfassung des geltenden Konzernrechts nicht.

2.   Beschränkung auf das Konzernrecht in einem engen Sinn

a)   Konzernrecht als Summe der Normen, die auf den Konzern wegen seiner Konzernqualität anwendbar sind

Die auf den Konzern anwendbaren Normen sind nicht identisch mit dem Konzernrecht, sondern gehen viel weiter und umfassen fast die ganze Rechtsordnung. Das Konzernrecht als Rechtsgebiet hingegen beinhaltet nur diejenigen Normen, die auf den Konzern anwendbar sind, weil er Konzern ist und die, läge kein Konzern vor, nicht zur Anwendung gelangten. Nur vom Konzernrecht in diesem engen Sinn soll hier die Rede sein.

b)   Konzernrecht nicht als Summe der Normen, die oft oder in der Regel auf Konzerne anwendbar sind

Neben denjenigen Normen, die auf den Konzern anwendbar sind, weil er Konzern ist, gibt es eine Reihe von Normen, die oft auf Konzerne anwendbar sind, aber nicht immer. Dazu gehören Normen, die auf Konzerne anwendbar sind oder anwendbar sein könnten, weil diese oft eine grosse wirtschaftliche Macht auf sich vereinigen, zum Beispiel durch die monopolartige Beherrschung einer bestimmten Branche. Solche Machtfüllen sind nicht konzernspezifisch und können bei Unternehmen, die nicht als Konzern verbunden sind, ebenso vorkommen. Normen, die auf Konzerne wegen ihrer Grösse oder ihrer Marktmacht zur Anwendung gelangen könnten, sind daher nicht Teil des Konzernrechts.

---

10   Auch Lutter, Stand, S. 342.

3. Beschränkung auf das Privatrecht

Die Einheitsbehandlung des Konzerns vorweggenommen hat, gestützt auf die wirtschaftliche Betrachtungsweise, das öffentliche Recht, welches in vielen Fällen durch die einzelnen Konzerngesellschaften hindurchblickt und hindurchgreift und sie trotz ihrer juristischen Vielfalt als Einheit betrachtet. Diese öffentlich-rechtlichen Durchgriffe sind jedoch für das Konzernprivatrecht ohne grosse Bedeutung; aus der Tatsache, dass sie vorgenommen werden, können für das Privatrecht keine zwingenden Schlüsse gezogen werden, denn das öffentliche Recht nimmt solche Durchgriffe auch an anderer Stelle vor, zum Beispiel im Zusammenhang mit dem Erwerb von Grundstücken[11], wo es sich bewusst der privatrechtlichen Ordnung widersetzt. Die Fragestellung beschränkt sich auf das Privatrecht; Normen des öffentlichen Rechts werden lediglich dort besprochen, wo sie vorfrageweise zur Klärung eines konzernprivatrechtlichen Themas relevant sind.

4. Beschränkung auf die schweizerische Konzernpraxis

Das schweizerische Konzernrecht geht von der Praxis aus und nicht von durch den Gesetzgeber vorgegebenen Modellen; seine Berechtigung entnimmt es dem Regelungsbedürfnis von tatsächlichen Situationen. Aus diesem Grunde beschränkt sich auch diese Arbeit auf diejenigen Konzerne, die in der schweizerischen Rechtswirklichkeit vorkommen und für sie typisch sind. Im Mittelpunkt steht dabei der faktische, aus Aktiengesellschaften gebildete Konzern resp. der Konzern, dessen Tochterunternehmen Aktiengesellschaften sind. Ebenfalls wichtig für die Schweiz ist der Genossenschaftskonzern[12], ein körperschaftlicher Konzern, der in anderen Rechtsordnungen nur eine geringe Rolle spielt. Verzichtet wird auf die Darstellung des in Deutschland verbreiteten GmbH-Konzerns, der wie die GmbH nur von untergeordneter Bedeutung ist. Nachdem auch das revidierte Aktienrecht den kleinen und mittleren Gesellschaften zur Verfügung steht, wird sich voraussichtlich daran auch in Zukunft nichts ändern.

5. Gliederung der Arbeit

a)   1. Teil: Einleitung

In der Einleitung sollen die Grundlagen für das Verständnis der nachfolgenden Teile geschaffen und der Umfang des Themas skizziert werden. Inbesondere soll der Konzernbegriff, wie er durch Gesetz, Rechtsprechung und Lehre definiert

---

11   Praxis zur Grundstückgewinnsteuer, Imboden/Rhinow, Nr. 26, S. 161.
12   Vgl. dazu unten insbesondere § 10.

wird, aufgezeigt und mit ähnlichen Strukturen des Wirtschaftslebens verglichen werden.

b)   2. Teil: Begriff und Rechtsnatur des Konzernes

Im zweiten Teil soll der Konzernbegriff in einer grundsätzlicheren Analyse erarbeitet werden. Neben der Umschreibung des Begriffs "Konzern" steht die Erfassung der Rechtsnatur des Konzerns insgesamt an, seiner Arten und diejenige seiner Glieder, insbesondere der Tochtergesellschaft.

c)   3. Teil: Rechtsverhältnisse innerhalb des Konzerns; Konzerninnenrecht

Auf diese theoretischen Grundlagen aufbauend, werden die Einzelfragen des Konzernrechts untersucht, die rechtlichen Konsequenzen der Konzerneigenschaft. Sie lassen sich in zwei Gebiete aufteilen: Das Konzerninnenrecht und das Konzernaussenrecht. Das Konzerninnenrecht umfasst diejenigen Normen des Privatrechts, welche die Verhältnisse innerhalb des Konzerns regeln, d.h. die Verhältnisse zwischen Mutter- und Tochterunternehmen und die Beziehungen zu ihren Aktionären.

d)   4. Teil: Rechtsverhältnisse ausserhalb des Konzerns; Konzernaussenrecht

Im Konzernaussenrecht ist die Frage zu prüfen, ob und inwieweit das Privatrecht den Konzern insgesamt als Einheit behandelt. Es stellt sich die Frage nach der Wirkung von Rechtsverhältnissen einzelner Konzernglieder mit Dritten zulasten oder zu Gunsten des ganzen Konzerns, insbesondere des Mutterunternehmens und nach dessen Haftung aus Verträgen, die mit den Töchtern abgeschlossen wurden. Zum Konzernaussenrecht gehört auch auch die deliktische Haftung der Mutter für eigenes Verhalten und für Verhalten ihrer Töchter.

§ 2 Praktische Bedeutung der Konzerne und des Konzernrechts

I. Einleitung

Man schätzt – genaue Zahlen gibt es keine –, dass mindestens die Hälfte aller Aktiengesellschaften Teil eines Konzerns sind[1]. In Deutschland, wo die Rechtsform der Aktiengesellschaft den grösseren Unternehmen vorbehalten ist, sind es über 70%[2]. Eine ähnliche Zahl dürfte sich auch für die Schweiz ergeben, wenn man die Aktienkapitalien der konzernierten Gesellschaften als Massstab nimmt und nicht ihre Anzahl. Konzerne sind von grosser wirtschaftlicher Bedeutung. Sie sind – auch in der Schweiz (allerdings nur mit geringen Auswirkungen auf die Gesetzgebung) – Objekt der Politik und der öffentlichen Aufmerksamkeit. Dies allerdings mehr, weil Konzerne oft eine grosse wirtschaftliche Macht verkörpern und weniger wegen der konzernspezifischen Interessenlage und den sich daraus ergebenden Problemen. Dass Normen, zum Beispiel zur Unternehmensverfassung und Machtkontrolle, welche beim Stichwort "Konzern" in der politischen Diskussion in vielen Fällen zuerst als Regelungsmaterie erkannt werden, zu anderen Rechtsgebieten gehören und nicht zum Konzernrecht, ändert nichts daran, dass die Normen, die auf den Konzern anwendbar sind, weil er Konzern ist – das Konzernrecht in dem Sinne, wie es in dieser Arbeit verstanden wird – der grossen Verbreitung der Konzerne entsprechend auch von grosser praktischer Bedeutung sind.

Diese praktische Bedeutung ist kein Resultat der jüngsten Vergangenheit, sondern ist alt und besteht seit der Schaffung der grossen handelsrechtlichen Kodifikationen. Im folgenden Kapitel soll ein rechtsgeschichtlicher und ein rechtsvergleichender Überblick zur Entwicklung und zum Stand des Konzernrechts vermittelt werden; in einem zweiten Teil wird auf seine praktische Bedeutung eingegangen.

II. Rechtsgeschichtlicher Überblick

1. Der Konzern bis 1918

a) Erste Konzernbildungen

Es scheint die logische Fortsetzung der Bildung der grossen Aktiengesellschaften in der zweiten Hälfte des 19. Jahrhunderts zu sein, dass sich diese neuen Gesellschaf-

---

1   Druey, Aufgaben, S. 287; Stebler, in Konzernrechtsgespräch, S. 11, geht sogar von einer erheblich grösseren Anzahl aus.
2   Emmerich/Sonnenschein, S. 14.

§ 2 Praktische Bedeutung der Konzerne und des Konzernrechts

ten wiederum zu noch grösseren wirtschaftlichen Gebilden vereinten. Bereits im Jahre 1822 erfolgte die Gründung der belgischen Société Générale des Pays-Bas, ein Konglomerat von Betrieben mit dem Zweck der Risikoverteilung, um auf diese Weise Anleger gewinnen zu können[3]. Noch untypisch für jene Zeit war die 1886 erfolgte Gründung der ersten deutschen Holdinggesellschaft, der "Nobel Dynamit Trust Comp.[4]", der in den 90er Jahren des letzten Jahrhunderts weitere Konzernbildungen folgen; auch in der Schweiz[5], zuerst, begünstigt durch die Entwicklung des Effektenkapitalismus im Bankwesen[6], dann auch in der Stahl- und in der aufkommenden Elektroindustrie, die sich durch besondere Tochtergesellschaften Absatz und Marktmacht sicherte[7], zuerst im Stammland, dann auch im Ausland[8].

Eine grössere Rolle spielten in Deutschland gegen Ende des 19. Jahrhunderts die ersten grossen Unternehmenskonzentrationen. Dabei sind zwei Strömungen zu beobachten: Bei den früheren Vereinigungen stand nicht die moderne Konzernidee des einheitlich kontrollierten Grossunternehmens im Vordergrund, sondern der kartellähnliche Zusammenschluss unabhängig bleibender Unternehmen. Im Mittelpunkt dieser Entwicklung stand die 1893 erfolgte Gründung des Rheinisch-Westfälischen Kohlen Syndikats (RWKS)[9], Nachfolgerin des im Jahre 1890 gegründeten Westfälischen Kohlesyndikats mit 98 Mitgliedern[10]. Als rechtliche Form wurde die Doppelgesellschaft gewählt, die damit erstmals ins Bewusstsein der Praxis und Wissenschaft eintrat. Die Doppelgesellschaft vermag die Vorteile der Aktiengesellschaft – sie ist juristische Person und kann gegenüber Dritten auftreten – und der einfachen Gesellschaft – den Mitgliedern können, anders als bei der Aktiengesellschaft, Pflichten auferlegt werden, die über die Beitragspflicht hinausgehen – zu kombinieren. Die Mitglieder des Kartells bilden gleichzeitig eine einfache Gesellschaft – womit die kartellinternen Verpflichtungen gesichert werden können – und eine Aktiengesellschaft, so dass das Kartell nach aussen als juristische Person und mit eigenen Organen auftreten kann. Die Doppelgesellschaft hat in der Folge in Deutschland und ab Beginn dieses Jahrhunderts auch in der Schweiz[11] einen beträchtlichen Aufschwung genommen.

---

3   Druey, Aufgaben, S. 285; Liefmann, Finanzierungsgesellschaften, S. 127ff.
4   Friedländer, S. 4.
5   So die American Trust Company durch die Schweizerische Kreditanstalt im Jahre 1895.
6   Friedländer, S. 4; Kellenbenz, S. 292.
7   Kellenbenz, S. 261; Born, S. 49.
8   Der Siemens-Konzern beschäftigte bereits im Jahre 1914 30% der Mitarbeiter in ausländischen Tochtergesellschaften; Born, S. 49.
9   Friedländer, S. 4; Emmerich/Sonnenschein, S. 12.
10 Kellenbenz, S. 268.
11 Naegeli, S. 14.

Die Bildung der ersten grossen Interessengemeinschaften um die Jahrhundertwende in Deutschland zeigt die gemeinsamen Wurzeln des Kartell- und des Konzernrechts. Diese Bildungen erfolgten teilweise durch Kartellverträge, teilweise aber auch durch Übernahme der kleineren Mitglieder durch grössere und durch Fusion[12]. Diese Entwicklung ist durch die damals in Deutschland noch geltende Laissez faire-Politik begünstigt worden; eine Grenze war allein bei den dem öffentlichen Interesse entgegenstehenden Monopolen gegeben[13].

b) *Die Reaktion des Rechts*

Das Recht hat die Bedingungen für diese Entwicklung geschaffen. Eine bewusste Etablierung des Konzerns als Instrument des Rechts erfolgte allein in den Vereinigten Staaten durch die Zulassung der Beteiligung einer Gesellschaft an einer anderen Gesellschaft im Gesetz von New Jersey 1888[14]. Der Nachvollzug dieses gesetzgeberischen Schrittes in Europa ist nicht erfolgt; vielmehr beschränkte man sich auf die Rechtsprechung sowie die Auslegung des Gesellschaftsrechts: Die Gerichte haben zahlreiche Bestimmungen des Gesellschaftsrechts, die die Konzernbildung hätten stören können, so ausgelegt, dass sie nicht als Schranken wirken konnten[15]. Grundlegend war in dieser Hinsicht der Entscheid des Reichsgerichts im Hibernia-Fall[16], der für die Entscheidbildung innerhalb der Aktiengesellschaft die strenge Durchführung des Mehrheitsprinzips, also die Domination des Mehrheitsaktionärs, festschrieb.

2. Der Konzern zwischen 1918 und 1945

a) *Konzernbildungen im grossen Stil auch in Europa*

Die Vorteile der Konzernbildung wurden nun auch in der Schweiz erkannt, und es kam vermehrt zu Konzernbildungen und zur Gründung von Tochtergesellschaften als geeignetes Instrument für die Ausweitung der Unternehmen ins Ausland: Protektionistische Zollvorschriften – zum Beispiel Frankreichs, welches die Importe von Halbfabrikaten gegenüber den Endprodukten stark begünstigte und auf diese Weise zur Inlandsproduktion zwang –, und psychologische Rücksichtnahmen – "Durch die diskrete Art der Beteiligung wird der nationale Charakter des ausländi-

---

12 Kellenbenz, S. 268.
13 Friedländer, S. 5.
14 Druey, Aufgaben, S. 287.
15 Druey, a.a.O.
16 RGZ 68 235ff.

§ 2 Praktische Bedeutung der Konzerne und des Konzernrechts 9

schen Tochterunternehmens gewahrt und das Nationalitätsgefühl der Käuferschaft geschont[17"], und die Dominanz des Herkunftstaates im Geschäftsbereich wurde weniger erkennbar[18] – förderten diese Entwicklung.

Neben diesen vertikalen Strukturen haben sich auch Konzerne durch Konzentration gebildet. Vorreiter dieser Entwicklung war Deutschland: Nach Beendigung des Ersten Weltkrieges wurden die kriegswirtschaftlichen Einschränkungen zu Gunsten einer freien Wirtschaftsordnung gelockert. Nur in wenigen Bereichen, namentlich im Bergbau, blieben staatliche Einschränkungen in verschiedenen Formen in Kraft[19]. Charakteristisch für die Zwischenkriegszeit war für Deutschland aber nicht der Fortgang der Unternehmenskonzentration, sondern die rasante Entwicklung der Konzernbildung[20]. Die durch die amerikanischen Trusts[21] vorgelebte Entwicklung wurde in Deutschland nun nachvollzogen. Aus steuerlichen Überlegungen[22] bildeten sich diese neuen Grossunternehmen nicht durch Fusion, sondern durch Vereinigung zur Interessengemeinschaft (IG)[23] als vertragliche Verknüpfung mehrerer rechtlich selbständiger Unternehmen zu einer neuen wirtschaftlichen Einheit. Die grossen Organisationen der IG erwiesen sich in der Folge und vor allem in der Inflationszeit als zu schwerfällig. Es war die Tendenz zu festeren Zusammenschlüssen durch Fusion und Erwerb von Beteiligungen zu beobachten[24], oft unter Beibehaltung des Begriffes IG.

b)   Die Reaktion des Rechts

Die Wirtschaftskrise offenbarte für Deutschland[25] die Mängel des Systems. Die rasche Entwertung der Aktienwerte führte bei vielen Gesellschaften zu einer beschleunigten Abnahme der Substanz, weil ein grosser Teil ihres Vermögens – zum Teil direkt und zum Teil über Tochtergesellschaften – aus eigenen Aktien[26] bestanden hat; der Ruf nach einer gesetzlichen Regelung der Konzerne wurde immer lauter[27]. Aus dieser Entwicklung erwuchs die im Jahre 1931 als Notverordnung erlassene Aktienrechtsnovelle[28], die den Erwerb eigener Aktien – auch den

---

17   Jahresbericht Bally 1920, zit. in Druey, Aufgaben, S. 285.
18   Zur Tarnung der deutschen Vormachtstellung in ihren Gebieten bestanden die General Aniline Corporation in den USA und die I.G. Chemie in der Schweiz; Kellenbenz, S. 411.
19   Friedländer, S. 6.
20   Friedländer, S. 7.
21   Vgl. dazu unten § 3 III Ziff.2.
22   Friedländer, S. 8.
23   Friedländer, a.a.O.
24   Friedländer, a.a.O.
25   Für England, siehe unten Ziff.4 lit.c.
26   Kellenbenz, S. 436.
27   Emmerich/Sonnenschein, S. 4.
28   NotVo vom 19. September 1931; in Reichsgesetzblatt, 1931, S. 493ff.

abhängigen Tochtergesellschaften – nur noch "zur Abwendung eines schweren Schadens von der Gesellschaft" und bis zu höchstens 10% des Grundkapitals erlaubte und später das Aktiengesetz, welches am 30. Januar 1937 in Kraft trat. Dieses enthielt die erste gesetzgeberische Regelung des Konzerns für das deutsche Recht und insbesondere auch eine Legaldefinition[29].

3. Der Konzern nach 1945

a) Konzernrechtskodifikationen oder Teillösungen

Auf das Konzernrecht beschränkt, finden sich Kodifikationen wiederum in Deutschland, welches versucht hat, mit dem neuen Aktienrecht von 1965 die Mängel der früheren Ordnung zu beseitigen. Die Wahrung der Rechte der Minderheitsaktionäre und der Gläubiger gelang der deutschen Regelung insbesondere in den Vertragskonzernen, in denen sich die Leitungsmacht auf einen Beherrschungsvertrag abstützt; die ursprüngliche Absicht des Gesetzgebers, den faktischen Konzern zurückzudrängen, scheiterte jedoch am Widerstand der Praxis[30]. Diese faktischen Konzerne – bei ihnen stützt sich die Konzernmacht nicht auf einen Beherrschungsvertrag, sondern auf die faktische Beherrschung der Stimmrechte – und den GmbH-Konzern – der in Deutschland im Gegensatz zur Schweiz eine grosse Rolle spielt – regelte das Gesetz nur zum Teil[31].

Die anderen Rechtsordnungen beschränken ihre kodifizierten Konzernrechtsregelungen auf die Erfassung der dringendsten Einzelfragen, die oft weniger konzernrechtlicher Art sind, sondern vielmehr zum Recht der Gesellschaftsform gehören, welcher das Konzernunternehmen angehört. Beispielhaft dafür sind die Normen zum Schutz des Minderheitsaktionärs – die auch auf den Minderheitsaktionär der konzernfreien Gesellschaft Anwendung finden – und die Bilanzierungs- resp. Konsolidierungsvorschriften.

In Zukunft dürfte die Rechtsfortbildung im Konzernrecht auf der europäischen Ebene stattfinden; ein entsprechender Entwurf für eine 9. Konzernrechtsrichtlinie der EG im Rahmen des Europäischen Gesellschaftsrechts wurde bereits mehrmals revidiert, ist aber noch nicht verabschiedet und in keine der nationalen Rechtsordnungen eingeflossen[32].

---

29 § 15 aAktG: "Sind rechtlich selbstständige Unternehmen zu wirtschaftlichen Zwecken unter einheitlicher Leitung zusammengefasst, so bilden sie einen Konzern; ..."
30 Emmerich/Sonnenschein, S.8.
31 a.a.O.
32 Unten Ziff.5.

b) Konzernrecht und Unternehmenskonzentration

Die weitreichend politisch-polizeilich motivierte "Entflechtung" der grossen Industriekonzerne, insbesondere der Chemie- und Stahlindustrie, welche die ersten Nachkriegsjahre[33] Deutschlands gekennzeichnet hatte, blieb Ausnahme: Bis in die 70er Jahre fehlten in Deutschland und den anderen europäischen Rechtsordnungen Wille und Mittel, um der Unternehmenskonzentration gesetzliche Einschränkungen aufzuerlegen[34]. Das Motiv der gesetzgeberischen Erfassung – der Schutz der Wirtschaft vor übermächtigen Teilnehmern – brachte es mit sich, dass nur ein Teil der diskutierten und später zum Teil realisierten Normen zum Konzernrecht gehören[35]. Die Machtfülle mag vielleicht konzerntypisch sein, sie ist nicht konzernwesentlich.

Unter dem Stichwort "Unternehmensgesetzgebung" wurde zuerst in einzelnen Rechtsordnungen, dann auf der Ebene der Europäischen Gemeinschaft versucht, die Grossunternehmen rechtlich in den Griff zu bekommen. Zu einem grossen Teil geschah dies durch Normen anderer Rechtsgebiete – wie des Publizitätsrechts, des Rechtes des Anlegerschutzes und vor allem des Kartellrechts: Eine nach dem Vorbild der amerikanischen Anti-Trust-Gesetze ausgebildete Fusionskontrolle[36] richtete sich zwar nicht gegen das Institut des Konzerns an sich, sondern gegen übermächtige wirtschaftliche Einheiten, die oft, aber nicht immer, Konzerne waren und sind. Ähnliche Regelungen hat in der Folge auch die EG eingeführt für Fusionen von europäischer Bedeutung[37]. In der Schweiz selber fehlten solche Grossgesellschaften weitgehend, resp. wurden sie nicht als Bedrohung aufgefasst.

4. Stand des Konzernrechts / Hinweis auf ausländische Lösungen[38]

a) Deutschland

Im Rahmen des rechtsvergleichenden Überblicks ist an erster Stelle Deutschland zu nennen, welches im Aktiengesetz ein allgemeines Konzernrecht geschaffen[39] und in

---

33 Emmerich/Sonnenschein, S. 12.
34 Emmerich/Sonnenschein, S. 13.
35 So insbesondere die Normen über den Schutz der Minderheitsaktionäre bei Übernahmen; Emmerich/Sonnenschein, S. 11 und unten § 16 III.
36 Insbesondere Deutschland 1973: §§ 23–24a GWB.
37 Art. 85 und 86 EWGV; Emmerich/Sonnenschein, S. 23.
38 Vgl. dazu auch ausführlicher Lutter, Stand, und insbesondere Druey, Gutachten, der die Konzernrechtsordnungen Frankreichs, Italiens und Deutschlands im Hinblick auf eine europäische Lösung vergleicht.
39 §§ 15–19 AktG.

einem besonderen Teil einen für Deutschland wichtigen Konzerntyp – den Vertragskonzern, in welchem sich die Leitung des Mutterunternehmens auf einen Beherrschungsvertrag zwischen beiden Unternehmen abstützt – geregelt hat[40].

In einem allgemeinen Teil des Konzernrechts definiert das Gesetz Begriff und Formen des Konzerns. Diese Bestimmungen der §§ 15 bis 19 sind als allgemeiner Teil auf das ganze Konzernrecht anwendbar, sowohl auf die Vertragskonzerne als auch auf die faktischen Konzerne. Der besondere Teil ist aufgeliedert in eine umfassende Konzernrechtskodifikation für den Vertragskonzern und in eine Teilkodifikation für den faktischen Konzern. Für den erstgenannten enthält er Vorschriften über Beherrschungs- und Gewinnabführungsverträge, über deren Begriff und Inhalt[41], ihren Abschluss, ihre Änderung und Beendigung[42], den dabei zu beachtenden Schutz der Gesellschaft, der Gläubiger und der Minderheitsaktionäre[43]. Der zweite Abschnitt ist Vervollständigung der Normen, die auf den Vertragskonzern anwendbar sind, sowie eine Teilkodifikation für den faktischen Konzern. Er regelt in § 311 bis 318 AktG Verantwortlichkeitsfragen, in §§ 319 bis 327 Fragen der Eingliederung[44]. Im folgenden § 328 AktG werden die wechselseitigen Beteiligungen geregelt, und in §§ 329 bis 338 finden sich die Vorschriften über die Rechnungslegung.

Für den faktischen Konzern und den GmbH-Konzern stellen sich in Deutschland ausserhalb der durch die Teilkodifikationen geregelten Bereiche ähnliche Fragen wie in der Schweiz und den anderen europäischen Rechtsordnungen.

b)   *Frankreich*

Der in Frankreich gewählte gesetzgeberische Weg ist eher mit demjenigen der Schweiz zu vergleichen als mit dem deutschen. Auch Frankreich hat keine umfassende Konzernrechtskodifikation, jedoch eine grössere Regelungsdichte der ausschliesslich auf den Konzern anwendbaren Normen. Das *Loi 66-537 sur les sociétés commerciales* vom 24. Juli 1966 definiert das Tochterunternehmen und mit

---

40   §§ 291 bis 328 AktG.
41   AktG §§ 292, 292.
42   AktG §§ 293 bis 299.
43   AktG §§ 304 bis 307; insbesondere § 302, der die Haftung der Mutter für Schulden der Tochter vorsieht.
44   Nach deutschem Recht kann das Mutterunternehmen bei einem Aktienbesitz von über 95% das Tochterunternehmen eingliedern, was das Tochterunternehmen der uneingeschränkten Leitung des Mutterunternehmens unterwirft und das Mutterunternehmen für Forderungen des Tochterunternehmen haften lässt; trotz dieser Haftung wird die Eingliederung in der Regel vorgenommen; Würdinger, S. 314.

§ 2 Praktische Bedeutung der Konzerne und des Konzernrechts 13

ihm die Voraussetzungen für die Anwendung konzernrechtlicher Normen, als das Unternehmen, in welchem mehr als 50% des Gesellschaftskapitals durch ein Mutterunternehmen beherrscht werden[45].

Neben der Konsolidierungspflicht[46] und dem Verbot der wechselseitigen Beteiligung[47] stellt das französische Konzernrecht auch Regeln über die Haftung des Mutterunternehmens auf. Neben den ungeschriebenen Regeln über den Durchgriff, die den schweizerischen ähnlich sind[48], finden sich Regeln des Gesetzes, die nur indirekt wirken und besagen, dass das Mutterunternehmen selber Organ des Tochterunternehmens sein kann[49] und als *dirigeant de fait* für von ihm veranlasste Handlungen der Tochter haftbar wird[50]. Das ist insbesondere der Fall, wenn Mutter und Tochter gegenüber Dritten als eine Gesellschaft erscheinen[51], also bei atypisch eng geführten Konzernen.

Verbindungen mehrerer Unternehmen – zum Beispiel zu einem körperschaftlichen Konzern – können in Frankreich in der Rechtsform des *groupement d'intérêt économique* realisiert werden, einer Art einfacher Gesellschaft mit für Frankreich untypisch einfachen Gründungsvorschriften[52].

c) *England*

Auch das englische Recht verfügt nur über Teilkodifizierungen. Entstanden sind sie mit dem Company Act von 1929, der, ausgehend vom ersten kodifizierten Konzernbegriff überhaupt, Vorschriften über Konzernabschlüsse und Publizitätsvorschriften aufstellte[53]. Im heute noch weitgehend geltenden Company Act von 1948 wurden der Konzernbegriff präzisiert und die Vorschriften über die Konzernrechnung verschärft[54]. Neu eingeführt wurden Regeln für die Übernahme von Gesellschaften resp. von beherrschenden Gesellschaftsanteilen und Vorschriften zum Schutz der Minderheitsaktionäre. Der Company Act von 1948 sieht hier zwei Verfahren vor: den Kauf der Anteile direkt mit Verkaufspflicht[55] oder aber einen

---

45 Art. 354 L. 25. Juli 1966; Für bestimmte Normen des Konzernrechts, zum Beispiel das Verbot wechselseitiger Beteiligungen, genügt bereits eine geringere Beteiligung; Art. 358, 359, 482.
46 Art. 357–1 L. 25. 7. 1966.
47 Art. 358ff L. 25. 7. 1966.
48 Druey, Gutachten, S. H 10.
49 Art. 98–102.
50 Rives-Lange, La nation de dirigeant de fait, Recueil Dalloz-Sirey; Lutter, a.a.O., S. 358 für das schweizerische Recht gilt die gleiche Regel; vgl. oben § 30 II und § 32.
51 Druey, Gutachten, S. H 10, und die dort zitierten Entscheide.
52 Sonnenberger, S. 108f.
53 Höhener, S. 17f.
54 Höhener, a.a.O.
55 C Act 1948 S. 209 (1); Höhener, S. 116.

richterlich überprüfbaren Vertrag[56] zwischen den beiden Gesellschaften, verbunden mit der Entschädigung der ehemaligen Aktionäre der übernommenen Gesellschaft mit Aktien des neuen Mutterunternehmens.

Im direkten Zusammenhang mit den Vorschriften über die Übernahme stehen Publizitätsvorschriften, die nicht nur eine konsolidierte Rechnung verlangen, sondern auch die Angabe von wichtigen Minderheitsaktionären[57]. Wie im schweizerischen Recht ist das wichtige Gebiet der Haftung des Mutterunternehmens für die Tochter nicht Gegenstand des kodifizierten Rechts, sondern Ergebnis von richterlicher Rechtsfindung[58].

5. Der Stand des Konzernrechts in der EG

a) *Vorbemerkung*

Die EG strebt eine Vereinheitlichung des Gesellschaftsrechts an und als Teil davon auch des Konzernrechts. Diese Bemühungen sind für das schweizerische Konzernrecht von grosser Bedeutung, obwohl sie nach dem Scheitern des Entwurfs für die 9. (Konzernrechts-) Richtlinie von 1985 in der Kommission und seiner Rückstufung als Vorentwurf einen Rückschlag erlitten haben[59]. Das EG-Recht wird mit Sicherheit mittel- und längerfristig das innerstaatliche Recht in unseren Nachbarländern beeinflussen resp. ersetzen. Die Vorbildfunktion des deutschen Rechts, welche sich allein schon aus der Tatsache ergibt, dass es die einzige umfassende Kodifikation darstellt, wird durch diese Entwicklung stark eingeschränkt. Das Scheitern der 9. Richtlinie, die in deutschen Augen angemessen und bescheiden war, aber für andere EG-Staaten offenbar bereits zu detailliert[60] war sowie die Tatsache, dass der deutsche Vertragskonzern allen anderen EG-Staaten fremd geblieben ist[61], erlaubt die Annahme, dass das deutsche Modell nach einer europäischen Rechtsvereinheitlichung auch nicht im Mantel des EG-Rechts Bestand haben wird.

---

56   C Act 1948 S. 206; Höhener, S. 141ff.
57   C Act 1976 S. 33.
58   Zum Durchgriff im englischen Konzernrecht vgl. auch Druey, Gutachten, S. H 24ff.
59   Lutter, Stand, S. 340.
60   Lutter, Stand, S. 340; zur Ablehnung deutscher Vorbilder in anderen europäischen Konzernrechten: ausführlich Druey, Gutachten, S. H 34ff.
61   Sogar in Deutschland selber vermochte er sich nicht vollständig durchzusetzen; vgl. oben Ziff.3 lit.a.

§ 2 Praktische Bedeutung der Konzerne und des Konzernrechts 15

Für die Schweiz wird das EG-Recht langfristig nicht nur die Bedeutung als im Rahmen der Rechtsvergleichung relevantes ausländisches Recht haben; es dürfte mit einem allfälligen Eintritt der Schweiz in die EG oder durch freiwillige Anpassung weitgehend in unsere zukünftige Rechtsordnung einfliessen.

b)   *Grundzüge des Vorentwurfes für eine 9. (Konzernrechts-)Richtlinie*

Trotz ihres Scheiterns als Richtlinienentwurf rechtfertigt sich eine summarische Darstellung der 9. Konzernrechtsrichtlinie, denn sie verkörpert den Stand der Konzernrechtsdiskussion im Rahmen der europäischen Rechtsvereinheitlichung[62]. Nach Art. 2 der Richtlinie liegt ein Konzernverhältnis vor, wenn das Mutterunternehmen die Möglichkeit der einheitlichen Leitung hat. Anders als in den analogen Normen des deutschen[63] und schweizerischen Rechts[64] nennt die Richtlinie ausdrücklich und abschliessend die Sachverhalte, welche die einheitliche Leitung begründen: Die Mehrheit der Stimmrechte oder das Recht, die Verwaltung des Tochterunternehmens zu bestimmen, allein oder zusammen mit anderen.

Bereits vor dem Vorliegen eines Konzernverhältnisses sind gemäss Art 3 bis 5 der Richlinie Beteiligungen ab 10% am potentiellen Tochterunternehmen mitzuteilen, und zwar stufenweise, damit sich die anderen Aktionäre auf die Konzernierung ihrer Gesellschaft vorbereiten können und sie nicht überrascht werden[65]. Ist ein Unternehmen Tochterunternehmen geworden, hat es gemäss Art. 7 jedes Jahr einen Sonderbericht zu erstellen, der im Detail Auskunft gibt über jene Geschäfte mit dem Mutterunternehmen, welche das Tochterunternehmen potentiell schädigen könnten und welche wegen ihrer Natur die Gefahr in sich bergen, dass sie zu Konzernbedingungen und nicht zu Marktbedingungen abgeschlossen wurden. Auf Antrag eines Aktionärs kann bei begründetem Verdacht – in der Regel gestützt auf den Sonderbericht gemäss Art. 7 der Richtlinie – eine weitere Prüfung diesmal einzelner beanstandeter Rechtsgeschäfte stattfinden.

Die Haftung des Mutterunternehmens für das Tochterunternehmen[66] ist im Ansatz identisch mit der französischen Lösung der *dirigeant de fait* und der in dieser Arbeit vertretenen Ansicht zum schweizerischen Recht[67]: Das Mutterunternehmen, welches wie ein Geschäftsführer des Tochterunternehmens auftritt, haftet gegen-

---

62   Druey, Gutachten, S. H 32. Der abgeänderte Vorschlag für die Societas Europaea vom 16. Mai 1991 (Abl. Nr. C 176/1 vom 8. Juli 1991, S. 1–68, enthält keine zusätzlichen konzernrechtlichen Regeln.
63   § 17 AktG.
64   Art. 663e OR.
65   Was Voraussetzung sein kann für die richtige Wahrnehmung der Aktionärsrechte im Falle der Übernahme der Mehrheit, vgl. dazu oben § 31.
66   Art. 9 Richtlinie.
67   Vgl. dazu unten § 29ff.

über dem Tochterunternehmen[68], gegenüber den Minderheitsaktionären des Tochterunternehmens[69] und gegenüber den Gläubigern des Tochterunternehmens im Konkurs[70] wie ein Organ der Tochter.

In den folgenden Art. 13 bis 32 und 33 bis 37 folgen Normen zur Konzernverfassung, welche sich auf einen Unterstellungsvertrag abstützen kann oder auf eine einseitige Erklärung. In beiden Fällen bestehen Schutzvorkehren zu Gunsten des Minderheitsaktionärs. Ganz offensichtlich lässt das Erfordernis einer ausdrücklichen Willenserklärung Raum für den faktischen Konzern, der noch im Vorentwurf von 1975 durch die zwingende Anwendbarkeit des Konzernverfassungsrechts auf alle Konzernsachverhalte fehlte. Die letzte materielle Bestimmung, Art. 40, bildet die Grundlage für den Gleichordnungkonzern, in welchem mehrere Unternehmen sich einer einheitlichen Leitung unterwerfen, ohne dass der eine Vertragsteil dem anderen untergeordnet wird[71]. Neben der Konzernrechtsrichtlinie hat die EG zwei wichtige Einzelthemen des Konzernrechts zum Gegenstand eigener Richtlinien gemacht: Die Bilanzrichtlinie von 1978[72] und die Konzernabschlussrichtlinie von 1988[73].

III. Tatsächliche Bedeutung des Konzernrechts

1. Wirtschaftliche Bedeutung der Konzerne und tatsächliche Bedeutung des Konzernrechts

Die grosse wirtschaftliche Bedeutung, die den Konzernen zukommt, führt nicht zwingend zu einer ebensolchen Bedeutung des Konzernrechts. Es ist durchaus denkbar und kommt im Recht auch an anderer Stelle vor[74], dass die Bedeutung eines Themas innerhalb der Rechtsordnung nicht der praktischen Bedeutung der Regelungsmaterie folgt – das Konzernrecht scheint ein Beispiel dafür zu sein.

---

68   Art 9 Ziff.1.
69   Art. 10 Ziff.1.
70   Art. 10 Ziff.2.
71   Tatsächlich ordnen sich die beiden Unternehmen der durch sie gebildeten einfachen Gesellschaft unter und bilden einen körperschaftlichen Konzern; vgl. dazu unten §§ 12 und 13.
72   "Jahresabschlussrichtlinie" Abl. L. 222 14. August 1978, S. 11; rev. in Abl. L. 314 4. Dezember 1984, S. 84.
73   Abl. L. 193 18. Juli 1983. S.1; siehe auch unten § 22.
74   Die Normen über die GmbH und die Kommanditaktiengesellschaft sind negative Beispiele dafür, die nicht kodifizierten Normen über die culpa in contrahendo positive.

2. Das fehlende dringende Bedürfnis nach einem kodifizierten Konzernrecht

a)　Ausgangslage

Man darf davon ausgehen, dass die Konzernpraxis in der Schweiz eine umfassende Konzernrechtskodifikation nicht als dringlich erachtet. Sie wurde noch vor zehn Jahren mit den Worten "Warum zu allen Plagen noch diese? und zudem wohl: Was weiss man schon an den Universitäten schon über die Wirklichkeit der Wirtschaft" zitiert[75]. Man darf ferner davon ausgehen, dass nicht nur eine umfassende Kodifikation nach deutschem oder jetzt auch europäischem Vorbild nicht als dringlich erachtet wird, sondern das Konzernrecht als Thema überhaupt. Andernfalls hätten die Praxis resp. deren Vertreter ihre Bedürfnisse mit Sicherheit bereits in den Gesetzgebungsprozess eingebracht. Es stellt sich die Frage nach den Gründen für diese Ablehnung: Welche Plagen drohen überhaupt?

b)　Das Fehlen eines kodifizierten Konzernrechts als Ablehnung der Konzernverantwortung?

Die Ablehnung des Konzernrechts ist nicht begründet durch den Wunsch nach einer Organisation – dem Konzern –, die das Potential hat, zum eigenen Vorteil Gläubiger zu schädigen, wie man meinen könnte, weil der Durchgriff eines derjenigen Regelungsgebiete ist, welches oft mit einem allfälligen Konzernrecht in Verbindung gebracht wird[76]. Fälle, in denen ein Konzerntochterunternehmen zahlungsunfähig wird, sind sehr selten[77]. In der Regel wird bei wirtschaftlichem Unvermögen oder bei einem grossen Schadensfall der Tochter das Mutterunternehmen – nicht aus Altruismus, sondern um seinen guten Namen zu schützen – die Gläubiger des Tochterunternehmens befriedigen[78].

c)　Das Fehlen eines kodifizierten Konzernrechts als Folge des fehlenden Problembewusstseins

Die Konzernpraxis wählt die Organisationsform "Konzern" nicht, weil sie auf diesem Wege einer potentiellen Verantwortung ausweichen will, sondern aus anderen,

---

75　Druey, Aufgaben, S. 279.
76　In der Basisliteratur zum Gesellschaftsrecht ohne Ausnahme: Forstmoser/Meier-Hayoz, S. 297; Guhl/Merz/Kummer, § 64 I 2b und weitere. Ebenfalls Vischer/Rapp, S. 202; Tschäni, Lehren, S. 65; Caflisch, S. 59.
77　Druey, Aufgaben, S. 374, 352.
78　Entscheid des Schweizerischen Bundesgerichts vom 11. Dezember 1990 (CS-Holding), zit. in SZW, 1991, S. 141; Lutter, Stand, S. 356, zur faktischen Beistandspflicht im Herstatt-Konkurs.

zum Beispiel organisatorischen, psychologischen, historischen Gründen. Wenn die Konzernrechtspraxis bisher die Wünschbarkeit eines Konzernrechts nicht sieht, dann allein deshalb, weil sie es als unnötig erachtet. Sie geht davon aus – die regelmässigen Verweise auf fehlende Missbräuche zeigen es[79] –, dass diejenigen Probleme, welche ein Konzernrecht nötig werden lassen könnten – die Haftung des Mutterunternehmens, der Schutz des Minderheitsaktionärs – in der Praxis nicht in dem Ausmasse vorkommen, dass eine Kodifikation sich rechtfertigen würde.

d) *Das Fehlen eines kodifizierten Konzernrechts als Folge des Wunsches nach Flexibilität*

Dazu kommt, dass der jetzige kodifikationslose Zustand den Teilnehmern der Rechtsordnung eine ausserordentlich grosse Flexibilität einräumt. Sie können ihren Konzern im Rahmen einiger weniger zwingender Normen frei ausgestalten – vom dezentral geführten Konzern mit einem Maximum an Kompetenz auf der Ebene der Tochterunternehmen bis zum straff hierarisch gegliederten Konzern, in welchem die Rechtspersönlichkeit der Tochterunternehmen nur eine rechtliche Fiktion ist[80].

Bei einer Kodifikation nach deutschem oder europäischem Muster – insbesondere wenn die von der dortigen Lehre zum Teil geforderte[81] Ausschliesslichkeit der im Gesetz vorgesehenen Lösungen realisiert würde – ginge diese Flexibilität verloren; die dezentralen Konzerne müssten ihre Töchter straffer, die straff geleiteten Konzerne müssten sie am längeren Zügel führen.

3. Das Fehlen des Problembewusstseins nicht als Fehlen des Problems

a) *Ausgangslage*

Ganz unabhängig von den Bedürfnissen der Praxis und von den Bedürfnissen, ein Problem zu erfassen und zu lösen, rechtfertigt die Fragestellung – rechtliche Vielfalt in wirtschaftlicher und organisatorischer Einheit – bereits für sich eine Vertiefung in das Thema. Dazu kommt, dass mit dem Fehlen des Problembewusstseins das

---

79   Druey, a.a.O, insbesondere in FN 247.
80   Caflisch, S. 59; vgl. dazu auch oben § 6.
81   Emmerich/Sonnenschein, S. 8.

§ 2 Praktische Bedeutung der Konzerne und des Konzernrechts   19

Problem nicht fehlt. Das zeigen verschiedene jüngere Entwicklungen, die – auch in der Schweiz – ein Regelungsbedürfnis begründen: sei es mittels einer Kodifikation, sei es durch Ausschöpfung der im geltenden Recht liegenden Möglichkeiten[82].

b) Neues Rechtsbewusstseins des Aktionärs

Die Rolle des Aktionärs hat sich grundlegend gewandelt: Er ist je länger je weniger bereit, sich auf den Versorger der Gesellschaft mit billigem Kapital zu beschränken, sondern wird sich immer mehr seiner Rolle als Teil eines Organs seiner Gesellschaft bewusst. Zum Teil ist diese "neue" Rolle des Aktionärs in das neue Aktienrecht eingeflossen[83], zum Teil in andere Gesetze[84]. Der Minderheitsaktionär eines Tochterunternehmens befindet sich im Vergleich zum Minderheitsaktionär eines freien Unternehmens in einer schlechteren Ausgangslage; es ist von Interesse zu wissen, was das geltende Recht zu seinen Gunsten vorsieht.

Die Aufwertung der Rechte des Minderheitsaktionärs schafft das Interesse an einem Konzernrecht auch auf seiten des Konzerns; das Konzernrecht schafft Rechtssicherheit und kann den Konzern vor übermässigen Minderheitsrechten des Minderheitsaktionärs schützen[85].

c) Neue Risiken

In der modernen Industriewelt können sich grosse Schadensfälle ereignen. Verbunden mit strengeren Haftungsregeln[86] können diese eine derart grosse Schadenersatzpflicht auslösen, dass die Abwägung Imageverlust – Schadenszahlung, welche in der Vergangenheit in der Regel zur Leistung des Schadenersatzes ohne Rechtspflicht geführt hat, dazu führt, dass der Konzern seine haftbare Tochter im

---

82 Das Bedürfnis nach einem Konzernrecht wurde in der Schweiz wiederholt diskutiert, wobei die ältere Lehre (insbesondere Steiger, S. 337, Siegwart, Einleitung, N. 159; Caflisch, S. 58) das Bedürfnis einer eigenen Kodifikation verneint resp. sie nur im Rahmen einer europäischen Lösung wünscht, so Vischer/Rapp, S 202, und die jüngere (Oesch, S. 231; Petitpierre-Sauvin, S. 233; Tappolet, S. 139; Zweifel, Holdinggesellschaft, 145ff; Dallèves, S. 633ff; Schluep, Unternehmenskonzentration; von Graffenried, S. 89ff; Plüss, S. 56ff; Ruedin, Vers un droit, S. 169ff und ausdrücklich auch Druey, ausführlich in Aufgaben, und zuletzt im Konzernrechtsgespräch, S. 129) sie wünscht.

83 So insbesondere Art 663d ff und Art 659b OR.

84 Vorentwurf zu einem Bundesgesetz über die Börsen und den Effektenhandel vom März 1991; vgl. dazu unten § 16 IV Ziff.1.

85 Diese Entwicklung hat schon Druey, Aufgaben, S. 299f, vorausgesehen; jetzt auch Behr, S. 129; das Prinzip wird im geltenden Konzernrecht durch die Verknüpfung der Minderheitsrechte mit dem Gesellschaftszweck des Tochterunternehmens verfolgt, vgl. dazu unten §§ 13 und 17.

86 Zum Beispiel im Umweltrecht; vgl. unten § 34.

Konkurs liquidieren lässt und nicht mehr unterstützt. Die Frage, unter welchen Umständen ein Mutterunternehmen in einem solchen Fall den Gläubigern der Tochter gegenüber haftet, ist von grosser Bedeutung.

d)   Neue Dynamik im europäischen Integrationsprozess

Eine Anpassung an europäische Richtlinien, vor zehn Jahren noch eine ausschliesslich theoretische Fragestellung, wird durch die neue Dynamik der europäischen Einigung und durch die Aussichten, dass auch die Schweiz darin eine Rolle spielen könnte, durch grosse Teile der Wirtschaft heute gestützt; nicht nur für das Konzernrecht, sondern ganz allgemein. Art und Ausmass der Übernahme solcher Normen stehen noch nicht fest; ohne eine vorgängige Erfassung des geltenden Konzernrechts ist sie in keinem Fall möglich.

§ 3 Konzerne und konzernähnliche Strukturen

I. Vorbemerkung

Werden im Rahmen einer Unternehmenskonzentration zwei oder mehrere Unternehmen zusammengefasst, ist das Resultat in der Regel ein Konzern – entweder bereits als Endzustand der Zusammenführung oder als Vorstufe zur Fusion. Die Konzernierung ist jedoch nicht zwingend, und es sind andere Formen der wirtschaftlichen Konzentration denkbar, die weniger weit gehen. Trotzdem wurde der Begriff "Konzern" umgangssprachlich zum Synonym für zusammengefasste und für grosse und mächtige Unternehmen überhaupt. Es ist daher unumgänglich – auch zur Abgrenzung des zu behandelnden Themas –, vor der juristischen Analyse einige Grundbegriffe einzuführen und, ohne die nachfolgenden Untersuchungen präjudizieren zu wollen, in ihren Grundzügen zu erläutern.

II. Der Konzern

1. Begriff

Seit der Revision des Aktienrechts kann sich auch das schweizerische Konzernrecht auf eine Legaldefinition abstützen. Art. 663f OR stützt sich auf den von der Lehre einhellig vertretenen und von § 17 des deutschen Aktiengesetzes übernommenen Konzernbegriff, wonach der Konzern die Gesamtheit mehrerer juristisch selbständiger Personen umfasst, die unter einer einheitlichen Leitung stehen und eine wirtschaftliche Einheit bilden.

2. Arten

a) Vorbemerkung

Unter dem oben skizzierten Konzernbegriff lassen sich verschiedene wirtschaftliche Grössen subsumieren. In vielen Fällen unterscheiden sich diese Grössen nur in der Art ihres wirtschaftlichen Auftretens, aber nicht in der juristischen Struktur. Ein Grosskonzern, der in der ganzen Welt marktbeherrschend mit Tochtergesellschaften vertreten ist, kann aus der Sicht des Konzernrechts identisch sein mit einem zweigliedrigen Kleinstkonzern[1]. Konzernrechtlich erhebliche Unterschiede unter den Konzernen bestehen nicht in bezug auf die Grösse; sie beziehen sich auf die

---

1   Nägeli, S. 205, FN 31; Joss, S. 24.

Grundlage der Konzernbildung und auf das Verhältnis der Konzernglieder untereinander.

b)   *Faktische Konzerne und Vertragskonzerne*

Diese Vielfalt wird namentlich im deutschen Recht deutlich, welches nur einen Konzerntyp, den Vertragskonzern[2], einer detaillierten und umfassenden Regelung unterwirft und damit bereits eine erste Abgrenzung verlangt, nämlich zwischen dem faktischen Konzern und dem Vertragskonzern. Als faktischer Konzern wird derjenige Konzern bezeichnet, in welchem sich die einheitliche Leitung auf tatsächliche Machtverhältnisse abstützt, in der Regel auf Mitgliedschaftsrechte[3].

Für das schweizerische Konzernrecht ist diese Unterscheidung nur von untergeordneter Bedeutung[4]; die im deutschen Recht vorliegende Bedeutung der Differenzierung – auf die beiden Konzerntypen sind unterschiedliche Normen anwendbar – fehlt im schweizerischen Recht. Das gilt auch für denjenigen Konzern, der sich und die einheitliche Leitung der Töcher auf eine vertragliche Bindung abstützt, denn auch dieser Typ ist nicht gesetzlich vorgesehen, und es gelten für ihn keine besonderen gesetzlichen Vorschriften. Dazu kommt, dass Konzerne, bei denen sich die Leitungsmacht auf Verträge abstützt[5], in der Schweiz – weil besondere gesetzliche Folgen fehlen – nicht oder nur äusserst selten vorkommen[6].

c)   *Einfache und qualifizierte Konzerne*

Unter den faktischen Konzernen gibt es Konzerne unterschiedlicher Leitungsdichte: Es gibt Mutterunternehmen, die den Tochtergesellschaften ein grosses Ausmass an Selbständigkeit belassen, andere bestimmen jedes Detail der Geschäftätigkeit der Tochter. Die deutsche Lehre unterscheidet hier zwischen dem einfachen und dem qualifizierten faktischen Konzern[7]. Die Unterscheidung wird gemacht, weil beim qualifizierten faktischen Konzern die konzernrechtlichen Minderheiten- und Gläubigerschutznormen versagen[8] und demzufolge das nicht kodifizierte Konzernrecht

---

2   AktG §§ 291ff.
3   Emmerich/Sonnenschein S. 84.
4   Im Vertragskonzern ist die Unterwerfung der Tochter unter die Mutter nicht nur faktisch, sondern auch rechtlich festgelegt; die Mutter haftet für die Tochter also auch dann als Geschäftsherr, wenn man mit von Planta, Hauptaktionär, S. 136, der in § 33 IV Ziff.4 vertretenen Auffassung nicht folgt und das nur faktische Subordinationsverhältnis für die Begründung der Hilfspersonenqualität nicht anerkennt.
5   Vgl. dazu unten § 15 III.
6   Stebler, S. 12.
7   Emmerich/Sonnenschein, S. 26.
8   Emmerich/Sonnenschein, a.a.O.

§ 3 Konzerne und konzernähnliche Strukturen 23

eingreifen müsste[9]. Für das schweizerische Konzernrecht, das kein kodifiziertes Konzernrecht kennt, ist auch diese Unterscheidung von untergeordneter Bedeutung.

d)   Unterordnungs- und Gleichordnungskonzerne

Auf einer anderen Ebene angesiedelt ist die – ebenfalls im deutschen Konzernrecht[10] vorgenommene – Unterscheidung zwischen dem Unterordnungs- und dem Gleichordnungskonzern. Als Gleichordnungskonzern wird dabei derjenige Konzern bezeichnet, in welchem sich mehrere Unternehmen einer einheitlichen Leitung unterstellen, ohne dass eines dieser Unternehmen von einem der andern abhängig wäre. Der Terminus für dieses Unterscheidungskriterium ist missverständlich, denn auch beim "Gleichordnungskonzern", in welchem sich mehrere Unternehmen zusammentun, gibt es ein herrschendes Mutterunternehmen, nämlich die aus den Konzerngliedern gebildete Interessengemeinschaft[11]. Ohne ein solches fehlte die einheitliche Leitung und mit ihr der Konzern. Auch im "Gleichordnungkonzern" werden die Töchter durch eine Mutter einheitlich geleitet.

e)   Einheitliche und körperschaftliche Konzerne

Besser, weil präziser, ist die Unterscheidung in einheitliche und körperschaftliche Konzerne. Der körperschaftliche Konzern unterscheidet sich vom einheitlichen Konzern dadurch, dass seine Tochtergesellschaften zugleich Mitglieder der Mutter sind, vergleichbar mit einem demokratischen Staatswesen, in welchem die Staatsführung auf der einen Ebene vom Volk geleitet wird und auf der anderen Ebene das Volk leitet. Im körperschaftlichen Konzern üben die Töchter als Mitglieder der Mutter die mitgliedschaftliche Kontrolle über die Mutter aus, während sie gleichzeitig in Fragen der Geschäftstätigkeit[12] deren einheitlicher Leitung unterliegen. In der schweizerischen Konzernpraxis kommen körperschaftliche Konzerne insbesondere in der Form der Genossenschaftskonzerne vor[13].

---

9   Emmerich/Sonnenschein, S. 26f.
10 § 18 Abs. a AktG; Würdinger, S. 297; Emmerich/Sonnenschein, S. 84; von Steiger Werner, Holdinggesellschaften, S. 233a, spricht von Subordinationskonzernen und Koordinationskonzernen.
11 Würdinger, S. 297.
12 Ohne dass die Mutter auf die Art der Ausübung der Mitgliedschaftrechte Einfluss nehmen kann; vgl. zum Ganzen unten § 16.
13 Vgl. dazu unten § 10.

III. Abgrenzungen

1. Abgrenzung zum Einheitsunternehmen

Vom fusionierten Grossunternehmen unterscheidet sich der Konzern dadurch, dass er aus einer Mehrzahl von juristisch selbständigen Unternehmen besteht.

2. Abgrenzung zum Kartell

a)   Begriff

Kartelle resp. kartellähnliche Organisationen sind Verbindungen und Gruppen, welche die "monopolistische Beherrschung des Marktes"[14] bezwecken oder anstreben. Das schweizerische Kartellgesetz[15] umschreibt das Kartell und die kartellähnliche Organisation ähnlich: Gemeinsames Merkmal und somit Voraussetzung für die Anwendung des Gesetzes ist ihr Zweck oder ihre wirtschaftliche Position: Die Beherrschung oder die massgebliche Beeinflussung des Marktes für bestimmte Waren oder Leistungen.

b)   Unterschiedliche Regelungsbereiche

Der Begriff Kartell in seinem Sinne als Anknüpfungspunkt für die Anwendbarkeit des Kartellrechts[16] definiert keine Organisationsform; der Begriff Konzern keinen bestimmten Zweck und auch keine bestimmte wirtschaftliche Rolle. Die Begriffe "Kartell" und "Konzern" sind daher nicht voneinander abgrenzbar, denn sie betreffen unterschiedliche Regelungsbereiche, die sich überlappen können[17], aber nicht müssen: Beim Konzern stellt sich die Frage, ob mehrere juristisch selbständige Grössen unter einer einheitlichen Leitung stehen, beim Kartell nach seiner Rolle im Markt[18].

Ein Vergleich im Sinne einer Abgrenzung ist daher nicht möglich. Die beiden Bereiche sind getrennt zu analysieren mit der Folge, dass eine untersuchte Struktur weder Konzern sein kann noch Kartell, dass sie Konzern sein kann oder Kartell

---

14   Robert Liefmann, Konzerne, S. 10.
15   SR 251.
16   Welches das Kartell im Sinne von Art. 2 und die kartellähnliche Organisation gemäss Art. 4 KG umschliesst; anders die deutsche GWB, welche durch das Fehlen der kartellähnlichen Organisation und ihre Gleichstellung mit dem Kartell die Kontroverse nicht hat beendigen können, ob Konzerne auch Kartelle sein können; Harms S. 40ff.
17   Tschäni, Wettbewerbsbeschränkungen, S. 66; Bär Rolf, S. 522.
18   Harms, S. 180; Druey, Aufgaben, S. 342.

§ 3 Konzerne und konzernähnliche Strukturen

oder beides zugleich. Der kartellistische Konzern ist daher keine Konzernart, sondern ein zufälliger gemeinsamer Nenner zwischen dem Konzern- und dem Kartellbegriff.

3. Abgrenzung zum Trust

Unmöglich ist auch eine Abgrenzung zwischen dem Konzern und dem Trust; einerseits aus den eben für die Abgrenzung zum Kartell genannten Gründen, andererseits, weil noch dazukommt, dass unter den Begriff Trust eine Vielzahl von Gebilden subsumiert werden, die das Schweizer Recht zum Teil gar nicht kennt[19]. Wird der Begriff Trust im Konzern- und Gesellschaftsrecht verwendet, dann oft als Bezeichnung eines Konzerns, der zugleich eine kartellähnliche Organisation ist[20].

---

19 Zweifel, S. 68; Albers, S. 10.
20 Von Steiger Werner, S. 238a; Liefmann, a.a.O., S. 200ff; Haussmann, Grundlegung, S. 86ff.

2. Teil: Begriff, Rechtsnatur und Arten

§ 4 Konzernbegriff, Ausgangslage und Fragestellung

I. Der Konzernbegriff im Gesetz und in der Rechtsprechung

1. Gesetz

a) *Art 663e bis 663h OR (Konzernrechnung)*

Die mit der Revision des Aktienrechts geschaffene grundlegende Norm des kodifizierten Konzernrechts legt die Pflicht zur Erstellung einer konsolidierten Konzernrechnung fest. Als Träger dieser Pflicht werden Gesellschaften genannt, die durch Stimmenmehrheit oder auf andere Weise eine oder mehrere Gesellschaften unter einheitlicher Leitung zusammenfassen[1]. Mit dieser Norm hat auch der schweizerische Gesetzgeber einen gesellschaftsrechtlichen Konzernbegriff geschaffen. Die Norm ist offen und unbestimmt; zur Qualität der einheitlichen Leitung – potentiell oder effektiv – sagt sie nichts, sondern überlässt – bewusst[2] – Präzisierungen der Lehre. Trotz dieser Unbestimmtheit ist diese Bestimmung im schweizerischen Konzernrecht von zentraler Bedeutung, und zwar aus drei Gründen: Sie ist Träger eines Konzernbegriffs, Norm über die konsolidierte Konzernrechnung[3], und sie zeigt, dass das schweizerische Privatrecht im Grundsatz eine Einheitsbehandlung des Konzerns kennt[4].

b) *Art 659b OR (Erwerb eigener Aktien)*

Mit dem neuen Aktienrecht hat der Gesetzgeber die bisher schon angewendete Regel[5], wonach der Erwerb von Aktien der Mutter durch die Tochter als Erwerb eigener Aktien gelte, in Art. 659b OR zum Gesetz erhoben. Die Norm ist Folge der Umgehungsmöglichkeit von Art. 659 OR durch die Verwendung resp. das "Vorschieben[6]" einer Tochter. Mit dieser Norm anerkennt der Gesetzgeber die faktische Subordination der Tochter unter die Mutter im Konzern – ohne diese wäre

---

1 Art. 663e OR.
2 "...überlässt das Gesetz bewusst der Lehre und Rechtsprechung zum Entscheid", Botschaft über die Revision des Aktienrechts vom 23. Februar 1983, S. 74.
3 Vgl. dazu unten § 22.
4 Vgl. dazu unten § 21ff.
5 BGE 72 II 275ff; vgl. dazu unten die in § 18 FN 2 zit. Literatur.
6 Botschaft über die Revision des Aktienrechts vom 23. Februar 1983, S. 63.

die Bestimmung überflüssig – und schafft für eines der daraus sich ergebenden Probleme eine Lösung.

c) *Art 671 Abs.4 und Art. 708 OR (Holdingprivileg)*

Art. 671 Abs.4 OR entbindet Gesellschaften, deren Zweck vor allem in der Beteiligung an anderen Gesellschaften besteht, von der Pflicht zur Bildung von gesetzlichen Reserven gemäss Art. 671 Abs.1 und in bestimmten Fällen gemäss Art. 708 OR von den Nationalitätsvorschriften für die Mitglieder der Verwaltung. Die erste der beiden Normen führt in ihrem Geltungsbereich zu einer Einheitsbehandlung des Konzerns, da Reserven innerhalb der wirtschaftlichen Einheit Konzern nur einmal – und zwar auf der Ebene der Tochterunternehmen – gebildet werden müssen.

d) *Art. 727d OR (Unabhängigkeit der Revisionsstelle)*

Die Revisionsstelle einer Gesellschaft muss gemäss Art. 727c OR Abs.1 vom Mutterunternehmen und soll gemäss Abs. 2 von Schwesterunternehmen und anderen Konzerngliedern unabhängig sein, wenn ein Aktionär oder ein Gläubiger dies verlangt. Auch mit dieser Norm hat der Gesetzgeber einen Umgehungstatbestand – die Wahl einer von der Gesellschaft, aber nicht vom Hauptaktionär unabhängigen Revisionsstelle – erfasst und damit wie bei der Bestimmung über das Verbot des Erwerbs eigener Aktien zugleich die Subordination der Konzernglieder unter die Mutter anerkannt.

e) *Erlasse des öffentlichen Rechts*

Neben dem Steuerrecht des Bundes und der Kantone, die den Konzern an verschiedener Stelle regeln[7], finden sich Regeln im Gesetz über den Erwerb von Grundstücken durch Personen im Ausland[8] und im Markenschutzgesetz[9].

---

7   Holdingprivileg, Beteiligungsabzug; Höhn, § 26.
8   Art. 6 des Bundesgesetzes über den Erwerb von Grundstücken durch Personen im Ausland (lex Friedrich).
9   Gleichlautende Marken dürfen im Konzern auch durch verschiedene Gesellschaften verwendet werden; Art. 6bis MSG.

2. Praxis des Bundesgerichts

a) Ansätze einer Einheitsbehandlung des Konzerns

Das Bundesgericht hat den von der Lehre einhellig vertretenen Konzernbegriff[10], wie er mit dem neuen Aktienrecht auch vom Gesetzgeber übernommen worden ist[11], noch nicht präzisiert und zu den von ihm offengelassenen Fragen noch nicht Stellung genommen. Seinen Entscheiden zum Konzernrecht lässt sich lediglich entnehmen, dass das Bundesgericht den Konzern als Gegenstand der Realität und als tatsächlichen Sachverhalt anerkennt und im Grundsatz bereit ist, rechtliche Konsequenzen aus der konzernspezifischen Interessenlage zu ziehen. Es hat festgestellt, dass starke Konzernglieder einer faktischen Beistandspflicht gegenüber anderen Konzernteilen unterliegen[12], dass der Konzern von Dritten in der Regel als Einheit wahrgenommen[13] und aus diesem Grunde vor Dritten persönlichkeitsrechtlich geschützt wird, wenn sie durch ihre Firma den Eindruck erwecken, Bestandteil des Konzerns zu sein[14].

Für das alte Aktienrecht hat das Bundesgericht im bereits zitierten BGE 72 II 275ff im Einklang mit der damaligen Lehre[15] festgestellt, dass gegen das Verbot des Erwerbs von eigenen Aktien (Art. 659 aOR) auch dann verstossen wird, wenn die Aktien nicht von der dem Verbot direkt unterliegenden Holdinggesellschaft selbst, sondern von der Tochtergesellschaft erworben worden sind. Voraussetzung dabei sei, dass "die Tochter derart von der Muttergesellschaft beherrscht (werde), dass ihr dieser gegenüber keine selbständige Willensbildung mehr zukommt[16]". Entscheidend für die Anwendbarkeit der Norm sei nicht, ob die Aktien formell bei der eigenen Gesellschaft lägen, sondern allein das zwischen der Gesellschaft und der Tochter bestehende Abhängigkeitsverhältnis, welches der Gesellschaft erlaube, die mit den Aktien verbundenen Rechte selber wahrzunehmen. Als Mittel einer solchen Abhängigkeit nennt der Entscheid auch die überragende Kapitalbeteiligung.

---

10 Vgl. dazu unten III.
11 Oben Ziff.1 lit.a.
12 Mit der Folge, dass die wirtschaftlichen Risiken im (Banken-)Konzern insgesamt dem stärksten Glied zugerechnet wurden, Entscheid vom 11. Dezember 1990, publ. in SZW 1991, S. 142ff, CS-Holding.
13 a.a.O.
14 Eine ähnliche Firma braucht nicht geduldet zu werden; der Besserberechtigte braucht sich nicht den Eindruck der rechtlichen oder wirtschaftlichen Zusammengehörigkeit gefallen zu lassen (BGE 100 II 224 und die in Druey, Aufgaben, S. 328 zitierten Entscheide); vgl. dazu ausführlich unten § 24.
15 Vgl. dazu unten die in § 18 FN 2 aufgeführte Literatur.
16 a.a.O.

b) Einheitsbehandlung des Konzerns als Ausnahme

Die Einheitsbehandlung des Konzerns, wie sie das Bundesgericht in den zitierten Entscheiden vorgenommen hat, ist jedoch die Ausnahme und nicht die Regel: In BGE 85 II 113ff hat es zur Frage der Verrechnung von Forderungen festgestellt, dass verschiedene Personen nicht als Einheit behandelt werden dürfen, auch wenn die eine dieser Personen die andere wirtschaftlich vollkommen beherrsche[17].

II. Der Konzernbegriff in der Lehre

1. Ausgangslage

Die drei für den Konzern begriffsbestimmenden Elemente sind grundsätzlich unbestritten[18]: Erstens, die Zusammenfassung von zivilrechtlich selbständigen Unternehmen, zweitens, die einheitliche Leitung dieser Unternehmen und drittens, die wirtschaftliche Einheit, welche durch den Zusammenschluss der Unternehmen unter einer einheitlichen Leitung gebildet wird. Dieses dritte Konzernmerkmal wird teilweise durch die Begriffe der Zusammenfassung von Unternehmen und der einheitlichen Leitung wie in Art. 663e OR mitumfasst, teilweise gesondert aufgeführt[19].

2. Zusammenfassung von Gesellschaften

Dieses erste Element ist Teil aller Konzernbegriffe und grenzt den Konzern vom Einzelunternehmen ab, das zum Beispiel durch Fusion zu einer wirtschaftlichen *und* juristischen Einheit geworden ist; der Konzern setzt sich aus einer Mehrzahl von rechtlich selbständigen Unternehmen zusammen.

---

17   In casu war eine Forderung gegenüber einem Alleinaktionär zu beurteilen; ausdrücklich zum Konzern mit gleichem Ergebnis: OG Thurgau, Entscheid vom 22. Januar 1985, zit. in SJZ 83, S. 85.

18   Statt vieler: Druey, Aufgaben, S. 136, und die dort genannten; auch Ruedin, Konzernbegriff, S. 106, 111 mit seiner nur auf den ersten Blick abweichenden Definition: "Mehrere Gesellschaften, die mit dem Ziel der Gewinnmaximierung des Ganzen geleitet werden", nennt die drei Elemente der Zusammenfassung von Unternehmen ("mehrere Gesellschaften"), einheitlicher Leitung ("die ... geleitet werden") und wirtschaftlicher Einheit ("mit dem Ziel der Gewinnmaximierung des Ganzen").

19   Vgl. dazu unten § 7.

§ 4 Konzernbegriff: Ausgangslage und Fragestellung

3. Einheitliche Leitung

a)   Potentielle oder tatsächlich ausgeübte einheitliche Leitung

Die Lehre zum schweizerischen Konzernrecht ist sich – wenn auch unausgesprochen – einig, dass die konzernbegründende einheitliche Leitung nur vorliegt, wenn sie zu einer tatsächlichen Einheit führt. Ob mit Slongo[20] und Druey[21] dem Erfordernis der Tatsächlichkeit durch die Ablehnung der potentiellen Leitung entsprochen wird, und die einheitliche Leitung nur angenommen wird, wenn die Tochter der tatsächlichen einheitlichen Leitung der Mutter unterliegt, oder ob die konzernbildende einheitliche Leitung auch dann vorliegt, wenn die Konzerngesellschaften einheitlich geleitet werden *könnten*[22], spielt keine Rolle.

Die Differenzierung ist nur scheinbar erheblich, denn die Vertreter der Auffassung, wonach die potentielle Leitung genüge, stellen – im Gegensatz zu Druey, der am Erfordernis der tatsächlichen Leitung festhält[23] – neben der potentiellen einheitlichen Leitung das Erfordernis der wirtschaftlichen Einheit auf. Die Tatsächlichkeit der Einheitlichkeit, wie sie von Druey als Konzerntatbestandsmerkmal umschrieben wird[24], wird somit auf diese Weise auch durch diejenigen Autoren, welche die potentielle Leitung als konzernbildend anerkennen, als begriffsnotwendig erkannt: Das potentiell beherrschbare Unternehmen, das mit der potentiellen Mutter keine wirtschaftliche Einheit bildet, ist auch in ihren Augen nicht Teil des Konzerns.

b)   Grundlagen der einheitlichen Leitung

Unabhängig von der Kontroverse, ob die potentielle oder nur die tatsächliche einheitliche Leitung konzernbildend ist, stellt sich die Frage, auf welche Grundlagen sich die einheitliche Leitung zu stützen hat: Kapitalbeteiligung, Stimmrechtsmacht und die Macht zur Einsetzung von leitenden Organen bei der Tochter, die nach Druey[25] de lege ferenda und entgegen der herrschenden Lehre zum geltenden Recht kumulativ[26] vorliegen müssen. Es stellt sich weiter die Frage, ob das herrschende

---

20   Slongo, S. 188.
21   Druey, Aufgaben, S. 240ff.
22   Caflisch, S. 48ff (abhängige Gesellschaft als Tochtergesellschaft); Frankenberg, S. 28; Höhener, S. 115ff (rechtliche Kontrollmöglichkeit als Ausgangslage für einen Konzernbegriff de lege ferenda).
23   Druey, Aufgaben, a.a.O.
24   a.a.O.
25   a.a.O.
26   Druey, Aufgaben, S. 348; wobei dieser Differenzierung praktisch nur eine geringe Bedeutung zukommen soll, da in den meisten Fällen diese drei Elemente ohnehin zusammen vorkommen.

Unternehmen die Töchter aufgrund einer Stimmenmehrheit beherrschen muss oder ob für die Konzernqualität andere Beherrschungsmechanismen genügen[27]. Neben der Anlehnung an § 15 des deutschen Aktiengesetzes, der vorschreibt, dass für die Bestimmung der Mehrheit nicht nur die Beteiligung der Muttergesellschaft berücksichtigt werden müsse, sondern auch noch die Beteiligungen derjenigen Gesellschaften, die ihre Beteiligungen für die Muttergesellschaft halten[28], werden weitere Kontrollmechanismen genannt, wie Bindungsverträge und das Depotstimmrecht, ja sogar nur faktische, wie Kredit- Abnehmer- und Lieferantenbeziehungen und personelle Verflechtungen, die ebenfalls konzernrechtlich relevant sein können[29].

c) *Gefährdung Dritter durch einheitliche Leitung?*

Ebenfalls in diesen Zusammenhang gehört die Frage, ob die tatsächlich ausgeübte einheitliche Leitung für die Annahme der Konzernqualität bereits genüge. Koppensteiner[30] führt dazu aus – unter anderem unter der Zitierung von Druey und Ruedin[31] – dass sich die herrschende Lehre in der Schweiz darüber einig sei, dass die einheitliche Leitung nicht genüge, vielmehr müsse "die Motivationslage des Leitungssubjekts die Gefahr heraufbeschwören, dass er seine Einflussmöglichkeiten zum Schaden des Gesellschaft, ihrer Minderheitsaktionäre und Gläubiger, ausnützt"[32]. Mit dieser Motivationslage meint er den konzerntypischen Umstand, wonach ein Unternehmen von einem anderen Unternehmen geleitet wird, welches neben den Konzerninteressen auch eigene Interessen verfolgt.

4. Einheitliche Leitung durch ein Unternehmen

Ein Konzern liegt vor, wenn mehrere Unternehmen durch ein Unternehmen beherrscht werden. Zur Frage, ob auch eine natürliche Person die Konzernspitze einnehmen könne, äussert sich die Lehre nicht eindeutig. Ruedin[33] geht für das schweizerische Konzernrecht davon aus, dass die Leitung durch eine anonyme Gesellschaft ausgeübt werde, wobei allerdings auch andere Rechtssubjekte in Frage kämen, wenn sie ausserhalb der Gesellschaft "une autre activité commerciale"

---

27 So Ruedin, S. 167.
28 Koppensteiner, passim. Seiner Ansicht nach drückt Ruedin mit seiner Formulierung der indirekten Beteiligung diesen Sachverhalt aus.
29 Botschaft über die Revision des Aktienrechts vom 23. Februar 1983, S. 74; auch Koppensteiner; Druey, Aufgaben S. 339, und in der jüngeren deutschen Lehre; vgl. dazu auch WM 1984, 625, 628f.
30 Koppensteiner, passim.
31 in SAG 1982, 99, 111.
32 Koppensteiner, a.a.O.
33 a.a.O.

§ 4 Konzernbegriff: Ausgangslage und Fragestellung

ausübten[34]. Diese Ansicht, die sich durchgesetzt hat[35], stützt sich auf den Umstand, dass die Interessenlage und das Gefahrenpotential bei einem beherrschten Unternehmen gleichwertig sind, ob nun eine natürliche Person oder ein anderes Unternehmen die Herrschaft ausübt.

5. Wirtschaftliche Einheit

Das dritte Kriterium stellt, wie Druey[36] und Slongo[37], das mit ihrem Begriff der einheitlichen Leitung tun, sicher, dass der Konzernbegriff nur tatsächliche Einheiten umfasst. Potentielle Formen – also insbesondere die kapital- oder stimmrechtsmässig beherrschte[38], aber autonom gebliebene Gesellschaft – sind nicht Teil der wirtschaftlichen Einheit und des Konzerns. Allerdings sind auch hier Abstufungen denkbar. Haussmann[39] nennt als entscheidendes Merkmal die gemeinsame Vermögenssphäre: eine organisatorische Verbindung sei dabei nicht notwendig. Zur Frage der wirtschaftlichen Einheit gehört auch die oft im Zusammenhang mit der einheitlichen Leitung erörterte[40] Frage, auf welche Bereiche sich die einheitliche Leitung erstrecken muss, damit sie konzernbildend wirkt, denn sie befasst sich damit, wie wirtschaftlich integriert ein Verbund von Unternehmen sein muss, um einen Konzern zu begründen. Die wenigen Stimmen[41] zu dieser Frage nennen die Finanzplanung und -kontrolle, die einheitlich sein muss, was, wie Slongo[42] ausführt, automatisch auch zu anderen zentralen Entscheidungskompetenzen, wie langfristiger Investitions- und Personalplanung, führt.

III. Fragestellung bei der Formulierung des Konzernbegriffs

1. Ausgangslage

Bei der Formulierung eines Konzernbegriffs – für das geltende Recht und nicht als Ausgangslage für eine Kodifikation – sind im wesentlichen zwei Aspekte zu berücksichtigen: Ein Begriff hat im Recht eine Berechtigung, wenn an diesen Begriff bestimmte Rechtsfolgen geknüpft werden. Die Formulierung der konzern-

---

34 Ruedin, a.a.O.
35 Koppensteiner, a.a.O.
36 a.a.O.
37 a.a.O.
38 Zum Beispiel durch eine Grossanlegerin, die kein Interesse an einer wirtschaftlichen Integration der beherrschbaren Gesellschaft hat.
39 Zit. in Nägeli, S. 200.
40 So bei Koppensteiner, S. 82.
41 Schluep, ZSR, 92 II S. 284.
42 Slongo, S. 188.

bildenden Elemente kann nur mit Blick auf die Konsequenzen der Konzernqualität erfolgen. Das gilt nicht nur für die Konsolidierungspflicht, die formal Folge der Konzernqualität gemäss Art. 663e OR ist, sondern auch in bezug auf die anderen auf den Konzern anwendbaren Vorschriften. Das Konzernrecht ist ein wichtiger Bestandteil des Handelsrechts. Das Handelsrecht ist als Teil der Privatrechtsordnung – nicht zuletzt auch wegen der wirtschaftlich bedeutenden Tatsächlichkeiten – auf eine klare und vor allem auch voraussehbare rechtliche Ordnung angewiesen[43]. Ein Konzernbegriff, an den Rechtsfolgen geknüpft werden, muss diesem Bedürfnis nach Klarheit und Präzision gerecht werden.

2. Offene Kodifikation als Zwang zur Einschränkung

Die Konzernpraxis in der Schweiz ist vor Inkrafttreten des Art. 663e OR entstanden. Dieser Gesetzesartikel ist offen und unbestimmt, auch deshalb, weil er keinen Konzernbegriff normieren wollte, der sich zur Konzernpraxis in Widerspruch setzen würde. Er ist nicht Resultat einer rechtschöpferischen Tätigkeit, sondern einer Analyse des Zustandes, wie er ist. Diese durch den gesetzlichen Konzernbegriff vorgegebene Offenheit unter Anlehnung an die Praxis verlangt von der Lehre, dass sie alle Konzernformen, welche die Praxis hat entstehen lassen, durch den von ihr zu konkretisierenden Konzernbegriff erfasst.

3. Unterschiedliche Bedürfnisse als Zwang zur Einschränkung

Der Zwang zu einem breiten Konzernbegriff ergibt sich auch aus der Breite der Anforderungen, die durch die Praxis an das Konzernrecht gestellt werden. Ausgehend vom Aktienrecht, welches in den meisten Fällen die Konzernglieder beherrscht und in der Schweiz fast allen Gesellschaftsbedürfnissen offensteht, muss auch das Konzernrecht unterschiedlichsten Bedürfnissen gerecht werden, die ihre Ursache in den verschiedenen wirtschaftlichen Ausgangslagen haben können, aber zum Beispiel auch in unterschiedlichen Firmengeschichten. Das Konzernrecht muss ausgehend vom Konzernbegriff die dezentral geführte konglomerale Verbindung – den reinen Mischkonzern – und den straff und einheitlich geführten Konzern, in welchem die Glieder nur eine formale Existenz aufweisen, erfassen[44].

---

43 Meier-Hayoz, Richter, S. 39.
44 Druey, Differenzierung, S. 91.

4. Ergebnis

Der Konzernbegiff muss breit sein und sich in Übereinstimmung mit den gesetzlichen Anknüpfungspunkten und der Lehre befinden; d.h. er wird die drei Elemente Einheitliche Leitung, Vielfalt der juristischen Einheiten und Wirtschaftliche Einheit aufnehmen und präzisieren müssen, ohne dabei gegen die eben genannten Prämissen zu verstossen. An diesen Konzernbegriff knüpft das Konzernrecht an. Der Offenheit des Konzernbegriffs entsprechend hat auch das Konzernrecht offen für individuelle Ausgestaltungen zu sein. Das schweizerische Konzernrecht begünstigt diese Offenheit, weil es nicht kodifiziert ist; Gesetzesnormen, die ausdrücklich und zwingend bestimmte Konzernsituationen in ein Regelungskorsett zwängen, fehlen.

§ 5 Mehrheit von Unternehmen

I. Der Begriff des Unternehmens

1. Ausgangslage

Bildet eine Mehrzahl von einheitlich geleiteten Unternehmen eine wirtschaftliche Einheit, liegt ein Konzern vor. Er unterscheidet sich vom möglicherweise wirtschaftlich und organisatorisch genau gleich strukturierten Einzelunternehmen durch die Tatsache, dass er sich aus einer Vielzahl von juristisch eigenständigen Unternehmen zusammensetzt. Dieses Konzernmerkmal ist in der Lehre[1] unbestritten. Die Frage, die sich im Zusammenhang mit dem Konzernerfordernis der Mehrheit von Unternehmen stellt, ist diejenige des Unternehmensbegriffs im Konzernrecht: Den Voraussetzungen, die beim Unternehmen vorliegen müssen, um es von Personen abzugrenzen, die zwar ebenfalls juristisch eigenständig sind, aber *Teil* des Unternehmens sind, wie zum Beispiel der Alleinaktionär der Einmann-Aktiengesellschaft.

2. Kein einheitlicher Unternehmensbegriff im Schweizer Recht

Im schweizerischen Recht wird der Unternehmensbegriff nicht einheitlich definiert[2]; er ergibt sich vielmehr aus dem Zweck der Begriffsfindung innerhalb der einzelnen Anwendungsgebiete[3]. Zu weit gefasst ist insbesondere der für das Privatrecht im Vordergrund stehende Unternehmensbegriff des Art. 934 OR, der die Eintragungspflicht für den Betreiber von Handels-, Fabrikations- oder kaufmännischen Gewerbebetrieben statuiert[4]. Wegen des Bedürfnisses, Zweifelsfälle den Normen des Handelsrechts und der Eintragungspflicht zu unterwerfen, ist er breit gefasst und schliesst zum Beispiel auch Einheiten mit ein, die nach konzernrechtlichen Kriterien weder rechtlich noch wirtschaftlich selbständig sind[5].

---

1 Vgl. dazu oben § 4 II.
2 Auch Nobel, S. 35, und für das deutsche Recht statt vieler Emmerich/Sonnenschein, S. 45 und Würdinger, S. 281.
3 Im Handelsregisterrecht und im Steuerrecht aus dem Bedürfnis, möglichst viele wirtschaftliche Einheiten zu erfassen; im Unternehmensrecht aus der Überlegung, eine möglichst grosse und alle Interessenlagen in sich vereinigende Einheit zu erfassen; im Konzernrecht aus der Problematik der fremdbestimmten Unternehmen als Teile des Konzerns, vgl. dazu unten II 1ff.
4 Auch Meier-Hayoz/Forstmoser, Gesellschaftsrecht, § 4, N 34ff.
5 Z.B. die Zweigniederlassung, die keine juristische Person ist und deren wirtschaftliche "Selbständigkeit" nicht vollkommen ist, sondern auf den (engen) Geschäftsbereich der Zweigniederlassung beschränkt bleibt.

§ 5 Mehrheit von Unternehmen

Diese sich aus ihrem Zweck ergebenden Unternehmensbegriffe können daher für das Konzernrecht nicht übernommen werden. Vielmehr ist ein konzernrechtlicher Unternehmensbegriff zu finden. Dabei ist ebenfalls vom Zweck auszugehen, der Grund für das Konzernerfordernis der Mehrheit von Unternehmen ist und als Teil dieses Konzernbegriffs die konzernbegründenden Sachverhalte erfasst.

II. Der Unternehmensbegriff im Konzernrecht

1. Der Zweck des Unternehmenserfordernisses in seiner Funktion als Teil des Konzernbegriffs

Gemeinsamer Nenner aller Unternehmensbegriffe ist die unternehmerisch handelnde wirtschaftliche Einheit, von der Zweigniederlassung über die Einzelperson bis zum körperschaftlichen Grossunternehmen. Allen Unternehmen ist eigen, dass sie – in der Regel als Rechtspersönlichkeit[6] – grundsätzlich eigene unternehmerische Interessen haben und vertreten[7]. Im Konzern stehen die Unternehmen unter einer einheitlichen Leitung[8]. Es ist denkbar – bei divergierenden Interessen innerhalb des Konzerns sogar zwingend –, dass sich die Konzernspitze bei der Ausübung der Leitung nicht nur von den Interessen desjenigen Unternehmens leiten lässt, das Gegenstand der Leitung ist, sondern von anderen Interessen, solchen der Muttergesellschaft oder des ganzen Konzerns. Unternehmen, die grundsätzlich eigene Interessen haben, aber fremdbestimmt handeln, machen das Konzernrecht überhaupt erst notwendig[9].

2. Das Mutterunternehmen als natürliche Person

a) Ausgangslage

Jede Rechtspersönlichkeit, die eigene unternehmerische Ziele verfolgt, ist ein Unternehmen im Sinne des Konzernrechts. Diese Voraussetzungen können bei einer natürlichen Person ebenso vorliegen wie bei einer juristischen Person. Vom durch seinen Zweck bestimmten Unternehmensbegriff ausgehend, widerspricht der Einbezug der natürlichen Person in den konzernrechtlichen Unternehmensbegriff auch

---

6 Vgl. dazu auch unten § 12 I Ziff.3 und 4; Zweigniederlassungen ohne Rechtspersönlichkeit befinden sich mit ihrer "Mutter" in einer Rechts- und Haftungseinheit. Konzernrechtliche Fragen stellen sich nicht. Zur Frage der juristischen Persönlichkeit des Mutterunternehmens siehe unten § 11 II Ziff.1.
7 Vgl. dazu unten FN 13.
8 Vgl. unten § 6.
9 Stebler, S. 17; Slongo, S. 174; von Graffenried, S. 34ff; Zweifel, Minderheitenschutz, S. 92; Plüss, S. 58 und für die deutsche Konzernpraxis Emmerich/Sonnenschein, S. 47.

nicht dem Konzernbegriff, wie ihn die schweizerische Lehre heute einhellig definiert[10], ohne dass sie dabei, mit wenigen Ausnahmen[11], zu dieser Frage bewusst Stellung nimmt[12].

b) *Abgrenzung privater Mehrheitsaktionär – Mutterunternehmen*

Die sich aus dem Einbezug der natürlichen Person ergebende Abgrenzungsfrage, wann ein von einem Privatmann beherrschtes Unternehmen einen Konzern bildet, ist nun rasch beantwortet: Ist der Privatmann nur Aktionär der Gesellschaft, besteht nur ein Unternehmen mit dem Privatmann als Teil davon, ein Konzern liegt nicht vor. Ist der Privatmann selber unternehmerisch tätig, liegen zwei Unternehmen vor und damit auch ein Konzern[13]. Entscheidend ist allein, ob die Interessen des Privaten Teil der Interessen der Rechtspersönlichkeit sind, zu der er gehört, oder ob er daneben noch andere wirtschaftliche Interessen verfolgt, die mit denen des beherrschten Unternehmens nicht identisch sind und die zu einem Interessenkonflikt führen könnten[14].

c) *Tatsächliche Gründe für den Einbezug der natürlichen Person als Mutterunternehmen*

Der weite Unternehmensbegriff und damit der Einbezug von natürlichen Personen als Konzernmutterunternehmen ergibt sich auch aus dem Wesen des Konzerns und den Gefahren, welche er in sich birgt: Die einheitlich beherrschten Töchter und die in dieser Situation liegende Gefahr der Interessenkonflikte sind bei einem durch

---

10 Vgl. dazu oben § 4 II; dass Art. 663d OR als Norm des Aktienrechts für das schweizerische Gesellschaftsrecht einen gesetzlichen Konzernbegriff definiert, der von *Gesellschaften* statt von Unternehmen spricht, ist auf seine formelle Anwendbarkeit auf Aktien*gesellschaften* zurückzuführen.

11 Ruedin, Vers un droit, S. 105ff; auch Koppensteiner, S. 75; vor allem die deutsche Literatur und Rechtsprechung, statt vieler: Emmerich/Sonnenschein, S. 46 mit Hinweisen auf die Rechtsprechung des BGH.

12 Druey, Aufgaben, S. 344, umschreibt die Konzernmutter als "unternehmerisch tätige Spitze", ohne eine Differenzierung in natürliche oder juristische Personen vorzunehmen. Mit seiner Aussage, dass der Privatmann keine Konzernmutter sein könne, nimmt er zur Frage der juristischen Persönlichkeit der Mutter keine Stellung. Vielmehr stellt er fest, dass der Anleger (neben dem Privatmann nennt er auch institutionelle Anleger), der nicht als unternehmerisch tätige Spitze wirkt, keine Konzernmutter ist; vgl. unten lit.b.

13 Die Frage stellt sich in gleicher Weise, wenn eine einfache Gesellschaft von Aktionären gebunden durch einen Aktionärbindungsvertrag eine Gesellschaft beherrscht; vgl. unten § 11 III Ziff.2.

14 Für das deutsche Recht statt vieler Emmerich/Sonnenschein, S. 47 ("ob er ausserhalb des Unternehmens noch ein anderes Unternehmen ... besitzt") und Würdinger, S. 284: "wenn der Aktionär unabhängig vom Dividendenbezug planmässig eigenem Erwerb durch wirtschaftliche Betätigung nachgeht."

§ 5 Mehrheit von Unternehmen

eine natürliche Person geleiteten Konzern ebenso vorhanden wie bei einem Konzern, der durch eine juristische Person einheitlich geleitet wird: Der Unterschied zwischen der Unternehmensstiftung oder der reinen Holdinggesellschaft und der Privatperson – identische unternehmerische Interessen vorausgesetzt – rechtfertigt es nicht, im einen Fall einen Konzern anzunehmen und im anderen Fall nicht. Dazu kommt, dass im nicht kodifizierten schweizerischen Konzernrecht die Beherrschung eines Tochterunternehmens im Konzern und die Beherrschung einer Gesellschaft durch den Hauptaktionär ausserhalb des Konzerns ohnehin überall dort gleichbehandelt wird, wo allein schon die Tatsache der Beherrschung zur Einheitsbehandlung führt[15].

3. Die Gesellschaft immer als Unternehmen?

Die Frage, ob ein Unternehmen vorliegt, kann sich auch bei der Beherrschung durch eine juristische Person oder bei einer Gesellschaft stellen, wenn nur eine Tochter beherrscht wird. Solche Beherrschungsverhältnisse kommen vor, wenn Aktionäre in einem Aktionärbindungsvertrag sich zu einer einfachen Gesellschaft verbinden, die das Unternehmen beherrscht, oder wenn eine Oberholding nur eine Tochter, die Zwischenholding, leitet. Die Fragestellung ist die gleiche wie bei der Unternehmensqualität der natürlichen Person: ob die beherrschende Einheit neben der Beherschung ihrer Gesellschaft noch andere unternehmerische Interessen verfolgt. Eine Gesellschaft kann wie eine natürliche Person ausschliesslich in einem Unternehmen aktiv sein, so dass innerhalb der beiden keine sich aus der Mehrheit von unternehmerischen Interessen ergebenden Interessenkonflikte vorliegen können[16]. Solche Gesellschaften, die neben ihrer Beteiligung an *einem* anderen Unternehmen keine anderen unternehmerischen Interessen verfolgen, sind keine Unternehmen, keine Mutterunternehmen[17].

Auch die Holdinggesellschaft, die den Konzern und die ihn bildenden Unternehmen über eine einzige Zwischenholding kontrolliert, ist kein Mutterunternehmen. Die Begründung in Emmerich/Sonnschein[18], wonach auch diese Holding Mutter sei, weil sie über die Zwischenholding den Konzern beherrsche, was ebenfalls zu denjenigen Minderheits-Mehrheitskonflikten führen könne, denen das Konzernrecht begegne, ist für das schweizerische Recht nicht stichhaltig: Mit der gleichen Begründung liesse sich auch die Unternehmensqualität der durch einen Aktionär-

---

15 Also zum Beispiel bei der Haftung aus Mittäterschaft oder Veranlassung, vgl. unten § 30, aber nicht in jenen Fällen, in welchen eine Einheitsbehandlung erst stattfindet, wenn zusätzliche Elemente vorliegen, wie zum Beispiel die wirtschaftliche Einheit bei der Haftung der Mutter als Halter/Inhaber von Anlagen, unten § 34.
16 Emmerich/Sonnenschein, S. 47f.
17 Für das deutsche Recht: Emmerich/Sonnenschein, S. 47f und die in FN 21 aufgeführten.
18 Emmerich/Sonnenschein, S. 49.

bindungsvertrag verbundenen Gesellschafter begründen, denn auch sie üben über das von ihnen beherrschte Mutterunternehmen[19] ihren Einfluss auf die Konzerngesellschaften aus, eventuell zum Nachteil der jeweiligen Minderheiten[20]. Auch aus der Optik des potentiell Geschädigten betrachtet, führt eine solche Organisation zu keinem Nachteil: Dass der Konzern, von unten her betrachtet, bei demjenigen Unternehmen endet, welches zuletzt noch mehr als nur ein unternehmerisches Interesse verfolgt, stellt sicher, dass dasjenige Glied Mutterunternehmen ist, welches durch seine Position in der Lage ist, auf das ganze Konzernvermögen zu greifen. Die Oberholding, die zur Vermeidung ihrer Unternehmensqualität zwischen sich und die Konzerngesellschaften eine Zwischenholding setzt, mag zwar ihre direkte Haftung reduzieren, nicht aber die der Zwischenholding und nicht das Haftungssubstrat. Es ist daher auch für das schweizerische Recht der deutschen herrschenden Auffassung zu folgen[21], wonach ein Unternehmen nur vorliegt, wenn es mehrere unternehmerische Interessen verfolgt.

Die Oberholding, die *nur* eine Zwischenholding beherrscht wie auch die Gemeinschaft von Aktionären, die ein Mutterunternehmen beherrscht, sind demzufolge keine Unternehmen. Nur wenn diese Gesellschaften auch andere wirtschaftliche Interessen wahrnehmen, wenn andere wichtige Beteiligungen vorliegen oder wenn eine der Konzerntöchter ihnen direkt angegliedert ist, sind sie auch Mutterunternehmen.

4. Die Aktiengesellschaft immer als Unternehmen?

Die Bestimmungen des Aktienrechts, welche den Konzern regeln – Art. 663e OR betreffend die Pflicht zur Erstellung einer konsolidierten Konzernrechnung und Art. 659b über das durch die Tochtergesellschaft ausgeübte Stimmrecht an den Aktien der Mutter – sind ihrem Wortlaut nach auch anwendbar, wenn das "Mutterunternehmen" nur eine Tochter beherrscht. Trotz dieser Bestimmungen sind auch Aktiengesellschaften keine Unternehmen im konzernrechtlichen Sinn, wenn ihnen die materiellen Voraussetzungen dafür fehlen, und zwar aus folgendem Grund: Der Unternehmensbegriff hat im schweizerischen Konzernrecht den Zweck, das Mutterunternehmen als natürliche Person vom privaten Mehrheitsaktionär abzugrenzen; das von einem privaten Hauptaktionär beherrschte Unternehmen ist kein Konzern, weil es an der Mehrheit von Unternehmen fehlt. Diesem Abgren-

---

19 Die Minderheits-Mehrheitskonflikte innerhalb des Mutterunternehmens sind nicht konzernrechtlicher Art und kommen in gleicher Weise auch in konzernfreien Unternehmen vor.
20 Zur Frage der Minderheitenrechte bei der Umwandlung in eine Holding, vgl. unten § 13 V.
21 Würdinger, S. 250; Lutter, Konzernrecht, S. 452.

zungsbedürfnis entsprechend ergibt sich der Unternehmensbegriff nicht aus einer Struktur oder einer äusseren Ausgestaltung des fraglichen Unternehmens, sondern aus seiner Funktion: Ein Unternehmen liegt vor, wenn mehrere unternehmerische Interessen wahrgenommen werden; durch wen – ob durch eine Privatperson, durch eine einfache Gesellschaft oder durch eine Aktiengesellschaft –, spielt keine Rolle. Weil mit der Rechtsform der Aktiengesellschaft keine vorgegebene funktionale Rolle verbunden ist – etwa derartig, dass sie immer mehrere unternehmerische Interessen verfolgen müsste –, erlaubt der ausschliesslich funktionale konzernrechtliche Unternehmensbegriff ausdrücklich nicht, aus der Rechtsform Aktiengesellschaft Schlüsse auf das Vorliegen eines Unternehmens im konzernrechtlichen Sinn zu ziehen. Die nur *eine* Tochter beherrschende Aktiengesellschaft ist keine Mutter und die beiden sind kein Konzern, wenn jene nicht noch andere unternehmerische Interessen verfolgt.

5. Die Rechtsnatur des Tochterunternehmens

Auch das Tochterunternehmen ist ein Unternehmen im konzernrechtlichen Sinn, wegen der fehlenden Beherrschbarkeit (Art. 27 ZGB) der natürlichen allerdings immer eine juristische Person[22].

III. Schluss

Ein Konzern wird durch eine Mehrheit von Unternehmen gebildet. Das herrschende Unternehmen kann dabei eine natürliche Person sein oder eine juristische. Aus diesem Grunde wird an Stelle des Begriffes Muttergesellschaft der präzisere Begriff Mutterunternehmen[23] verwendet und an Stelle der Tochtergesellschaft Tochterunternehmen.

---

22   Vgl. dazu unten § 12, II.
23   Und nicht Mutterperson, weil nur unternehmerisch tätige Personen Konzernglied sind; zur Verwendung gelangt somit der auch im deutschen Konzernrecht gestützt auf § 17 AktG verwendete Unternehmensbegriff.

§ 6 Einheitliche Leitung

I. Begriff der Leitung

1. Fragestellung

Der Konzern ist eine Mehrheit von Unternehmen, die unter einer einheitlichen Leitung eine wirtschaftliche Einheit bilden[1]. Die einheitliche Leitung der juristischen Vielfalt ist Grund und Ausgangslage für die konzernrechtlichen Fragestellungen[2] und damit für das Konzernrecht überhaupt. Die Voraussetzungen, die für die Annahme der einheitlichen Leitung erfüllt sein müssen, sind qualitativer und quantitativer Art. In qualitativer Hinsicht stellt sich die Frage nach dem Inhalt der Leitung, d.h. den Geschäftsbereichen, die von der einheitlichen Leitung umfasst sein müssen, damit sie konzernbildend ist. In quantitativer Hinsicht stellen sich zwei Fragen: Erstens, ob die Leitung nur potentiell ausübbar sein muss oder deren tatsächliche Ausübung notwendig ist, und zweitens die Frage nach den Mitteln, die vorliegen müssen, um die Leitung sicherzustellen.

2. Potentielle oder effektive Leitung

a) Fragestellung

Es sind Situationen denkbar, wo ein Unternehmen ein anderes Unternehmen leiten könnte, ohne dies tatsächlich aber auch zu tun; wo es nur die potentielle Leitung ausübt, weil zum Beispiel Beteiligungsverhältnisse vorliegen, die zur Ausübung der Leitung geeignet wären, aber ungenutzt bleiben. Es stellt sich die Frage, ob eine solche potentielle Leitung bereits konzernbegründend sein kann.

b) Das Bedürfnis, nur tatsächliche Situationen zu erfassen

Der Gegensatz zwischen tatsächlicher Einheit und juristischer Vielfalt ist Ursache für das Konzernrecht und die Fragen, die es beinhaltet: Der Konzern ist in erster Linie tatsächliches Gebilde und nicht Subjekt einer Willenserklärung. Liegen die

---

1 Art. 663e OR und oben § 3 II Ziff.1; zum Stand der Lehre vgl. oben § 4 III.
2 Druey, Aufgaben, S. 306, Tschäni, Lehren, S. 65; Ruedin, Vers un droit, S. 172; Emmerich/Sonnenschein, S. 19; Zweifel, S. 170; Caflisch, S. 54; Lutter, Stand S. 329; Raiser, S. 51ff.

§ 6 Einheitliche Leitung

Voraussetzungen vor, kommt das Konzernrecht zur Anwendung, auch wenn der Konzern sich ihm durch die in der Beschreibung des Konsolidierungskreises liegende Konzernerklärung[3] nicht unterstellt hat.

Im schweizerischen nicht kodifizierten Konzernrecht sind die auf den Konzern anwendbaren Normen Folge von tatsächlichen Verhältnissen. Es liegt daher nahe, sich auch bei der Frage der einheitlichen Leitung auf tatsächliche Momente abzustützen[4]. Für eine tatsächliche Betrachtungsweise hat sich auch das Schweizerische Bundesgericht in BGE 71 II 272 entschieden und im Zusammenhang mit einem Durchgriffsproblem festgestellt, dass es nicht auf die arithmetisch vorhandene Beherrschungsmöglichkeit ankomme, sondern auf die effektiv ausgeübte Herrschaft[5].

c)   Das Bedürfnis, die fälschlicherweise nicht ausgeübte Leitung zu erfassen

Die Betrachtung nur der effektiven Leitung führt jedoch nicht immer zu einem befriedigenden Resultat: es ist denkbar, dass ein Tochterunternehmen eines Konzerns schadenstiftend tätig wird, weil die Mutter es unterlassen hat, ihre Leitung auszuüben. In solchen Fällen stellt sich die Frage der Verantwortung der Mutter, die ihre Tochter unter Missachtung der Konzernleitungspflicht schlecht oder nicht leitet[6]. Käme erst der effektiv ausgeübten Leitung konzernbegründende Wirkung zu, verzichtete man von vornherein auf eine konzernrechtliche Erfassung solcher Fälle. Die liederlich geführte – und dadurch Dritte schädigende – Konzerntochter wäre kein Tochterunternehmen im Rechtssinn, und die konzernrechtlichen Regeln – insbesondere diejenigen, die sich aus der einheitlichen Leitung und der Subordination der Tochter ergeben[7] – wären auf sie nicht anwendbar.

d)   Leitung als das Vorliegen von Leitungsmechanismen

Der Widerspruch zwischen den beiden skizzierten Bedürfnissen ist jedoch nur scheinbar; tatsächlicher Art sind nicht nur die in einem bestimmten Fall ausgeübte effektive Leitung, sondern auch die vorliegenden Leitungsmechanismen. Dies auch

---

3   Vgl. dazu unten § 22 V.
4   Slongo, S. 185; Caflisch, S. 64; Nägeli, I, S. 213; von Steiger Werner, S. 291a.
5   In diesem Fall hat es eine 50%-Beteiligung bei effektiver Beherrschung als durchgriffsbegründend erkannt.
6   Vgl. dazu unten § 14.
7   Insbesondere die Haftung der Mutter aus Anstiftung, unten § 30 II Ziff.2; Haftung der Mutter als Geschäftsherr der Tochter, unten § 33 IV; Haftung der Mutter als Halter/Inhaber von Anlagen der Tochter, unten § 34.

dann, wenn sie ruhen, denn die Leitung ist eine organisatorische Grösse und nicht eine Tätigkeit im Einzelfall[8].

Mit dem Begriff der potentiellen Leitung wird die Möglichkeit umschrieben, ein Unternehmen zu beherrschen, in der Regel begründet durch die Kontrolle der Mehrheit der Gesellschaftsanteile des Unternehmens. Sind zwei Unternehmen *nur* auf diese Art verbunden, ohne dass zugleich Mechanismen vorliegen, wie sie für eine Kontrolle nötig wären[9], liegt eine nur potentielle Leitung vor. Potentiell ist sie deshalb, weil sie noch nicht vorliegt, aber begründet werden könnte, auch gegen den Willen der potentiell geleiteten Gesellschaft. Leitungsmechanismen liegen vor und begründen die einheitliche Leitung auch dann, wenn die Leitung ruht; wenn das Mutterunternehmen die organisatorischen Vorkehren für eine Leitung getroffen hat, sie aber kurz- oder auch längerfristig nicht ausübt.

3. Inhalt der Leitung

a) *Leitung als endgültige und ausschliessliche Leitung*

Wer leitet, entscheidet endgültig und ausschliesslich, ohne dass dem Geleiteten noch ein selbständiger Wille zukommt[10]. Die Leitung hängt nie von der – möglicherweise stillschweigenden und unausgesprochenen – Zustimmung des geleiteten Tochterunternehmens ab, sondern kann auch gegen dessen Willen durchgesetzt werden. Die Leitung ist entweder umfassend oder sie fehlt; aus der Sicht des Tochterunternehmens gibt es keine Leitung, der es sich von Fall zu Fall unterwerfen kann und die nicht dauerhaft[11] ist[12].

b) *Leitung als Leitung nur der Geschäftstätigkeit*

Der Entscheidungsspielraum eines Tochterunternehmens geht unter Umständen über seine Geschäftstätigkeit hinaus. Die Tochter im körperschaftlichen Konzern ist Mitglied der gemeinsamen Mutter; ihr Entscheidungsspielraum umfasst demzufolge auch die Ausübung der Mitbestimmungsrechte innerhalb des Mutterunternehmens.

---

8 Druey, Aufgaben, S. 334, 338 und in Gutachten, S. H 47 (Leitung als Kompetenz-Kompetenz, die sich die Letztentscheidungen vorbehält; das deutsche Recht spricht von Abhängigkeit (§ 17 AktG) als Element des faktischen Konzerns im Gegensatz zur einheitlichen Leitung (§ 18 AktG).
9 Vgl. dazu unten IV.
10 BGE 72 II 285; Nägeli, I, S. 342; Caflisch, S. 63; Joss, S. 30; G. Schucany, S. 102; von Steiger Werner, S. 290a.
11 Unzerstörbar allerdings, muss die Leitung nicht sein, damit sie vorliegt; vgl. unten § 20; anders ausdrücklich Harms, S. 207.
12 Baumbach/Hueck, § 15 N 2c; Rasch, S. 37; Caflisch, S. 55.

§ 6 Einheitliche Leitung   45

Dieser Entscheidungsspielraum der Tochter darf[13] von der einheitlichen Leitung nicht miterfasst werden. Ausgangslage des qualitativen Leitungsbegriffs ist die Beschränkung auf die Leitung der Geschäftstätigkeit[14] des Tochterunternehmens.

c)   *Leitung als Leitung nur über die Kernbereiche der Geschäftstätigkeit*

Die Konzernpraxis zeigt eine äusserst breite Vielfalt von konzerninternen Organisationsformen: auf der einen Seite ist eine straffe Einbindung und Führung des Tochterunternehmens zu finden, auf der anderen Seite eine dezentrale Struktur, die möglichst viele Entscheidungskompetenzen auf der Ebene des Tochterunternehmens ansiedelt[15]. Es stellt sich die Frage, auf welche inhaltlichen Bereiche sich die einheitliche Leitung ausdehnen muss, damit sie insgesamt vorliegt. Die Frage stellt sich übrigens nur, weil wir nur dann von einer einheitlichen Leitung sprechen, wenn diese institutionalisiert ist[16]: Läge die einheitliche Leitung über die Geschäftsstätigkeit immer vor, wenn sie potentiell vorgenommen werden könnte, stellte sich die Frage nach der Intensität der Leitung nicht, weil mit der Beherrschungsmöglichkeit die Möglichkeit verbunden ist, über alle Bereiche der Geschäftstätigkeit der Tochter zu bestimmen.

Als Element des Konzernbegriffs interessiert die einheitliche Leitung als Ausgangslage und Voraussetzung für die wirtschaftliche Einheit[17]. Inhaltlich liegt die einheitliche Leitung vor, wenn sie diejenigen Bereiche umfasst, die für die Sicherstellung der wirtschaftlichen Einheit nötig sind. Dem breiten, sich an der Konzernrealität orientierenden[18], Konzernbegriff entsprechend muss sich auch die einheitliche Leitung nicht auf alle Entscheidungsbereiche innerhalb des Tochterunternehmens beziehen; auch dezentral geführte Tochterunternehmen können der einheitlichen Leitung unterliegen und Teil des Konzerns sein. Materiell umfasst die einheitliche Leitung diejenigen Bereiche, die neu vom Gesetz in Art. 716a OR als unübertragbare Aufgabe der Verwaltung bestimmt werden: Dies sind insbesondere die Oberleitung der Gesellschaft, die Finanzaufsicht und -planung sowie die

---

13   Vgl. dazu unten § 9 II Ziff.3.
14   Caflisch, S. 55; Slongo, S. 128, mit zahlreichen Hinweisen auch auf die deutsche Literatur.
15   Druey, Konzernrechtsgespräch, S. 91.
16   Vgl. dazu unten Ziff.II.
17   Vgl. dazu unten § 7.
18   Vgl. dazu oben § 4 III Ziff.3.

wichtigen Personalentscheide[19]. Die auf diese Weise vorgenommene inhaltliche Ausgestaltung der Leitungsmechanismen macht die Abhängigkeit[20] zur einheitlichen Leitung[21].

II. Die Ausübung der Leitung / Leitungsmechanismen

1. Ausgangslage

Jedes Unternehmen ist als Subjekt von Leitungshandlungen externen oder internen Einflüssen unterworfen. Der externe Einfluss ist der Einfluss durch Dritte, die nicht als Teil der Gesellschaft – auch nicht als Mitglieder – handeln. Er stützt sich zum Beispiel auf spezielle Verträge, durch welche sich die Gesellschaft oder ihre Organe diesem Dritten ganz oder teilweise unterwerfen[22]. Der interne Einfluss ist der Einfluss durch die Mitglieder der Gesellschaft, gestützt auf ihre Mitgliedschaftsrechte[23]. Denkbar sind auch Kombinationen, insbesondere in denjenigen Fällen, in denen der externe Einfluss für die Verstärkung des internen – unter Umständen ungenügenden – Einflusses nötig ist. Ein Mutterunternehmen kann zum Beispiel ihre Kontrolle der nur zu 40% beherrschten Tochter durch den Abschluss eines langjährigen Zusammenarbeitsvertrags verstärken, der das wirtschaftliche Schicksal des beherrschten Unternehmens an dasjenige des herrschenden Unternehmens bindet[24].

2. Die Ausübung der internen Leitung

a)   Die Mitgliederversammlung als höchstes Organ und als Träger der Leitung?

Reduziert man die Betrachtungsweise auf die rechtliche Hierarchie der Organe, stehen die nicht geschäftsführenden Mitglieder in ihrer Gesamtheit über den geschäftsführenden Mitgliedern. Insbesondere bei der Aktiengesellschaft, wo sich die Generalversammlung durch die Bestimmung der Statuten und durch die Möglichkeit der Wahl und Abwahl der Verwaltung faktisch alle Befugnisse aneignen

---

19	Slongo, S. 140; Druey, Aufgaben, S. 345; von Graffenried, S. 23; Petitpierre-Savin, S. 38; Schluep, Unternehmenskonzentration, S. 269ff; Emmerich/Sonnenschein, S. 79ff; Baumbach/Hueck, § 18, N 4ff.
20	§ 17 AktG.
21	§ 18 AktG.
22	Vgl. dazu unten Ziff.3 lit.a. und § 15 IV.
23	Caflisch, S. 62 und von Steiger Werner, S. 283a, der zwischen innerer Abhängigkeit und Abhängigkeit von Dritten unterscheidet und unten Ziff.2.
24	Unten Ziff.4.

§ 6 Einheitliche Leitung

kann, scheint die Mitgliederversammlung auch nach der Auffassung des Gesetzgebers[25] über allem zu stehen.

Die Macht der Generalversammlung stösst jedoch dort an eine Grenze, wo der Verwaltung, gestützt auf die mit der Revision des Aktienrechts[26] auch vom Gesetzgeber[27] und schon vorher von der Lehre[28] vertretene Paritätstheorie, durch die Generalversammlung unentziehbare Kompetenzen zukommen, was sie formell mit der Generalversammlung auf die gleiche Stufe stellt. Die einheitliche Leitung als Instrument zur Leitung der Kernbereiche der Geschäftätigkeit kann aus diesem Grund nicht gegen den Willen der Verwaltung nur durch die Generalversammlung erfolgen; sie kann sich nicht allein auf ihre – mehrheitliche[29] – Beherrschung abstützen und somit auch nicht nur auf eine kontrollierende Beteiligung.

b)   Die Verwaltung als Träger der Leitung

Nur die Verwaltung hat die tatsächliche und rechtliche[30] Kompetenz innerhalb der Gesellschaft, die geschäftspolitischen Grundsatzentscheide und die Entscheide über das Tagesgeschäft zu treffen. Doch auch die Kontrolle über die Verwaltung allein sichert noch nicht die Kontrolle über die Gesellschaft[31]. Wird die Mitgliederversammlung von einer anderen Kraft kontrolliert als die Verwaltung, obsiegt im Kräftespiel früher oder später die Mitgliederversammlung. Sie kann die Verwaltung – oft jederzeit[32], möglicherweise erst nach der Wiedereingliederung des Tochterunternehmens in den Konzern[33] – durch eine neue Verwaltung ersetzen, welche ihrer Kontrolle unterliegt und die von der alten Verwaltung getroffenen Beschlüsse abändern kann.

---

25   Art. 698 OR Abs.1 "Oberstes Organ der Aktiengesellschaft ist die Generalversammlung."
26   Art. 716a OR.
27   Botschaft über die Revision des Aktienrechts vom 23. Februar 1983, S. 97.
28   Insbesondere von Planta, Hauptaktionär, S. 13; Bürgi Wolfhart, Art. 721 OR, N 9 und N 16; Meier-Hayoz/Forstmoser, S. 206; von Greyerz, Christoph, S. 185; Guhl/Merz/Kummer, § 68 Vorbemerkungen, und Vischer/Rapp, S. 135 mit Einschränkungen.
29   BGE 71 II 272.
30   Anders in der GmbH, in welcher die Gesellschafter (im Konzern das Mutterunternehmen) den Geschäftsführern bindende Weisungen erteilen können, was die Konzernbildung und die Erfassung der Mutter als Teil davon vereinfacht; Emmerich/Sonnenschein, S. 369.
31   Auch Koppensteiner, S. 79.
32   Bei der Aktiengesellschaft als Universalversammlung gemäss Art. 701 und 705 OR bei 100%-iger Kontrolle.
33   Im Fall der Emanzipation der Tochter; vgl. unten § 20.

c) *Leitung als Kontrolle der Mitgliederversammlung und der Verwaltung*

Die Generalversammlung bestimmt die Verwaltung und kann sich in der Regel ihr gegenüber durchsetzen. Letzere hat jedoch durch ihre formelle Unabhängigkeit von der Mitgliederversammlung die Mittel, um – mindestens kurzfristig – die Leitung zu zerstören; denn die Leitung der Tochter kann wegen den ausschliesslich ihr zustehenden Kompetenzen nur über die Verwaltung erfolgen. Die Leitung einer Konzerntochter liegt demnach nur dann vor, wenn Leitungsmechanismen vorliegen, welche die Leitung der Verwaltung *und* der Generalversammlung sicherstellen.

d) *Leitung der Verwaltung gestützt auf die Leitung der Generalversammlung;*
Leitungsvermutung bei Beherrschung der Generalversammlung

Die Leitung der Verwaltung wie auch der Generalversammlung stützt sich in der Regel auf Mitgliedschaftsrechte der Mutter an der Tochter und somit oft auf die gleichen Tatsachen ab[34]. Die Leitung der Generalversammlung gibt dem Mutterunternehmen mit der Möglichkeit der jederzeitigen Abwahl ein Instrument in die Hand, mit dem sie den Verwaltungsrat leiten kann[35]. Die drohende Abwahl im Streit mit allen möglichen ausserrechtlichen[36] und rechtlichen[37] Konsequenzen ist in der Regel für sich allein bereits Anlass für die Mitglieder der Verwaltung, sich nicht gegen das Mutterunternehmen zu stellen[38]. Das Gegenteil – die Emanzipation des Tochterunternehmens – ist derart selten, dass man als Vermutung davon ausgehen muss[39], dass bei der Leitung der Generalversammlung auch die Verwaltung geleitet wird. Im Ergebnis verwirklicht das schweizerische Recht die im deutschen Recht[40] vorgesehene Lösung einer widerlegbaren[41] Konzernvermutung bei Mehrheitsbeteiligung.

---

34 Albers, S. 34; Von Planta, Hauptaktionär, S. 10; Druey, Aufgaben, S. 312, 339; Caflisch, S. 64.
35 Zum umgekehrten Fall, der Leitung der Generalversammlung gestützt auf die Leitung der Verwaltung unten Ziff.3 lit.b.
36 Verlust des Mandats, wirtschaftliche Einbusse, Prestigeverlust, u.s.w.
37 Verweigerte Decharge, Verantwortlichkeit, u.s.w.; vgl. auch Lutter, Konzernrecht, S. 334 bei FN 43.
38 Emmerich/Sonnenschein, S. 61.
39 Caflisch, a.a.O.
40 Analog §§ 17 Abs. 2 und 18 Abs. 1 AktG.
41 Vgl. dazu unten § 7 III Ziff.3 und § 15 V (Statutarische Grenzen der wirtschaftlichen Einheit, Entherrschungsvertrag); de lege ferenda auch Ruedin, SAG 1982, 99, 105 und Koppensteiner, S. 79; eine unwiderlegbare Konzernvermutung bei Mehrheitsbeteiligung postulieren demgegenüber Druey, Aufgaben, S. 340 und Slongo, S. 193.

§ 6 Einheitliche Leitung

3. Die Ausübung der externen Leitung

a) Vertragliche Bindungen

Fehlen Leitungsmechanismen, die sich auf Mitgliedschaftsrechte[42] abstützen, oder sind sie ungenügend, kann die Leitung nur durch ausschliessliche oder zusätzliche externe Leitungsmechanismen sichergestellt werden. Die Leitung des Tochterunternehmens setzt immer die Möglichkeit des – faktischen oder formellen – Zwangs voraus; vertragliche Pflichten der Tochter gegenüber der Mutter begründen eine formelle Bindung und sind daher immer eine Grundlage der externen Leitung.

Denkbar sind Unterwerfungsverträge ähnlich dem deutschen Recht[43], aber grundsätzlich auch andere Verträge, die keine formelle Unterwerfung des Tochterunternehmens vorsehen, die aber durch ihren Inhalt das Tochterunternehmen faktisch an die Mutter binden können, zum Beispiel langfristige Exklusivlieferungs-[44] oder Kreditverträge[45]. In der schweizerischen Konzernpraxis fehlen[46] Unterwerfungsverträge nach deutschem Muster weitgehend. Sie haben nur gegenüber einem Tochterunternehmen Bestand, dessen Gesellschaftszweck[47] die Bindung an ein Mutterunternehmen – eventuell nach einer stillschweigenden Zweckänderung[48] – vorsieht. Eine solche Zweckänderung ist insbesondere dann nötig, wenn die durch den Vertrag eingeräumten Befugnisse der Mutter derartig sind, dass sie für sich allein die Kontrolle der Tochter sicherstellen könnten[49]. In aller Regel nimmt ein Unternehmen eine Zweckänderung, die einen Beherrschungsvertrag zulässt, nur vor, wenn es bereits Teil des Konzerns ist[50]. Solche Verträge begründen in der Regel nicht die Leitung der Mutter, sondern festigen sie.

b) Statutarische Bindungen des Tochterunternehmens

Es stellt sich die Frage, inwieweit dem Mutterunternehmen in den Gesellschaftsstatuten des Tochterunternehmens Rechte eingeräumt werden können, durch die es

---

42 Zum Beispiel im Genossenschaftskonzern; vgl. unten § 10.
43 §§ 292ff AktG; für das schweizerische Recht stellt sich die Frage des Verstosses gegen Art. 27 ZGB; vgl. dazu unten § 28.
44 Zu einer Konzernbildung kann es durch solche Verträge nur kommen, wenn durch sie eine wirtschaftliche Einheit realisiert wird; unten § 7.
45 Botschaft zur Revision des Aktienrechts vom 23. Februar 1983, S. 74; Ruedin, Vers un droit, S. 155ff; Druey, Aufgaben, S. 339; Koppensteiner, S. 78.
46 Stebler, S. 12.
47 Der Zweck, sich einem anderen Unternehmen unterzuordnen; vgl. dazu oben § 13 III Ziff. lit.a.
48 Vgl. dazu oben § 13 IV.
49 Vgl. dazu unten § 15 III.
50 Zur Ausnahme, den konzernbildenden Beherrschungsverträgen, unten § 15 III Ziff.2.

die einheitliche Leitung ausüben kann. Grundsätzlich ist die Einräumung von Drittrechten in den Statuten möglich[51]; im beschränktem Ausmass ist sie sogar vom Gesetzgeber ausdrücklich vorgesehen[52]. Ihre Grenze finden statutarische Rechte Dritter in der zwingenden Kompetenzordnung innerhalb der Aktiengesellschaft[53]: Eine statutarische Bindung des Tochterunternehmens, die dem Mutterunternehmen Rechte einräumt, die zwingend der Generalversammlung[54] oder dem Verwaltungsrat[55] der Tochter zustehen, ist nicht möglich[56]. In der Praxis stellt sich diese Frage meistens nicht, weil ein Mutterunternehmen, dass die Tochter zu einer derartigen statutarischen Bindung veranlassen könnte, ohnehin in der Lage ist, die gewünschten Handlungen der Tochter mit den Mitteln der internen Leitungsmechanismen sicherzustellen.

Die Änderung der Statuten der Tochter ermöglicht oder erleichtert die Leitung durch das Mutterunternehmen nicht nur in denjenigen Fällen, in denen ihm ensprechende Rechte eingeräumt werden. Dieselbe Wirkung hat auch die Änderung des Zwecks oder gar des Endzwecks des Tochterunternehmens, weil sie den Abschluss von Verträgen zu Konzernbedingungen zwischen Mutter- und Tochterunternehmen zulässig macht[57] und die Voraussetzung schafft für Leitungsmechanismen, die eine direkte und unmittelbare Unterwerfung des Tochterunternehmens ermöglichen.

c) *Statutarische Bindungen auf der Ebene des Mutterunternehmens*

Bringt ein zukünftiges Tochterunternehmen sich selber als Mitglied des Mutterunternehmens in einen körperschaftlichen Konzern, in eine Genossenschaft oder in eine einfache Gesellschaft ein, können auch die Statuten oder der Gesellschaftsvertrag des Mutterunternehmens Grundlage der einheitlichen Leitung sein.

---

51 Forstmoser, Aktienrecht, S. 17ff; Graf, S. 100.
52 Art. 628 Abs.3 OR (Vorteile für Gründer *und andere Personen*).
53 Forstmoser, Aktienrecht, S. 17.
54 Gemäss Art. 698 Abs.2 OR insbesondere die Festsetzung und Änderung der Statuten (Ziff.1), die Wahl der Mitglieder des Verwaltungsrats und der Revisionsstelle (Ziff.2), die Genehmigung des Jahresberichts und der Konzernrechnung (Ziff.3) und die Beschlussfassung über die Verwendung des Bilanzgewinns (Ziff.4).
55 Gemäss Art. 716a Abs.1 OR insbesondere die Oberleitung der Gesellschaft und die Erteilung der nötigen Weisungen (Ziff.1), die Festlegung der Organisation (Ziff.2), die Ausgestaltung des Rechnungswesens, der Finanzkontrolle sowie der Finanzplanung (Ziff.3) und die Ernennung der mit der Geschäftsführung und der Vertretung betrauten Personen (Ziff.4).
56 Von Planta, Hauptaktionär, S. 17; anders aber ohne Begründung Botschaft über die Revision des Aktienrechts vom 23. Februar 1983, S. 74.
57 Vg. dazu im Detail §§ 13 und 15 II Ziff.5 lit.d.

§ 6 Einheitliche Leitung

Anders als bei der Aktiengesellschaft[58] können in diesen Gesellschaften dem Mitglied – im körperschaftlichen Konzern der Tochter – Pflichten auferlegt werden, auch solche, die die Leitung der Mutter unterstützen. Solche zusätzlichen Pflichten des Mitglieds sind zulässig bei der Genossenschaft[59] und noch mehr bei der einfachen Gesellschaft, bei welcher die Grenze der Pflichtüberbindung allein in den Gesellschaftsstatuten liegt[60].

d) *Die Sorgfaltspflichten der Verwaltung und ihre unübertragbaren Befugnisse als Grenze von externen Leitungsmechanismen*

Die auf eine Vertragspflicht abgestützte Leitung richtet sich in vielen Fällen nicht auf das Tochterunternehmen insgesamt: Sie kann sich auch auf die Verwaltung richten, die nicht nur mit internen Mitteln über die Kontrolle der Generalversammlung beherrscht werden kann, sondern auch mit externen Mitteln, zum Beispiel durch Arbeits- oder Mandatsverträge mit den einzelnen Mitgliedern, die das Mutterunternehmen vertreten. Art. 717 OR verpflichtet die Verwaltung unübertragbar[61], "ihre Aufgaben mit aller Sorgfalt (zu) erfüllen und die Interessen der Gesellschaft in guten Treuen (zu) wahren". Es stellt sich die Frage, ob der Verwaltungsrat diesen Pflichten auch nachkommt, wenn er gestützt auf einen Vertrag mit der Mutter, seine Entscheide nicht nur im Gesellschaftsinteresse fällt, sondern im Interesse des Mutterunternehmens. Zahlreiche Autoren befürworten sogar die Möglichkeit, ihr Ermessen – selbst im Rahmen einer vertraglichen Verpflichtung – ausschliesslich im Interesse des Dritten und nicht der Gesellschaft auszuüben[62]. Begründet wird diese Auffassung mehrheitlich mit dem Hinweis auf die Rechtswirklichkeit, die nicht nur das Tochterunternehmen kennt, sondern auch die Einmanngesellschaft[63]. Ihre Befürworter verkennen jedoch, dass mit der Verpflichtung zur Ermessensausübung im Drittinteresse die Unterwerfung tatsächlich fast vollständig wird, denn fast alle der Verwaltung vom Gesetz zugewiesenen Kompetenzen sind Gegenstand von Ermessensentscheiden, insbesondere die Oberleitung der Gesellschaft[64], die Finanzplanung[65] und das Fällen der wichtigen Personalent-

---

58 Neben der Liberierung der Aktien darf dem Aktionär keine Pflicht auferlegt werden; die AG ist daher auch für den körperschaftlichen Konzern ungeeignet; vgl unten § 11 III Ziff.1 lit.b.
59 Vgl. dazu unten § 10.
60 Vgl.dazu unten § 11 III Ziff.1 lit.c.
61 Art. 704 OR legt nur die Abgrenzung gegenüber der Generalversammlung fest.
62 Gautschi, Rechtsverhältnisse, S. 301ff; Schucany, S. 109ff; Jäggi, Ungelöste Fragen, S. 67; Siegwart, Einleitung, N 185ff.
63 Der Vergleich zur Einmanngesellschaft hinkt, denn diese ist insgesamt nur ein Unternehmen und die Leitung durch den Aktionär in ihm keine Fremdkontrolle; vgl. oben § 5 II Ziff.2.
64 Art. 716a OR Abs.1 Ziff.1.
65 Art. 716a OR Abs.1 Ziff.3.

scheide[66]. Kein Ermessensspielraum hat der Verwaltungsrat tatsächlich nur dort, wo er gesetzlichen Pflichten nachkommen muss[67], zum Beispiel bei der Anrufung des Richters bei Überschuldung[68], und eine diesen entgegenstehende Weisung der Mutter ohnehin widerrechtlich wäre.

Zu folgen ist daher grundsätzlich der anderen Auffassung, wonach die Sorgfaltspflicht der Verwaltung auch die Ermessensausübung im Interesse der Gesellschaft umfasst[69]. Eine Verwaltung im Interesse Dritter ist demnach nur möglich, wenn im Einzelfall oder insgesamt eine Interessenidentität zwischen der Gesellschaft und dem Dritten besteht. Besteht diese – zum Beispiel durch einen gemeinsamen Konzernzweck oder durch den Zweck der Unterwerfung unter das Konzerninteresse – ist die Befolgung von Weisungen des Mutterunternehmens durch den Verwaltungsrat des Tochterunternehmens nicht nur zulässig, sondern geboten[70]. Ist eine Gleichschaltung von Konzern- und Gesellschaftsinteresse nicht erfolgt[71], hat sich der Verwaltungsrat des Tochterunternehmens ausschliesslich am Tochterinteresse zu orientieren und nicht am Konzerninteresse[72]. Abgesehen von den theoretisch denkbaren, aber in der Praxis weitgehend unbekannten Fällen der ausdrücklichen Änderung des Gesellschaftszwecks nach der Konzernierung[73] ist somit

---

66   Art. 716a OR Abs.1 Ziff.4.
67   Art. 716a OR Abs.1 Ziff.1.
68   Art. 716a OR Abs.1 Ziff.1.
69   Von Steiger, Verwaltungsrat, S. 33ff; Picenoni, S. 321ff; Caflisch, S. 144ff; Tappolet, S. 124ff; der in von Graffenried, S. 42, und Druey, Gutachten, S. H 6, zitierte erste französische Gerichtsentscheid zum Konzernrecht in Sachen "Fruehauf" (Cours de Paris vom 22. Mai 1965; Verbot der ausländischen Mutter die zu zwei Dritteln beherrschte französische Tochter anzuweisen, einen Vertrag mit einem Dritten nicht zu erfüllen, wenn dies gegen die wirtschaftlichen Interessen der Tochter verstösst) wäre vermutlich auch nach schweizerischem Recht richtig.
70   Nach Graf, S. 48, ist das immer der Fall, weil die Tochter wegen ihrer fehlenden Einsicht in die Angelegenheiten des Konzerns nicht in der Lage sei, selber zu entscheiden. Als allgemeiner Grundsatz geht dies zu weit; gefolgt werden kann dieser Auffassung nur bei Tochtergesellschaften, die mit dem Konzern in einer Interessenidentität leben; diese Lösung postuliert auch Vischer, Grossgesellschaften, S. 90.
71   Bei 100-%ig kontrollierten Gesellschaften wird sie in der Regel stillschweigend und oft auch in bezug auf ihre rechtlichen Auswirkungen unbewusst erfolgen; vgl. dazu unten § 13 IV.
72   Der Verweis in von Planta Flurin, S. 112, wonach eine Weisung des Mutterunternehmens an die Verwaltung der Tochter zulässig sein müsse, weil die Tochter nicht immer in der Lage sei, das Konzerninteresse zu erkennen, ist nur richtig, wenn vorher eine Zweckänderung beim Tochterunternehmen stattgefunden hat, denn das Konzerninteresse deckt sich mit dem Tochterinteresse nicht zwingend.
73   Auch dann nur in bezug auf Verträge, die dem Endzweck der Gewinnstrebigkeit nicht widersprechen, was bei Verträgen, die das Tochterunternehmen übermässig binden, möglich ist.

die Verwaltung des Tochterunternehmens im Interesse der Mutter nur zulässig, wenn die Tocher zu 100% vom Mutterunternehmen beherrscht wird[74].

Vertragliche Pflichten der Mitglieder der Verwaltung der Tochter gegenüber der Mutter können die externe einheitliche Leitung nur stützen, wenn von den Vertretern der Mutter nicht verlangt wird, ihre Geschäfte nicht mit aller Sorgfalt[75] und nicht im Interesse der (Tochter-)Gesellschaft zu führen[76]; der Begriff des doppelten Pflichtnexus, im Zusammenhang mit solchen Verträgen oft genannt[77], ist irreführend und unnötig, denn die Vorschriften der Rechtsordnung, wozu in diesem Fall auch die Ausübung des Verwaltungsermessens im Interesse der Tochter gehört[78], sind immer Grenze von vertraglichen Pflichten.

e) *Die Leitung der Generalversammlung gestützt auf die Leitung der Verwaltung?*

In Gesellschaften, in denen die Gesellschafter keine festen Stimmenblöcke bilden – in Genossenschaften immer – und in denen das Mutterunternehmen keine Stimmenmehrheit aufweist, kann eine kompetent wirkende und daher unangefochtene Verwaltung die zu einer einheitlichen Meinungsbildung unfähige Mitgliederversammlung faktisch beherrschen. Die sich auf einen Vertrag abstützende Leitung der Verwaltung kann in diesen Fällen Grundlage sein auch für eine indirekte Beherrschung der Generalversammlung durch das Mutterunternehmen. In diesen Fällen liegt eine konzernbegründende einheitliche Leitung vor: Sowohl Verwaltung wie auch Mitgliederversammlung unterliegen ihr.

4. Die Ausübung der Leitung durch interne und externe Mittel

Die Leitung des Tochterunternehmens stützt sich oft auf verschiedene interne und externe Mittel gleichzeitig[79]. In vielen Fällen führt dies zu einer Leitung, die stärker ist, als nötig: zum Beispiel, wenn zwischen der Mutter und den Mitgliedern ihrer 100%igen Tochter Mandatsverträge geschlossen werden, die diese jener auch vertraglich unterwerfen. Mehrere interne und externe Leitungsmittel sind jedoch dort sinnvoll, wo die internen Leitungsmechanismen labil sind, zum Beispiel, wenn die Kontrolle der Generalversammlung sich nicht allein auf Mitgliedschaftsrechte

---

74 So auch Vischer/Rapp, S. 156; von Planta, Hauptaktionär, S. 46; zur stillschweigenden Zweckänderung unten § 13.
75 Art. 717 OR.
76 Art. 754 Abs.1 i.V.m. Art. 722 Abs.1 OR; Caflisch, S. 123; und oben § 13 VII.
77 Statt vieler: Albers, S. 91 und von Planta, Hauptaktionär, S. 42.
78 Art. 717 OR; Albers, S. 91.
79 Wie bei deutschen Vertragskonzern gemäss §§ 291ff AktG, in welchem die mitgliedschaftliche Kontrolle durch einen Beherrschungsvertrag ergänzt wird.

abstützen lässt oder nur über die Verwaltung erfolgen kann[80]. Da die externen Leitungsmechanismen in diesen Fällen die internen nur ergänzen, brauchen sie nicht dieselbe Intensität zu haben, wie wenn sie allein die Kontrolle sicherstellen müssen. Ob sie insgesamt diese Intensität aufweisen, kann nicht anhand formeller Kriterien festgestellt werden, sondern nur durch richterliche Prüfung im Einzelfall[81].

III. Die Annahme der Leitung durch das Tochterunternehmen als Grundlage für die Konzernbildung?

1. Fragestellung

Eine neugegründete oder eine neukonzernierte Tochter bringt durch ihre Willensäusserungen – in der Regel durch konkludentes Verhalten – zum Ausdruck, dass sie die Leitungsmacht der Mutter anerkennt und ihr folgen wird. Es stellt sich die Frage, ob diese "Huldigung[82]" des Tochterunternehmens Teil und Entstehungsvoraussetzung der Konzernbildung ist[83] oder ob es sich bei solchen Willenserklärungen nur um fakultative und deklarative Bestätigungen eines bereits bestehenden Konzernverhältnisses handelt. Die Fragestellung ist von grosser theoretischer Bedeutung für die Beurteilung der Rechtsnatur des Konzernes[84].

2. Annahmeerklärungen vor der Konzernbildung

Die Leitung des Tochterunternehmens stützt sich immer auch auf natürliche Personen, die durch das Mutterunternehmen eingebunden werden, denn nur natürliche Personen sind als Mitglieder der Verwaltung der Tochter wählbar[85]. Erklärungen dieser Personen gegenüber dem Mutterunternehmen, in welchen sie ihre Loyalität und ihre zukünftige Rolle als Teil der einheitlichen Leitung bestätigen, sind keine Annahmeerklärungen des Tochterunternehmens im Sinne der Fragestellung: Sie binden ausschliesslich die Erklärenden und erfolgen oft, bevor überhaupt eine Organstellung im zukünftigen Tochterunternehmen vorliegt; sei es, weil das Tochterunternehmen noch nicht in den Konzern eingegliedert oder weil es noch nicht gegründet ist.

---

80   Vgl. dazu oben lit.a.
81   Auch Caflisch, S. 65.
82   Harms, S. 148.
83   So Harms, a.a.O.
84   Die Lehrmeinung vom Konzern als einfache Gesellschaft stützt sich auf diese vertragliche Huldigung als Grundlage der Konzernbildung; vgl. dazu unten § 8 II Ziff.1.
85   Art. 707 Abs.3 OR.

3. Die Konzernbildung ohne Annahmeerklärung des Tochterunternehmens

Die konzernbegründende einheitliche Leitung setzt nicht voraus, dass die Leitung tatsächlich ausgeübt wird; es genügt das Vorliegen von Leitungsmechanismen[86]. Solche Leitungsmechanismen sind begründbar, ohne dass dazu ein Einverständnis des Tochterunternehmens nötig wäre. Das ist insbesondere der Fall, wenn die Einbindung der Mitglieder der Verwaltung, die Teil der einheitlichen Leitung sind, bereits vorher erfolgt ist[87]. Eine Gesellschaft wird in der Regel auch dann zur Tochter, wenn mit der Änderung ihres Mehrheitsaktionärs die Verwaltung unverändert bleibt[88], denn die Beherrschung der Generalversammlung führt zur Konzernvermutung[89], ohne dass die alte Verwaltung dazu Stellung nehmen muss. Anders wäre zu entscheiden, wenn nicht bereits das Vorliegen von Leitungsmechanismen konzernbegründend wäre, sondern erst die effektive Leitung im engen Sinn[90]: Das Konzernverhältnis entstünde erst gestützt auf eine Bestätigung der Leitung durch Mutter und Tochter in Form von übereinstimmenden Erklärungen.

4. Annahmeerklärungen des Tochterunternehmens nach der Konzernbildung

In der Regel wird das Tochterunternehmen erst *nach* seiner Eingliederung in den Konzern mit dem Mutterunternehmen Willenserklärungen austauschen, die durchaus auch zum Inhalt haben können, dass das Tochterunternehmen die Leitung des Mutterunternehmens anerkennt. Diese Erklärungen sind deklarativ und nicht konstitutiv und führen lediglich dazu, dass die unmittelbar nach der Eingliederung in den Konzern noch potentielle Leitung effektiv wird.

---

86 Vgl. dazu oben I Ziff.2 lit.d.
87 Vgl. dazu oben Ziff.2.
88 Die von Harms vertretene Auffassung, wonach der faktische Subordinationskonzern erst durch die Annahmeerklärung des Tochterunternehmens entstehe, geht ganz offensichtlich von dieser Prämisse aus, Harms, S. 149.
89 Vgl. dazu oben II Ziff.2 lit.d.
90 Vgl. dazu oben I Ziff.2 lit.d.

§ 7 Wirtschaftliche Einheit

I. Wirtschaftliche Einheit als selbständiges Konzernerfordernis?

Ein Teil der Lehre[1] und der Gesetzgeber[2] beschränken den Konzernbegriff auf die beiden in §§ 6 und 7 dargestellten Elemente Mehrheit von Unternehmen und einheitliche Leitung, mit der hier als drittes Element genannten wirtschaftlichen Einheit als Teil davon. Diese unterschiedlichen Betrachtungsweisen sind rein darstellerischer Art, denn durch die Umschreibung der einheitlichen Leitung auch als Leitung derjenigen Bereiche, die die wirtschaftliche Einheit sicherstellen, werden diese beiden Konzernmerkmale miteinander verknüpft[3].

Die wirtschaftliche Einheit wird hier als eigenes Konzernmerkmal behandelt, weil das Vorliegen von Leitungsmechanismen zwischen zwei Unternehmen für sich allein keinen Konzern schafft, wenn aus anderen – gesetzlichen oder statutarischen – Gründen die wirtschaftliche Einheit nicht verwirklicht werden kann[4].

II. Wirtschaftliche Einheit als die von der Konsolidierung erfassten Werte

1. Ausgangslage/Fragestellung

Ausgangslage für den Konzernbegriff und damit auch für den Begriff der einheitlichen Leitung und der wirtschaftlichen Einheit ist Art. 663e OR, der die Gesellschaft, die "durch Stimmenmehrheit oder auf andere Weise eine oder mehrere Gesellschaften unter einheitlicher Leitung" zusammenfasst, verpflichtet, eine konsolidierte Konzernrechnung zu erstellen und mit ihr die wirtschaftliche Einheit Konzern einheitlich zu betrachten und darzustellen[5]. Die Summe der Beteiligungen, die von der konsolidierten Rechnung erfasst sein müssen – der Konsolidierungskreis – ist mit der wirtschaftlichen Einheit identisch.

---

1 Vgl. zum Stand der Lehre oben § 4 II.
2 Art. 663e OR.
3 So auch Albers; S. 8, Koppensteiner, S. 83; Slongo, S. 188.
4 Vgl. unten III Ziff.3.
5 Vgl. dazu oben § 22.

2. Der Konsolidierungskreis als Gegenstand einer Willenserklärung; die Konzernerklärung

Das Mutterunternehmen nennt in seiner konsolidierten Rechnung die von ihr erfassten Beteiligungen, den Konsolidierungskreis[6]. Damit erklärt es, dass es sich als Konzern betrachtet und welche Tochterunternehmen dazu gehören. Bestand und Umfang des Konzerns sind jedoch nicht Resultat einer Willenserklärung, sondern von Tatsachen; die Konsolidierungspflicht ist Folge der Konzernqualität und nicht umgekehrt. Der erklärte Konsolidierungskreis ist daher für sich allein nicht massgebend für die Feststellung der von der wirtschaftlichen Einheit umfassten Unternehmen; er ist lediglich ein Indiz dafür und ein Mittel, welches das Mutterunternehmen zwingt, für jede der von ihr beherrschten Gesellschaften eine Aussage zu machen, ob sie sie diese als Tochterunternehmen betrachtet oder nicht.

III. Wirtschaftliche Einheit als die einheitliche Verwendung der Betriebsergebnisse

1. Tatsächliche einheitliche Verwendung der Betriebsergebnisse als Ausgangslage

a)   Wirtschaftliche Einheit als das Vorliegen von Mechanismen für die Gewinnabführung an Dritte?

Ein Unternehmen, welches einen Teil seines Gewinnes an ein anderes Unternehmen abführt, das an ihm beteiligt ist, bildet mit jenem nicht unbedingt eine wirtschaftliche Einheit. Die Gewinnabführung an die Mitglieder ist der gesellschaftsrechtliche Normalfall[7], auch bei der Aktiengesellschaft. Eine wirtschaftliche Einheit zwischen den Aktionären und der Gesellschaft kommt auf diesem Wege jedoch nicht zustande: Gesetzliche Regeln über die Reservenbildung und Reservenverwendung[8], die Festsetzung der Dividende und anderer Leistungen an Aktionäre[9] sowie über die Revision[10] beschränken die Gewinnabführung an die Mitglieder und verhindern die Gefährdung der wirtschaftlichen Substanz der Gesellschaft durch einen ungehinderten Mittelabfluss an Aktionäre, wie er für die wirtschaftliche Einheit kennzeichnend sein kann.

---

6   Vgl. dazu oben § 22 IV.
7   Art. 532 OR (für die einfache Gesellschaft), Art. 559 (für die Kollektivgesellschaft), Art. 601 (Kommanditgesellschaft), Art. 671ff (Aktiengesellschaft), Art. 804 (GmbH). Scheinbare Ausnahme: Genossenschaft gemäss Art. 859.
8   Art. 671ff OR.
9   Art. 674ff OR.
10 Insbesondere Art. 728 Abs.1 OR.

Erst wenn gestützt auf entsprechende Mechanismen Gewinnabführungen möglich werden, die nicht mehr von den Regeln über die Gewinnverteilung erfasst sind und darüber hinausgehen[11], wie zum Beispiel durch Verträge zu Konzernbedingungen[12] zwischen Mutter und Tochter, wird der betroffenen Gesellschaft ihre wirtschaftliche Selbständigkeit genommen. Die Gewinnabführung an die Mutter oder an andere Konzernglieder kann in diesen Fällen ausserhalb der gesetzlichen Wege und Kontrollen erfolgen, sie kann aus diesem Grunde übermässig sein und so die Gläubiger dieser Tochter bedrohen und die Minderheitsaktionäre benachteiligen. Darin wird eine der typischen im Konzern liegenden Gefahren gesehen[13].

b) Wirtschaftliche Einheit als das Vorliegen von Mechanismen für die Deckung von Verlusten durch Dritte

Noch offensichtlicher wird das Fehlen der wirtschaftlichen Selbständigkeit, wenn Mechanismen zur Deckung von Verlusten der Tochtergesellschaft durch die Mutter vorhanden sind. Auch hier liegt eine potentielle Gefährdung der Interessen der Minderheitsaktionäre und Gläubiger vor. Eine Tochtergesellschaft, deren Verluste regelmässig durch ein Mutterunternehmen ausgeglichen werden, kann seine wirtschafliche Lebensfähigkeit verlieren, was bei einem plötzlichen Ausbleiben der Verlustdeckung – ein Anspruch darauf besteht ja nicht und kann auch nicht statutarisch vorgesehen werden[14] – zu ihrem Kollaps und somit zu einer Schädigung der Gesellschaftsgläubiger führen kann, die ihr im Vertrauen auf die Konzernzugehörigkeit Kredit gegeben haben[15].

2. Mögliche einheitliche Verwendung der Betriebsergebnisse

Aus steuerlichen[16] Gründen, um die Interessen der Minderheitsaktionäre der Tochter zu wahren[17] oder aus organisatorischen oder firmenpolitischen Überlegungen[18], können Konzerne ein Interesse haben, alle oder bestimmte einheitlich geleitete Unternehmen von der einheitlichen Verwendung des Betriebsergebnisses auszu-

---

11 Zur Problematik ganz allgemein insbesondere: Emmerich/Sonnenschein, S. 19.
12 Vgl. dazu unten § 15 II Ziff.3.
13 Statt vieler: Tschäni, Lehren, S. 65 und Zweifel, S. 170.
14 Art. 680 OR.
15 Hat die Mutter das Vertrauen des Dritten bestärkt, dass sie die Verluste der Tochter decken werde, kann sie ihm gegenüber aus culpa in contrahendo haftbar werden; unten § 30 IV Ziff.3.
16 Zur Vermeidung von steuerbaren vermögenswerten Leistungen zwischen Konzerngesellschaften; vgl. zum Problem Höhn, § 24 N 4ff.
17 Vgl. dazu auch unten § 17.
18 In vielen Fällen wird eine dezentrale Struktur mit Profitzentren als vorteilhaft erachtet; vgl. dazu auch Wälde, S. 371, FN 26.

§ 7 Wirtschaftliche Einheit 59

nehmen, obwohl die Mechanismen dafür vorliegen[19]. Es stellt sich die Frage, ob auch solche Unternehmen Tochterunternehmen sind.

Auch der Verzicht auf die einheitliche Verwendung der Betriebsergebnisse, der freiwillig erfolgt und nicht Folge von gesetzlich oder statutarisch begründeten Zwängen[20] ist, ist ein Entscheid über die einheitliche Verwendung der Betriebsergebnisse. Es ist ein negativer Entscheid mit dem Inhalt, die wirtschaftliche Einheit trotz entsprechender Möglichkeiten *nicht* zu realisieren. Das Mutterunternehmen könnte ihn, ohne dass dafür die Leitungsmechanismen verstärkt werden müssten, jederzeit ändern und die einheitliche Verwendung der Betriebsergebnisse verfügen. Die wirtschaftliche Einheit liegt demzufolge auch dort vor, wo die Betriebsergebnisse nicht einheitlich verwendet werden, aber gestützt auf vorliegende Leitungsmechanismen einheitlich verwendet werden könnten.

Unternehmen, die derart verbunden sind, dass zwischen ihnen Gewinne und Verluste intern ausgeglichen werden können, verfügen – auch wenn sie auf den Ausgleich verzichten – über Mechanismen zur einheitlichen Verwendung des Betriebsergebnisses, zur gemeinsamen Gewinnmaximierung[21] und bilden eine wirtschaftliche Einheit.

3. Unmögliche einheitliche Verwendung der Betriebsergebnisse

Es ist denkbar, dass – trotz des Vorliegens von Leitungsmechanismen – gesetzliche oder statutarische Bestimmungen (beim Tochterunternehmen) die einheitliche Verwendung der Betriebsergebnisse nicht zulassen. Die Unmöglichkeit der einheitlichen Verwendung der Betriebsergebnisse ist in diesen Fällen kein Entscheid der Mutter, sondern ist durch gesetzliche und statutarische Grenzen der einheitlichen Leitung bedingt. Gesetzliche Bestimmungen stehen dem Einbezug von Einrichtungen der beruflichen Vorsorge in die wirtschaftliche Einheit der Unternehmen entgegen, auch wenn sie vom Arbeitgeber (also vom "Mutterunternehmen") beherrscht werden; ja sogar dann, wenn sie "generell in die übergeordnete Konzernplanung einbezogen werden und zudem die Leitungsaufgaben in Form von Planung, Entscheidung, Anordnung und Kontrolle entweder in den Bereichen Beschaffung, Produktion oder Absatz in umfassender Weise zentral ... (mit)bestimmt werden und/oder im Finanzbereich durch die herrschende Gesellschaft

---

19 Vgl. dazu oben § 6 I Ziff.2 lit.d.
20 Unten Ziff.3.
21 Ruedin, Konzernbegriff, 1982, 99, 106, 111.

zentral (mit)wahrgenommen werden[22]". Trotz dieser funktionalen Angliederung an die Mutter sind solche Unternehmen keine Tochterunternehmen[23], auch wenn die Mutter ihr wirtschaftliches Verhalten bestimmt, weil sie eine zwingend eigene Vermögenssphäre haben – im Falle der Pensionskassen sogar unter staatlicher Aufsicht[24].

Ähnlich können auch statutarische Beschränkungen wirken, obwohl sie durch das Mutterunternehmen abgeändert werden können. Solange sie bestehen, fehlen die Leitungsmechanismen für die Begründung der wirtschaftlichen Einheit in der angestrebten Form. Erst durch die in der Beseitigung der statutarischen Schranken liegende Begründung der nötigen Leitungsmechanismen kann die wirtschaftliche Einheit und mit ihr der Konzern geschaffen werden. Statutarische Einschränkungen, die die Möglichkeiten der einheitlichen Verwendung des Betriebsergebnisses beschränken oder verbieten, sind Voraussetzungen, dass Entherrschungsverträge[25] auch im geltenden Recht die in der Kontrolle der Mitgliedschaftsrechte liegende Konzernvermutung[26] zerstören können. Sie können eine praktische Rolle spielen, wenn gesetzliche Vorschriften oder politische Erwägungen die Loslösung einer Tochter vom Konzern erfordern und das Mutterunternehmen die Möglichkeit offenhalten will, die Tochter auch gegen ihren Willen wieder in den Konzern einzugliedern[27].

IV. Wirtschaftliche Einheit durch organisatorische Aufgliederung der Geschäftsbereiche auf Tochterunternehmen

Der Verzicht auf die einheitliche Verwendung der Betriebsergebnisse kann aus den genannten Gründen nicht nur effektiv erfolgen, sondern auch statutarisch abgesichert werden[28]. Auch Unternehmen mit einem solchen statutarischen Verzicht können jedoch Teil der wirtschaftlichen Einheit sein, sogar wenn die einheitliche Verwendung des Betriebsergebnisses unmöglich ist. Die wirtschaftliche Einheit mit dem Konzern liegt auch vor, wenn das Tochterunternehmen organisatorisch durch Zuweisung einer bestimmten Aufgabe – zum Beispiel Vertrieb oder Produktion

---

22 So die Umschreibung der den Konzern und die wirtschaftliche Einheit begründenden einheitlichen Leitung in Slongo, S. 188; Ähnlich auch Koppensteiner, S. 83, Baumbach/Hueck, § 18 N 4ff, Emmerich/Sonnenschein, S. 80f.
23 Für vom Arbeitgeber beherrschte Pensionskassen in der Form der Stiftung: Helbing, S. 53.
24 Art. 84 ZGB und Art. 61 Abs.1 BVG.
25 Vgl. dazu unten § 15 IV.
26 Vgl. dazu oben § 6 II Ziff.2 lit.d.
27 Vgl. dazu unten § 15 IV.
28 Vgl. dazu oben Ziff. 3.

u.s.w. – in Abstimmung mit übergeordneten Konzernzielen[29] und in Verfolgung des Konzernzwecks[30], in den Konzern eingebunden wird[31] und unabhängig davon nicht lebensfähig ist. Die Gefährdung Dritter liegt in diesen Fällen nicht im Mittelentzug, sondern im Entzug der bisher zugewiesenen Aufgabe, im Entzug der Geschäftsgrundlage.

---

29 Slongo, S. 96.
30 Vgl. dazu unten § 13 I Ziff.2.
31 Druey, Aufgaben, S. 338.

§ 8 Der einheitliche Konzern

I. Fragestellung

1. Ausgangslage

Mit der Umschreibung des Konzernbegriffs können wirtschaftliche Grössen als Konzern erkannt und zugeordnet werden mit der Folge, dass das Konzernrecht zur Anwendbarkeit gelangt. Vor der Darstellung der einzelnen Normen des Konzernrechts ist ein zweiter Schritt nötig: Die Ermittlung der Rechtsnatur des Konzerns, um festzustellen, inwieweit die einzelnen Fragestellungen Anwendungsfälle allgemeiner und vertrauter Regeln sind, auf die bei der Behandlung der Einzelfragen zurückgegriffen werden kann. In der Literatur zum Konzernrecht findet dieses Thema nur geringe Beachtung; nur wenige äussern sich neben der Darstellung des Konzernbegriffs auch zur Rechtsnatur des Konzerns als Ganzes[1].

2. Der Konzern als Körperschaft?

a) Fragestellung

Es stellt sich die Frage, ob Konzerne als Verband von mehreren Unternehmen unter einer einheitlichen Leitung körperschaftliche Gebilde – mangels bewusster Gesellschaftsbildung einfache Gesellschaften[2] – sind oder Einheiten anderer Art. Die Frage ist nicht nur von theoretischem Interesse, sondern auch von praktischer Bedeutung; von ihrer Beantwortung hängt insbesondere die subsidiäre Anwendbarkeit der Normen des Gesellschaftsrechts auf den Konzern als Ganzes ab.

b) Einheitliche Konzerne

In den meisten Fällen ist die Konzernierung – sicher wirtschaftlich, ob auch rechtlich, ist zu prüfen – nicht Resultat eines Zusammenkommens und einer gemeinsamen Willensbildung der zukünftigen Tochterunternehmen, sondern einer Unter-

---

1 Albers, S. 11f, Caflisch, S. 209f, Nägeli, I, S. 195, Uttendoppler, S. 27ff, welche den Konzern als wirtschaftliche Einheit umschreiben, die in bestimmten Fällen auch juristisch einheitlich behandelt wird (modifizierte Einheitstheorie); ausführlich vor allem Joss, S. 37ff; Für Deutschland ausführlich Harms, S. 150 (vgl. unten Ziff.2), Lutter, Konzernrecht, S. 332 (ein Rechtsgebilde eigener Art); vgl. auch Raiser, passim; die Rechtsnatur des Konzerns mit der des Mutterunternehmens gleichstellend: Friedländer, S. 43; Rasch, S. 25ff.
2 Art. 530 Abs.2 OR.

§ 8 Der einheitliche Konzern 63

werfung durch das Mutterunternehmen[3]. Der für die Bildung der Gesellschaft kennzeichnende Gesellschaftsvertrag als Zeichen des *animus societatis*[4] fehlt. Tochterunternehmen können in den Konzern eingebunden werden, ohne dass sie dazu eine Erklärung abgeben müssen[5].

Selbst wenn das Tochterunternehmen seine Unterwerfung in einer Erklärung bestätigt, darf nur dann auf eine Gesellschaft geschlossen werden, wenn diese Erklärung nicht nur äusserlich, sondern auch innerlich den Willen zur Körperschaftsbildung enthält und nicht den Willen zur Unterwerfung unter das Ganze. Zum Willen, die Gesellschaft zu bilden, gehört immer auch der Wille, die Gesellschaft *gemeinsam* zu bilden und zu handhaben[6]. Eine Gesellschaft liegt folglich nur[7] dann vor, wenn den Mitgliedern Mitgliedschaftsrechte verbleiben[8]. Tochterunternehmen, die auf der Ebene des Mutterunternehmens keine Mitwirkungsrechte haben und die in allen Belangen einheitlich geleitet werden, haben mit ihrer bestätigenden Erklärung die Unterwerfung unter das Ganze erklärt und nicht den Willen zur Gesellschaftsbildung; sie bilden keine Gesellschaft, sondern einen einheitlichen Konzern.

c)   *Körperschaftliche Konzerne*

Auch der Konzern kann sich auf einen gemeinsamen *animus societatis* seiner Töchter abstützen. Er ist in diesen Fällen Gesellschaft. Diese liegt vor, wenn die Tochterunternehmen am Mutterunternehmen als Mitglieder direkt beteiligt sind, es als Mitglieder gemeinsam leiten und gleichzeitig seiner einheitlichen Leitung unterliegen. Dieser scheinbare Widerspruch zum Konzernmerkmal der einheitlichen Leitung ist Wesensmerkmal des körperschaftlichen Konzerns[9]. Er entsteht, wenn mehrere Unternehmen sich zu einem neuen Ganzen zusammentun, zum Beispiel zu

---

3   Druey, Föderative Staatsverfassung, S. 161.
4   Art. 530 Abs.1 OR.
5   Insbesondere ist die von Harms, S. 148, als Huldigung bezeichnete und als Zeichen des *animus societatis* empfundene Annahmeerklärung für die Konzernierung nicht erforderlich; vgl. dazu oben § 6 III.
6   Art. 530 OR Abs.1 "... zur Erreichung eines gemeinsamen Zwecks mit gemeinsamen Kräften...".
7   Für den Konzern ausdrücklich, Druey, Föderative Staatsverfassung, S. 162, mit der Aussage, dass das föderative Element im Konzern die Mitarbeit der Tochter voraussetze.
8   Anders, m.E. falsch, Harms, a.a.O., der den Charakter der Konzerne als einfache Gesellschaft auch damit begründet, dass auch die einfache Gesellschaft es erlaube, alle Geschäftsführungsbefugnisse an die Spitze zu delegieren. Harms verkennt, dass unentziehbare Mitgliedschaftsrechte bei den Mitgliedern bleiben müssen, zum Beispiel die Möglichkeit der Auflösung aus wichtigem Grund (Art. 545 Abs.2 OR und § 723 BGB) oder das Recht auf Einsichtnahme in die Geschäftsbücher (Art. 541 OR und § 716 BGB).
9   Vgl. dazu unten § 9.

einem Genossenschaftskonzern[10] oder zu einem joint venture[11], und sie sich von diesem Ganzen leiten lassen.

II. Der einheitliche Konzern

1. Keine Gesellschaft

Der einheitliche Konzern besteht aus dem Mutterunternehmen und den von ihm einheitlich beherrschten Töchtern, die nur Tochtergesellschaften sind und die auf das Mutterunternehmen keinen Einfluss ausüben können. Aus diesem Grunde ist die – körperschaftliche – Kontrolle des Mutterunternehmens nicht Teil des Konzernrechts[12], sondern des Rechtsgebiets, das die Rechtsform des Mutterunternehmens bestimmt. Nur das Mutterunternehmen ist unter Umständen Gesellschaft, nicht aber der einheitliche Konzern als Ganzes. Er ist keine Gesellschaft[13], weil sich die Konzerntöchter nicht körperschaftlich zum Konzern zusammengeschlossen haben, sondern vielmehr durch diesen beherrscht werden, von oben nach unten statt von unten nach oben. Statistische Angaben fehlen zwar, doch ist davon auszugehen, dass fast alle Konzerne einheitliche Konzerne sind. Körperschaftliche Konzerne sind nicht nur im Konzernrecht die Ausnahme, sondern auch in der Praxis.

2. Keine subsidiäre Anwendung der Normen des Gesellschaftsrechts auf den einheitlichen Konzern

Weil der einheitliche Konzern insgesamt keine Gesellschaft und keine Körperschaft ist, können auf den Konzern als Ganzes auch nicht subsidiär die Normen des Gesellschaftsrechts im allgemeinen und des Aktienrechts im besonderen zur Anwendung gelangen[14]. Die speziellen gesellschafts- und aktienrechtlichen Normen gelangen nur dann zur Anwendung, wenn Sachverhalte zu beurteilen sind oder Pflichten vorgesehen werden, die ihre Ursache zwar in der Konzernbeziehung haben mögen, die aber ausschliesslich innerhalb einer Konzerngesellschaft stattfinden[15].

---

10 Vgl. dazu unten § 10.
11 Vgl. dazu unten § 11 III Ziff.2 lit.b
12 Anders beim körperschaftlichen Konzern, in welchem die Kontrolle über das Mutterunternehmen – uneinheitlich zwar – durch die Tochterunternehmen ausgeübt wird; unten § 12.
13 Anders Lutter, Stand, S. 333.
14 Falsch daher der Verweis auf die subsidiäre Anwendbarkeit dieser Normen in Peter Forstmoser/Arthur Meier-Hayoz, Aktienrecht, § 44 N 30.
15 Z. B. Minderheitenschutz, vgl. dazu unten § 17. Deutlich wird das insbesondere am Verbot des Erwerbes eigener Aktien, welches nur für die Muttergesellschaft gelten kann,

§ 8 Der einheitliche Konzern 65

III. Die Rechtsnatur des einheitlichen Konzerns

1. Die Tochterunternehmen im einheitlichen Konzern als Objekte der Beherrschung durch das Mutterunternehmen?

Zwischen dem Mutterunternehmen und den Tochterunternehmen liegt eine Beziehung vor, die derjenigen zwischen einem Berechtigten und den Gegenständen seiner Berechtigung[16] ähnlich ist, seien dies dingliche, obligatorische oder andere Rechte. Beim Besitz an einer Sache liegt ebenfalls eine "einheitliche Kontrolle" vor, die durch das Recht geregelt wird, dem der beherrschte Gegenstand untersteht, in unserem Beispiel also das Sachenrecht. Die Muttergesellschaft hat über die Töchter eine faktische und rechtliche Verfügungsbefugnis, wie sie bei dinglichen oder obligatorischen Rechten vorkommt. Wie in anderen Gebieten ist diese Verfügungsbefugnis auch im Konzernrecht nicht vollkommen, sondern eingeschränkt: Je nach Sachlage und Fragestellung durch gesetzliche Normen oder durch die Rechte Dritter.

Von den Unterschieden, die sich aus der Art und der Qualität der Berechtigung der Mutter am Tochterunternehmen ergeben, abgesehen, unterscheidet sich der einheitliche Konzern von den Objekten anderer obligatorischer, dinglicher und faktischer Ansprüche dadurch, dass mit dem Begriff des einheitlichen Konzerns auch der Träger dieser Ansprüche, das herrschende Mutterunternehmen, umfasst wird.

2. Der einheitliche Konzern als einheitlicher Herrschaftsbereich

Mutter und Töchter bilden im Konzern zusammen einen einheitlichen Herrschaftsbereich, bestimmt vom Mutterunternehmen, welches dabei neben seinem eigenen Zweck und seinen eigenen Interessen immer auch den Konzernzweck und die Konzerninteressen verfolgt[17]. Die Tochterunternehmen sind dabei juristische und organisatorische Instrumente[18]. In ähnlicher Weise verwendet ein Unternehmen andere von ihm beherrschte Objekte wie Maschinen, natürliche Hilfspersonen oder Tiere. Ähnlich dem Geschäftsherr, der mit seinen Hilfspersonen tätig wird, wird das Mutterunternehmen mit seinen Tochterunternehmen tätig und bildet mit ihnen zusammen einen einheitlich beherrschten Herrschaftsbereich. Das Tochter- und Mutterunternehmen bilden im einheitlichen Konzern keine Gesellschaft,

---

aber nicht für den Konzern als Ganzes, der oft dank des Haltens eigener Aktien überhaupt besteht.
16   Zu den Rechten der Mutter an der Tochter; vgl. unten § 19.
17   Vgl. unten § 13 I Ziff.2.
18   Entweder Instrumente im engen Sinn, unten § 32 II, Hilfspersonen, unten § 33 IV, oder Erfüllungsgehilfen, unten § 28 III Ziff.5

sondern das Gegenteil davon: Die Töchter haben sich nicht zur gemeinsamen Zweckverfolgung als Mitglieder zur Mutter zusammengeschlossen, sondern werden vom Mutterunternehmen für seine Zwecke eingesetzt.

§ 9 Der körperschaftliche Konzern

I. Begriff / Rechtsnatur

Im körperschaftlichen Konzern ist das Mutterunternehmen, welches die Tochterunternehmen einheitlich leitet, zugleich eine durch diese Tochterunternehmen gebildete und von ihnen – auf einer anderen Ebene und nicht einheitlich – beherrschte Gesellschaft. Sie unterscheiden sich von den einheitlichen Konzernen durch ihre Rechtsnatur – sie sind Gesellschaften – und durch die Dualität der Kontrollebenen. Auf der Ebene der mitgliedschaftlichen Kontrolle herrschen die Töchter über die Mutter. Auf der Ebene der konzernmässigen Kontrolle, der einheitlichen Leitung der Geschäftstätigkeit[1] der Töchter, herrscht die Mutter über die Töchter[2]. Als Gesellschaften unterstehen sie – anders als die einheitlichen Konzerne – als Ganzes dem Recht der gemeinsam gebildeten Gesellschaft, in der Regel dem Recht der einfachen Gesellschaft oder dem Genossenschaftsrecht.

II. Praktische Bedeutung

Die ersten Konzernbildungen waren in vielen Fällen nicht das Resultat einer Expansion einer wirtschaftlichen Einheit durch Gründung und Erwerb von Tochtergesellschaften, sondern Folge eines Zusammenschlusses bisher unabhängiger Gesellschaften zum gemeinsamen Auftritt am Markt[3]. Auch heute noch geschehen Konzernbildungen durch den Zusammenschluss mehrerer zu einem neuen Unternehmen, dem sich die einzelnen Unternehmen als Töchter unterwerfen. Besonders in der Schweiz von grosser Bedeutung sind Genossenschaftskonzerne[4], die alle körperschaftliche Konzerne sind. Denkbar sind aber auch Zusammenschlüsse mehrerer Unternehmen zu Interessengemeinschaften in der Form der einfachen Gesellschaft zur gemeinsamen Zweckverfolgung[5]. Diese sind ebenfalls körperschaftliche Konzerne[6].

---

1 Vgl. dazu oben § 6 I Ziff.3 lit.b.
2 Vgl. dazu unten II.
3 Vgl. dazu oben § 2 II Ziff.1.
4 Vgl. dazu unten § 10.
5 Von Planta, Hauptaktionär, S. 31; Nägeli, S. 217ff; Maurer, S. 81f und unten § 11 III.
6 Ausdrücklich auch von Planta, Hauptaktionär, a.a.O.; Nägeli, a.a.O.; Maurer, a.a.O; und unten § 11 III.

III. Die Kontrollebenen im körperschaftlichen Konzern

1. Ausgangslage

Alle Konzerne haben zwei Kontrollebenen: Auf der einen findet die Kontrolle des Mutterunternehmens statt, auf der anderen die Kontrolle der Tochterunternehmen. Im einheitlichen Konzern sind die Teilnehmer dieser beiden Ebenen – die Töchter und die Gesellschafter der Mutter – *nicht* identisch; im körperschaftlichen Konzern sind sie es: die Töchter sind auch Gesellschafter der Mutter. Der körperschaftliche Konzern ist in seinem Aufbau mit einem demokratischen Staatswesen vergleichbar, das von einer Regierung geleitet wird, die ihrerseits – auf einer anderen Ebene – durch die Geleiteten bestimmt wird.

2. Die Ebene der mitgliedschaftlichen Kontrolle des Mutterunternehmens

Auf der Ebene der mitgliedschaftlichen Kontrolle leiten die Mitglieder der Mutter – im körperschaftlichen Konzern sind auch ihre Töchter solche Mitglieder – das Mutterunternehmen. Die Art und Weise, wie die Leitung der Mutter durch ihre Mitglieder ausgeübt wird, ist durch die Rechtsordnung bestimmt, der die Mutter angehört; beim körperschaftlichen Konzern kommt in der Regel das Recht der einfachen Gesellschaft oder der Genossenschaft zur Anwendung. Inhaltlich unterscheidet sich die Leitung der Mutter durch ihre Töchter nicht von der Kontrolle der Mutter durch ihre Mitglieder, die nicht ihre Töchter sind, sondern Dritte.

3. Die Ebene der konzernmässigen Kontrolle durch das Mutterunternehmen

a) Beschränkung auf die Geschäftstätigkeit

Die andere Ebene ist diejenige der konzernmässigen Kontrolle. Sie wird mit Mitteln sichergestellt, die eine konzernbildende einheitliche Leitung ermöglichen. Die Identität von Kontrollierenden und Kontrollierten im körperschaftlichen Konzern führt zum wesentlichen Unterschied zur konzernmässigen Kontrolle im einheitlichen Konzern: Die konzernmässige Kontrolle im körperschaftlichen Konzern ist nicht umfassend und beinhaltet auch nicht die Kontrolle über das Stimmverhalten des Tochterunternehmens als Gesellschafterin des Mutterunternehmens[7], denn die

---

7   Vgl. dazu ausführlich unten § 18 II Ziff.2. lit.b.

§ 9 Der körperschaftliche Konzern

Kontrolle der eigenen Mitgliedschaftsrechte durch die Gesellschaft ist in allen Gesellschaftsformen unmöglich oder unzulässig[8].

Der körperschaftliche Konzern kann als Konzern bestehen, weil die konzernbegründende einheitliche Leitung der Töchter sich nicht auf alle ihre Entscheidungsbefugnisse erstrecken muss, sondern sich auf die Kontrolle über die Geschäftstätigkeit beschränken darf[9]. Die Beherrschung der Geschäftstätigkeit der Töchter genügt, um die wirtschaftliche Einheit zu begründen. Die Ausübung der Mitgliedschaftsrechte beim Mutterunternehmen durch die Töchter ist das körperschaftliche und begriffsnotwenige Element des körperschaftlichen Konzerns: Weitet sich die Kontrolle des Mutterunternehmens auf diese Mitgliedschaftsrechte aus, liegt kein körperschaftlicher Konzern mehr vor, sondern ein einheitlicher Konzern, in welchem sich das Mutterunternehmen über die Tochterunternehmen selber kontrolliert – ein widerrechtliches Gebilde, insbesondere bei der Aktiengesellschaft[10].

b)   Keine Kontrolle der Mitgliederversammlung der Tochter

Die einheitliche Leitung im körperschaftlichen Konzern unterscheidet sich von derjenigen im einheitlichen Konzern nicht nur dadurch, dass sie nicht umfassend ist und nur die Geschäftstätigkeit umfasst, sondern auch durch die Art der vorliegenden Leitungsmechanismen: Die Kontrolle der Mitgliederversammlung liegt nie unmittelbar vor – die Mutter könnte ansonsten auch das Stimmverhalten der Tochter als ihr Mitglied leiten –, sondern immer nur mittelbar, in der Regel über die Verwaltung[11].

---

8   Unmöglich in der einfachen Gesellschaft, weil die Mitgliedschaftsrechte nicht übertragbar sind (Art. 552 OR); unzulässig insbesondere in der Aktiengesellschaft (Art. 659ff OR; unten § 18) und der Genossenschaft (Art. 886 OR).
9   Vgl. dazu oben § 6 I Ziff.3 lit.b.
10 Vgl. dazu unten § 18.
11 Vgl. oben § 6 II Ziff.3 lit.e.

§ 10 Insbesondere der Genossenschaftskonzern

I. Ausgangslage

1. Der Genossenschaftskonzern als Widerspruch in sich selbst?

Im volkstümlichen Gebrauch des Konzernbegriffs ohnehin, aber auch in wissenschaftlichen Abhandlungen[1] werden als Beispiele für Grosskonzerne auch Genossenschaftsverbände genannt, im letzteren Fall unter Nennung der Beispiele Migros und Coop[2]. Es stellt sich die Frage, ob solche "Genossenschaftskonzerne" auch Konzerne im Rechtssinne sind[3] und welchen Regeln sie gegebenenfalls folgen. Die Frage ist nicht einfach zu beantworten. Es steht zwar fest, dass Konzerne auch als körperschaftliche Konzerne Gesellschaften sein können, zum Beispiel einfache Gesellschaften. Im Fall des Genossenschaftskonzerns scheinen jedoch zahlreiche Vorschriften des Genossenschaftsrechts, welche die Beherrschbarkeit der Generalversammlung einschränken – das Kopfstimmprinzip steht dabei an erster Stelle[4] – der Eignung der Genossenschaft als Konzernglied entgegenzustehen.

Für die Lehre zum Genossenschaftsrecht[5] liegt daher bereits im Begriff "Genossenschaftskonzern" ein unlösbarer Widerspruch in sich selber[6]: Für sie ist mit den Begriffen "Genossenschaft" und "Genossenschaftsverband" bereits alles zur Frage der internen Herrschaftsstruktur gesagt, die genossenschaftstypisch demokratisch von unten nach oben gerichtet ist. Schmid[7] stellt diesen Herrschaftsstrukturen ausdrücklich diejenigen der Holding entgegen[8], die von oben nach unten gerichtet sind, und bezeichnet die Richtung der Herrschaft als kennzeichnendes Unterscheidungsmerkmal zwischen den beiden[9].

Diese Betrachtungsweise ist zu einfach, denn sie vermischt die Ebene der mitgliedschaftlichen Kontrolle mit derjenigen der konzernmässigen Kontrolle: Auch ein Konzern kann "demokratisch" strukturiert sein, wenn nämlich die Konzern-

---

1 Stebler, S. 11.
2 a.a.O.
3 Auch Dennler, ohne Begründung, S. 17; anders Guhl/Kummer/Druey, § 79 II, welche die Existenz des Genossenschaftskonzerns ausdrücklich ablehnen. Für das deutsche Konzernrecht, Rasch, S. 43.
4 Art. 885 OR; vgl. dazu unten II Ziff.2.
5 Schmid, S. 33ff und Guhl/Kummer/Druey, a.a.O; anders aber Kummer, der Art. 921–925 OR als "Konzernrecht" für Genossenschaften bezeichnet.
6 So auch Schmid, a.a.O.
7 Schmid, S. 34ff.
8 Und – unausgesprochen – des Konzerns.
9 a.a.O.

§ 10 Der Genossenschaftskonzern

töchter als Teil eines körperschaftlichen Konzerns Mitglied des Mutterunternehmens sind und auf dieses als Mitglied Einfluss nehmen können: Das "diktatorische" Element beschränkt sich in diesen Fällen immer auf die dem Mutterunternehmen überlassenen Befugnisse zur Ausübung der konzernmässigen Kontrolle im Bereich der Geschäftstätigkeit.

Dem Begriff des Genossenschaftskonzerns steht auch nicht die genossenschaftstypische Tatsache der gemeinsamen Zweckverfolgung entgegen[10], denn die partielle Fremdbeherrschung der Töchter im Bereich der Geschäftstätigkeit führt nicht zwingend zu ihrer Unterwerfung unter den Zweck nur des Mutterunternehmens. Die Bestimmung des Zwecks – bei Genossenschaften die Selbsthilfe – des Mutterunternehmens und des ganzen Konzerns insgesamt obliegt auch im körperschaftlichen Konzern den Tochterunternehmen in ihrer Funktion als Mitglieder der Mutter. Der Zweck des Mutterunternehmens ist immer Gegenstand einer Willensbildung seiner Gesellschafter und kann – insbesondere im Genossenschaftskonzern – auch die Selbsthilfe zu Gunsten der Mitglieder zum Inhalt haben. Der Genossenschaftscharakter steht dem Begriff des Genossenschaftskonzerns nicht entgegen[11]. Die Annahme des Genossenschaftskonzerns hängt von einer anderen Frage ab: ob die Tochtergenossenschaften im Genossenschaftskonzern der einheitlichen Leitung eines Mutterunternehmens unterliegen können.

2. Fragestellung

Der Genossenschaftskonzern ist ein körperschaftlicher Konzern. In der Regel ist er ein Genossenschaftsverband, bei dem die Mitgliedgenossenschaften durch die Verbandsleitung einheitlich geleitet werden. Die Ebene der mitgliedschaftlichen Kontrolle besteht aus der Ausübung der genossenschaftlichen Mitgliedschaftsrechte der Einzelgenossenschaften innerhalb des Genossenschaftsverbands. Die Ebene der konzernmässigen Kontrolle stellt die einheitliche Leitung sicher. Anders als beim einheitlichen Konzern kann sie sich im körperschaftlichen Genossenschaftskonzern nicht auf die Kontrolle der Mitgliedschaftsrechte innerhalb der Tochtergenossenschaften abstützen; andere Mechanismen müssen sie sicherstellen. Die Eigenheiten und Sonderfragen, die sich aus diesem Umstand ergeben, insbesondere die Leitungsmechanismen, welche sich – wie erwähnt – nicht auf Mitgliedschaftrechte abstützen können, erfordern eine gesonderte Betrachtung des Genossenschaftskonzerns.

---

10 Art. 828 OR; Guhl/Kummer/Druey, § 79, I Ziff.2 lit.a.
11 Anders Schmid, a.a.O., S. 153.

II. Die Mechanismen der einheitlichen Leitung im Genossenschaftskonzern

1. Ausgangslage

Das Mutterunternehmen im Genossenschaftskonzern kann seine einheitliche Leitung nicht auf die Mehrheit der Gesellschafterstimmen und damit nicht ohne weiteres auf interne Leitungsmechanismen[12] innerhalb der Tochterunternehmen abstützen. Das Genossenschaftsrecht verfügt jedoch über eigene Möglichkeiten, die einer Genossenschaftsverbandsspitze – dem Mutterunternehmen – ermöglichen, gegenüber den Mitgliedgenossenschaften – den Tochterunternehmen – die konzernbildende einheitliche Leitung auszuüben.

2. Leitungsmechanismen des Genossenschaftsrechts

a)   Einfluss des Genossenschaftsverbandes auf der Ebene der Statutengebung

Der Genossenschaftskonzern ist ein körperschaftlicher Konzern, der durch seine Mitglieder gebildet worden ist. Er entsteht durch gemeinsame Gründung und er wächst durch Beitritt. Durch die Festsetzung des Genossenschaftsverbandszwecks und von klaren Teilnahme- und Beitrittsbedingungen[13], die alle oder die wichtigen Bereiche der Geschäftätigkeiten der zukünftigen Tochterunternehmen regeln, kann Einfluss auf die Struktur und auf die Art der Teilnahme am Genossenschaftsverband genommen werden: Denkbar ist die Pflicht der Mitglieder, ihre Statuten, insbesondere ihren Genossenschaftszweck, jeweils dem Verbandsrecht anzupassen[14], ihre Statutenänderungen genehmigen zu lassen[15] und ihre Geschäfte in einer dem Verbandsstandard entsprechenden Art und Weise zu führen[16].

---

12   Vgl. dazu oben § 6 II Ziff.2.
13   Schmid, S. 176.
14   Weil die Kompetenzen der Generalversammlung der Tochtergenossenschaft in dieser Sache zwingend sind, *kann* sie gegen diese Pflichten verstossen (Schmid, S. 178), was einem Austritt aus dem Verband gleichkommen kann, der im Genossenschaftskonzern wegen der schwachen Leitungsmechanismen eher möglich ist; vgl. dazu unten § 20, die Emanzipation des Tochterunternehmens.
15   Schmid, S. 181.
16   Nach dem Zeugnis von Berger, S. 117, ist die Genossenschaft "Coop Leben" statutarisch verpflichtet, ihre Bankbeziehungen ausschliesslich mit der Genossenschaftlichen Zentralbank zu unterhalten.

§ 10 Der Genossenschaftskonzern

b) *Mitwirkung des Verbandes bei der personellen Zusammensetzung der Verwaltung und der Kontrollstelle der Tochtergenossenschaft*

Über die Formulierung von inhaltlichen Anforderungen an die Verwaltung der Tochtergenossenschaften kann die Muttergenossenschaft indirekt auch Einfluss auf deren Zusammensetzung und Tätigkeit ausüben: Durch die Formulierung eines Pflichtenhefts und der qualitativen Anforderungen an die Verwaltung der Tochter oder an einzelne Mitglieder derselben kann auf die Zusammensetzung der Verwaltung der Tochter eingewirkt werden, vor allem bei kleinen Tochtergenossenschaften, welche zu diesem Zweck gerne auf – formell unverbindliche – Vorschläge der Mutter eingehen, obwohl die Tochter ihre Befugnis, die Verwaltung zu ernennen, nicht an die Muttergenossenschaft abtreten kann[17]. Ergänzt wird dieser faktische Einfluss durch die von Teilen der Lehre[18] befürwortete Anwendung von Art. 926 OR auf alle Genossenschaftsverbände, wonach ein stimmberechtigter (die Entsendung eines stimmrechtslosen Vertreters gestützt auf Art. 924 Abs.1 OR ist unbestritten[19]) Vertreter der Muttergenossenschaft in die Tochtergenossenschaft entsendet werden kann. Gerade bei kleinen Tochtergenossenschaften in einem starken Verband ist die Stellung dieses Vertreters gewichtig, da dieser, gestützt auf seinen Wissensvorsprung und sein Fachwissen, in der Lage ist, selbst ohne Stimmrecht die Verwaltung der Tochtergenossenschaft zu beeinflussen oder gar zu bestimmen.

Gleicherart sind die Einflussmöglichkeiten in bezug auf die Wahl der Kontrollstelle. Die Bestimmung, dass Mitgliedgenossenschaften ausschliesslich eine von der Mutter bestimmte Kontrollstelle wählen müssen, verstösst zwar gegen Art. 879 Abs.2 Ziff.2 / 906 OR, der für ihre Wahl zwingend die Generalversammlung vorsieht[20]; trotzdem kommen solche Statutenbestimmungen vor[21]. Einen faktischen Einfluss auf die Wahl der Kontrollstelle der Tochtergenossenschaft kann der Verband durch die Formulierung eines Anforderungsprofils[22] in Verbindung mit einem entsprechenden Angebot nehmen. Verstärkt wird der Druck auf die Tochtergenossenschaften, wenn der Genossenschaftsverband zudem vorsieht, dass sich alle Mitgliedgenossenschaften einer zusätzlichen Verbandskontrollstelle[23] anschliessen müssen.

---

17 Art. 879 Ziff.2 OR; Schmid, S. 182; von Steiger Fritz, Grundriss, S. 78; Berger, S. 115.
18 Statt vieler, Schmid, S. 188.
19 Überwachungsrecht des Genossenschaftsverbands; unten, lit.c.
20 Nach Schmid, S. 191, sind solche Bestimmungen trotzdem zulässig.
21 Art. 15 lit.h der Statuten der Coop Schweiz.
22 Indem vorgesehen wird, dass es sich um eine Gesellschaft handeln muss, die Mitglied der Treuhandkammer ist.
23 Art. 12 Abs.2 der Statuten des Verbandes ostschweizerischer landwirtschaftlicher Genossenschaften (VOLG) sehen ein Revisionsrecht auch im Bereich der Geschäftsführung vor.

c) Kontroll- und Anfechtungsrecht gemäss Art. 924 OR

Gemäss Art. 924 Abs.1 OR können die Statuten des Genossenschaftsverbandes der Verwaltung des Verbandes – d.h. der Konzernspitze – das Recht einräumen, die geschäftliche Tätigkeit der angeschlossenen Genossenschaften – der Tochterunternehmen – zu überwachen. Dabei kann der Verband zwar nicht direkt und unmittelbar in die Geschäftstätigkeit eingreifen[24], doch es steht ihm ein umfassendes Kontroll- und Überwachungsrecht im geschäftlichen Bereich[25] zu, welches insbesondere Grundlage sein kann für die gerichtliche Anfechtung gemäss Abs. 2 der zitierten Gesetzesbestimmung[26].

Wenn in den Statuten des Verbands oder der Tochtergenossenschaft vorgesehen[27], unterliegen der Anfechtung gestützt auf Art. 924 Abs.2 OR sämtliche pflichtwidrigen Beschlüsse der Mitgliedgenossenschaften, also nicht nur diejenigen der Mitgliederversammlung[28], sondern auch des Verwaltungsrates[29] oder einer allfälligen Direktion[30]. Der Anfechtung unterliegen neben den gesetzes- und statutenwidrigen Beschlüssen insbesondere auch die verbandsrechtswidrigen Beschlüsse, was die Unterwerfung der Mitgliedgenossenschaft unter das geltende und zukünftige Verbandsrecht sicherstellt. Obwohl die Anfechtung selten vorkommt[31] und ihr aus diesem Grunde nur eine geringe praktische Bedeutung beizumessen ist, stellt sie ein Machtmittel der Mutter dar; allein schon durch die Tatsache ihrer Existenz und der damit verbundenen möglichen Schadenersatzfolgen.

d) Richterliche Durchsetzung von Mitgliedschaftspflichten

Der Verstoss der Tochtergenossenschaft gegen statutarische Verbandspflichten führt in jedem Fall auch beim Fehlen des Anfechtungsrechts gemäss Art. 924 II OR

---

24 Schmid, S. 164; Gutzwiller, Art. 924 OR N 17.
25 Und nur in diesem. Schmid, S. 166, grenzt diesen ab von der verbandsfreien Sphäre und nennt als Beispiel den Austritt (vgl. dazu auch unten § 20, die Emanzipation des Tochterunternehmens). Zur verbandsfreien Sphäre muss auch die Ausübung des Stimmrechts beim Mutterunternehmen auf der Ebene der mitgliedschaftlichen Kontrolle gezählt werden.
26 Schmid, a.a.O.
27 Schmid, S. 169; Gutzwiller, Art. 924 OR N 8.
28 Schmid, a.a.O; Gutzwiller, Art. 924 OR N 26; von Steiger Fritz, Grundriss, S. 182.
29 Schmid, a.a.O; Gutzwiller, Art. 924 OR N 26f; von Steiger Fritz, a.a.O; Gerwig, S. 156f.
30 Schmid, S. 169.
31 In der Schweiz haben nur wenige Genossenschaften dieses Anfechtungsrecht vorgesehen. Nach Schmid, S. 176, sind es die Coop und der LGV Bern. Ein Anfechtungsrecht sehen auch die Statuten des VOLG vor (Art. 12 Abs.5).

§ 10 Der Genossenschaftskonzern

zu einem Anspruch der Verbandsspitze auf Erfüllung[32], der auch richterlich durchsetzbar ist und zu einem Schadenersatzanspruch[33], zu einem Anspruch auf Leistung von Konventionalstrafen[34] gegen die Genossenschaft oder ihre Organe oder zu einer richterlichen Feststellung[35] führen kann. Die praktische Relevanz dieses Machtmittels dürfte jedenfalls weniger in der konkreten Ausübung liegen, sondern vielmehr in der Tatsache seiner Möglichkeit und der potentiellen Folgen, die von ihm ausgehen können.

e)   Die externe Leitung durch andere Leitungsmechnismen

Neben den genannten sind auch im Genossenschaftskonzern externe Leitungsmechanismen denkbar, die sich nicht auf das Genossenschaftsrecht abstützen oder auf genossenschaftstypische Sachverhalte. Auch eine Genossenschaft kann grundsätzlich mit dem Mutterunternehmen einen Beherrschungsvertrag abschliessen[36], und auch eine Tochtergenossenschaft kann durch eine einseitige wirtschaftliche Ausrichtung von der Muttergenossenschaft abhängig werden[37].

3.   Die Kontrolle der Generalversammlung der Tochtergenossenschaft

a)   Ausgangslage / Fragestellung

Im Genossenschaftsrecht fehlt die Möglichkeit, auf die Mitgliederversammlungen der Tochtergesellschaften durch eine formal gesicherte Stimmenmehrheit direkt Einfluss auszuüben. Die Kontrolle der Mitgliederversammlung ist auch bei der Genossenschaft beim Fehlen einer vertraglichen oder statutarischen Unterwerfung der Genossenschaft notwendiger Teil der Kontrolle der Tochtergenossenschaft, denn auch in der Genossenschaft kann die Mitgliederversammlung als oberstes

---

32   Schmid, S. 202.
33   Ausdrücklich Art. 15 Abs.1 der Statuten der Coop Schweiz: "Für Schäden, die dem Verband oder der Coop-Gruppe durch Nichteinhaltung statutarischer Bestimmungen oder allgemeinverbindlicher Beschlüsse entstehen, ist Ersatz zu leisten."
34   BGE 52 I 75.
35   a.a.O.
36   Vgl. dazu unten § 15 III.
37   Dem Verband hörig und (von der Tochter) zum Waisenkind werdend, wenn er wegfällt; so ausdrücklich Kummer, Festgabe, S. 278.

Organ[38] die Verwaltung grundsätzlich jederzeit[39] ersetzen und die Statuten – auch die Bindung an den Genossenschaftsverband[40] – jederzeit ändern.

b)   *Kontrolle der Generalversammlung durch Kontrolle der Verwaltung*

Die Kontrolle der Mitgliederversammlung ist zur Sicherstellung der Kontrolle über die Geschäftstätigkeit nötig[41]; sie kann nur über und durch die Verwaltung ausgeübt werden[42]. Dies setzt voraus, dass zwischen den Mitgliedern der Verwaltung und der Muttergenossenschaft ein Abhängigkeitsverhältnis besteht, welches der Muttergenossenschaft erlaubt, ihre Kontrolle auszuüben. Dieses besondere Abhängigkeitsverhältnis stützt sich auf vertragliche Einbindungen der einzelnen Verwaltungsmitglieder, also auf externe Leitungsmechanismen, die zur Grundlage für die Kontrolle der Verwaltung der Tochtergenossenschaft werden und über das hinausgehen, was formell statuierbar ist.

Ein Konzernverhältnis liegt vor, wenn das Mutterunternehmen das Tochterunternehmen in bezug auf seine Geschäftstätigkeit leitet. Die Einschränkung ist insbesondere in denjenigen Fällen von Bedeutung, wo eine formelle Kontrolle über die Mitgliederversammlung des Tochterunternehmens fehlt und diese nur gestützt auf die Leitung der Verwaltung sichergestellt werden kann. Die Beeinflussung der Mitgliederversammlung auf diesem Weg stützt sich immer nur auf die Autorität der Verwaltung ab: Das kann insbesondere der Fall sein bei Entscheiden, welche die Geschäftstätigkeit – auch indirekt, wie zum Beispiel in Wahlen – betreffen und die zur Sicherstellung der Leitung durch das Mutterunternehmen beherrscht werden müssen. Entscheide der Mitgliederversammlung, die anderer Art sind, zum Beispiel der Entscheid die Stimmabgabe im Verband auf der mitgliedschaftlichen Ebene, brauchen – und dürfen[43] – nicht dieser Kontrolle zu unterliegen, weil sie über das hinausgehen, was zur Sicherstellung der einheitlichen Leitung nötig ist. Entscheidet die Genossenschaft diese Fragen selbständig und im Widerspruch zum Mutterunternehmen, zerstört es dabei die einheitliche Leitung nicht[44].

---

38   Art. 879 OR Abs.1.
39   Art. 884 OR i.V. mit Art. 890 OR; auch Druey/Merz/Kummer, § 83 I Ziff.2 lit.c.
40   Stützte sich die Leitung – auch – auf die Bindung an Verbandsstatuten, läge in einer solchen Änderung eine Emanzipation vor, die bei der Tochtergenossenschaft wegen der schwächeren Leitungsmechanismen einfacher ist.
41   Vgl. dazu oben § 6 I Ziff.3 lit.b.
42   Vgl. § 6 II Ziff.3 lit.d; gerade bei grossen Genossenschaften ist die Mitgliederstruktur durch die grosse und heterogene Mitgliedermasse derart gestaltet, dass Mehrheiten, die sich gegen die Verwaltung wenden könnten, kaum entstehen können.
43   Vgl. unten Ziff.3.
44   In den untersuchten Genossenschaftskonzernen wird – stillschweigend – diese Einflussbeschränkung vorgenommen. Es liegen viele Fälle vor, in welchen die Mitgliederversammlung in Fragen der Mitgliedschaftsrechte anders entschieden hat, als von der Verwal-

4. Die Ausübung des Stimmrechts innerhalb der Muttergenossenschaft im Genossenschaftskonzern durch die Tochtergenossenschaft

a) Fragestellung; Selbstkontrolle als Ausnahme

Kennzeichnend für den Genossenschaftskonzern ist die mitgliedschaftliche Beteiligung der Tochtergenossenschaft an der Muttergenossenschaft, dem Genossenschaftsverband. Weitet dieser seine Leitung der Tochtergenossenschaften über den Bereich der Geschäftstätigkeit auf ihr Stimmverhalten innerhalb der eigenen Mitgliederversammlung aus, dann übt er Mitgliedschaftsrechte innerhalb der eigenen Mitgliederversammlung aus. Die Selbstkontrolle der Genossenschaft durch sich selbst resp. durch seine Verwaltung ist im Genossenschaftsrecht nicht die Regel, sondern die Ausnahme. Die Ausübung von Befugnissen der Generalversammlung durch die Verwaltung ist gemäss Art. 893 OR im Rahmen einer aus Gründen einer spezifischen Interessenlage[45] eingeführten Ausnahmebestimmung nur erlaubt für konzessionierte Versicherungsgenossenschaften, die über 1000 Mitglieder aufweisen.

b) Keine Selbstkontrolle im Genossenschaftskonzern.

In der Regel stellt sich die Frage der Ausübung von Stimmrechten an eigenen Mitgliedschaftsanteilen im Genossenschaftskonzern nicht: Die Stimmabgabe bei der Muttergenossenschaft ist ein Thema, bei dem die Autorität in geschäftlichen Fragen der von ihr geleiteten Verwaltung nicht wirkt, auf die sie die Leitung der Mitgliederversammlung der Tochter abstützt. Für eine Ausweitung der Leitung über die Geschäftsführung hinaus auf das Stimmverhalten der Tochter dürften diese ohnehin schwachen Leitungsmechanismen nicht genügen. Besteht innerhalb des Genossenschaftsverbands eine Delegiertenversammlung[46], üben die regelmässig von der Mitgliederversammlung der Tochtergenossenschaft bestimmten Delegierten die Mitgliedschaftrechte innerhalb der Generalversammlung aus. Ob es sich bei diesen Delegierten um Personen handelt, die von der Verwaltung unabhängig sind, oder um solche, die ihr angehören, ist unerheblich. In beiden Fällen bestimmt die Mitgliederversammlung über die Art der Stimmausübung; durch die Delegation an die Verwaltung zeigt sie ihr Vertrauen in den Genossenschaftsverband und ihren Willen, seinen Anträgen zu folgen. Sie kann diesen Entscheid, weil sie in dieser Frage nicht der einheitlichen Leitung unterliegt, rückgängig machen und ihrer

---

tung empfohlen, ohne dass dabei die Autorität der Verwaltung über die Mitgliederversammlung in Fragen der Geschäftsführung betroffen war.
45 Vgl. dazu die unterschiedlichen Deutungen bei Forstmoser, Grossgenossenschaften, S. 191ff und die dort zitierte Literatur.
46 Vgl. dazu Schmid, S. 111ff.

Verwaltung das Vertrauen entziehen. Die Meinungsbildung über das Stimmverhalten innerhalb des Genossenschaftsverbands ist immer eine freie Meinungsbildung und nicht eine geleitete.

III. Mischformen

Körperschaftliche Konzerne, insbesondere Genossenschaftskonzerne, können neben ihren Tochtergenossenschaften weitere Tochtergesellschaften anderer Rechtsnatur haben, zum Beispiel Aktiengesellschaften, die bei ihm nicht Mitglied sind und die wie in einem einheitlichen Konzern kontrolliert werden. In diesen Fällen ist eine klare Zuweisung des Konzerns in eine der beiden Gruppen nicht möglich. Sie ist auch nicht nötig, denn Unterschiede zwischen dem einheitlichen Konzern und dem körperschaftlichen Konzern betreffen nur die Beziehung zwischen dem Mutter- und dem Tochterunternehmen und die entsprechenden Leitungsmechanismen. Im gemischten körperschaftlich-einheitlichen Konzern sind auf das Verhältnis Mutter–Tochter je nach Qualität des Tochterunternehmens die Normen des einen oder anderen Rechtes anzuwenden.

§ 11 Das Mutterunternehmen

I. Begriff

Das Mutterunternehmen ist derjenige juristisch selbständige Teil des Konzerns, welcher als Unternehmen die einheitliche Leitung ausübt[1]. Es kann, aber muss nicht die gleiche Gesellschaftsform aufweisen wie die von ihm beherrschten Tochterunternehmen; die Ausübung der einheitlichen Leitung ist von seiner internen Organisationsform völlig unabhängig. Jedes Unternehmen kann Mutterunternehmen sein. Unternehmen, deren – gelebter[2] – Zweck hauptsächlich oder ausschliesslich darin besteht, Tochterunternehmen zu beherrschen, und die keine oder nur eine untergeordnete eigene Geschäftstätigkeit entwickeln, werden als Holding-Gesellschaften[3] bezeichnet. Sie werden von der Pflicht zur Bildung von bestimmten gesetzlichen Reserven ausgenommen und in bestimmten Fällen von den Nationalitätsvorschriften für die Mitglieder ihrer Verwaltung. Überdies geniessen sie steuerliche Vorteile[4].

II. Die Rechtsnatur des Mutterunternehmens

1. Das Mutterunternehmen als natürliche Person

Das Mutterunternehmen als herrschendes Unternehmen kann auch eine natürliche Person sein, wenn es mehrere unternehmerische Interessen verfolgt, unter anderem durch die von ihm einheitlich geleiteten Gesellschaften[5].

2. Das Mutterunternehmen als juristische Person oder als andere Gesellschaft

Die meisten Konzerne werden von einer juristischen Person, in der Regel von einer Aktiengesellschaft, beherrscht. Können sogar natürliche Personen Mutterunternehmen sein, können *e majore minus* dies auch alle anderen juristischen Perso-

---

1   Vgl. oben § 6.
2   Zweifel, S. 48; von Steiger Werner, S. 243a.
3   Art. 671 OR.
4   Statt vieler: Höhn, Steuerrecht, S. 381ff.
5   Vgl. dazu ausführlich oben § 5 II 2; insb. lit.b.

nen – auch der Verein[6] und die Stiftung[7]–, aber auch diejenigen Gesellschaften, die keine juristische Persönlichkeit haben, inbesondere die einfache Gesellschaft[8].

III. Einzelfragen

1. Die Konzernmutter beim körperschaftlichen Konzern

a)   Fragestellung

Im körperschaftlichen Konzern kontrollieren die Tochterunternehmen das Mutterunternehmen als seine Mitglieder auf der mitgliedschaftlichen Ebene und das Mutterunternehmen die Tochterunternehmen auf der Ebene der Geschäftsführung[9]. Weil die Tochterunternehmen Mitglieder der Mutter sind, liegt im rein körperschaftlichen Konzern immer eine Identität zwischen dem Mutterunternehmen und dem Konzern vor. Es stellt sich die Frage, welche Rechtsformen das Mutterunternehmen im körperschaftlichen Konzern haben kann.

b)   Aktiengesellschaft?

Das Mutterunternehmen im körperschaftlichen Konzern kann nur dann eine Aktiengesellschaft sein, wenn sichergestellt ist, dass es *nicht* in der Lage ist, das Stimmverhalten der Tochter als Aktionärin der Mutter zu steuern[10]. Diese Sicherstellung fehlt in der Regel, wenn die Mutter die Generalversammlung der Tochter als Aktionärin beherrscht: Das Tochterunternehmen darf nur im Rahmen von Art. 659 OR Aktien der Mutter erwerben, d.h. es dürfen sich nur 10% des Aktiennennwerts in den Händen dieser Töchter befinden. Mutterunternehmen in körperschaftlichen Konzernen, die nur Aktiengesellschaften sind, kommen in der Praxis nicht vor; die an Stelle der Beherrschung der Generalversammlung tretende vertragliche Unterwerfung der Tochter scheitert am Verbot, den Aktionären Pflichten aufzuerlegen[11], die über die gesetzlichen hinausgehen.

---

6   Analog der Genossenschaft; Capitaine, S. 30a;
7   Capitaine, a.a.O.
8   Unten III Ziff.1 lit.c.
9   Vgl. dazu oben § 9 II.
10   Vgl. dazu unten § 18 II Ziff.2 lit.b.
11   Art. 680 OR.

§ 11 Das Mutterunternehmen

c) *Das Mutterunternehmen als einfache Gesellschaft*
   (die Interessengemeinschaft)

Zwei Unternehmen können sich vertraglich zur gemeinsamen Gewinnerzielung zusammenschliessen, indem sie gleichberechtigt sich "gegenseitig leiten" resp. sich "gegenseitig leiten lassen" wollen. Diese Unternehmen bilden einen körperschaftlichen Konzern in der Form der einfachen Gesellschaft, eine Interessengemeinschaft (IG)[12]. Übt diese einfache Gesellschaft auf seine Mitglieder durch ein gemeinsames Organ den gleichen Einfluss aus wie ein Mutterunternehmen auf seine Töchter – Pflichten mit dem Inhalt, sich dem Mutterunternehmen zu unterwerfen und seine Geschäftspolitik nach ihm auszurichten[13], können nach dem Recht der einfachen Gesellschaft[14] auferlegt werden –, liegt auch ein Konzernsachverhalt vor[15]. Dieser Konzernsachverhalt besteht unabhängig vom Innenverhältnis der einfachen Gesellschaft, die sich aus zwei gleichberechtigten Partnern zusammensetzen kann oder aus einer Vielzahl von Gesellschaften mit unter sich unterschiedlichen Rechten[16].

d) *Das Mutterunternehmen als Doppelgesellschaft*

Die durch die Töchter gebildete einfache Gesellschaft kann nicht im eigenen Namen Pflichten eingehen; als Konzernspitze und als Träger der Geschäftsführung ist sie daher ungeeignet. Die Aktiengesellschaft, welche als Konzernspitze an sich geeignet wäre, kann allein nicht Mutter im körperschaftlichen Konzern sein, weil dem Aktionär die Pflicht, sich der einheitlichen Leitung des Mutterunternehmens zu unterwerfen, nicht auferlegt werden kann[17]. Die Lösung der Praxis für den nicht genossenschaftlichen körperschaftlichen Konzern ist die Doppelgesellschaft[18], die zugleich – für das Auftreten nach Aussen – Aktiengesellschaft und – für die Begründung der nötigen Leitungsmechanismen – einfache Gesellschaft ist.

---

12 Von Planta, Hauptaktionär, S. 31.
13 Von Planta, Hauptaktionär, a.a.O.
14 Art. 531 OR; Guhl/Kummer/Druey, § 59 I Ziff.3.
15 Mehrere Unternehmen unter einheitlicher Leitung eine wirtschaftliche Einheit bildend.
16 Die in von Planta, Hauptaktionär, S. 31, vorgenommene Differenzierung in einfache und zentrale Interessengemeinschaften ist daher aus konzernrechtlicher Sicht entbehrlich.
17 Nägeli, S. 217ff.
18 Von Planta, Hauptaktionär, S. 31.

e)   Das Mutterunternehmen als Genossenschaft

Am stärksten ausgeprägt ist das körperschaftliche Element beim körperschaftlichen Genossenschaftskonzern[19], wie er gerade in der Schweiz von grosser Bedeutung ist. Er setzt sich aus mehreren Genossenschaften – hier dürfen den Mitgliedern zusätzliche Pflichten auferlegt werden – zusammen, die sich in einer Muttergenossenschaft vereinigen, die ihre Mitgliedgenossenschaften als Konzernmutter leitet.

2.   Mehrere Mutterunternehmen

a)   Problem

Nicht immer sind die Verhältnisse klar und nicht immer können mehrere Tochterunternehmen einem Mutterunternehmen zugeordnet werden. Das oder die Mutterunternehmen stehen unter Umständen tatsächlich hierarchisch nicht auf der obersten Stufe, sondern sind ihrerseits wiederum durch ein – vielleicht verstecktes – Unternehmen beherrscht, welches aus einer oder mehreren Personen bestehen kann; im zweiten Fall in der Regel eine einfache Gesellschaft.

b)   Mehrere Mutterunternehmen

Zwei Unternehmen können sich zu einer einfachen Gesellschaft zusammenschliessen, um zusammen gemeinsame Tochterunternehmen, sogenannte "joint-ventures", zu leiten. Man spricht in solchen Fällen oft von "mehreren Mutterunternehmen[20]". Tatsächlich aber bilden diese mehreren "Mutterunternehmen" regelmässig eine einfache Gesellschaft[21] zum Zweck der gemeinsamen Kontrolle des oder der Tochterunternehmen. Das Mutterunternehmen[22] setzt sich in diesen Fällen nicht aus den Unternehmen zusammen, welche gemeinsam die Töchter beherrschen; das Mutterunternehmen ist die einfache Gesellschaft, die sie zu diesem Zweck gebildet haben[23]. Konzernrechtliche Normen gelangen dementsprechend im Verhältnis zwischen dem Mutterunternehmen und den Tochterunternehmen zur Anwendung; die Rechtsverhältnisse innerhalb der "beiden Muttergesellschaften" folgen den Regeln der Grundvereinbarung und der einfachen Gesellschaft.

---

19   Vgl. dazu oben § 10.
20   Emmerich/Sonnenschein, S. 82.
21   Oertle, S. 34, das gemeinsam gebildete Unternehmen ist demgegenüber in der Regel eine Aktiengesellschaft; Oertle, S. 65ff.
22   Beherrschen die beiden "Mutterunternehmen" nur eine Tochter und nehmen sie daneben keine eigenen unternehmerischen Interessen wahr, liegt kein Konzern vor, weil die aus den beiden "Mutterunternehmen" gebildete einfache Gesellschaft kein Unternehmen im konzernrechtlichen Sinn ist; vgl. dazu oben § 5 II Ziff.3.
23   Grundvereinbarung, Oertle, S. 41, 65ff; Schluep, Unternehmenskonzentration, S. 486ff.

§ 11 Das Mutterunternehmen

c) *Aktionärbindungsverhältnisse als Übermutterunternehmen?*

Ein formell als Muttergesellschaft bezeichnetes und in Erscheinung tretendes Unternehmen kann seinerseits von einer Gruppe von Aktionären beherrscht sein, die sich in einem Aktionärbindungsvertrag verpflichtet haben, ihre Mitgliedschaftsrechte gemeinsam auszuüben. Solche Aktionärbindungsverhältnisse sind einfache Gesellschaften[24], die das Unternehmen beherrschen. Mutterunternehmen sind diese Gesellschaften nur (und ein Konzernverhältnis liegt in diesen Fällen nur vor), wenn die Aktionäre in dieser einfachen Gesellschaft ein Unternehmen im konzernrechtlichen Sinn sind[25], wenn sie als Unternehmen nicht nur die Aktionärs-interessen der einen Gesellschaft wahrnehmen, sondern auch andere wirtschaftliche Interessen verfolgen.

---

24 Guhl/Kummer/Druey, § 65 III Ziff.1 lit.a bb).
25 Vgl. dazu oben § 5 II.

§ 12 Das Tochterunternehmen; insbesondere die Frage der übermässigen Selbstbindung

I. Begriff

Tochterunternehmen sind die juristisch selbständigen Teile des Konzerns, über welche die einheitliche Leitung ausgeübt wird[1]. Sie können, aber müssen nicht die gleiche Gesellschaftsform aufweisen wie das Mutterunternehmen, welches sie beherrscht; entscheidend ist allein ihre Beherrschbarkeit durch Mechanismen der einheitlichen Leitung.

II. Die Rechtsform des Tochterunternehmens

1. Ausgangslage: Das Tochterunternehmen als Aktiengesellschaft

Weil Tochterunternehmen durch Dritte beherrschbar[2] sein müssen, stehen für sie weniger Rechtsformen zur Verfügung als für das Mutterunternehmen. Insbesondere kann das Tochterunternehmen keine natürliche Person sein. Die Beschränkung der Haftung des Mutterunternehmens durch die Bildung von Haftungs- und Risikobecken, welche in der Regel mit der Konzernbildung auch angestrebt wird, und die einfache Handhabung der Kontrolle führen in der Regel[3] zur Aktiengesellschaft, die ohnehin auch im konzernfreien Verhältnis zur Standard-Gesellschaftsform geworden ist[4].

2. Tochterunternehmen in anderer Rechtsform

a) Körperschaften

Neben der Aktiengesellschaft können auch andere körperschaftliche juristische Personen Tochterunternehmen sein: Die Genossenschaft oder die GmbH. Die

---

1 Vgl. oben § 6.
2 Rasch, S. 40.
3 Von anderen möglichen Tochterunternehmensformen geht auch die Botschaft über die Revision des Aktienrechts vom 23. Februar 1983, S. 64, aus.
4 Druey, Aufgaben, S. 303.

§ 12 Das Tochterunternehmen   85

Genossenschaft spielt in der Schweiz eine wichtige Rolle als Glied des Genossenschaftskonzerns[5], anders als die GmbH, die sich in der Schweiz nicht hat durchsetzen können[6].

b)   Stiftungen

Die Stiftung ist das juristisch selbständige, einem bestimmten – eventuell auch wirtschaftlichen[7] – Zweck gewidmete Vermögen. Es stellt sich die Frage, ob im Stiftungsrecht Mechanismen vorliegen, welche eine einheitliche Leitung der Stiftung durch das Mutterunternehmen erlauben. Im Vergleich zur Körperschaft erschwerend und erleichternd zugleich ist die Tatsache, dass die Stiftung keine Mitgliederversammlung kennt; erschwerend, weil dadurch ein Instrument der einheitlichen Leitung fehlt[8] und erleichternd, weil durch das Fehlen der Mitgliederversammlung die einheitliche Leitung allein gestützt auf die Leitung der Verwaltung – des Stiftungsrates – errichtet werden kann[9].

Die Leitung des Stiftungsrats, zum Beispiel gestützt auf ein in der Stiftungsurkunde vorgesehenes Recht zu seiner Besetzung[10], ermöglicht die einheitliche Leitung nur, wenn das Statut der Stiftung einen Handlungspielraum lässt oder die Stiftung durch seine Zweckformulierung in den Dienst des Mutterunternehmens stellt[11]. Das Mutterunternehmen kann in diesem Falle die Stiftung einheitlich leiten. Lässt das Statut der Stiftung der Verwaltung nur einen geringen Handlungsspielraum, ohne zugleich eine Bindung der Stiftung an das Mutterunternehmen vorzusehen, kann eine Unterwerfung der Stiftung unter das Mutterunternehmen nicht stattfinden[12].

c)   Andere Gesellschaftsformen, insbesondere einfache Gesellschaften?

Tochtergesellschaften in der Form der einfachen Gesellschaft kommen in der Praxis kaum vor, weil sie dafür völlig ungeeignet[13] sind: Sie bilden keine eigene Vermögens- und Rechtssphäre, und die Werte, die das Vermögen der Gesellschaft bilden,

---

5   Vgl. dazu oben § 11.
6   Die GmbH wird in dieser Arbeit als gesondertes Thema nicht behandelt.
7   Die Frage ist umstritten: Riemer, Systematischer Teil, N 399, lehnt die reine Unternehmungsstiftung ab; Grüninger, S. 30ff, befürwortet sie. Für die vorliegende Arbeit kann die Frage offenbleiben. Auch das wirtschaftlich orientierte Mutterunternehmen kann Interesse an einem ideellen Tochterunternehmen haben, zum Beispiel zum Zweck der Personalfürsorge oder für Forschungszwecke.
8   Auch Grüninger, a.a.O., S. 27; Bär Rolf, S. 535.
9   § 8, IV Ziff.2 lit.b und c.
10 Riemer, Art 83 ZGB, N 12; Grüninger, S. 27
11 Grüninger, S. 46ff.
12 Riemer, Systematischer Teil, N 18ff; es sei denn, es bestehe eine Identität zwischen starrem Stiftungszweck und dem Willen des Mutterunternehmens.
13 Auch von Steiger Werner, Holdinggesellschaften, S. 247a.

sind Werte der Gesellschafter selber – in der Regel zu gesamter Hand[14]. Das hat zur Folge, dass die Gesellschafter für Gesellschaftsschulden entweder direkt solidarisch oder subsidiär solidarisch haften[15]. Zwischen einer einfachen Tochtergesellschaft und der Mutter bestünde eine Vermögens- und Haftungseinheit weitgehend auch rechtlich und nicht bloss faktisch, wie das für den Konzern, der sich aus der Mutter und aus Töchtern mit eigener Rechtspersönlichkeit zusammensetzt, kennzeichnend ist.

III. Übermässige Selbstbindung des Tochterunternehmens durch die Konzernierung?

1. Fragestellung

Die einheitliche Leitung des Tochterunternehmens durch die Mutter macht seine juristische Persönlichkeit zu einer oft nur noch formal existierenden Erscheinung, der die tatsächlichen Elemente der Persönlichkeit fehlen: Das Tochterunternehmen ist faktisch Teil des Ganzen, so selbständig oder so unselbständig, wie Teile einer Einheit sein können.

Die Normen des Gesellschaftsrechts, die auf das Tochterunternehmen anwendbar sind, enthalten zwingende Normen, ohne deren Einhaltung die Gesellschaft nicht existiert. Als Gerüst der Gesellschaft und als gesellschaftsrechtliches Minimum definieren sie die formale oder normative Existenz[16] der Gesellschaft. Ein Widerspruch zwischen der Tatsache der Leitung der Tochter durch das Mutterunternehmen und diesen zwingenden Normen ist jedoch ausgeschlossen, weil die einheitliche Leitung immer nur die Leitung der durch das zwingende Recht vorgeschriebenen Mechanismen ist[17]. Die Frage, ob die Fremdkontrolle durch das Mutterunternehmen der Rechtsnatur der Tochter als juristische Person entgegensteht und ob auch tatsächliche Eigenständigkeit zu ihrem Wesen gehört, stellt sich als Anschlussfrage, auch wenn die formale Existenz der Tochter feststeht.

Art. 27 ZGB macht Rechtsgeschäfte, die eine Person übermässig binden, anfechtbar. Die Anwendbarkeit dieser Norm auch auf juristische Personen[18] führt zu zwei Fragen: In einem ersten Schritt ist zu prüfen, ob die Einbettung des Tochterunternehmens in einen Konzern und damit seine Unterwerfung unter das Mutterunternehmen insgesamt mit seiner juristischen Persönlichkeit vereinbar ist, oder ob,

---

14 Art. 544 Abs.1 OR; Siegwart, Art. 544 OR N 8ff; Guhl/Merz/Kummer, § 59 III Ziff.1.
15 Art. 544 Abs.3 OR; Guhl/Merz/Kummer, a.a.O.
16 Caflisch, S. 103.
17 Vgl. oben § 6 II Ziff.3 lit.d.
18 Pedrazzini/Oberholzer, Personenrecht, S. 207; Tuor/Schnyder, S. 81.

§ 12 Das Tochterunternehmen

anders formuliert, eine juristische oder tatsächliche Einbindung, die einer konstanten Verletzung von Art. 27 ZGB gleichkommt, seine Persönlichkeit zerstört[19].

Die Frage, ob ein bestimmtes Instrument der Einbindung zu einer übermässigen Bindung gemäss Art. 27 ZGB führt, stellt sich daran anschliessend von Fall zu Fall. Das gilt bei juristischen noch mehr als bei natürlichen Personen, weil juristische Personen durch ihren Zweck einer bestimmten Sache oder Loyalität verpflichtet sein können[20], der Bindungen in diesen Bereichen nicht als übermässig erscheinen lässt, welche es anderenorts wären[21].

2. Einheitliche Kontrolle als Grund zur Aberkennung der juristischen Persönlichkeit?

a) *Die Kontrolle der Gesellschaft durch ihre Mitglieder als gesellschaftsrechtlicher Normalfall*

Es stellt sich die Frage, ob die Fremdkontrolle durch das Mutterunternehmen die Qualität des Tochterunternehmens als juristische Person zerstört. Überträgt man die Frage auf das konzernfreie Verhältnis, stellt man fest, dass die Abhängigkeit der Gesellschaft von Dritten der Normalfall bei der juristischen Person[22] ist, *wenn unter den Begriff der Dritten auch ihre Gesellschafter subsumiert werden*. Mehr noch: Die Beherrschung durch "Dritte" in diesem Sinne ist nicht nur der Normalfall, sondern das Wesensmerkmal der körperschaftlichen juristischen Person, die sich nach klarem Gesetzesrecht[23] nicht selber beherrschen darf. Der Gesellschafter, bei der AG der Aktionär, übt indessen keine Fremdkontrolle aus, sondern ist Teil eines Gesellschaftsorgans und damit des Unternehmens.

Die Kontrolle der Gesellschaft durch die Generalversammlung ist folglich keine Kontrolle durch Dritte, auch dann nicht, wenn die Interessenlage der Aktionäre von den (durch den Verwaltungsrat festgelegten) Gesellschaftsinteressen verschieden ist. Solche divergierenden Interessenlagen kommen auch in konzernfreien Gesell-

---

19   Wie BGE 67 I 264 suggeriert: "Wenn es (das Selbstbestimmungsrecht) nicht in einem gewissen Umfang vorhanden ist, kann von einer privatrechtlichen Körperschaft überhaupt nicht gesprochen werden", auch Oesch, S. 134; Capitaine, S. 57a f und Maurer, S. 98ff; Anders jedoch Caflisch, S. 72ff und 130; von Steiger Werner, Holdinggesellschaften, S. 285a ff; Tappolet, S. 110; Schmid, S. 159; Egger, Zürcher Kommentar, Art. 53 ZGB N 17; Siegwart, Einleitung vor Art. 620 OR; Druey, Aufgaben, S. 304.
20   Vgl. unten § 13.
21   Vgl. zur Frage der Gültigkeit von Verträgen, die eine übermässige Selbstbindung bewirken könnten, oben § 15.
22   Caflisch, S. 61.
23   Art. 659 OR; Verbot des Erwerbs eigener Aktien.

schaften vor, ohne dass dadurch die juristische Persönlichkeit in Frage gestellt würde. Unerheblich ist auch die Art der Willensbildung der Generalversammlung: Ob sie aufgrund der Mehrheitsverhältnisse einheitlich kontrolliert wird oder ob in ihr immer wieder neue Mehrheiten gefunden werden müssen. Die Beherrschung geht in beiden Fällen von den Aktionären als Ganzes aus. Lehre und Rechtsprechung anerkennen daher mit der Einmannaktiengesellschaft[24] einmütig das Extrem der einheitlichen Kontrolle ausserhalb des Konzerns.

b)   *Die Kontrolle der Gesellschaft durch Mitglieder, die auch Dritte sind, als Fremdkontrolle*

Die Kontrolle des Tochterunternehmens unterscheidet sich vom oben dargestellten gesellschaftsrechtlichen Normalfall – auch von der Einmannaktiengesellschaft – in einem ganz entscheidenden Punkt: Das Mitglied, das auf diese Weise die Gesellschaft beherrscht, ist im Konzern ein Unternehmen, das häufig auch Interessen verfolgt, die denjenigen des beherrschten Unternehmens widersprechen[25]. Das Mutterunternehmen ist daher, obwohl Mitglied der Tochter und Teil eines oder mehrerer[26] seiner Organe, auch Dritter und schliesst in seine Willensbildung auch Drittinteressen ein. Das Tochterunternehmen, das mit Mitteln der mitgliedschaftlichen Kontrolle beherrscht wird, wird durch einen Dritten beherrscht. Es unterscheidet sich vom vertraglich gebundenen Tochterunternehmen nur durch die Form der Kontrolle, aber nicht durch deren Inhalt; von der durch ein uneinheitliches Aktionariat kontrollierten konzernfreien Gesellschaft durch das Motiv der Kontrolle, nicht aber durch die Form. Es stellt sich folglich gestützt auf Art. 27 ZGB nicht nur beim vertraglich eingebundenen Tochterunternehmen, sondern auch beim ausschliesslich über die Mitgliederversammlung beherrschten Tochterunternehmen die Frage, ob neben der normativen Existenz ein materieller Kern an eigener Handlungsfähigkeit Wesensmerkmal der juristischen Person ist, oder – anders formuliert – ob die konstante und institutionalisierte Leitung durch Dritte die juristische Persönlichkeit zerstört.

---

24   BGE 85 II 111; Guhl/Merz/Druey, § 64, I Ziff.2 lit.a.
25   Vgl. dazu oben § 7.
26   Zur Frage des Doppelorgans, unten § 32.

§ 12 Das Tochterunternehmen 89

3. Die Gefahr der dauernden Fremdkontrolle gemäss Art. 27 ZGB als Ausschlussgrund der Rechtspersönlichkeit?

a)   Stufen der Unabhängigkeit der juristischen Person

Die wirtschaftlichen Interessenlagen, die von der Aktiengesellschaft als juristische Person wahrgenommen werden können, lassen sich in zwei Skalen mit unterschiedlichen Messbereichen darstellen. Die erste reicht vom verselbständigten Vermögen der Einmann-AG als atypische, aber zulässige, rein formal existierende Gesellschaft auf der einen Seite bis zur grossen Publikumsgesellschaft auf der anderen Seite; sie kann für die Beantwortung der gestellten Frage nicht verwendet werden, denn die Analogie zur Einmann-AG kann – wie gezeigt – die juristische Persönlichkeit des Tochterunternehmens noch nicht begründen. Für die Beurteilung der juristischen Persönlichkeit des Tochterunternehmens ist eine andere Skala entscheidend, reichend von der weitgehenden Unabhängigkeit von Dritten auf der einen Seite über die eingeschränkte Unabhängigkeit[27] in der Mitte bis hin zum in einen Konzern voll intergrierten Tochterunternehmen auf der anderen Seite. Jedes Unternehmen lässt sich auf dieser Skala ansiedeln; messbare und vorgegebene Fixgrössen gibt es keine, denn die am Rechtsverkehr beteiligten Unternehmen legen sich – freiwillig oder unfreiwillig – diejenige Unabhängigkeit auf, die sie durch die Bestimmung des Gesellschaftszwecks und die geschäftspolitischen Grundsätze als günstig oder als nötig empfinden.

b)   Grenzziehung zum Ausschluss der Rechtspersönlichkeit

Die Frage, die sich stellt, ist also weniger diejenige, *ob* eine Gesellschaft, welche sich einem Dritten unterwirft, gestützt auf Art. 27 ZGB nichtig sein kann, sondern vielmehr diejenige nach der *dem Grad der Unabhängigkeit*, welche eine juristische Person aufweisen muss, damit sie existiert. Ihre Beantwortung ist schwierig und kann wegen der Konsequenzen, die sich aus ihr ergeben, nicht ohne die Beachtung der tatsächlichen wirtschaftlichen Verhältnisse geschehen[28].

c)   Vorfrage: Abhängigkeitsverhältnisse ausserhalb von Konzernbeziehungen

Teil der tatsächlichen wirtschaftlichen Verhältnisse ist das wirtschaftliche Umfeld, das die Unabhängigkeit der Unternehmen einschränkt, gewollt, zum Beispiel durch die Wahl eines Geschäftsbereiches, der zu einer Abhängigkeit von Dritten führt[29], oder ungewollt, wenn starke Konkurrenz dem Unternehmen geringere Preise

---

27   Z.B. durch Vertragsbeziehungen zu Dritten u.s.w.
28   Ausdrücklich auch Lutter, Konzernrecht, S. 332. Nach ihm wäre die Leugnung der Realitäten töricht; nur Juristen könnten auf einen solchen Gedanken überhaupt kommen.
29   Zum Beispiel als Zulieferer eines vom Besteller bestimmten Teiles an die Autoindustrie.

"aufzwingt". Die aufgeführten Beispiele und der Blick auf das Wirtschaftsleben ganz allgemein zeigen, dass diese Einschränkungen sehr weit gehen können; sie können ein Unternehmen stärker belasten, als ein Tochterunternehmen in einem dezentral geführten Konzern belastet wird: Ein grosses Tochterunternehmen mit einem starken Minderheitsaktionariat und einem ausländischen Mutterunternehmen ist in der Regel unabhängiger als eine konzernfreie Kleingesellschaft, die ihre Produkte ausschliesslich an einen Kunden liefert. Der Schluss, dass das Tochterunternehmen bereits und nur wegen der einheitlichen Leitung einer Abhängigkeit unterworfen ist, die derart stark ist, dass sie die juristische Persönlichkeit zerstört, ist weltfremd und falsch. Diese drastische Konsequenz würde sich nur rechtfertigen, wenn neben der Tatsache des Konzernverhältnisses weitere Elemente vorlägen, die insgesamt eine stärkere Abhängigkeit von Dritten begründeten.

d)   Der Zweck des Unternehmens als Richtschnur der zulässigen Abhängigkeit von Dritten

Die natürliche Person hat eine sich direkt aus ihrer Persönlichkeit ergebende Funktion oder Rolle im Rechtsleben und gestützt darauf ein Persönlichkeitsrecht, welches in jedem Fall den Schutz vor Eingriffen Dritter und den Schutz vor übermässiger Bindung[30] sicherstellt. Anders die juristische Person: Sie hat kein aus ihrer Existenz sich ergebendes Persönlichkeitsrecht; Tatsache und Art ihrer Funktion und ihre Rolle im Rechtsleben sind immer Resultat einer Willensäusserung, des Gründungsakts oder der Zweckbestimmung. Jede juristische Person kann im Rahmen der Rechtsordnung ihren Zweck frei bestimmen. Das gilt auch für Zwecke, welche ihre Unabhängigkeit einschränken oder die Unterwerfung unter einen Dritten vorsehen[31].

e)   Zweckwidrige Einschränkungen des Tochterunternehmens

Gegen die Normen des Persönlichkeitsrechts verstossen Einschränkungen der Unabhängigkeit des Tochterunternehmens erst, wenn sie mit dem Gesellschaftszweck nicht mehr vereinbar sind. Handlungen der Verwaltung des Tochterunternehmens sind ebenso wie die von ihm geschlossenen Verträge nichtig[32], wenn sie dem thematischen[33] Zweck, der auch die Rolle des Tochterunternehmens gegenüber Dritten definiert, und dem Endzweck der Gewinnstrebigkeit widersprechen. Das Tochterunternehmen kann sich dem Mutterunternehmen nur unterordnen, wenn es seinen thematischen Zweck ändert; kommt die Unterordnung einer Aufgabe der Gewinnstrebigkeit gleich, ist eine Änderung des Endzwecks nötig. Diese

---

30   Vgl. zum Ganzen unten § 13 III Ziff. 2 lit.a.
31   Vgl. dazu unten § 13 III.
32   Vgl. dazu unten § 15 II Ziff.3 und 5.
33   Vgl. zum Begriff unten § 13 I Ziff.1 lit.a.

§ 12 Das Tochterunternehmen							91

Zweckänderung kann auch stillschweigend erfolgen, allerdings nur dann, wenn das Tochterunternehmen ein einheitliches Aktionariat hat und keine Minderheitsaktionäre vorhanden sind[34].

f) Unmöglichkeit von persönlichkeitszerstörenden zweckwidrigen Bindungen

Bindungen der Tochter an die Mutter, die über die durch die einheitliche Leitung begründete Abhängigkeit – welche die juristische Persönlichkeit der Tochter nicht zerstört – hinausgehen, schränkten die Persönlickeit der Tochter derart ein, dass in ihnen regelmässig ein Verstoss gegen Art. 27 ZGB liegen würde. Solche Bindungen können nur erfolgen, wenn der Zweck des Tochterunternehmens sie zulässt[35]: Lässt er sie nicht zu, sind sie nichtig *und belasten das Tochterunternehmen überhaupt nicht*; lässt er sie zu, liegt keine Verletzung der Persönlichkeit des Tochterunternehmens vor, denn die Persönlichkeit der Tochter ist auch Folge ihres Zwecks[36]. Eine persönlichkeitszerstörende Fremdkontrolle eines Tochterunternehmens ist nicht möglich. Scheint sie vorzuliegen, sind die als persönlichkeitszerstörend erkannten Mechanismen nichtig, nicht aber die Gesellschaft als Ganzes.

---

34   Vgl. dazu unten § 13 IV.
35   Vgl. dazu unten § 15 II.
36   Vgl. dazu unten § 13 VII.

§13 Konzernzweck und Gesellschaftszweck

I. Fragestellung / Ausgangslage

1. Der Gesellschaftszweck

a) Thematischer Zweck und Endzweck

Die Aktiengesellschaft hat zwei Zwecke, einen statutarischen thematischen[1] Zweck und einen Endzweck. Der thematische Zweck bestimmt die Art der Geschäftstätigkeit; seine Formulierung ist der Gesellschaft überlassen, er kann weit sein oder sehr eng. Der thematische Zweck kann auch – unter Beachtung des Quorums von Art. 704 OR[2] – geändert werden.

Die Gesellschaft hat neben diesem thematischen Zweck immer auch einen Endzweck, in der Regel[3] die Gewinnstrebigkeit. Der Gesellschaftszweck der Gewinnstrebigkeit geniesst im Aktienrecht einen ausserordentlich weitgehenden Schutz; er kann ohne die Zustimmung jedes einzelnen Aktionärs nicht aufgehoben werden; entsprechende Generalversammlungsbeschlüsse sind gemäss Art 706 Abs.2 Ziff.4 anfechtbar[4]. Diese Einschränkung ist bei Konzerntochtergesellschaften, die ein Minderheitsaktionariat aufweisen, von erheblicher praktischer Bedeutung. Diese Aktiengesellschaften können trotz einheitlicher Leitung und trotz der Tatsache, dass sie Teil einer wirtschaftlichen Einheit des Konzerns sind, nicht nach Belieben in die Konzernorganisation eingebunden werden. In solchen Gesellschaften ist immer den unentziehbaren Rechten der Minderheitsaktionäre Beachtung zu schenken.

b) Zweck der Konzernglieder und Konzernzweck

Vom Ausnahmefall des durch eine natürliche Person beherrschten Konzerns[5] abgesehen, besteht der Konzern aus einer Mehrzahl von juristischen Personen. Jede dieser juristischen Personen hat einen Gesellschaftszweck, der sich aus einem

---

1 Der oft nur als statutarischer Zweck bezeichnet wird; zur klaren Abgrenzung vom Endzweck der Gewinnstrebigkeit, der ebenfalls ein statutarischer Zweck ist, wird er im folgenden als thematischer Zweck bezeichnet; siehe auch Siegwart, Zürcher Kommentar, Art. 626 N 32.
2 648 Abs. 1 aOR.
3 Forstmoser, Aktienrecht, S. 64.
4 Entsprechend der Konzeption des neuen Aktienrechts wird das Recht auf Gewinnstrebigkeit nicht als wohlerworbenes, sondern als unentziehbares Recht beschrieben.
5 Vgl. dazu oben § 5 II Ziff.2.

§ 13 Konzernzweck und Gesellschaftszweck

thematischen Zweck und aus dem Endzweck zusammensetzt. Die Gesellschaftszwecke der Konzernglieder sind wie ihre Aufgaben verschieden und uneinheitlich; die Holding-Mutter hat zum Beispiel einen anderen Gesellschaftszweck als die untergeordnete Vertriebsgesellschaft. Das gilt für den thematischen Zweck ebenso wie für den Endzweck: Ein Tochterunternehmen, das nicht gewinnstrebig ist, ist ohne weiteres denkbar[6]. Neben diesen divergierenden Gesellschaftszwecken gibt es im Konzern einen einzigen Konzernzweck. Dieser Konzernzweck ist wegen der fehlenden juristischen Persönlichkeit des Konzerns zwar nicht statutarisch festgelegt, doch lässt auch er sich feststellen. Er spielt überall dort eine Rolle, wo eine einheitliche Behandlung des Konzerns stattfindet und wo das Konzerninteresse zum Beurteilungsmassstab wird[7].

2. Der Konzernzweck

Der Konzernzweck ist der Zweck des Ganzen. Er beinhaltet in aller Regel die Gewinnstrebigkeit als Endzweck und einen thematischen Zweck, der sich als Summe aller thematischen Gesellschaftszwecke der Konzerngesellschaften nach der Geschäftstätigkeit des Konzerns insgesamt richtet und beim Mischkonzern breit und beim Spartenkonzern enger ist. Anders als der thematische Zweck ist der Endzweck des Konzerns immer mit dem Endzweck des Mutterunternehmens identisch: Mit der Kontrolle des Mutterunternehmens über die Tochterunternehmen einher geht immer die Gewinnabführung von unten nach oben bis zuletzt zum Mutterunternehmen oder aber die Wertsteigerung der Beteiligung. Der durch die Konzerngesellschaften erzielte Gewinn bleibt als Folge der wirtschaftlichen Einheit im Konzern[8], bis er das Mutterunternehmen erreicht hat, welches nicht mehr einheitlich geleitet wird und von welchem aus die erzielten Gewinne den Konzern verlassen und an seine konzernfremden Gesellschafter gelangen können.

---

6   Zum Beispiel als Tochterunternehmen, das ausschliesslich eine andere Konzerngesellschaft zu Selbstkostenpreisen beliefert (was zeigt, dass nichtgewinnstrebige Gesellschaften ohne ideellen Endzweck denkbar sind; anders Forstmoser/Meier-Hayoz, Aktienrecht, § 12 N 20).
7   Insbesondere bei der Beurteilung, ob Verträge zwischen Konzerngesellschaften gültig zustandegekommen sind, vgl. dazu ausführlich unten § 15, und im Konzernpersönlichkeitsrecht, unten § 24.
8   Es sei denn, er werde an Minderheitsaktionäre im Umfange ihrer Beteiligung als Dividende ausbezahlt.

II. Insbesondere der Zweck der Tochterunternehmen

1. Fragestellung

Die Tochterunternehmen haben als juristische Personen einen statutarischen thematischen Zweck und einen Endzweck. Entsteht eine Gesellschaft als Tochterunternehmen, kann die Zweckbestimmung losgelöst von den Vorschriften des Minderheitenschutzes stattfinden[9]. Zu beachten sind in diesen Fällen nur die inhaltlichen Grenzen der Zweckbestimmung, im Konzernrecht die Frage, ob ein Gesellschaftszweck, der die Unterwerfung der Tochter unter die Mutter vorsieht, aus sich selber widerrechtlich oder unsittlich ist. Gemäss Art. 27 ZGB kann auch eine juristische Person ihre Handlungsfähigkeit nicht in einem unsittliche Qualität erreichenden Ausmass beschränken. Das gilt auch für Verträge zwischen Mutter- und Tochterunternehmen, die das letztere übermässig belasten, es sei denn der Tochterunternehmenszweck erlaube diese Bindung[10]. Die Frage der zulässigen Zwecke des Tochterunternehmens ist aus diesem Grunde von grosser praktischer Bedeutung.

2. Inhaltliche Grenzen der gesellschaftsinternen Zweckbestimmung

a)   Übermässige Selbstbindung durch Unterwerfungszweck?

Der gewählte Gesellschaftszweck darf nicht widerrechtlich oder unsittlich sein. Es stellt sich die Frage, ob das Persönlichkeitsrecht des Tochterunternehmens eine Zweckbestimmung, die die Unterwerfung unter das Mutterunternehmen und seine Interessen vorsieht, verbietet. Ausgangslage für die Prüfung dieser Frage ist die einer Person durch die Rechtsordnung zugewiesene Rolle oder Stellung innerhalb derselben. Bei der natürlichen Person ergibt sich diese Rolle oder Stellung aus dem verfassungsrechtlichen Grundrecht der Menschenwürde[11], welches als tragendes Prinzip unserer Rechtsordnung verbindlich festgeschrieben ist. Das Recht sieht aus diesem Grund keine Möglichkeit vor, wonach natürliche Personen ihre Stellung innerhalb der Rechtsordnung selber durch eine Zweckauferlegung bestimmen könnten: Der "Zweck" der natürlichen Person ist vom Recht zwingend vorgegeben.

---

9   Auch von Planta, Hauptaktionär, S. 25; wird ein konzernfreies Unternehmen zur Tochter, sind die formellen Grenzen (unten Ziff.3) und die Regeln des Minderheitenschutzes zu beachten (unten §§ 16f).
10   Vgl. dazu unten § 15 II.
11   Müller Jörg Paul, S. 1ff.

§ 13 Konzernzweck und Gesellschaftszweck

Anders verhält es sich bei der juristischen Person. Sie hat keine sich aus ihrer Existenz ergebende "Menschenwürde"[12], sondern einen selbstgewählten Zweck[13], den sie unter dem Schutz der Rechtsordnung verfolgt, der ihr Schutz vor Dritten[14] und vor sich selber verschafft[15]. Der Zweck der juristischen Person ersetzt die Menschenwürde bei der Beurteilung einer allfällig übermässigen Bindung; er ist einziges Kriterium zur Bestimmung des Persönlichkeitsrechts der Körperschaft[16]. Die gestellte Frage ist nun rasch beantwortet: Soweit sich eine allfällige Unsittlichkeit des gewählten Zwecks auf eine übermässige Selbstbindung bezieht, ist sie ausser acht zu lassen, da sie vom Zweck abhängt, dessen Unsittlichkeit beurteilt werden soll. Aus sich selber hat die juristische Person kein unzerstörbares Persönlichkeitsrecht. Das Gesetz erlaubt ausdrücklich ihre Selbstzerstörung durch Liquidation[17], das gleiche muss *e majore minus* auch für die Selbstbeschränkung gelten: Die juristische Person kann sich in den Dienst eines anderen stellen[18].

b)   *Unterwerfungszweck als Verstoss gegen die Sorgfaltspflicht der Verwaltung?*

Gemäss Art 717 OR sind die formellen und faktischen Mitglieder der Verwaltung verpflichtet, die Geschäfte der Gesellschaft sorgfältig und unter Wahrung der Treuepflicht und im Interesse der Gesellschaft zu führen. Als zwingendes Recht[19] ist diese Bestimmung auch für die Beurteilung der Zulässigkeit des Gesellschaftszwecks massgebend. Klarer noch als die alte Regel des Art. 722 aOR macht Art. 717 OR durch den ausdrücklichen Verweis auf die Gesellschaftsinteressen deutlich, dass die durch den Gesellschaftszweck und die Rechtsordnung bestimmten Interessen der Gesellschaft[20] Massstab der Sorgfalts- und insbesondere der Treuepflicht sind. Die Sorgfalts- und Treuepflicht der Verwaltung ergibt sich aus dem Zweck und nicht umgekehrt[21].

---

12   Auch von Planta, Hauptaktionär, S. 24.
13   Von Planta, Hauptaktionär, S. 24; von Steiger Werner, Holdinggesellschaften, S. 286a; Caflisch, S. 74; Egger, Art. 53 ZGB N 17.
14   Persönlichkeitsrechte der juristischen Person; Art 28 ZGB.
15   Art. 27 ZGB; zum Beispiel durch die Rechtsfolge der Nichtigkeit bei zweckwidrigen Verträgen mit übermässiger Selbstbindung; vgl. unten § 15.
16   Auch von Planta, Hauptaktionär, S. 24.
17   Art. 736 (Aktiengesellschaft), Art. 911 OR (Genossenschaft).
18   Forstmoser, Aktienrecht, S. 20 N 74; Von Planta, Hauptaktionär, S. 24; Caflisch, S. 75 und 131ff; von Steiger Werner, Holdinggesellschaften, S. 285a ff; Tappolet, S. 111f; Ruedin, Vers un droit, S. 171; Vischer, Grossaktiengesellschaft, S. 90; Egger, Art. 53 ZGB N 17; BGE 70 II 63 (Unterwerfung eines Vereins unter einen Dachverband; zulässiger Zweck).
19   Von Steiger Werner, Holdinggesellschaft, S. 313a, N 212; Caflisch, S. 131; von Planta, Hauptaktionär, S. 26.
20   Vgl. dazu unten VII.
21   Auch von Planta, Hauptaktionär, S. 26.

c) Der Unterwerfungszweck als Aufgabe der Gewinnstrebigkeit?

Mit dem Zweck der Unterwerfung unter das Mutterunternehmen hat das Tochterunternehmen sein eigenes Persönlichkeitsrecht bestimmt. Das hat zur Folge, dass Verträge mit einem anderen Konzernglied, welche das Tochterunternehmen übermässig binden[22], nicht persönlichkeitsverletzend und somit nicht nichtig sind. Eine Aufgabe der Gewinnstrebigkeit der Tochter ist mit der Unterwerfung unter den Konzernzweck nicht zwingend verbunden, auch übermässig bindende Verträge können inhaltlich ausgewogen sein und zerstören deshalb die Gewinnstrebigkeit nicht in jedem Fall[23].

Die Gewinnstrebigkeit ist jedoch durch die Festlegung des Unterwerfungszwecks gefährdet; kann die Zweckänderung wegen der Beteiligungsverhältnisse nicht einstimmig beschlossen werden – in diesem Falle stellt sich die Frage nicht[24] –, sondern nur mit dem Quorum von zwei Dritteln der Stimmen[25], ist sicherzustellen, dass die den Anspruch auf Gewinnstrebigkeit ausmachenden unentziehbaren Aktionärsrechte gesichert sind. Eine derartige Sicherstellung kann durch die Einräumung von statutarischen Minderheitsrechten erfolgen, die den Minderheitsaktionären erlauben, die Ausgewogenheit von übermässig bindenden Verträgen und ihre Übereinstimmung mit dem Endzweck der Gewinnstrebigkeit zu überprüfen oder überprüfen zu lassen[26]. Ohne solche Minderheitsrechte dürfte eine Anfechtung des statutenändernden Generalversammlungsbeschlusses wegen Aufgabe der Gewinnstrebigkeit erfolgreich sein[27].

3. Formelle Grenzen der Zweckbestimmung der Tochtergesellschaft und der einheitlichen Leitung

Wird die Zweckbestimmung einer Gesellschaft nach ihrer Gründung geändert, stellt sich die Frage nach der Zulässigkeit einer solchen Zweckänderung, insbesondere wenn ein bisher unabhängiges Unternehmen in einen Konzern eingegliedert wird. Regelmässig unverändert bleibt in diesen Fällen der thematische Zweck, soweit er sich auf die Art der Geschäftstätigkeit bezieht: ein Unternehmen wird in der Regel wegen seines Themas in einen Konzern eingebunden. Änderungen können im thematischen Zweck stattfinden, indem die Gesellschaft sich dem Konzern

---

22 Vgl. dazu unten § 15 II Ziff.5.
23 Anders von Planta, Hauptaktionär, S. 25 und Forstmoser, Aktienrecht, S. 20 in FN 136.
24 Vgl. dazu unten Ziff.4 lit.c.
25 Vgl. dazu unten § 17 II Ziff.2 lit.d.
26 Zum Beispiel durch einen freiwilligen Sonderprüfer, vgl dazu unten § 17 III Ziff.3 lit.d.
27 Im Ergebnis auch von Planta, Hauptaktionär, S. 25.

§ 13 Konzernzweck und Gesellschaftszweck   97

unterordnet, und im Endzweck der Gewinnstrebigkeit, wenn die Einbindung des bisher unabhängigen Unternehmens einhergeht mit einer vollkommenen Gewinnabführung an das Mutterunternehmen.

Gemäss Art. 707 OR kann der statutarische Zweck einer Aktiengesellschaft geändert werden, wenn zwei Drittel der vertretenen Stimmen und die absolute Mehrheit der vertretenen Aktiennennwerte der Zweckänderung zustimmen. Das hat zur Folge, dass nicht jedes Mutterunternehmen, welches gestützt auf die Leitung der Generalversammlung die einheitliche Leitung ausübt, in der Lage ist, beim Tochterunternehmen solche Zweckänderungen durchzusetzen. Das Mutterunternehmen, welches weniger als zwei Drittel der Stimmen beherrscht, kann die Tochter nur unter Beachtung ihres Zwecks leiten. Verträge zwischen den beiden Gesellschaften müssen in diesen Fällen immer ausgewogen im Inhalt und nicht übermässig in der Art der Bindung sein[28], und die Verwaltung der Tochter hat nur die Gesellschaftsinteressen der Tochter zu beachten, nicht auch jene des Konzerns[29].

4. Insbesondere der Endzweck der Gewinnstrebigkeit des Tochterunternehmens

a) Ausgangslage

Die Gewinnstrebigkeit stellt bei der Aktiengesellschaft den Normalfall dar und braucht nicht ausdrücklich aus den Statuten hervorzugehen[30]. Sie ist ein unentziehbares Aktionärsrecht; ihre Aufgabe ist nur mit der Zustimmung eines jeden Aktionärs möglich. Sie wird durch die Konzernierung gefährdet, weil das Tochterunternehmen als Subjekt der einheitlichen Leitung gestützt auf das Konzerninteresse zu Massnahmen gezwungen werden kann, die ihren eigenen Gewinn schmälern[31]. Die Gewinnstrebigkeit wird aufgegeben, wenn die Verfolgung des Konzerninteresses zulasten der Gesellschaftsinteressen zur Regel wird und das Tochterunternehmen sich vollständig in den Dienst eines anderen Unternehmens stellt; somit auf die Erzielung eines Gewinns und auf die daraus sich ergebende Möglichkeit, Aktionären eine Dividende auszuzahlen, verzichtet. Ein Gesellschaftszweck, der eine derartige Unterwerfung vorsieht, hebt die Gewinnstrebigkeit der Gesellschaft auf.

---

28 Vgl. dazu unten § 15 II.
29 Vgl. dazu unten § 15 II Ziff.2.
30 Forstmoser, Aktienrecht, S. 52 N 235 und S. 69 N 26. Einer ausdrücklichen Aufnahme in die Statuten bedarf der Verzicht auf den Endzweck der Gewinnstrebigkeit, Forstmoser, a.a.O.
31 Caflisch, S. 132; Tappolet, S. 112, Ruedin, Vers un droit, S. 170; von Planta, Hauptaktionär, S. 25.

b)   *Die Änderung des Endzweckes bei Gesellschaften mit einem unheitlichen Aktionariat*

Die Aufgabe des Endzwecks der Gewinnstrebigkeit erfordert die Zustimmung jedes einzelnen Aktionärs. Bei einem Tochterunternehmen mit einem Minderheitsaktionariat ist die Zustimmung aller Aktionäre zu einem Gewinnverzicht nicht anzunehmen; die Änderung des Endzwecks ist daher praktisch ausgeschlossen.

c)   *Die Änderung des Endzwecks bei vollständig kontrollierten Gesellschaften*

Hat eine Gesellschaft ein einheitliches Aktionariat, ist sie also zu 100% durch einen Aktionär kontrolliert, findet in jedem Fall eine vollständige Gewinnabführung an diesen Aktionär statt; entweder durch die Leistung von Dividenden – an der Gewinnstrebigkeit des Unternehmens ändert sich dadurch nichts – oder durch die dauernde Gewährung billiger, zum Selbstkostenpreis angebotener Leistungen. Im zweiten Fall wird die Gewinnstrebigkeit der Gesellschaft zwar aufgehoben; die Identität von kontrollierendem Aktionär und Aktionärschaft nimmt der Frage der unentziehbaren Aktionärsrechte jedoch ihre Bedeutung, denn eine Benachteiligung von Aktionären ist ausgeschlossen. Die Änderung des Endzweckes ist daher ohne Einschränkungen möglich[32].

5. Der Zweck der wirtschaftlichen Unabhängigkeit als Abwehrmittel gegen die Konzernierung?

Ebenso wie der Gesellschaftszweck die Unterwerfung einer Gesellschaft unter ein Mutterunternehmen vorsehen kann, kann er auch das Gegenteil vorsehen: Die wirtschaftliche Unabhängigkeit der Gesellschaft. Die Eingliederung einer solchen Gesellschaft in einen Konzern ist nur möglich, wenn das Mutterunternehmen die Generalversammlung der Tochter derart beherrscht, dass es die die Unabhängigkeit statuierende Zweckbestimmung abändern kann. Je nach dem für diesen Entscheid vorgesehenen Quorum[33] kann dazu die 100%ige Beherrschung der Gesellschaft nötig sein.

Entscheide der Generalversammlung, die einer zweckwidrigen Unterwerfung der Gesellschaft unter den Konzern gleichkommen, zum Beispiel die Wahl von konzernseitigen Vertretern in den Verwaltungsrat, können vom Minderheitsaktionär, gestützt auf Art. 706 OR, als zweckwidrig angefochten werden. Der Zweck der

---

32   Auch von Planta, Hauptaktionär, a.a.O.
33   "Petrifizierungsklauseln", Böckli, N 1403ff, welche durch die Gesellschaft grundsätzlich bis hin zum Erfordernis Einstimmigkeit verschärft werden könnten.

§ 13 Konzernzweck und Gesellschaftszweck

wirtschaftlichen Unabhängigkeit beim potentiellen Tochterunternehmen kann die Begründung der einheitlichen Leitung verhindern, auch wenn die Kontrolle über die Mitgliederversammlung vorliegt.

Die statutarisch gesicherte Unabhängigkeit ist nicht immer nur ein Abwehrmittel gegen eine unerwünschte Konzernierung; sie kann auch im Interesse der potentiellen Mutter liegen, die die Aktienmehrheit kontrolliert, aber nicht Mutterunternehmen sein will und mit ihrer "Tochter" zu diesem Zweck einen Entherrschungsvertrag[34] abschliesst, der die gewünschten Wirkungen nur erzielt, wenn er sich auf entsprechende statutarische Bestimmungen beim Tochterunternehmen abstützen kann[35].

6. Die Rechte der Gläubiger bei Zweckänderungen des Tochterunternehmens

Unterwirft sich das Tochterunternehmen durch seinen Zweck dem Mutterunternehmen oder gibt es gar zu Gunsten des Konzerns seine Gewinnstrebigkeit auf, schwächt es oft seine wirtschaftliche Position. In jedem Fall führt die Unterwerfung unter die Mutter zu einer Neuausrichtung der Geschäftspolitik. Neue konzernfremde Gläubiger kennen diesen Zweck der Tochter[36] und werden diese Tatsache bei der Formulierung der Vertragskonditionen würdigen, oft mit der Folge, dass eine vertragliche Mitverpflichtung der Mutter[37] vereinbart wird. Alte Gläubiger, insbesondere solche aus Dauerschuldverhältnissen, die auf längere Zeit mit der Gesellschaft vertraglich verbunden sind, haben diese Möglichkeit nicht. Es stellt sich die Frage, wie ihre Rechte gewahrt werden können.

Dauerschuldverhältnisse können immer, auch ausserhalb der dafür vorgesehenen Fristen, gekündigt werden, wenn dafür ein wichtiger Grund vorliegt[38]. Die Zweckänderung im dargelegten Sinn kann einen wichtigen Grund darstellen, wenn die Vertrauensbasis, die Grundlage des aufzulösenden Vertrages war, durch die Zweckänderung zerstört oder wenn die Erfüllungsbereitschaft der Tochter gefährdet wird.

---

34   Vgl. unten § 15 IV.
35   a.a.O.
36   Von Planta, Hauptaktionär, S. 25.
37   Vgl. unten § 28.
38   Guhl/Merz/Koller, § 38 IV Ziff.3.

III. Insbesondere die Frage der stillschweigenden Zweckänderung

1. Fragestellung

Wird eine bisher unabhängige Gesellschaft in einen Konzern eingebunden, kann dies einhergehen mit einer Zweckänderung; entweder des thematischen Zwecks oder des Endzwecks. In vielen Fällen wird mit der Konzernierung trotz materieller Zweckänderung keine formelle Zweckänderung vorgenommen. Vielmehr werden neue Sachverhalte geschaffen und gelebt.

Der Gesellschaftszweck ist von grosser praktischer Bedeutung. Er steckt den Rahmen ab für die Vertretungsbefugnis der Verwaltung[39] und ist Massstab für die Beurteilung der Zulässigkeit von belastenden Verträgen mit Dritten, insbesondere mit dem Mutterunternehmen[40], die das Tochterunternehmen übermässig binden oder die unausgewogen sind. Es stellt sich die Frage, ob der statutarische Gesellschaftszweck auch stillschweigend, d.h. ohne formelle Statutenänderung wirksam geändert werden kann[41].

2. Der Zweck als gesellschaftsinterne Materie

a)   Beim vollständig kontrollierten Tochterunternehmen

Beim Tochterunternehmen mit einem einheitlichen Aktionariat sind Verwaltung und Aktionariat Teil der gleichen wirtschaftlichen Einheit. Die Interessenlage der Verwaltung, die eine allfällige stillschweigende Zweckänderung vornimmt, und die des Aktionariats sind identisch. Drittinteressen, die durch den Gesellschaftszweck zu schützen wären, liegen innerhalb der Gesellschaft keine vor und stehen der stillschweigenden Zweckänderung nicht im Wege.

b)   Beim Tochterunternehmen mit Minderheitsaktionariat

Anders bei Tochterunternehmen, die neben dem leitenden Mehrheitsaktionär Minderheitsaktionäre haben: Bei diesen bestehen innerhalb der Gesellschaft immer Drittinteressen, die nur durch die Durchführung ordnungsgemässer Generalver-

---

39 Forstmoser, Aktienrecht, S. 69 N. 29.
40 Vgl. dazu oben § 15.
41 Die Gültigkeit von stillschweigenden Zwecken anerkennen auch Watter, S. 139 und Kleiner, S. 567ff; Lutter, Stand, S. 346 spricht auch von "faktischer Satzungsänderung". Vgl. auch von Greyerz, S. 173; Stebler, S. 17 und Dallèves, S. 653/53 und BGE 100 II 384 (der für die faktische Statutenänderung einen Generalversammlungsbeschluss gemäss Art. 648 aOR vorschrieb); auch Gerhard, S. 67, der der Zweckänderung im internen Verhältnis unmittelbare Wirkung zukommen lässt, auch ohne Statutenänderung.

§ 13 Konzernzweck und Gesellschaftszweck

sammlungsbeschlüsse richtig gewürdigt werden können. Das gilt auch, wenn der Stimmenanteil des einheitlich kontrollierenden Mehrheitsaktionärs zwei Drittel übersteigt und er in jedem Fall die gewünschte Zweckänderung erwirken könnte. Die Generalversammlung ist nicht nur Abstimmungsorgan, sondern auch anfechtbarer Akt[42] und für den Minderheitsaktionär Voraussetzung für die richterliche Überprüfung der ihr vorbehaltenen Beschlüsse. Werden solche Beschlüsse unter Umgehung der Generalversammlung gefällt, wird ihm dieser Weg der Anfechtung verbaut. Er könnte seine Rechte nur in einem Feststellungsverfahren geltend machen, in welchem seine Position bedeutend schlechter ist, weil er zwei zusätzliche Punkte darlegen muss, die bei einem anfechtbaren Generalversammlungsbeschluss notorisch sind: Das Feststellungsinteresse und die Tatsache der versuchten Zweckänderung. Die stillschweigende Zweckänderung ist aus diesen Gründen hier unzulässig.

Die Gesellschaft kann versuchen, diesem Nachteil zu entgehen, indem sie nicht die Zweckänderung, sondern den zweckwidrigen Vertrag unter Einhaltung der für die Zweckänderung nötigen Vorschriften genehmigen lässt[43]. Weil eine Gesellschaft keine zweckwidrigen Verträge abschliessen kann, auch nicht durch die Generalversammlung genehmigte[44], ist ein solches Vorgehen immer ein Versuch, den Zweck stillschweigend zu ändern. Dem Minderheitsaktionär wird ein anfechtbarer Akt verschafft, der die richterliche Überprüfung der Zweckänderung erlaubt, wie wenn diese formell beschlossen worden wäre.

3. Der Zweck als Materie mit Wirkung auf Dritte

Der Zweck der Gesellschaft ist kein Gesellschaftsinternum, sondern wird Dritten durch seinen Eintrag im Handelsregister immer bekanntgegeben. Diese Publizitätswirkung des Zwecks scheint eine stille Zweckänderung, die nur den Gesellschaftern selber und den anderen Konzerngesellschaften bekannt ist, nicht zuzulassen. Diese Publizitätswirkung des Zwecks weist Dritte nicht nur auf allfällige Grenzen der Vertretungsmacht ihrer Organe hin, sie gibt auch Anhaltspunkte zu zweckbedingten Risiken eines mit der Gesellschaft geschlossenen Vertragsverhältnisses. Ein solches Risiko für den Dritten kann insbesondere vorliegen, wenn sich seine Vertragspartei einem Konzern unterworfen hat oder wenn sie einen riskanten, ihm unbekannten Zweck verfolgt. Dritte, die einer Gesellschaft im Hinblick auf ihre Unabhängigkeit von Dritten oder auf den soliden öffentlichen Zweck Kredit geben, können geschädigt werden, wenn die Gesellschaft Geschäfte gültig

---

42 Guhl/Kummer/Druey, § 68 I Ziff.4 lit.a.
43 Vgl. dazu unten § 15 II Ziff.3 lit.c (Einwilligung der Generalversammlung zu zweckwidrigen Verträgen).
44 Vgl. dazu unten § 15.

abschliessen kann, die dem stillen Zweck entsprechen, nach Massgabe des öffentlichen Zwecks aber unwirksam wären[45]. Die Frage der Zweckkonformität solcher Geschäfte stellt sich nicht nur bei der Beurteilung ihrer Gültigkeit, sondern auch bei der Verantwortlichkeit der Organe[46].

Dieses Schutzbedürfnis Dritter fällt bei Zweckänderungen, die auf die Einbindung in einen Konzern zurückzuführen sind, nur dann weg, wenn das Tochterunternehmen öffentlich Teil eines Konzernes wird mit Publizitätswirkung nach Aussen. Die "öffentliche Konzernierung", zum Beispiel durch Namensänderung, verschafft dem Dritten Kenntnis von der neuen Ausrichtung der Gesellschaft, was seinen Glauben in den Weiterbestand des alten Zweckes zerstört[47]. Der öffentliche Glaube, der dem Handelsregistereintrag analog zu den Wirkungen im Grundbuch zukommen soll[48], wird durch die Anerkennung der stillschweigenden Zweckänderung nicht beeinträchtigt. Rechtsgeschäfte, die nach dem formellen eingetragenen Zweck gültig abgeschlossen werden können, sind immer auch mit dem neuen stillschweigenden Konzernzweck konform, weil dieser immer breiter ist als jener; der Konzernzweck führt nur dazu, dass bisher zweckwidrige Rechtsgeschäfte zulässig werden, die vorher – zum Beispiel wegen der übermässigen Bindung – unzulässig gewesen wären.

4. Die stillschweigende Zweckänderung der Konzerntochter

Das Tochterunternehmen kann seinen Zweck stillschweigend ändern, wenn es nur einen Aktionär hat, also zu 100% von der Mutter beherrscht wird, oder wenn es im für die Zweckänderung vorgeschriebenen Verfahren einen Beschluss gefasst hat, der einer stillschweigenden Zweckänderung gleichkommt, *und* wenn die stillschweigende Zweckänderung Dritten erkennbar war.

Keine stillschweigende Zweckänderung kann insbesondere lediglich durch die Genehmigung eines zweckwidrigen Vertrags durch die Generalversammlung der Tochter erfolgen, selbst wenn die für die Zweckänderung vorgeschriebenen Quoren

---

45	Wenn die Gesellschaft, welche die Vermittlung von Geschäften zum Zweck hat, riskante Geschäfte selber und auf eigene Rechnung tätigt; gemäss BGE 95 II 442 (Prospera GmbH) wäre die Zweckwidrigkeit bereits erstellt, wenn nicht erst die Art der Geschäftstätigkeit zweckfremd ist, sondern auch das konkrete Geschäft.
46	Forstmoser, Verantwortlichkeit, N 253ff.
47	Negative Publizitätswirkung, Art. 933 Abs.2 OR; Guhl/Kummer/Druey, § 85 IV Ziff.2 lit.b.
48	BGE 104 Ib 322.

eingehalten wurden, ja sogar wenn sie einstimmig erfolgt ist[49]. Nur wenn auch eine öffentliche Konzernierung stattgefunden hat, wird der gute Glaube des Dritten in den eingetragenen Zweck zerstört und die stillschweigende Zweckänderung gültig.

Hat eine stillschweigende Zweckänderung stattgefunden, ist bei der Beurteilung von Rechtstatsachen, die vom Zweck abhängig sind[50], vom neuen Zweck auszugehen und nicht mehr nur vom alten Zweck, wie er noch im Handelsregister eingetragen ist. Dem Institut der stillschweigenden Zweckänderung kommt damit eine erhebliche praktische Bedeutung zu, weil in der Regel mit der Konzernierung keine formelle Zweckänderung beim Tochterunternehmen vorgenommen wird: Widersprechen belastende Verträge zu Konzernbedingungen[51] dem formellen Zweck des Tochterunternehmens, kann der von der Zweckkonformität abhängige Bestand solcher Rechtsgeschäfte gestützt auf eine stillschweigende Zweckänderung sichergestellt werden. War die stillschweigende Zweckänderung jedoch nicht zulässig, gilt im Verhältnis zur anderen Vertragspartei der alte statutarische Zweck, selbst wenn sie vom Versuch der stillschweigenden Zweckänderung Kenntnis hatte, denn die Aktiengesellschaft hat immer nur einen Zweck und nicht mehrere, je nach dem, mit wem sie kontrahiert.

IV. Der Zweck des Mutterunternehmens

1. Fragestellung

Das Mutterunternehmen verfolgt seinen Endzweck und seinen thematischen Zweck mit der von ihm gewählten organisatorischen Form, dem Konzern. Es kann dabei selber einen Teil des thematischen Konzernzweckes verfolgen, oder es kann sich als Holding-Gesellschaft auf die Verfolgung des Konzernendzwecks beschränken und den thematischen Konzernzweck der Gesamtheit der Tochterunternehmen überlassen. Der Zweck der ganzen wirtschaftlichen Einheit – im Konzern der Konzernzweck – wird unabhängig von der gewählten organisatorischen Form verfolgt. Es stellt sich die Frage, ob die gewählte organisatorische Form – im Konzern die Konzernorganisation – vom Zweck des Mutterunternehmens erfasst werden muss. Liegen Zweckbestimmungen zur konzerninternen Organisation vor, zum Beispiel

---

49   Gleicher Meinung von Greyerz, S. 173; a.M. Schreiber, S. 77; Hess, S. 56 und von Steiger Werner, Kommentar Art. 814 N 7; Forstmoser, Aktienrecht, § 3 FN 67; Watter, N 127.

50   Zum Beispiel Vertretungsmacht der Organe, Übermässige Selbstbindung durch den Abschluss von Verträgen, Verantwortung der Organe u.s.w.

51   Vgl. dazu unten § 15 I Ziff.1 lit.c.

die Vorschrift, dass die eine Gesellschaft andere Gesellschaften als Beteiligung hält, stellt sich die Frage, ob das Mutterunternehmen verpflichtet ist, solche Zweckbestimmungen umzusetzen.

2. Die Bildung und Kontrolle von Tochterunternehmen als Gegenstand des thematischen Zwecks des Mutterunternehmens

a) Die interne Organisation als zwingender Inhalt des thematischen Zwecks?

Viele Gesellschaften, welche als Mutterunternehmen einen Konzern leiten, nennen im thematischen Zweck die Möglichkeit, Gesellschaften zu gründen oder zu erwerben. Es ist zu prüfen, ob ein Unternehmen auch ohne solche Zweckbestimmungen einen Konzern bilden und leiten kann und ob solche Zweckbestimmungen nur Ausdruck des Spielraums sind, der der Gesellschaft bei der Formulierung ihres Zweckes gegeben wird. Das schweizerische Recht stellt an die Konkretisierung des Zwecks nur minimale Anforderungen; die Angabe der Branche oder der grossen rechtlich-wirtschaftlichen Kategorie, in welcher man tätig werden will, genügt[52]. Die Literatur weist dazu ausdrücklich darauf hin, dass eine zu spezifische Zweckumschreibung eher nachteilig sei, weil sie zu zahlreichen Statutenänderungen führen könne.

Aus der Optik des Mutterunternehmens betrachtet, ist die Bildung eines Konzerns durch das Mutterunternehmen nichts anderes als die Verwirklichung einer bestimmten internen Organisationsform. Sie führt für dieses zu keinen zusätzlichen Risiken, erst recht nicht im Vergleich zu anderen Organisationsformen, die die Aufteilung in Gruppen oder Divisionen oder überhaupt keine Aufteilung vorsehen. Im Gegenteil: Die Bildung von Tochterunternehmen reduziert die Risiken der gesamten wirtschaftlichen Einheit, da bei Schadensverursachungen durch Tochterunternehmen das Mutterunternehmen in der Regel nicht unmittelbar haftbar gemacht werden kann.

Der Beschluss, ein Tochterunternehmen zu gründen oder zu erwerben, ist als Entscheid über die interne Organisation ein Entscheid von relativ geringer Tragweite. Die grosse Bedeutung, die solchen Entscheiden oft zukommt, ergibt sich *nicht* aus der Tatsache, dass damit die Organisationsform "Konzern" gewählt wird, sondern weil mit diesem Schritt das Geschäftsrisiko vergrössert wird, denn der Erwerb oder die Gründung eines Tochterunternehmens ist oft verbunden mit einer Expansion zu höheren Volumen in angestammten Geschäftsbereichen oder gar zu neuen Geschäftsbereichen. Diese expansionsbedingte Erhöhung des Geschäftsrisikos liegt jedoch auch vor, wenn die Gesellschaft neue Geschäfte ohne Konzernbildung

---

52 Forstmoser, Aktienrecht, § 3 N 19f; Siegwart, Art. 626 OR N 34ff.

§ 13 Konzernzweck und Gesellschaftszweck

selber realisiert oder neue Unternehmen zum Beispiel gemäss Art. 181ff. OR übernimmt; die Erhöhung des Geschäftsrisikos ist nur eine typische, nicht aber eine zwingende Folge der Konzernbildung. Ohne die mit ihr in der Regel verbundene Expansion im geschäftlichen Bereich wird die Konzernbildung zur Nebensache; zu einem Entscheid, der aus sich selber weniger riskant und bedeutsam ist als der Erwerb von Grundstücken oder die Eingehung von Bürgschaftsverpflichtungen – Geschäfte die anerkanntermassen nicht vom thematischen Gesellschaftszweck erfasst sein müssen, um zulässig zu sein. Eine Gesellschaft kann sich als Konzern organisieren, auch wenn der thematische Zweck diese Möglichkeit nicht vorsieht.

b) *Die Ausgliederung von Geschäftsteilen als Gegenstand einer Zweckänderung*

Es stellt sich die Frage, ob dieselben Grundsätze auch gelten, wenn das Mutterunternehmen nicht neue Unternehmen erwirbt, sondern bisher selber wahrgenommene Geschäfte auf Tochterunternehmen verteilt, zum Beispiel durch Aufgabe aller Aktivitäten zu Gunsten eines reinen Holdingzwecks[53]. Betroffen von einer solchen Organisation sind in erster Linie die Minderheitsaktionäre des Mutterunternehmens, die – zumindest rein formal – keinen direkten sich auf ihre Mitgliedschaftsrechte abstützenden Zugang zu den bisher durch ihre Gesellschaft selber wahrgenommenen Geschäften mehr haben. Dieser Zugang zu den Geschäften der Gesellschaft ist auch im neuen Recht beschränkt und kann nur über und durch den Verwaltungsrat erfolgen, keinesfalls direkt[54]. Durch die Tatsache, dass der Verwaltungsrat bei der Auskunftserteilung auf Angaben abstellt, die er gestützt auf die einheitliche Leitung vom Tochterunternehmen erhalten hat und nicht etwa auf seine Leitung der eigenen Gesellschaft von einem Angestellten, erwächst dem Aktionär kein Nachteil. Die Durchführung von Geschäften durch das Tochterunternehmen ist Gegenstand der Geschäfte der Mutter, über die es dem Aktionär Auskunft geben muss[55], basierend auf die einheitliche Leitung Auskunft geben kann, notfalls erst nach Einsetzung eines Sonderprüfers[56] durch den Richter.

Eine Verletzung der Zweckbestimmung dürfte in der Ausgliederung von Geschäftsbereichen erst dann liegen, wenn ein von der Zweckbestimmung erfasster Geschäftsbereich auf ein Unternehmen übertragen wird, welches nicht als Tochterunternehmen beherrscht, sondern nur als Gesellschaft mitbeherrscht wird[57], und

---

53 Druey, Aufgaben, S. 311ff.
54 Böckli, N. 1311ff.
55 "alle Gesellschaftsangelegenheiten", Botschaft über die Revision des Aktienrechts, S. 89, 163; Art. 697 Abs.1; Auch Obergericht Zürich (publ. in SAG 45, 49), das ein Auskunftsrecht der Mutter über Angelegenheiten bei Tochterunternehmen ausdrücklich befürwortet hat; anders noch Rambert, S. 29.
56 Art. 697b OR; vgl. unten § 17 III Ziff.3.
57 Zum Beispiel als Gemeinschaftsunternehmen; vgl. dazu auch Würdinger, S. 41.

auch dann nur, wenn die Zweckbestimmung eigenes Handeln der Gesellschaft vorschreibt und die Delegation der Tätigkeit an einen Dritten nicht zulässt[58].

3. Der thematische Zweck des Mutterunternehmens als Grundlage einer Zweckverfolgungspflicht?

a)   Fragestellung

Zahlreiche Zweckartikel grösserer Gesellschaften sehen die Konzernbildung in ihren Statuten ausdrücklich vor. Es stellt sich die Frage, ob sie dadurch zur Konzernbildung verpflichtet sind und – damit zusammenhängend – ob sie verpflichtet sind, ein potentiell beherrschbares "Tochterunternehmen" auch tatsächlich zu beherrschen[59].

b)   Der Zweck als Zweckverfolgungspflicht?

Der Zweck steckt nicht nur die Handlungsfreiheit der Gesellschaft ab, sondern auferlegt ihr auch die Pflicht zur Zweckverfolgung[60]. Dabei ist allerdings zu beachten, dass eine breite und unpräzise Zweckumschreibung der Gesellschaftsverwaltung eine grosse Flexibilität einräumt: nicht nur hinsichtlich des Dürfens, sondern auch des Müssens. Eine Gesellschaft, die den Handel mit Waren aller Art zum Zweck erhoben hat, darf mit Waren aller Art handeln, aber sie muss nicht. Sie kann ihre Geschäftstätigkeit auch auf den Handel mit denjenigen Waren beschränken, mit denen sie handeln will. Bei unpräzise formulierten breiten Zwecken besteht keine Pflicht, den ganzen Handlungsspielraum positiv auszufüllen[61].

c)   Der thematische Zweck, Gesellschaften zu gründen und erwerben zu dürfen

Dieser Grundsatz gilt auch für den Gesellschaftszweck, Tochterunternehmen zu gründen und zu erwerben, welcher, sofern er als Kann-Vorschrift formuliert ist, tatsächlich den Zweck zur quantitativen Expansion[62] beinhaltet. Sieht der Gesellschaftszweck vor, dass die Gesellschaft Tochterunternehmen bilden kann, liegt keine Konzernbildungspflicht vor, sondern eine Ermächtigung zum quantitativen

---

58 So auch Brunna, S. 26, der die Zweckerfüllung durch Tochtergesellschaften sogar als rein organisatorischen Aspekt versteht, der auf die Sache der Zweckerfüllung ohne Einfluss sei.
59 Vgl. zur Frage der Konzernleitungspflicht unten § 14.
60 Forstmoser, Aktienrecht, § 3 N 30.
61 Forstmoser, a.a.O.
62 Der beim Zweck der Gewinnstrebigkeit ohnehin vorliegt, auch wenn er nicht ausdrücklich genannt ist; vgl. dazu oben Ziff.2 lit.a.

§ 13 Konzernzweck und Gesellschaftszweck

Wachstum, auch durch die Bildung eines oder Vergrösserung des Konzerns. Eine Pflicht zur Konzernbildung liegt nur dann vor, wenn der Zweck die Gründung und den Erwerb von Tochterunternehmen imperativ vorsieht[63]. Solche Zwecke kommen bei Holding-Unternehmen vor; oft sind sie vorgeschrieben als Voraussetzung für die Gewährung steuerlicher Privilegien[64].

V. Gesellschaftszweck und Gesellschaftsinteresse

1. Ausgangslage

Der Handlungsspielraum und die Handlungsmaxime der Organe der Gesellschaft, des Verwaltungsrats und der Generalversammlung, wird durch das Interesse der Gesellschaft beschränkt und bestimmt und nicht durch dasjenige der Verwaltung oder des Hauptaktionärs. Verwaltung und Organe eines Tochterunternehmens dürfen aus diesem Grund den Konzerninteressen nur folgen, wenn sie mit denjenigen der Tochter übereinstimmen[65]. Interessenwidrige Entscheide der Organe, insbesondere des Verwaltungsrates, können eine Schädigung von Minderheitsaktionären und von Dritten und somit eine Haftung, selbst des Mutterunternehmens[66], hervorrufen. Die Frage nach Begriff und Inhalt der Gesellschaftsinteressen ist daher von grosser praktischer Bedeutung.

2. Gesetzliches Umfeld als Ausgangspunkt für die Bestimmung des Gesellschaftsinteresses

Gesellschaften sind Gegenstand von Normen und Grundsätzen, welche durch die Rechtsordnung[67] festgelegt sind und die deren Funktion und Handlungsspielraum bestimmen. Bestimmen diese Normen die Funktion der Gesellschaft, bestimmen sie auch das Gesellschaftsinteresse als das Interesse, die durch diese Funktion[68] gegebene Aufgabenstellung korrekt wahrzunehmen. Legen die Normen Handlungsweisen fest, zum Beispiel zum Schutz des Minderheitsaktionärs, des Unter-

---

63 "Die Gesellschaft gründet und erwirbt..."
64 Höhn, § 26 N. 21.
65 Auch Albers, S. 93.
66 Vgl. oben §§ 29ff., insbesondere § 32.
67 Durch Gesetz, anerkannte kaufmännische Grundsätze, Gewohnheitsrecht, das öffentliche Interesse; Albers, S. 95.
68 Zum Beispiel Art. 1 des Bundesgesetzes über die Banken und Sparkassen (öffentliche Annahme fremder Gelder).

nehmens, der Arbeitnehmer[69] oder der Gläubiger[70], definieren sie auch das Handeln im Gesellschaftsinteresse als jedes in Übereinstimmung mit diesen Normen liegende Handeln.

Handlungen der Verwaltung des Tochterunternehmens sind daher, auch wenn sie durch den Tochtergesellschaftszweck gedeckt sind, nie im Interesse der Gesellschaft, wenn sie gegen die Rechtsordnung verstossen. Der Transfer aller Aktiven an einen Dritten ohne Gegenleistung[71] ist der Konzerntochter ebenso untersagt wie einer unabhängigen Gesellschaft. Lässt ein Mutterunternehmen ihre Tochter eine derartige Transaktion durchführen, haftet es Dritten gegenüber für den daraus entstehenden Schaden[72]; ob der Zweck der Tochter solche Geschäfte vorsieht, spielt keine Rolle.

3. Der Gesellschaftszweck und das Gesellschaftsinteresse

Die Gesellschaft entnimmt ihre Berechtigung und ihre Funktion dem Gesellschaftszweck, der neben der Rechtsordung Quelle des Gesellschaftsinteresses ist[73]. Weil er durch die Gesellschaft selbst gewählt wurde, beschreibt er denjenigen Teil des Gesellschaftsinteresses, der in jeder Gesellschaft anders vorliegt. Die unterschiedlichen Gesellschaftsinteressen sind also nicht Resultat der Verschiedenheit der Gesellschaften, sondern der unterschiedlichen Gesellschaftszwecke.

4. Gesellschaftsinteresse und Konzerninteresse

Die Beachtung der Konzerninteressen an Stelle der Gesellschaftsinteressen ist daher nur zulässig, wenn der Gesellschaftszweck diese Unterordnung erlaubt oder wenn jene den durch den Gesellschaftszweck und die Rechtsordnung bestimmten Gesellschaftsinteressen nicht widersprechen. Sieht der Gesellschaftszweck die Konzernierung als Zweck vor oder ist die Verfolgung des Konzernzwecks durch den Gesellschaftszweck nicht ausgeschlossen, ist die – auch durch gesetzliche Normen nicht untersagte – Handlung im Konzerninteresse immer auch eine Handlung im Gesellschaftsinteresse. Die handelnden Organe sind in diesem Fall nicht zwei sich widersprechenden Pflichtbeziehungen[74] ausgesetzt, sondern zwei gleichgerichteten.

---

69 Albers, S. 95, zu 671 Abs.3 OR, der die Reservenbildung auch im Interesse der Vermeidung von Arbeitslosigkeit verlangt.
70 Art. 725 OR (Pflicht der Gesellschaft bei Überschuldung).
71 Oft versteckt, zum Beispiel als Eventualverbindlichkeit in Form eines unlimitierten Garantieversprechens an einen Gläubiger der Mutter.
72 Vgl. dazu unten §§ 32f.
73 Von Graffenried, S. 39.
74 Zur Ermessensausübung im Interesse des Konzerns, vgl. oben § 15 II Ziff.2 lit.b.

3. Teil: Rechtsverhältnisse innerhalb des Konzerns

§ 14 Konzernleitungspflicht

I. Fragestellung

Das Mutterunternehmen verfügt über Mechanismen, die nötig und geeignet sind, die Tochterunternehmen und mit ihnen den Konzern insgesamt zu leiten. Ohne sie ist das "Mutterunternehmen" kein Mutterunternehmen im Sinne des Konzernrechts, und es fehlt am Konzern überhaupt. Mit ihnen besteht der Konzern, auch wenn sie nicht genutzt werden, denn das Vorliegen von Leitungsmechanismen ist konzernbildend und nicht erst die effektiv ausgeübte einheitliche Leitung[1]. Das führt zur Frage, ob diese Leitungsmechanismen, die zum Zweck der Konzernleitung etabliert worden sind, tatsächlich auch genutzt werden müssen und ob das Mutterunternehmen, das über sie verfügt, sie aber nicht nutzt, pflichtwidrig handelt.

II. Konzernleitungsmacht als Konzernleitungspflicht?

1. Ausgangslage: Gleichbehandlung von Unterlassung und Handlung

Das Haftungsrecht behandelt die Unterlassung einer schadensmindernden resp. -ausschliessenden Handlung gleich wie die Vornahme einer schadensmehrenden resp. -stiftenden Handlung, wenn eine Rechtspflicht zum Handeln bestand[2]. Im Konzern haftet das Mutterunternehmen aus unterlassener Konzernleitung nur, wenn eine Konzernleitungspflicht bestanden hat: Der Begriff und Umfang der Konzernleitungspflicht ergibt sich aus der Summe der Unterlassungen, welche die Schadenersatzpflicht des Mutterunternehmens auslösen können.

---

1 Vgl. dazu oben § 6 I Ziff.2 lit.d.
2 Guhl/Merz/Koller, § 24 I Ziff.4.

2. Die schadenersatzauslösenden Unterlassungen des Mutterunternehmens im einzelnen[3]

a) Die Haftung des Mutterunternehmens als Organ und für Organe des Tochterunternehmens

Als faktisches Organ des Tochterunternehmens gemäss Art. 754 OR ist das Mutterunternehmen den Aktionären und den Gesellschaftsgläubigern der Tochter für denjenigen Schaden verantwortlich, den es durch die Verletzung seiner Pflichten verursacht. Es haftet dann auch aus Unterlassung, wenn es als faktisches Organ mit der Verwaltung nur befasst und nicht auch betraut ist. Die faktische Organschaft des Mutterunternehmens stützt sich auf die vorliegenden Leitungsmechanismen zwischen ihm und der Tochter ab; sie liegt nicht nur von Fall zu Fall vor, je nachdem ob es tätig wird oder nicht, sondern ganz allgemein, wenn es sich Verwaltungsbefugnisse angeeignet hat, auch wenn es ihre Ausübung im Einzelfall unterlässt[4]. Mit seiner Organschaft verbunden ist eine Sorgfalts- und Handlungspflicht, die sich nicht nur auf die Vorschriften der Organhaftung abstützen lässt, sondern auch auf das Übernahmeverschulden aus dem Recht der Geschäftsführung ohne Auftrag und auf Ingerenz[5]. Verletzt es seine Handlungs- oder Leitungspflicht, kann es durch Unterlassen aus Verantwortlichkeit haftbar werden, denn die Unterlassung wird im aktienrechtlichen Verantwortlichkeitsrecht dem aktiven Tun gleichgesetzt. Noch deutlicher ergibt sich die Gleichstellung von Handlung und Unterlassung, wenn das Mutterunternehmen nicht als Organ haftet, sondern für seine Organe, die innerhalb des Tochterunternehmens die einheitliche Leitung sicherstellen[6]. Das Mutterunternehmen haftet auch für Unterlassungen dieser Organe, insbesondere wenn es sich um gewählte Verwaltungsräte des Tochterunternehmens handelt.

b) Die Haftung des Mutterunternehmens als Geschäftsherr für das Tochterunternehmen als Hilfsperson

Das Mutterunternehmen kann auch als Geschäftsherr für das Tochterunternehmen haftbar sein[7]. Liegen die Haftungsvoraussetzungen vor, kann es als Geschäftsherr seine Haftung abwenden, wenn es den Nachweis erbringt, dass es "alle nach den Umständen gebotene Sorgfalt angewendet habe, um einen Schaden dieser Art zu verhüten, oder dass der Schaden auch bei Anwendung dieser Sorgfalt eingetreten

---

3   Vgl. ausführlich und mit eingehenden Begründungen unten §§ 29–33.
4   Auch Forstmoser, Verantwortlichkeit, N 687, der von einer "Art Garantenstellung" spricht.
5   Vgl. dazu unten § 32 V Ziff.3 lit.c.
6   Vgl. zum Ganzen unten § 32 II.
7   Vgl. zum Ganzen unten § 33 IV.

wäre"[8]. Unter den curae, die das Mutterunternehmen ausüben muss, um seinen Sorgfaltspflichten nachzukommen, zeigt die cura in custodiendo besonders deutlich Tatsache und Ausmass der Konzernleitungspflicht. Sie führt nur zur Befreiung des Geschäftsherrn, wenn er die Hilfsperson im Rahmen seiner Sorgfaltspflicht angewiesen und überwacht hat. Anwendbarkeit und Umfang dieser Sorgfaltspflicht ergeben sich immer aus der Art der Tätigkeit, die der Hilfsperson resp. im Konzern dem Tochterunternehmen zugewiesen wird: Je schwieriger und ungewohnter die durch das Tochterunternehmen zu erfüllenden Aufgaben sind, je mehr ist das Mutterunternehmen im Rahmen seiner Pflichten verpflichtet, dieses anzuweisen und zu überwachen, die Konzernleitungspflicht auszuüben. Die Konzernleitungspflicht des Mutterunternehmens eines dezentral geführten Konzerns verlangt nicht die Überwachung aller Einzelrisiken der Töchter; dies im Gegensatz zum zentralistisch geführten Konzern, in welchem das Mutterunternehmen die Tochter im Detail anweist und daher auch in der Lage ist, die weisungsgemässe Abwicklung der Geschäfte zu überprüfen.

c) *Die Haftung des Mutterunternehmens aus dem Betrieb einer gefährlichen Anlage*

Zahlreiche Kausalhaftungen zur Erfassung von neueren Gefahren (Motorfahrzeuge, Rohrleitungen, Gewässerschutz u.s.w.) verwenden bei der Umschreibung der haftbaren Person nicht den zivilrechtlichen Eigentümer im formellen Sinn der Anlage, von der der Schaden ausgegangen ist, sondern stellen durch die Verwendung der Begriffe Inhaber oder Betreiber auf tatsächliche Beherrschungsmomente ab[9]. Für das Konzernrecht hat das zur Folge, dass das Mutterunternehmen, das durch ein Tochterunternehmen einen Betrieb innehat oder betreibt, der eine der spezialgesetzlichen Haftungen auslösen kann, als Inhaber oder Betreiber unmittelbar haftbar werden kann, obwohl sich die Anlage, die den Schaden verursacht hat, zivilrechtlich allein im Eigentum des Tochterunternehmens befindet.

d) *Schluss*

Diese Beispiele zeigen, dass im Konzernhaftungsrecht nicht nur das aktive Handeln des Mutterunternehmens zu seiner Haftung führen kann, sondern auch das Unterlassen. In denjenigen Fällen, in denen sich aus dem Gesetz eine Unterlassungshaftung des Mutterunternehmens ergibt, besteht eine Konzernleitungspflicht.

---

8 Art. 55 OR Abs. 1.
9 Vgl. zum Ganzen unten § 34.

III. Konzernleitungspflicht als Folge des Konzern- resp. Gesellschaftszwecks?

1. Fragestellung

Der Gesellschaftszweck des Mutterunternehmens kann die Beteiligung an Drittunternehmen vorsehen. Es wird die Auffassung vertreten[10], dass in einem derartigen Zweckartikel auch eine Verpflichtung zur Konzernleitung steckt, die sich in diesem Fall nicht als Folge der einzelnen Haftungsnormen von Fall zu Fall ergebe, sondern als allgemeines Prinzip des Konzernverfassungsrechts umfassend gelte[11].

2. Die Konzernleitungspflicht als Folge der Konzernbildungspflicht?

Die Vorschriften über den Gesellschaftszweck legen nicht nur den Handlungsspielraum der Gesellschaft und ihrer Verwaltung fest, sondern sie begründen auch die Pflicht, den Zweck zu erfüllen und zweckkonform zu handeln. Ob in der Zweckbestimmung die Konzernbildung erlaubt[12] oder imperativ[13] vorgeschrieben ist, spielt für die Beantwortung der gestellten Frage keine Rolle, denn selbst mit der Verpflichtung, die Organisationsform des Konzerns zu wählen, ist noch nichts zur Qualität, d.h. zur notwendigen Intensität der einheitlichen Leitung, gesagt. Die Feststellung der Konzernleitungspflicht ist aber immer auch eine Aussage zu den inhaltlichen Anforderungen, welche die einheitliche Leitung erfüllen muss, damit keine Pflichtverletzung vorliegt.

3. Die Konzernleitungspflicht als Folge der thematischen Zweckverfolgungspflicht

Die Feststellung und die inhaltliche Umschreibung der Konzernleitungspflicht kann sich nur aus dem thematischen Zweck des Mutterunternehmens ergeben: Überlässt das Mutterunternehmen die Verfolgung seines thematischen Zwecks einem oder mehreren Tochterunternehmen, muss es aufgrund seiner Zweckverfolgungspflicht sicherstellen, dass die an die Töchter delegierte Zweckverfolgung durch diese auch tatsächlich stattfindet. Nur unter dieser Voraussetzung ist eine Übertragung von durch den Gesellschaftszweck vorgeschriebenen Tätigkeiten auf das Tochterun-

---

10 Für Deutschland insbesondere Hommelhoff, passim.
11 Für die Ausgestaltung der Konzernleitungspflicht im einzelnen greift allerdings auch Hommelhoff, S. 179ff, auf die Haftungsnormen zurück.
12 "Die Gesellschaft kann..."; vgl. dazu oben § 13 V Ziff.3.
13 "Die Gesellschaft gründet..."; a.a.O.

§ 14 Konzernleitungspflicht

ternehmen überhaupt zulässig[14]. Eine Konzernleitungspflicht, die sich allein auf den Zweck des Mutterunternehmens abstützt, ist in dem Umfange anzunehmen, wie er für die Sicherstellung der korrekten Ausübung der an die Tochterunternehmen delegierten Tätigkeit nötig ist.

IV. Die Konzernleitung als Handlungsspielraum

1. Ausgangslage

Die effektive Konzernleitung findet immer in einem Handlungsspielraum statt, der nach oben begrenzt ist durch die Konzernleitungsmacht und nach unten durch die Konzernleitungspflicht.

2. Die Konzernleitung als Handlungsspielraum mit nicht festgelegten Grenzen

Die Obergrenzen dieses Handlungsspielraums stehen nicht fest: Die Leitungsmacht kann entweder begrenzt sein auf die Leitung der Kernbereiche der Geschäftstätigkeit[15] oder aber absolut die Leitung über alle Enscheidungsbereiche umfassen. Im ersten Fall verfügt das Tochterunternehmen über eine eigene funktionsfähige Verwaltung, deren Fachkompetenzen in der Regel ihren Entscheidungskompetenzen entsprechen. Das Mutterunternehmen, welches seine einheitliche Leitung auf die Leitung der Kernbereiche der Geschäftstätigkeit beschränkt, *darf* seine Leitung auch auf die Kernbereiche der Geschäftsstätigkeit beschränken und *darf* der Verwaltung des Tochterunternehmens ohne Verletzung der Konzernleitungspflicht einen grossen Handlungsspielraum einräumen[16].

Im zweiten Fall beschränkt sich das Mutterunternehmen nicht auf die Kernbereiche der Geschäftstätigkeit, sondern weitet seine Leitung soweit wie möglich aus, was dazu führt, dass alle Entscheide auf der Ebene des Mutterunternehmens gefällt werden und die entsprechenden Mechanismen auf der Ebene des Tochterunternehmens verkümmern resp. fehlen. Das Mutterunternehmen, zum Beispiel als Organ oder als Geschäftsherr des Tochterunternehmens, wird verantwortlich, wenn es plötzlich seine Leitung abbricht und damit eine widerrechtliche und schadensstiftende Handlung des Tochterunternehmens nicht verhindert. In diesem zweiten Fall ist die Pflicht der Leitung für die Mutter nicht auf die Kernbereiche der Geschäftsstätigkeit beschränkt, denn dem Tochterunternehmen fehlen die Möglichkeiten,

---

14   Vgl. dazu oben § 13 V Ziff.3.
15   Und damit auf das Minimum, das für die Konzernbildung nötig ist; vgl. oben § 6 I Ziff.3 lit.b.
16   Ähnlich Uttendoppler, S. 107.

selber zu handeln; die Ausübung der maximalen Konzernleitung zieht die Grenze zur Konzernleitungspflicht so lange nach oben, bis sichergestellt ist, dass das Tochterunternehmen wiederum in der Lage ist, seinen Handlungsspielraum auch selber auszufüllen.

Der fehlenden Klarheit der Grenzen entsprechend, lässt sich der genaue Umfang der Konzernleitungspflicht nicht abstrakt umschreiben. Er ist in jeder Konzernsituation wieder anders und hängt von der Antwort auf die Frage ab, ob in bezug auf die konkrete Konzernsituation in der Nichtausübung der potentiellen Konzernleitungspflicht eine widerrechtliche Unterlassung liegen könnte oder nicht.

§ 15 Verträge zwischen Tochter- und Mutterunternehmen

I. Fragestellung

1. Vertragsbeziehungen zwischen Mutter- und Tochterunternehmen in der Praxis und während der Dauer der Konzernbeziehung

a) Ausgangslage

Das Tochterunternehmen und das Mutterunternehmen stehen durch den Einbezug des Tochterunternehmens in den Konzern in einer engen Beziehung zueinander. Das Mutterunternehmen "delegiert" Personal in das Tochterunternehmen, es bezieht Waren und Diensteistungen von ihm, es finanziert es, oder es wird von ihm finanziert, es zieht den von ihm erzielten Gewinn ab oder investiert einen anderenorts erzielten Gewinn in ihm. Die Liste kann unendlich lang sein[1]. Alle diese Beziehungen sind vertraglicher Art. Zum Teil stützen sie sich auf formell und schriftlich abgeschlossene Verträge, bei denen Leistung und Gegenleistung in einem Verhältnis des Gleichgewichts stehen können oder auch nicht; oft aber auch auf einseitige "Weisungen" des Mutterunternehmens; oft auf beides mit allen Zwischenvarianten.

b) Verträge zu Marktbedingungen

Von Verträgen zu Marktbedingungen spricht man, wenn im Vertrag, der zwischen den Konzerngesellschaften abgeschlossen worden ist, Leistung und Gegenleistung in einem ausgewogenen Verhältnis zueinander stehen oder wenn die Art der Bindung, wie sie vertraglich vereinbart worden ist, keine der beiden Parteien krass bevorzugt: wenn der Vertrag in dieser Form auch zwischen unabhängigen Gesellschaften hätte abgeschlossen werden können. Für solche Verträge wird oft auch der englische Ausdruck "at arms length[2]" verwendet. Bei At Arms length Verträgen ist das Verhältnis zwischen Leistung und Gegenleistung immer ausgewogen, wie "unter oder mit einem fremden Dritten unter vergleichbaren Umständen vereinbart[3]". Verträge zu Marktbedingungen weisen wesensbedingt keine Mängel auf, die auf die Dominanz des Mutterunternehmens zurückzuführen sind.

---

1 Vgl. dazu die Übersicht in Graf, S. 90ff.
2 Graf, S. 168; Strobl/Zirkel, S. 465ff; Plüss, S. 62; Haeberli, S. 213.
3 Wälde, S. 370.

c)   Verträge zu Konzernbedingungen

Im konzernfreien Verhältnis ergibt sich der Vertrag zu Marktbedingungen in der Regel aus den unterschiedlichen wirtschaftlichen Interessen beider Vertragsparteien, die als eigen- und selbständige Teilnehmer des Rechts- und Geschäftsverkehrs nur ihren eigenen Interessen verpflichtet sind. Im Konzern erfordert der Vertrag zu Marktbedingungen eine besondere und bewusste Entschlussfassung, denn beide Vertragsparteien unterliegen einer – effektiven oder potentiellen[4] – einheitlichen Leitung und sind Teil der gleichen wirtschaftlichen Einheit; der "automatische" Interessenausgleich aufgrund der divergierenden wirtschaftlichen Interessen fehlt[5]. At Arms length-Verträge werden innerhalb des Konzerns nur geschlossen, wenn das ausdrücklich so gewollt ist[6], zum Beispiel um eine steuerbare vermögenswerte Leistung der Gesellschaft an den Aktionär zu vermeiden[7]. Sie sind aus diesem Grunde nicht die Regel, sondern die Ausnahme.

Verträge zu Konzernbedingungen werden sowohl zu Gunsten wie auch zu Ungunsten des Mutterunternehmens abgeschlossen. Ein Lieferungsvertrag an das Mutterunternehmen zu Preisen, die unter den Gestehungskosten liegen, ist ebenso möglich wie ein Sanierungsvertrag, der einseitige Leistungen des Mutterunternehmens an das Tochterunternehmen vorsieht. Verträge zu Konzernbedingungen können sich durch das Fehlen der Ausgewogenheit zwischen Leistung und Gegenleistung auszeichnen, die ein Prinzip des Vertragsrechts ist; ihre Verletzung macht den Vertrag anfechtbar[8] oder nichtig[9]. Auch Verträge, die ein ausgewogenes Verhältnis zwischen Leistung und Gegenleistung aufweisen, können Verträge zu Konzernbedingungen sein, wenn andere Vertragselemente darauf schliessen lassen, dass ein solcher Vertrag zwischen Unabhängigen nicht geschlossen worden wäre oder nicht hätte geschlossen werden dürfen, zum Beispiel wegen der übermässigen Bindung der einen Partei[10].

d)   Schluss

Bei vielen Vertragsverhältnissen im Konzern bindet sich eine Seite übermässig; oft fehlt die Ausgewogenheit zwischen Leistung und Gegenleistung überhaupt. Dazu kommt, dass im Konzern häufig auch formalen Aspekten – insbesondere in bezug auf das Zustandekommen des Vertrags – zuwenig Beachtung geschenkt wird, wohl

---

4   Vgl. oben § 6 I Ziff.2.
5   Ist der Vertrag nicht nur Folge der gleichen einheitlichen Leitung, sondern auch einer einheitlichen Willensbildung: siehe unten II Ziff.1
6   Lutter, Stand, S. 351.
7   Vgl. oben § 6 I Ziff.2.
8   Z.B. Art. 21 OR "Übervorteilung".
9   Z.B. Art. 27 ZGB.
10   Vgl. dazu unten II Ziff.5.

§ 15 Verträge zwischen Tochter- und Mutterunternehmen 117

aus der Überlegung, dass wegen der Kontrolle durch das Mutterunternehmen ohnehin dieses allein bestimmen kann und eine Anfechtung eines objektiv für eine Seite ungünstigen Vertrages daher ausbleiben würde. Übersehen wird dabei, dass Verträge, die eine Seite übermässig binden, gegen Art. 27 ZGB verstossen und mit den zweckwidrigen Verträgen nichtig sind, nicht nur anfechtbar. Verträge mit Tochtergesellschaften, die gestützt auf eine Weisung der Mutter geschlossen werden, sind oft mangelhaft; ihre Stabilität entnehmen sie der Konzerngewalt und nicht dem Vertragsrecht.

2. Die Vertragsbeziehungen zum ehemaligen Mutterunternehmen nach der Auflösung der Konzernbeziehung

Ein vertraglich an das Mutterunternehmen gebundenes Tochterunternehmen bleibt nicht immer unter seiner Kontrolle. Neben den sehr seltenen Fällen der Emanzipation[11] kommt es häufiger vor, dass das Mutterunternehmen die Kontrolle über das Tochterunternehmen durch einen – oft unfreiwillig wegen kurzfristig eingetretener Veränderungen der wirtschaftlichen Lage oder der Geschäftspolitik – Verkauf an einen Dritten verliert. Problematische Vertragsbeziehungen – auch wenn sie nicht nichtig sind, sondern "nur" anfechtbar – können in diesen Fällen zu einem grossen Unsicherheitsfaktor werden. Die korrekte Ausgestaltung der vertraglichen Beziehungen zwischen Mutter- und Tochterunternehmen ist daher von grosser praktischer Bedeutung.

II. Der Vertragsschluss zwischen den Konzerngesellschaften

1. Zwei übereinstimmende Willensäusserungen als Folge einer Willensbildung

a) Ausgangslage / Fragestellung

Ein Vertrag kommt durch zwei übereinstimmende Willensäusserungen zustande. Ist der Vertragsschluss durch das Tochterunternehmen Folge der einheitlichen Leitung der Mutter – was nicht immer der Fall sein muss – liegen zwar zwei übereinstimmende Willensäusserungen vor, aber nur eine Willensbildung: diejenige des Mutter-unternehmens. Vom Vertragsschluss durch nur eine Person, die als Doppelvertreter oder Doppelorgan zugleich für Mutter- und Tochterunternehmen handelt –, eine im Konzernverhältnis ebenfalls häufige Erscheinung[12], unterscheidet sich der von der Mutter geleitete, aber durch zwei Personen vorgenommene Vertragschluss

---
11 Vgl. dazu unten § 20.
12 Graf, S. 71.

nur im formellen; materiell liegt in beiden Fällen die gleiche Situation vor, die Ursache ist für die Vorschriften über die Gültigkeit der durch Doppelvertretung zustande gekommenen Verträgen[13]. Ist der Vertrag zwischen Mutter und Tochter Resultat einer einzigen Willensbildung oder einer einzigen Willensäusserung durch eine oder durch zwei Personen, die als Stellvertreter oder Organ von Mutter und Tochter handeln, ist zu prüfen, ob der Vertrag zwischen den beiden Konzerngesellschaften nach den Regeln über das Selbstkontrahieren hätte geschlossen werden dürfen[14].

b)   Identität der Interessen

Der Abschluss eines Rechtsgeschäfts zwischen zwei juristischen Personen gestützt auf nur eine Willensbildung ist gültig, wenn aufgrund der Interessenlage und der Art des Geschäfts die Gefahr einer Benachteiligung einer Person nicht besteht, wenn die verpflichtete Person den Vertrag nachträglich genehmigt oder dazu vorher ihr Einverständnis gegeben hat[15]. Für das Konzernverhältnis ergeben sich gegenüber denjenigen Fällen, in denen das Doppelorgan nicht verbundene Gesellschaften verpflichtet, zwei Besonderheiten: Weil das Konzerninteresse mit dem Interesse des Mutterunternehmens identisch ist[16], liegt bei einer im Konzerninteresse eingegangenen Verpflichtung des Mutterunternehmens, sogar wenn sie einseitig ist, nie ein Geschäft vor, bei welchem aufgrund der Interessenlage eine Benachteiligung des Mutterunternehmens zu befürchten ist. Solche Geschäfte sind auch gültig, wenn sie durch Doppelorgane geschlossen werden.

Verpflichtet sich das Tochterunternehmen, ist der Vertragsschluss gestützt auf die gemeinsame Interessenlage[17] nur gültig, wenn diese Identität der Interessen vorgängig durch eine Zweckänderung beim Tochterunternehmen hergestellt worden ist, bei 100%ig beherrschten Tochterunternehmen eventuell auch stillschweigend[18].

---

13   So auch Egger, Vertretungsmacht, S. 55; Probst, S. 103.
14   So auch Egger, a.a.O.; Probst, a.a.O.; Lemp, S. 321; a.M. von Steiger Werner, Holdinggesellschaften, S. 325a.
15   BGE 89 II 326; Guhl/Merz/Koller, § 18 II Ziff.4; vgl. auch die in Graf, S. 73, aufgeführte Literatur und Rechtsprechung.
16   Vgl. oben § 13 VII Ziff.4.
17   Die Zulässigkeit der Doppelvertretung in der Einmann-AG, die das Bundesgericht festgestellt hat (BGE 50 II 183), wäre richtigerweise auf diesen Umstand abzustützen; für das deutsche Recht: Staudinger § 182 BGB N 20.
18   Vgl. oben § 13 IV.

c)   *Stillschweigende Ermächtigung?*

Durch Doppelorgane geschlossene Verträge sind gültig, wenn die verpflichtete Person dazu vorgängig ihr Einverständnis gegeben hat, denn der gestützt auf eine Ermächtigung des Verpflichteten geschlossene Vertrag in Doppelvertretung ist Folge zweier Willensbildungen, nicht nur einer. Ein Mutterunternehmen, welches eine natürliche Person zu seinem Organ bestimmt, welche auch im Tochterunternehmen diese Stellung innehat, erlaubt ihr regelmässig stillschweigend, solche Geschäfte abzuschliessen[19]. Ohne eine solche Erlaubnis wären in vielen Fällen Rechtsbeziehungen zwischen den Konzerngesellschaften gar nicht möglich.

Dem Vorgang in der umgekehrten Richtung, der Bestimmung einer natürlichen Person des Tochterunternehmens, die auch Organ der Mutter ist, kann diese Bedeutung nur zukommen, wenn die Wahl dieser Person – die stillschweigende Ermächtigung – nicht durch das Mutterunternehmen veranlasst worden ist. Hat das Mutterunternehmen die Tochter dazu veranlasst, ihr Organ – ausdrücklich oder stillschweigend – zum Vertragsschluss mit ihm zu ermächtigen, liegt ein Vertragsschluss vor, der sich auf nur eine Willensbildung abstützt. Die Wahl eines Organs der Mutter durch die Tochter führt in der Regel nicht zu einer stillschweigenden Ermächtigung an das Doppelorgan und zum das Tochterunternehmen gültig verpflichtenden Vertrag[20].

d)   *Mangelhaftigkeit des gestützt auf eine Willensbildung geschlossenen Vertrags*

Liegen diese Sachverhalte nicht vor, ist ein gestützt auf nur eine Willensbildung geschlossener Vertrag mangelhaft, bis er durch die belastete Partei genehmigt worden ist. Im Konzernverhältnis kommt der nachträglichen Genehmigung durch das Tochterunternehmen nur dort eine heilende Wirkung zu, wo sie nicht aufgrund einer Leitungshandlung der Mutter erfolgt. War bereits die Willensäusserung der Tochter Resultat der Leitung der Mutter, wird in aller Regel auch die nachträgliche Genehmigung auf diese Weise zustande gekommen sein. Praktische Bedeutung kommt ihr folglich nur zu bei in Doppelorganschaft durch eine Person geschlossenen Verträgen, die das Tochterunternehmen – zum Beispiel durch Erfüllung – nachträglich genehmigen kann. In allen anderen Fällen sind solche Verträge mangelhaft, aber – solange die Tochter Teil des Konzerns bleibt – ohne Konsequenzen, da solche Verträge im Konzern zwar nicht gestützt auf den Grundsatz *pacta sunt servanda*, dafür aber gestützt auf die einheitliche Leitung der Mutter zu erfüllen

---

19   Auch Watter, Unternehmensübernahmen, N 196.
20   Anders von Steiger Werner, Holdinggesellschaften, S. 325a, ohne Begründung; BGE 93 II 482/84.

sind. Will das Mutterunternehmen diese Unsicherheiten nicht, kann es durch eine Zweckänderung der Tochter die Interessenidentität zwischen Mutter und Tochter herstellen[21].

2. Der Vertragsschluss auf seiten des Tochterunternehmens

a)   Die Vertretungsmacht der Verwaltung

Gemäss Art. 718 Abs. 1 OR kann die Verwaltung alle Rechtshandlungen vornehmen, die der Zweck der Gesellschaft mit sich bringen kann. Da die Verwaltung nicht Stellvertreter ist, sondern willenbildendes Organ, bemisst sich ihr Handlungsspielraum nach dem Zweck der Gesellschaft und nicht nach einer allfälligen Vollmacht eines Vertretenen, den es nicht gibt[22]. Die Handlungen, die durch den Gesellschaftszweck abgedeckt sind, werden durch die Lehre und das Bundesgericht weit umschrieben; sie beinhalten nicht nur Handlungen, die dem Zweck objektiv dienen, sondern auch Handlungen, die dem Zweck dienen könnten und durch ihn nicht ausgeschlossen werden[23]. Verträge zu Marktbedingungen, die ein ausgewogenes Verhältnis zwischen Leistung und Gegenleistung aufweisen, sind in der Regel zweckkonform, es sei denn, der Zweck schliesse den Vertrag aufgrund seines Themas aus[24]. Verträge zu Konzernbedingungen, auch wenn sie vom Thema des Zwecks des Tochterunternehmen erfasst werden, können jedoch wegen der Unausgewogenheit zwischen Leistung und Gegenleistung oder wegen der Art der Bindung zweckwidrig sein. Es stellt sich die Frage, inwieweit solche Verträge trotzdem gültig geschlossen werden können.

b)   Die Sorgfaltspflichten der Verwaltung und unübertragbare Befugnisse

Art. 717 OR verpflichtet die Verwaltung unübertragbar, "ihre Aufgaben mit aller Sorgfalt (zu) erfüllen und die Interessen der Gesellschaft in guten Treuen (zu) wahren". Die Verwaltung im Interesse Dritter ist nur möglich, wenn eine Interessenidentität zwischen der Gesellschaft und dem Dritten besteht, zum Beispiel durch einen gemeinsamen Konzernzweck oder durch den Zweck der Unterwerfung unter

---

21   Vgl. oben § 13; die von Graf, S. 76, geforderte Einfachheit im konzerninternen Rechtsverkehr kann auch auf rechtlich einwandfreier Grundlage realisiert werden.
22   Bucher, Obligationenrecht, S. 575; Bucher, Organschaft, S. 39ff; Merz, S. 400; Forstmoser/Meier-Hayoz, § N 7 und Graf FN I/165; anders Egger, Art. 54/55 N2 und von Tuhr/Peter, S. 378.
23   Von Greyerz, S. 210; Bucher, Organschaft, S. 39ff; Merz, S. 400ff; Bürgi Wolfhart, Art. 718 N 3; Forstmoser/Meier-Hayoz, § 24 N 40, von Planta, Hauptaktionär, S. 39 und die in Graf, S. 63 FN 168 zitierte Literatur; Watter, S. 81ff und 136ff;
24   Eine Gesellschaft mit dem alleinigen Gesellschaftszweck des Betreibens eines Zoos kann keine Düsenflugzeuge kaufen, auch nicht zu einem vernünftigen Preis; Graf, S. 69.

§ 15 Verträge zwischen Tochter- und Mutterunternehmen

das Konzerninteresse. In diesen Fällen ist die Befolgung von Weisungen durch den Verwaltungsrat des Tochterunternehmens nicht nur zulässig, sondern geboten. Ein Vertragsschluss, welcher auf der Seite des Tochterunternehmens gestützt auf eine widerrechtliche Weisung des Mutterunternehmens oder gestützt auf die Beachtung des Mutterinteresses an Stelle des Tochterinteresses zustande gekommen ist, ist Folge einer Pflichtverletzung des effektiv kontrahierenden[25] Verwaltungsrats. Der Vertrag ist – andere Mängel vorbehalten[26] – zwar gültig, kann aber zu Verantwortlichkeitsansprüchen gegen den fehlbaren Verwaltungsrat oder gegen das Mutterunternehmen führen[27].

3. Die Vertretungsmacht der Verwaltung des Tochterunternehmens bei unausgewogenen Konzernverträgen

a) Fragestellung

Das Tochterunternehmen kann veranlasst sein, Verträge zu schliessen, die wegen der Unausgewogenheit von Leistung und Gegenleistung für das Tochterunternehmen objektiv ungünstig sind; es sind dies Verträge, die nicht zu Arms length-Bedingungen geschlossen werden, sondern zu Konzernbedingungen. Solche Verträge können wegen ihres Inhalts oder wegen der Art und Weise ihres Zustandekommens anfechtbar oder mangelhaft sein, müssen es aber nicht. Die Übervorteilungssachverhalte[28] werden im Konzernverhältnis in der Regel nicht vorliegen, und der willensmangelfreie Abschluss eines unausgewogenen Vertrages wird durch das Gesetz nicht in jedem Fall mit Ungültigkeitsfolgen bedacht. Der Schenkungsvertrag als unausgewogenster Vertrag überhaupt mit all seinen Abstufungen ist vom Gesetz ausdrücklich vorgesehen und bei Einhaltung des Schriftlichkeitserfordernisses[29] auch zulässig. Die Verpflichtung ohne Gegenleistung ist aber unüblich, und es stellt sich die Frage, ob sie eine Handlung darstellt, die der Zweck der Gesellschaft gemäss Art. 718 OR mit sich bringen kann.

---

25 Oder, nach den Regeln der Unterlassung, den Vertragsschluss duldenden oder nicht verhindernden.
26 Wenn der Vertrag gestützt auf eine Willensbildung entstanden ist (oben Ziff.1); denkbar sind auch Zweckwidrigkeit oder Nichtigkeit wegen übermässiger Selbstbindung.
27 Auch Graf, S. 66; Bucher, Organschaft, S. 62; Vischer, Grossaktiengesellschaft, S. 89.
28 Art. 21 OR.
29 Art. 243 OR.

b) Zum Zweck des Tochterunternehmens

Die Aktiengesellschaft hat in der Regel zwei Zwecke, den statutarischen thematischen Zweck und den Endzweck der Gewinnstrebigkeit[30]. Unausgewogene Verträge stehen mit dem Endzweck Gewinnstrebigkeit im Widerspruch, es sei denn, sie seien etwa im Hinblick auf – vermeidliche oder tatsächliche – zukünftige Vorteile vereinbart worden, die den durch den Abschluss bedingten Verlust wieder kompensieren könnten[31]. Die Tochtergesellschaft kann die Zweckwidrigkeit solcher Konzernverträge nur durch eine Zweckänderung beseitigen. Zuständig dafür ist die Generalversammlung, die unter Einhaltung des Quorums des Art. 704 OR eine entsprechende Statutenänderung beschliessen kann, es sei denn, die Voraussetzungen für eine stillschweigende Zweckänderung[32] liegen vor.

c) Einwilligung der Gesellschaft zu zweckwidrigen Konzernverträgen?

Mit dem Hinweis auf die Rolle des Zwecks als Grenze der Handlungsfähigkeit ist die nächste Frage zum Teil bereits beantwortet: Die Generalversammlung kann der Verwaltung nicht die Einwilligung zum Abschluss zweckwidriger Verträge geben, denn sie ist nicht Prinzipal oder Vertretene und die Verwaltung nicht Hilfsperson oder Stellvertreter. Verwaltung und Generalversammlung sind beides Organe der gleichen Gesellschaft mit unterschiedlichen Kompetenzen, hierarchisch einander nicht untergeordnet, sondern – grundsätzlich – gleichgestellt[33]. Trotz dieser grundsätzlichen Hindernisse wird vertreten[34], dass die Generalversammlung faktisch die Verwaltung zum Abschluss von belastenden Konzernverträgen "ermächtigen" (rechtstechnisch läge wohl keine Ermächtigung vor, sondern eine Art stillschweigender Zweckänderung) könne, nämlich dann, wenn sie das Quorum, welches für eine Zweckänderung nötig wäre, einhält. Der Zweckartikel dient aber auch der Information Dritter und nicht nur dem Minderheitsaktionär, welche die Gesellschaft gestützt auf ihren öffentlichen Zweck beurteilen dürfen[35]. Die Zustimmung der Generalversammlung zu einem Vertrag, der dem statutarischen Zweck widerspricht, ist daher nur wirksam, wenn in dieser zugleich auch eine stillschweigende Zweckänderung[36] liegt.

---

30 Vgl. dazu oben § 13 I.
31 Forstmoser, Aktienrecht, § 1 N 239.
32 Keine Minderheitsaktionäre und öffentliche Konzernierung; vgl. dazu oben § 16 V.
33 Vgl. dazu auch oben § 6 II Ziff.2; So auch Graf, S. 70 und dort zitierte Literatur.
34 Watter, N 127, von Steiger Werner, Gesellschaftsrecht, 531; Bürgi, N 4ff vor OR 698.
35 Vgl. dazu ausführlich oben § 13 IV Ziff.3.
36 Vgl. dazu ausführlich oben § 13 IV Ziff.4.

§ 15 Verträge zwischen Tochter- und Mutterunternehmen 123

d) Rechtsfolgen in bezug auf die Gültigkeit bei zweckwidrigen belastenden Konzernverträgen

Verträge, welche in Missachtung des Gesellschaftszweckes geschlossen werden und durch diesen – objektiv betrachtet – ausgeschlossen sind, sind nichtig[37], auch wenn die andere Vertragspartei im guten Glauben und im Hinblick auf den durch die Verwaltung vorgespiegelten Zweck gehandelt hat, denn dem eingetragenen Zweck kommt positive Publizitätswirkung zu[38]. Der stille Zweck ist für die Beurteilung der Gültigkeit des Vertrages nur massgebend, wenn seine Einführung zulässig war[39] *und* ihn die andere Vertragspartei gekannt hat. War seine Einführung wegen der fehlenden Öffentlichkeit nicht zulässig, gilt der alte Zweck weiter, auch wenn das andere Konzernunternehmen die Verhältnisse im Konzern und den Versuch der Zweckänderung kennt resp. gekannt hatte[40]. Dem öffentlichen Gesellschaftszweck widersprechende Verträge, die sich nicht auf eine gültige stillschweigende Zweckänderung abstützen können, sind nichtig[41]. Die Nichtigkeitsfolge nimmt den Parteien die Befugnis, über den Fortbestand des Vertrages selber zu entscheiden. Jeder Dritte, zum Beispiel der Minderheitsaktionär, kann sich auf sie berufen[42]. Eine Heilung des Mangels ist nur durch den Neuabschluss des Vertrags zu erreichen; entweder mit gleichem Inhalt nach einer Zweckänderung oder mit einem neuen Inhalt, der diese nicht erfordert.

4. Der Vertragsschluss durch das Tochterunternehmen als Resultat einer Übervorteilung oder Drohung?

Der Vertrag, der ein Missverhältnis zwischen Leistung und Gegenleistung vorsieht, welches darauf zurückzuführen ist, dass die berechtigte Partei die verpflichtete Partei unter Ausnützung ihrer Unerfahrenheit, Notlage, ihres Leichtsinns oder im Anschluss an eine widerrechtliche Drohung vertraglich gebunden hat, ist durch die verpflichtete Partei anfechtbar[43]. Die Ausübung der Konzernleitungsmacht ist nicht widerrechtlich und der gestützt darauf erfolgte Vertragsschluss nicht Folge einer Drohung. Unausgewogene Verträge zwischen Konzerngesellschaften, die im Rahmen der durch den Zweck der verpflichteten Partei bestimmten Vertretungsmacht liegen, erfolgen nicht gestützt auf Willensmängel, die ihre Ursache in der Konzernbeziehung haben. Die einheitliche Leitung des Mutterunternehmens,

---

37 BGE 111 II 289; Guhl/Kummer/Druey, § 69 II Ziff.3 lit.a; Graf, S. 64.
38 Art. 933 Abs. 1 OR und Art. 42 HRV; Guhl/Kummer/Druey, § 85 IV Ziff.2 lit.a.
39 Vgl. dazu oben § 13 IV Ziff.4.
40 a.a.O.
41 Watter, N 174ff.
42 Wobei ihn die Beweislast trifft: BGE 95 II 450; Watter N 175; postuliert auch von Vischer/Rapp, S. 189.
43 Art.21 und Art.28 OR.

welches die Tochter zum Vertragsschluss veranlasst, nützt nicht die Notlage, Unerfahrenheit oder den Leichtsinn der Tochter aus, sondern stützt sich auf rechtliche oder faktische Bindungen, die beim Tochterunternehmen keinen Willensmangel bewirken.

5. Übermässige Selbstbindung in Vertragsbeziehungen des Tochterunternehmens

a) Fragestellung

Verträge, die eine Partei übermässig binden, sind nichtig und nicht bloss anfechtbar, auch in jenem Bereich, der von der Vertretungsbefugnis der Verwaltung mitumfasst ist. Weil im konzerninternen Verhältnis der natürliche Mechanismus für die Sicherstellung ausgeglichener Verträge fehlt, wie er zwischen zwei unabhängigen Personen vorliegt[44], kommen Verträge, die eine Person übermässig binden, zwischen Konzerngesellschaften oft vor.

b) Die Formen übermässiger Selbstbindung in allgemeinen

Gemäss Art. 27 ZGB darf die Freiheit oder ihr Gebrauch nicht in einem die Sittlichkeit verletzenden Grade beschränkt werden. Unsittlich ist die übermässige vertragliche Bindung, nicht aber die Begründung einer tatsächlichen Abhängigkeit zu einer Person, zu einem Produkt oder Verfahren oder zu einem anderen Bezugspunkt; nur eine vertragliche Bindung kann durch die bei Verletzung des Persönlichkeitsrechts aus Art. 27 ZGB vorgesehene Sanktion der Nichtigkeit des Vertragsverhältnisses aufgehoben werden.

c) Die Formen der übermässigen vertraglichen Selbstbindung

Eine Einschränkung der Freiheit oder ihres Gebrauches gemäss Art. 27 ZGB erfolgt durch den Abschluss von Verträgen, die den Verpflichteten übermässig binden oder ihn dem Belieben des Berechtigten ausliefern. Ob ein Vertrag eine Partei in dieser Weise einschränkt, kann nicht anhand eines einheitlichen Kriteriums festgestellt werden, vielmehr ist jeder Einzelfall getrennt zu prüfen. Es können lediglich Fallgruppen gebildet werden:

Die wichtigste Unterscheidung, die getroffen werden muss, ist diejenige zwischen natürlichen und juristischen Personen. Der spezielle Schutz vor Verpflichtungen im ideellen Bereich, etwa das Versprechen eine bestimmte Ehe einzugehen oder eine bestimmte Religion zu wählen, ist nur auf diejenigen Personen anwendbar, die

---

44   Vgl. dazu oben I Ziff.1 lit.c.

§ 15 Verträge zwischen Tochter- und Mutterunternehmen 125

ideelle Rechte haben; in der Regel sind das ausschliesslich natürliche Personen. Dazu kommt, dass die natürliche Person keinen gewillkürten "Zweck" hat, sondern eine auf verfassungsmässige Grundrechte abgestützte Menschenwürde[45]. Eine dem Gesellschaftszweck ähnliche Einschränkung oder die Zuweisung einer bestimmten Rolle sind nur in einem engen gesetzlichen Rahmen möglich, vor allem im Familienrecht.

d) Der Gesellschaftszweck als Gradmesser der übermässigen Bindung

Völlig anders verhält es sich bei der juristischen Person, die ihren Zweck und ihre Funktion, die sie im Wirtschaftsleben wahrnehmen will, frei[46] wählen kann[47], formell oder stillschweigend. Dazu gehören nicht nur die Festlegung des engen thematischen Zwecks – das Tätigkeitsgebiet –, sondern auch andere Punkte, die für die Gesellschaft typisch sind, zum Beispiel, dass die thematische Zweckverfolgung zu Gunsten einer bestimmten Person oder in einem bestimmten Sinn erfolgen soll. Sieht demnach bereits der Gesellschaftszweck eine Bindung an einen Dritten vor, ist diese Bindung – auch wenn sie bei einer anderen Gesellschaft ohne diesen Zweck übermässig wäre – bei der Frage nach einer allfälligen Übermässigkeit nicht zu beachten. Verträge, welche die Gesellschaft an einen Dritten binden oder unausgewogen sind und die Abführung des Gewinnes an einen Dritten vorsehen, sind daher – sofern zweckkonform – grundsätzlich zulässig[48].

e) Die Nichtigkeit des Vertrages als Folge der übermässigen Selbstbindung

Ohne eine solche Zweckkonformität führt eine übermässige Selbstbindung dazu, dass der Vertrag, der diese Selbstbindung vorsieht, nichtig[49] ist. Die Verfügungsmacht über ein solches scheinbares Vertragsverhältnis liegt somit nicht mehr bei den vermeintlichen Vertragsparteien; jeder Dritte[50], zum Beispiel der Minderheitsaktionär der sich verpflichtenden Gesellschaft, kann die Nichtigkeit behaupten und feststellen lassen. Ohne Rechtsgrund erfolgt sind in einem solchen Fall auch alle kausal erfolgten Erfüllungshandlungen wie Zahlungen, einzelne Lieferungen u.s.w. Diese folgenschweren Konsequenzen sind Sanktion und Schranke gegen

---

45 Müller Jörg Paul, S. 1ff.
46 Die Grenze der Unsittlichkeit ist ohne Belang, soweit sich jene auf eine übermässige Selbstbindung bezieht, denn diese Unsittlichkeit hängt ja gerade vom Zweck ab, dessen Unsittlichkeit beurteilt werden soll; vgl. oben § 13 II; gilt auch im Stiftungsrecht, welches mit dem Stiftungszweck eine an sich übermässige Selbstbindung zulässt.
47 Forstmoser, Aktienrecht, § 3 N 11ff; vgl. dazu auch oben § 13.
48 So auch Forstmoser, Aktienrecht, § 1 N 246; von Planta, Hauptaktionär, S. 29; von Steiger Werner, Holdinggesellschaft, S. 303a; Caflisch, S. 138; Tappolet, S. 116.
49 Tuor/Schnyder, § 11 II 1b.
50 Das prozessual nötige Rechtsschutzinteresse vorausgesetzt.

unzulässige stillschweigende Zweckänderungen und bilden einen Teil des Minderheitenschutzes im Konzernrecht[51].

6. Der Vertragsschluss auf seiten des Mutterunternehmens

a)   Fragestellung

Das Mutterunternehmen übt die Leitungsmacht über sich selbst und die Tochter aus. Die Willensäusserungen auf seiner Seite sind immer eigene Willensäusserungen und nicht fremdbestimmt. Verträge, die das Mutterunternehmen zu Konzernbedingungen abschliesst, sind von ihm als Partei gewollt und liegen in der Regel auch in seinem und im Interesse des Konzerns insgesamt. Solche Verträge, zum Beispiel mit dem Inhalt der einseitigen Hilfeleistung an das Tochterunternehmen, kommen unter nicht konzernierten Gesellschaften nur deshalb nicht vor, weil bei diesen Unternehmen die Leitungsmechanismen fehlen, die sicherstellen, dass die gewährten Hilfeleistungen im Sinne des Mutterunternehmens verwendet werden und die investierten Mittel wieder zurückfliessen[52].

b)   Die Vertretungsmacht der Verwaltung

Gemäss Art. 718 Abs.1 OR kann die Verwaltung alle Geschäfte durchführen, die der Zweck mit sich bringen kann. Der statutarische Zweck des Mutterunternehmens erlaubt diesem, seinen Zweck – mindestens teilweise[53] – durch Tochterunternehmen auszuüben, auch wenn das Halten von Tochtergesellschaften nicht ausdrücklich von seiner Zweckbestimmung umfasst ist. Solange das Auftreten als Mutterunternehmen als solches – ausdrücklich oder nicht – mit dem statutarischen Zweck konform ist, ist es auch die Gewährung von Hilfeleistungen an Tochterunternehmen, solange dies im Konzerninteresse liegt. Konform sind solche Verträge insbesondere auch mit dem Endzweck der Gewinnstrebigkeit, denn der Konzernendzweck ist mit dem Endzweck des Mutterunternehmens immer identisch[54].

---

51   Anders Graf, S. 70, der als Abwehrmittel gegen unzulässige stillschweigende Zweckänderungen nur die Verantwortlichkeitsklage sieht.
52   Werden solche Sicherstellungsmechanismen geschaffen, zum Beispiel durch die Begründung von Pfandrechten, sind Sanierungsverträge dieser Art auch unter Gesellschaften denkbar, die nicht Teil des gleichen Konzerns sind.
53   Vgl. dazu oben § 13 IV.
54   Vgl. oben § 13 I Ziff.2.

III. Beherrschungsverträge

1. Begriff

Beherrschungsverträge sind Verträge, welche das Tochterunternehmen in den vom Mutterunternehmen geleiteten Konzern einbinden, indem sie dem herrschenden Unternehmen ein Weisungsrecht über das beherrschte Unternehmen einräumen. Sie sind im deutschen Aktiengesetz als Grundlage des Vertragskonzerns vom Gesetz vorgesehen[55]. Mit dem Abschluss des Beherrschungsvertrags räumt das verpflichtete Unternehmen dem berechtigten Unternehmen das Recht ein, es zu leiten und verpflichtet sich seinerseits, diesen Leitungshandlungen Folge zu leisten, auch wenn die Weisungen den Interessen des Tochterunternehmens widersprechen[56]. Anders als im deutschen Recht sind solche Verträge im schweizerischen Recht nicht vom Gesetz geregelt: Ganz abgesehen von der Frage, ob sie überhaupt zulässig sind, können Beherrschungsverträge also mit Sicherheit nicht in zwingende Organkompetenzen innerhalb des Tochterunternehmens eingreifen[57]. Mit der Beherrschung der Tochter durch die Mutter stellt sich überdies die Frage der übermässigen Selbstbindung in einem ganz besonderen Ausmass. Dazu kommt, dass das diese Verträge kennzeichnende direkte Weisungsrecht des Mutterunternehmens in allen Fragen die Verwaltung des Tochterunternehmens – die zwar formell nicht unbedingt gebunden[58] sein muss – seiner Befugnisse beraubt und materiell in die zwingende Kompetenzordnung eingreift. Es ist zu prüfen, ob solche Beherrschungsverträge auch unter dem schweizerischen Recht abgeschlossen und vollzogen werden können.

2. Beherrschungsverträge als konzernbildende Verträge?

a) Beherrschungsverträge als Verträge zwischen Konzerngesellschaften

Beherrschungsverträge können die Handlungsfähigkeit des Tochterunternehmens bis hin zur Selbstaufgabe einschränken. Auch wenn die Gewinnstrebigkeit des Tochterunternehmens resp. die vermögenswerten Rechte der Tochtergesellschaftsaktionäre gewahrt bleiben[59], sind sie unter dem Gesichtspunkt von Art. 27 ZGB nichtig, es sei denn, dass das Tochterunternehmen durch seinen Gesellschafts-

---

55 §§ 291ff AktG; Emmerich/Sonnenschein, S. 141ff.
56 § 308 Abs.1 AktG: Entscheidend für die Gültigkeit der Weisung ist das Konzerninteresse.
57 Tappolet, S. 115; Caflisch, S. 133; von Planta, Hauptaktionär, S. 36; von Steiger Werner, Holdinggesellschaften, S. 295a; Graf, S. 97.
58 Mit einem Beherrschungsvertrag einhergehen dürften vertragliche Bindungen der Mitglieder der Verwaltung des Tochterunternehmens.
59 Vgl. unten Ziff.3.

zweck[60] die Beherrschung durch das Mutterunternehmen vorsieht[61]. Die Festlegung eines solchen Tochtergesellschaftszwecks setzt in der Regel eine vorgängige Einbindung des Tochterunternehmens in den Konzern voraus; Beherrschungsverträge sind – wenn sie überhaupt vorkommen – kaum[62] konzernbildend, sondern konzernfestigend. Das gilt auch in Deutschland, wo in der Rechtspraxis Beherrschungs- und Eingliederungsverträge in der Regel erst nach der faktischen Konzernbildung geschlossen werden.

b)   Beherrschungsverträge als konzernbildende Verträge im schweizerischen Recht

Die Frage der Nichtigkeit eines Beherrschungsvertrags hängt nicht davon ab, ob die Tochter 100%ig oder nur teilweise oder überhaupt beherrscht wird, sondern allein von ihrem Zweck, der die Anlehnung an ein anderes Unternehmen vorsehen muss. Es ist demzufolge zumindest theoretisch denkbar[63], dass ein unabhängiges Unternehmen sich einem anderen Unternehmen durch eine Zweckänderung und einem nachträglich abgeschlossenen Beherrschungsvertrag anschliesst, zum Beispiel, weil es zwar die Bindung an ein Mutterunternehmen sucht, sich aber nicht aufgeben und den Weg des Rückzugs offenhalten will. Sind die vermögenswerten Rechte der Aktionäre gesichert[64], kann sich das Unternehmen durch Zweckänderung gemäss Art. 704 OR einem Mutterunternehmen anschliessen.

Mit dem auf die Zweckänderung folgenden Vertragsschluss wird die Gesellschaft gebunden und unterliegt, solange der Vertrag zweckkonform und gültig ist, der einheitlichen Leitung des Mutterunternehmens, die gegebenenfalls auf dem Wege der richterlichen Vollstreckung durchgesetzt werden kann. An den Beherrschungsvertrag gebunden ist die Gesellschaft, die ihn abgeschlossen hat, nicht aber ihre Organe, insbesondere die Generalversammlung, die ihre unübetragbaren Kompetenzen uneingeschränkt nach Massgabe der Statuten und des Gesellschaftszwecks ausüben kann. Widersetzt sich die Generalversammlung dem Mutterunternehmen, verletzt sie nicht den Beherrschungsvertrag, weil sie an ihn nicht gebunden ist. Widerrechtlich verhält sich die Generalversammlung durch Missachtung des Beherrschungsvertrags nur, wenn in der Verletzung zugleich eine Missachtung des

---

60   Der Bedeutung des Eingriffs entsprechend, wird auch für das deutsche Aktienrecht der Beherrschungsvertrag in die Nähe einer Satzungsänderung gerückt; Emmerich/Sonnenschein, S. 135ff.

61   Auch als Grundlage für das Weisungsrecht des Mutterunternehmens über die Verwaltung des Tochterunternehmens; vgl. dazu oben II Ziff.3 und III; auch Graf, S. 104.

62   Auch Graf, S. 95; Uttendoppler, S. 86.

63   In der Praxis sind solche Verträge praktisch unbekannt; Als völlig unrealistisch bezeichnen Caflisch, S. 111; Plüss, S. 16; Maurer, S. 70; Graf, S. 95; Tappolet, S. 114 rein konzernbildende Verträge.

64   Zum Beispiel durch eine Dividendengarantie analog §§ 304–307 AktG.

§ 15 Verträge zwischen Tochter- und Mutterunternehmen   129

Gesellschaftszwecks der Tochter liegt. Das Mutterunternehmen kann, sofern es Aktionär ist, diesen Beschluss ähnlich dem Genossenschaftsverband[65] gemäss Art. 706 OR beim Richter anfechten. Nur durch eine erneute Zweckänderung – eine Emanzipation[66] – kann sich die Generalversammlung und mit ihr das Tochterunternehmen in diesem Fall wieder vom Mutterunternehmen lösen.

3. Beherrschungsverträge als Verträge zur Aufhebung der Gewinnstrebigkeit

Ein Eingriff in die unmittelbaren Rechte der einzelnen Aktionäre liegt erst vor, wenn die vermögenswerten Ansprüche aus ihrer Aktionärsstellung verletzt werden[67], zum Beispiel, wenn der Beherrschung die Gewinnabführung an das Mutterunternehmen folgt. Solche Beherrschungsverträge können sich nur auf eine Zweckänderung abstützen, der alle Aktionäre zugestimmt haben. In allen anderen Fällen sind sie nichtig[68].

IV. Entherrschungsverträge

1. Fragestellung

Auch im geltenden schweizerischen Konzernrecht wird beim Vorliegen der einheitlichen Leitung über die Mitgliederversammlung eines Unternehmens vermutet, dass dieses Unternehmen Tochterunternehmen derjenigen Person ist, die die einheitliche Leitung ausübt[69] und mit ihm eine wirtschaftliche Einheit bildet[70]. Es sind Situationen denkbar, in denen der Ausschluss eines Unternehmens aus dem Konzern wünschbar wäre, ohne dass man dabei die Mitgliedschaftrechte aufgeben will, was der Fall wäre, wenn man zu diesem Zwecke die Aktien der Tochter an Dritte – zum Beispiel an Mitglieder der Verwaltung der Tochter – veräussern würde. Das Motiv solcher Ausschlüsse kann in Art. 727c OR[71] oder in öffentlich-rechtlichen Vorschriften liegen, welche den Gesellschaften – zum Beispiel wegen ihrer wirtschaftlichen Machtposition oder ihrer Funktion – bestimmte Tätigkeiten nur erlauben, wenn sie unabhängig werden und nicht mehr zum Konzern gehören.

---

65   Gemäss Art 924 Abs.2 OR.
66   Vgl. unten § 20.
67   Art. 706 Abs.2 Ziff.4 OR.
68   Auch Graf, S. 104 und oben II Ziff.3 lit.d.
69   Vgl. oben § 6 II Ziff.2 lit.d.
70   Vgl. oben § 7.
71   Unabhängigkeit der Revisionsstelle.

Im deutschen Recht kann das Mutterunternehmen, welches die Mitgliederversammlung der Tochter kontrolliert, mit diesem einen Entherrschungsvertrag[72] schliessen und es auf diesem Wege aus dem Konzern entlassen und zum konzernfreien Unternehmen werden lassen, ohne dass es seine Mitgliedschaftsrechte und die damit verbundenen Vermögensrechte aufgeben muss. Wichtig für die Mutter ist vor allem die Möglichkeit, das "Tochterunternehmen" gestützt auf die ihr verbliebenen Mitgliedschaftsrechte zu einem späteren Zeitpunkt oder aus wichtigem Grund wieder in den Konzern eingliedern zu können. Es stellt sich die Frage, ob auch das schweizerische Konzernrecht diese Möglichkeit vorsieht[73].

2. Der Entherrschungsvertrag und die statutarischen Kompetenzen der Generalversammlung und der Verwaltung

Das Vorliegen von Kontrollmechanismen über Generalversammlung und Verwaltung führt zur einheitlichen Leitung über das Tochterunternehmen. Auf die Kompetenzen, welche für die Begründung der einheitlichen Leitung nötig sind, können diese Organe nicht rechtlich bindend verzichten: Ein zwischen dem Mutter- und dem Tochterunternehmen geschlossener Entherrschungsvertrag, in welchem das Mutterunternehmen dem Tochterunternehmen verspricht, die ihm zustehenden Rechte nicht auszuüben, zerstört diese Rechte nicht. Die in diesen Rechten liegenden Machtmittel, insbesondere über die Verwaltung des Tochterunternehmens, bestehen fort, weil sie das Mutterunternehmen ausüben *kann*. Der Entherrschungsvertrag an sich mag dem Mutterunternehmen die einheitliche Leitung verbieten; er zerstört sie und mit ihr die Konzernbeziehung aber nicht. Das Mutterunternehmen kann gestützt auf seine Leitungsmacht den "Entherrschungsvertrag" jederzeit aufheben lassen.

3. Der Entherrschungsvertrag mit den Organen der Tochter zur Zerstörung der Leitungsvermutung

Die aus der Kontrolle der Mitgliederversammlung folgende Leitungsvermutung stützt sich auf den faktischen Druck, den das Mutterunternehmen durch die unausgesprochene Drohung der Abwahl mit allen möglichen Konsequenzen[74] auf die Verwaltung des Tochterunternehmens ausübt. Dieses Machtmittel des Mutterunternehmens kann durch statutarische Bestimmungen zwar nicht wegbedungen –

---

72 Emmerich/Sonnenschein, S. 74.
73 Vgl. dazu auch Koppensteiner, S. 80, der seine Zulässigkeit vertritt, wenn sichergestellt ist, dass das Mutterunternehmen die konzernfreie Verwaltung nicht beeinflussen oder absetzen kann.
74 Vgl. dazu oben § 6 II Ziff.2.

Art. 705 OR ist zwingender Natur –, aber derart geschwächt werden, dass sich die einheitliche Leitung nicht mehr darauf abstützen lässt: Grundlage der einheitlichen Leitung ist nicht die Drohung mit der Abwahl aus der Verwaltung, sondern die Drohung mit den Folgen dieser Abwahl[75]. Diese Folgen können im voraus schuldrechtlich ausgeschlossen werden, zum Beispiel durch den Abschluss eines langjährigen Arbeits- oder Mandatsvertrags, eventuell in Verbindung mit der Vereinbarung einer Konventionalstrafe zu Lasten des Mutterunternehmens. Verliert die drohende Abwahl im Streit wegen einer solchen vertraglichen Absicherung der Mitglieder der Verwaltung seine Wirkung, die ihr im Normalfall zukommt, fällt auch die einheitliche Leitung des Mutterunternehmens weg, wenn sie sich auf die Drohung mit der Abwahl gestützt hatte.

4. Der Entherrschungsvertrag zwischen Mutter und Tochter, nur gestützt auf statutarische Bestimmungen

a) Ausgangslage

Der Entherrschungsvertrag zwischen Mutter und Tochter kann das Konzernverhältnis zerstören, wenn durch statutarische Vorschriften vom durch das dispositive Gesetzesrecht vorgesehenen Normalfall derart abgewichen wird, dass dadurch die Rechte der Mutter derart geschwächt haben, dass sie trotz Stimmenmehrheit in der Generalversammlung nicht mehr genügen, um eine vertraglich eingegangene Entherrschung einseitig zurückzunehmen und die einheitliche Leitung wieder herzustellen. Ein Entherrschungsvertrag wirkt dann konzernzerstörend, wenn er sich auf statutarische Einschränkungen der Leitungsmacht des Mutterunternehmens stützen kann.

b) Zerstörung der wirtschaftlichen Einheit

Die einheitliche Leitung schafft nur einen Konzern, wenn gestützt auf sie die wirtschaftliche Einheit verwirklicht wird. Verbieten die Statuten des Tochterunternehmens die einheitliche Verwendung der Betriebsergebnisse ausdrücklich, ist die einheitliche Leitung unmöglich; eine wirtschaftliche Einheit und mit ihr ein Konzernverhältnis liegt nicht vor[76]. Viele Vorschriften, die Ursache für einen Entherrschungsvertrag sein können, knüpfen allerdings nur an die einheitliche Leitung

---

75   a.a.O.
76   Vgl oben § 7 III Ziff.2; Verlangt eine öffentlich-rechtliche Vorschrift, die Ursache für die Entlassung der Tochter aus dem Konzern oder ihre Nichteingliederung ist, die Unabhängigkeit der Tochter von der Mutter, muss die Zerstörung der einheitlichen Leitung erfolgen; die Zerstörung nur der wirtschaftlichen Einheit zerstört den Konzern, nicht aber die Abhängigkeit des geleiteten Unternehmens.

an und nicht auch an die wirtschaftliche Einheit; sie bleiben auf ein Unternehmen anwendbar, das wegen der fehlenden wirtschaftlichen Einheit zwar nicht zum Konzern gehört, aber unter der Kontrolle der Konzernmutter steht.

c)   *Erschwerung der einheitlichen Leitung durch Quorumsbestimmungen*

Gemäss Art. 709 OR können die Statuten der Gesellschaft vorsehen, dass Vertreter von Minderheitsaktionären einen Anspruch auf Mitgliedschaft im Verwaltungsrat haben, zum Beispiel im Rahmen eines Proporzes[77]. Ist für bestimmte wichtige Beschlüsse des Verwaltungsrats ein Quorum, zum Beispiel ein Einstimmigkeitserfordernis, statutarisch vorgesehen[78], ist in bezug auf diese Beschlüsse die einheitliche Leitung der Mutter zerstört. Zusammen mit anderen Bestimmungen – zum Beispiel solchen, die die wirtschaftliche Einheit betreffen und den Handlungsspielraum der Verwaltung auch inhaltlich einschränken – schwächen solche Statutenbestimmungen die einheitliche Leitung des Mehrheitsaktionärs.

Der Entherrschungsvertrag, der zum Beispiel die wirtschaftlichen Beziehungen zwischen Mehrheitsaktionär und Gesellschaft, vor allem auch diejenigen Bereiche, durch die die wirtschaftliche Einheit gesichert werden könnte[79], umfassend und "at arms length[80]" regelt, kann die einheitliche Leitung zerstören, wenn der Entscheid der Gesellschaft über die Befolgung des Vertrags wegen der Quorumsbestimmungen nicht mehr durch den Mehrheitsaktionär gesteuert werden kann. Umfassen die der einstimmigen Beschlussfassung vorbehaltenen Punkte die für die Begründung der einheitlichen Leitung nötigen Leitungskompetenzen[81], fehlt die einheitliche Leitung und somit das Konzernverhältnis auch ohne Entherrschungsvertrag. Eine derartig weitgehende Erschwerung der Verwaltungstätigkeit ist allerdings nicht sinnvoll; die Gefahr, dass die Gesellschaft durch eine solche Bestimmung handlungsunfähig wird, ist gross, weshalb solche Lösungen in der Praxis nicht vorkommen dürften.

---

77   Böckli, N. 1481ff.
78   Das Prinzip des einfachen Mehrs ist nicht zwingend; Art. 713 Abs.1 OR; Homburger, Leitfaden, S. 86.
79   Vgl. dazu oben § 7 III.
80   Vgl. dazu oben I Ziff.1 lit.b.
81   Vgl. dazu oben § 6 I Ziff.3.

§ 16 Gleichbehandlungsgebot als Pflicht der Gesellschaft und der Aktionäre

I. Fragestellung

1. Gleichbehandlungsgebot aus dem Gesellschaftsrecht

Die Aktiengesellschaft ist grundsätzlich verpflichtet, alle Aktionäre gleich zu behandeln[1]. Der Aktionär der Aktiengesellschaft – beim Tochterunternehmen auch die Mutter – ist gestützt auf die Bestimmungen des Gesellschaftsrechts durch diese Gleichbehandlungspflicht nur insoweit betroffen, als seine Handlungen nicht nur Handlungen eines Aktionärs sind, sondern zugleich auch Handlungen eines dem Gleichbehandlungsgebot unterworfenen Organs. Das Gleichbehandlungsgebot als Pflicht der Gesellschaft trifft den Aktionär also im Rahmen der Generalversammlungsbeschlüsse und der Kompetenzen derselben[2]. Ausserhalb ihrer Funktion als Organ der Gesellschaft sind die Aktionäre der Gesellschaft nach herkömmlicher Auffassung keinerlei Gleichbehandlungspflichten unterworfen. Sie können unter sich im Rahmen der Rechtsordnung völlig frei verkehren.

2. Gleichbehandlungsgebot aus dem Übernahmerecht

Die 13. EG-Richtlinie zu Übernahmeangeboten von Gesellschaften, die durch den Schweizerischen Übernahme-Kodex der Vereinigung Schweizer Börsen[3] teilweise auch in das schweizerische Recht eingeflossen ist und durch ein neues Börsengesetz, welches sich zur Zeit im Stadium des Vorentwurfes befindet[4], eine gesetzliche Grundlage finden soll, hat den Begriff der Gleichbehandlungspflicht der Aktionäre dramatisch erweitert: Die drei zitierten Vorschriften wenden die Gleichbehandlungspflicht nicht nur auf die Gesellschaft in bezug auf ihr Verhalten gegenüber den einzelnen Aktionären an, sondern auch als Pflicht der Aktionäre[5] selber, die die Gleichbehandlungspflicht in ihrem Verhalten untereinander ebenfalls einzuhalten haben. Es stellt sich die Frage, ob diese für den Übernahmefall normierten

---

1   Analog Art. 854 OR; für das Aktienrecht jetzt auch ausdrücklich: Art. 706 Abs.2 Ziff.3 (Generalversammlung) und Art. 717 Abs.2 OR (Pflichten der Verwaltung).
2   Schluep, Wohlerworbene Rechte, S. 347.
3   Schweizerischer Übernahmekodex mit Kommentar vom 1. Mai 1991 (letzte Fassung).
4   Vgl. unten IV Ziff.1.
5   13. EG-Richtlinie, Art. 4 Abs.1; Übernahme-Kodex Art. 3; Vorentwurf zum Börsengesetz Art. 19 und 23.

Grundsätze auf diesen Regelungsbereich begrenzte Ausnahmen sind oder ob es sich um Regeln handelt, die ganz generell dem Schutz des Minderheitsaktionärs dienstbar gemacht werden können.

II. Das Gleichbehandlungsgebot der Gesellschaft

1. Das aktienrechtliche Gleichbehandlungsgebot als Ausgangslage des konzernrechtlichen Minderheitenschutzes

Das Gleichbehandlungsgebot verpflichtet das Tochterunternehmen und seine Organe, alle Aktionäre nach Massgabe ihrer Beteiligung gleich zu behandeln[6]. Als Mitgliedschaftsrecht mit vermögenswerter Reflexwirkung schützt es die Minderheitsaktionäre in erster Linie vor mit widerrechtlichen Handlungen verbundenen vermögenswerten Einbussen. Ob man dabei einem Teil der Lehre[7] und dem Bundesgericht[8] folgen will, die in ihm die auf das Aktienrecht anwendbare lex specialis des Art. 2 ZGB sehen, oder ob man das Gleichbehandlungsgebot neben das Gebot der schonenden Rechtsausübung als eigene Norm und weitere Konkretisierung der auf das Aktienrecht insgesamt anwendbaren Vorschrift des Art. 2 ZGB stellt[9], kann offenbleiben. Entscheidend sind vielmehr der materielle Inhalt des Gleichheitsgebots[10] und die Instrumente, welche das Recht zu seiner Durchsetzung zur Verfügung stellt[11].

2. Inhalt des aktienrechtlichen Gleichbehandlungsgebots

Das Gleichbehandlungsgebot verpflichtet die Gesellschaft, ihre Aktionäre nach Massgabe ihrer Beteiligungsrechte[12] und unter Würdigung der durch die Gesellschaftsmehrheit bestimmten und sachlich vertretbaren[13] Interessen der Gesellschaft[14] gleich zu behandeln und bei Handlungen, die die Rechte der Minderheitsaktionäre einschränken können, unter zweckdienlichen Lösungen diejenige zu

---

6 Schluep, Wohlerworbene Rechte, S. 322; Forstmoser/Meier-Hayoz, S. 161.
7 Patry, S. 103; Spiess, S. 128ff.
8 95 II 162ff.
9 Siegwart, Einleitung, N 229; Bürgi, Art. 706 N 47 ff; Schluep, Wohlerworbene Rechte, S. 317ff.
10 Vgl. unten Ziff.2.
11 Vgl. unten § 17 II ff.
12 Schluep, Wohlerworbene Rechte, S. 321; Forstmoser/Meier-Hayoz, § 21 N 9.
13 Schluep, Schutz, S. 137ff; Bürgi Ruedi, S. 81f.
14 Probst, S. 109; Schluep, Wohlerworbene Rechte, S. 323.

§ 16 Gleichbehandlungsgebot als Pflicht der Gesellschaft und der Aktionäre

wählen, die diese am wenigsten belasten[15]. Als Widerhandlungsverbot verschafft das Gleichbehandlungsgebot keine direkten positiven Ansprüche gegenüber der Gesellschaft[16], sondern normiert lediglich Handlungsweisen, die unerlaubt sind und deren Verletzung zu einem Schadenersatzanspruch führen kann[17].

3. Ungenügen des aktienrechtlichen Gleichbehandlungsgebots als Instrument des Minderheitenschutzes

Obwohl sich das Gleichbehandlungsgebot im Aktienrecht als Mitgliedschaftrecht an die Gesellschaft insgesamt richtet – d.h. nicht nur an die Generalversammlung, sondern auch an die Verwaltung der Gesellschaft[18] – unterliegen nur die Entscheide der Generalversammlung einer direkten richterlichen Überprüfung[19], nicht aber diejenigen der Verwaltung, von der aus im Konzern die Gefährdung des Minderheitsaktionärs in der Regel ausgeht. Potentiell rechtsmissbräuchliche Entscheide des Tochterunternehmens werden daher auch nur in denjenigen Fällen vor die Generalversammlung gebracht, in denen wegen der Zuständigkeiten keine Verwaltungsentscheide möglich sind, zum Beispiel bei Entscheiden über Kapitalerhöhungen mit Bezugsrechtsausschluss und über Fusionen; nicht aber, wenn eine rechtsmissbräuchliche Verteilung des Gewinns geplant ist, die auch durch die Verwaltung mittels Abschluss von Verträgen zu Konzernbedingungen[20] mit dem Mutterunternehmen vorgenommen werden können. Ihre Entscheide und Handlungen führen somit nie zu einer Korrektur der widerrechtlichen Entscheide, sondern immer und höchstens nur zu einem Schadenersatzanspruch[21]. Erschwerend kommt dazu, dass der Minderheitsaktionär keinen uneingeschränkten Anspruch auf eine Gleichbehandlung nach Massgabe seiner Beteiligung hat: Die Interessen der Gesellschaft können immer eine objektive Ungleichbehandlung rechtfertigen.

---

15   Gebot der schonenden Rechtsausübung; Merz, Kommentar, Art.2 ZGB; Meier-Hayoz/Zweifel, S. 388f.
16   Böckli, N. 1653.
17   Oesch, S. 194; Albers, S. 149; Plüss, S. 56; auch die anderen Abwehrinstrumente der Nichtigkeits-, Anfechtungs- und Auflösungsklage verschaffen keine positiven Ansprüche.
18   Art. 717 Abs.2 OR, der durch den Ständerat eingefügt wurde, allerdings nicht mit dem Willen die materiellrechtliche Lage zu ändern, sondern bereits unter dem alten Recht geltendes ungeschriebenes Recht zu kodifizieren, Böckli, N 1651ff; und zum alten Recht, Probst, S. 115.
19   Zum Beispiel im Rahmen einer Verantwortlichkeitsklage gemäss Art 754 OR; Probst, S. 116; Oesch, S. 194.
20   Vgl. oben § 15 I Ziff.1 lit.c.
21   Auch Böckli, N 1653.

III. Das Gleichbehandlungsgebot unter Aktionären

1. Fragestellung

Das Übernahmerecht sieht zusätzliche Rechte des – zukünftigen – Minderheitsaktionärs gegenüber dem – zukünftigen – Mehrheitsaktionär vor. Diese gehen weiter als diejenigen des herkömmlichen aktienrechtlichen Gleichheitsgebots, weil sie dem Minderheitsaktionär auch einen positiven Anspruch auf eine vermögenswerte Leistung verschaffen. Es stellt sich die Frage, ob es sich beim im Übernahmerecht ausdrücklich normierten Gleichbehandlungsgebot unter Aktionären um ein allgemeines Prinzip handelt und ob daraus ein positiver Anspruch des Minderheitsaktionärs gegenüber der Gesellschaft oder dem Mehrheitsaktionär abgeleitet werden kann.

2. Gleichbehandlungsgebot im Übernahmerecht als allgemeines Prinzip?

a) Gleichbehandlungsgebot im Übernahmerecht als Instrument zur Vermeidung von Eingriffen in vermögenswerte Rechte des Aktionärs

Das Gleichbehandlungsgebot im Übernahmerecht ist das Ergebnis des Bedürfnisses, die mit dem Aktienbesitz verknüpfte Berechtigung des Aktionärs am inneren Wert der Gesellschaft[22] sicherzustellen, wenn seine Gesellschaft durch einen neuen Mehrheitsaktionär übernommen wird. Durch die Verpflichtung des potentiellen Übernehmers, alle ihm angebotenen Aktien eines zu übernehmenden Unternehmens zu den gleichen Konditionen, insbesondere zum gleichen Preis[23], zu erwerben, wird das Recht des Aktionärs an den inneren Werten und insbesondere am seiner Beteiligung entsprechenden Anteil am Kontrollwert[24] seiner Gesellschaft geschützt und sichergestellt, dass er nicht ohne sein Zutun Minderheitsaktionär eines Tochterunternehmens wird.

b) Ausweitung des Gleichbehandlungsgebots unter Aktionären als allgemeines Prinzip?

Die Gleichbehandlungspflicht des Übernehmers ist im Konzernrecht von entscheidender Bedeutung, wenn sie als Ausdruck eines allgemeinen Prinzips – des Gleichbehandlungsgebots unter Aktionären – verstanden wird. Ein Teil der Lehre vollzieht diesen Schritt, allerdings nicht indem sie das Gleichbehandlungsgebot un-

---

22   Vgl. dazu oben § 19 II Ziff.2.
23   Tschäni, Unternehmensübernahmen, S. 56.
24   Zum Begriff, unten § 19 II Ziff.1.

§ 16 Gleichbehandlungsgebot als Pflicht der Gesellschaft und der Aktionäre

ter Aktionären als neuen in das Gesellschaftsrecht eingeflossenen Grundsatz aus dem Übernahmerecht betrachtet, sondern vielmehr als Anwendungsfall anerkannter aktienrechtlicher Regeln[25], gar um die "Magna Charta" des Aktienrechts überhaupt[26]. Als allgemeiner gesellschafts- und konzernrechtlicher Grundsatz würde ein Gleichbehandlungsgebot unter Aktionären ausserordentlich schwerwiegend in das Konzernrecht eingreifen; konsequent zu Ende gedacht, würde es das Mutterunternehmen verpflichten, den Minderheitsaktionär des Tochterunternehmens in vermögensrechtlicher Hinsicht so zu behandeln wie sich selbst.

Im Vergleich zum Gleichbehandlungsgebot durch die Gesellschaft führt ein allgemeines Gleichbehandlungsgebot unter Aktionären zu einer deutlichen Besserstellung der Minderheitsaktionäre, denn es kann nicht durch Sachanliegen der Gesellschaft eingeschränkt werden, weil diese bei Rechten eines Aktionärs gegenüber einem anderen Aktionär unbeachtlich bleiben müssen. Eine Differenzierung zwischen den Interessen des Berechtigten und des Verpflichteten ist nur dort zulässig, wo von unterschiedlichen Interessenlagen auszugehen ist – also zwischen den Interessen der Gesellschaft und des Aktionärs –, nicht aber wenn die Interessen des Belasteten und Berechtigten wegen des Gleichbehandlungsgebots gleich zu würdigen sind. Das Gleichbehandlungsgebot beträfe alle Leitungshandlungen des Mutterunternehmens und die dadurch veranlassten Handlungen der Tochter, die die Mutter selbst sowie den Konzern in irgendeiner Form begünstigten.

IV. Das Gleichbehandlungsgebot als Recht des Aktionärs auch gegenüber dem alten Mehrheitsaktionär

1. Ausgestaltung des Gleichbehandlungsgebots im Übernahmefall

Ziff. 3.1 des schweizerischen Übernahmekodex übernimmt für börsenkotierte Gesellschaften den in Art. 4 Abs.1 des Entwurfes für die 13. EG-Richtlinie vorgesehenen Grundsatz[27], dass in öffentlichen Übernahmeangeboten Aktionäre in vergleichbarer Lage gleich behandelt werden müssen. Das gilt ausdrücklich auch für den Minderheitsaktionär, der in die Lage versetzt werden muss, dem Übernehmer seine Aktien entsprechend seinem Anteil grundsätzlich[28] zum gleichen Preis zu verkaufen wie der Mehrheitsaktionär. Der Minderheitsaktionär hat im Übernahmefall

---

25 Peltzer, S. 186; Der Verdacht, dass eine Begriffsverwirrung – Gleichbehandlungsgebot der Aktionäre durch die Gesellschaft und Gleichbehandlungsgebot der Aktionäre unter sich – Ursache für diese überall ohne Begründung vertretene Ausweitung ist, ist nicht von der Hand zu weisen.
26 Peltzer, a.a.O.
27 Amtsblatt der Europäischen Gemeinschaften, Nr. C 240/7; 26. September 1990.
28 Zu Ausnahmen davon: vgl. Tschäni, Unternehmensübernahmen, S. 56.

einen Anspruch auf den seiner Beteiligung entsprechenden Anteil am Kontrollwert[29]. Der Übernehmer ist verpflichtet, alle Aktionäre des Unternehmens, welches übernommen werden soll, gleich zu behandeln.

Die Pflicht zur Gleichbehandlung der Aktionäre börsenkotierter Gesellschaften im Übernahmefall wird im Grundsatz in ausdrücklich gewollter Übereinstimmung[30] mit dem europäischen Recht auch durch Art. 19 und 23 des Vorentwurfes für ein schweizerisches Börsengesetz übernommen. Eine über den Übernahmefall hinausragende Bedeutung kommt Art. 19 Abs. 1 des Vorentwurfes zu, der das Prinzip der Gleichbehandlung der Aktionäre unter sich als Regel der Lauterkeit bezeichnet[31], als Prinzip also, welches für den Übernahmefall kodifiziert wird und nicht als eine auf ihn beschränkte Ausnahme.

2. Das Gleichbehandlungsgebot im Übernahmerecht als Recht gegenüber dem zukünftigen Mutterunternehmen

a) Rechtsnatur der Beziehung Minderheitsaktionär – Übernehmer

Eine spezielle rechtliche Verbindung innerhalb der drei Beteiligten Übernehmer, alter Mehrheitsaktionär und Minderheitsaktionär, welche im Übernahmefall Pflichten begründen könnte, besteht lediglich zwischen dem Minderheitsaktionär und dem alten verkaufswilligen Mehrheitsaktionär, da diese gesellschaftsrechtlich als Aktionäre verbunden sind; sie besteht *nicht* zwischen dem Minderheitsaktionär und dem Übernehmer selber, der Adressat der genannten Pflichten ist. Der Übernehmer ist im Zeitpunkt der Kaufpflicht der Minderheitsaktien nicht Aktionär der Gesellschaft, sondern ein Dritter ohne eine vertragliche oder gesellschaftsrechtliche Verbindung zum Minderheitsaktionär in irgendeiner Form. Eine Verbindung zwischen dem Minderheitsaktionär und dem Übernehmer kommt auch nach der Übernahme nicht zustande, denn mit dem Verkauf seiner Anteile und mit dem Eintritt des Übernehmers tritt der Minderheitsaktionär aus der gemeinsamen gesellschaftsrechtlichen Grundlage aus. Zwischen dem Übernehmer und dem Minderheitsaktionär besteht demzufolge in der Regel kein spezielles vertragliches Verhältnis, auch nicht ein zukünftiges. Der Übernehmer als Nichtaktionär und Dritter kann daher nicht Adressat einer gesellschaftsrechtlich begründeten Pflicht gegenüber dem Minderheitsaktionär sein.

---

29 Vgl. dazu unten § 19 II.
30 Bericht zum Vorentwurf der Expertengruppe zur Ausarbeitung eines Bundesgesetzes über die Börsen und den Effektenhandel vom März 1991, S. 66ff.
31 a.a.O.

b) Verpflichtung des Übernehmers und nicht des Verkäufers

Trotz der fehlenden gemeinsamen gesellschaftsrechtlichen Basis ist der Übernehmer zur Gleichbehandlung des Minderheitsaktionärs verpflichtet und nicht der alte Mehrheitsaktionär, was dogmatisch einfacher zu begründen wäre. Rechtstechnisch könnte die Gleichbehandlung durch die Bezahlung einer Abfindung an den Minderheitsaktionär[32] erfolgen oder den Einbezug seiner Anteile pro rata in das Verkaufsangebot des Mehrheitsaktionärs an den Übernehmer. Beide Lösungen sicherten dem Minderheitsaktionär den ihm zustehenden Anteil am Kontroll- und inneren Wert als Bestandteil des Verkaufspreises, vermögen aber nicht zu befriedigen. Die Lösung der Abfindung führt entweder zu einer Veräusserungspflicht des Minderheitsaktionärs oder zur Frage, wie hoch der Minderwert seiner Anteile durch die Einbindung des Unternehmens in den Konzern geworden ist. Die zweite Lösung, der Einbezug der Aktien der Minderheitsaktionäre in das Verkaufsangebot des Mehrheitsaktionärs, wäre zu kompliziert – die Angebotsgestaltung könnte nicht von einer Person aus erfolgen, sondern von den Aktionären insgesamt – und in der Handhabung unpraktikabel.

Der andere – gewählte – Weg ist einfacher und kommt in der Regel im Ergebnis auf das Gleiche hinaus: Das einheitliche Angebot geht vom Übernehmer an alle Aktionäre aus und würdigt somit bereits denjenigen Preis, welcher vom Übernehmer als Preis des Unternehmens als Ganzes verstanden wird. Der alte Mehrheitsaktionär wird dadurch wirtschaftlich gleich belastet, wie wenn er die Aktien seiner Mitaktionäre mitanbieten müsste: in beiden Fällen wird er nicht mehr als den seiner Beteiligungsgrösse entsprechenden Anteil am Unternehmenswert erhalten.

c) Formelle Verpflichtung des Käufers als wirtschaftliche Verpflichtung des Verkäufers

Wirtschaftlich betrachtet liegt eine Belastung des alten Mehrheitsaktionärs vor und nicht des Übernehmers: Der Übernehmer hat ohnehin den gesamten Unternehmenswert zu bezahlen, entweder an den alten Mehrheitsaktionär allein oder – wegen den entsprechenden gesetzlichen Regelungen – an alle Aktionäre im Verhältnis ihrer Beteiligungsgrösse; dies zu Lasten des alten Mehrheitsaktionärs, dem der Paket- oder Kontrollzuschlag entgeht. Dass die formelle Verpflichtung im Übernahmefall beim Käufer liegt, ist ausschliesslich auf die einfachere Handhabung des Gleichbehandlungsgebots im Übernahmefall zurückzuführen, welche durch diese Lösung erzielt wird.

---

32 Wie von Vischer/Rapp, S. 175, vorgeschlagen.

3. Das Gleichbehandlungsgebot unter den Aktionären als vermögenswertes Recht des Minderheitsaktionärs am inneren Wert der Gesellschaft

a) Die Angebotspflicht als Ergebnis einer gesellschaftsrechtlich begründeten Pflicht

Die Angebotspflicht richtet sich somit materiell an den Mehrheitsaktionär und stellt eine Pflicht des Mehrheitsaktionärs aus Gesellschaftsrecht dar. Sie ist keine Sonderregel für den Übernahmefall, sondern Folge und Anwendungsfall einer gesellschaftsrechtlich begründeten Pflicht, die anderen Aktionäre in bezug auf die aus den Aktien fliessenden Vermögensrechte gleich zu behandeln wie sich selbst. Teil dieser vermögenswerten Rechte ist der Anspruch des Aktionärs auf jenen Anteil am inneren Wert der Gesellschaft, der seiner Beteiligung entspricht. Dass die normierte Gleichbehandlungspflicht als Pflicht unter Aktionären seinen Regelungsbereich auf den Übernahmefall beschränkt, hat seine Ursache darin, dass sich in ihm das Problem in der Praxis am deutlichsten stellt und der innere Wert einer Gesellschaft am einfachsten festzustellen ist, wenn ein Erwerber ein öffentliches Angebot für das ganze Unternehmen unterbreitet.

Der Wille des Gesetzgebers, mit dieser Regelung nicht eine Sonderregel für den Übernahmefall zu schaffen, sondern einen allgemeinen Grundsatz für den Übernahmefall ausdrücklich zu kodifizieren, ist aus allen Unterlagen und Materialen, die zu dieser Sonderbestimmung geführt haben resp. führen, deutlich erkennbar[33]. Auch die dieses Rechtsgebiet beobachtende Lehre[34] erkennt in dieser Norm einen Anwendungsfall des Grundsatzes der Gleichbehandlung der Aktionäre unter sich, den sie aus der Gleichbehandlungspflicht der Aktionäre als Pflicht der Gesellschaft ableitet. Die Überzeugung, mit dieser Vorschrift einen allgemeinen Grundsatz kodifiziert zu haben, ist umfassend; dass sie möglicherweise ihre Ursache in einem Missverständnis[35] hat, ändert daran nichts.

b) Gleichbehandlungspflicht unter Aktionären nur bei börsenkotierten Gesellschaften?

Die Regeln für den Fall der öffentlichen Übernahme bei börsenkotierten Gesellschaften sind Anwendungsfall eines allgemeinen Grundsatzes. Die Beschränkung ihrer Anwendbarkeit auf börsenkotierte Gesellschaften ist daher nicht Resultat des Willens, das Gleichbehandlungsgebot unter Aktionären auf diese Gesesellschaften

---

33 Bericht zum Vorentwurf der Expertengruppe zur Ausarbeitung eines Bundesgesetzes über die Börsen und den Effektenhandel vom März 1991; S. 66ff.
34 Peltzer, S. 186; Tschäni, S. 55.
35 Vgl. oben FN 25.

zu beschränken, sondern vielmehr Folge aus der Tatsache, dass die Instrumente für die Durchsetzung des Gleichbehandlungsgebots im Übernahmefall im Rahmen eines institutionalisierten Verfahrens nur bei börsenkotierten Gesellschaften vorliegen[36]. Auf nicht börsenkotierte Gesellschaften und auf nichtöffentliche Übernahmeangebote sind diese Vorschriften nicht anwendbar, wohl aber das Prinzip, aus dem sie entstanden sind. Der Minderheitsaktionär hat zwar keinen Anspruch darauf, dass der Erwerber eines Mehrheitsanteils seine Aktien zu den gleichen Bedingungen übernimmt wie diejenigen des Mehrheitsaktionärs; sein Anspruch besteht nur gegenüber denjenigen Aktionären, die ihre Aktien an den neuen Mehrheitsaktionär verkaufen und umfasst einen Ersatzanspruch für die, durch die Veräusserung entstandene Vermögenseinbusse[37] resp. einen Anspruch auf den seiner Beteiligung entsprechenden Anteil am Kontrollwert.

c)   *Gleichbehandlungspflicht unter Aktionären nur in vermögensrechtlicher Hinsicht*

Das Gleichbehandlungsgebot innerhalb der Aktionäre sichert dem Minderheitsaktionär somit den seiner Beteiligung entsprechenden und über den reinen Aktienwert hinausgehenden Anteil am Wert der Gesellschaft, ein vermögenswertes Recht. Eine Pflicht zur Gleichbehandlung des Minderheitsaktionärs, die über die Gleichbehandlung in vermögensrechtlicher Hinsicht hinausgeht, lässt sich auch den Normen des Übernahmerechts nicht entnehmen. Der Minderheitsaktionär hat keinen Anspruch auf umfassende Gleichbehandlung in anderen Angelegenheiten; insbesondere hat er keinen Anspruch auf Gleichbehandlung im Rahmen der Ausübung von Mitgliedschaftsrechten wie zum Beispiel auf einen seiner Beteiligung entsprechenden Anteil an der Verwaltung des Tochterunternehmens.

4. Keine Einschränkung der Minderheitsaktionärsrechte bei nach neuem Recht gebildeten Konzernen

Aktionäre, die in einer in Anwendung des neuen Übernahmerechtes gebildeten Gesellschaft Minderheitsaktionäre geworden sind, haben sich dieser Lage durch eine eigene Willensäusserung und in der Regel freiwillig ausgesetzt, indem sie das Übernahmeangebot nicht angenommen haben. Es stellt sich die Frage, ob diese Minderheitsaktionäre – anders als diejenigen in älteren Konzernen, welche diesen Entscheid nicht haben fällen können – durch den Verkaufsverzicht auch auf dieje-

---

36   Gemäss Übernahmekodex ist die Dekotierung der fraglichen Titel als Sanktion möglich.
37   Die Kodifizierung der Ausnahme (Öffentliches Angebot bei börsenkotierten Gesellschaften) macht Sinn, denn nur gestützt auf das Gleichbehandlungsgebot hätte der Minderheitsaktionär einen Schaden gegenüber den veräussernden Aktionären geltend zu machen, mit allen Beweisschwierigkeiten, die damit verbunden sein können.

nigen vermögenswerten Rechte verzichtet haben, die durch das Gleichbehandlungsgebot geschützt werden. Würden dem Minderheitsaktionär, der seine Beteiligung auch im Übernahmefall aufrechterhält[38], Nachteile wie der Verlust seiner Minderheitsrechte erwachsen, unterläge er – wirtschaftlich betrachtet – einer Veräusserungspflicht resp. einer Veräusserungsobliegenheit; einem privaten Enteignungsrecht, für welches im ganzen Gesellschaftsrecht kein Hinweis zu finden ist. Neben der Angebotspflicht des Übernehmers besteht keine Annahmeobliegenheit des Minderheitsaktionärs, etwa zum Zwecke der Schaffung einheitlicher Beherrschungsverhältnisse. Es gibt folglich keine Minderheitsaktionäre nach neuem Recht, die in ihren Minderheitsrechten schlechter gestellt wären als diejenigen, die unter dem alten Recht Minderheitsaktionäre wurden[39]. Das gleiche gilt auch für Aktionäre, die durch Erwerb von Anteilen einer Konzerntochter bewusst Minderheitsaktionäre geworden sind[40].

5. Gleichbehandlungsanspruch des Minderheitsaktionärs im Konzern

Ein durch den Mehrheitsaktionär veranlasstes und durch das Tochterunternehmen begangenes widerrechtliches Verhalten ist eine Pflichtverletzung des Mehrheitsaktionärs, nicht der Gesellschaft. Ansprüche aus der Pflichtverletzung bestehen dementsprechend gegenüber dem Mehrheitsaktionär und nicht gegenüber der Gesellschaft resp. – wirtschaftlich betrachtet – gegenüber dem Konzern insgesamt. Diese Ansprüche beinhalten auch die Pflicht des Mehrheitsaktionärs zur vermögensrechtlichen Gleichstellung des Minderheitsaktionärs[41]. Der Minderheitsaktionär kann auf diesem Wege vom Mehrheitsaktionär Gleichbehandlung oder Ausgleich verlangen im Falle von Vergünstigungen, die das Tochterunternehmen dem Mutterunternehmen gewährt. Das führt tatsächlich zur Pflicht der Mutter, mit einem nicht 100%ig kontrollierten Tochterunternehmen ausschliesslich zu Marktbedingungen zu verkehren und die aus ihm fliessenden Gewinnanteile ausschliesslich auf dem Weg der Dividende zu beziehen; keinesfalls auf anderen Wegen, die dem Minderheitsaktionär nicht zugänglich sind.

---

38 Z.B. weil er Gesellschafter "seiner" Gesellschaft bleiben will.
39 Nobel, Börsengesetz, S. 203, verbindet die Angebotspflicht zu Unrecht mit einem endgültigen "Konkurs der Minderheitenrechte".
40 Lutter, Konzernrecht, S. 348.
41 Vgl. dazu oben III Ziff.2.

§ 17 Minderheitenschutz und Grenzen der einheitlichen Leitung

I. Fragestellung / Ausgangslage

1. Der Minderheitsaktionär des Tochterunternehmens

a)   Die Lage des Minderheitsaktionärs im allgemeinen

Der Minderheits- und Kleinaktionär ist immer in einer ungünstigen Position, wenn er auf die Geschäftstätigkeit seiner Gesellschaft Einfluss ausüben will; gleichgültig ob es sich dabei um eine Konzerntochter oder um ein unabhängiges Unternehmen handelt. Seine relative Bedeutungslosigkeit als einzelnes Machtelement innerhalb der Gesellschaft ist kein konzernspezifisches Problem und kommt in allen Gesellschaften mit uneinheitlichem Aktionariat vor. Beim Konzerntochterunternehmen kommen jedoch noch zahlreiche weitere Einschränkungen dazu, welche die Situation des Minderheitsaktionärs weiter verschlechtern. Dies wird besonders deutlich beim Minderheitsaktionär, der eine relativ grosse Beteiligung hat, die ihm beispielsweise vor der Konzernierung seiner Gesellschaft sogar einen Einfluss in der Generalversammlung hatte sichern können.

b)   Die Lage des Minderheitsaktionärs im Tochterunternehmen

Die Handlungen der unabhängigen Gesellschaft, die den Minderheitsaktionär belasten, liegen in der Regel im Gesellschaftsinteresse, wie es von der Verwaltung verstanden wird. Mindestens langfristig und indirekt begünstigt das im Gesellschaftsinteresse liegende Handeln auch die Minderheitsaktionäre, zum Beispiel durch steigende Börsenkurse. Der Minderheitsaktionär eines Tochterunternehmens darf nicht davon ausgehen, dass das Verhalten der Verwaltung in jedem Fall im Interesse seiner Gesellschaft liegt, weil die Verwaltung unter der einheitlichen Leitung einer Mutter steht, die auch noch andere unternehmerische Interessen wahrnimmt; es besteht die Gefahr, dass die Gesellschaft zu Gunsten des Gesamtkonzernes Einbussen erleidet. Neben unausgewogenen Verträgen zur Gewinnabschöpfung zu Lasten der Dividenden der Minderheitsaktionäre sind auch weniger offensichtliche und greifbare Mittel denkbar, wie zum Beispiel die Zuweisung eines Geschäftsbereichs im Rahmen einer konzerninternen Aufgabenteilung, den die Gesellschaft als unabhängige Gesellschaft nicht bewirtschaften würde[1].

---

1   Plüss, S. 59, mit weiteren Beispielen.

2. Der Minderheitsaktionär bei der Konzernierung des Tochterunternehmens

Besonders deutlich wird die Einschränkung der Position des Minderheitsaktionärs, wenn sein Unternehmen übernommen und in einen Konzern eingegliedert wird. Zu seinem Schutz gibt ihm die Rechtsordnung[2] in gewissen Fällen die Möglichkeit, über seine Rolle innerhalb des zukünftigen Tochterunternehmens selber zu bestimmen, indem er das auch seine Beteiligungsrechte beinhaltende Übernahmeangebot annimmt oder ablehnt. Dieses neue – präventive – Instrument des Minderheitenschutzes beinhaltet keine Obliegenheit zur Veräusserung, und dem Minderheitsaktionär darf kein Nachteil erwachsen, wenn er es nicht nutzt[3]. Es nimmt der Thematik erst in Zukunft und nur teilweise ihre praktische Bedeutung, nicht aber die juristische Relevanz.

3. Minderheitenschutzunabhängige Grenzen der einheitlichen Leitung

Durch die einheitliche Leitung kann das Mutterunternehmen die Tochter auch zu Handlungen veranlassen, die den Minderheitsaktionär wie einen Dritten schädigen – zum Beispiel dadurch, dass das Tochterunternehmen auf Anweisung des Mutterunternehmens eine widerrechtliche Handlung oder eine Vertragsverletzung begeht. Führt dies zu einer widerrechtlichen Schädigung des Minderheitsaktionärs, wird das Mutterunternehmen ihm, wie einem anderen Dritten gegenüber gestützt auf die Regeln des Konzernhaftungsrechts[4] ersatzpflichtig.

II. Grenzen der einheitlichen Leitung / Minderheitenschutz

1. Fragestellung

Das Mutterunternehmen hat ein eigenes Recht am Tochterunternehmen, welches über die Rechte an seinen Mitgliedschaftsanteilen hinausgeht[5]. Dieses Recht stützt sich auf die einheitliche Leitung ab und besteht somit auch in Tochterunternehmen mit konzernfremden Minderheiten. Die Leitungsmöglichkeiten, die sich aus dem

---

2 Übernahmekodex; Vorentwurf zum Börsengesetz; vgl. oben § 16 III Ziff.2.
3 Vgl. dazu oben § 16 IV Ziff.4.
4 Vgl. dazu unten §§ 29ff.
5 Vgl. dazu unten § 19 I.

§ 17 Minderheitenschutz und Grenzen der einheitlichen Leitung

Recht am Tochterunternehmen ergeben können, sind durch die Rechte der Minderheitsaktionäre innerhalb des Tochterunternehmens begrenzt, zu denen sie nicht im Widerspruch stehen dürfen.

2. Formelle Grenzen der einheitlichen Leitung

a) Ausgangslage

Das Gesellschaftsrecht stellt formelle Normen und Verfahren für die gesellschaftsinterne Meinungsbildung und Beschlussfassung auf, die auf alle Gesellschaften anwendbar und in allen Gesellschaften anzuwenden sind, auch dann, wenn sie nur einen Gesellschafter – zum Beispiel das Mutterunternehmen – haben[6]. Nach aussen wirken sie jedoch nur in Gesellschaften mit Minderheiten, vor allem dort, wo die Grösse der Minderheiten sie durch Quorumsbestimmungen schützt.

b) Recht des Minderheitsaktionärs, die Einberufung der Generalversammlung und die Traktandierung eines Verhandlungsgegenstandes zu verlangen

Minderheitsaktionäre, die einen Zehntel des Aktienkapitals vertreten, können die Einberufung einer Generalversammlung und die Traktandierung eines Verhandlungsgegenstands verlangen[7]. Wie im alten Recht können sie nicht selber einladen; die Einberufung erfolgt durch die Gesellschaftsverwaltung, gegebenenfalls durch den Richter[8]. Als Gegenstand der einheitlichen Leitung durch das Mutterunternehmen[9] wird die Generalversammlung nur in äusserst seltenen Fällen und nur bei labilen Beherrschungsmechanismen dem Minderheitsaktionär folgen und sich vom Mutterunternehmen emanzipieren[10]. Als Minderheitenschutz wirken diese Rechte in der Regel folglich nur mittelbar: Auf diesem Wege kann ein Konflikt und die Stellung des Mutterunternehmens dazu publik gemacht werden[11], was es zu einem Kompromiss bewegen könnte. Weiter schafft das Einberufungsrecht auch einen anfechtbaren Generalversammlungsbeschluss und somit die Grundlage für eine richterliche Überprüfung des durch den Minderheitsaktionär beanstandeten Verhaltens des Mutterunternehmens[12].

---

6 Normative Selbständigkeit; Caflisch, S. 77ff.
7 Art. 699 Abs.3 OR.
8 Guhl/Kummer/Druey, § 68 I Ziff.2 lit.a
9 Vgl. oben § 6 II Ziff.2 lit.a
10 Vgl. unten § 20.
11 Auch durch die Publikation der Einladung mit Anträgen im Handelsamtsblatt, wie in den meisten mittleren und grösseren Gesellschaften vorgesehen; Art. 700 Abs.2 OR
12 Art. 706 OR ff; vgl. dazu unten III Ziff.4.

c) Formvorschriften für die Durchführung von Generalversammlungen

Art. 700 OR regelt die Form, in welcher die Generalversammlung stattzufinden hat, solange Minderheitsaktionäre dies verlangen[13]. Im Zentrum steht dabei die Vorschrift, dass Verhandlungsgegenstände und die entsprechenden Anträge der Verwaltung mit der Einladung den Aktionären mindestens 20 Tage vor der jeweiligen Generalversammlung bekanntzugeben sind. Beschlüsse, die über nicht gehörig angekündigte Traktanden gefasst werden, sind in jedem Fall nichtig, auch wenn der Gesellschaft der schlüssige Beweis gelingen sollte, dass selbst mit korrekter Traktandierung derselbe Beschluss gefallen wäre. Damit soll nicht nur sichergestellt werden, dass der Minderheitsaktionär sich auf die Verhandlungsgegenstände vorbereiten kann, sondern auch – wie auch mit den anderen Formvorschriften über Protokollführung, Beschlussfassung und Wahlen –, dass die Generalversammlung in vorbestimmten und wohlbekannten Formen abläuft.

d) Quoren für wichtige Beschlüsse der Generalversammlung

Die Revision des Aktienrechts brachte eine Vereinheitlichung und somit zum Teil Verschärfung[14] der Quorenbestimmungen. Neu gilt als qualifiziertes Mehr allgemein zwei Drittel der vertretenen Stimmen und das absolute Mehr der Aktiennennwerte. Ein Präsenzquorum gibt es nicht mehr. Von Bedeutung ist dabei insbesondere auch die Einführung der doppelten Berechnung: Neben zwei Dritteln der Stimmen muss mehr als die Hälfte der Aktiennennwerte zustimmen. Das schränkt die Stimmkraft der Stimmrechtsaktien stark ein – sie allein können nicht mehr die umfassende Kontrolle der Generalversammlung sicherstellen.

Das Mutterunternehmen leitet das Tochterunternehmen auch dann, wenn es innerhalb dessen Generalversammlungen nicht alle Entscheide kontrolliert fällen lassen kann, die es fällen lassen wollen könnte. Das ist offensichtlich für den Entscheid über die Aufgabe der Gewinnstrebigkeit des Tochterunternehmens, dem alle Aktionäre zustimmen müssen, gilt aber auch für diejenigen Generalversammlungsbeschlüsse, für welche ein qualifiziertes Mehr der Stimmen und neu auch des Aktienkapitals erforderlich ist[15]. Die Quorenbestimmungen sind nicht geeignet, die Konzernierung an sich zu verhindern. Sie setzen jedoch dem Mutterunternehmen klare Grenzen in bezug auf die Qualität und das Ausmass der einheitlichen Leitung:

---

13 Art. 701 OR.
14 Strenger sind sie, wo bisher ein reines Präsenzquorum galt.
15 Gemäs Art. 704 OR und höhere Quoren gemäss den Gesellschaftsstatuten; vgl. oben § 15 IV Ziff.4 lit.c.

§ 17 Minderheitenschutz und Grenzen der einheitlichen Leitung

Fehlt die Stimmkraft für die Überwindung der notwendigen Mehrheiten, kann insbesondere die durch den Zweck verkörperte Identität der Gesellschaft nicht dem Konzerninteresse untergeodnet werden.

3. Materielle Grenzen der einheitlichen Leitung / Normen des Minderheitenschutzes[16]

a)   Das Gleichbehandlungsgebot der Gesellschaft und der Aktionäre als Grenze der einheitlichen Leitung

Das Gleichbehandlungsgebot der Aktionäre, als im herkömmlichen Sinn verstandenes Abwehrrecht gegenüber der Gesellschaft und damit verbundenes Anfechtungsrecht von Beschlüssen der Generalversammlung, schützt die Rechte der Minderheitsaktionäre nur ungenügend. Viel effizienter ist ein auch dem Minderheitenschutz dienender Anspruch, der sich aus dem Übernahmerecht entwickelt hat und ein Gleichbehandlungsgebot der Aktionäre unter sich als allgemeines über das Übernahmerecht hinaus wirkendes Recht vorsieht[17]. Das Mutterunternehmen wird verpflichtet, den Minderheitsaktionär in bezug auf vermögenswerte Ansprüche aus der gemeinsamen Gesellschaft gleich zu behandeln wie sich selbst. Verletzt das Mutterunternehmen diese Pflicht und verkehrt es mit der Tochter nicht zu Marktbedingungen, besteht ein Anspruch des Minderheitsaktionärs auf Gleichbehandlung und Ausgleich gegenüber dem Mutterunternehmen.

b)   Das Gesellschaftsinteresse als Grenze der einheitlichen Leitung

Das Gesellschaftsinteresse ist durch das Recht und den Gesellschaftszweck bestimmt[18]. Dieser ist in zweifacher Hinsicht Grenze der einheitlichen Leitung. Er kann nur erschwert abgeändert werden und weist dadurch eine Stabiliät auf, die Schranke ist für das Leitungshandeln des Mutterunternehmens und gleichzeitig den Minderheitsaktionär schützt. Auf der anderen Seite ist der Zweck Ausgangspunkt für Sanktionen gegen die Gesellschaft und gegebenenfalls gegen das Mutterunternehmen, wenn sie ihn verletzt. Der Endzweck der Gewinnstrebigkeit des Tochter-

---

16   Die materiellen Grundlagen der Vorschriften, welche die Leitungsmacht des Mutterunternehmens inhaltlich einschränken, wurden aus Gründen der Systematik zum Teil an anderer Stelle bereits eingehend besprochen (Zweck, oben § 13; Gleichbehandlung, oben § 16). Die folgenden Ausführungen beschränken sich daher in den zitierten Fällen auf eine Zusammenfassung der Schlussfolgerungen.
17   Vgl. dazu oben § 16 III.
18   Vgl. dazu oben § 13 VI.

unternehmens kann ohne Einwilligung sämtlicher Minderheitsaktionäre nicht aufgegeben werden; aufgegeben wird sie, wenn das Unternehmen sich in seinem Zweck vollständig in den Dienst eines anderen Unternehmens stellt und dadurch auf die Erzielung eines Gewinns und auf die daraus sich ergebende Möglichkeit, an die Aktionäre eine Dividende auszuzahlen, verzichtet.

Sieht der neue Gesellschaftszweck keine Aufgabe der Gewinnstrebigkeit vor, kann er mit zwei Dritteln der Stimmen geändert werden. Damit der geänderte Gesellschaftszweck nicht einer Aufgabe der Gewinnstrebigkeit gleichkommt, kann er durch weitere statutarische Bestimmungen ergänzt werden, die auch bei völliger Unterwerfung unter das Konzerninteresse die wirtschaftlichen Interessen des Minderheitsaktionärs wahren[19]. Die als de lege ferenda wünschbare Lösung, dass für den Minderheitsaktionär ein finanzieller Ausgleich bei der Unterwerfung seiner Gesellschaft unter das Konzerninteresse vorgesehen wird[20], wäre auch unter dem geltenden Recht denkbar, wenn die Bereitschaft oder die Möglichkeit fehlt, den Endzweck der Gewinnstrebigkeit zu ändern.

4. Insbesondere die Frage der aktienrechtlichen Treuepflicht als Grenze der einheitlichen Leitung

a) Das Verbot des Rechtsmissbrauchs als Grenze der einheitlichen Leitung

Wie jedes rechtsgeschäftliche Handeln ist auch die Ausübung von Mitgliedschaftsrechten an den Grundsatz von Treu und Glauben gebunden[21]. Gegen diesen Grundsatz wird verstossen, wenn Minderheitsinteressen, ohne dass es durch vernünftige wirtschaftliche Erwägungen zu rechtfertigen wäre, offensichtlich beeinträchtigt werden[22]. Massgebendes Kriterium der Interessenabwägung ist das Gesellschaftsinteresse[23] und mit ihm der Gesellschaftszweck[24]. Allfällige die Rechte der Minderheitsaktionäre einschränkende Beschlüsse der Generalversammlung sind nicht unvernünftig, wenn sie durch den Gesellschaftszweck gestützt werden und zu seiner Erzielung nötig sind[25].

---

19   Vgl. dazu unten III Ziff.3 lit.d.
20   Vgl. oben § 13 III Ziff.2 lit.c.
21   Forstmoser/Meier-Hayoz, S. 160; von Greyerz, Aktiengesellschaft, S. 173; Schluep, Wohlerworbene Rechte, S. 310ff.
22   a.a.O.
23   Schluep, Wohlerworbene Rechte, S. 310ff; Graf, S. 30
24   Vgl. oben § 13.
25   BGE 91 II 309; Vischer/Rapp, S. 186.

b) *Aktienrechtliche Treuepflicht als Grenze der einheitlichen Leitung?*

Es wird vertreten[26], dass die Aktionäre einer Gesellschaft in ihrem Handeln innerhalb der Gesellschaft an eine gegenüber den anderen Aktionären wirkende Treuepflicht gebunden seien, die in ihrer Wirkung über das Verbot des Rechtsmissbrauchs hinausgeht. Zur Begründung ihrer Meinung verweisen die Befürworter einer erweiterten aktienrechtlich begründeten Treuepflicht auf Art. 736 Ziff.4 OR, der die richterliche Auflösung der Aktiengesellschaft aus wichtigem Grund vorsieht[27], sowie auf eine typengerechte Auslegung, insbesondere der Klein-AG[28]. Die herrschende Lehre[29] und das Bundesgericht[30] teilen die Auffassung nicht; m.E. zu Recht, denn sie ist falsch, und die Vorschriften des Minderheitenschutzes, welche auf die aktienrechtliche Treuepflicht abgestützt werden, lassen sich weitgehend auch anders begründen[31].

Die Aktiengesellschaft ist eine kapitalbezogene Gesellschaft[32]; die kapitalmässige Beteiligung ist das Verbindungsglied zwischen Gesellschaft und Aktionär wie auch unter den Aktionären. Gemäss Art. 680 OR kann der Aktionär nicht verpflichtet werden, mehr zu leisten als den für den Bezug seiner Aktie bei ihrer Ausgabe festgesetzten Betrag zu bezahlen. Eine spezielle aktienrechtliche Treuepflicht gegenüber den Mitaktionären, die über das Rechtsmissbrauchsverbot hinausginge, hätte die Pflicht zu einem persönlichen[33] Verhalten zum Inhalt; eine Pflicht, die gegenüber

---

26 von Greyerz, a.a.O.; von Steiger, Aktiengesellschaft, S. 19; Nenninger, S. 110; Siegwart, Einleitung, N 95 ff.
27 Nenninger, S. 106ff; Allerdings bezeichnet diese Norm keine Gründe als wichtig; insbesondere nicht das zerstörte Vertrauensverhältnis, wie bei den Personengesellschaften üblich.
28 Nenninger, S. 106ff.
29 Bürgi N 11 zu OR 680; Meier-Hayoz, Typologie, S. 249; Schluep, Wohlerworbene Rechte, S. 329ff; von Steiger Werner, Holdinggesellschaften, S. 254a ff; Zweifel, Holdinggesellschaft, S. 99; Albers, S. 131ff.
30 BGE 67 II 164 und insbesondere BGE 91 II 305: "Die Aktiengesellschaft ist vor allem eine Kapitalgesellschaft. Der Aktionär ist zu nichts weiterem verpflichtet als zu seiner Einlage."
31 Bindung an das Unternehmensinteresse durch den herrschenden Aktionär; Folgen der Veranlassung der Verwaltung der Tochter durch die Mutter zu einer gesellschaftsinteressenwidrigen Handlung; so Nenninger, S. 113. Auf Konsequenzen einer allfälligen Treuepflicht, die sich auch auf die hier erarbeiteten Grundsätze nicht abstützen lassen (z.B. Konkurrenzverbot, allgemeine Pflicht zur Interessenwahrung), verzichtet auch Nenninger (a.a.O.).
32 Bürgi, N 6 zu OR 680; Meier-Hayoz, Typologie, S. 249; Schluep, Wohlerworbene Rechte, S. 330; von Steiger Werner, Holdinggesellschaften, 254a; Zweifel, Holdinggesellschaft, S. 99; Albers, S. 132.
33 Bürgi, N 11 zu OR 680; von Steiger Werner, Holdinggesellschaften, 255a; Albers, S. 132.

der Pflicht zur Leistung eines Geldbetrages weit schwerer wiegt und den Verpflichteten stärker bindet, weil ihre Erfüllung nicht durch Dritte erfolgen kann. Ist die Verpflichtung des Aktionärs zur Leistung von Geldbeträgen über die Liberierungspflicht hinaus durch das Gesetz ausgeschlossen, können ihm erst recht keine persönlich zu erbringenden Pflichten auferlegt werden.

Dem Versprechen einer Leistung ist das Versprechen einer Unterlassung – die Nichtausübung eines Rechtes, zum Beispiel einer Forderung – gleichzustellen: Untersagt ist gemäss Art 680 OR nicht nur die Begründung der Pflicht zur Erbringung von Leistungen, die ein positives Tun verlangen, sondern auch die Begründung von Leistungen, die durch Unterlassen zu erbringen sind[34].

c)   Keine Abweichung für atypische Aktiengesellschaften

Diese Grundsätze gelten auch für atypische Aktiengesellschaften, die keine Grossgesellschaften sind, sondern Kleinaktiengesellschaften[35]. Auch in dieser Frage ist dem Gesetz zu folgen. Eine typengerichte Auslegung kann den Entscheid des Gesetzgerbers nicht ersetzen[36]. Das galt schon unter dem alten Recht, gilt aber erst recht unter dem neuen Recht, das in Kenntnis der Rechtspraxis in diesem Punkt auf Sondernormen zu Gunsten der kleinen Aktiengesellschaften verzichtet, diese somit anerkannt und die Einheit des Aktienrechts weitgehend bewahrt hat.

III.   Abwehrmöglichkeiten der Minderheitsaktionäre

1.   Einleitung / Fragestellung

Die materiellen Minderheitsrechte sind ohne Instrumente der Durchsetzung nur von theoretischem Interesse. Von besonderer Wichtigkeit ist das Abwehrinstrumentarium dort, wo bereits das materielle Recht schwach ist und der in seinen Rechten verletzte Minderheitsaktionär auf die Durchsetzung aller seiner Rechte angewiesen ist, wie im Aktien- und dort vor allem im Konzernrecht, insbesondere, wenn man die oben in Ziff. II 3 lit.d aufgeführten Grundsätze aus dem Übernahmerecht ablehnt. Gerade im Licht dieser Zielvorgabe waren die Wege für die Durchsetzung des materiellen Rechts im alten Aktienrecht völlig ungenügend. Die Anfechtung der Generalversammlungsbeschlüsse und die Erhebung von Verantwortlichkeitsan-

---

34   Albers, S. 132.
35   Atypisch sind sie nur, weil sie vom gesetzlichen Modell abweichen; hinsichtlich ihres Vorkommens sind sie der Normalfall.
36   Schluep, Wohlerworbene Rechte, S. 330.

§ 17 Minderheitenschutz und Grenzen der einheitlichen Leitung

sprüchen gegenüber den Organen der Gesellschaft waren erschwert durch den Informationsvorsprung der Gesellschaft resp. im Konzern des Mutterunternehmens und durch das streitwertbedingte ausserordentlich hohe Prozessrisiko, vor allem bei grossen Gesellschaften.

Mit der Aktienrechtsrevision und durch die konsequente Anwendung der Regeln über den Abschluss von Verträgen zwischen Mutter- und Tochterunternehmen erfährt dieser äusserst unbefriedigende Minderheitenschutz eine Aufwertung; insbesondere wird das mit der Anfechtung von Generalversammlungsbeschlüssen oder der Erhebung von Verantwortlichkeitsansprüchen verbundene Prozessrisiko berechenbarer. Der Minderheitsaktionär muss sich nicht mehr allein auf sein Recht auf Auskunft verlassen, sondern kann durch den Richter einen Sonderprüfer einsetzen lassen, der die vermuteten Rechtswidrigkeiten vorgängig prüfen kann[37].

2. Auskunftsrecht des Aktionärs gegenüber der Verwaltung

Ausgangslage aller Minderheitenrechte im Aktienrecht ist das in Art. 697 OR neu kodifizierte Recht des Aktionärs auf Auskunftserteilung durch die Gesellschaft. Dazu ist die Verwaltung der Gesellschaft verpflichtet, sofern keine Gesellschaftsinteressen entgegenstehen. Die Handhabung dieses Instruments des Minderheitenschutzes liegt somit tatsächlich im Ermessen der Gesellschaftsverwaltung. Trotzdem ist es nicht bedeutungslos; die – unbefriedigende – Antwort der Verwaltung wird regelmässig Voraussetzung für das Begehren um richterliche Einsetzung eines Sonderprüfers sein[38].

3. Einsetzung eines Sonderprüfers durch den Richter

a) Ausgangslage

Verletzungen von Statuten und Gesetz durch die Gesellschaft führten unter dem alten Aktienrecht nur dann zu einem institutionalisierten Rechtsschutz, wenn die Verletzung durch einen Beschluss der Generalversammlung stattfand. Ein Instrumentarium zur Überprüfung von anderen Handlungen der Gesellschaft fehlte. Mit der Revision des Aktienrechts wurde dieser Missstand behoben: Durch die Einsetzung eines Sonderprüfers wird auch eine Überprüfung von Handlungen der

---

37   Unten Ziff.3.
38   Vgl. unten Ziff.3

Verwaltung möglich. Besonders wichtig ist dieses Institut im Konzern, d.h. im Konzerntochterunternehmen, in welchem Generalversammlung und Verwaltung einheitlich beherrscht werden und die den Minderheitsaktionär belastenden Entscheide folglich in der Regel nicht in Form von – anfechtbaren – Generalversammlungsbeschlüssen gefällt, sondern wenn immer möglich[39] durch die Verwaltung beschlossen werden.

b)   Grundzüge der gesetzlichen Regelung

Gestützt auf Art. 697b OR können Minderheitsaktionäre, die mindestens einen Zehntel des Aktienkapitals oder Aktien mit einem Aktienkapital von mindestens Fr. 2'000'000.– vertreten, die Einsetzung eines Sonderprüfers durch den Richter verlangen, der zu untersuchen hat, ob Gesetz und Statuten der Gesellschaft durch ihre Organe – im Konzern auch durch das Mutterunternehmen – verletzt wurden. Dem Gesuch um Einsetzung des Sonderprüfers ist zu folgen, wenn die Gesuchsteller glaubhaft machen[40], dass Gesetzes- oder Statutenverletzungen kausal zu einer Schädigung der Gesellschaft oder von Aktionären geführt haben oder führen[41]. Der Sonderprüfer selber greift nicht in die von ihm als widerrechtlich erkannten Geschäfte der Gesellschaft ein, sondern verwertet seine Beurteilung in einem Bericht, der an der folgenden Generalversammlung als Diskussionsgrundlage dient oder Entscheidungsgrundlage sein kann für eine Verantwortlichkeitsklage[42].

c)   Der Bericht des Sonderprüfers als Instrument des konzernrechtlichen Minderheitenschutzes

Die Wirkung des Berichts des Sonderprüfers als Instrument des konzernrechtlichen Minderheitenschutzes kann wegen der fehlenden Erfahrungen nur vorausgesagt werden: Der Bericht des Sonderprüfers stellt widerrechtliche Sachverhalte im Tochterunternehmen und im Konzern überhaupt fest. In denjenigen Fällen, in welchen an widerrechtliche Sachverhalte Rechtsfolgen geknüpft werden, liefert er die nötigen Grundlagen, so zum Beispiel bei der Verfolgung von Verantwortlichkeitsansprüchen gegen das Mutterunternehmen als Organ des Tochterunternehmens, bei der Anfechtung von Generalversammlungsbeschlüssen des Tochter-

---

39 In der Praxis immer in denjenigen Fällen, in denen nicht die Generalversammlung ausschliesslich zuständig ist.
40 Ein Beweis kann nicht verlangt werden, er würde ja die Einsetzung des Sonderprüfers erübrigen; Böckli, N. 1867.
41 Böckli, a.a.O.
42 Botschaft zur Revision des Aktienrechts vom 23. Februar 1983, S. 91.

§ 17 Minderheitenschutz und Grenzen der einheitlichen Leitung

unternehmens oder bei der Feststellung der Nichtigkeit oder Anfechtbarkeit von Vertragsverhältnissen. Die Feststellung widerrechtlicher Sachverhalte wirkt auf den Konzern – vor allem auf den Grosskonzern – nicht nur auf der rechtlichen Ebene, sondern auch auf der politischen. Die Feststellung resp. Behauptung einer Rechtswidrigkeit durch einen Minderheitsaktionär hat auf den Geltungsanspruch oder auf die Persönlichkeit des Konzerns einen ungleich kleineren Einfluss als ein Bericht eines vom Richter eingesetzten Sonderprüfers, der zum gleichen Ergebnis gelangt. In vielen Fällen wird daher die Abwägung zwischen Prestigeverlust und Ertrag der widerrechtlichen Benachteiligung des Minderheitsaktionärs zur Beendingung des widerrechtlichen Zustands führen.

d)   Besondere Revisionsstelle als freiwilliger Sonderprüfer

Die meisten grösseren Tochtergesellschaften mit einem Minderheitsaktionariat wollen dieses nicht benachteiligen. Mit der sich aus der Eigenschaft als Konzerntochter ergebenden Gefahr der Benachteiligung der Minderheitsaktionäre geht jedoch immer die Befürchtung einher, dass es zu solchen Benachteiligungen kommen könnte. Eine dem Sonderprüfer ähnliche unabhängige Instanz, die Einblick in die Geschäftstätigkeit des Tochter hat, zum Beispiel eine zweite Revisionsstelle, kann den Minderheitsaktionären Gewissheit verschaffen, dass in ihre Rechte nicht eingegriffen wird. Einen solchen "freiwilligen Sonderprüfer" setzt zum Beispiel der Schweizerische Bankverein innerhalb seiner neuen Tochter SBSI ein, die ein Minderheitsaktionariat von gegen 40% aufweist[43].

4.   Anfechtung der Generalversammlungsbeschlüsse

a)   Grundsatz

Das neue Recht zählt im Gegensatz zum alten Recht enumerierend beispielhaft[44] die Fälle auf, in welchen ein Beschluss der Generalversammlung anfechtbar ist. Neu ist auch die Bestimmung, welche das hohe Kostenrisiko, das mit der Anfechtung von Generalversammlungsbeschlüssen verbunden ist, dämpfen soll. Gemäss Art 706a Abs.3 kann der Richter selbst bei Abweisung der Klage die Kosten nach seinem Ermessen auf beide Parteien verteilen. Die materiellen Anfechtungsgründe bleiben

---

43   Neue Zürcher Zeitung, 5. März 1992, S.33.
44   Protokoll Kommission des Ständerats zur Revision des Aktienrechts, S. 144.

trotz der geänderten Darstellung unverändert; im folgenden wird auf diejenigen Anfechtungsgründe eingegangen, die aus Sicht des konzernrechtlichen Minderheitenschutzs von besonderem Interesse sind.

b) *Entzug von Rechten und Benachteiligung von Aktionären als Anfechtungsgrund*

Ein Generalversammlungsbeschluss ist anfechtbar, wenn er den statuten- oder gesetzeswidrigen oder den unsachlichen Entzug von Aktionärsrechten zum Inhalt hat. Die Statutenwidrigkeit kann durch eine entsprechende Statutenänderung vermieden werden; die Gesetzeswidrigkeit wird auch durch das in Art. 706 OR normierte Gebot der schonenden Rechtsausübung definiert, also auch durch die Vorschrift, dass Rechte nicht unsachlich entzogen oder beschränkt werden dürfen. Unsachlich sind die Gründe dann, wenn sie nicht ausschliesslich[45] durch die Interessen der Gesellschaft motiviert sind, sondern durch sachfremde Interessen, zum Beispiel diejenigen der Verwaltung oder des Hauptaktionärs. Ein wichtiger Massstab zur Feststellung der Gesellschaftsinteressen ist dabei der Gesellschaftszweck, der in Art. 706 Abs.2 Ziff.3 als Kriterium für die Widerrechtlichkeit von Benachteiligungen und Ungleichbehandlungen von Aktionären ausdrücklich genannt wird.

Der Verweis auf die Gesellschaftsinteressen im Gegensatz zu den Interessen des Hauptaktionärs oder der Verwaltung und die Bezugnahme auf den Gesellschaftszweck zeigen, dass als Beurteilungsmassstab allein das in Frage stehende Tochterunternehmen beigezogen werden soll und nicht der Konzern insgesamt. Konzerninteressen sind bei der Güterabwägung zwischen Aktionärsrechten und Gesellschaftsinteresse nur insoweit zu beachten, wie sie mit denen des fraglichen Tochterunternehmens identisch sind, weil sich die Gesellschaft den Interessen des Konzerns untergeordnet hat. Eine Anfechtung des Generalversammlungsbeschlusses ist in diesen Fällen ausgeschlossen, auch wenn er diametral den Interessen des Minderheitsaktionärs entgegensteht.

---

45 BGE 91 II 309; Vischer/Rapp, S. 186.

5. Abwehrrechte gegen stillschweigende Zweckänderungen

a) Ausgangslage / Problemstellung

Der Gesellschaftszweck des Tochterunternehmens ist Massstab für die Beurteilung der Gesellschaftsinteressen und Voraussetzung für die Gültigkeit von zahlreichen belastenden Verträgen. Das Mutterunternehmen mit einem Minderheitsaktionariat hat daher ein Interesse an einer Zweckänderung; die jedoch, erfolgt sie stillschweigend, ist nichtig[46] und erzielt die gewünschten Wirkungen nicht. Die Ausgangslage für den Minderheitsaktionär ist durch die Tatsache vereinfacht, dass die Zweckänderung nur schon deshalb nichtig ist, weil sie stillschweigend hätte stattfinden sollen; er muss ihre inhaltliche Widerrechtlichkeit nicht belegen. Ihm stehen zwei Möglichkeiten offen: Er kann entweder die Zweckänderung insgesamt angreifen oder nur einzelne Akte, welche für ihre Gültigkeit eine solche Zweckänderung bedingen würden. Sind diese Akte für den Konzern wichtige Verträge, dürfte die Gefahr ihrer Nichtigkeit Grund genug sein, auf den Versuch der stillschweigenden Zweckänderung zu verzichten[47].

b) Abwehrrechte gegen die unzulässige stillschweigende Zweckänderung selbst

Selbst die durch die Nichtigkeit solcher Zweckänderungen vereinfachte Ausgangslage des Minderheitsaktionärs macht es ihm in der Praxis nicht einfach, sich gegen eine stillschweigende Zweckänderung zu wehren. Die Zweckänderung – zum Beispiel die Aufgabe der Gewinnstrebigkeit – erfolgt ja nicht in einem anfechtbaren Beschluss der Generalversammlung, sondern durch tatsächliches Handeln, nämlich durch den Abschluss von unausgewogenen Verträgen. Dazu kommt, dass die auf diese Weise vorgenommene Zweckänderung allmählich erfolgt und nicht in einem Schritt. In prozessualer Hinsicht geht der Minderheitsaktionär vor wie nach einem nichtigen Generalversammlungsbeschluss; nicht im Verfahren der Anfechtung, sondern mit einer Feststellungsklage. Der wesentliche Unterschied zwischen diesen beiden Instrumenten liegt in der Beweisbarkeit des Beschlussversuchs; der ausdrückliche, aber nichtige Beschlussversuch ist einfach zu beweisen. Der Versuch des – nichtigen – stillschweigenden Beschlusses ist schwieriger zu beweisen, auch dann, wenn dem Minderheitsaktionär ein Bericht eines Sonderprüfers zur Verfügung steht, denn auch diesem gegenüber wird die Gesellschaft den Versuch bestreiten.

---

46 Vgl. oben § 13.
47 Anders Graf, S. 71.

c) *Nichtigkeit resp. Anfechtbarkeit von zweckwidrigen Konzernverträgen als Instrument des Minderheitenschutzes*

Mittel zur Aufgabe der Gewinnstrebigkeit oder der Selbstständigkeit sind in der Praxis immer mündlich oder schriftlich abgeschlossene Verträge zwischen dem Mutter- und dem Tochterunternehmen. Sind sie objektiv unausgewogen, sehen sie eine übermässige Bindung des Tochterunternehmens vor, oder sind sie auf Veranlassung des Mutterunternehmens geschlossen worden, sind sie nur gültig, wenn der Gesellschaftszweck die Identität der Interessen zwischen Mutter und Tochter sicherstellt[48]. Ist dieses nicht der Fall und konnte der Zweck, weil Minderheitsaktionäre vorhanden sind, nicht stillschweigend angepasst werden, ist dieser Vertrag ungültig oder nichtig[49]. In dieser Rechtsfolge kann ein effizientes Instrument zu Gunsten des Minderheitsaktionärs liegen; insbesondere ist eine einvernehmliche Heilung dieses Mangels nicht resp. nur pro futuro und durch eine ordnungsgemässe Zweckänderung möglich. Der belastete Minderheitsaktionär kann daher, zum Beispiel gestützt auf einen Bericht des Sonderprüfers, direkt gegen das zwischen dem Mutter- und dem Tochterunternehmen geschlossene Vertragsverhältnis vorgehen.

d) *Verantwortlichkeitsansprüche gegen die Organe des Tochterunternehmens*

Mitglieder der Verwaltung, die die Geschäfte der Gesellschaft nicht mit aller Sorgfalt leiten[50] und das Tochterunternehmen dadurch schädigen, werden gemäss Art. 954 OR den Minderheitsaktionären gegenüber schadenersatzpflichtig[51]. Die Grenze des Handlungsspielraums der Verwaltung des Tochterunternehmens und Auslöser der Verantwortlichkeitsklage ist im Tochterunternehmen nur dann tiefer als beim unabhängigen Unternehmen, wenn sein Zweck dies vorsieht.

6. Direkte Ansprüche gegenüber der Verwaltung des Tochterunternehmens und dem Tochterunternehmen selber

Das Tochterunternehmen ist gegenüber dem Minderheitsaktionär immer nur Gesellschaft, nie aber Mitaktionär; Ansprüche aus dem Gleichbehandlungsgebot

---

48   Vgl. dazu oben § 41 II 3 lit.c und d.
49   Zu Bedenken ist, dass auch das Tochterunternehmen selber, wenn es (zum Beispiel weil es verkauft wurde) nicht mehr Teil des Konzerns ist, eine allfällige Ungültigkeit geltend machen kann; vgl. dazu oben § 15 I Ziff.2.
50   Vgl. dazu oben § 6 II Ziff.3 lit.d.
51   Auch Plüss, S. 63.

§ 17 Minderheitenschutz und Grenzen der einheitlichen Leitung

unter Aktionären bestehen ihm gegenüber keine. Eine Bevorzugung der Mutter kann nur dann einen Anspruch begründen, wenn sie Folge ist von einer Verletzung des Gleichbehandlungsgebots der Gesellschaft oder ganz allgemein der Verletzung der der Verwaltung obliegenden Sorgfaltspflicht, die Interessen der Gesellschaft zu wahren[52].

7. Direkte Ansprüche gegen das Mutterunternehmen

Handelt die Verwaltung der Tochter widerrechtlich im Sinne von Ziff.6 oben, haftet auch das Mutterunternehmen, wenn ihm Organstellung zugekommen ist[53]. Ein direkter Anspruch gegenüber dem Mutterunternehmen besteht auch, wenn es durch Leitungshandlungen, wie zum Beispiel Stimmabgabe in der Generalversammlung[54], die Tochter zu widerrechtlichen und den Interessen der Minderheitsaktionäre zuwiderlaufenden Handlungen veranlasst. Der Anspruch eines Aktionärs gegenüber einem anderen auf Gleichbehandlung in bezug auf die Ausübung vermögenswerter Rechte an der gemeinsamen Gesellschaft[55] ist im Minderheitenschutz von grundlegender Bedeutung, da er gegen das Mutterunternehmen als Mitaktionär geltend gemacht werden kann.

IV. Der Schutz des Minderheitsaktionärs als Gegenstand eines Regelungsbedürfnisses

1. Ausgangslage

Der Schutz der Minderheitsaktionäre im geltenden Konzernrecht ist ein Schutz vor Missbräuchen; im Grunde genommen nur ein Schutz vor unausgewogenen und durch das Mutterunternehmen veranlassten Verträgen zwischen Mutter und Tochter, die das Tochterunternehmen und mit ihm den Minderheitsaktionär belasten. Die Einbindung des Tochterunternehmens in den Konzern erfolgt in vielen Fällen subtiler und ohne die Verletzung der Rechte des Minderheitsaktionärs; oft bereits dadurch, dass die Motive für an sich vertretbare Entscheide sich ausschliesslich aus dem Konzerninteresse ergeben[56]: Der ausschliessliche Vertrieb eines Konzernpro-

---

52 Oesch, S. 194, und ausführlich Albers, S. 85f.
53 Vgl. dazu unten §§ 29ff.
54 Vgl. dazu oben § 16 II Ziff.5; Oesch, S. 194; von Steiger Werner, Holdinggesellschaft, 216a.
55 Vgl. dazu oben § 16.
56 Vgl. dazu auch die Zusammenstellung in Uttendoppler, S. 174ff.

duktes an Stelle eines fremden Produktes ist rechtlich nicht zu beanstanden, wenn die Beteiligten zu Marktbedingungen untereinander verkehren. Trotzdem bindet es das Unternehmen an den Konzern und seine Interessen.

2. Kein zusätzlicher materieller Minderheitenschutz

Der geltende materielle Minderheitenschutz geht bis an die Grenze des objektiv messbaren[57]. Jeder Ausbau der richterlichen Überprüfungsbefugnis führte zu einer Überprüfung der Ermessensausübung der Verwaltung und zum Zwang, diese Ermessensausübung durch diejenige des Richters zu ersetzen. Der Richter wird dabei seinen Entscheid begründen müssen, so dass die Verwaltung für die Zukunft weiss, wie sie gesetzeskonform wird handeln können. Die Ausweitung der materiellen Überprüfungsbefugnis führte überdies zu Rechtsunsicherheiten, die das Handelsrecht nicht erträgt[58].

3. Kaufpflicht des Mutterunternehmens auch nach der Konzernierung als Lösung

Will man den Interessen des Minderheitsaktionärs entgegenkommen, dem gegenüber die Normen des geltenden Minderheitenschutzrechts eingehalten werden, der aber wegen der Ausrichtung der Geschäftspolitik der Gesellschaft auf das Konzerninteresse eine Benachteiligung befürchtet, kann das nur dadurch erfolgen, dass man dem Mutterunternehmen die gleiche Pflicht auferlegt wie dem zukünftigen Mutterunternehmen vor der Übernahme des Tochterunternehmens: Die Pflicht zur Übernahme[59] der Aktien des Minderheitsaktionärs zum wirklichen Wert[60]. Weil dieser zusätzliche Minderheitenschutz auch auf Aktionäre Anwendung finden soll, deren Gesellschaften nicht nach dem neuen Übernahmerecht eingegliedert worden sind und und weil der Minderheitenschutz auch dem Aktionär offenstehen soll, der

---

57   Zweckkonformität, Ausgewogenheit zwischen Leistung und Gegenleistung, übermässige Bindung.
58   Auch Oesch, S. 195.
59   Dem Mutterunternehmen könnte wie im englischen Recht die Möglichkeit eingeräumt werden, die Aktien in eigene Aktien umzutauschen, die es durch eine Kapitalerhöhung (eventuell vereinfacht durch Umwidmung von Reserven) gewinnen könnte. Damit führte die – insbesondere nachträgliche – Abfindung der Minderheitsaktionäre nicht zu ungeplanten grossen Ausgaben; auch Vischer/Rapp, S. 202.
60   Anders als im Übernahmefall, wo der Wert durch die Höhe des Übernahmeangebots feststeht, wäre der Wert durch den Richter zu ermitteln.

§ 17 Minderheitenschutz und Grenzen der einheitlichen Leitung

bei der Eingliederung seines Unternehmens noch keinen Anlass sah, seine Aktien anzubieten[61], sollte m.E. die Abnahmepflicht zeitlich unbeschränkt gelten.

4. Kaufpflicht des Mutterunternehmens nur als ergänzendes Instrument des Minderheitenschutzes

Die Kaufpflicht der Mutter darf nicht zu einem Abbau der materiellen Minderheitenrechte führen. Das gilt im Übernahmerecht, muss aber auch dann gelten, wenn das Mutterunternehmen auch nach der Konzernierung verpflichtet ist, die Aktien des Minderheitsaktionärs zu übernehmen: Dieses Recht darf unter der geltenden Rechtsordnung – zum Beispiel wenn es durch Gesellschaftsstatuten vorgesehen werden sollte – nicht zu einer Obliegenheit werden. Ist es kein ergänzendes Instrument, sondern ein ausschliessliches, möglicherweise nach Wahl der Konzernmutter[62], wird tatsächlich ein Enteignungs- oder Ausstossungsrecht zu Lasten des Minderheitsaktionärs geschaffen, das nicht nur im Aktienrecht ein Fremdkörper wäre – ein Ausschluss eines Mitglieds ist nicht vorgesehen –, sondern im Privatrecht überhaupt, welches ein Enteignungsrecht nur in Ausnahmefällen und beim Vorliegen besonderer gesetzlicher Grundlagen kennt[63].

---

61 Zum Beispiel, weil die Gesellschaft ursprünglich im Konzern eine andere Rolle spielen sollte, die der Aktionär nicht als ungünstig erachtet hatte.
62 Wie von Plüss, S. 175, postuliert.
63 Häfelin/Müller, N 1605.

§ 18 Wechselseitige Beteiligungen

I. Ausgangslage

1. Fragestellung

Die Unternehmen innerhalb eines Konzerns sind als rechtlich selbständige Personen fähig, Träger von Beteiligungsrechten an anderen Gesellschaften zu sein, auch an Gesellschaften, die zum eigenen Konzern gehören. Dabei steht dem konzernrechtlichen Normalfall – die Beteiligung des Mutterunternehmens an der Tochter im einheitlichen Konzern – der Ausnahmefall – die Beteiligung der Tochter an der Mutter – gegenüber.

Die Konzernmerkmale der einheitlichen Leitung und der wirtschaftlichen Einheit vor Augen, erkennt man sofort die Gefahr, welche zum Beispiel von einer Muttergesellschaft ausgehen kann, die ganz oder teilweise durch ihre Tochter kontrolliert wird: Da die Tochter unter der Leitung der Mutter steht, erhielte die Verwaltung der Mutter auf diese Weise die teilweise oder vollständige Kontrolle ihrer eigenen Generalversammlung[1] zu Lasten anderer Aktionäre oder Dritter. Ist das Mutterunternehmen über die Tochter an seinen eigenen Aktien beteiligt, trifft ein schlechter Geschäftsgang es doppelt: Einmal durch den schlechten Geschäftsgang selbst und zum zweiten durch die dadurch verursachte Wertverminderung der über die Tochter gehaltenen eigenen Aktien.

2. Die Lösung des neuen Aktienrechts

Der Gesetzgeber des neuen Aktienrechts hat dieses Problem erkannt, welches bis zur Revision Lehre[2] und Rechtsprechung[3] beschäftigt hatte, und in Art. 659b OR den Erwerb von Aktien der Muttergesellschaft durch die Tochtergesellschaft, an der

---

1   Druey, Aufgaben, S. 315.
2   Zulauf, passim; Vischer/Rapp, S. 240ff; Plüss, S. 178ff; von Steiger Werner, Holdinggesellschaften, S. 319a ff; Wieland, Erwerbsverbot, SAG 20, S. 57ff; Capitaine, S. 58a ff; Siegwart, Einleitung vor Art. 620 OR, N 181ff; von Steiger, Aktiengesellschaft, S. 321; anders nur Schucany, Art. 659 N 10.
3   Das Bundesgericht hat im Entscheid 72 II 275, einem der ganz wenigen Entscheide zum Konzernrecht, erkannt, dass von einer Tochter erworbene Aktien vom Stimmrecht an der Generalversammlung der Muttergesellschaft ausgeschlossen sind. Die Frage, ob eine Tochtergesellschaft Aktien der Muttergesellschaft überhaupt erwerben kann, hat es offengelassen, da die Voraussetzungen für ein Ruhen der Mitgliedschaftsrechte gegeben waren.

§ 18 Wechselseitige Beteiligungen

die Mutter mehrheitlich beteiligt ist, dem Erwerb eigener Aktien gleichgestellt. Mit dieser Gleichstellung ist *e majore minus* auch die Ausübung des Stimmrechts an diesen Aktien untersagt[4]. Auffallend ist, dass der Gesetzgeber bei der Definition des Tochterunternehmens vom Konzernbegriff abweicht, den er in Art. 663e OR in Übereinstimmung mit der Lehre normiert hat, und die "auf andere Weise" beherrschten Tochterunternehmen nicht aufführt. Die Frage, ob der Erwerb eigener Aktien durch das Tochterunternehmen zulässig ist und wie solche Aktien zu behandeln sind, stellt sich somit nur noch abgeschwächt für diejenigen Tochterunternehmen, die vom Mutterunternehmen auf andere Weise als mittels einer Mehrheitsbeteiligung beherrscht werden.

II. Wechselseitige Beteiligungen im schweizerischen Konzernrecht

1. Gleichbehandlung des Erwerbs und der Ausübung des Stimmrechts

Art. 659b OR stellt Mutter- und Tochterunternehmen als Einheit dem Einzelunternehmen gleich, soweit es um Zulässigkeit und Folgen des Erwerbs eigener Aktien geht. Die neue Regelung unterscheidet nicht zwischen dem Erwerb durch ein Tochterunternehmen[5] und der Ausübung der mit den Aktien verknüpften Mitgliedschaftsrechte. Das Tochterunternehmen, unter Umständen auch dasjenige, welches nicht durch Mehrheitsbeteiligung beherrscht wird, welches an den Aktien der Mutter das Stimmrecht nicht ausüben darf, darf diese folglich auch nicht erwerben, soweit der gesamte Nennwert der erworbenen eigenen Aktien 10 resp. 20% des eigenen Aktienkapitals übersteigt[6].

---

4   Art. 659a OR.
5   Der Erwerb durch das Tochterunternehmen an sich war – ausser bei Rechtsmissbrauch – im alten Recht nicht gleichbehandelt, ausgehend von der Überlegung, dass eine vermögensmässige Gleichschaltung von Mutter und Tochter die Ausnahme ist und nur im Fall von rechtsmissbräuchlichen oder widerrechtlichen Handlungen stattfinden kann; Dallèves, S. 30; Binder, S. 101.
6   Art. 659 Abs.1 und 2 OR.

2. Erwerb durch Tochterunternehmen, die auf andere Weise beherrscht werden

a)   Auslegung der Gesetzesnorm

Die Auslegung des Gesetzestextes aus seinem Wortlaut, der systematischen Einordnung und der Entstehungsgeschichte führt zu keinen zwingenden Schlüssen zur Frage der Normadressaten. Allein der Gesetzestext nennt ausdrücklich nur durch Mehrheitsbeteiligung beherrschte Tochterunternehmen. Im übrigen findet sich diese Einschränkung nirgends, der Randtitel und auch die Botschaft[7] sprechen ganz allgemein vom Erwerb durch Tochtergesellschaften; auch in den Materialien und in der Literatur zum neuen Aktienrecht[8] findet sich kein Hinweis, dass eine Differenzierung beabsichtigt war und die nicht durch Mehrheitsbeteiligung beherrschten Tochterunternehmen Aktien ihrer Mutter erwerben dürften.

b)   Unterschiede zwischen durch Mehrheitsbeteiligung und auf andere Weise beherrschten Tochterunternehmen

Die Konzernbeziehung zwischen dem Mutter- und dem Tochterunternehmen stützt sich in der schweizerischen Konzernpraxis in der Regel auf eine Mehrheitsbeteiligung ab. Die Mehrheitsbeteiligung verschafft dem Mutterunternehmen stabile Beherrschungsmechanismen über die Generalversammlung des Tochterunternehmens und mit ihr über die Verwaltung[9]; ihr Vorliegen schafft auch im schweizerischen Recht eine Konzernvermutung[10]. Die Mehrheitsbeteiligung ist jedoch keine zwingende Voraussetzung für die Begründung der einheitlichen Leitung[11], sondern im besten Fall Garantie einer Stabilität und Langfristigkeit, die durch andere Leitungsmechanismen oft[12] nicht erzielt werden kann. Für die Frage der Konzernqualität ist jedoch nicht die Mehrheitsbeteiligung entscheidend, sondern das Vorliegen von Leitungsmechanismen für die Beherrschung der Tochter. Schliessen diese die Möglichkeit mit ein, das Stimmverhalten der Tochter als Aktionärin des Mutterunternehmens zu beherrschen, darf das Tochterunternehmen keine Aktien der Mutter erwerben. Schliesst sie diese Möglichkeit nicht ein – die konzernbegründende Leitung setzt nur die Leitung über die Geschäftstätigkeit

---

7   Botschaft über die Revision des Aktienrechts vom 23. Februar 1983, S. 137.
8   Böckli, N. 412ff.
9   Vgl. dazu oben § IV Ziff.2 lit.d.
10   Vgl. oben § 6 IV Ziff.2 lit.d.
11   Vgl. oben § 6 IV Ziff.3 lit.d.
12   In diesem Sinne stützt Art. 659b OR die Konzernvermutung beim Vorliegen einer Mehrheitsbeteiligung, weil er die durch Mehrheitsbeteiligung kontrollierten Tochterunternehmen in jedem Fall als durch die Mutter geleitet betrachtet; vgl. dazu oben § 6 II Ziff.2 lit.d.

§ 18 Wechselseitige Beteiligungen

voraus[13] –, kann das Tochterunternehmen Aktien der Mutter erwerben; denn die Gefahr, dass die mit diesen Aktien verbundenen Mitgliedschaftsrechte durch die Mutter selber ausgeübt werden, besteht nicht[14]: Aktiengesellschaften, die gemeinsam ein Mutterunternehmen[15] beherrschen und einen körperschaftlichen Konzern bilden, dürfen sich am fraglichen Mutterunternehmen nur unter dieser Voraussetzung beteiligen.

Dass die "auf andere Weise" beherrschten Tochterunternehmen in Art. 659b OR nicht erwähnt sind, hat seinen Sinn, weil damit körperschaftliche Konzerne vom Verbot des Erwerbs eigener Aktien ausgenommen werden können, die begriffsnotwendig aus Tochterunternehmen gebildet werden, die an der Mutter beteiligt sind und diese insgesamt zu 100% beherrschen[16]. Auf der anderen Seite würden weitergehende Ausnahmen vom Erwerbs- und Stimmrechtsverbot, zum Beispiel der vertraglich beherrschten Tochter, der Rechtsumgehung Tür und Tor öffnen, indem ein zu diesem Zweck gegründetes und durch Vertrag beherrschtes Tochterunternehmen Aktien des Mutterunternehmens erwerben könnte; die Ausübung der mit ihnen verbundenen Rechte obläge der Verwaltung des Mutterunternehmens.

Gemäss Art. 659b OR gelten für den Erwerb von Aktien der Mutter durch die Tochter die gleichen Vorschriften wie für den Erwerb eigener Aktien, wenn die Tochter durch Mehrheitsbeteiligung kontrolliert ist oder wenn die Leitungsmechanismen auch ohne Mehrheitsbeteiligung stark genug sind, um die Stimmabgabe der Tochter als Aktionärin der Mutter zu steuern, nicht aber, wenn die Mutter nur die Leitung über die Geschäftstätigkeit der Tochter ausübt.

3. Erwerb durch eine konzernfreie Gesellschaft, an der die Gesellschaft mehrheitlich beteiligt ist oder auf andere Weise die einheitliche Leitung ausübt

a) Problemstellung und Grundsatz

Die Gefährdung anderer Aktionäre und Dritter, die von der Ausübung des Stimmrechts an eigenen Aktien ausgeht, ist nicht Folge der wirtschaftlichen Einheit von Tochter und Mutterunternehmen, sondern der einheitlichen Leitung jenes Unternehmens durch dieses. Es stellt sich daher die Frage, inwieweit Art. 659b OR auf

---

13   Vgl. oben § 6 I Ziff.2 lit.b.
14   a.a.O.
15   Das als Doppelgesellschaft Aktiengesellschaft und einfache Gesellschaft ist; vgl. oben § 11 III Ziff.1 lit.d.
16   Vgl. oben § 9 I.

konzernfreie Unternehmen anwendbar ist, die unter der einheitlichen Leitung der Mutter stehen, aber mit ihr keine wirtschaftliche Einheit bilden. Einheitlich geleitete, aber auf Grund gesetzlicher Vorschriften[17] oder statutarischer Bestimmungen[18] konzernfreie Personen, die Aktien der sie beherrschenden Gesellschaft halten, unterliegen wie Konzerntöchter dem Verbot, das mit diesen Aktien verbundene Stimmrecht auszuüben. Die Gründe, die den Gesetzgeber dazu bewegten, die Ausübung des Stimmrechts an Aktien der Mutter durch die Tochter zu verbieten, liegen auch bei konzernfreien Unternehmen vor, die unter einer einheitlichen Leitung stehen: Die Aktiengesellschaft darf niemals das Stimmrecht an ihren eigenen Aktien ausüben können, auch nicht mittels einer von ihr geleiteten Person.

Anders liegen die Dinge jedoch beim Erwerb eigener Aktien durch ein beherrschtes Unternehmen, das nicht zum Konzern gehört. Wegen der fehlenden wirtschaftlichen Einheit liegt im Erwerb der Aktien durch das geleitete Unternehmen *keine* Rückzahlung des eingelegten Kapitals an die alten Aktionäre[19]. Grund für das Verbot des Erwerbs eigener Aktien ist auch das Risiko des potenzierten Vermögensverlustes, verursacht durch eine Werteinbusse der eigenen Aktien, welche die Gesellschaft schwächt und ihren Aktienkurs noch weiter fallenlassen lässt[20]. Auf einheitlich geleitete konzernfreie Unternehmen ist Art. 659b OR nicht anwendbar. Sie können Aktien des sie beherrschenden Unternehmens erwerben; das Stimmrecht daran können sie allerdings nicht ausüben.

4. Erwerb durch eine konzernfreie Gesellschaft, an der die Gesellschaft mehrheitlich beteiligt ist, aber keine einheitliche Leitung ausübt

Aus den genannten Gründen kann ein Unternehmen an einer Gesellschaft mehrheitlich beteiligt sein, ohne dass es über diese die einheitliche Leitung ausübt[21]. In solchen Fällen liegt weder eine wirtschaftliche Einheit noch eine einheitliche Leitung vor, die es dem Mehrheitsaktionär ermöglichte, die mit den Beteiligungsrechten verbundenen Stimmrechte innerhalb der eigenen Generalversammlung aus-

---

17 Zum Beispiel Einrichtungen der beruflichen Vorsorge; vgl. oben § 7 III Ziff.3. Die Verordnung II zum BVO legt aus Gründen der Anlagesicherheit die Obergrenze für Beteiligungen im Mutterunternehmen bei 10% des Anlagewertes (nicht 10% aller Aktiennennwerte der Mutter) fest; Art. 57 Abs.3 BVV II.
18 Vgl. oben § 7 III Ziff.3.
19 Forstmoser/Meier-Hayoz, § 29 II N 25.
20 Böckli, N 368.
21 Vgl. oben § 7 III Ziff.3 und § 15 IV.

§ 18 Wechselseitige Beteiligungen

zuüben. Weil Art. 659b OR nicht auf alle Gesellschaften anwendbar ist, an denen eine Mehrheitsbeteiligung besteht, sondern nur auf *Tochtergesellschaften,* an denen eine Gesellschaft mehrheitlich beteiligt ist, und weil die Gründe nicht vorliegen, die ursächlich sind für eine Gleichbehandlung der wechselseitigen Beteiligung mit dem Erwerb eigener Aktien wie auch für das Verbot der Ausübung des Stimmrechts an solchen Papieren bei konzernfreien Gesellschaften, über die die einheitliche Leitung *nicht* ausgeübt wird, können solche Gesellschaften Aktien ihres Mehrheitsaktionärs erwerben und an ihnen das Stimmrecht ausüben. Diese Rechtsfolge kann Anlass bilden, ein mehrheitlich beherrschtes Tochterunternehmen durch Statutenänderung und Entherrschungsvertrag aus dem Konzern zu entlassen[22].

---

22 Vgl. dazu auch oben § 15 IV.

§ 19 Rechte des Mutterunternehmens am Tochterunternehmen

I. Fragestellung

1. Wert der Beteiligung und Werte der Beteiligung

An einer Tochtergesellschaft hält jeder Gesellschafter – auch das Mutterunternehmen – seine Beteiligung, welche einen bestimmten Wert hat. Bei börsenkotierten Gesellschaften entspricht dieser Wert dem Wert der gehaltenen Aktien: dem Wert der Beteiligung. Indirekt ist der Gesellschafter ausserdem an einem Bruchteil der Gesamtaktiva der Gesellschaft berechtigt, wie er seinem Anteil am gesamten Aktienkapital entspricht: den Werten der Beteiligung. Diese Werte der Beteiligung sind in der Regel höher als der Wert der Beteiligung; allerdings kann der Gesellschafter die Differenz, den Über- oder Kontrollwert, nur ausnahmsweise[1] nutzen. Nur das Mutterunternehmen, welches das Tochterunternehmen einheitlich leitet und in seine wirtschaftliche Einheit einverleibt hat, kann den Kontrollwert nutzen, weil es gestützt auf die wirtschaftliche Einheit faktisch auch an den Werten der Beteiligung berechtigt ist. Das wird besonders deutlich bei Beteiligungen, die unter 100% liegen und bei denen der Wert der Beteiligung in der Bilanz des Mutterunternehmens kleiner ist als die Werte der Beteiligung, wie sie in einer konsolidierten Konzernbilanz erscheinen[2]. Das Mutterunternehmen kann gestützt auf die einheitliche Leitung grundsätzlich über die Werte verfügen, die Teil der wirtschaftlichen Einheit sind. Für das Mutterunternehmen machen die Werte der Beteiligung den Wert der Beteiligung an einem Tochterunternehmen aus.

2. Recht des Mutterunternehmens an der Beteiligung

Das Mutterunternehmen kann seine Beteiligungsrechte, in der Regel handelt es sich um Aktiengesellschaften und Aktien, gegen Eingriffe Dritter schützen. Für die Vermögensrechte wie auch für die Mitgliedschaftsrechte stellt die Rechtsordnung Instrumente zur Verfügung[3], die dem Gesellschafter die Sicherstellung seiner Rechte ermöglichen und die dadurch zeigen, dass diese Rechte den Schutz der Rechtsordnung geniessen.

---

1 Ausnahme: Angebotspflicht bei öffentlicher Übernahme; vgl. oben § 16 III.
2 Bei Vollkonsolidierung; vgl. unten § 22 VI Ziff.3.
3 Gegen Dritte mit den Rechtsbehelfen des Eigentums- und Besitzesrechts (Art. 926ff ZGB) und gegen die Gesellschaft selber inbesondere gemäss Art. 660f (Gewinn- und Liquidationsanteil).

3. Recht des Mutterunternehmens an den Werten der Beteiligung?

Im Konzern wirtschaftlich wichtiger als die Beteiligung als Recht ist der Zugriff auf die Werte der Beteiligung, die Teil der wirtschaftlichen Einheit sind. An diesen ist rechtlich das Tochterunternehmen berechtigt und nicht die Mutter. Im Normalfall übt die Mutter ihre wirtschaftlichen Rechte an diesen Werten durch das dazu in jedem Fall legitimierte Tochterunternehmen aus. Auf einen Zugriff aus eigenem Recht resp. auf Schadenersatz, wenn dieser scheitert, wäre das Mutterunternehmen jedoch angewiesen, wenn das Tochterunternehmen sich selber oder auf Veranlassung eines Dritten von der einheitlichen Leitung löst und emanzipiert[4]. Es stellt sich daher die Frage, ob das Mutterunternehmen neben dem Recht an der Beteiligung als Gesellschafter auch ein Recht am Tochterunternehmen insgesamt hat resp. an seinen Werten.

4. Kein Kontrollwert im körperschaftlichen Konzern

Der Kontrollwert der Mutter ist abhängig von ihrer Beteiligung am Tochterunternehmen[5], die ihr die einheitliche Leitung über die Tochter sichert. Im körperschaftlichen Konzern ist die Mutter an den Töchtern nicht beteiligt. Im Gegenteil: Der körperschaftliche Konzern zeichnet sich durch das Umgekehrte aus: durch die Beteiligung der Töchter an der Mutter. Im körperschaftlichen Konzern sind die Aktionäre der Mutter zugleich ihre Töchter. Sie sind bestenfalls wirtschaftlich an sich selber berechtigt; verlässt eine Tochter den körperschaftlichen Konzern, nimmt sie den ihr zustehenden Wertanteil am Konzern mit, weil sie ihn bildet.

II. Der Kontrollwert als Vermögenswert

1. Begriff

Wird eine Beteiligung eines Unternehmens übernommen, die dem Übernehmer die Einrichtung von Leitungsmechanismen ermöglicht und damit die wirtschaftliche Einbindung des Unternehmens in den von ihm beherrschten Konzern, liegt der Preis einer solchen Beteiligung immer über ihrem Börsenwert oder dem der Beteiligungsgrösse entsprechenden pro rata-Anteil an den Werten der Gesellschaft. Dieser Mehrwert, der bezahlt wird, um die Kontrolle über das Unternehmen ausüben zu

---

4 Vgl. dazu unten § 20.
5 Vgl. dazu unten II Ziff.3.

können, bezeichnen wir als Kontrollwert[6]. Je kleiner der übernommene Gesellschaftsanteil, je kleiner somit auch der Wert der erworbenen Beteiligungsrechte[7], desto grösser wird der Betrag, der im Rahmen des Beteiligungserwerbs für den Kontrollwert zu bezahlen ist; es sei denn, die Beteiligungsrechte werden gemäss den Bestimmungen über Unternehmensübernahmen erworben[8].

2. Der Kontrollwert als Bestandteil des inneren Wertes einer Gesellschaft

a) Fragestellung

Der innere Wert der Gesellschaft ist eine Grösse, die bei der Bewertung von Gesellschaftsanteilen – ob börsenkotiert[9] oder nicht[10], spielt keine Rolle – Berücksichtigung findet und in jenem Ausmass auch Rechtsschutz geniesst, obwohl er dem Berechtigten kein direktes Recht an den Werten der Gesellschaft verschafft. Es stellt sich die Frage, ob die Höhe des inneren Wertes einer Gesellschaft sich auch aus dem Kontrollwert ergibt und dieser deshalb einen Wert bildet, der vom Gesetzgeber grundsätzlich als Teil des inneren Wertes und somit als Gegenstand eines Anspruchs anerkannt wird.

b) Anwartschaft auf das Liquidationsergebnis als Grund für die Berücksichtigung des inneren Wertes?

Der Gesellschafter wird nur bei der Liquidation am inneren Wert seines Unternehmens gestützt auf das Gesellschaftsrecht direkt berechtigt, und auch dort nur im Prinzip: Der innere Wert entspricht in diesen Fällen nämlich dem Liquidationswert, der in der Regel tiefer sein dürfte als der effektive innere Fortführungswert der Gesellschaft, wie er in den zitierten Fällen Berücksichtigung findet. Dazu kommt, dass bei Unternehmen, bei denen keine Aussicht auf baldige Liquidation besteht, für einen Mehrwert bezahlt würde, dessen Realisierbarkeit höchst unwahrscheinlich ist, wenn die Anwartschaft auf das Liquidationsergebnis der einzige Grund für die Berücksichtigung des inneren Wertes wäre.

---

6 Kontrollwert und nicht Kontrollprämie, Watter, Unternehmensübernahmen, N 143, weil das zweite sprachlich mit dem Erlös aus einem Rechtsgeschäft verbunden wird; der Kontrollwert ist jedoch dauerhaft und besteht auch, wenn er nicht realisiert wird.
7 Entweder der Börsenwert oder der der Beteiligungsgrösse entsprechende pro rata-Anteil am inneren Wert der Gesellschaft.
8 Zum Beispiel Art. 685b OR.
9 Im Übernahmerecht; vgl. oben § 16 III.
10 Zum Beispiel Art. 685b OR.

§ 19 Rechte des Mutterunternehmens am Tochterunternehmen   169

c)   *Gewinnaussichten als Grund für die Berücksichtigung des inneren Wertes?*

Die mit dem Beteiligungspapier verbundenen Gewinnaussichten bestimmen bei börsenkotierten Aktien weitgehend den Börsenwert dieser Papiere, denn der Gewinnanteil ist ein Aktionärsrecht, welches auch ohne eine bestimmte Minimalbeteiligung pro rata besteht. Einen Einfluss auf den höheren inneren Wert der Gesellschaft haben die Gewinnaussichten daher nur bei Aktien, bei denen kein Börsenkurs besteht oder bei denen wegen der kleinen Anzahl der Beteiligungsrechte die Marktkräfte nicht funktionieren. Der innere Wert einer Beteiligung kann aber auch bei an der Börse gehandelten Werten den Börsenkurs übersteigen[11]; es müssen somit neben den Gewinnaussichten weitere Gründe eine Erhöhung des Wertes rechtfertigen.

d)   *Kontrollmöglichkeit als Grund der Berücksichtigung des inneren Werts*

Der innere Wert einer Gesellschaft kann durch den Gesellschafter faktisch immer dann realisiert werden, wenn er über diese Gesellschaft die einheitliche Leitung erlangt hat und sie in seine wirtschaftliche Einheit einbinden kann oder wenn er sein Beteiligungsrecht einem Dritten veräussern kann, der es zu diesem Zweck erwirbt. Soweit der innere Wert den Börsenwert als Summe aller Beteiligungswerte übersteigt, ist er das Entgelt für die Möglichkeit, durch den Erwerb der Beteiligungsrechte die Kontrolle über das Unternehmen auszuüben. Die Grundlage für die Einrichtung von Leitungsmechanismen ist ein vermögenswertes Recht, das bei neuen Konzerngliedern durch das Mutterunternehmen für Geld erworben wurde. Der Kontrollwert ist Teil des inneren Werts einer Gesellschaft und damit eine Grösse, die durch den Gesetzgeber als Wert erkannt und anerkannt ist und auf die der Aktionär unter bestimmten Voraussetzungen sogar einen Anspruch hat[12].

3. Der Kontrollwert als bilanzierungsfähiges Aktivum

Beteiligungswerte, die zum Zweck der dauernden Anlage erworben worden sind – bei Tochterunternehmen immer der Fall – können in der Bilanz des Mutterunternehmens zum Erwerbswert bilanziert werden, auch wenn der Börsenkurs der Beteiligung niedriger ist[13]. Diese Bestimmung, die schon unter dem alten Recht Anwendung fand, wurde durch die Gerichtspraxis anerkannt auch für mit Paketzu-

---

11   Dieser Umstand ist Ursache für die Normen zum Schutz des Minderheitsaktionärs bei öffentlichen Übernahmen; vgl. dazu oben § 16 III.
12   Öffentliche Übernahmen; Art. 685b Abs.1 und 4 OR (Anspruch auf den den Marktwert übersteigenden inneren Wert bei Verweigerung der Übertragung).
13   Seit der Revision des Aktienrechts ausdrücklich Art. 665a OR; vgl. dazu auch Botschaft über die Revision des Aktienrechts vom 23. Februar 1983, S. 148.

§ 19 Rechte des Mutterunternehmens am Tochterunternehmen

schlägen erworbene Beteiligungen[14]; für Beteiligungen, die mit einem Kontrollwertzuschlag erworben sind, muss *e majore minus* das gleiche gelten, denn der Kontrollzuschlag verschafft dem Erwerber die stärkeren Rechte als der Paketzuschlag, der auch für den Erwerb von Minderheitsbeteiligungen bezahlt wird. Der Kontrollwert ist als der über den Börsenwert der Beteiligung hinausgehende Teil des Erwerbspreises grundsätzlich bilanzierbar.

Dabei ist die Beschränkung der Bilanzierbarkeit auf den Erwerbswert für die Beurteilung der rechtlichen Anerkennung des Kontrollwerts nicht massgebend; Art. 665 OR, der diese Grenze setzt, ist auch eine Vorschrift über die Bildung von gesetzlichen stillen Reserven, weil sie vorschreibt, dass diese Werte – bei steigendem Wert – nicht über dem Erwerbswert bilanziert werden dürfen[15]. Für die Feststellung des rechtlich geschützten Vermögenswertes massgebend ist daher Art. 670 OR, der die Höhe der Bilanzierbarkeit einer Beteiligung festschreibt, wenn die Voraussetzungen für die gesetzliche Bildung von stillen Reserven gemäss Art. 665 OR fehlen und die Voraussetzungen für eine Aufwertung auf den *wirklichen Wert* vorliegen, wenn dieser die Anschaffungskosten übersteigt. Bilanzierbar ist der wirkliche Wert einer Beteiligung, also die Summe gebildet aus dem Anschaffungswert (der den Kontrollwert mitumfasst) und der Wertsteigerung der Beteiligung.

III. Rechtsnatur des Kontrollwerts als Vermögenswert

1. Fragestellung

Der Kontrollwert ist ein Vermögenswert, der grundsätzlich als Aktivum bilanzierbar ist und auf den als Teil der aus dem Aktienbesitz fliessenden Rechte unter gewissen Voraussetzungen ein Anspruch besteht. Es stellt sich die Frage nach der Rechtsnatur des Kontrollwerts. Die rechtliche Qualität eines Vermögenswerts kann anhand zweier Kriterien festgestellt werden: Nach der Intensität des Schutzes gegenüber Dritten und der Aktivierbarkeit als Zeichen der rechtlichen Anerkennung der Vermögenswertqualität. Werte, die aktiviert werden dürfen, sind in der aktivierbaren Höhe immer Werte, die der Gesetzgeber in besonderen Mass als Wert anerkennt, weil sie diese Höhe auch bei einer vorsichtigen Bewertung erreichen[16]. Beide Kriterien kombiniert bestimmen die Absolutheit eines Rechts, verstanden als Beständigkeit gegenüber Dritten[17].

---

14 Revisionshandbuch der Schweiz, Band I, Teil 2.2, S. 90ff.
15 Böckli, S. 830ff.
16 Böckli, a.a.O.
17 Guhl/Merz/Koller, § 2 II.

§ 19 Rechte des Mutterunternehmens am Tochterunternehmen

2. Absolute Qualität aller Vermögenswerte

a) Vertragsbeziehungen als Vermögenswerte

Alle Vermögenswerte sind im von ihnen bestimmtem Rahmen absolut[18], verstanden als einen aus dem Vermögensrecht fliessenden Anspruch gegenüber Dritten[19]. Das gilt auch für diejenigen Vermögensrechte, die als obligatorische Rechte in erster Linie nicht als gegenüber Dritten wirkende Rechte verstanden werden, sondern als relative Rechte, wirksam nur gegenüber dem obligatorisch Verpflichteten[20]. Die Rechte gegenüber dem obligatorisch Verpflichteten sind jedoch immer nur Hauptwirkung, aber nicht einzige Wirkung aus dem Vertrag, der den Berechtigten immer auch ein inhaltlich anders ausgestaltetes[21] Recht gegenüber Dritten[22] verschafft: Gegenstand dieses Rechts ist die Vertragsbeziehung selber, die vor Störungen durch Dritte in einem engen, aber klar definierten Umfang geschützt ist[23]. Vertragsrechte haben in diesem engen Umfang absolute Wirkung und begründen Rechte auch gegenüber Dritten. Sie liegen in bezug auf ihre Wirkung gegenüber Dritten auf der tiefsten Stufe der Vermögenswerte, da sie den Schutz des Gesetzes nur unter bestimmten Voraussetzungen geniessen und als Aktivum nicht bilanziert[24] werden dürfen.

b) Absolute andere nichtdingliche Rechte

Auf der nächsten Stufe zwischen den vertraglichen Rechten und den dinglichen Rechten im eigentlichen Sinn finden wir diejenigen Rechte, die, ähnlich den obligatorischen Rechten, nur in beschränktem Umfang gegenüber Dritten Rechte einräumen, denen aber das Bilanz- und Buchführungsrecht Vermögensqualität zuspricht,

---

18 Oder dinglich; aus Gründen der klaren Abgrenzung zum dinglichen Recht im eigentlichen Sinn (unten FN 25) wird der Begriff der absolut wirkenden Rechte verwendet.
19 Nicht das dingliche Recht im eigentlichen Sinn; Meier-Hayoz, Kommentar, Systematischer Teil, N 78; Auch das dingliche Recht als absolutes Recht verschafft Rechte gegenüber Dritten immer nur im Rahmen der von ihm vermittelten Berechtigung; Rey, N 212.
20 Bucher, Obligationenrecht, S. 92; Merz, S. 57; von Tuhr/Peter, S. 409ff; Guhl/Merz/Koller, § 2 II; Becker, Art. 41 OR, N 39; Oser/Schönenberger, Art. 41 OR, N 15ff.
21 Unterlassungsanspruch gegenüber Dritten, die Vertragsbeziehung durch Anstiftung zum Vertragsbruch zu stören, um selber abschliessen zu können; Art. 4a UWG.
22 Zullinger, S. 142ff; Pedrazzini, Vertragsbruch, S. 349.
23 UWG Art. 4; Zulliger, S. 54; Troller, Immaterialgüterrecht, I, S. 914.
24 Die Vertrags*beziehung* als Vermögenswert kann nicht bilanziert werden. Für als "Leasingverträge" bezeichnete Mietverträge: Revisionshandbuch, Band I, 2.2. S. 228, selbstverständlich aber die aus ihr erwachsenden Forderungen (und Schulden!).

indem es ihre Aktivierung grundsätzlich erlaubt. Auf dieser Stufe befinden sich diejenigen Immaterialgüterrechte, die nicht dinglich wirken, wie der Goodwill oder das Know-how[25].

c)   Stärkere dingliche Rechte

In ihrer Dinglichkeit übertroffen werden diese Rechte durch die dinglichen Rechte im eigentlichen Sinn. Dazu gehören neben den gesetzlich geregelten Immaterialgüterrechten die dinglichen Rechte im engen Sinne, insbesondere die Eigentumsrechte an Grund und Boden und, als stärkstes Recht, das Eigentum an Fahrnis[26].

3.   Der Kontrollwert als rechtlich geschützter Vermögenswert

Der Kontrollwert gehört zur oben in Ziff.3 lit.b dargestellten Gruppe der bilanzierbaren nichtdinglichen Rechte. Er verkörpert im Umfang seiner Bilanzierbarkeit[27] einen rechtlich geschützten Vermögenswert. Ob und inwieweit er Schutz vor Einwirkungen Dritter und vertraglich Verpflichteter geniesst, ist eine andere Frage, im ersten Fall des Deliktrechts[28] und im zweiten Fall des Vorliegens von Vertragsbeziehungen[29].

4.   Das Recht am Kontrollwert als Recht am Tochterunternehmen

a)   *Schutz des Mutterunternehmens gegenüber dem vertraglich verpflichteten Tochterunternehmen*

Das Tochterunternehmen selber ist in der schweizerischen Konzernpraxis nur in wenigen Fällen zur Sicherstellung der Konzernbeziehung als eigene Vertragspartei vertraglich mit dem Mutterunternehmen verbunden[30]. Fehlt diese vertragliche

---

25 Verstanden auch als eigentumsähnliches Recht am Unternehmen als Basis für die Abwehr unlauterer Angriffe; Baumbach/Hefermehl, S. 73ff und dort zitierte Literatur; Revisionshandbuch, Band I, 2.2. S. 173.
26 Das anders als die Grundstücke nicht auch bösgläubig ersessen werden kann (Art. 662 und 728 ZGB).
27 Gemäss Art. 670 OR der wirkliche Wert; vgl. oben II Ziff.3. Es wäre auch vom Ergebnis her unverständlich, wenn der Geschädigte beim Verlust seiner Beteiligung nur den bilanzierbaren Fortführungswert ersetzt erhielte, nicht aber den Wert, den er bei einer Veräusserung der verlorenen Beteiligung resp. der verlorenen Kontrolle hätte erzielen können, also der wirkliche Wert.
28 Vgl. unten Ziff. 4 lit.b.
29 Vgl. unten Ziff. 4 lit.a.
30 Vgl. dazu oben § 15 III.

§ 19 Rechte des Mutterunternehmens am Tochterunternehmen 173

Verbindung, führt die Zerstörung des Kontrollwerts durch das Tochterunternehmen[31] auch nicht zu einer vertraglich begründeten Schadenersatzpflicht des dem Kontrollwert entsprechenden Schadens.

b) *Schutz des Mutterunternehmens gegenüber den vertraglich verpflichteten Organen des Tochterunternehmens*

Die vertragliche Sicherung der Kontrolle des Mutterunternehmens erfolgt – wenn überhaupt – in den meisten Fällen durch eine vertragliche Einbindung[32] der vom Mutterunternehmen als Organe des Tochterunternehmes bestimmten Personen, in der Regel durch Auftrag oder Arbeitsvertrag. Obwohl diese Personen bei der Tochter tätig sind, bleiben die vertraglichen Beziehungen und die sich daraus ergebenden Vertrauensbeziehungen zwischen ihnen und dem Mutterunternehmen uneingeschränkt erhalten. Die vertraglichen und gesetzlichen Pflichten dieser Organe gegenüber dem Tochterunternehmen sind – wie alle anderen Pflichten auch – Rahmenbedingungen ihrer durch das Mutterunternehmen bestimmten Tätigkeit und entbinden sie nicht von ihren Pflichten der Mutter gegenüber[33].

Insbesondere stellt die Emanzipation des Tochterunternehmens[34], veranlasst durch die auch dem Mutterunternehmen verpflichteten Organe, immer eine vertragswidrige Handlung der vertraglich an das Mutterunternehmen gebundenen Mitglieder des Tochterunternehmens dar[35]. In vielen Fällen verstösst das Organ, das die Emanzipation unterstützt, gegen ausdrücklich normierte Vertragspflichten, fast immer gegen die allgemeine Treuepflicht des Beauftragten oder Arbeitnehmers. Der Schaden des Mutterunternehmens, für den die Mitglieder der Tochterverwaltung – die weiteren Haftungsvoraussetzungen angenommen – haftbar sind, entspricht dem Kontrollwert als Gegenstand eines rechtlich geschützten Interesses des geschädigten Mutterunternehmens.

c) *Schutz des Mutterunternehmens gegenüber Dritten*

Soweit Dritte tätig werden, die gegenüber dem Mutterunternehmen nicht aus Vertrag verpflichtet sind, ist dieses gegen das Recht des Mutterunternehmens am Tochterunternehmen gerichtete Handeln nur widerrechtlich, wenn es unlauter im Sinne der Art. 2 und 4 UWG ist[36]. Die Schädigung ist unlauter, wenn Art und

---

31 Emanzipation des Tochterunternehmens; unten § 20.
32 Vgl. dazu oben § 6 II Ziff.3 e.
33 a.a.O.
34 Vgl. unten § 20.
35 Vgl.dazu unten § 20 II Ziff.3.
36 Zulliger, S. 157.

Zweck derselben[37], bemessen nach den Regeln von Treu und Glauben im Geschäftsverkehr[38] oder gemäss den Präzisierungen in Art. 4 UWG, die Handlung als widerrechtlich erscheinen lassen[39]. Im Konzernverhältnis besonders wichtig ist Art. 4 lit.b UWG, wonach die Verleitung zum Vertragsbruch von Arbeitnehmern oder Beauftragten des Mutterunternehmens (welche Mitglieder der Verwaltung der Tochter sind) unlauter und widerrechtlich ist, wenn sie dadurch erfolgt, dass ihnen Vergünstigungen angeboten werden, die ihnen rechtlich nicht zustehen. Ein Minderheitsaktionär einer Konzerntochter oder ein Dritter im Übernahmekampf handelt widerrechtlich, wenn er den Mitgliedern der Verwaltung, die vertraglich an die Mutter gebunden sind, entsprechende Angebote macht für den Fall, dass sie ihr Unternehmen von der Mutter emanzipieren. Solche Vergünstigungen können auch darin liegen, dass den angestifteten Organen eine lukrative Stellung innerhalb des übernahmewilligen Unternehmens angeboten wird. Führt dieses Verhalten der Organe und von Dritten, die jene dazu anstiften, zu einem Schaden, haften beide gemäss Art. 55 OR solidarisch; die einen aus Vertrag, die anderen aus Delikt.

---

[37] Das BGer nennt in BGE 114 II 91 als Beispiele Rachsucht oder arglistige Täuschung, im Konzernrecht dürfte darunter sicher auch die Absicht fallen, die Kontrolle eines Tochterunternehmens vorübergehend an sich zu reissen, um die Konkurrenz zu schädigen, u.s.w.
[38] Art. 2 UWG; a.a.O.
[39] Vgl dazu auch Zulliger, S. 163.

§ 20 Die Emanzipation des Tochterunternehmens durch Zerstörung der einheitlichen Leitung

I. Grenzen der einheitlichen Leitung

1. Ausgangslage

Ein Tochterunternehmen wird einheitlich geleitet, wenn das Mutterunternehmen über Leitungsmechanismen verfügt, welche die einheitliche Leitung und die wirtschaftliche Einheit sicherstellen können[1]. Diese liegen vor, wenn sie die Kontrolle über die Mitgliederversammlung *und* über die Verwaltung sicherstellen, eventuell auch durch das eine auf das andere[2]. Unter den beiden Organen Verwaltung und Mitgliederversammlung ist nur die Mitgliederversammlung mit formellen Zwangsmitteln – der Ausübung des Stimmrechts – kontrollierbar[3]. Anders die Verwaltung, die nur mit indirekten Zwangsmitteln beherrscht werden kann, etwa mittels der Abberufungsmöglichkeit durch die Mitgliederversammlung und durch vertragliche Bindungen und die Loyalität zum Arbeit- oder Auftraggeber[4].

2. Die einheitliche Leitung der Verwaltung als nicht unmittelbar durchsetzbare Leitung

Kann das Mutterunternehmen nicht unmittelbar auf die Verwaltung des Tochterunternehmens Einfluss nehmen, besteht die Möglichkeit, dass die Verwaltung unter Missachtung der Weisungen des Mutterunternehmens eigene Entscheide trifft, die als Verwaltungsentscheide nicht anfechtbar sind und die als Sanktion nur ein Vorgehen des Mutterunternehmens gegen die unloyalen Organe nach sich ziehen können: deren Abberufung oder Massnahmen aus dem Innenverhältnis wie Kündigung oder Schadenersatz.

Nicht direkt beeinflusst oder korrigiert werden können jedoch die gesellschaftsrechtlichen Wirkungen der Missachtung der Weisungen. Insbesondere kann das Mutterunternehmen, auch nicht als Hauptaktionär des Tochterunternehmens, die der Verwaltung der Tochter vorbehaltenen Entscheide selber fällen oder korrigie-

---

1 Vgl. dazu oben § 6 I Ziff.3.
2 Leitung der Verwaltung gestützt auf die Leitung der Mitgliederversammlung, oben § 6 II Ziff.2 lit.d; Leitung der Mitgliederversammlung gestützt auf die Leitung der Verwaltung, oben § 6 II Ziff.3 lit.d.
3 Vgl. dazu oben § 6 II Ziff.2.
4 Vgl. dazu oben § 6 II Ziff.3 lit.e.

ren, denn die Zuständigkeitsordnung zwischen Verwaltung und Generalversammlung ist zwingend[5]. Der Umstand, dass die Verwaltung des Tochterunternehmens sich der Kontrolle des Mutterunternehmens ganz oder zum Teil entziehen *kann*, führt zur Frage, ob das Tochterunternehmen trotz seinem Widerstand Tochter bleibt oder ob es bis zur Wiederherstellung der Kontrolle durch das Mutterunternehmen zum konzernfreien Unternehmen wird. Das hätte zur Folge, dass das Mutterunternehmen gegenüber dem Tochterunternehmen und gegenüber Dritten in bezug auf die Tochter bis zur Wiedereingliederung auch keine Pflichten, insbesondere nicht die Konzernleitungspflicht[6], zu beachten hätte.

3. Die fehlende Leitung als Zerstörung der Leitungsmechanismen?

a) Fragestellung

Handelt die Verwaltung des Tochterunternehmens objektiv gegen die Interessen des Mutterunternehmens, kann dies bedeuten, dass sich das Tochterunternehmen der Kontrolle des Mutterunternehmens entziehen will. In den meisten Fällen kommen solche objektiven Unloyalitäten jedoch vor, ohne dass sie beabsichtigt sind oder ohne dass damit ein Bruch mit dem Mutterunternehmen bezweckt werden soll, sondern verursacht durch Missverständnisse oder interne Meinungsverschiedenheiten, wie sie in jeder Organisation entstehen können. Es stellt sich die Frage nach den Kriterien, anhand welcher festzustellen ist, ob sich das Tochterunternehmen tatsächlich vom Mutterunternehmen loslösen wollte und wie weit sich die Verwaltung vom Mutterunternehmen entfernen darf, ohne dass sie dadurch die Leitungsmechanismen zerstört.

b) Einheitliche Leitung und das Vorliegen von Leitungsmechanismen

Konzernbildend ist nicht die effektiv ausgeübte einheitliche Leitung, sondern das Vorliegen von Leitungsmechanismen, welche die einheitliche Leitung sicherstellen können[7]. Aus diesem Grunde wird die Tochterqualität nicht beeinträchtigt, wenn ein Verhalten des Tochterunternehmens nicht durch die effektive einheitliche Leitung des Mutterunternehmens verursacht wurde, sondern unabhängig davon – zum Beispiel wegen unklarer Anweisungen oder weil spontan zu entscheiden war – oder

---

5 Art. 716a OR; vgl. dazu oben § 6 II Ziff.2.
6 Vgl. dazu oben § 14.
7 Vgl.dazu oben § 6 I Ziff.2 lit.d.

§ 20 Die Emanzipation des Tochterunternehmens

sogar in Missachtung konkreter Weisungen zustande kam: Die Leitungsmechanismen bleiben bestehen, auch wenn sie im Einzelfall nicht funktionieren.

c) *Zerstörung der Leitungsmechanismen als eigene Willensäusserung*

Weil die Leitungsmechanismen grundsätzlich bestehen bleiben, auch wenn sie im Anwendungsfall versagt haben, genügt die objektive Widerhandlung gegen den Willen des Mutterunternehmens für sich allein nicht für die Annahme der Zerstörung der einheitlichen Leitung. Vielmehr ist eine auf die Zerstörung der Leitungsmechanismen gerichtete Willensäusserung der Verwaltung notwendig – in der Regel eine absichtliche Widerhandlung gegen den Willen des Mutterunternehmens – oder die Erklärung, die Verbindung zur Hauptaktionärin und Konzernmutter abzubrechen.

Liegt nur die Widerhandlung gegen den Willen der Mutter vor, aber nicht eine ausdrückliche Erklärung, kann von einer Loslösung nur ausgegangen werden, wenn der Widerhandlung gegen den Willen des Mutterunternehmens zugleich diese Erklärungsqualität zukommt. Die Frage ist von Fall zu Fall zu prüfen; als Regel ist davon auszugehen, eine Loslösung sei um so eher anzunehmen, je grösser die Tragweite der fraglichen Widerhandlung ist. Dabei ist die objektive Bedeutung eines Entscheids jedoch immer nur ein Hinweis auf die Zerstörung der Leitungsmechanismen: Entscheide von grosser Tragweite können durch die Verwaltung des Tochterunternehmens auch gegen den Willen des Mutterunternehmens gefällt werden, ohne den Zweck zu verfolgen, damit die Leitungsmechanismen zu zerstören. Auf der anderen Seite kann ein Verhalten des Tochterunternehmens von objektiv geringer Tragweite eine Emanzipationshandlung darstellen, wenn ihr dieser Erklärungswert zukommt; zum Beispiel, indem im Vorfeld das Mutterunternehmen klare Weisungen erteilt hat, verbunden mit dem Hinweis[8], dass der Widerhandlung diese Bedeutung zukommen werde.

d) *Wirkung der Zerstörung der Leitungsmechanismen*

Werden durch die Abspaltung der Verwaltung die Leitungsmechanismen zerstört, hört das Tochterunternehmen auf, ein Tochterunternehmen zu sein. Es gehört nicht mehr zum Konzern, mit allen – auch positiven[9] – Folgen für das Mutterunternehmen.

---

8   Zum Beispiel durch den Hinweis auf das gemeinsame Vertrauensverhältnis, welches bei einer Widerhandlung zerstört würde.
9   Keine Konzernwirkung mehr, Haftung u.s.w.

4. Die Abwehr des Tochterunternehmens gegen Leitungshandlungen des Mutterunternehmens

a)   Fragestellung

Die Verwaltung des Tochterunternehmens ist den Interessen ihrer Gesellschaft verpflichtet und nicht denjenigen des Mutterunternehmens[10]. Entscheidet sich die Verwaltung im Interessenkonflikt zwischen den Interessen ihrer eigenen Gesellschaft oder gar zwischen dem gesetzmässigen Handeln und den Wünschen des Mutterunternehmens gegen das Mutterunternehmen, liegt objektiv eine absichtliche Widerhandlung gegen den Willen des Mutterunternehmens vor. Es stellt sich die Frage, ob dadurch die Leitungsmechanismen der Mutter zerstört werden.

b)   Interessenkonflikt Tochterunternehmen – Mutterunternehmen

Im Interessenkonflikt zwischen dem Mutterunternehmen und dem Tochterunternehmen muss sich die Verwaltung der Tochter entweder für die Befolgung der Weisungen des Mutterunternehmens oder für die Verfolgung der Interessen der Tochter entscheiden, soweit diese gestützt auf die Sorgfaltspflicht der Verwaltung Handlungsmassstab sind[11]. Verhindert werden kann dieser Konflikt durch die Wahl eines Gesellschaftszwecks für das Tochterunternehmen, der die Interessenparallelität zwischen Mutter und Tochter herstellt[12]. Unter dieser Voraussetzung würde zum Beispiel die Weisung des Mutterunternehmens, mit ihm einen für die Tochter äusserst ungünstigen Vertrag zu Konzernbedingungen[13] abzuschliessen, keinen Interessenkonflikt verursachen. Widersetzt sich die Verwaltung dieser Weisung, versucht sie eine Emanzipation.

c)   Gesetzes- und zweckkonforme Handlungen des Tochterunternehmens, die den Weisungen des Mutterunternehmens widersprechen

Handlungen des Tochterunternehmens, die den Weisungen des Mutterunternehmens widersprechen, weil sie im Gegensatz zu seinen Weisungen gesetzes- und zweckkonform sind, zerstören die Leitungsmechanismen nicht, denn sie erfolgen nicht mit der Absicht der Zerstörung und stellen keine auf dieses Ziel gerichtete Willensäusserung dar. Vielmehr sind sie Ergebnis der richtigen Entscheidung der

---

10   Vgl. dazu oben § 6 II Ziff.3 lit.d/e und § 13 V.
11   Vgl. dazu oben § 6 II Ziff.3 lit.d/e.
12   Vgl. oben § 13 III Ziff.4.
13   Vgl. dazu oben § 15 I Ziff.1 lit.c.

§ 20 Die Emanzipation des Tochterunternehmens

Verwaltung in einem Interessenkonflikt zwischen den Interessen der Mehrheitsgesellschafterin (Mutterunternehmen) und der Gesellschaft selber (Tochterunternehmen).

II. Insbesondere die Emanzipation des Tochterunternehmens

1. Fragestellung

Die Verwaltung eines Tochterunternehmens kann die Leitung durch das Mutterunternehmen nicht mehr anerkennen, womit die einheitliche Leitung bis zur Einsetzung einer neuen Verwaltung wegfällt. Der Wegfall der einheitlichen Leitung und damit auch der Eigenschaft des Unternehmens, Tochterunternehmen zu sein, ist in diesen Fällen Resultat einer Willensbildung der betroffenen Gesellschaft. Man kann daher von Emanzipation sprechen[14]. Die Frage ist vor allem in jüngster Zeit von einer theoretischen zu einer praktischen geworden; es sei in diesem Fall erinnert an die spektakulären Fälle der Tochterunternehmen der Omni-Holding, insbesondere der Harpener AG und der ADIA AG, die sich durch die Zerstörung der Leitungsmechanismen kurz vor der Nachlassstundung des Mutterunternehmens emanzipiert haben[15].

2. Wirkungen und Folgen der Emanzipation des Tochterunternehmens

Die Emanzipation des Tochterunternehmens greift schwerwiegend in die wirtschaftlichen Interessen des Mutterunternehmens ein. Das Mutterunternehmen verliert zwar nicht seine Beteiligung, aber es verliert den Kontrollwert[16]. Das wird besonders deutlich bei Beteiligungen, die unter 100% liegen und so ausgelegt sind, dass sie für die Kontrolle knapp genügen[17]. Die wirtschaftlichen Werte, die durch solche Handlungen dem Mutterunternehmen entzogen werden, können sehr hohe Summen erreichen, wie die oben zitierten Beispiele zeigen.

---

14 Eine ähnliche Regelung trifft der Gesetzgeber ausdrücklich für andere Wesen, die zu einer Willensbildung fähig sind: Gemäss Art. 719 Abs.2 ZGB verliert der Tiereigentümer das Eigentum am gezähmten Tier, wenn es sich "emanzipiert".
15 Dem Autor ist auch ein Fall bekannt, in welchem sich ein Tochterunternehmen durch Insolvenzerklärung von der Kontrolle der Mutter loslöste.
16 Vgl. zum Begriff § 19 II.
17 Die Beteiligung kann aus diesem Grunde sogar unter 50% liegen. Die Emanzipation des Tochterunternehmens dürfte vor allem bei solchen Tochterunternehmen folgenschwer und deshalb von praktischer Bedeutung sein.

Der Entzug dieser Werte und mit ihm die Emanzipation insgesamt ist widerrechtlich, denn dadurch wird das rechtlich geschützte und durch den Kontrollwert verkörperte Interesse des Mutterunternehmens am Tochterunternehmen verletzt, welches über das Interesse an der Beteiligung als Summe der aus ihr erwachsenden Rechte hinausgeht. Eine Emanzipation des Tochterunternehmens nimmt dem Mutterunternehmen diesen rechtlich geschützten Wert[18]. Ist das Tochterunternehmen selber oder sind seine Organe zur Sicherstellung der Konzernbeziehung vertraglich mit dem Mutterunternehmen verbunden, liegt eine Pflichtverletzung vor und eine sich aus ihr ergebende Pflicht zum Ersatz des dem Kontrollwert entsprechenden Schadens.

3. Keine rechtmässige Emanzipation

Handlungen, die objektiv als Emanzipation des Tochterunternehmens erscheinen, können auch Resultat eines pflichtgemässen Handelns der Verwaltung sein. Obwohl sich das Tochterunternehmen in solchen Fällen objektiv dem Willen des Mutterunternehmens widersetzt, tut es dies ohne Emanzipationswillen; es liegt in diesen Fällen keine Emanzipation vor. Daraus folgt umgekehrt, dass es überhaupt keine rechtmässige Emanzipation gibt.

4. Abwehrmittel des Mutterunternehmens

a) Fragestellung

Das Mutterunternehmen kann die Emanzipation nicht abwehren; es muss versuchen, die Kontrolle über das Tochterunternehmen zurückzugewinnen. Dies kann es erreichen durch die erneute Beeinflussung der unloyalen Organe oder durch ihre Ersetzung. Das erstere wird sich sicher auch auf die Geltendmachung des durch die Emanzipation entstandenen Schadens abstützen lassen.

---

18 Vgl. dazu oben § 19 III Ziff.4. Gerade bei emanzipationsgefährdeten Tochterunternehmen ist die Beteiligung oft nur knapp genügend und der Kontrollwert im Vergleich zum Wert an den Beteiligungsrechten dementsprechend hoch.

§ 20 Die Emanzipation des Tochterunternehmens

b)   Insbesondere die Ersetzung der Verwaltung

Der an sich stärkste Leitungsmechanismus – die Neubesetzung der Verwaltung des Tochterunternehmens mit Vertrauenspersonen des Mutterunternehmens durch Beschluss der Generalversammlung – wird nach erfolgter Emanzipation des Tochterunternehmens schwach, denn die unloyal gewordene Verwaltung wird dieses Vorgehen mit aller Kraft zu behindern versuchen. Ohne Mitwirkung der Verwaltung kann das Mutterunternehmen die für die Neubesetzung der Verwaltung nötige Generalversammlung nur durch den Richter einberufen lassen[19]; ein Verfahren welches oft erst spät ausgelöst werden kann, wenn feststeht, dass die Verwaltung die Generalversammlung selber nicht einzuberufen bereit ist. Selbst wenn die richterliche Einberufung gelingt, wird die um das Gelingen der Emanzipation kämpfende Verwaltung – oft im Verbund mit den sie unterstützenden Minderheitsgesellschaftern – alles tun, um die rechtskräftige Einberufung und die Verbindlichkeit ihrer allfälligen Beschlüsse zu verzögern. Ein schnelles Auswechseln der Verwaltung und damit der rasche Wiedergewinn des Tochterunternehmens ist deshalb oft ausgeschlossen. Dazu kommt, dass eine Emanzipation des Tochterunternehmens kaum dann erfolgt, wenn das Mutterunternehmen es vollständig kontrolliert, stark ist und in der Lage, auf allen Ebenen rasch gegen das Tochterunternehmen vorzugehen und die Tochter wieder in den Konzern zurückzuführen. Versuche zur Emanzipation sind selten und werden stets in einem Zeitpunkt der Schwäche des Mutterunternehmens stattfinden – zum Beispiel bei einem drohenden Konkurs oder einem Übernahmekampf –, in welchem die Unsicherheiten einer solchen Auseinandersetzung den Schaden – auch für das Tochterunternehmen – noch vergrössern würden und in welchem sich das Mutterunternehmen unter Umständen einen solchen Kampf sich nicht leisten will.

c)   Die Emanzipation des Tochterunternehmens als seltene, aber mögliche Ausnahme

Da Verwaltungen von Tochterunternehmen in der Regel realistisch handeln, dürften Emanzipationen tatsächlich nur dort vorkommen, wo aus den oben genannten Gründen mit einer Gegenwehr des Mutterunternehmens nicht zu rechnen ist[20]. Solchen Fälle können jedoch – die Beispiele belegen es – durchaus vorkommen.

---

19   Statt vieler: Forstmoser, Aktienrecht, § 19 II N 19.
20   Es sei wieder auf die Emanzipationen der Tochterunternehmen der Omni-Holding verwiesen, die diesen Schritt genau im Zeitpunkt der Schwäche des Mutterunternehmens gemacht haben.

5. Befolgungspflicht von Weisungen des Mutterunternehmens

Aus der Widerrechtlichkeit der Emanzipation des Tochterunternehmens und der Schadenersatzfolge zu Lasten der gegenüber dem Mutterunternehmen Verpflichteten ergibt sich eine Befolgungspflicht von gesetzeskonformen[21] Weisungen des Mutterunternehmens. Ist das Tochterunternehmen selber an das Mutterunternehmen gebunden, trifft das Weisungsrecht dieses unmittelbar selber. Sind die Beherrschungsverhältnisse labil oder kann sich das Mutterunternehmen aus faktischen Gründen selber nicht um die Tochter kümmern, kann es daher sinnvoll sein, ihre Leitung durch den Abschluss eines entsprechenden Beherrschungsvertrags zu sichern. In den anderen Fällen trifft das Weisungsrecht die dem Mutterunternehmen verpflichteten Mitglieder der Verwaltung.

---

21 Also für Weisungen, die nicht gesetzes- und tochtergesellschaftszweckwidrig sind; vgl. oben § 6 II Ziff.3 lit.d.

4. Teil: Einheitsbehandlung des Konzerns; Konzernaussenrecht

A Einheitsbehandlung des Konzerns (ohne Haftungsfragen)

§ 21 Einheitsbehandlung des Konzerns als Ausnahme

I. Ausgangslage

1. Fragestellung

Eine Person oder Sache, die im Rahmen einer bestimmten rechtlichen Fragestellung – zum Beispiel der Frage, ob eine Forderung oder eine Verpflichtung besteht – immer als Gesamtheit erfasst wird, ist Objekt einer Einheitsbehandlung. Diese Einheitsbehandlung kann umfassend und zwingend sein oder freiwillig und nur beim Vorliegen bestimmter Voraussetzungen erfolgen, je nach der Art der Einheit. Es stellt sich die Frage nach der Unterscheidung zwischen der zwingenden und umfassenden Einheitsbehandlung auf der einen und der nur sporadischen und ausnahmsweisen Einheitsbehandlung auf der anderen Seite und der Einordnung des Konzerns auf der dieser Skala zwischen diesen Extremen.

2. Stufen der einheitlichen Behandlung

Nur die natürliche Person und die nicht körperschaftliche juristische Person unterliegen als kleinste Einheiten des Rechts zwingend einer Einheitsbehandlung. Das gilt bereits nicht mehr für die körperschaftliche juristische Person, bei der immer zu prüfen ist, ob nur sie selber oder ihre Mitglieder betroffen sind[1]. Am schwächsten ist die Einheitsbehandlung bei aus Einzelpersonen bestehenden Gemeinschaften, die ihr nur fallweise unterliegen, zum Beispiel Geschäftsherr und Hilfsperson beim Vorliegen der Voraussetzungen von Art. 55 OR, gemeinsame Verursacher eines Schadens gemäss Art. 50 OR oder die Konzerngesellschaften eines Konzerns in den vom Konzernrecht vorsehenen Fällen. Die einheitliche Behandlung mehrerer auf dieser Stufe ist somit kein exklusives Phänomen des Konzernrechts, sondern ein Konzept des Privatrechts ganz allgemein.

---

1 Statt vieler: Egger, Kommentar, Art. 55 ZGB N 1.

II. Grundlagen der Einheitsbehandlung des Konzerns

1. Keine Haftung des Aktionärs als Grundsatz

Die Einheitsbehandlung mehrerer juristischer oder natürlicher Personen ist die Ausnahme. Ihr Fehlen als Grundsatz auch im Konzernrecht ist Ursache für die das Konzernrecht kennzeichnenden Fragen, die sich aus der Tatsache der Vielzahl der einheitlich geleiteten Personen ergeben, die eine wirtschaftliche Einheit bilden[2]. Dem vollen Einbezug des Aktionärs und Mutterunternehmens in die Pflichten des Tochterunternehmens und der Haftung des Mutterunternehmens für die Schulden des Tochterunternehmens steht mit Art. 680 OR, der über die Liberierungspflicht hinaus keine zusätzlichen Verpflichtungen des Aktionärs zulässt[3], zwingendes Aktienrecht entgegen. Die Ablehnung der Haftung des Aktionärs ist folglich keine Konsequenz aus systematischen Überlegungen, die sich aus der Tatsache der unterschiedlichen juristischen Persönlichkeiten[4] ergeben, sondern Folge von zwingendem Gesellschaftsrecht. Dass der Aktionär für Schulden seiner Gesellschaft nicht haftet, heisst jedoch nur, dass er nicht haftet, solange er *nur* Aktionär ist, nicht aber, dass er nie haftet, *weil* er Aktionär ist. Kommen zur Aktionärseigenschaft weitere Beziehungen zwischen ihm und der Gesellschaft hinzu, die aus sich selber einen eigenen Haftungsgrund begründen können[5], schützt die Aktionärseigenschaft nicht vor der Einheitsbehandlung[6].

2. Keine Einheitsbehandlung des Konzerns nur gestützt auf die wirtschaftliche Einheit

Würde man sämtliche juristischen Konstruktionen negieren und die Beurteilung eines Sachverhaltes allein auf die wirtschaftlichen Gegebenheiten in Anwendung einer wirtschaftlichen Betrachtungsweise abstützen, würde dies – wegen der wirtschaftlichen Einheit des Konzerns – zu einer juristischen Einheitsbehandlung des Konzerns führen[7]. Diese wirtschaftliche Betrachtungsweise des Konzerns ist nur unter Überwindung des positiven Rechts zu erreichen. Sie wird heute von der Praxis[8] und einem überwiegenden Teil der Lehre[9] zu Recht abgelehnt. Sie führte –

---

2 § 5 II Ziff.1.
3 Forstmoser/Meier-Hayoz, § 36 N 2ff.
4 Andere juristische Personen kennen die Haftung von Gesellschaftern; die GmbH gemäss Art. 772 Abs.2 OR und vor allem die Kommanditaktiengesellschaft (Art. 765 OR).
5 Also nicht die wirtschaftliche Einheit, aber zum Beispiel eine Anstiftung durch den Aktionär.
6 Vgl. dazu auch unten § 29ff.
7 Einheitstheorie; Isay, passim.
8 Vgl. dazu oben § 4 I.
9 Vgl. dazu oben § 4 II.

§ 21 Einheitsbehandlung des Konzerns als Ausnahme 185

nicht nur im Konzernrecht – zu einer mit den Vorgaben des Handelsrechts nicht mehr zu vereinbarenden Unvoraussehbarkeit und Willkür in der Rechtsanwendung.

Die Einheitsbehandlung des Konzerns lässt sich nicht nur auf die Tatsache der wirtschaftlichen Einheit abstützen, sondern wird erst möglich, wenn weitere Bedingungen erfüllt sind.

3. Einheitsbehandlung des Konzerns gestützt auf den Anwendungsbereich von Einzelnormen

Die Einheitsbehandlung des Konzerns findet statt, wenn neben der wirtschaftlichen Einheit gesetzliche Vorschriften vorliegen, die diese ausdrücklich vorschreiben; im neuen Aktienrecht ist das in bezug auf wechselseitige Beteiligungen[10] und die konsolidierte Konzernrechnung[11] der Fall. Die Ausdehnung des Anwendungsbereichs der Einheitsbehandlung des Konzerns ergibt sich in vielen Fällen aber auch durch Auslegung der angewendeten Norm: Halter eines Fahrzeugs ist nicht nur das zivilrechtlich berechtigte Tochterunternehmen, sondern möglicherweise auch das Mutterunternehmen[12], ein das Mutterunternehmen belastender wichtiger Grund kann auch beim Tochterunternehmen vorliegen[13] u.s.w. In all diesen Fällen ist der Kreis der Normadressaten nicht durch vertragliche Bindung oder zivilrechtliche Berechtigung definiert, sondern auch oder nur durch Tatsächlichkeiten. Der Konzern kann als Tatsächlichkeit auf diese Weise einer Einheitsbehandlung unterliegen.

Eine Durchbrechung der formalen Trennung zwischen Mutter- und Tochterunternehmen findet neben diesen gesetzlichen Fällen in jedem Fall statt, wenn sie rechtsmissbräuchlich ausgenutzt wird und wenn die Voraussetzungen für eine Haftung aus Durchgriff[14] vorliegen. Der Anwendungsbereich von formell nur das eine Konzernunternehmen bindenden Normen wird in diesen Fällen auf das andere Konzernunternehmen ausgedehnt.

---

10 Art. 659b OR und oben § 18.
11 Art. 663e OR und unten § 22.
12 Vgl. dazu unten § 34.
13 Vgl. dazu unten § 27 III Ziff.3.
14 Vg. dazu unten § 31 II.

4. Einheitsbehandlung des Konzerns gestützt auf im Einzelfall vorliegende Sonderbeziehungen zwischen dem Mutter- und dem Tochterunternehmen

Das Mutterunternehmen darf nicht mit der Tochter einheitlich behandelt werden, weil es Aktionär ist. Das Mutterunternehmen ist jedoch nicht nur Aktionär; es unterhält, gestützt auf seine einheitliche Leitung und in Verfolgung des Konzernzwecks, mit dem Tochterunternehmen nicht nur Beziehungen, die sich allein auf das Aktienrecht abstützen, sondern auch andere, mit teils vertraglichen und zum Teil gesetzlichen Rechtsfolgen. Das Mutterunternehmen kann als Geschäftsherr, Anstifter, Vertragspartei u.s.w. handeln[15], mit den vom Gesetz vorgesehenen Haftungsfolgen.

5. Einheitsbehandlung des Konzerns gestützt auf im Einzelfall vorliegende Sonderbeziehungen zwischen dem Konzernglied und Dritten

Der konzernfremde Dritte tritt in vielen Fällen bewusst mit dem Konzern als Ganzem in Verbindung; trotzdem ist grundsätzlich seine tatsächlich geschlossene vertragliche Beziehung zu nur einem Konzernglied für die Frage der vertraglichen Einbindung und Haftung massgebend. Der Einbezug anderer Konzernglieder im Sinne einer Einheitsbehandlung kommt trotzdem oft vor: in der Form von zusätzlichen Vertragsschlüssen, zum Beispiel Garantieverträge mit dem Mutterunternehmen, oder durch das – ausdrückliche oder durch Auslegung zu ermittelnde – Versprechen, wonach die konzernseitige Vertragspartei nicht nur ihr eigenes Handeln verspricht, sondern auch das eines Tochterunternehmens[16].

III. Einheitsbehandlung des Konzerns im schweizerischen Konzernrecht

1. Einheitsbehandlung des Konzerns (ohne Haftungsfragen)

Die erste Frage, an die der Rechtsanwender unter dem Stichwort Einheitsbehandlung des Konzerns denkt, ist die Frage der Haftung des Mutterunternehmens für Handlungen der Tochter aus Delikt und aus Vertrag. Die Haftungsfragen bilden tatsächlich den wichtigsten Anwendungsfall der Einheitsbehandlung des Konzerns, aber nicht den einzigen. In einem ersten Kapitel sollen diejenigen Fälle der Einheitsbehandlung aufgezeigt werden, die weder Folge von Verträgen mit Konzern-

---

15 Vgl. dazu unten §§ 30ff.
16 Vgl. dazu unten §§ 25ff.

§ 21 Einheitsbehandlung des Konzerns als Ausnahme

wirkung sind noch Ausgangslage für eine Haftung des einen Konzernglieds für das andere: Einheitlich behandelt wird der Konzern durch die Vorschriften über die konsolidierte Konzernrechnung[17] sowie teilweise im Besitzrecht[18] und im Persönlichkeitsrecht[19].

2. Konzernwirkung von Verträgen und die vertragliche Haftung der Mutter

Schliesst ein Dritter mit einem Konzernglied einen Vertrag, stellt sich immer die Frage, ob und inwieweit dieser Vertrag auch für andere Konzernglieder wirkt. Die Konzernwirkung von Verträgen kann zur Folge haben, dass Eigenschaften und Möglichkeiten des Konzerns auf den Vertrag einwirken, obwohl sie bei der konzernseitigen Vertragspartei selbst nicht vorliegen. Ergibt sich die Konzernwirkung nicht aus dem Gesetz, kann sie vertraglich vereinbart werden; mit der konzernseitigen Vertragspartei oder auch mit anderen Konzerngliedern, die ebenfalls aus diesem Vertrag verpflichtet werden sollen, zum Beispiel in einem Garantievertrag.

3. Die ausservertragliche Haftung der Mutter

In vielen Fällen besteht zwischen dem Dritten und dem Konzernglied – zum Beispiel der Mutter –, welches in der Lage ist, seinen erlittenen Schaden zu ersetzen, keine Vertragsbeziehung. Möglicherweise besteht die Vertragsbeziehung nur zu einem Konzernglied – zum Beispiel der Tochter –, welches den Geschädigten nicht befriedigen kann. Es stellt sich in diesen Fällen die Frage, ob das Mutterunternehmen für den Schaden aus Delikt oder culpa in contrahendo haftbar ist.

4. Die Haftung der Mutter für Sachverhalte innerhalb des Tochterunternehmens

Zur ausservertraglichen Haftung gehören auch die Tatbestände der Haftung des Mutterunternehmens für Sachverhalte innerhalb der Tochter: Dazu gehört die Haftung der Mutter als Organ der Tochter resp. für ihre Organe, die gleichzeitig auch Organe der Tochter sind. Dazu gehört ebenfalls die Haftung der Mutter für Handlungen der Tochter, die nicht auch Handlungen der Mutter sind; die Haftung für die Tochter als Hilfsperson oder die Haftung aus dem Betrieb gefährlicher Anlagen, die zivilrechtlich im Eigentum der Tochter liegen, aber durch die Mutter betrieben werden.

---

17 Vgl. dazu unten § 22.
18 Vgl. dazu unten § 23.
19 Vgl. dazu unten § 24.

§ 22 Publizität und konsolidierte Konzernrechnung

I. Der Konzern als wirtschaftliche Einheit

1. Ausgangslage

Als wirtschaftliche Einheit überblickt werden kann die wirtschaftliche Lage des Konzerns und des Mutterunternehmens, das den Konzern beherrscht, nur durch eine gesamtheitliche Betrachtung, d.h. durch eine konsolidierte Betrachtungsweise. Die Einzelbetrachtung der Konzerngesellschaften birgt die Gefahr, dass die einzelnen Konzerngesellschaften den ihnen überlassenen Beurteilungsspielraum in der Erstellung der Rechnung uneinheitlich nutzen und dass jedes Glied seine eigene Bilanz und Gewinn- und Verlustrechnung nach individuellen Kriterien (Gestaltung und Gliederung, einheitliche Bewertung, Abschlusstag) aufstellt, was dem Aktionär und dem Dritten eine Gesamtbetrachtung des Konzerns als wirtschaftliche Einheit verunmöglichen würde. Dazu käme, dass durch eine Übernahme aller Forderungen und Ansprüche, die innerhalb der Konzerngesellschaften bestehen, die Vermögens- und Ertragslagen der einzelnen Gesellschaften, insbesondere auch des Mutterunternehmens, völlig verzerrt wiedergegeben würden. Dritte, die sich von der wirtschaftlichen Leistungsfähigkeit des Mutterunternehmens und Konzerns ein Bild[1] machen möchten, könnten sich nicht auf eine aussagekräftige Rechnung abstützen.

2. Die einheitliche Betrachtung der wirtschaftlichen Einheit: Die konsolidierte Konzernrechnung

Eine einheitliche Betrachtung der wirtschaftlichen Einheit wird erst möglich, wenn Bilanz und Erfolgsrechnung im ganzen Konzern einheitlich vorgenommen werden und als Ergebnis eine Konzernrechnung vorliegt, die ähnlich wäre einer Rechnung, wie sie vorliegen würde, wenn die wirtschaftliche Einheit kein Konzern, sondern eine Gesellschaft wäre. Konzerninterne, aber gesellschaftsübergreifende Verhältnisse bleiben bei der Konzernrechnung unbeachtet[2]. Eine Konzernrechnung, die der wirtschaftlichen Einheit entsprechend einheitlich ist, wird als konsolidierte Konzernrechnung bezeichnet. Sie ist die Jahresrechnung des Konzerns[3].

---

1 So der Zweck der Konzernrechnung gemäss FER Nr. 3 Erläuterung 8 zu Ziff.1 und Vischer, Konsolidierung, S. 81.
2 FER Nr. 2; Eliminierung der Gewinne und Verluste aus konzerninternen Transaktionen.
3 FER Nr. 2; Ziff.1.

§ 22 Publizität und konsolidierte Konzernrechnung 189

3. Keine einheitliche Behandlung der wirtschaftlichen Einheit trotz konsolidierter Konzernrechnung

Die konsolidierte Konzernrechnung ist ein reines Informationsinstrument zu Gunsten der Aktionäre und der Gläubiger; sie ist nicht Ausgangslage für eine Einheitsbehandlung des Konzerns, insbesondere nicht für eine Haftung des Mutterunternehmens für Schulden der Töchter; es ist immer die effektive Verpflichtung, die zur Rechnung führt und nicht umgekehrt. Aus diesem Grund führt die Konsolidierungspflicht bei den ihr Unterworfenen auch nicht zu einer Haftung für Verpflichtungen, die von der Rechnung erfasst sind. Dementsprechend sind nur das Mutterunternehmen und die einzelnen Konzerngesellschaften im Falle der Überschuldung der Anzeigepflicht gemäss Art. 725 OR unterworfen, nicht aber der Konzern, wenn die Konzernrechnung dieses Ergebnis zeigt.

4. Konsolidierungspflicht im Gesetz und in den Buchführungsstandards

a) *Bestimmungen des rev. OR*

Das OR schreibt die Konsolidierungspflicht in derjenigen Gesetzesbestimmung fest, in der es auch das einzige Mal den für das schweizerische Recht anwendbaren Konzernbegriff definiert: in Art. 663e OR, der als Grundsatz festschreibt, dass das Mutterunternehmen eines Konzerns eine konsolidierte Konzernrechnung zu erstellen hat. Ausgenommen von dieser Pflicht sind gemäss Abs. 2 der zitierten Bestimmung kleine Konzerne, die von drei genannten Grössen – Bilanzsumme von 10 Millionen Franken, Umsatz von 20 Millionen Franken und 200 Arbeitnehmer – in zwei aufeinanderfolgenden Geschäftsjahren nur eine erreichen, sowie Teilkonzerne, die in die Konzernrechnung einer Obergesellschaft einbezogen sind, die nach schweizerischen oder gleichwertigen ausländischen Vorschriften erstellt worden ist[4]. In jedem Fall aber muss das Mutterunternehmen eine konsolidierte Konzernrechnung erstellen – auch beim Vorliegen der obgenannten Ausnahmen –, wenn seine Aktien an der Börse kotiert sind[5], wenn es Anleihensobligationen ausstehend hat, wenn 10% der Aktionäre[6] oder wenn die zuverlässige Beurteilung der

---

4 Art. 663f OR.
5 Art. 663f Abs.2 OR i.V. mit Art. 697h OR.
6 Art. 663e Abs.3 Ziff.3 OR.

Vermögens- und Ertragslage der Gesellschaft[7] dies verlangen[8]. Wie die Konzernrechnung inhaltlich aufzustellen ist und insbesondere welchen Bewertungsmethoden zu folgen ist, regelt das Gesetz nicht; für diese Fragen verweist es auf die Grundsätze ordnungsgemässer Buchführung[9].

b)   Andere Standards

Die Grundsätze ordnungsgemässer Buchführung sind zum Teil in Standards niedergelegt, die sich die Rechtsanwender selber auferlegen oder die sie aus den Rechtsordnungen anderer Staaten entnehmen. Für schweizerische Verhältnisse besonders wichtig sind die Normen der Fachkommission für Empfehlungen zum Rechnungswesen (FER), insbesondere die Normen FER 2 (Konzernrechnung), FER 4 (fremde Währungen), FER 5 (Bewertungsrichtlinien), FER 7 und FER 8 (Darstellung und Gliederung sowie Anhang zur Konzernrechnung; beide zur Zeit in Bearbeitung). Es ist davon auszugehen, dass vor allem mittlere und kleinere Konzerne nach FER konsolidieren werden, weil diese Normen erheblich einfacher sind als die Normen der EG[10] oder die International Accounting Standards (IAS)[11].

II.   Die interne Konsolidierungspflicht

1.   Fragestellung

Die interne Konsolidierung ist die konsolidierte Konzernrechnung, die nur der Verwaltung des Mutterunternehmens zur Verfügung steht; sie ist ein Führungsinstrument der Konzernleitung. Nur die interne Konsolidierung verschafft dem Mut-

---

7   Art. 663e Abs.3 Ziff.4 OR.
8   Nach einer Schätzung der Treuhandgesellschaft KPMG Fides Peat, vorgetragen am 17. März 1992 anlässlich einer Vortragsreihe der HSG-Weiterbildungsstufe, müssen in der Schweiz rund 1500 Gesellschaften eine Konzernrechnung erstellen und 1000 davon diese offenlegen.
9   Böckli, N 814ff.
10 Insbesondere die 7. Konzernbilanzrichtlinie und branchenspezifische Richtlinien für Versicherungen und Banken. In der Schweiz werden die europäischen Normen fast ausnahmslos von Banken und Versicherungen und von Konzernen angewendet, die ihr Schwergewicht in Europa haben (Intershop, Mövenpick, Swissair; gemäss CS Investment Research Neues Aktienrecht, Februar 1992).
11 Herausgegeben vom International Accounting Standards Committee (IASC), dem zur Zeit 103 Wirtschaftsprüferverbände aus 73 Ländern angehören. Die ISA sind die "strengste" Norm. In der Schweiz wird sie von den grossen weltweit tätigen Konzernen (u.a. Ciba-Geigy, Sandoz, Roche, Nestlé, ABB, Sulzer, Holderbank) angewendet (gemäss CS Investment Research Neues Aktienrecht, Februar 1992).

§ 22 Publizität und konsolidierte Konzernrechnung 191

terunternehmen Klarheit über seine eigene wirtschaftliche Lage und diejenige des Konzerns. Es stellt sich die Frage, ob das Mutterunternehmen resp. seine Verwaltung verpflichtet ist, dieses Instrument zu schaffen.

2. Die Konzernleitungspflicht und die interne Konsolidierung

Die Pflicht zur internen Konsolidierung kann sich auf die Konzernleitungspflicht abstützen, wie sie in bestimmten Fällen und in einem bestimmtem Umgange besteht[12]. Dazu gehört auch die Sammlung der Informationen, die nötig sind, den Konzern zu leiten, und mit ihr die konsolidierte Rechnung als Voraussetzung für die richtige Beurteilung der eigenen wirtschaftliche Lage. Wer ohne diese Kenntnisse falsch entscheidet, handelt schuldhaft und wird beim Vorliegen der anderen Haftungsgründe haftbar.

3. Die Pflicht zur ordnungsgemässen Geschäftsführung und die interne Konsolidierung

Würde sich die Pflicht zur internen Konsolidierung nur auf die Pflicht zur Konzernleitungspflicht abstützen, bestände sie auch nur im Rahmen dieser Pflicht. Das Mutterunternehmen eines dezentral organisierten Konzerns, das nur an wenigen Orten oder gar nicht[13] der Konzernleitungspflicht unterliegt, wäre von der internen Konsolidierungspflicht ausgenommen. Das Mutterunternehmen ist nicht immer verpflichtet, den Konzern zu leiten; es ist aber immer verpflichtet, *sich selber* zu leiten; die Verwaltung des Mutterunternehmens muss in der Lage sein, die wirtschaftliche Lage und die Vermögensverhältnisse der eigenen Gesellschaft dauernd zu beurteilen[14]. Zu diesem Vermögen gehören auch die Tochterunternehmen[15] resp. die von ihnen gehaltenen Werte; also nicht nur die Beteiligungswerte, wie sie in der Rechnung der Mutter erscheinen, sondern auch die Werte der Tochterunternehmen, die Teil der wirtschaftlichen Einheit Konzern sind.

Ein Unternehmen, welches auch Mutterunternehmen ist, ist im Rahmen seiner Pflicht zu ordnungsgemässer Geschäftsführung zur Erstellung einer internen kon-

---

12 Vgl. oben § 14.
13 Vgl. oben § 14 IV.
14 Vischer, Konsolidierung, S. 81.
15 U.U. sogar als Gegenstand eines rechtlich geschützten Vermögenswertes; vgl. oben § 19 III Ziff.5.

solidierten Konzernrechnung verpflichtet, denn die interne Rechnung ist nur aussagekräftig und realistisch, wenn sie konsolidiert ist[16].

III. Träger der externen Konsolidierungspflicht

1. Grundsatz; Fragestellung

Als externe Konsolidierungspflicht wird die Pflicht zur Erstellung einer konsolidierten Konzernrechnung zu Handen der Aktionäre und Dritten[17] durch die Aktiengesellschaft umschrieben. Die Konsolidierungspflicht trifft immer das Mutterunternehmen, welches als Träger der einheitlichen Leitung die wirtschaftliche Einheit Konzern beherrscht. Beherrscht das Mutterunternehmen einen grossen Konzern gemäss der Vorschrift des Art. 663e OR[18] oder eine Aktiengesellschaft, deren Aktien an der Börse kotiert sind, die Anleihensobligationen ausstehend hat oder deren Verhältnisse ohne Konsolidierung nicht zuverlässig beurteilt werden können, ist es im Geltungsbereich des Art. 663e Abs.2 OR auch der externen Konsolidierungspflicht unterworfen.

Das Mutterunternehmen ist indessen nicht immer eine Aktiengesellschaft. Jede andere Personenform – die natürliche Person inbegriffen – kommt dafür in Frage; insbesondere auch Personen, die nicht den aktienrechtlichen Vorschriften über die Rechnungslegung unterliegen, ja sogar Personen und Gesellschaften, die nicht verpflichtet sind, sich in das Handelsregister einzutragen und die aus diesem Grunde überhaupt keinen Buchführungsvorschriften unterliegen. Es stellt sich die Frage, inwieweit solche Konzerne allfälligen Konsolidierungspflichten unterliegen.

Damit hängt die Frage zusammen, ob nur das ranghöchste Mutterunternehmen konsolidierungspflichtig ist oder jedes relative Mutterunternehmen in einem Konzern, der mehr als zweischichtig ist. Diese Frage ist in bezug auf die externe Konsolidierungspflicht insbesondere dort von entscheidender praktischer Bedeutung, wo das hierarchisch höchste Mutterunternehmen den Sitz im Ausland hat oder keine Aktiengesellschaft ist, sondern eine andere Gesellschaft oder Person, die selber keiner Konsolidierungspflicht unterliegt.

---

16 Ebensosehr wie sie verpflichtet ist, in der internen Rechnung Aktiven richtig und umfassend zu bewerten.
17 Nur wenn die Rechnung publiziert werden muss (börsenkotiert/Anleihen ausstehend).
18 Das Mutterunternehmen selber muss diese Daten nicht erfüllen; sie sind auch nicht identisch mit denjenigen Daten, die die Pflicht zur Wahl eines besonders befähigten Revisors begründen.

§ 22 Publizität und konsolidierte Konzernrechnung

2. Die externe Konsolidierungspflicht der kleinen Aktiengesellschaft

Eine kleine Aktiengesellschaft[19] unterliegt der externen Konsolidierungspflicht, wenn 10% der Aktionäre dies verlangen oder die Konsolidierung für eine zuverlässige Beurteilung der Vermögens- und Ertragslage der (Mutter-)Gesellschaft[20] notwendig ist[21]. Es stellt sich die Frage, unter welchen Voraussetzungen sich die Konsolidierungspflicht nur aus dem Bedürfnis nach einer zuverlässigen Beurteilung der Vermögens- und Ertragslage ergeben kann.

Eine solche zuverlässige Beurteilung ist in denjenigen Fällen nicht mehr möglich, wenn zwischen der Mutter und den Töchtern Vertragsbeziehungen zu Konzernbedingungen bestehen[22], die das Mutterunternehmen über seine Aktionärspflichten hinaus belasten oder über seine Aktionärsrechte hinaus berechtigen. Im ersten Fall erscheinen Erträge und Vermögensteile der Mutter nur in der Rechung der Tochter, im zweiten Fall gewisse Erträge und Vermögensteile der Tochter nur in der Rechnung der Mutter. Das gleiche gilt – mit umgekehrtem Vorzeichen – für Verluste und Schulden. In beiden Fällen ist die zuverlässige Beurteilung der Vermögens- und Ertragslage der Mutter ohne die Erstellung einer konsolidierten Konzernrechnung nicht möglich.

Ohne Konsolidierung ist eine zuverlässige Beurteilung der Vermögens- und Ertragslage nur möglich, wenn zwischen den Konzerngliedern nur zu Marktbedingungen[23] verkehrt wird, wenn das Mutterunternehmen Leistungen nur gestützt auf seine Aktionärsrechte empfängt und nur gestützt auf seine Aktionärspflichten erbringt. In allen anderen Fällen ist zu konsolidieren, auch wenn die objektiv messbaren Voraussetzungen nicht vorliegen. Dass die Konsolidierungspflicht streng zu handhaben ist, ergibt sich auch aus dem Willen des Gesetzgebers: Der bundesrätliche Entwurf wollte alle Konzerne der Konsolidierungspflicht unterwerfen; die genannten Einschränkungen sind erst durch den Nationalrat aus der Überlegung heraus eingefügt worden, dass Kleinkonzerne, die überdies einfach strukturiert sind und nicht durch ein Netz von Einzelbeziehungen vermascht, der allgemeinen Pflicht *nicht* unterliegen sollen. Fehlen diese einfachen Verhältnisse, ist zu konsolidieren.

---

19 Art. 663 Abs.2 OR.
20 Das Gesetz bezieht sich auf das Bedürfnis, die Ertragslage der Mutter zuverlässig feststellen zu können.
21 Art. 663e Abs.3 Ziff.4 OR.
22 Vgl. dazu oben § 15 I Ziff.1 lit.c.
23 Vgl. dazu oben § 15 I Ziff.1 lit.b.

3. Die externe Konsolidierungspflicht des Mutterunternehmens, welches keine Aktiengesellschaft ist

a)   Fragestellung

Die Vorschriften über die externe Konsolidierung sind Teil des Aktienrechts und richten sich dementsprechend an Aktiengesellschaften. Auf andere Gesellschaften sind sie grundsätzlich nicht anwendbar. Das Aktienrecht regelt für die Schweiz die Hauptgesellschaftsform. Seine Normen und insbesondere die durch Rechtsprechung und Lehre ausgearbeitete Anwendung sind in vielen Fällen Grundsätze von allgemeiner gesellschafts- und handelsrechtlicher Bedeutung geworden. Es stellt sich die Frage, ob die neuen Normen des Aktienrechts auf diese Weise auch auf andere Gesellschaftsformen einwirken und zu allgemein anerkannten kaufmännischen Grundsätzen werden können und somit über Art. 959 OR, der für alle Handelsgesellschaften gilt, zur Anwendung gelangen.

b)   Allgemein anerkannte kaufmännische Grundsätze als Gewohnheitsrecht?

Gemäss Art. 959 OR sind Jahresrechnung und Bilanz nach allgemein anerkannten kaufmännischen Grundsätzen zu erstellen. Mit dem Verweis auf die allgemein anerkannten kaufmännischen Grundsätze räumt der Gesetzgeber aussergesetzlichen Normen Gesetzeskraft ein[24]. Sie sind gewohnheitsrechtsähnlich, bilden aber kein Gewohnheitsrecht im Sinne dieses Begriffes[25]; insbesondere fehlt es oft an der langen Übung und an der Überzeugung der Rechtspflicht. Gelänge nur echtes Gewohnheitsrecht im Rahmen anerkannter kaufmännischer Grundsätze zur Anwendung, wäre eine dauernde Fortbildung der allgemein anerkannten kaufmännischen Grundsätze unmöglich, denn Gewohnheitsrecht ist immer stabil, nicht dynamisch, und neue Erkenntnisse könnten in die anerkannten kaufmännischen Grundsätze nicht einfliessen. Der Grund, warum der Gesetzgeber die anerkannten kaufmännischen Grundsätze nicht formuliert hat, war sein Bedürfnis nach einer Norm, die nur formell stabil, aber dafür inhaltlich flexibel ist und welche die Anpassung ihres Inhalts an geltungszeitliche Bedürfnisse sicherstellt[26]. Neue Erkenntnisse können Teil der anerkannten kaufmännischen Grundsätze werden, ohne dass sie Gegenstand der Rechtsüberzeugung und einer langen Übung sein müssen.

---

24   Käfer, Art. 959 N 51.
25   Käfer, Art. 959 N 64.
26   Böckli, N 792.

§ 22 Publizität und konsolidierte Konzernrechnung

c) *Allgemein anerkannte kaufmännische Grundsätze als im Einzelfall festzustellende kaufmännische Praxis*

Die allgemein anerkannten kaufmännischen Grundsätze sind im Einzelfall, im Zeitpunkt ihrer Anwendung, festzustellen. Das macht sie dynamisch und stellt sicher, dass sie immer den neuesten Stand der Entwicklung verkörpern. Bestandteil des Rechts sind somit die jeweils geltenden Regeln, welche der ordentliche Kaufmann anwendet in der Überzeugung, richtig zu handeln. Es stellt sich die Frage, wie im Einzelfall die allgemein anerkannten kaufmännischen Grundsätze zu ermitteln sind: Durch eine demoskopische Analyse der Praxis oder durch einen Blick auf die Wissenschaft und die von ihr anerkannten Grundsätze? Eine Antwort darauf gibt bereits die Bezeichnung im Gesetz als "allgemein anerkannte kaufmännische Grundsätze", die zeigt, dass nicht die Verbreitung der Grundsätze allgemein sein muss, sondern deren Anerkennung. Das demoskopische Element findet allein Berücksichtigung bei der Würdigung der Wissenschaft, nicht bei der Analyse der Praxis[27].

Rein praktische Gründe führen übrigens zum selben Ergebnis, denn ordentliche Kaufleute werden nie Buchführungspraktiken anwenden, die nicht in der Lehre anerkannt sind. Das geschähe mit dem Risiko, im Einzelfall keine Anerkennung zu finden und damit gegen die allgemein anerkannten kaufmännischen Grundsätze zu verstossen. Eine der Lehre widersprechende Praxis, die für das Gericht massgebend sein könnte, kann sich auch aus diesen Gründen gar nicht bilden.

d) *Kodifiziertes Gesellschafts- und Handelsrecht als Gegenstand der allgemein anerkannten kaufmännischen Grundsätze*

Die allgemein anerkannten kaufmännischen Grundsätze sind als Bestandteil des Rechts über die kaufmännische Buchführung[28], des Handelsrechts überhaupt und des Stands der allgemein anerkannten Wissenschaft auch unter Würdigung der rechtlichen Normen der eben zitierten Rechtsgebiete zu ermitteln. Den Normen des Aktienrechts kommt dabei eine qualifizierte Bedeutung zu, denn das Aktienrecht

---

27 So auch Käfer, Art. 959 N 116, der ebenfalls der Lehre gegenüber der verbreiteten Praxis den Vorzug gibt und nicht einer Mischung aus den beiden.
28 Käfer, Art. 959 N 107.

enthält ausführliche Bestimmungen zu Fragen des Buchführungsrechts[29], die allesamt – zum Teil in abgeschwächter Form, im Grundsatz aber immer – Teil der allgemein anerkannten kaufmännischen Grundsätze sind[30].

e) *Konsolidierungspflicht für alle Konzerne mit buchführungspflichtigen Mutterunternehmen.*

Mit der Einführung der externen Konsolidierungspflicht für Konzerne, die von einer Aktiengesellschaft geleitet werden, stellt sich die Frage, ob die Pflicht zur externen Konsolidierung neu nicht nur für Aktiengesellschaften, sondern auch für andere der Buchführungspflicht unterworfene Mutterunternehmen gilt, für welche sie unter dem bisherigen Recht abgelehnt worden war. Weil das neue Recht für die Ermittlung neuer anerkannter kaufmännischer Grundsätze Grundlage sein kann, ist die Frage erneut zu prüfen.

Die Botschaft scheint die Ausweitung dieser Regeln als anerkannte kaufmännische Grundsätze abzulehnen, indem sie nur Aktiengesellschaften als konsolidierungspflichtig bezeichnet[31]. Dieser Einschränkung kommt jedoch keine entscheidende Bedeutung zu: Da es sich um eine Botschaft zur Revision des Aktienrechts handelt, ist es aus formalen Gründen naheliegend, dass im Botschaftstext Aktiengesellschaften als Verpflichtete genannt werden und nicht andere Personen, zumal im Verständnis des Gesetzgebers der Aktienkonzern mit dem Konzern gleichgesetzt wird[32] und daher der Schluss zulässig ist, dass der Gesetzgeber tatsächlich in der Absicht gehandelt hat, für mittlere und grössere Konzerne ganz allgemein die Konsolidierungspflicht zu schaffen.

Von entscheidender Bedeutung ist jedoch der Umstand, dass bei einer Beschränkung der Konsolidierungspflicht auf die Aktiengesellschaft wirtschaftlich identische Situationen ungleich behandelt würden, was auch im Lichte der Möglichkeiten zur Gesetzesumgehung unerwünscht ist: Ob in einem Konzern das Mutterunternehmen eine Aktiengesellschaft mit reiner Holdingfunktion ist oder eine Stiftung[33] oder irgendeine andere Person, ist wirtschaftlich betrachtet das gleiche. Dazu kommt, dass die Konsolidierungspflicht nicht nur zu Gunsten der Aktionäre der Mutter

---

29 Dazu gehören nicht die Vorschriften über die Reservebildung, die materieller Art sind und nicht zum Buchführungsrecht gehören.
30 Allgemeine Geltung der aktienrechtlichen Bewertungsgrundsätze, Revisionshandbuch der Schweiz, Ziff. 2.2, S. 57.
31 Botschaft über die Revision des Aktienrechts vom 23. Februar 1983, S. 74.
32 Botschaft über die Revision des Aktienrechts vom 23. Februar 1983, S. 4ff.
33 die im Handelsregister einzutragen ist; Art. 52 Abs. 1 HRVO i.V. mit Art. 81 Abs.2 ZGB.

besteht, sondern auch zu Gunsten von Drittgläubigern. Deren Interessen wären betroffen, wenn ein Konzern sich durch die Bildung einer formell nicht konsolidierungspflichtigen Mutter dieser Pflicht entziehen könnte. Die Konsolidierungspflicht trifft nicht nur das Mutterunternehmen in der Form der Aktiengesellschaft, sondern auch die anderen der Buchführungspflicht unterstellten Personen.

4. Keine externe Konsolidierungspflicht des nicht buchführungspflichtigen Mutterunternehmens

Auch wenn man den oben in Ziff.2 gemachten Überlegungen folgt und davon ausgeht, dass die Konsolidierungsvorschriften des neuen Aktienrechts auf alle buchführungspflichtigen Gesellschaften anwendbar sind, fehlt in jedem Fall eine Regelung für jene juristischen Einheiten, die nicht der Buchführungspflicht unterliegen und damit auch nicht den allgemein anerkannten kaufmännischen Grundsätzen unterworfen sind. Diese Personen unterliegen folglich auch nicht der externen Konsolidierungspflicht.

5. Die externe Konsolidierungspflicht des Mutterunternehmens, welches zugleich Tochterunternehmen ist

a) Fragestellung

Ein Konzern besteht oft aus mehreren "Generationen"; das Mutterunternehmen hat ein Tochterunternehmen, dieses ein Enkelunternehmen u.s.w. Man spricht in diesem Zusammenhang auch von Konzernen im Konzern oder von Unterkonzernen. Diese Unterkonzerne sind organisatorische Einheiten, die den Gesamtkonzern gliedern; geografisch, thematisch nach Produkten oder nach anderen Kriterien. Die Unterkonzerne verkörpern in der Regel in ihrem geografischen oder thematischen Gebiet den Gesamtkonzern.

Sowohl die interne wie die externe Konsolidierungspflicht richten sich an das Mutterunternehmen. Definiert man das Mutterunternehmen relativ – d.h. in bezug zu einem oder mehreren Tochterunternehmen –, ist jeder Unterkonzern konsolidierungspflichtig. Bezeichnet man nur dasjenige Unternehmen als Mutterunternehmen, welches den Konzern insgesamt leitet, ist ein Konzern nur resp. höchstens einmal konsolidierungspflichtig.

b) Keine Konsolidierungspflicht des ranghöchsten Glieds des Teilkonzerns als Ausgangslage

Gemäss Art. 663f OR sind Zwischengesellschaften von der Konsolidierungspflicht grundsätzlich befreit. Das ergibt sich auch aus dem Bedürfnis der Konsolidierung, nämlich der Betrachtung der wirtschaftlichen Einheit als Ganzes. Ausnahmen vom Grundsatz rechtfertigen sich, wenn die Interessen der Minderheitsaktionäre, der Gläubiger oder Dritter es erfordern.

c) Ausnahme: Konsolidierungspflicht des ranghöchsten Glieds eines Teilkonzerns

Die grundsätzlich fehlende Konsolidierungspflicht für Zwischenunternehmen darf nicht dazu führen, dass wegen des Sitzes des Mutterunternehmens im Ausland oder in einer anderen Rechtsordnung, die keine Konsolidierungspflicht für die Mutter vorsieht, den Berechtigten keine den Anforderungen des schweizerischen Rechts genügende konsolidierte Rechnung vorliegt. Art. 663f Abs.1 stellt daher die Vorschrift auf, dass auf die Konsolidierung nur verzichtet werden kann, wenn das Mutterunternehmen des Zwischenunternehmens eine eigene schweizerischen Massstäben genügende Konsolidierung vornimmt, die durch das Zwischenunternehmen den Berechtigten zur Verfügung gestellt wird.

Gleiches gilt auch dann, wenn das absolute Mutterunternehmen sich nicht im Ausland befindet, sondern in einer anderen Rechtsordnung, in der es keiner Konsolidierungspflicht unterliegt. Die Frage stellt sich nach der hier vertretenen Auffassung[34] allerdings nur bei denjenigen Mutterunternehmen, auf die die Vorschriften des revidierten Aktienrechts auch nicht als Verkörperung der anerkannten kaufmännischen Grundsätze Anwendung finden. Praktisch wird es sich um Mutterunternehmen handeln, die einfache Gesellschaften[35] oder natürliche Personen sind[36].

In jedem Fall ist zu konsolidieren – also auch dann, wenn das Zwischenunternehmen Teil eines Konzerns ist, der eine den schweizerischen Vorschriften entspre-

---

34 Konsolidierungspflicht für alle buchführungspflichtigen Mutterunternehmen; vgl. dazu oben Ziff.3 lit.d.
35 Vgl. dazu oben § 11 III Ziff.1 lit.c.
36 Vgl. dazu oben § 11 II Ziff.1.

§ 22 Publizität und konsolidierte Konzernrechnung 199

chende konsolidierte Konzernrechnung erstellt – wenn 10% der Aktionäre eines Konzernglieds dies verlangen, wenn das Unternehmen Anleihen ausstehend hat[37] oder wenn das Unternehmen an der Börse kotiert ist[38].

IV. Konzernbegriff und Konsolidierungskreis

Der Konzern wird definiert als eine Mehrzahl von juristisch selbständigen Unternehmen, die, einheitlich geleitet, eine wirtschaftliche Einheit bilden. Der Konsolidierungskreis umfasst den ganzen Konzern, also alle Unternehmen, die gestützt auf den Konzernbegriff Konzernglieder sind, mit Ausnahme lediglich derjenigen geringfügigen Grössen, die aus allgemeinen Bilanzierungsvorschriften keine Berücksichtigung finden müssen[39]. Die Identität zwischen Konzern und Konsolidierungskreis führt insbesondere dazu, dass auch Unternehmen in die Konsolidierung einbezogen werden, bei denen das Mutterunternehmen nicht Mehrheitsgesellschafterin ist[40], solange die einheitliche Leitung sichergestellt ist.

Der Konzernbegriff erlaubt trotz seiner Präzision nicht in jedem Fall eine klare Antwort auf die Frage der Konzernqualität. Insbesondere bei Unternehmen, die nicht durch die Mehrheit der Gesellschafteranteile geleitet werden, sind Unsicherheiten denkbar. Der Konzern ist aus diesem Grunde verpflichtet, den Konsolidierungskreis in der konsolidierten Bilanz ausdrücklich zu umschreiben und damit auch den Verzicht auf die Konsolidierung der fraglichen Gesellschaft offenzulegen[41]. Er nimmt durch die Beschreibung des Konsolidierungskreises Stellung zur Konzernqualität jedes einzelnen Tochterunternehmens[42] und gibt damit eine Konzernerklärung ab, wie sie auch vom Vorentwurf zur 9. (Konzernrechts-)Richtlinie vorgesehen ist[43].

V. Die Art und die Vornahme der konsolidierten Konzernrechnung

Art. 663g OR verweist zur Art und zur Vornahme der konsolidierten Konzernrechnung auf die Grundsätze ordnungsgemässer Rechnungslegung. Die konsolidierte

---

37 Art. 663f Abs.2 i.V. mit Art. 697h OR.
38 Konsolidierungspflicht, wenn an der Börse kotiert; Art. 663f i.V. mit Art 697h OR.
39 Böckli, N. 1205.
40 So ausdrücklich: Revisionshandbuch der Schweiz, Ziff.5.3, S. 108
41 Art. 663g Abs.2 OR.
42 Ausnahme: Art. 663h; Vgl. dazu auch Böckli, N. 1206.
43 Art. 7 (Verweis auf 4. [Jahresabschluss-]Richtlinie Art. 41 Ziff.2).

Konzernrechnung ist *ausschliesslich* eine Informationsquelle für Aktionäre, Konzerngläubiger und andere Dritte; sie ist *nicht* auch ein Instrument des Verkehrs- und Gläubigerschutzes wie die Jahresrechnung der Gesellschaft, an die der Gesetzgeber insbesondere auch die Rechtsfolgen des Art. 725ff OR knüpft. Das Mutterunternehmen ist bei der Erstellung der konsolidierten Konzernrechnung nicht an Art. 662a OR und 664ff OR gebunden; es kann von diesen Bestimmungen abweichen, insbesondere vom in Art. 665 OR verankerten Niedrigstwertprinzip, und alle Aktiven zum Zeitwert bilanzieren. Dem Informationsbedürfnis der Aktionäre, der Konzerngläubiger und der anderen Dritten genügt es, wenn sie wissen, nach welchen Grundsätzen konsolidiert und bewertet worden ist. Diesem Bedürfnis wird durch Art. 663g Abs.2 OR, entsprochen, der die Gesellschaft verpflichtet, die Konsolidierungs- und Bewertungsregeln zu nennen, die zur Anwendung gelangt sind.

VI. Insbesondere Bilanzierung von Anteilen an Tochterunternehmen

1. Fragestellung

Das Mutterunternehmen, welches das Tochterunternehmen über eine Beteiligung am Kapital kontrolliert, kann in seiner eigenen Bilanz diese Beteiligung als Aktivum aufführen. In einer konsolidierten Bilanz – in einer Betrachtungsweise, die das Ganze sieht – tritt an die Stelle des Werts der Beteiligung am Tochterunternehmen die Summe der Werte der Beteiligung, die dieses Tochterunternehmen ausmacht. Diese beiden Werte sind in der Regel nicht gleich hoch; für ein Tochterunternehmen bezahlt das Mutterunternehmen entweder zuviel oder zuwenig.

Dazu kommt, dass in vielen Fällen das Mutterunternehmen nicht alle Gesellschafteranteile des Tochterunternehmen hält. Im Extremfall hält es überhaupt keine Anteile des Tochterunternehmens, sondern kontrolliert dieses auf andere Weise[44]. Weil nicht nur die Tochter, deren Werte als Aktivum in der konsolidierten Bilanz erscheinen, zum Konsolidierungskreis gehört, sondern auch die Mutter, die unter ihren Werten auch die Beteiligung an der Tochter hält, stellt sich die Frage, wie solche Anteile zu konsolidieren sind.

---

44 Vgl. dazu unten Ziff.4.

§ 22 Publizität und konsolidierte Konzernrechnung

2. Die Kapitalkonsolidierung

a) Ausgangslage

Der Wert, welchen ein Tochterunternehmen verkörpert, erscheint in der Bilanz des Mutterunternehmens indirekt als Beteiligungsbuchwert und in der Konzernbilanz direkt in Form der einzelnen Werte, die die Gesamtaktiven des Tochterunternehmens[45] ausmachen. Zweimal kann dieser Wert in der Konzernbilanz nicht erscheinen; es stellt sich die Frage, wie diese Werte zu saldieren sind. Für die Erstkonsolidierung, also diejenige Konsolidierung, die unmittelbar nach der Gründung oder dem Erwerb des Tochterunternehmens erfolgt, wird in allen Buchführungssystemen einheitlich vorgegangen.

b) Kapitalkonsolidierung bei der Erstkonsolidierung; Kapitalaufrechnungsdifferenz

Bei allen Methoden wird der Kapitalwert, d.h. das konsolidierungspflichtige Kapital des Tochterunternehmens (Aktienkapital, Reserven, Gewinn- und Gewinnvorträge) mit dem Beteiligungsbuchwert verrechnet. In der Konzernbilanz erscheint das konsolidierungspflichtige Kapital konsolidiert; der Beteiligungsbuchwert erscheint nicht mehr. In der Regel entsteht bei dieser Operation eine Differenz, die Kapitalaufrechnungsdifferenz, die aktiv oder passiv sein kann.

Übersteigt der Beteiligungswert das Eigenkapital oder den Kapitalwert des Tochterunternehmens, ist die Kapitalaufrechnungsdifferenz aktiv: Das Mutterunternehmen hat dann für das Tochterunternehmen einen höheren Preis bezahlt, zum Beispiel weil das Tochterunternehmen stille Reserven aufweist oder über einen nicht bilanzierbaren Goodwill verfügt. Ist auf der anderen Seite der Kapitalwert des Tochterunternehmens grösser als der Beteiligungswert, hat das Mutterunternehmen das Tochterunternehmen besonders günstig erwerben können, möglicherweise wegen seiner speziellen Situation im Übernahmefall.

c) Folgekonsolidierungen: Deutsche Methode

Differenziert wird erst in den Folgekonsolidierungen. Die eine Methode, deutsche Methode genannt, die in der Schweiz die verbreitetste ist[46], die aber der 7. EG-

---

45 In der Literatur zum Bilanzrecht auch als Eigenkapital bezeichnet. Ungeschickt, weil von Eigenkapital im Sinne von Gesellschaftskapital grundverschieden. Besser: Kapitalwert.
46 Auch nach FER 2 Ziff.7 bleibt sie zulässig.

Richtlinie widerspricht und aus diesem Grund an Bedeutung verlieren wird, sieht vor, dass der Beteiligungsbuchwert mit dem am jeweiligen Bilanzstichtag geltenden Kapitalwert des Tochterunternehmens neu verrechnet wird. Die Kapitalaufrechnungsdifferenz ändert sich folglich von Konsolidierung zu Konsolidierung.

d) *Folgekonsolidierungen: Angelsächsische Methode*

Die Mängel der deutschen Methode – insbesondere die durch die immer wieder neu erfolgende Verrechnung bedingte schlechte Transparenz[47] – waren Grund dafür, dass sich die EG in ihrer 7. Gesellschaftsrechtsrichtlinie für die andere, die sogenannte angelsächsische Methode entschieden hat: Bei dieser Methode bleibt die Kapitalaufrechnungsdifferenz auch in den Folgekonsolidierungen unverändert: Die nicht ausgeschütteten Gewinne des Tochterunternehmens werden in einem separaten Bilanzposten wie die Gewinnreserven des Mutterunternehmens und der anderen Tochterunternehmen in die Konzernbilanz aufgenommen[48].

3. Die Konsolidierung von Minderheitsanteilen

a) *Fragestellung*

Ein Tochterunternehmen kann Bestandteil eines Konzerns sein, ohne dass seine Beteiligungsrechte vollständig in den Händen des Mutterunternehmens sind. Das Tochterunternehmen wird in solchen Fällen dann oft als *x*%ige Tochter des Mutterunternehmens bezeichnet. In diesen Fällen stellt sich die Frage, wie ein solches Tochterunternehmen zu konsolidieren ist: voll oder der Beteiligungsquote entsprechend.

b) *Quotenkonsolidierung*

Bei der Quotenkonsolidierung wird nur derjenige Teil der Aktiven und Passiven der Gesellschaft konsolidiert, der der Beteiligungsquote entspricht. Diese Methode ist

---

47 Die nicht zur Ausschüttung gelangenden Gewinne, die seit der Konzernierung erarbeitet wurden, lassen sich wegen der jährlichen Verrechnung nicht erkennen. Ein beim Erwerb bezahlter Mehr- oder Minderwert kann nur ausserhalb der jeweiligen Konsolidierung festgestellt werden; Der bezahlte Goodwill verschwindet in der Verrechnung; Revisionshandbuch der Schweiz, 5.3, S. 115.
48 Böckli, N 1221.

§ 22 Publizität und konsolidierte Konzernrechnung

in der schweizerischen Praxis eher selten[49]. Die Quotenkonsolidierung negiert die Tatsache der wirtschaftlichen Einheit; für sie gibt es einheitlich geleitete Teile eines Tochterunternehmens[50], die nicht Teil der wirtschaftlichen Einheit sind.

c) *Vollkonsolidierung*

Die Praxis in der Schweiz geht indessen – richtigerweise – von der Tatsache der wirtschaftlichen Einheit aus und folgt dementsprechend dem Prinzip der Vollkonsolidierung[51]. Dabei werden alle zu bilanzierenden Werte und Verpflichtungen des Tochterunternehmens zu ihrem vollen Wert (d.h. zu 100%) in die Konzernrechnung aufgenommen, auch wenn die Beteiligungsquote geringer ist. Die Anteile der Minderheitsaktionäre resp. derjenigen Aktionäre oder Gesellschafter, die nicht die einheitliche Leitung ausüben, werden als besondere Positionen in der Konzernrechnung ausgewiesen.

4. **Insbesondere die Konsolidierung von Tochterunternehmen, an welchen keine Anteile gehalten werden**

Mit der eben betrachteten Problematik der Konsolidierung von Anteilen von Minderheitsgesellschaftern verwandt ist die Frage, wie Tochterunternehmen zu konsolidieren sind, an denen überhaupt keine Anteile gehalten werden. Die Anwendung der Quotenkonsolidierung führte dazu, dass Tochterunternehmen, an denen das Mutterunternehmen keine Anteile hält, nicht konsolidiert werden müssten. Der Konsolidierungskreis würde gegenüber dem Kreis der Konzernmitglieder eingeengt[52]. Als Alternative dazu bleibt nur die Vollkonsolidierung: Das Tochterunternehmen ist Teil der wirtschaftlichen Einheit und wird entsprechend konsolidiert. Die Anteile der (konzernfremden[53]) Gesellschafter werden demzufolge gleichbehandelt, wie wenn es sich bei diesen um Minderheitsgesellschafter handeln würde. Die entsprechenden Bilanzposten werden einfach grösser.

---

49 Ausnahme: EBK-Konsolidierungsrichtlinie, zit. in Bachmann, S. 45; damit wird bezweckt, dass die konsolidierte Eigenmittelunterlegung besser geprüft werden kann.
50 Die einheitliche Leitung erstreckt sich immer auf das ganze Unternehmen und nicht nur auf denjenigen Teil des Unternehmens, der dem Prozentsatz der Beteiligung entspricht.
51 Revisionshandbuch der Schweiz, 5.3., S.120; FER 2 Ziff.3.
52 Aus diesem Grund steht das Prinzip der Quotenkonsolidierung im Widerspruch zur anerkannten Umschreibung des Konsolidierungskreises, der alle Konzernmitglieder umfasst.
53 Das Revisionshandbuch behandelt die Frage der Voll- oder Quotenkonsolidierung immer nur im Zusammenhang mit Minderheitsanteilen. Der zutreffende, weil für alle Fälle anwendbare Begriff der konzernfremden Gesellschafter kommt nur an einem Ort vor und wird demjenigen des Minderheitengesellschafters gleichgestellt.

§ 23 Einheitlicher Besitz des Konzerns

I. Ausgangslage

1. Besitz als tatsächliche Beziehung

Das Verhältnis zwischen Besitzer und dem Gegenstand des Besitzes ist auch tatsächlicher Natur[1], und sein Bestand ist unabhängig von der rechtlichen Berechtigung an der Sache, an der er besteht. Beziehungen, die an tatsächliche Verhältnisse und nicht an formelle Berechtigungen anknüpfen, sind aus konzernrechtlicher Hinsicht von besonderem Interesse: Es stellt sich die Frage, ob das Mutterunternehmen zu Gegenständen, an denen nur die Tochter formell berechtigt ist, gestützt auf seine einheitliche Leitung eine tatsächliche Herrschaftsbeziehung haben kann, die ihm, vermittelt durch das Tochterunternehmen, Besitz an diesen Gegenständen verschafft.

2. Besitz als Anknüpfungspunkt von Rechtsfolgen

Die Besitzesbeziehungen im Konzern sind von praktischem Interesse, denn das Recht knüpft zahlreiche Rechtsfolgen und -vermutungen an den Besitz. Neben denjenigen Rechtsfolgen, die unter den Titeln Besitzesschutz, Rechtschutz und Verantwortlichkeit im ZGB in den Art. 926ff geregelt sind[2], ist der Besitz auch Anknüpfungspunkt für die Fragen der tatsächlichen Herrschaftsbeziehungen im Recht der Kausalhaftungen[3].

3. Der mehrfache Besitz

An der gleichen Sache können mehrere Besitz haben; aus gleichem Rechtsgrund oder aufgrund verschiedener Rechtsverhältnisse. Wer die Sache als Eigentümer besitzt, ist selbständiger Besitzer, ansonsten unselbständiger Besitzer[4]. Übt der Besitzer die direkte Sachherrschaft selber aus – allein oder zusammen mit anderen – ist

---

[1] Stark, Kommentar, Art. 919 N 18.
[2] Art. 926–929, Besitzesschutz; Art. 930–937, Rechtschutz, Schutz des gutgläubigen Erwerbers; Art. 938–940, Verantwortlichkeit des gutgläubigen und bösgläubigen Besitzers
[3] Stark, Kommentar, Art. 919 ZGB, N 52 und § 34 unten.
[4] Stark, Kommentar, Art. 920 ZGB, N 7ff.

§ 23 Einheitlicher Besitz des Konzerns

er unmittelbarer Besitzer; leitet er seinen Besitz von der Sachherrschaft eines anderen – eines Besitzmittlers[5] – ab, besitzt er mittelbar[6].

II. Besitzverhältnisse im Konzern

1. Der Besitz mehrerer juristischer Personen an der gleichen Sache

Das Organ, welches seiner juristischen Person den Besitz vermittelt, steht in einer dem Besitzdiener ähnlichen Stellung[7] und ist selber nicht Besitzer[8]. Es liegt beim durch das Organ vermittelten Besitz immer nur der unmittelbare Besitz der juristischen Person vor. Vermitteln mehrere Organe mehreren juristischen Personen den Besitz an der gleichen Sache, liegt an ihr mehrfacher Besitz mehrerer juristischer Personen vor. Dieses Ergebnis wird auch erreicht, wenn das gleiche Organ als Doppelorgan mehreren juristischen Personen, die unabhängig voneinander oder in einem Konzern verbunden sein können, an der gleichen Sache Besitz vermittelt. Die natürliche Person kann als Organ zweier juristischer Personen, die gemeinsam eine Sache erwerben, als Doppelorgan beiden juristischen Personen Besitz vermitteln. Ebenso kann sie als Organ des Mutterunternehmens den selbständigen mittelbaren Besitz an der in seinem Eigentum stehenden Sache für dieses ausüben und zugleich der Tochter, welche diese Sache nutzt, den unselbständigen unmittelbaren Besitz verschaffen.

2. Der Besitz des Mutterunternehmens und des Tochterunternehmens an der gleichen Sache

a) Der Besitz mehrerer konzernfreier juristischen Personen an der gleichen Sache

Das den Besitz vermittelnde Organ kann Organ des Mutter- und des Tochterunternehmens sein und in dieser Funktion beiden Unternehmen Besitz vermitteln; den vollen Besitz je an einem Teil der Sache oder den Teilbesitz an der ganzen Sache. Mehrere Gesellschaften können gemeinsam an Sachteilen einer Sache Besitz und Eigentum ausüben, entweder als Miteigentümer oder als Eigentümer zur gesamten Hand. Werden beide Gesellschaften durch das gleiche Organ vertreten, vermittelt das gleiche Organ beiden Gesellschaften je ihren Sachteil.

---

5   Stark, Kommentar, a.a.O.
6   Stark, Kommentar, a.a.O.
7   Stark, Kommentar, Art. 919 ZGB N 47.
8   Staudinger/Bund, N 45 zu § 854.

b)   Der Besitz mehrerer Konzernglieder an der gleichen Sache

Anders liegen die Dinge beim Teilbesitz von Mutter und Tochter. Der mehrfache Besitz an der gleichen Sache ist in diesen Fällen die Folge von Leitungshandlungen des Mutterunternehmens und von Vertragsbeziehungen, welche die Eingliederung in den Konzern fördern sollen. Führen die Leitungs- und Eingliederungshandlungen zum unmittelbaren Besitz der Tochter, zum Beispiel an einer Produktionsstätte oder an einem Fahrzeug[9], stellt sich immer die Frage, ob das den Besitz vermittelnde Organ nur für das Tochterunternehmen wirkt oder auch für das Mutterunternehmen. Solche zusätzlichen Besitzesbeziehungen im Konzern können ausdrücklich gewollt sein – so insbesondere beim mittelbaren selbständigen Besitz des Mutterunternehmens, das zum Beispiel eine sich in seinem Eigentum befindliche Sache an die Tochter vermietet – oder sich aus der Ausgestaltung der Beziehungen zwischen den beiden Konzerngliedern ungewollt ergeben, wie etwa beim unmittelbaren Besitz von Tochter- und Mutterunternehmen zugleich[10].

3.   Das Mutterunternehmen als mittelbarer selbständiger Besitzer

Einfach liegen die Dinge, wenn das Mutterunternehmen als Eigentümer und selbständiger Besitzer den Besitzgegenstand dem Tochterunternehmen überlässt, was dieses zum unselbständigen unmittelbaren Besitzer macht. Der Besitz des Mutterunternehmens ist in diesen Fällen Eigenbesitz, d.h. er stützt sich auf ein formelles Recht – in der Regel Eigentum – an der Sache. Handelt das Tochterunternehmen durch ein Organ, welches auch Organ des Mutterunternehmens ist, vermittelt das gleiche Organ dem Tochter- und dem Mutterunternehmen den Besitz wie im konzernfreien Verhältnis: dem Tochterunternehmen direkt, dem Mutterunternehmen, das den mittelbaren Besitz ausübt, indirekt über das Tochterunternehmen.

4.   Das Mutterunternehmen als unmittelbarer unselbständiger Besitzer?

a)   Fragestellung

Schwieriger wird die Sachlage, wenn das Mutterunternehmen kein eigenes formelles Recht am Besitzgegenstand hat und keinen durch das Tochterunternehmen vermittelten mittelbaren Besitz; wenn das Tochterunternehmen seinerseits selbständig – es ist an der Sache formell berechtigt – und unmittelbar – es übt den Besitz

---

9   Zu den haftungsrechtlichen Konsequenzen solcher Beziehungen vgl. unten § 34.
10   Vgl. dazu unten Ziff.4.

§ 23 Einheitlicher Besitz des Konzerns

direkt und selber aus – besitzt. Der Mitbesitz des Mutterunternehmens liegt in diesen Fällen nur vor, wenn es durch ein Doppelorgan neben der Tochter unmittelbar besitzt.

b) Sachherrschaft des Mutterunternehmens?

Ob das Mutterunternehmen selber unmittelbar besitzt, hängt nicht nur davon ab, ob das Organ die Sachherrschaft hat – davon ist einmal auszugehen –, sondern vielmehr davon, ob das Organ bei der Ausübung seiner Sachherrschaft auch im Geschäftsbereich des Mutterunternehmens handelt oder nur für die Tochter[11]; ob, in anderen Worten, die durch das Organ vermittelte Sachherrschaft auch zwischen dem Mutterunternehmen und der Sache vorliegt. Weil sie eine rein tatsächliche Beziehung und keine formelle[12] ist, kann die Sachherrschaft insbesondere auch dann vorliegen, wenn formelle Verknüpfungen fehlen wie im Konzern zwischen dem Mutterunternehmen und den formell der Tochter gehörenden Sachen; weil formelle Verknüpfungen fehlen, ist kein mittelbarer Besitz der Mutter am Gut der Tochter denkbar, sondern nur ein unmittelbarer, den beide zusammen ausüben, ähnlich dem unselbständigen unmittelbaren Besitz des Ehegatten am Hausrat, der dem anderen Ehegatten gehört, mit dem er im gemeinsamen Haushalt lebt[13].

Die besitzverschaffende Sachherrschaft liegt nur vor, wenn die tatsächliche Gewalt verbunden mit Besitzeswillen über eine Sache ausgeübt wird. Das erste Erfordernis kann im Konzern immer vorliegen, denn das Mutterunternehmen übt, gestützt auf seine einheitliche Leitung, immer auch die tatsächliche Gewalt über Sachen aus, die sich im Eigentum von Konzerngesellschaften befinden. Das Mutterunternehmen ist aber trotz seiner tatsächlichen Gewalt nicht in jedem Fall Besitzer dieser Gegenstände, weil ihm in vielen Fällen der Besitzwille fehlt. Der Besitzwille auch der Mutter liegt vor, wenn das Organ, welches der Tochter den Besitz vermittelt hat, auch Organ der Mutter ist *und* dabei im Interesse *auch* der Mutter und des Konzerns gehandelt hat[14]. Die Besitzausübung durch das Doppelorgan auch für und im Interesse der Mutter ist anzunehmen, wenn zwischen Tochter und Mutter eine Identität der Interessen besteht und die Besitzverschaffung für die Tochter auch im Interesse der Mutter lag; in diesem Fall ist mit der Tochter auch die Mutter Besitzerin geworden.

Das Mutterunternehmen, welches seine einheitliche Leitung innerhalb des Tochterunternehmens durch ein Doppelorgan ausübt, kann zum Besitzer am Gut des Tochterunternehmens werden, auch wenn es an diesem Gut kein Eigentumsrecht

---

11 Staudinger/Bund, N 45 zu § 854.
12 Statt vieler: Hedinger, S. 16 und die dort zitierten.
13 Stark, Kommentar, Art. 920 ZGB, N 41.
14 Staudinger/Bund, N 45 zu § 854.

ausübt. Gestützt auf diese Ausgangslage kann das Mutterunternehmen im Kausalhaftungsrecht als Halter[15] oder als Inhaber auch von formell der Tochter gehörenden Anlagen betrachtet und haftbar gemacht werden[16].

---

15 Gegenüber dem Besitz ist der Halterbegriff durch den Verweis auf den wirtschaftlichen Nutzen des Halters präziser definiert.
16 Vgl. dazu unten § 34.

§ 24 Persönlichkeitsrechte des Konzerns

I. Einleitung

1. Einheitliche Erscheinung des Konzerns

Der Konzern ist eine einheitlich geleitete wirtschaftliche Einheit. Dementsprechend tritt er in der Öffentlichkeit in vielen Fällen einheitlich auf[1]. Dieses einheitliche Auftreten geht in vielen Fällen so weit, dass aussenstehende Dritte[2] den Konzern nicht als Konzern, sondern als einheitliches Unternehmen wahrnehmen. In vielen Fällen jedoch – insbesondere bei der Beurteilung von Rechtsbeziehungen zwischen Aussenstehenden und Konzerngliedern – können Fragen, die sich aus dem einheitlichen Erscheinungsbild des Konzernes ergeben, ausser acht gelassen werden; nämlich immer dann, wenn der Aussenstehende die Konzernqualität erkannt hat und weiss, mit welchem Konzernglied er es zu tun hat[3]. Adressaten des Erscheinungsbildes des Konzerns nach aussen sind jedoch nicht diejenigen, die zu den Konzerngliedern in Rechtsbeziehungen stehen, sondern die echten Dritten, die den Konzern ausschliesslich aufgrund seines selbstgewählten oder diktierten[4] Erscheinungsbildes wahrnehmen. Ihnen gegenüber erscheint der Konzern in der Regel als Einheit.

2. Der Konzern als einheitlicher Träger eines einheitlichen Persönlichkeitsrechts?

Die Persönlichkeitsrechte und das Namens- und Firmenrecht der juristischen Personen enthalten insbesondere auch den Anspruch, gegen aussen eine den Tatsachen entsprechende Geltung zu haben[5]. Vom einheitlichen Erscheinungsbild des Gesamtkonzerns ausgehend, stellt sich die Frage, ob die Rechte an diesem Erscheinungsbild und den dadurch verkörperten Werten ebenfalls einheitlich sind; ob die Persönlichkeitsrechte insgesamt und insbesondere das Namens- und Firmenrecht, aber auch die wirtschaftlichen Persönlichkeitsrechte dem Konzern als Ganzem zustehen oder nur dem einzelnen betroffenen Konzernglied.

---

1 Trotz der durch die Konsolidierungspflicht gegebenen Pflicht zur Spezifizierung der Beteiligungen (Nennung des Konsolidierungskreises) kann ein Konzern nach aussen uneinheitlich auftreten, denn die Konzernrechnung ist nur beim Vorliegen der in Art. 697h OR festgelegten Voraussetzungen öffentlich.
2 Also insbesondere solche, die mit keinem der Konzernteile in einer vertraglichen oder anderen Beziehung stehen.
3 Vgl. zum Irrtum über die konzernseitige Vertragspartei § 25 III.
4 Durch die öffentliche Meinung, u.s.w.; vgl. unten III Ziff.1 lit.c.
5 Pedrazzini, Personenrecht, S. 149.

II. Träger von Persönlichkeitsrechten

1. Träger der Persönlichkeitsrechte im formellen Sinn

Aktivlegilimiert oder Träger von Persönlichkeitsrechten im formellen Sinn können ausschliesslich natürliche und juristische Personen[6] sein, nicht aber Personengruppen und andere Einheiten, die in ihrer Gesamtheit nicht mit eigener Persönlichkeit ausgestattet sind. Sind solche Personengruppen Ziel einer Persönlichkeitsverletzung, kann eine Abwehr nur erfolgen, wenn sich der Angriff zugleich auch gegen einen Träger von Persönlichkeitsrechten im formellen Sinn richtet[7], zum Beispiel in der Form einer mittelbaren Schädigung. Es liegt in diesen Fällen aber immer nur eine Persönlichkeitsverletzung der betroffenen Personen vor und nicht der Gruppe insgesamt[8].

2. Andere Träger von Persönlichkeitsrechten

a) Fragestellung

Es stellt sich im Anschluss daran die Frage, ob der Kreis der Aktivlegitimierten identisch ist mit dem Kreis der Träger von Persönlichkeitsrechten oder ob daneben noch weitere Personengruppen bestehen, die nicht aktivlegitimiert sind, aber in ihrer Gesamtheit und als Einheit Träger von Persönlichkeitsrechten sind.

b) Die Aktivlegitimation als Grundlage der Persönlichkeitsrechte?

Die Bezugnahme auf die Aktivlegitimation bei der Umschreibung der Träger eigener Persönlichkeitsrechte und ihre Einschränkung auf natürliche und juristische Personen sowie auf Gesellschaften, denen das Recht im Aussenverhältnis die Rechts- und Handlungsfähigkeit erteilt, hat seinen Grund im Umstand, dass nur solche Personen und Gemeinschaften überhaupt einheitlich auftreten können. Andere Träger von Persönlichkeitsrechten – sofern es sie überhaupt gibt – können dies nicht und sind darauf angewiesen, dass ein Aktivlegitimierter aus ihren Reihen für sie insgesamt auftritt. Die Bezugnahme auf die Aktivlegitimation hat verfahrenstechnische Gründe und ist nicht Folge des Persönlichkeitsrechts. Das zeigt sich in

---

6   Und Gesellschaften, denen das Recht im Aussenverhältnis Rechts- und Handlungsfähigkeit zuerkennt; Pedrazzini, Personenrecht, S. 149.
7   Was der Fall ist, wenn die angegriffene Personengruppe oder der verwendete Sammelbegriff derart begrenzt ist, dass sich der Angriff sichtbar auch auf die einzelnen Personen dieser Gruppe richtet.
8   Pedrazzini, Personenrecht, S. 150.

§ 24 Persönlichkeitsrechte des Konzerns

denjenigen Fällen deutlich, in denen der Gesetzgeber Repräsentanten von Personengruppen, die nicht einheitlich auftreten können, in Einzelfällen die Aktivlegitimation verleiht, wie zum Beispiel in UWG Art. 10.

c)   *Die Persönlichkeit als Grundlage der Persönlichkeitsrechte*

Die Persönlichkeitsrechte bezwecken den Schutz der Persönlichkeit ihrer Träger. Die Persönlichkeit der Personengemeinschaft wird in diesem Sinne verstanden als die Gesamtheit derjenigen Attribute, die der Gruppe, die als solche auftritt[9], aufgrund ihrer Geltung gegenüber Dritten zukommt; als der gute Ruf im weitesten Sinn[10], als Teil des Erscheinungsbildes gegen aussen, das ganz wesentlich die Geltung seines Trägers mitprägt. Dieses Erscheinungsbild ist immer Resultat zweier Quellen: Es ergibt sich aus Einwirkungen von aussen und aus eigenen Willensbildungen seines Trägers. Den Einwirkungen von Aussen unterliegen alle Personen und Gruppen mit einem oder mehreren gemeinsamen Merkmalen gleichermassen. Indessen sind nicht alle in ihrer Gesamtheit verletzbaren Gruppen in der Lage, ihre gewollte Geltung nach Aussen selber zu definieren. Nur wer in der Lage ist, einen einheitlichen Willen zu bilden, und wer die Fähigkeit hat, gemäss diesem Willen zu handeln[11], hat überhaupt eine Persönlichkeit[12] und bedarf folglich des Schutzes des Persönlichkeitsrechts. Wird eine Gruppe von Personen, die zufällig beieinanderstehen, angegriffen, kann sie sich als Ganzes nicht wehren, weil sie wegen der fehlenden Fähigkeit, einen einheitlichen Willen zu bilden, keine Persönlichkeit hat. Nur die einzelne Person ist, soweit sich der Angriff auch auf sie selber gerichtet hat, verletzt.

3.   Träger von wirtschaftlichen Persönlichkeitsrechten

Je enger eine solche Gruppe innerlich verflochten ist, desto grösser ist auch die Summe derjenigen Faktoren, welche die gemeinsame Persönlichkeit ausmachen und somit auch die Summe der unter dem Persönlichkeitsrecht geschützten Rechte. Verfolgen die Teile der Gruppe zum Beispiel gemeinsame wirtschaftliche Interes-

---

9   Eine Gruppe, die nicht als Gruppe in Erscheinung tritt, ist daher auch keine Persönlichkeit; vgl. unten III Ziff.1 lit.c.
10   Pedrazzini, Personenrecht, S. 135.
11   Pedrazzini, Personenrecht, S. 150.
12   Soweit das Wort "Persönlichkeit" in diesem Paragraph verwendet wird, bezieht es sich immer nur auf die Persönlichkei als Träger von Persönlichkeitsrechten und nicht auf die Rechtspersönlichkeit im Sinne von Art. 11f ZGB.

sen, liegen Persönlichkeitsverletzungen auch dann vor, wenn die Angriffe gegen einzelne Teile oder gegen die Gruppe insgesamt nicht nur den guten Ruf, sondern auch die wirtschaftlichen Interessen der Gruppe schädigen[13].

In Einzelfällen geht der Gesetzgeber sogar über diesen Schutz der wirtschaftlichen Persönlichkeitsrechte hinaus, indem er Gruppen schützt, die wegen ihrer fehlenden Eigenschaft, einen einheitlichen Willen zu bilden, nicht über eine Persönlichkeit verfügen. Das Gesetz über den unlauteren Wettbewerb versieht Verbände und Organisationen, welche die wirtschaftlichen Interessen ihrer Mitglieder verfolgen[14], mit der Aktivlegitimation. Sie können die wirtschaftlichen Interessen auch von Berufsgruppen u.s.w. wahren.

III. Persönlichkeitsrechte des Konzerns

1. Der Konzern als Träger von Persönlichkeitsrechten

a) Grundsatz

Der Konzern ist eine Mehrheit von Unternehmen, der unter einheitlicher Leitung einen einheitlichen Willen hat und durch die Leitungsmechanismen die Fähigkeit, diesem Willen gemäss zu handeln. Ergebnis dieses einheitlichen Willens ist auch sein Auftreten in der Öffentlichkeit und somit – soweit es von ihm selber abhängt – sein Erscheinungsbild. Die im Konzern zusammengefassten Unternehmen bilden aus diesem Grunde eine rechtlich zu schützende Unternehmenseinheit[15] oder besser eine Unternehmenspersönlichkeit.

b) Insbesondere die Persönlichkeit des einheitlich auftretenden Konzerns

Viele Konzerne treten einheitlich, zum Beispiel mit dem gleichen kennzeichnenden Namensbestandteil oder dem gleichen Logo, auf. Dieser Einheit entsprechend richten sich in der Regel allfällige Persönlichkeitsverletzungen auf das Ganze[16]. Wird ein Konzernglied in diesem Sinn angegriffen und seine Persönlichkeit verletzt, sind es auch die anderen Konzernglieder, weil der Angriff in seiner Breite sie ebenfalls miterfasst[17]. Trotzdem ist auch beim einheitlich auftretenden Konzern die Persönlichkeit des Konzerns als Ganzes von Bedeutung; kommt die Persönlichkeit

---

13 Pedrazzini, Personenrecht, S. 140 und BGE 82 II 376f.
14 Art. 10 UWG.
15 Druey, Geheimssphäre, S. 169f; Arnold, Recht am Unternehmen; S. 38; Isay, S. 103ff; Rehbinder, S. 552.
16 "XY verschmutzt die Meere" statt "YX (Italia) S.p.A. verschmutzt die Meere".
17 Auch Rehbinder, S. 558.

§ 24 Persönlichkeitsrechte des Konzerns

dem ganzen Konzern zu und nicht nur seinen Gliedern, kann das Mutterunternehmen sich in jedem Fall gegen die Persönlichkeitsverletzung wehren. Der Einwand des Verletzenden, wonach sein Angriff nicht gegen den Konzern oder das Mutterunternehmen gerichtet gewesen sei, sondern allein gegen ein anderes Konzernglied, ist ohne Belang.

c) *Insbesondere die Persönlichkeit des als Einheit erkennbaren Konzerns*

Nicht alle Konzerne treten gegenüber Dritten einheitlich auf. Trotzdem werden viele von ihnen von Dritten als Einheit beurteilt, weil sie dadurch als Einheit erkennbar sind, dass ihre Glieder zum Beispiel zwar keinen einheitlichen Firmenbestandteil verwenden, aber graphisch ähnliche gestaltete Logos oder Schriftzüge, oder weil Dritte, z.B. die Presse, das angegriffene Konzernglied mit dem Gesamtkonzern in Verbindung bringen. Ohne selbständige Bedeutung des Konzernpersönlichkeitsrechts könnte sich das Mutterunternehmen nicht gegen die Verletzung der Konzernpersönlichkeit wehren. Die Verletzung eines als Konzernglied erkennbaren Unternehmens eines nicht einheitlichen Konzerns ist oft zu zielgerichtet, als dass sie das ebenfalls geschädigte Mutterunternehmen unmittelbar miterfasste[18].

Die als Einheit erkennbaren Konzerne weisen jedoch die persönlichkeitsbildenden Voraussetzungen auf; sie sind fähig, einen einheitlichen Willen zu bilden und werden von Dritten als Einheit wahrgenommen. Konzerne, die als Einheit erkennbar sind, sind Persönlichkeiten, die einen einheitlichen Persönlichkeitsschutz geniessen. Wer ein Konzernglied eines solchen Konzerns schädigt, weiss oder muss wissen, dass er damit unter Umständen den ganzen Konzern trifft. Verletzungen einer Gesellschaft, die erkennbar Teil eines Konzerns ist, sind in vielen Fällen nur formal gegen das verletzte Unternehmen gerichtet, während tatsächlich eine Verletzung des Konzerns als Ganzes beabsichtigt war.

d) *Insbesondere die Persönlichkeit des als Einheit nicht erkennbaren Konzerns*

Nur der Konzern, der gegenüber Dritten nicht als Konzern erkennbar ist, bildet in seiner Gesamtheit keine Persönlichkeit, denn er bildet Dritten gegenüber keine als solche erkennbare Einheit, wie sie für den Persönlichkeitsbegriff wesentlich ist. Wer ein Konzernglied eines nicht als Einheit erkennbaren Konzerns in seiner Persönlichkeit verletzt, verletzt nur dieses und nicht den Konzern als Ganzes. Der von Rehbinder[19] als Argument gegen die Persönlichkeit des Konzerns vorgebrachte Einwand, wonach die Person, die ein Konzernglied schädige, nicht mit Ersatzan-

---

18 Ein Vorwurf gegen die X AG trifft nicht die Y, auch wenn allgemein bekannt ist, dass jene zu dieser gehört.
19 Rehbinder, S. 563.

sprüchen des Konzerns insgesamt belastet werden darf, mit denen sie nicht hat rechnen müssen, ist nicht stichhaltig, da als Einheit nicht erkennbare Konzerne keinen einheitlichen Persönlichkeitsschutz geniessen.

2. Der Konzern als Träger von wirtschaftlichen Persönlichkeitsrechten

a) Ausgangslage

Die Ausdehnung der Persönlichkeitsrechte auf den als Einheit erkennbaren Konzern als Ganzes ist insbesondere auch im Bereich der Verletzungen der wirtschaftlichen Persönlichkeitsrechte von Bedeutung, da diese in der Regel – und im Gegensatz zu den Ansprüchen aus den übrigen Persönlichkeitsverletzungen – auch zu Schadenersatzansprüchen führen, die folglich durch den Konzern insgesamt – d.h. durch das Mutterunternehmen – erhoben werden können und nicht nur durch das verletzte Konzernglied.

b)   Schutz der wirtschaftlichen Persönlichkeit als Schutz des Konzerns

Der breite Unternehmensbegriff, verstanden als Gesamtheit aller Werte und Beziehungen einer einheitlichen wirtschaftlichen Tätigkeit[20], entspricht der Summe der durch das wirtschaftliche Persönlichkeitsrecht geschützen Rechtsgüter[21]. Die wirtschaftlichen Persönlichkeitsrechte sind Teil der Persönlichkeit; sie verkörpern Abwehrrechte gegen alle widerrechtlichen Persönlichkeitsverletzungen, die ihren Träger wirtschaftlich schädigen. Als wirtschaftliche Einheit ist der als Einheit erkennbare Konzern eine wirtschaftliche Persönlichkeit[22].

c)   Folgen der Verletzung von wirtschaftlichen Persönlichkeitsrechten

Persönlichkeitsverletzungen liegen somit auch dann vor, wenn die Angriffe gegen einzelne Teile oder gegen den Konzern insgesamt nicht den guten Ruf, sondern seine wirtschaftlichen Interessen schädigen. Die in Ziff.1 lit.b zitierte selbständige Bedeutung der Konzernpersönlichkeit wird nun deutlich: Der Konzern hat – das Vorliegen der entsprechenden Eigenschaften vorausgesetzt – Anspruch auf Ersatz des ganzen durch die Verletzung erlittenen Schadens. Tritt das Mutterunternehmen

---

20   Und sich vom hier verwendeten Unternehmensbegriff durch seine fehlende Beschränkung auf die eigene Rechtspersönlichkeit unterscheidet; Druey, Gemeimnissphäre, S. 102.
21   Arnold, S. 23f.
22   Auch Arnold, S. 37.

§ 24 Persönlichkeitsrechte des Konzerns 215

für den Konzern auf, kann es folglich nicht nur den ihm selber direkt[23] oder mittelbar[24] erwachsenen Schaden geltend machen, sondern auch den Schaden, der gestützt auf eine konsolidierte Betrachtungsweise dem Konzern insgesamt zugefügt wurde, also auch den dem geschädigten Tochterunternehmen unmittelbar zugefügten Schaden[25].

3. Die Geltendmachung von Persönlichkeitsverletzungen durch den Konzern

Der Konzern als Ganzes ist wegen seiner fehlenden formellen Persönlichkeit und Aktivlegitimation nicht in der Lage, die gegen ihn gesamthaft gerichtete Persönlichkeitsverletzung direkt geltend zu machen. Auftreten für den Konzern kann daher immer nur ein Konzernglied. Neben der direkt verletzten Gesellschaft kann für den Konzern insgesamt nur das Mutterunternehmen des verletzten Konzerngliedes auftreten, denn die Persönlichkeitsverletzung hat gegen ein von ihm beherrschtes Unternehmen stattgefunden. Das Unternehmen, welches dem verletzten Unternehmen gegenüber hierarchisch untergeordnet ist, kann die Persönlichkeitsverletzung des Konzerns indessen nicht geltend machen. Die Gründe dafür sind folgende: Die Geltendmachung einer Persönlichkeitsverletzung für den Konzern resp. für das verletzte Konzernglied setzt den Konzern dem Prozessrisiko aus. Sie setzt ausserdem immer auch die Fähigkeit zum Klageverzicht oder Vergleich voraus und stellt deshalb immer auch eine Verfügung über den Konzern resp. das direkt verletzte Konzernglied dar, welche sich nur auf die Leitungsmacht[26] des Mutterunternehmens abstützen kann. Folglich kann hier nur die Mutter für die Tochter handeln, aber nicht umgekehrt die Tochter für die Mutter.

---

23 Welcher der fast nicht zu beweisenden Wertverminderung der Beteiligung am unmittelbar geschädigten Konzernunternehmen entspricht (die nicht identisch und in der Regel kleiner ist als der verursachte Schaden, da bei der Bewertung einer Beteiligung andere – längerfristige – Faktoren zählen).
24 Bei unlauterem Wettbewerb, Rehbinder, S. 556; Unter dem schweizerischen UWG geht der Schutz weiter, weil auf das Wettbewerbs-Erfordernis zwischen dem Schädiger und dem Geschädigten verzichtet werden kann.
25 So auch OGBL, zit. in BJM, 1976, 166, wonach die Holdinggesellschaft für Wettbewerbsklagen wegen einer durch unlauteren Wettbewerb verursachte Schädigung der Tochtergesellschaft legitimiert ist, weil die Schädigung die "Muttergesellschaft auch betrifft".
26 Resp. auf eine Vollmacht, die sie gestützt auf die Leitungsmacht erwirken kann.

IV. Das Namensrecht als Persönlichkeitsrecht des Konzerns

1. Das Namensrecht als Teil des Persönlichkeitsrechts

Das Persönlichkeitsrecht beinhaltet unter anderem das Recht auf den Namen resp. das Recht auf Schutz dieses Namens vor Namensanmassung. Dieses Recht steht allen Trägern von Persönlichkeitsrechten zu, natürlichen wie juristischen Personen und, soweit sie Träger von Persönlichkeitsrechten sind, auch Konzernen[27]. Der Name der juristischen und der anderen, als Unternehmen am Rechtverkehr teilnehmenden Personen ist identisch mit deren Firma. Die Verschiedenheit der rechtlichen Grundlagen wirkt sich dabei in zwei Richtungen aus, die beide keine konzernspezifischen Fragen aufwerfen: Neben allfällig betroffenen Privaten kann einerseits auch das Handelsregister eine Firmenbildung rügen, wenn sie den im öffentlichen Interesse an Treu und Glauben im Geschäftsverkehr liegenden Normen nicht entsprechen[28]. Auf der anderen Seite kann das Namensrecht einen über das Firmenrecht hinausgehenden Schutz bewirken, wenn die betroffenen Parteien nicht die gleiche Rechtsform aufweisen; insbesondere dann, wenn die eine nicht am kaufmännischen Verkehr teilnimmt[29]. Die nachfolgenden Ausführungen gelten daher für die auf die Namensbildung und die Firmenbildung anwendbaren Normen gleichermassen.

2. Der konzernrechtliche Namensschutz

a)   Der Konzernname als Teil der Konzernpersönlichkeit

Der Namensschutz des Konzerns geht inhaltlich weiter als der Namensschutz des einzelnen Unternehmens[30], denn der Konzern ist als Mehrzahl von Unternehmen grösser und oft in einem thematisch breiteren Gebiet tätig. Beim Namensschutz des einzelnen Unternehmens kann unter Umständen ein Namenszusatz[31] die namensrechtlich relevante Verwechslungsgefahr zerstören[32]; nicht aber beim Konzern, denn er vereinigt eine Mehrzahl von Unternehmen, die sich verschiedenartigen Themen widmen können, zu einer wirtschaftlichen Einheit. Der neben dem – allen

---

27   In den Fällen der Namensanmassung dürfte allerdings in der Regel eine Verfolgung durch ein Konzernglied genügen, welches den geschützten Namen beanspruchen kann, da eine Unterlassung beansprucht wird und nicht eine Leistung, deren Grösse von der Art und Grösse der Verletzung abhängt.
28   Art. 955 OR i.V.m. Art. 944ff OR.
29   Guhl/Kummer/Druey, § 86 IV Ziff.3.
30   Druey, Aufgaben, S. 328.
31   Wie z.B. "XY – Liegenschaften AG" gegenüber "XY – Bank"; vgl. dazu aber unten lit.b und c.
32   Forstmoser, Aktienrecht, § 4, N 14.

§ 24 Persönlichkeitsrechte des Konzerns

Konzerngliedern gemeinsamen – Namensbestandteil *XY* verwendete individualisierende Namenszusatz, der die einzelnen Konzernglieder unterscheidet – "*XY* –Liegenschaften" und "*XY*–Bank" –, kann wegen der Mehrzahl und der Vielfalt der Konzernglieder kein genügendes Abgrenzungsmerkmal gegen aussen bilden. Auch die "*XY*–Treuhand" und die "*XY*–Finanz" werden – trotz ihren individualisierenden Namensbestandteilen – für Konzernglieder des gleichen Konzerns gehalten, auch wenn sie es in Wirklichkeit gar nicht sind.

b) *Der konzernrechtliche Namensschutz als Schutz des Einzelunternehmens*

Die Möglichkeit, aufgrund der Verwendung eines Namens resp. einer Firma eines anderen Unternehmens in den Augen Dritter als Teil eines mit diesem Unternehmen gebildeten Konzerns zu gelten, besteht immer, auch wenn ein solcher Konzern gar nicht besteht. Obwohl in solchen Fällen eine unmittelbare Verwechslungsgefahr wegen der Verwendung von individualisierenden Namenszusätzen ausgeschlossen ist, besteht ein Namensschutz: die Gesellschaft "braucht sich nicht gefallen zu lassen, dass Dritte meinen, sie sei eine Mutter- oder Tochtergesellschaft der Beklagten ...[33]". Da in diesen Fällen ein Konzern, dessen Persönlichkeit zu schützen wäre, nicht existiert, kann jedoch die blosse Ähnlichkeit eines Namensteils nicht genügen, um den Namensschutz zu rechtfertigen. Vielmehr müssen sich aufgrund der Umstände klare Hinweise auf einen – tatsächlich nicht vorhandenen – Konzern ergeben[34].

c) *Der konzernrechtliche Namensschutz als Schutz des Konzerns*

Der Schutz der Konzernpersönlichkeit umfasst ein Abwehrrecht gegenüber Dritten, die durch die Verwendung eines konzerntypischen Namensbestandteils[35] den Eindruck erwecken, Teil des Konzerns zu sein. Er greift schneller ein als der in lit. b geschilderte Schutz der Unternehmensperson, weil die Namensgebung keine Hinweise auf das Bestehen eines Konzerns beinhalten muss, denn dieser besteht bereits.

---

33 BGE 92 II 99 (Pavag, Bavag), wobei im vorliegenden Fall tatsächlich die Persönlichkeit eines Konzerns geschützt worden ist. An dieser Rechtsprechung hält das BGer seither fest, zuletzt in BGE 100 II 227.

34 Zum Beispiel durch einen für Tochterunternehmen typischen Namensbestandteil, insbesondere einer, der eine thematische Gliederung eines Konzernes vortäuscht, wie ABD-Baustoffe AG neben ABC-Bau AG täuscht einen ABC oder ABD–Konzern vor).

35 Oder eines ähnlichen Namens; die Kriterien und die Rechtsprechung zum Firmenrecht sind auf die Konzernnamen ebenso anwendbar, wie sie – ohne individualisierende Zusätze – auf Personen anwendbar wären. Der Schutz greift also nicht erst bei Identität, sondern bereits bei Ähnlichkeit.

Der Schutz der Konzernpersönlichkeit umfasst somit auch ein Abwehrrecht gegenüber Dritten, die durch die Verwendung eines konzerntypischen Namensbestandteiles den Eindruck erwecken, Teil des Konzerns zu sein. Dieser den Konzerngliedern gemeinsame Namensbestandteil, dessen Gebrauch durch Konzernfremde gestützt auf das Persönlichkeitsrecht des Konzerns untersagt werden kann, verkörpert den –namensrechtlich geschützten – Konzernnamen[36]. Er geht inhaltlich weiter als der Schutz des Namens eines nicht-konzernierten Unternehmens, da einem allfälligen individualisierenden Namensbestandteil weniger Bedeutung zukommt[37]. Das Bundesgericht[38] teilt diese Auffassung auch für den Schutz der Konzerns, allerdings ohne sie als Ergebnis des Konzernpersönlichkeitsrechts zu werten, mit der Begründung, dass die Beteiligung an Unternehmen zu den Geschäftszwecken des geschützten Mutterunternehmens gehört und dass dieses eine Tochtergesellschaft mit ähnlichem Namen habe, die im weitesten Sinn in der Branche der Beklagten tätig ist, und dass aus diesen Gründen der Konzern den Schutz vor "Konzernanmassung" geniesse.

Das Bundesgericht hat in seiner Rechtsprechung zum Schutz des Konzernnamens die auch in der Umgangssprache vollzogene Einheitlichkeit des Konzernnamens – ABC-Konzern statt ABC-Holding, ABC Liegeschaften u.s.w. – gewürdigt und anerkennt in diesem Umfange eine Einheitsbehandlung des Konzerns.

---

36 Und nicht Konzernfirma, da der Konzern nicht im Handelsregister eingetragen ist. Diese Differenzierung findet übrigens auch in der Umgangssprache statt: Die ABC-Holding AG mit ihren Töchtern ABC-Liegenschaften AG, ABC-Plastics AG und ABC-Engineering AG bildet den "ABC-Konzern". ABC als Konzernname ist geschützt, zum Beispiel gegen eine Drittgesellschaft Montres-ABC.
37 Vgl. dazu oben lit.a.
38 BGE 92 II 95; ähnlich auch BGE 100 II 227; 97 II 234.

B Konzernwirkung von Verträgen und die vertragliche Haftung der Mutter

§ 25 Verträge mit Konzerngliedern; Feststellung der Vertragsverhältnisse

I. Fragestellung / Ausgangslage

1. Fragestellung

a) Ausgangslage

Die konzernrechtlichen Bestimmungen unterliegenden Vertragsbeziehungen können in zwei Gruppen aufgeteilt werden: In Verträge innerhalb des Konzerns, d.h. in Verträge zwischen einzelnen Konzerngesellschaften[1] und in Vertragsbeziehungen zwischen bestimmten Konzerngesellschaften und Dritten. Bei der ersten Gruppe stellt sich in erster Linie die Frage nach Zulässigkeit und Grenzen[2]. Bei der zweiten Gruppe ist die Fragestellung völlig anders: Neben dem sich vorfrageweise stellenden Problem, ob und zwischen welchen Parteien ein Vertrag zustandegekommen ist, ist daran anschliessend zu prüfen, ob und inwieweit Konzernglieder, die nicht Vertragspartei sind oder nicht als solche erscheinen, in die Vertragsbeziehungen einzubeziehen sind resp. einbezogen werden können.

b) Verträge mit Konzernwirkung

Der Einbezug anderer Konzernglieder kann sich ergeben, weil der mit einem Konzernglied geschlossene Vertrag auch zu Gunsten oder zu Lasten anderer Konzernglieder wirkt. Verträge, die auch auf andere Konzernglieder wirken, ohne dass diese Vertragspartei sind, bezeichnen wir als Verträge mit echter Konzernwirkung[3].

c) Verpflichtung mehrerer konzernseitiger Vertragsparteien

Das gleiche Resultat, die Verpflichtung mehrerer Konzernglieder, ist oft nicht Folge *eines* Vertrags mit Konzernwirkung, sondern einer Vertrags- oder Geschäftsbeziehung mit mehreren konzernseitigen Vertragsparteien[4]; wenn zum Beispiel die Vertragserfüllung der Tochter durch die Mutter garantiert wird. Die Konzern-

---

1   Vgl. dazu oben § 15.
2   a.a.O.
3   Vgl. unten § 26f.
4   Vgl. unten § 28; Verpflichtung mehrerer konzernseitiger Vertragsparteien.

wirkung ergibt sich in solchen Fällen nicht aus *einem* Vertrag mit *einer* konzernseitigen Vertragspartei, sondern aus *mehreren* Verträgen mit *mehreren* konzernseitigen Vertragsparteien. Man kann dabei von Vertragsverhältnissen mit unechter Konzernwirkung[5] sprechen.

2. Vorfrage: Feststellung der Vertragsverhältnisse

Der Dritte, der mit einem Konzernglied in vertragliche Beziehungen tritt, steht oft nicht nur einer Partei gegenüber, sondern einer Vielzahl von Parteien, die für ihn und seine Zwecke alle als Vertragspartei in Frage kommen. Möglicherweise kennt der Dritte die Details der Konzernorganisation nicht, eventuell nicht einmal die Tatsache, dass ein Konzern vorliegt. Kommt dann noch dazu, dass das vertragsschliessende Konzernglied sich selber nicht oder nicht sofort als solches zu erkennen gibt[6], weiss der Dritte unter Umständen tatsächlich nicht, mit wem er es zu tun hat[7].

Zuerst stellt sich daher immer die Frage nach den beteiligten Parteien, insbesondere auf seiten des Konzerns, und – daran anschliessend – nach den Folgen von aus diesem Grund entstandenen Mängeln.

3. Inhalt der Verträge mit Konzerngliedern

Steht die vertragliche Bindung des einen oder anderen Konzernglieds fest, stellt sich die Frage nach der Art und dem Inhalt der vertraglichen Verpflichtung. Dabei ist zu beachten, dass die Parteienqualität oft vom Inhalt der Verpflichtung abhängt[8] und dass die als Vorfrage bezeichnete Frage nach der Person der Vertragsparteien – vor allem nach derjenigen auf seiten des Konzerns, die nicht die Haupt-, sondern eine Nebenleistung erbringt – nur unter Berücksichtigung des Inhalts des Vertragsverhältnisses beantwortet werden kann.

---

5 Wie die unechte Stellvertretung nur funktional, nicht aber formalrechtlich eine Stellvertretung ist, sind Vertragsverhältnisse mit unechter Konzernwirkung nur funktional, nicht aber formalrechtlich Verträge mit Konzernwirkung.
6 Weil zum Beispiel auf seiten des Konzerns selber nicht feststand, welches Glied den Vertrag unterzeichnen solle; weil die Organe der in Frage kommenden Konzernglieder identisch waren.
7 Der Dritte *glaubt* in diesen Fällen zwar zu wissen, mit wem er kontrahiert: Mit dem Konzern; Rehbinder, S. 133.
8 Soweit sich das Mutterunternehmen verpflichtet, eine bestimmte Handlung gegenüber der Tochter zu unterlassen, kann es Vertragspartei sein; in bezug auf die Erfüllung der vertraglichen Pflichten der Tochter gegenüber dem Dritten nicht.

4. Der Einbezug anderer Konzernglieder als Ausweitung der Haftungsbasis

Die Feststellung der Vertragsverhältnisse führt oft zum Einbezug anderer Konzernunternehmen, insbesondere des Mutterunternehmens und damit auch zu einer Vergrösserung der Haftungsbasis auf der Konzernseite. Das entspricht oft den Vorstellungen des Dritten, der, wenn er mit dem Tochterunternehmen in eine Rechtsbeziehung tritt, tatsächlich oft mit Blick auf den Konzern als Ganzes handelt. In manchen Fällen setzt der Dritte zu diesem Zweck eine ausdrückliche vertragliche Einbindung auch des Mutterunternehmens durch[9]. Noch häufiger aber nimmt das Mutterunternehmen formell nicht Teil an den Vertragsbeziehungen zwischen dem Tochterunternehmen und dem Dritten, obwohl für den Dritten auch in diesen Fällen sein wirtschaftliches Gegenüber das Ganze – der Konzern – ist oder ein Teil des Ganzen, der grösser ist als das Tochterunternehmen, mit dem er die Rechtsbeziehung formell eingeht.

Im erstgenannten Fall ist die vertragliche Einbindung des Mutterunternehmens ausdrücklich erklärt. Die Zulässigkeit der Bindung vorausgesetzt, steht die vertragliche Einbindung und damit auch Haftung des Mutterunternehmen fest. Ausmass und Inhalt der vertraglichen Bindung ist gegebenenfalls durch Auslegung zu ermitteln. Im zweiten Fall ist eine vertragliche Bindung des Mutterunternehmens nicht ausdrücklich erklärt worden; es stellt sich die Frage, ob und mit wem eine solche Bindung dennoch gewollt sein könnte[10].

5. Der Einbezug anderer Konzernglieder zur Erhöhung der Flexibilität innerhalb des Konzerns

Die Ausweitung der Wirkungen von Vertragsbeziehungen auf weitere Konzernglieder findet oft auch im Interesse des Konzerns statt: Bei Vertragsverhältnissen, die im Hinblick auf die Person der Parteien mit einem bestimmten Konzernglied geschlossen wurden, stellt sich die Frage, ob Rechte und Pflichten aus solchen

---

9 Der Dritte kann sich die ganze wirtschaftliche Einheit des Konzerns als Haftungsbasis sichern wollen (z.B. in einem Garantievertrag; vgl. unten § 28 II Ziff.3) oder die Unterstützung der Vertragsbeziehung mit einer Tochter durch die Mutter (durch einen Vertrag, der die Mutter verpflichtet, die Vertragsbeziehung mit der Tochter zu fördern oder nicht zu stören; vgl. unten § 28 III Ziff.2 lit.b).

10 Vgl. dazu unten II ff (Feststellung der Vertragsverhältnisse) und § 27 II (Feststellung der Konzernwirkung von Vertragsverhältnissen).

Verträgen auch durch Konzernglieder wahrgenommen werden können, die nicht Vertragspartei sind[11].

II. Feststellung der Vertragsverhältnisse

1. Vorbemerkung / Fragestellung

Auf die Fragen, die sich aus der Tatsache der verschiedenen juristischen Personen auf der Seite des Konzerns ergeben und die sich beim Vertragsschluss zwischen einem Dritten und einer Konzerngesellschaft stellen können, ist bereits hingewiesen worden.

Die erste der beiden weiterführenden Fragen betrifft die konzernseitige Vertragspartei, die die vertragstypische Hauptleistung zu erbringen hat: Wer ist sie und wie ist vorzugehen, wenn der Dritte sich bezüglich der Identität der leistenden Gegenpartei geirrt hat, zum Beispiel weil er nicht wusste, dass sein Vertragspartner Teil eines Konzerns ist[12]? An die Beantwortung dieses Fragenkomplexes knüpft die weitere Frage an, ob auf Konzernseite neben der allfällig ermittelten Vertragspartei noch weitere Konzernglieder Vertragspartei sind, eventuell mit anderem Vertragsinhalt[13].

Steht fest, dass ein Vertrag zustande gekommen ist und mit welchen konzernseitigen Vertragsparteien welche vertragliche Einigung – welcher Konsens – getroffen wurde, stellt sich als zweite Frage[14], ob die Konsensbildung mit oder ohne Willensmängel erfolgt ist: Ob ein Willensmangel in bezug auf den Vertragsinhalt oder – im Konzern besonders wichtig – über die Person der konzernseitigen Vertragspartei vorliegt.

2. Bestimmung der Vertragspartei auf der Konzernseite

a) Feststellung anhand eigener Erklärungen

Nach dem Vertrauensprinzip sind bei der Auslegung von Verträgen die Erklärungen der Parteien so zu würdigen, wie sie die Adressaten nach Treu und Glauben

---

11   Verträge mit Konzernwirkung, die andere Konzernglieder mitberechtigen; vgl. unten § 26 VI.
12   Rehbinder, S. 145.
13   Verträge mit unechter Konzernwirkung; vgl. dazu unten § 28.
14   Cuénod, S. 11ff; Kramer, Grundfragen, S. 97.

§ 25 Verträge mit Konzerngliedern; Feststellung der Vertragsverhältnisse   223

verstehen durften und mussten[15]. Teilt die konzernseitige Partei ihre Identität und die Tatsache, dass sie in ihrem eigenen Namen handelt, dem Dritten vor dem Vertragsschluss mit, steht die Partei fest, wenn es zum Vertragsschluss kommt; andere Konzernglieder können nur noch im Rahmen einer allfälligen Konzernwirkung[16] in diese Beziehung einbezogen werden. Man spricht in diesen Fällen auch vom natürlichen Konsens[17].

Das gleiche gilt, wenn der Dritte der konzernseitigen Vertragspartei zu erkennen gibt, mit wem er den Vertrag abzuschliessen glaubt, denn auch in diesem Fall sind diejenigen Willensäusserungen für die Feststellung des Konsenses massgebend, wie sie der Empfänger in guten Treuen hat verstehen müssen[18]. Ist die vertragsführende Person auf der Seite des Konzerns gestützt auf seine Organschaft oder auf Stellvertretung in der Lage, den Vertrag namens des vom Dritten angenommenen Konzernglieds abzuschliessen, kommt in diesen Fällen der Vertrag mit dem angenommenen Konzernglied zustande, weil die konzernseitige Partei mit ihrer Zustimmung zum Vertrag auch den Konsens zur vom Dritten angenommenen konzernseitigen Vertragspartei erklärt hat. Es liegt in diesen Fällen ein normativer Konsens vor[19]; normativ ist dieser Konsens, weil er auch Folge einer rechtlichen Anordnung ist[20]. Ist die Beurteilung des Dritten Folge einer fehlerhaften Willensbildung[21], ist der Vertrag zustande gekommen; weil gestützt auf einen error in persona, ist er mangelhaft[22].

In vielen Fällen steht dem Dritten konzernseitig eine einheitliche Organisation gegenüber, mit welcher er verhandelt und handelseinig wird[23]. Es kann daher vor-

---

15   Statt vieler: Bucher, Obligationenrecht, § 10 III Ziff.2.
16   Echte Konzernwirkung ohne zusätzlichen Vertrag (unten § 26f) und unechte Konzernwirkung mit zusätzlichem Vertrag (unten § 28).
17   Kramer, Grundfragen, S. 96.
18   Kramer, Grundfragen, S. 99; dabei kann sich der Dritte auf die Äusserungen der konzernseitigen Vertragspartei verlassen, auch wenn er mit geringem Aufwand deren Unwahrheit feststellen könnte; BGE 69 II 234, ständige Rechtsprechung; für das Konzernverhältnis auch BGE 112 II 352 (Verpflichtung der schweizerischen Tochter statt der ausländischen Mutter) und Rehbinder, S. 142.
19   Kramer, Grundfragen, S. 97.
20   Statt vieler: Bucher, Obligationenrecht, § 10 III Ziff.2.
21   Er hat zwar den Vertrag mit demjenigen Konzernglied abgeschlossen, mit dem er kontrahieren wollte, wusste aber nicht, dass es sich bei dieser Gesellschaft um eine Tochter handelt und nicht um die Mutter. Die Abgrenzung zwischen dem fehlenden Konsens und dem error in persona ist nicht immer einfach; weil ihre Folgen aber weitgehend gleichbehandelt werden (unten IV), kann oft auf eine genaue Abgrenzung verzichtet werden.
22   Art. 23 OR.
23   Diese Fragen stellen sich insbesondere bei mündlich geschlossenen Verträgen (zum Beispiel am Telephon) und weniger bei schriftlichen Verträgen, in welchen allein schon

kommen, dass der Konsens über die konzernseitige Vertragspartei weder gestützt auf Erklärungen noch gestützt auf die zitierten Vorschriften des Vertrauensprinzips festgestellt werden kann. Es stellt sich in diesen Fällen die Frage, auf welchen anderen Wegen der Vertragsauslegung die konzernseitige Vertragspartei festgestellt werden kann resp. aufgrund welcher Sachumstände der Dritte nach Treu und Glauben auf eine bestimmte konzernseitige Vertragspartei schliessen darf und muss?

b) *Keine Feststellung anhand der Zugehörigkeit der Organe*

Die einzelnen Konzernglieder handeln durch ihre Organe und durch andere Zeichnungsbefugte. Sind diese Vertreter ausschliesslich für eine Konzerngesellschaft zeichnungsbefugt, liesse sich grundsätzlich ein Rückschluss vom Vertreter auf die Gesellschaft vornehmen; sind die Vertreter für mehrere Konzerngesellschaften zeichnungsbefugt, kann daraus auf die Tatsache der Konzernorganisation geschlossen werden. Die Identität der vertretungsbefugten Organe einer bestimmten Gesellschaft ist handelsregisteröffentlich[24] und die Einrede, eine Eintragung nicht gekannt zu haben, ist ausgeschlossen[25]. Das gilt jedoch nur für Eintragungen, die im Zusammenhang und am Ort einer bestimmten eintragungspflichtigen Einheit erfolgen, aber nicht für alle Eintragungen überhaupt. In der umgekehrten Richtung, also von der vertretungsbefugten Person ausgehend zur Gesellschaft, gilt dieses Prinzip nicht. Das zeigt sich auch durch den Umstand, dass der Benutzer des Handelsregisters keinen einfachen Zugang zu allen im Zusammenhang mit einer bestimmten Person im Handelsregister registrierten Tatsachen hat. Er hat insbesondere keinen durch ein Suchkriterium vereinfachten Zugriff auf solche Einträge; es gibt keine Blätter im Handelsregister, welche sämtliche Funktionen von bestimmten Personen zusammenfassen – die Zusammenstellung solcher Informationen wäre äusserst aufwendig und hätte über eine Prüfung aller Handelsregistereinträge zu erfolgen[26]. Die schwerwiegenden Folgen der Registeröffentlichkeit dürfen nicht an Informationen geknüpft werden, die nur auf diesem Wege dem Handelsregister entnommen werden können. Dem Dritten, der mit einem Konzern in vertragliche Beziehungen getreten ist, kann folglich die fehlende Kenntnis der Zugehörigkeit seines konzernseitigen Gesprächspartners nicht entgegengehalten werden.

---

die schriftliche Abfassung zu einer Bezeichnung der Vertragsparteien zwingt (zwingen sollte).
24   Art. 933 OR.
25   Positive Publizitätswirkung; Guhl/Kummer/Druey, § 85 IV Ziff.2 lit.a.
26   Insbesondere wenn die einzelnen Konzernglieder keine verwandten Namen haben oder verschiedene Sitze; den privaten Registern, die bestehen, kommt keine positive Publizitätswirkung zu.

§ 25 Verträge mit Konzerngliedern; Feststellung der Vertragsverhältnisse 225

c) *Keine Feststellung anhand der Tatsache der Konzernqualität*

Ob der Dritte weiss, dass er es mit einem Konzern zu tun hat, spielt keine Rolle, denn es gibt keine sich aus der Tatsache der Konzernorganisation ergebende automatische Kompetenzverteilung auf die Konzernglieder, an die eine Vermutung zu knüpfen wäre[27]. Aufgrund der Tatsache, dass der Dritte weiss, dass er es mit einem Konzern zu tun hat, kann die Frage, aufgrund welcher Sachumstände er nach Treu und Glauben auf welche konzernseitige Vertragspartei zu schliessen hat, nicht beantwortet werden.

d) *Feststellung anhand der Kenntnis des Konzerns und der von ihm gewählten internen Aufgabenteilung*

Die Umstände der internen Organisation eines Konzerns und der Aufgabenteilung innerhalb der Konzerngesellschaften sind nicht öffentlich; sie können auch nicht aus öffentlichen Tatsachen entnommen werden. Die eingangs gestellte Frage lässt sich daher nur gestützt auf die individuellen Kenntnisse des Dritten beantworten, die bei früheren Geschäften[28] mit dem Konzern erworben wurden oder die er aus anderen Quellen gewonnen hat – zum Beispiel auch aus der Presse, wenn davon auszugehen ist, dass der Dritte davon Kenntnis genommen hat, was insbesondere bei allgemein bekannten Tatsachen[29] angenommen werden darf. Beim Fehlen einer klaren Bestimmung über die konzernseitige Vertragspartei kann ein Vertragsverhältnis sich nur dann auf das Vertrauensprinzip abstützen, wenn der Dritte aus den genannten Gründen auf eine bestimmte konzernseitige Vertragspartei hat schliessen müssen und wenn diese konzernseitige Vertragspartei dies selber hat erkennen können oder erkennen müssen[30].

3. Stellvertretungsverhältnisse innerhalb des Konzerns; insbesondere die Anscheinsvollmacht im Konzern

a) *Fragestellung*

Es stellt sich die Frage, ob und inwieweit Konzerngesellschaften sich gegenseitig vertreten können, insbesondere, ob und unter welchen Voraussetzungen ein Konzernglied für ein anderes Konzernglied gültige Verträge schliessen kann. Ob dabei das Mutterunternehmen die Tochter vertritt oder umgekehrt das Tochterunter-

---

27 Die Angabe des Konsolidierungskreises in den publizierten Konzernrechnungen (vgl. oben § 22 IV) ist für die Frage der Feststellung der konzernseitigen Vertragspartei ohne Belang.
28 Rehbinder, S. 146.
29 Die Konzernqualität grosser Unternehmen wie Nestlé, Ciba-Geigy, ABB u.s.w.
30 Vgl. dazu unten Ziff.3 lit.d.

§ 25 Verträge mit Konzerngliedern; Feststellung der Vertragsverhältnisse

nehmen die Mutter, spielt für die Beantwortung der gestellten Frage grundsätzlich keine Rolle, denn der innere Anlass für die Erteilung einer Vollmacht, die Interessenlage im Konzern, ist nur dort entscheidend, wo, wie im Fall der Anscheinsvollmacht[31], aus objektiven Sachverhalten auf den Parteiwillen zu schliessen ist; relevant wird die Frage erst, wenn eine ausdrückliche Vollmacht vorliegt und zu entscheiden ist, ob die Stellvertretung überhaupt zulässig ist.

Stellvertretungsverhältnisse stützen sich auf Gesetz, auf erteilte Vollmacht oder im Falle der Anscheinsvollmacht auf beides ab. Gesetzliche Vorschriften über die Vertretungsbefugnisse von Konzerngesellschaften für andere Konzerngesellschaften fehlen; es stellt sich jedoch die Frage, inwieweit die Vorschriften des Art. 32 Abs.2 OR[32] und diejenigen über die Anscheinsvollmacht konzernrechtliche Wirkungen entfalten. Fehlt die ausdrücklich erteilte Vollmacht, kommt der Vertrag nicht gestützt auf Art. 32 Abs.2 zustande und kann auch nicht von einer Anscheinsvollmacht ausgegangen werden, dann handelt das eine Konzernunternehmen ohne Vollmacht für ein anderes Konzernunternehmen. Die Folge ist, dass kein Vertrag zustande kommt; mit der vermeintlichen Vertragspartei nicht mangels Vollmacht, mit dem abschliessenden Konzernglied nicht mangels Konsens über die Personen der Parteien[33].

b)   Vorfrage: Zulässigkeit der Stellvertretung

Für das deutsche Recht ist die Frage aufgeworfen worden, ob das Mutterunternehmen, welches das Konzerninteresse verfolge und nicht das unter Umständen diesem widersprechende Interesse der Tochter, diese vertreten könne, weil es ein eigenes Interesse an der Stellvertretung habe[34]. Im schweizerischen Recht, das anders als das BGB[35] das Selbstkontrahieren grundsätzlich zulässt[36], sind diese Bedenken unangebracht; der Stellvertreter kann auch in jenen Fällen Stellvertreter sein, wenn er ein eigenes Interesse an der Stellvertretung und am dadurch zustande gekommenen Vertrag hat[37].

Entscheidend ist allein, dass sich der Stellvertreter im Rahmen der ihm vom Tochterunternehmen gegebenen Vollmacht bewegt. Das gilt auch, wenn das Mutterunternehmen Stellvertreter ist. Es kann die Vollmacht zwar gestützt auf seine Lei-

---

31   Vgl. dazu unten lit.d.
32   Vertragsschluss mit Vertretendem, wenn es der anderen Vertragspartei gleichgültig ist, mit wem der Vertrag geschlossen wird.
33   Auch Rehbinder, S. 374.
34   Vgl. die Diskussion in Rehbinder, S. 363.
35   BGB § 181.
36   Vgl. dazu oben § 15 II Ziff.1 lit.a.
37   Zu den inhaltlichen Einschränkungen, die ihm gestützt auf die Vorschriften über die Doppelvertretung obliegen: oben § 15 II Ziff.1.

§ 25 Verträge mit Konzerngliedern; Feststellung der Vertragsverhältnisse 227

tungsmacht erwirken; verzichtet werden kann darauf aber nicht, denn ebensowenig, wie das Mutterunternehmen frei und direkt in das Vermögen der Tochter eingreifen kann, kann es auf dem Wege der Stellvertretung darüber verfügen. Handlungen des Tochterunternehmens, welche die Mutter begünstigen sollen, erfolgen zwar oft auf Veranlassung der Mutter, aber nicht durch diese selber, sondern durch das Tochterunternehmen. Handelt das Mutterunternehmen ohne Vollmacht[38] der Tochter, kommt grundsätzlich kein Vertrag zustande[39].

c) *Vorfrage: Kenntnis des Stellvertretungsverhältnisses*

Ein Vertragsschluss durch einen Stellvertreter – auch wenn er gestützt auf eine Anscheinsvollmacht erfolgt – setzt ausser beim seltenen Fall der Gleichgültigkeit über die konzernseitige Vertragspartei[40] immer voraus, dass der andere das Stellvertretungsverhältnis kennt oder darauf schliessen muss. Diese Voraussetzung ist nur erfüllt, wenn der Dritte davon ausgeht, dass sein Kontrahent nicht selber Gegenpartei ist, sondern Stellvertreter; sie ist nicht erfüllt, wenn er annimmt, dass der konzernseitige Vertragspartner den Vertrag in eigenem Namen und auf eigene Rechnung abschliesst. Lassen sich die Vertragsparteien unter diesen Umständen auch nicht gestützt auf das Vertrauensprinzip bestimmen[41], führt auch die Anwendung des Stellvertretungsrechts nicht zu einem Vertragsschluss mit der konzernseitig gedachten Vertragspartei. Der Vertrag kommt in diesem Fall mit dem vermeintlichen Stellvertreter zustande[42], zum Beispiel mit dem Mutterunternehmen, das eine Leistung der Tochter verspricht, beim Dritten aber den Eindruck erweckt, dass sie diese selber erbringen könne[43].

d) *Anscheinsvollmacht, begründet durch das Verhalten des Vertretenen*

Als Quelle eines Stellvertretungsverhältnisses nennt das Recht neben der ausdrücklich erteilten Vollmacht und dem Gesetz die Anscheinsvollmacht. Sie liegt vor, wenn der Vertretene den Anschein geschaffen hat, dass er dem Vertreter eine Vollmacht bestimmten Inhalts erteilt habe[44]. Auf eine gültige Stellvertretung gestützt

---

38 Resp. ohne Anscheinsvollmacht; unten lit.d.
39 Wegen der Leitungsmacht der Mutter über die Tochter kann das Vertragsverhältnis mit der Tochter im Zug eines Realersatzes durch die schadenersatzpflichtige Mutter veranlasst werden; IV Ziff.3 lit.b.
40 Vgl. dazu unten lit.e.
41 In diesen Fällen kommt der Vertrag mit dem Vertreter zustande analog der Regel des § 164 II BGB; vgl. dazu auch unten lit.e bei FN 52.
42 Vgl. dazu oben Ziff.2.
43 Rehbinder, S. 145.
44 Bucher, Obligationenrecht, § 33 III Ziff.6.

auf Anscheinsvollmacht kann geschlossen werden, wenn der Dritte von der Existenz eines Stellvertretungsverhältnisses ausgeht und wenn die Anscheinsvollmacht durch das Verhalten des Vertretenen begründet ist, aber nicht, wenn nur äussere Umstände[45] auf ein Stellvertretungsverhältnis hinweisen, wie Zufall, das Handeln Dritter[46] oder das frühere Verhalten des Vertretenen.

Die Anscheinsvollmacht stützt sich auf ein bestimmtes Tun oder Unterlassen[47] des Vertretenen beim Vertragsschluss. Für die Feststellung der Anscheinsvollmacht im Konzern ist nun zu beachten, dass die Tatsache der einheitlichen Leitung dem Mutterunternehmen nicht nur die Macht gibt, die Tochterunternehmen zu einem bestimmten Verhalten zu veranlassen, sondern oft auch den Anlass dazu. Mutter und Tochter sind enger verbunden als zwei unabhängige Personen, und es ist denkbar, dass aus diesem Grund ein bestimmtes Verhaltensmuster, das bei einem unabhängigen Vertretenen keine Anscheinsvollmacht begründet, im Konzernverhältnis diese Wirkung haben kann[48], ähnlich wie bei der Ehefrau, den Kindern und dem Hausgenossen des Vertretenen[49]. Auf ein solches Verhaltensmuster schliessen kann der Dritte z.B aus Umfang und Art der bisherigen Geschäftsbeziehungen zwischen ihm und dem Konzern[50]. Findet innerhalb eines Konzerns systematisch eine bestimmte Aufgabenteilung statt, darf der Dritte, auch wenn er mit einer ihm – zum Beispiel geographisch – näherstehenden Gesellschaft verhandelt, darauf schliessen, dass das Vertagsverhältnis aus Stellvertretung mit dem zuständigen Konzernteil zustande kommmt.

e) *Stellvertretung bei Gleichgültigkeit der konzernseitigen Partei*

Tritt ein Konzernglied gegenüber der konzernfremden Partei als Stellvertreter eines anderen Konzernglieds auf, ohne dass der Konzernfremde dies bemerkt oder bemerken müsste, kommt der Vertrag nur dann mit der vertretenen Partei zustande, wenn es dem Konzernfremden gleichgültig ist, mit wem er den Vertrag schliesst[51]; in den übrigen Fällen gestützt auf das Vertrauensprinzip mit dem vermeintlichen Vertreter. Die Gleichgültigkeit der anderen Vertragspartei ist nur in Ausnahmefällen anzunehmen, zum Beispiel[52] wenn das Vertragsverhältnis mit der Erfüllung vollzogen ist; das schliesst nicht nur Dauerschuldverhältnisse aus, sondern auch Kreditgeschäfte und sogar Handgeschäfte, wenn mit nachvertraglichen Pflichten, zum

---

45 Bucher. a.a.O.
46 So Bucher, a.a.O.
47 Rehbinder, S. 368.
48 Im Ergebnis auch Bosmann, S. 90.
49 Zäch, Kommentar, Art. 33 OR, N 54.
50 Auch Rehbinder, S. 139, 147 und 367ff.
51 Art. 32 Abs.2 OR am Schluss.
52 Vgl. dazu auch Zäch, Kommentar, Art. 32 OR, N 112ff.

§ 25 Verträge mit Konzerngliedern; Feststellung der Vertragsverhältnisse 229

Beispiel aus Gewährleistung, zu rechnen ist[53]. Nicht gleichgültig ist dem konzernfremden Dritten die Person der konzernseitigen Vertragspartei insbesondere dann nicht, wenn er deren Identität kennen muss, um die Rechte aus seinem Vertrag geltend zu machen und er im Prozess riskieren würde, wegen fehlender Passivlegitimation abgewiesen zu werden[54].

4. Zwischenergebnis

Ein Konsens über die Person der konzernseitigen Vertragspartei liegt vor, wenn diese im Vertrag klar bezeichnet wird, wenn sie für die Parteien gestützt auf den Vertrauensgrundsatz feststand oder wenn sie sich gestützt auf die Regeln des Stellvertretungsrechts ergibt. Liegt ein Stellvertretungsverhältnis nicht vor, ist der vermeintliche Stellvertreter selber Vertragspartei, wenn der Vertrauensgrundsatz dies ergibt[55]. Eine Korrektur kann in diesen Fällen nur noch auf dem Wege der Irrtumsanfechtung[56] erfolgen.

III. Folgen des fehlenden Konsenses und des Irrtums über die Person der konzernseitigen Vertragspartei

1. Fehlender Konsens über die Person der konzernseitigen Vertragspartei

Wenn der Dritte sich über die Person der konzernseitigen Vertragspartei irrt[57] und sich auch nicht ermitteln lässt, wer auf seiten des Konzerns Vertragspartei ist oder hätte sein sollen, fehlt es entweder am Konsens über die konzernseitige Vertragspartei oder es liegt ein Irrtum darüber vor.

Lässt sich gestützt auf die Regeln des Vertrauensgrundsatzes[58] oder die Stellvertretung[59] nicht feststellen, welches Konzernglied auf seiten des Konzerns Vertragspartei ist, weil der Dritte und seine konzernseitige Kontaktperson von unterschiedlichen Personen ausgegangen sind, ist kein Vertrag zustande gekommen: Die Festlegung der Parteien einer Vertragsbeziehung gehört zu den Essentialia, in welchen eine Einigung der Vertragsparteien stattfinden muss, damit eine Vertragsbeziehung entsteht. Lassen sich die Personen der Vertragsparteien nicht feststellen, fehlt es

---

53 Von Tuhr/Peter, § 44, bei FN 12a.
54 Bucher, Obligationenrecht, § 33 V Ziff.3 lit.b.
55 Vgl. dazu oben Ziff.2.
56 Vgl. dazu unten III.
57 In einem untechnischen weiten Sinn, der auch den fehlenden Konsens miteinschliesst.
58 Vgl. dazu oben II Ziff.2.
59 Vgl. dazu oben II Ziff.3.

auch am Vertrag[60]; so zum Beispiel, wenn eine an das Mutterunternehmen gerichtete Offerte vom Tochterunternehmen angenommen wird[61]. Das gleiche gilt, wenn das Organ der konzernseitigen Vertragspartei auch für das vom Dritten angenommene Konzernglied hätte kontrahieren dürfen. Wäre dieses Organ allerdings in der Lage gewesen, zu erkennen, mit welcher konzernseitigen Vertragspartei der Dritte hat kontrahieren wollen, so wäre der Vertrag gestützt auf das Vertrauensprinzip mit dem vom Dritten angenommenen Konzernglied zustande gekommen. In allen anderen Fällen ist kein Vertrag zustande gekommen, weder mit dem einen noch mit dem anderen Konzernglied.

Die konsequente Durchführung dieses Grundsatzes führt jedoch dann zu einem äusserst unbefriedigenden Resultat, wenn der Dritte am Vertrag mit *irgendeinem* Konzernglied festhalten will, vor allem, wenn der Konzern nicht gestützt auf eine Schadenersatzpflicht wegen Täuschung zur Übernahme des Vertrags verpflichtet werden könnte[62]. Die konzernseitige Vertragspartei könnte in einem solchen Fall erklären, dass über die Person der konzernseitigen Vertragspartei kein Konsens erreicht worden sei und auf diese Weise faktisch vom Vertrag zurücktreten. Es ist daher gerechtfertigt, dem Dritten in diesem Falle die Möglichkeit einzuräumen, in analoger Anwendung des Art. 25 OR[63] zu erklären, dass er den Vertrag als mit derjenigen Vertragspartei als geschlossen erachte, die von seiten des Konzerns als Vertragspartei verstanden worden war. Nennt der Konzern rechtsmissbräuchlich eine Partei, die für die Vertragserfüllung ungeeignet ist, kann eine Korrektur über Art. 20 Abs.2 OR und damit die Übertragung des Vertragsverhältnisses auf die gewollte konzernseitige Vertragspartei[64] erfolgen.

Auch aus diesem Grund unterscheiden sich im Ergebnis die Rechtsfolgen des fehlenden Konsenses über die konzernseitige Vertragspartei nicht von denjenigen des wesentlichen Irrtums[65]. Die Abgrenzungsfrage zwischen dem fehlenden Konsens und dem wesentlichen error in personam, welche insbesondere bei Verträgen, die mit einem Doppelorgan abgeschlossen werden, Schwierigkeiten bereiten kann, stellt sich daher oft nur im Prinzip und nicht in der Praxis.

---

60   Art. 18 Abs.1 OR.
61   Bosman, S. 86.
62   Vgl. dazu unten IV Ziff.3 lit.b.
63   Wonach der Vertrag gemäss dem Verständnis der "irrenden" Partei gelte; Bosman, S. 87; vgl. dazu unten a.a.O.
64   Vgl. dazu den ähnlich gelagerten in Rehbinder, S. 154ff zitierten Fall.
65   Wegen *error in personam*; vgl. dazu unten Ziff.2.

2. Irrtum des Dritten über die Person der konzernseitigen Vertragspartei als Willensmangel?

a) Ausgangslage

Ergibt die Vertragsauslegung indessen, dass der Vertrag trotz des Irrtums des Dritten über die konzernseitige Vertragspartei gültig zustande gekommen ist, weil der Dritte gestützt auf den Vertrauensgrundsatz auf eine bestimmte konzernseitige Vertragspartei hätte schliessen müssen, stellt sich die Frage, ob sich die irrende Vertragspartei in einem rechtserheblichen Irrtum befunden hat.

b) Wesentlicher Irrtum über die Person der Vertragspartei

Der Irrtum des Dritten über die Identität der konzernseitigen Vertragspartei ist ein *error in persona*. Er ist gemäss Art. 24 Ziff.2 OR wesentlich, wenn der Dritte den Vertrag mit Rücksicht auf die vermeintliche konzernseitige Vertragspartei abgeschlossen hat und sein Wille auf eine andere Person gerichtet war, als er erklärt hat[66]. Die Lehre[67] nennt in diesem Zusammenhang Fähigkeiten und Vertrauenswürdigkeit der anderen Vertragspartei, vor allem im Hinblick auf Dauer ausgerichtete Verträge. Im Konzern besonders wichtig sind auch die Kreditwürdigkeit und die Haftungsbasis, die beim vermeintlichen Vertragsschluss mit dem Mutterunternehmen für den Dritten oft wesentlich sind.

Bei Austauschverträgen, die rasch abgewickelt sind, dürfte der Dritte nur die gegenüber der vermeindlichen Vertragspartei eingeschränkte Haftungsbasis geltend machen, auch im Hinblick auf mögliche nachträgliche Pflichten wie Mängelbehebung und Haftung. Bei längerfristigen Verträgen, insbesondere wenn auch persönliche Eigenschaften für den Vertragsschluss kausal waren, kommen die anderen Gründe dazu. Dabei dürfen die Anforderungen an die Geltendmachung dieses Irrtums nicht zu hoch angesetzt werden; keinesfalls so hoch wie bei der Berufung auf Grundlagenirrtum. Das Kriterium der objektiven Wesentlichkeit, welches für die Berufung auf den Grundlagenirrtum aufgestellt wird, gelangt bei den Irrtümern gemäss Ziff.1 bis 3 nicht zur Anwendung[68].

Eine Heilung dieses Irrtums im Falle des *error in persona* gemäss Art. 25 Abs.2 OR ist grundsätzlich ausgeschlossen – die Person ist Objekt des Irrtums und nicht

---

[66] Bosman, S. 94, übergeht diese Bestimmung und Fragestellung und behandelt nur die Frage, inwieweit die Nichtkenntnis der gegnerischen Konzernverbundenheit Gegenstand eines Grundlagenirrtums sein kann.
[67] Bucher, Obligationenrecht, § 13 II; Guhl/Merz/Koller, § 16 II Ziff.2; Becker, Kommentar, Art. 24 N 13.
[68] Guhl/Merz/Koller, § 16 II Ziff.2.

eine von ihr vereinbarte Vertragsbestimmung. Die Heilung ist nur möglich, wenn dasjenige Konzernglied, mit dem der Dritte die vertragliche Beziehung ursprünglich hatte eingehen wollen, veranlasst durch die einheitliche Leitung des Konzerns den Vertrag übernimmt. Die Heilung eines *error in persona* gemäss Art. 25 Abs.2 kommt fast nur im Konzern vor, setzt dieses Vorgehen doch das Einverständnis der vermeidlichen und der tatsächlichen Vertragspartei voraus, was – in der Regel – nur dann als realistisch erscheint, wenn beide Unternehmen einer einheitlichen Leitung unterstehen, die diese Vertragsübernahme veranlassen kann[69].

c) *Unwesentlicher Irrtum über die Person der Vertragspartei*

Liegt die entsprechende Voraussetzung – der im Hinblick auf eine bestimmte konzernseitige Person geschlossene Vertrag – nicht vor, fehlt es am wesentlichen Irrtum, und der Dritte hat den Vertrag gelten zu lassen, wie er abgeschlossen wurde[70].

IV. Konzernseitige Aufklärungspflicht?

1. Ausgangslage

Einigen sich die Parteien nicht über die Identität der konzernseitigen Vertragspartei[71], kommt kein Vertrag zustande. Einigen sich die Parteien zwar über die Person der Parteien, befindet sich der Dritte indessen in einem Erklärungsirrtum, wird der Vertrag anfechtbar, es sei denn, die vermeintliche konzernseitige Vertragspartei lasse den Vertrag gegen sich gelten[72]. Möglicherweise kommt gestützt auf die Regeln des Stellvertretungsrechts[73] entgegen den Vorstellungen des Konzerns ein Vertrag mit einem Konzernglied zustande.

Geht der Dritte von falschen Tatsachen bezüglich der Identität der konzernseitigen Vertragspartei aus, treten unabhängig von der Frage der Pflichtverletzung und des Verschuldens die aufgezeigten Folgen ein: In denjenigen Fällen, in denen Stellvertretungsrecht zur Anwendung gelangt, liegt ohnehin die einzige verschuldensunabhängige "Sanktion" gegen den Konzern darin, dass entgegen seinen Absichten ein anderes Konzernglied Vertragspartei wird. Im Fall des fehlenden Konsenses, insbesondere[74] aber auch im Fall des Willensmangels[75], kann dem Dritten wegen

---

69 Vgl. dazu unten IV Ziff.3 lit.b.
70 Es sei denn, es liegen qualifizierende Elemente vor, wie Täuschung, Drohung u.s.w.
71 Vgl. zur Ausgangslage oben II.
72 Art. 25 OR.
73 Vgl. dazu oben II Ziff.3.
74 Die Aufrechterhaltung des Vertrags steht nicht im Belieben des Dritten.
75 Der Dritte hat – verzichtet er auf eine Anfechtung – eine andere Vertragspartei als erwartet; ficht er an, fällt der Vertrag dahin.

des Wegfalls des Vertrages ein Schaden entstehen. Es stellt sich die Frage, wann und wie das schuldhafte Konzernglied der konzernfremden Vertragspartei schadenersatzpflichtig wird.

2. Folgen der fehlerhaften Willensbildung bei Verschulden auf Konzernseite

a) Haftung des Konzernunternehmens nur bei Täuschung

Ganz grundsätzlich ist die fehlbare Konzerngesellschaft – wirtschaftlich der Konzern insgesamt – nicht haftbar für den Schaden des Dritten, der ihm entsteht, weil kein Konsens in bezug auf die konzernseitige Vertragspartei vorliegt oder weil der Dritte sich in ihr geirrt hat[76]. Eine Schadenersatzpflicht setzt ein widerrechtliches Verhalten einer konzernseitigen Vertragspartei voraus, die ursächlich für den fehlenden Konsens oder den Willensmangel ist; zum Beispiel eine Täuschung oder ein anderer vorsätzlich verursachter Willensmangel wie Drohung, Übervorteilung u.s.w.

b) Täuschung als aktives Verhalten

Einfach sind die Verhältnisse, wenn der Dritte durch eine Vorspiegelung falscher Tatsachen, durch aktives Tun des konzernseitigen Vertragspartners zum Vertragsschluss mit der falschen Konzerngesellschaft verleitet wird; wenn sich die verhandlungsführende Konzerngesellschaft zum Beispiel für eine andere – etwa kreditwürdigere – Konzerngesellschaft ausgibt. Sie haftet dem Dritten gegenüber aus widerrechtlicher Handlung[77].

c) Täuschung als passives Verhalten

Eine Täuschung durch die konzernseitige Vertragspartei kann auch in einem pflichtwidrigen Verschweigen von Tatsachen bestehen. Es stellt sich die Frage, inwieweit diesbezügliche Aufklärungspflichten gehen und wo ihre Grenzen liegen: zwischen der Anscheinsvollmacht, die zum Vertagsschluss führt, auf der einen Seite und andererseits dem Verschweigen von Tatsachen, die nicht Gegenstand einer Aufklärungspflicht sind und zu keinen Rechtsfolgen führen.

Eine solche Aufklärungspflicht gilt nicht absolut, sondern wird nur beim Vorliegen bestimmter Voraussetzungen angenommen. Eine generelle Aufklärungspflicht besteht nur bei Vertragsverhältnissen, die ein Vertrauensverhältnis begründen; die

---

76 Art. 26 OR ist nur auf den Irrenden anwendbar.
77 Culpa in contrahendo; vgl. dazu unten § 30 IV.

also zwischen den Parteien ein erhöhtes Vertrauensverhältnis[78] voraussetzen und bei denen dem Dritten das Festhalten am Vertrag mit einer Partei nicht zugemutet werden kann, die seinen Irrtum zwar erkannt, ihn aber nicht darauf aufmerksam gemacht hat. Bei solchen Verträgen ist von einer Aufklärungspflicht im Sinne von Art. 28 OR auszugehen[79]; sie liegen insbesondere vor, wenn die Person der Vertragspartei wesentlich ist. Im Verschweigen eines erkennbaren Irrtums über die Person liegt in diesen Fällen demzufolge immer eine Täuschung durch Verschweigen. In den meisten Fällen dieser error in persona besteht – die Erkennbarkeit vorausgesetzt – eine Identität zwischen wesentlichem Irrtum und Aufkärungspflicht. Erkennbare Willensmägel des Dritten, die sich auf diese Punkte abstützen und die der Dritte geltend macht, lösen eine Schadenersatzpflicht der konzernseitigen Partei aus.

Anders liegen die Dinge, wenn ein Dritter sich in einem Vertragsverhältnis über die konzernseitige Partei irrt, in welchem kein erhöhtes Vertrauensverhältnis Vertragsgrundlage ist, sondern die Wesentlichkeit der Person sich aus anderen Gründen ergibt; so zum Beispiel bei Verträgen, die wegen der Kreditwürdigkeit und höheren Haftungsbasis mit einem bestimmten Konzernunternehmen geschlossen werden. Beim Irrtum über die finanziellen Verhältnisse der Gegenpartei besteht keine allgemeine Aufklärungspflicht[80], es sei denn, es lägen besondere Verhältnisse vor. In einem das Bürgschaftsrecht betreffenden Fall hat das Bundesgericht solche besonderen Verhältnisse angenommen, wenn der "Täuschende" hat wissen müssen, dass der Dritte bei Kenntnis der effektiven finanziellen Lage den Vertrag nicht eingegangen wäre[81]. Keine Täuschung liegt in diesen Fällen demnach vor, wenn die konzernseitige Vertragspartei den Irrtum des Dritten erkennt, aber nicht wissen muss, dass der Dritte bei Kenntnis der effektiven Sachlage den Vertrag mit ihr nicht abgeschlossen hätte. Das ist insbesondere dann der Fall, wenn der Dritte an die Kreditwürdigkeit unüblich hohe Anforderungen stellt, ohne dass die konzernseitige Vertragspartei dies wissen müsste.

d) *Konzernseitige Aufklärungspflicht aus Ingerenz*

Wer – auch wenn er rechtmässig handelt – einen gefährlichen Zustand schafft oder unterhält, ist verpflichtet, Vorkehren zu schaffen, um Schaden von Dritten abzuwenden, der ihnen wegen der geschaffenen Gefahr droht[82]. Als Ingerenz kann ein

---

78 Gesellschaftsverträge, Verträge auf Arbeitsleistung und bei Dauerschuldverhältnissen; Soergel/Hefermehl, § 123 N 5ff; mit Guhl/Merz/Koller, § 17 I Ziff.1. auch Versicherungsverträge wegen der Mitteilungs- und Schadenminderungspflichten.
79 Bucher, Obligationenrecht, § 13 V.
80 Bucher, a.a.O.
81 BGE 57 II 276.
82 Oftinger, I, S. 129.

§ 25 Verträge mit Konzerngliedern; Feststellung der Vertragsverhältnisse 235

derartiges Vorverhalten Ausgangslage für ein strafrechtliches[83] oder als "Grundsatz des ungeschriebenen Rechts"[84] für ein privatrechtliches Unterlassungsdelikt sein. Die Handlungspflichten, die sich auf diesen Grundsatz abstützen können, hängen immer von der Art der drohenden Verletzung des Dritten ab; bei grossen Gefahren sind sie umfassend, bei kleinen Gefahren gering. Eine solche Handlungspflicht besteht aber immer und ist, weil in ihrem Ausmass folgeabhängig, nie unverhältnismässig.

Die Bildung einer komplizierten Konzernorganisation, die für Dritte nicht durchschaubar ist, ist nicht widerrechtlich; sie schafft aber für Dritte die Gefahr, dass sie mit den falschen Konzerngliedern kontrahieren, die auf diese Weise vermeintlich geschlossenen Vertragsverhältnisse keinen Bestand haben und ihnen dadurch ein Schaden erwächst. Wie der Bauherr, der bei seinem Hauseingang – rechtmässig – eine Grube öffnet, eine Abschrankung errichten muss[85], ist die konzernseitige Vertragspartei, die Teil eines unüblich kompliziert oder unüblich vertraulich[86] gegliederten Konzerns ist, gestützt auf ungeschriebene Verkehrssicherungspflichten[87] den konzernfremden Dritten gegenüber verpflichtet, sie über die konzerninterne Struktur so weit zu informieren, wie es nötig ist, um bei ihnen falsche Willensbildungen in bezug auf die Person der jeweiligen konzernseitigen Vertragspartei zu vermeiden. Unterlässt die konzernseitige Vertragspartei diese Aufklärung, wird sie gegenüber dem Dritten, dem daraus ein Schaden entstanden ist, schadenersatzpflichtig[88].

e) Die Aufklärungsobliegenheit der konzernseitigen Vertragspartei

Treten zwei Parteien in ein Vertragsverhältnis ein, in welchem die eine einen gegenüber der anderen Partei erhöhten Sachverstand über den Vertragsgegenstand aufweist, obliegt es dieser, jene über den Vertragsgegenstand aufzuklären; unterlässt die kompentere Vertragspartei diese Aufklärung, muss sie sich das Verständnis der weniger kompetenten Vertragspartei entgegenhalten lassen[89]. Das Bundesgericht[90] ist diesem Gedanken in seiner Rechtsprechung zu den Allgemeinen Geschäftsbedingungen gefolgt, indem es dem Autor des Vertrags die Oblie-

---

83 BGE 106 IV 278.
84 Oftinger, a.a.O.
85 BGE 41 II 694; Oftinger, a.a.O., S. 89.
86 Insbesondere bei den nicht konsolidierungs- und publikationspflichtigen Konzernen.
87 Für das deutsche Recht Larenz, II § 72 I d; Esser, II § 108.
88 Art. 28 i.V. mit Art. 41 OR; BGE 108 II 421; Guhl/Merz/Koller, § 17 II.
89 Rehbinder, S. 146.
90 BGE 109 II 452ff.

genheit zuweist, die andere Vertragspartei über unübliche oder unklare Vertragsinhalte aufzuklären; unterlässt er dies, wirken die entsprechenden Klauseln nicht zu Lasten der unverständigen Vertragspartei[89].

Im Verhältnis zwischen dem konzernfremden Dritten und dem Konzern ist die Fragestellung ähnlich; der Dritte ist in bezug auf die Konzernorganisation unverständig; im Gegensatz zur konzernseitigen Vertragspartei, die als Teil des Konzerns dessen Organisation kennt und diesbezüglich Expertenwissen hat[90]. Unterlässt es die konzernseitige Vertragspartei, den Dritten über die konzerninternen Zuständigkeiten aufzuklären, kann es – wie der Autor von allgemeinen Geschäftsbedingungen – dem Dritten diesen Sachverhalt nicht entgegenhalten und hat den Vertrag so gelten zu lassen, wie er vom Dritten verstanden wurde. Die unterlassene Aufklärung ist in diesen Fällen keine Pflichtverletzung oder Täuschung durch Unterlassung, sondern die Verletzung einer Obliegenheit mit der Folge des Rechtsschutzverlusts.

3. Folgen des widerrechtlichen Verhaltens

a) *Schadenersatz als Geldersatz*

Beruft sich der Dritte erfolgreich auf Täuschung oder auf ein anderes widerrechtliches Verhalten, fällt das Vertragsverhältnis weg. Ein entstandener Schaden ist durch den *Täuschenden* zu ersetzen und nicht durch dasjenige Konzernunternehmen, für welches der Täuschende gehandelt haben will[91]. Führt die widerrechtliche Handlung eines Konzerngliedes nur zum vermeintlichen Vertragsschluss und will der Dritte den Vertrag nicht mit derjenigen konzernseitigen Vertragspartei eingehen, die konzernseitig als Vertragspartei verstanden wurde, ist kein Vertrag zustande gekommen. Auch in diesem Fall entsteht beim Dritten aus dem "Wegfall" des Vertragsverhältnisses ein Schaden. Der Ersatz dieses Schadens in Form einer Geldleistung führt oft zu unbefriedigenden Ergebnissen, namentlich dann, wenn der Dritte am Vertragsschluss mit dem Konzern festhalten will und wenn die Übertragung des "Vertragsverhältnisses" auf die vermeintliche konzernseitige Vertragspartei als billige Lösung erscheint. Es stellt sich die Frage, ob eine derartige Zwangsübertragung im Rahmen eines Schadenersatzanspruchs überhaupt möglich ist.

---

89 Guhl/Merz/Koller § 13 VII. Die Folgen der Ungewöhnlichkeitsregel können vermieden werden, wenn die schwache Vertragspartei auf die ungewöhnlichen Regeln und ihre Rechtsfolgen hingewiesen wird. Vgl. auch Art. 8 UWG.
90 Rehbinder, S. 146.
91 Dieses Konzernunternehmen – in der Regel ein Mutterunternehmen – haftet jedoch für einen dem Dritten entstandenen Schaden nach den Vorschriften des Konzernhaftungsrechts; vgl. dazu unten §§ 29ff.

b)   Schadenersatz als Naturalersatz

Gemäss Art. 43 und 99 Abs.3 OR bestimmt der Richter nicht nur die Grösse des Schadenersatzes, sondern auch die Art seiner Leistung; er kann dabei neben oder an Stelle einer Geldleistung auch den Naturalersatz vorsehen, der dem Wesen des Schadenersatzes besser entspricht als der Geldersatz, denn er führt näher zu dem Zustand, der ohne täuschendes Ereignis vorliegen würde. In Täuschungsfällen scheitert der Realersatz in der Regel an der Unmöglichkeit, ihn zu erbringen. Die Festlegung des Anspruchs des Getäuschten, dem durch seine Anfechtung aus Willensmangel das Vertragsverhältnis verlustig gegangen ist, setzte die richterliche Festlegung eines hypothetischen übereinstimmenden vertragsbildenden Willens voraus, der ein ausgewogenes Vertragsverhältnis zwischen beiden Parteien begründen würde. Oftmals wären nicht nur die einzelnen Vertragskonditionen, die Folge der Täuschung waren, zu ändern, sondern der Vertrag als Ganzes müsste durch den Richter neu formuliert werden; eine Aufgabe, die ihm nicht übertragen werden kann. Das Gesetz kommt dem Bedürfnis des Getäuschten, am Vertrag festzuhalten, dadurch entgegen, dass es ihn nicht einfach vor die Wahl Vertrag oder Schadenersatz stellt, sondern einen Anspruch auf Schadenersatz auch dann vorsehen kann, wenn er Vertrag trotz Täuschung genehmigt.

Beim Vertrag mit einem Mangel aus error in persona oder wenn über die Person der konzernseitigen Vertragspartei kein Konsens bestand, liegen die Dinge völlig anders: Das Vertragsverhältnis, auf das man sich geeinigt hatte, ist als solches ausgewogen, es bleibt unverändert bestehen, und der Inhalt braucht nicht unter Verwendung eines hypothetischen Vertragswillens ermittelt zu werden. Die irrende Vertragspartei erhielte Naturalersatz, wenn die Vertragsbeziehung auf diejenige Partei übertragen werden könnte, die sie von Anfang an als Vertragspartei verstanden hatte. Wie bei der Erklärung gemäss Art. 25 Abs.2 OR ist eine Heilung des Mangels nur möglich, wenn die vermeintliche Vertragspartei mitwirkt. Ein zwangsweiser Einbezug dieser Vertragspartei ist nur möglich, wenn sie selber für den aus der Täuschung entstandenen Schaden haftet, sei es, weil sie an der Täuschung mitgewirkt hat oder sei es, weil sie als Mutterunternehmen gestützt auf die Vorschriften des Konzernhaftungsrechts haftbar ist[94]. Haftet das Mutterunternehmen mit, kann es auch im Rahmen eines Naturalersatzes gezwungen werden, das Vertragsverhältnis zu übernehmen. Bezüglich seiner eigenen Person kann es das Einverständnis ohnehin aus eigenem Anteil geben; das Einverständnis des Tochterunternehmens, das ebenfalls bei dieser Übertragung mitwirken muss, kann gestützt auf die Leistungsmacht erwirkt werden.

---

94   Vgl. dazu unten §§ 29ff.

Anders liegen die Dinge, wenn das Tochterunternehmen den Dritten täuscht, indem es vorgibt, ein anderes Konzernglied zu sein, ohne dass dabei zugleich eine Haftung des Mutterunternehmens vorliegt; ein zwangsweiser Einbezug des Mutterunternehmens ist dann nicht mehr möglich, und allein das Tochterunternehmen wird für den dem Dritten aus dem Wegfall des Vertragsverhältnisses entstandenen Schaden haftbar. Mittelbar und solange als das Tochterunternehmen wirtschaftlich in der Lage ist, seinen Pflichten nachzukommen, haftet allerdings das Mutterunternehmen wegen der Tatsache der wirtschaftlichen Einheit wirtschaftlich mit. Es wird sich daher auch in diesen Fällen überlegen müssen, ob die freiwillige Übernahme des Vertragsverhältnisses gemäss Art. 25 Abs.2 OR im Konzerninteresse nicht die billigere Lösung darstellt.

V. Der Tatbestand der Täuschung durch einen Dritten im Konzern (auch über den Vertragsinhalt)

1. Fragestellung

Wird eine Vertragspartei nicht von der anderen Vertragspartei, sondern von einem Dritten getäuscht, ist der Vertrag für den Getäuschten gemäss Art. 28 Abs.2 OR nur unverbindlich, wenn die andere Vertragspartei die Täuschung hat kennen können. Es stellt sich die Frage, wie vorzugehen ist, wenn der täuschende Dritte und die Gegenpartei des Getäuschten Teil des gleichen Konzerns sind, ob der täuschende Dritte in diesen Fällen tatsächlich echter Dritter ist oder wegen seiner Nähe zur konzernseitigen Vertragspartei Beteiligter. Diese Frage stellt sich nicht nur im Zusammenhang mit der Feststellung der konzernseitigen Vertragspartei, sondern ganz allgemein mit der Feststellung des Inhalts der Vertragsverhältnisse, die Resultat einer Täuschung sein können, begangen durch ein anderes Konzernglied.

2. Ausweitung des Begriffs der Beteiligten über die Vertragsparteien hinaus

In bezug auf die Frage, ob eine Täuschung durch einen Dritten vorliegt oder der Vertragspartei selber zuzurechnen ist, wird zwischen Dritten und Beteiligten unterschieden. Unter die letzteren fallen alle "Nichtdritten"[95], also nicht nur die Vertragspartei selber und ihre echten Stellvertreter[96], sondern auch andere Personen, die beim Vertragsschluss mitgewirkt und für die Vertragspartei gehandelt

---

95   Staudinger/Dilcher, § 123 N 31.
96   Staudinger/Dilcher, a.a.O.

§ 25 Verträge mit Konzerngliedern; Feststellung der Vertragsverhältnisse 239

haben, zum Beispiel auch ihre indirekten Stellvertreter oder Gehilfen[97]. Das Handeln dieser "Nichtdritten" wird derjenigen Vertragspartei, für die sie tätig waren, unter Anwendung der Regeln des Art. 101 OR wie deren eigenes Handeln angerechnet[98].

Der Einbezug von Abschlussgehilfen aller Art unter den Begriff der Beteiligten – und damit ihr Ausschluss als Dritte – erfolgt *nicht nur* gestützt auf die Tatsache, dass sie als Abschlussgehilfen am Vertragsschluss beteiligt waren; jeder, auch der echte Dritte, der durch Täuschung auf einen Vertrag einwirkt, ist massgebend daran beteiligt, veranlasst er doch durch seine Täuschung den Vertragsschluss[99]. Das objektive Mitwirken des Abschlussgehilfen am Vertragsschluss ist nur Ausgangslage und Voraussetzung für ihre Beteiligtenqualität, nicht aber Grund dafür: Beteiligte sind diese formell Dritten allein deshalb, weil sie für und im Interesse der nicht getäuschten Vertragspartei gehandelt haben.

3. Der Beteiligte als Subjekt einer fremden Meinungsbildung

a)   Der Beteiligte als Subjekt einer effektiven fremden Meinungsbildung

Ist eine Person Subjekt einer fremden Meinungsbildung[100] und handelt sie als solches gemäss Veranlassung oder Anstiftung einer Vertragspartei, ist sie nicht Dritter, sondern Beteiligter. Dazu kommt, dass in diesen Fällen immer auch ein Handeln der anderen Vertragspartei selbst – in Form einer Anstiftung – vorliegt. Wer einen "Dritten" veranlasst, seine Vertragspartei zu täuschen, täuscht mittelbar immer auch selber; es liegt in diesen Fällen keine Täuschung durch einen Dritten vor, sondern eine Täuschung durch die andere Vertragspartei, begangen durch den Einsatz eines Dritten.

b)   Der Beteiligte als Subjekt einer potentiellen fremden Meinungsbildung

Eine Person kann aber auch Subjekt einer fremden Meinungsbildung sein, ohne dass sie dabei im Einzelfall, in welchem sich die Frage der Beteiligung stellt, auf Veranlassung der Partei gehandelt hat. Sie ist in diesen Fällen Subjekt nicht einer konkreten und effektiven, sondern einer allgemeinen und potentiellen fremden Meinungsbildung. Auch diese Personen sind Beteiligte, denn sie sind tatsächliche

---

97 Wie Abschlussgehilfen, Mäkler, Agenten; Vgl. dazu auch Bucher, Obligationenrecht, § 13 V Ziff.3 zum Begriff des Dritten gemäss Art. 28 II OR.
98 BGE 108 II 419ff; von Tuhr/Peter, S. 193 und 318; Schönenberger/Jäggi, N 594 zu Art. 1 OR; Bucher, a.a.O.
99 Anders Rehbinder, S. 461.
100 Zum Beispiel im obgenannten Sinne als Abschlussgehilfe.

Subjekte einer potentiellen fremden Meinungsbildung und nicht potentielle Subjekte einer fremden Meinungsbildung; sie befinden sich im Zeitpunkt ihrer Tätigkeit in einer Pflichtbeziehung zu einem Prinzipal, die sie in ihrem Verhalten bestimmt. Ob sie auch Subjekt der konkreten fremden Meinungsbildung werden, ist ein Entscheid, der ausschliesslich beim Prinzipal liegt. Das Subjekt einer potentiellen fremden Meinungsbildung, das am Vertragsschluss zwischen dem Dritten und dem Prinzipal mitwirkt, handelt im effektiven oder vermeintlichen Interesse des Prinzipals, ebenso wie der Abschlussgehilfe und die Hilfsperson, die auch dann Beteiligte sind, wenn ihre Handlung nicht auf Veranlassung des Prinzipals erfolgt ist[101].

4. Konzerngesellschaften als Beteiligte

a) *Das Tochterunternehmen als Beteiligter des Mutterunternehmens*

Die Frage, ob das die Täuschung vornehmende Tochterunternehmen Beteiligter und nicht Dritter ist, ist nun rasch beantwortet. Als Subjekt der einheitlichen Leitung ist es Subjekt einer potentiellen fremden Meinungsbildung, deren Wahrnehmung im Einzelfall allein im Belieben des Mutterunternehmens liegt. Die Tochter ist daher nicht Dritte, sondern immer Beteiligte, auch wenn sie konkret nicht auf Veranlassung der Mutter in die Rechtsbeziehung eingewirkt hat. Ein Mutterunternehmen kann sich daher nicht darauf berufen, dass es sich beim Tochterunternehmen, das in eines ihrer Vertragsverhältnisse mit einer konzernfremden Partei täuschend eingreift, um einen Dritten handelt[102]. Die durch ein Tochterunternehmen begangene Täuschung ist eine Täuschung durch einen "Nichtdritten" und belastet das Mutterunternehmen, wie wenn sie diese selber vorgenommen hätte.

b) *Das Mutterunternehmen nicht als Beteiligter des Tochterunternehmens*

Anders im umgekehrten Fall: Das Mutterunternehmen ist zwar Subjekt der gleichen Meinungsbildung wie das Tochterunternehmen, aber ihrer eigenen und nicht derjenigen des Tochterunternehmens. Dementsprechend ist die Mutter in der Rechtsbeziehung zwischen dem Tochterunternehmen und einem Aussenstehenden Dritte und nicht Beteiligte; es sei denn, sie wirke konkret auf das Vertragsverhältnis ein und werde auf diesem Wege zur Vertragspartei oder wegen widerrechtlicher Täuschung haftbar.

---

101 Bucher, Obligationenrecht, § 13 V Ziff.3 lit.c.
102 BGE 112 II 504 gelangt gestützt auf die "wirtschaftliche Identität" zwischen den beiden zum gleichen Ergebnis.

§ 26 Konzernwirkung von Verträgen mit Konzerngliedern

I. Vertragliche Wirkungen nur für die vertragschliessenden Parteien

1. Grundsatz und Fragestellung

Jedes Konzernglied ist eine juristische Einheit; der Vertragsschluss mit ihm führt grundsätzlich nur zu seiner Verpflichtung und zur Verpflichtung der anderen Vertragspartei; Konzernglieder, die nicht Vertragspartei sind, sind Dritte. Sie sind jedoch Dritte, die auf der Ebene des Konzernrechts untereinander und mit dem vertragschliessenden Konzernglied verbunden sind, die einheitlich leiten oder geleitet werden und die insgesamt eine wirtschaftliche Einheit bilden. Diese faktische Verknüpfung macht sie zu Dritten eigener Art. Es stellt sich die Frage, inwieweit diese Dritten trotz ihrer juristischen Selbständigkeit in mit anderen Konzerngliedern geschlossenen Vertragsbeziehungen eingebunden sind.

2. Ausnahme: Konzernwirkung von Verträgen

Ein Vertragsverhältnis mit Konzernwirkung liegt vor, wenn ein zwischen einem Dritten und einem Konzernglied geschlossener Vertrag nicht nur die beiden Vertragsparteien verpflichtet, die den Vertrag geschlossen haben, sondern auch zu Gunsten oder zu Lasten anderer Konzernglieder wirkt, die nicht Vertragspartei sind[1]. Als Beispiel solcher Verträge mit Konzernwirkung sei der Vertrag zu Gunsten Dritter genannt, der zum Beispiel dem Mutterunternehmen Rechte aus einem zwischen der Tochter und einer konzernfremden Person geschlossenen Vertrag einräumt[2]. Denkbar sind aber auch Verträge mit Konzernwirkung, die andere Konzernglieder mitverpflichten, selbst wenn sie nicht Vertragspartei sind.

---

1 Auch Verträge mit echter Konzernwirkung. Zur Terminologie vgl. oben § 25 Ziff.1 lit.b und c.
2 Als Vertrag mit Konzernwirkung, der andere Konzerngesellschaften mitberechtigt; vgl. dazu unten VI.

II. Konzernwirkung bei Verträgen, die andere Konzerngesellschaften mitverpflichten

1. Keine Konzernwirkung mit unmittelbarer Verpflichtung

Konzernverträge mit echter Konzernwirkung, die zu einer direkten und unmittelbaren Mitverpflichtung anderer Konzernglieder führen, gibt es nicht, weil es keine Verträge zu Lasten Dritter gibt, die diese verpflichten[3]. Die direkte und unmittelbare Verpflichtung eines anderen Konzernunternehmens kann sich nur auf einen Vertrag oder auf ein vertragsähnliches Verhältnis mit dem Verpflichteten selber abstützen.

2. Konzernwirkung nur mit mittelbarer Verpflichtung

a)   Ausgangslage / Grundsatz

Verträge mit Konzernwirkung können aus diesem Grunde andere Konzernunternehmen, die nicht Vertragspartei sind, nur indirekt und mittelbar verpflichten. Das mittelbar verpflichtete Konzernglied unterliegt selber keinen Pflichten, deren Nichtbefolgung zu seiner Haftung führen würde. Trotzdem ist das mittelbar verpflichtete Konzernglied faktisch gebunden; verstösst es gegen die ihm mittelbar auferlegten Pflichten, führt dies zu Rechts- und Haftungsfolgen bei demjenigen Konzernglied, welches die Leistung des anderen Konzernglieds versprochen hat. Weil der Konzern eine wirtschaftliche Einheit ist, belastet die Haftung dieses Konzernglieds den Konzern als Ganzes. Für das Mutterunternehmen kann dies Anlass sein, das mittelbar verpflichtete Konzernglied zu vertragskonformem Handeln zu veranlassen oder sich vertragskonform zu verhalten, wenn es selber durch die Tochter mittelbar verpflichtet worden ist.

b)   Verträge mit mittelbarer Mitverpflichtung anderer Konzernglieder als Versprechen einer Leitungshandlung oder eines Erfolgs

Verträge mit Konzernwirkung und mittelbarer Mitverpflichtung anderer Konzernglieder lassen sich in zwei Kategorien aufteilen: Als Versprechen des Mutterunternehmens können sie die Verpflichtung zum Inhalt haben, das mittelbar verpflichtete Tochterunternehmen in einem festgelegten Sinne zu leiten[4]. Weil es die Leitungsmacht voraussetzt, kann dieses Versprechen nur von einem Mutterunternehmen ausgehen.

---

3   Guhl/Merz/Koller § 22 III.
4   Unten III.

§ 26 Konzernwirkung von Verträgen mit Konzerngliedern

Als Versprechen des Mutter- oder des Tochterunternehmens können diese Verträge auch den Eintritt oder das Ausbleiben eines bestimmten Erfolgs beim anderen Konzernunternehmen zum Inhalt haben. Es liegt in diesen Fällen ein Garantievertrag gemäss Art. 111 OR vor, der auch gültig geschlossen werden kann, wenn der Promittent den Dritten nicht leitet, also auch vom Tochterunternehmen, das die Leistung seiner Mutter verspricht. Leistet das mittelbar verpflichtete Konzernglied nicht, wird der Promittent schadenersatzpflichtig[5].

Ein Vertrag, in welchem das Mutterunternehmen dem Konzernfremden die Leistung der Tochter verspricht, kann somit je nach Betrachtungsweise zweierlei bedeuten: Als eigene Pflicht der Mutter veranlasst oder ausgelöst durch die Pflicht der Tochter ist er Teil eines Vertragsverhältnisses mit unechter Konzernwirkung[6]. Die Verpflichtung der Mutter stützt sich in diesem Fall auf einen eigenen Vertrag, der neben einem Vertrag mit der Tochter besteht. Als Pflicht der Tochter und als Folge des Versprechens des Mutterunternehmens ist dieser Vertrag auch ein Vertrag mit echter Konzernwirkung und mittelbarer Verpflichtung der Tochter. Die Tochter kann gestützt auf ihn[7] nicht unmittelbar zwar zur Leistung verpflichtet werden, ist aber indirekt und mittelbar verpflichtet: Erfüllt sie ihn nicht oder schlecht, haftet das Mutterunternehmen, was wegen der wirtschaftlichen Einheit zu einer Belastung des Konzerns insgesamt führt.

c)   *In Verbindung mit einer Stellvertretungshandlung*

Ist das Konzernglied, welches ein anderes mittelbar mitverpflichtet, zugleich Stellvertreter dieses anderen Konzernglieds, ist dessen Mitverpflichtung auch unmittelbarer Art, so dass in diesem Fall beide Unternehmen verpflichtet sind: Das vertretene Konzernglied aus dem durch die Stellvertretung zustande gekommenen Vertrag und das vertretende gestützt auf das Versprechen einer eigenen Leistung[8] gegenüber dem Dritten. Schliesst zum Beispiel das Mutterunternehmen als Stellvertreter der Tochter für dieses einen Vertrag, kann darin ein eigenes Versprechen der Mutter liegen mit dem Inhalt, die Vertragserfüllung durch die Tochter sicherzustellen, wenn es eine Leitungshandlung[9] versprochen hat, oder, wurde ein Erfolg[10] versprochen, für Schäden zu haften, wenn die Tochter nicht richtig erfüllt.

---

5   Guhl/Merz/Koller § 22 III.
6   Vgl. dazu unten § 28.
7   Ihre Pflicht kann sich nur auf den zwischen ihm und dem Dritten geschlossenen Vertrag abstützen.
8   Vgl. unten III.
9   a.a.O.
10 Vgl. unten IV.

d) Anwendungsfälle[11]

Konzernverträge mit mittelbarer Mitverpflichtung kommen in der Praxis oft vor, seien sie nun ausdrücklich geschlossen[12] oder stillschweigend vorausgesetzt; zum Beispiel wenn die Parteien sicherstellen wollen, dass die Verpflichtung des Mutterunternehmens den ganzen Konzern trifft. Zu denken ist in diesem Zusammenhang an Verträge, die Unterlassen zum Inhalt haben, etwa Konkurrenz- und Wettbewerbsverbote sowie Geheimhaltungsabkommen, oder an Verträge, die zu einer Leistung verpflichten, wie Verträge über eine bestimmte Preis- und Angebotsgestaltung oder über die Lieferung einer Sache.

3. Konzernwirkung von Verträgen und der Durchgriff

Allein als *ceterum censeo*[13] erfolgt an dieser Stelle der Hinweis, dass nämliche Fragestellung mit der Rechtsmissbrauchsproblematik im allgemeinen und dem Durchgriff im besonderen nichts zu tun hat. Alle Erwägungen, die an ein durchgriffsbegründendes Verhalten anknüpfen, sind für die Beantwortung dieser Frage ohne Interesse. Vielmehr ist ausschliesslich zu prüfen, ob und in welchem Sinn die Parteien sich vertraglich verpflichtet haben[14]; eine Fragestellung, wie sie grundsätzlich auch bei einem Vertragsverhältnis zwischen echten Dritten vorkommen kann. Im Konzernrecht ist sie jedoch von besonders grosser Bedeutung, weil solche Verträge zwischen Konzerngesellschaften, die dem gleichen Konzerninteresse verpflichtet sind, und Dritten oft vorkommen und weil sich aus der Tatsache der einheitlichen Leitung für den Fall der Vertragsverletzung zusätzliche Pflichten des Mutterunternehmens ergeben können[15]. Vor allem aber spielen die hier erkannten Grundsätze im Konzernrecht eine besonders wichtige Rolle, weil sie viel besser als die Vorschriften über den Durchgriff geeignet sind[16], eine Konzernwirkung dort zu begründen, wo sie tatsächlich geboten ist.

---

11 Vgl. dazu auch unten § 27.
12 "Mutterunternehmen veranlasst Tochterunternehmen ... ".
13 Vgl. dazu unten § 31 II Ziff.1.
14 Auch Rehbinder, S. 183ff.
15 Es schuldet möglicherweise nicht nur Schadenersatz, sondern kann auch zur Realexekution verpflichtet werden; vgl. dazu unten III. Ziff.2 lit.c.
16 Vgl. dazu unten § 31 II Ziff.1.

III. Konzernwirkung bei Verträgen, die ein Leitungshandeln versprechen

1. Ausgangslage

Schliesst der Dritte den Vertrag mit einem Mutterunternehmen ab, hat er eine Vertragspartei verpflichtet, die ihre Tochterunternehmen leitet resp. leiten kann[17]. Die Art der Ausübung der Leitung ist Resultat der selbstgewählten Geschäftspolitik und der gesetzlichen, statutarischen[18] oder vertraglichen Vorschriften, die sie bestimmen und beschränken[19].

2. Unmöglichkeit von Verpflichtungen, die das Mitwirken der Tochterunternehmen bedingen?

a) Ausgangslage / Fragestellung

Ist die Vertragserfüllung für den Schuldner unmöglich, fällt gemäss Art. 119 OR seine Leistungspflicht dahin. Es stellt sich die Frage, ob eine durch das Mutterunternehmen versprochene Leistung, die nur durch das Tochterunternehmen erbracht werden kann, unmöglich im Sinne dieser Bestimmung[20] ist.

b) Grenzen des Inhalts der Vertragsverpflichtung des Mutterunternehmens

Das Mutterunternehmen kann sich grundsätzlich – und im Rahmen des Gesetzes – auch zu Handlungen verpflichten, die es allein nicht erbringen kann[21], sondern die ein Mitwirken oder gar ein alleiniges Handeln des Tochterunternehmens erfordern. Es verpflichtet damit einerseits das Tochterunternehmen als Dritten mittelbar und andererseits *sich selber* unmittelbar dazu seine Leitungsmacht zu Gunsten der Vertragserfüllung einzusetzen. Diese vertraglich eingegangene Verpflichtung ist nicht unmöglich: Das Mutterunternehmen kann über das Tochterunternehmen jederzeit die Leitungsmacht ausüben, wenn es bereit ist, dabei allfällig vorliegende Einschränkungen zu beachten und Voraussetzungen zu erfüllen, wie zum Beispiel die Leistung eines finanziellen Ausgleichs zur Wahrung der Interessen allfälliger Minderheitsaktionäre[22]. Eine vertragliche Pflicht ist immer[23] auch die Pflicht zur

---

17 Vorliegen von Leitungsmechanismen als Voraussetzung der Konzernqualität; vgl. dazu oben § 6 I Ziff.2 lit.d.
18 Insbesondere Einschränkungen durch den Zweck; vgl. dazu oben § 13.
19 Vgl. oben § 6 II und § 15 I Ziff.2 lit.b.
20 So offenbar Bosmann, S. 131.
21 Rehbinder, S. 195.
22 Vgl. dazu oben § 17 IV Ziff.3.
23 Art. 20 OR.

rechtmässigen Vertragserfüllung; das korrekte und rechtmässige Vorgehen bei der Einflussnahme auf die Tochter ist Vertragsbestandteil und gehört somit zu den vertraglichen Pflichten des Mutterunternehmens[24]. Solange und soweit eine Einflussnahme des Mutterunternehmens auf das Tochterunternehmen möglich ist, kann sich das Mutterunternehmen gültig verpflichten, eine Leistung durch das Tochterunternehmen erbringen zu lassen.

c)   *Realexekution gegenüber dem Mutterunternehmen und Folgen ihres Scheiterns*

Mit der Gültigkeit der Verpflichtung nichts zu tun hat die Frage der Durchsetzung im Anwendungsfall, die bei Verträgen mit mittelbarer Mitverpflichtung das Tochterunternehmen formell nicht treffen darf, dafür aber umfassend das Mutterunternehmen[25]; zum Beispiel durch einen an seine Organe gerichteten Befehl mit Strafandrohung[26], eventuell sogar durch einen Richterspruch[27], der die in der Weisung an die Tochter liegende Willenserklärung der Mutter ersetzen kann.

Ist das Mutterunternehmen objektiv und unter Ausschöpfung aller Mittel nicht mehr in der Lage, das Tochterunternehmen zur Vertragserfüllung zu veranlassen, ist es nicht mehr Mutterunternehmen dieser Tochter, denn das Vorliegen von Leitungsmechanismen ist Bedingung des Konzernverhältnisses. Die Aufgabe der Leitung über die Tochter ist in der Regel immer vom Mutterunternehmen gewollt und wird durch den Verkauf der Beteiligungsrechte an der Tochter an Dritte vollzogen[28]. Ist das Unterlassen einer Handlung durch das Tochterunternehmen Gegenstand der Vertragspflicht, fällt mit dem Wegfall der Leitungsmechnismen *pro futuro* die Vertragspflicht weg und nicht nur die Möglichkeit der Vertragserfüllung, denn das der Pflicht zuwiderhandelnde Unternehmen ist nicht mehr Tochter, sondern Dritter; sein Handeln stellt keine Pflichtverletzung des – jetzt ehemaligen – Mutterunternehmens dar.

---

24   Rehbinder, S. 223.
25   Auch Reinhardt, S. 587 und Rehbinder, S. 191.
26   Dieses Instrument ist in diesen Fällen bedeutend brauchbarer als bei den analog gelagerten Fällen der gerichtlichen Duchsetzung von Stimmrechtsbeschränkungen in Aktionärsbindungsverträgen, wo durch eine vertragswidrige - aber gesellschaftsrechtlich gültige - Stimmabgabe die Realerfüllung der Verpflichtung verunmöglicht werden kann. Bei Verträgen mit Konzernwirkung ist eine gültige Vorwegentscheidung, die den Fall gegenstandslos macht, nicht möglich, da die Verpflichtung des Mutterunternehmens sich nicht auf ein bestimmtes Verhalten an einem Ereignis (Stimmabgabe in der Generalversammlung) bezieht, sondern während einer längeren Zeit erfüllbar bleibt.
27   Diese Möglichkeit ist umstritten und hängt vom betreffenden kantonalen Prozessrecht ab.
28   Der Verkauf der Tochter ist in der Regel keine Vertragserfüllung (so Rehbinder, S. 190), sondern ein Verhalten, welches die vertragliche Pflicht untergehen lässt oder deren Erfüllung verunmöglicht.

In diesen Fällen und wenn die Realexekution aus anderen Gründen nicht mehr möglich oder zulässig ist, verbleibt ein Schadenersatzanspruch zu Lasten des Mutterunternehmens[29], wenn das Mutterunternehmen schuldhaft gehandelt hat, was auch anzunehmen ist, wenn die Mutter die Kontrolle über die Tochter vertragswidrig oder rechtsmissbräuchlich[30] aufgab oder wenn es vorliegende Leitungsmechanismen nicht nutzte. Der Rückgriff auf einen auf Billigkeitserwägungen gestützten Durchgriff[31] ist in diesen Fällen nicht nötig. Das Mutterunternehmen kann sich nicht auf die Unmöglichkeit einer eigenen Leistungspflicht berufen, solange diese Leistung durch ein Tochterunternehmen erbracht werden kann oder wenn deren Unmöglichkeit durch die Mutter selber verursacht wurde[32].

3. Versprechen einer bestimmten Leitungshandlung oder eines bestimmten Erfolgs?

a) Fragestellung

Weil das Mutterunternehmen in der Lage ist, das von ihm versprochene und durch das Tochterunternehmen zu erbringende Handeln mittels seiner Leitungsmacht durchzusetzen, stellt sich bei seinem Versprechen immer die Frage, ob eine Leitungshandlung oder ein Erfolg versprochen worden ist. Die Frage kann nur durch Auslegung der vertraglichen Einigung beantwortet werden. Dabei können die folgenden Fälle unterschieden werden, die jeweils typische Elemente aufweisen und auf den Vertragsinhalt hinweisen.

b) Die mittelbare Mitverpflichtung der Tochter zur Sicherung des Vertragsverhältnisses zwischen der Mutter und dem Dritten

Hat die mittelbare Mitverpflichtung des Tochterunternehmens zum Zweck, die Äquivalenz innerhalb der Vertragsbeziehung zwischen der Mutter und dem Dritten zu festigen, ist davon auszugehen, dass ein Leitungshandeln und nicht das Eintreten eines Erfolgs versprochen worden ist. In diesem Fall soll die mittelbare Mitverpflichtung anderer Konzernglieder sicherstellen, dass bei einer Unterlassungspflicht der Mutter das Tochterunternehmen nicht die zu unterlassende Tätigkeit aufnimmt oder, bei einer Handlungspflicht des Mutterunternehmens, dass das Tochterunternehmen die versprochene Handlung dann ausführt, wenn das Mut-

---

29 Auch Rehbinder, der die Realexekution gegenüber dem Mutterunternehmen ablehnt, S. 205.
30 Damit es nicht mehr in der Lage ist, die Tochter zu einem vertragskonformen Handeln zu veranlassen.
31 So Bosmann, S. 132.
32 Art. 156 OR als allgemeiner Grundsatz der Privatrechtsordnung; Bucher, § 28 III Ziff.2.

terunternehmen dazu nicht mehr in der Lage ist[33], weil es zum Beispiel im Zug einer Konzernreorganisation bisher selber ausgeübte Tätigkeiten einem Tochterunternehmen delegiert hat. Die mittelbare Mitverpflichtung des Tochterunternehmens verpflichtet das Mutterunternehmen immer dann zu einem Leitungshandeln, wenn der Einbezug des Tochterunternehmens den Zweck hat, sicherzustellen, dass das Mutterunternehmen *seine eigene* vertragliche Pflicht dem Dritten gegenüber erfüllt.

Bleibt der versprochene Erfolg beim Tochterunternehmen aus, haftet die Mutter nur für die Folgen der unterlassenen Leitungshandlung, weil sie sich ausschliesslich dazu verpflichtet hat. Sie haftet nur so weit, wie das Tochterunternehmen selber haften würde, wenn es direkt verpflichtet worden wäre[34]. Diese Schadenersatzfolgen[35] zeigen, dass in der Verpflichtung zu einer Leitungshandlung für die Mutter nicht nur eine Belastung, sondern auch eine Entlastung liegen kann, denn die Mutter haftet in diesen Fällen nur für eigenes schuldhaftes Verhalten, aber nicht für den Eintritt eines Erfolgs beim anderen Konzernunternehmen[36].

c) *Die mittelbare Mitverpflichtung der Tochter als Sicherung des Vertragsverhältnisses zwischem der Tochter selbst und dem Dritten*

Das Eintreten eines bestimmten Erfolges beim Tochterunternehmen dürfte auf der anderen Seite nur in denjenigen Fällen versprochen worden sein, in denen das Mutterunternehmen dieses Versprechen nicht zur Sicherstellung einer eigenen Vertragspflicht, sondern zur Sicherstellung einer Vertragspflicht *der Tochter* abgibt. Ein solches Versprechen erfolgt zum Beispiel gestützt auf ein zwischen dem Dritten und dem Tochterunternehmen geschlossenen Vertragsverhältnis als Teil der Verpflichtung mehrerer konzernseitiger Vertragsparteien[37]. Das Versprechen des Mutterunternehmens hat in diesen Fällen eine reine Garantiefunktion; es sichert *nicht* das zwischen *ihm selber* und dem Dritten geschlossene Vertragsverhältnis, sondern das Vertragsverhältnis, welches zwischem dem mittelbar mitverpflichteten Tochterunternehmen und dem Dritten besteht. Die mittelbare Mitverpflichtung des Tochterunternehmens führt zur Haftung der Mutter für den Eintritt des Erfolgs,

---

33 Auch Rehbinder, S. 223.
34 Vgl. dazu unten § 27 VI (Konzernverschaffungsverträge).
35 Vgl. dazu unten V.
36 Die Mutter, die dem Dritten verspricht, dass die von ihr zu erbringende Leistung notfalls auch durch ihre Töchter erbracht werde, haftet dafür, dass die die Töchter diese Leistung erbringen, wenn sie können. Sie haftet nicht, wenn die Vertragserfüllung für sie und die Töchter unmöglich geworden ist. Weil die Haftung der Mutter auch eine Haftung des Konzerns ist, ist die Tochter durch diesen Vertrag mittelbar mitverpflichtet; vgl. dazu auch unten § 27 VI.
37 Vgl. dazu unten § 28.

wenn das Tochterunternehmen bereits verpflichtet ist und das Mutterunternehmen nur einbezogen wird, um die richtige Vertragserfüllung durch das Tochterunternehmen zu sichern[38].

IV. Konzernwirkung bei Verträgen, die einen Erfolg versprechen

1. Ausgangslage

Verträge mit Konzernwirkung, die das Versprechen des Promittenten zum Inhalt haben, dass bei anderen Konzernunternehmen ein bestimmter Erfolg eintrete, stützen sich nicht auf die Leitungsmacht des Mutterunternehmens. Sie können daher sowohl vom Mutter-[39] wie auch vom Tochterunternehmen abgeschlossen werden. Die Sanktion für die Nichterfüllung ist in diesen Fällen zum vornherein auf die Schadenersatzpflicht beschränkt[40]; es sind Verträge zulasten Dritter, Garantieverträge, ohne die vertragliche Pflicht des Promittenten, auf ein anderes Konzernunternehmen einen bestimmten Einfluss auszuüben.

Verspricht die Tochter die Leistung ihres Mutterunternehmens, welches in der Folge nicht oder schlecht erfüllt, wird sie gestützt auf Art. 111 OR schadenersatzpflichtig. Das Verschulden des Mutterunternehmens, welches hätte leisten müssen, wird der vertragschliessenden Tochter materiell voll angerechnet; diese kann sich im Haftungsfall nicht auf ihr – effektiv – fehlendes eigenes Verschulden berufen[41]. Ein echter Schulddurchgriff, d.h. eine unmittelbare Haftung des Mutterunternehmens aus eigenem Verschulden gegenüber der konzernfremden Vertragspartei, liegt hingegen nicht vor; die Haftung der Tochter für das Verschulden und den Vertragsbruch des Mutterunternehmens führt jedoch – deren Zahlungsfähigkeit vorausgesetzt – zum wirtschaftlich gleichen Ergebnis.

---

38 Der zwischen der Mutter und dem Dritten geschlossene Garantievertrag führt zur Haftung der Mutter, wenn der garantierte Erfolg bei der Tochter nicht eintritt. Weil die Haftung der Mutter auch eine Haftung des Konzerns ist, ist die Tochter durch diesen Vertrag mittelbar mitverpflichtet.
39 Vgl. dazu oben III Ziff.3 lit.b.
40 Abgesehen von der Schadenersatzpflicht kann der Dritte gestützt auf die Vertragsverletzung eventuell vom Vertrag zurücktreten, was die schwerwiegendere Konsequenz sein kann.
41 Vgl. dazu unten V Ziff.2 und 3.

2. Versprechen durch das Tochterunternehmen immer als Versprechen eines bestimmten Erfolgs?

a) Versprechen der Tochter als Versprechen eines Erfolgs oder einer eigenen Handlung

Das Tochterunternehmen kann das Mutterunternehmen nicht zu einem Verhalten veranlassen[42]. Verspricht es trotzdem ein bestimmtes Verhalten der Mutter, verspricht es – den Bindungswillen vorausgesetzt – in der Regel einen Erfolg und nicht eine Leitungshandlung. Anders ist nur zu entscheiden, wenn die Auslegung des Vertrags zwischen dem Konzernfremden und der Tochter ergibt, dass die Tochter nicht das Mutterunternehmen hat mittelbar verpflichten wollen, sondern *nur* sich selbst. Ist das Versprechen der Tochter, dass die Mutter sich in einem bestimmten Sinn verhalten werde, kein Versprechen eines Erfolgs, ist es möglicherweise das Versprechen eines eigenen Verhaltens: dass sie beim Vorliegen einer Unterlassungspflicht der Mutter eine allfällige Verletzung dieser Pflicht nicht fördern werde[43]. Die Tochter haftet in diesem Fall nur für den Schaden des Dritten, der Folge ihrer Unterstützung des Verhaltens der Mutter ist. Für die Folgen des Verhaltens der Mutter haftet sie nicht, weil sie deren Ausbleiben nicht garantiert hat.

b) Verpflichtungswille oder Absichtserklärung?

Liegt im Versprechen der Tochter nicht das Versprechen eines bestimmten Erfolgs oder eines eigenen Unterlassens und fehlt es an einer mittelbaren Verpflichtung der Mutter, hat das versprechende Konzernglied überhaupt keine vertragliche Bindung gewollt. Rehbinder[44] nimmt in diesen Fällen eine Pflicht der Tochter an mit dem Inhalt, auf die Mutter Einfluss zu nehmen. Diese Bindung ist derart schwach, dass ihr keine praktische Bedeutung zukommt; die Tochter erfüllt sie bereits, wenn sie die Mutter vom Anliegen des Dritten in Kenntnis setzt.

---

42 von Steiger Werner, Holdinggesellschaften, S. 306a.
43 Das Tochterunternehmen, das innerhalb des Konzerns für Logistik zuständig ist und dem konzernfremden Lieferanten von Büromaschinen – gegen Rabatt – verspricht, dass der Konzern während 10 Jahren keine anderen solche Geräte bezieht, kann das Mutterunternehmen nicht daran hindern, die konzerninterne Aufgabenteilung zu ändern und Drittthersteller zu berücksichtigen. Es darf dieses Verhalten allerdings nicht begünstigen und diese Drittgeräte bei sich lagern oder warten. Illustrativ auch das Beispiel in Rehbinder, S. 282f.
44 a.a.O., S 291f.

3. Insbesondere Verträge mit Konzernwirkung mit mittelbaren Unterlassungspflichten

Ebenso wie Leistungen eines Dritten können die Vertragsparteien auch eine Unterlassung eines oder mehrerer anderer Konzernglieder versprechen, entweder als Hauptleistung[45] oder als Gegenstand von Nebenpflichten zu einer durch das vertragschliessende Konzernunternehmen zu erbringenden Hauptleistung[46]. Der konzernfremde Berechtigte wird auf diese Weise in die Lage versetzt, seinem Vertragsgegner gegenüber auch Einreden und Einwendungen zu erheben oder Rechte geltend zu machen, die ihre Grundlage in vertragswidrigen Handlungen der mittelbar verpflichteten Konzernglieder haben[47].

Mittelbare Unterlassungspflichten anderer Konzernglieder kommen nicht nur ausdrücklich oder konkludent geschlossen vor; sie ergeben sich in vielen Fällen direkt aus dem Gesetz, ohne dass eine entsprechende vertragliche Haftung vorgesehen werden muss[48].

V. Wirkungen der Verträge mit mittelbarer Mitverpflichtung

1. Pflicht zur Realexekution nur beim Versprechen zu einer Leitungshandlung

Verträge mit Konzernwirkung und mittelbarer Mitverpflichtung anderer Konzernunternehmen können beim Vertragsschluss mit einem Mutterunternehmen zwei Pflichten begründen, beim Vertragsschluss mit dem Tochterunternehmen nur eine Pflicht: Beide Unternehmen trifft bei Nichterfüllung die Pflicht, Schadenersatz zu leisten oder die Obliegenheit, den Rechtsverlust zu dulden; nur das Mutterunternehmen kann die zusätzliche Pflicht treffen, ihre Leitungsmacht auszuüben und das Tochterunternehmen zu einem vertragskonformen Handeln zu bewegen[49], sonst droht ihr die Realexekution. Diese kann gegenüber dem mittelbar Verpflichteten nicht erwirkt werden, sondern nur gegenüber demjenigen Konzernglied, das über das andere die Leitungsmacht ausübt[50].

---

45 Zum Beispiel ein Konkurrenzverbot oder ein Kartellvertrag; Rehbinder, S. 225.
46 Zum Beispiel das Versprechen, die Vertragserfüllung der Tochter nicht zu behindern; Rehbinder, a.a.O.
47 Mittelbar sind diese Verpflichtungen, weil kein Unterlassungsanspruch gegenüber den anderen Konzernunternehmen besteht.
48 Vgl. unten § 27 III.
49 Vgl. dazu oben III Ziff.2.
50 Zu den dafür vorgesehenen prozessualen Instrumenten: vgl oben III Ziff.2 lit.c.

2. Verschuldensabhängiger Schadenersatz beim Versprechen einer bestimmten Leitungshandlung

Bleibt die versprochene Leitungshandlung aus oder führt sie nicht zum Erfolg, haftet das Mutterunternehmen für den daraus entstandenen Schaden, wenn es schuldhaft gehandelt hat. Ein Verschulden des Mutterunternehmens liegt nicht vor, wenn das Tochterunternehmen trotz vertragskonformer Leitungshandlung durch das Mutterunternehmen nicht tätig wird, weil es nicht tätig werden kann[51]. Solange das Tochterunternehmen jedoch in der Lage ist zu leisten, ist das Mutterunternehmen gestützt auf seine Leitungsmacht auch in der Lage, seine Verpflichtung zu erfüllen. Kann das Tochterunternehmen nicht mehr leisten[52], hätte es aber leisten können, wenn das Mutterunternehmen rechtzeitig gehandelt hätte, liegt ebenfalls ein Verschulden und eine daraus sich ergebende Haftung des Mutterunternehmens vor[53].

3. Kausaler Schadenersatz beim Versprechen eines bestimmten Erfolgs

Verträge mit Konzernwirkung und mittelbarer Mitverpflichtung eines anderen Konzernunternehmens können als Garantieverträge das Eintreffen oder das Ausbleiben eines bestimmten Erfolgs beim anderen Konzernunternehmen zum Inhalt haben[54]. Bleibt der Erfolg aus, hat der Promittent dem Aussenstehenden das positive Vertragsinteresse zu ersetzen. Er hat also im Falle der Nichterfüllung nicht nur denjenigen Schadenersatz zu leisten, den das andere Konzernglied leisten müsste, wenn es selber unmittelbar zur Handlung verpflichtet wäre, sondern möglicherweise einen höheren Betrag: Wäre nämlich nur das andere Konzernglied Vertragspartei und könnte nur dieses gestützt auf seine objektive Vertragsverletzung um Schadenersatz angegangen werden, könnte dieses dem Schadenersatzbegehren sein allfällig fehlendes Verschulden gemäss Art. 97 OR entgegenhalten, denn es hätte eine eigene Leistung versprochen und sie – fehlendes Verschulden vorausgesetzt – ohne Verschulden nicht erbringen können.

Anders der Promittent: Er hat als Gegenstand seiner Verpflichtung nicht das verschuldensfreie Verhalten des anderen Konzernglieds versprochen, sondern den Eintritt eines Erfolgs. Bleibt dieser – aus welchen Gründen auch immer – aus, wird der Promittent schadenersatzpflichtig und hat dem Promissar das Erfüllungsinter-

---

51 Rehbinder, S. 229.
52 Zum Beispiel weil der Vertragsgegenstand nicht mehr besteht.
53 Vgl. dazu oben III Ziff.2 lit.c.
54 Vgl. dazu oben IV.

§ 26 Konzernwirkung von Verträgen mit Konzerngliedern

esse zu ersetzen[55]. Weil das Verschulden des Promittenten dabei unerheblich ist, haftet er wie aus Kausalhaftung. Das Versprechen eines Konzernunternehmens, wonach ein anderes Konzernunternehmen eine Leistung erbringen oder ein Verhalten unterlassen werde, führt, wenn das Verhalten dieses anderen Konzernunternehmens mangelhaft ist, zu einer verschuldensunabhängigen Haftung[56] der konzernseitigen Vertragspartei und damit – wirtschaftlich betrachtet – zu einer im genannten Umfang verschuldensunabhängigen Haftung des Konzerns insgesamt.

VI. Konzernwirkung von Verträgen, die andere Konzerngesellschaften mitberechtigen

1. Allgemeines / Fragestellung

a) Unterschiedliche Interessenlagen

Der Einbezug anderer Konzernglieder durch Verträge mit Konzernwirkung kann auch zur Mitberechtigung dieser anderen Konzernglieder führen und nicht nur zu ihrer Mitverpflichtung. Oft erfolgt die Mitberechtigung anderer Konzernglieder aus den gleichen wirtschaftlichen Überlegungen wie deren Mitverpflichtung, zum Beispiel bei Verträgen, die andere Konzernunternehmen mitberechtigen, die abgeschlossen werden zur Sicherung von Vertragsverhältnissen. In diesen Fällen verspricht das Mutterunternehmen nicht die Leistung der Tochter im Rahmen eines Garantievertrags, sondern eine eigene Leistung, die es der Tochter erbringt, um deren Vertragserfüllung sicherzustellen[57].

Auf der anderen Seite bezweckt die Begünstigung eines anderen Konzernunternehmens in vielen Fällen nicht die Vergrösserung der Haftungsbasis auf der Seite des Konzerns zu Gunsten des Dritten, sondern im Gegenteil die Besserstellung des Konzerns, indem vertraglich vereinbart wird, dass die durch Dritte einem bestimmten Konzernteil eingeräumten Rechte auch – ganz oder teilweise – anderen Konzernteilen zustehen sollen.

---

55 Anders als der Bürge, der sich in der Regel auf die Akzessorietät seiner Verpflichtung berufen kann; Art. 502 OR. Die Akzessorität der Verpflichtung ist einer der wesentlichen Unterschiede zwischen Garantie und Bürgschaft; BGE 75 II 24.
56 Auf die praktische Bedeutung dieses Prinzips ist bereits hingewiesen worden, vgl. dazu oben IV Ziff.1.
57 Denkbar ist, dass die Mutter statt dem Versprechen, dass die Tochter ein vom Dritten gewährtes Darlehen zurückzahlen werde (Vertrag, der andere Konzernglieder mitverpflichtet), dem Dritten verspricht, die Tochter mit genügend Mitteln auszustatten, damit sie das Darlehen zurückzahlen kann (Vertrag, der andere Konzernglieder mitberechtigt).

b) Unterschiedliche Qualität der Berechtigung

Verträge mit Konzernwirkung können andere Konzernunternehmen mitberechtigen und ihnen als echte oder unechte Verträge zu Gunsten Dritter ein selbständiges oder abgeleitetes Forderungsrecht verschaffen. Sie können andere Konzernglieder auch nur begünstigen, ohne ihnen vertragliche Rechte einzuräumen, indem die vertragschliessenden Konzernglieder Handlungen tätigen, die auf die anderen Konzernglieder eine positive wirtschaftliche Reflexwirkung haben. Derartige Begünstigungen sind zahlreich; sie liegen zum Beispiel darin, dass ein Konzern seine Töchter zentrale Einrichtungen, zum Beispiel für den Einkauf, u.s.w., nutzen lässt.

Eine weitere Verstärkung der Stellung eines anderen Konzerngliedes, die über das hinausgeht, was im Rahmen eines Vertrags mit Konzernwirkung stipulierbar ist, kann erreicht werden über eine Stellvertretungshandlung des tatsächlich am Vertragsschluss beteiligten Konzernunternehmens mit Wirkung für das andere Konzernunternehmen; mit dem Ergebnis, dass das andere Konzernunternehmen nicht mehr nur *mit*berechtigt ist, sondern *allein*berechtigt[58].

2. Kein Sonderfall bei Verträgen, die mit dem Mutterunternehmen abgeschlossen werden

Bei mitbelastenden Konzernverträgen kommt der Frage, ob mit dem Mutter- oder dem Tochterunternehmen kontrahiert wird, Bedeutung zu, denn die Leitungsmacht des Mutterunternehmens ist ein wichtiges Instrument zur Durchsetzung einer das Tochterunternehmen treffenden Verpflichtung. Bei Konzernverträgen, die andere Konzernunternehmen mitberechtigen, ist die Tatsache der Leitung des einen Unternehmens durch das andere höchstens Motiv für den Abschluss eines Vertragsverhältnisses mit Konzernwirkung, nie aber Voraussetzung für seine Durchsetzbarkeit.

3. Verträge, die andere Konzerngesellschaften mitberechtigen, als Verträge zu Gunsten Dritter mit einem Aussenstehenden als Prommissar

Beim Vertrag zu Gunsten Dritter mit dem Aussenstehenden als Prommissar verspricht der Schuldner und Promittent – das Konzernunternehmen A – dem Gläubiger und Promissar – der aussenstehenden konzernfremden Partei X – eine Leistung an einen Dritten – das Konzernunternehmen B. Beim echten Vertrag zu Gunsten Dritter steht B ein unwiderruflicher Anspruch gegenüber A zu, beim unechten

---

58 Die Fragestellung gehört somit zur Feststellung von Vertragsverhältnissen; vgl dazu oben § 25 II.

§ 26 Konzernwirkung von Verträgen mit Konzerngliedern   255

Vertrag zu Gunsten Dritter kann der Promittent A sein Versprechen gegenüber dem Dritten B jederzeit widerrufen. Der aussenstehende Promissar X hat in beiden Fällen ein Forderungsrecht.

Weil Promittent A und Dritter B in einem Konzern unter einheitlicher Leitung verbunden sind, ist die Widerrufsmöglichkeit beim unechten Vertrag zu Gunsten Dritter oft ohne praktische Bedeutung; ist A Mutterunternehmen, kann es auch im echten Vertrag zu Gunsten Dritter gestützt auf seine Leitungsmacht dem Dritten B sein Recht verbieten; ist A Tochterunternehmen, darf es dem Dritten B das Recht nicht verbieten, auch wenn es sich B gegenüber nur in einem unechten Vertrag zu Gunsten Dritter verpflichtet hat. Entscheidend für den konzernfremden Promissar X ist in beiden Fällen die Haftung des Promittenten A, die eintritt, wenn dem Dritten B das versprochene Recht vertragswidrig nicht eingeräumt wird und dem Promissar daraus ein Schaden entsteht.

Solche Verträge haben den Zweck, in den Bereichen des Vertragsgegenstands eine Einheitsbehandlung des Konzerns zu stipulieren und auf diesem Weg die Haftungsbasis für die aussenstehende Partei zu erhöhen. Der Aussenstehende X lässt sich zum Beispiel durch das Mutterunternehmen A versprechen, dass es an ein Tochterunternehmen B leistet oder ihm gegenüber Handlungen unterlässt, die seine Leistungsbereitschaft verringern könnten. Berechtigt ist aus diesem Vertragsverhältnis B als Dritter. Berechtigt ist aber auch der Aussenstehende X selber, der den Promittenten A zu einem bestimmten Verhalten – einem Handeln oder Unterlassen – auch gegenüber dem Dritten B veranlassen kann. Das kann im Interesse von X liegen, wenn er gleichzeitig in einem zweiten Vertragsverhältnis zu B steht, welches durch den Vertrag zu Gunsten Dritter durch das Mutterunternehmen A unterstützt resp. nicht behindert werden soll.

4. Verträge, die andere Konzerngesellschaften mitberechtigen, als Verträge zu Gunsten Dritter mit den Aussenstehenden als Promittent

Denkbar ist auch die Auswechslung von Promissar und Promittent: Beim Vertrag zu Gunsten Dritter mit den Aussenstehenden als Promittenten verspricht der Schuldner und Promittent – als konzernfremde Partei X – dem Gläubiger und Promissar – dem einen Konzernunternehmen A – eine Leistung an einen Dritten – das andere Konzernunternehmen B.

In diesen Fällen werden weitere Konzernunternehmen berechtigt, indem der Aussenstehende X dem Konzernglied A verspricht, dem Konzernglied B eine Leistung zu erbringen. Der wirtschaftliche Hintergrund dieser Verträge ist gegenüber den oben in Ziff.3 beschriebenen ein völlig anderer: Er dient nicht der Ausweitung der konzernseitigen Haftungsbasis zu Gunsten des Konzernfremden, sondern im Gegenteil der Ausweitung der konzernseitigen Berechtigungsbasis zu Lasten des Aussenstehenden. Mit dem an das Konzernglied A gerichteten Versprechen, an ein oder mehrere Konzernunternehmen B zu leisten, verpflichtet X sich gegenüber dem Konzern als Ganzem resp. gegenüber dem durch die berechtigten Konzernunternehmen A und B gebildeten Konzernteil.

Gegenstand des Versprechens des Promittenten kann jede Leistung oder jedes Unterlassen sein. Ist eine Leistung Gegenstand eines echten Vertrags zu Gunsten Dritter, kann das berechtigte Konzernunternehmen B gegenüber dem Dritten X diejenigen Rechte geltend machen, die dem Promissar A versprochen worden sind; zum Beispiel kann das intern zuständige Konzernunternehmen B die dem Mutterunternehmen A versprochene Leistung direkt einfordern und alle aus dieser Forderung sich ergebenden Nebenrechte geltend machen.

Von erheblicher praktischer Bedeutung ist in diesen Fällen die Verpflichtung zu Gunsten Dritter zur Unterlassung oder Duldung: Der Promittent X verspricht dem Promissar A und dem berechtigten Konzernunternehmen B, Handlungen zu unterlassen, die er ohne ein solches Versprechen zu Lasten des Konzernunternehmens B vollziehen könnte, zum Beispiel das Versprechen gegenüber dem Konzernglied A, auch andere Konzernglieder B nicht zu konkurrenzieren[59]. Eine Duldung einer Handlung, die er ohne ein solches Versprechen verbieten lassen könnte, liegt zum Beispiel vor, wenn der Arbeitnehmer X einer Konzerngesellschaft A erlaubt, die seine Person betreffenden Arbeitgeberdaten an andere Konzernunternehmen B weiterzugeben oder wenn der konzernseitigen Vertragspartei A gestattet wird, die von einem Geheimhaltungsvertrag betroffenen Informationen an andere Konzernunternehmen B weiterzugeben.

5. Verpflichtungen des Promissars im Vertrag zu Gunsten Dritter

Der Promissar lässt sich – je nach Sachlage – als Aussenstehender X durch das eine Konzernglied A eine Leistung an ein anderes Konzernglied B versprechen[60] oder als das Konzernglied A durch den Aussenstehenden X eine Leistung an das andere Konzernglied B[61]. In beiden Fällen stellt sich die Frage, ob sich der Promissar nur die Leistung des Dritten versprechen lässt oder ob er als Vertragspartei ebenfalls verpflichtet ist, durch aktives Tun oder durch die Duldung bestimmter Handlungen zur Erfüllung des Vertrags beizutragen.

---

59 Rehbinder, S. 396.
60 Vgl. dazu oben Ziff.3.
61 Vgl. dazu oben Ziff.4.

§ 26 Konzernwirkung von Verträgen mit Konzerngliedern

Der Vertrag zu Gunsten Dritter ist ein zweiseitiges Rechtsgeschäft, ein Vertrag, in welchem sich beide Parteien zu Leistungen verpflichten und in welchem beide Parteien zu Leistungen berechtigt sind. Der Normalfall des Deckungsverhältnisses im Vertrag zu Gunsten Dritter, die Vereinbarung "Versprechen des Promittenten gegen Geld des Promissars", ist jedoch keinesfalls zwingend; der Promissar kann sich nicht nur zu einer Geldleistung verpflichten, sondern – oft stillschweigend oder im Rahmen von Nebenpflichten – auch zu anderen Leistungen, insbesondere zu Mitwirkungs- und Unterlassungspflichten[62]. Eine Mitverpflichtung des Promissars liegt insbesondere in denjenigen Fällen vor, in denen er sich auch selber zur Leistung an einen Dritten verpflichtet hat. In bezug auf diese zweite Handlungspflicht ist er dann zugleich Promittent; es liegen in diesen Fällen zwei überlappende Vertragsverhältnisse mit den gleichen drei Parteien vor: Das Mutterunternehmen A als Prommissar lässt sich vom konzernfremden Promittenten X eine Leistung an das Konzernglied B versprechen; gleichzeitig verspricht A als Promittent dem X, dass er die Leistungsbereitschaft des B fördern werde[63].

---

62 Der zwischen Versender (Promissar) und Frachtführer (Promittent) geschlossene Frachtvertrag zu Gunsten des Empfängers stipuliert zum Beispiel in Form der Instruktionspflicht des Versenders auch Mitwirkungspflichten des Promissars; Gautschi, Kommentar, Art. 441 N 2a.

63 Man denke in diesem Zusammenhang an ein Mutterunternehmen A, welches von der Bank X die Zusage erwirkt, dass diese ihre Finanzdienstleistungen an alle Konzernglieder B zu den gleich günstigen Konditionen erbringen werde (Vertrag zu Gunsten Dritter mit dem X als Promittent) und ihm gleichzeitig die Zusicherung abgibt, dass es die Zahlungen für diese Leistungen durch die Töchter B garantiert (Vertrag zu Gunsten Dritter mit A als Promittent).

§ 27 Konzernwirkung von Verträgen in der Anwendung

I. Fragestellung / Ausgangslage

In vielen Fällen, in denen sich die Frage stellt, ob ein wirtschaftliches Verhältnis zwischen einer konzernfremden Partei und einer Konzerngesellschaft auch auf andere Konzernglieder wirkt, ergibt die Feststellung der Vertragsverhältnisse, dass im Rahmen einer unechten Konzernwirkung selbständige vertragliche Pflichten anderer Konzernunternehmen[1] vorliegen, die ausdrücklich geschlossen sind oder sich auf konkludentes Verhalten abstützen können.

Ob ein Vertragsverhältnis zu einer echten Konzernwirkung führt, ist immer in einem zweiten Schritt zu prüfen, wenn eine zusätzliche vertragliche Einbindung anderer Konzernunternehmen fehlt oder ungenügend ist. In vielen Fällen ergibt sich die Konzernwirkung ausdrücklich[2] oder durch Auslegung des Vertragsverhältnisses; oft ergibt sie sich auch nicht, obwohl sie als gewollt erscheint und vernünftig wäre. Dann stellt sich die Frage, ob es Vertragsverhältnisse mit Konzerngesellschaften mit gesetzlicher Konzernwirkung gibt, die gestützt auf das Gesetz zu Gunsten oder zu Lasten anderer Konzerngesellschaften wirken; entweder als zwingende Rechtsfolge oder als durch den Nachweis des Gegenteils umstossbare Vermutung.

II. Die Feststellung der vertraglich festgelegten Konzernwirkung von Leistungs- und Unterlassungspflichten

1. Ausgangslage

Das Mutterunternehmen kann sich gegenüber dem Dritten zu einer Handlung oder einer Unterlassung verpflichten. Dabei stellt sich die Frage, inwieweit dadurch auch Tochterunternehmen mittelbar verpflichtet sind und ob vertragswidrige Handlungen, begangen durch das unmittelbar nicht gebundene Tochterunternehmen, dem Mutterunternehmen angerechnet werden können und dieses verpflichtet werden kann, gestützt auf seine Leitungsmacht das Handeln der Tochter zu beenden.

---

1   Vgl. dazu unten § 28 II.
2   Vor allem bei professionell gehandhabten Vertragsbeziehungen kommen Klauseln, die eine Konzernwirkung stipulieren, häufig auch vor, wenn diese gewollt ist; vgl. dazu Schneider, S. 179ff.

§ 27 Konzernwirkung von Verträgen in der Anwendung

Das Tochterunternehmen übt über seine Schwesterunternehmen und über die Mutter keine Leitungsmacht aus; bindet es sich im Rahmen eines Vertrages mit Konzernwirkung, verspricht es immer nur entweder ein eigenes Verhalten[3], oder es garantiert einen Erfolg – auch einen negativen Erfolg – bei einem anderen Konzernglied. Die Fragestellung ist jedoch die gleiche, wie beim Versprechen der Mutter; der Unterschied liegt allein in den Rechtsfolgen der Vertragsverletzung.

In vielen Fällen ergibt sich die mittelbare Mitverpflichtung der anderen Konzernglieder ausdrücklich aus der zwischen den Parteien getroffenen Vereinbarung; zum Beispiel verspricht das Mutterunternehmen das Handeln oder Unterlassen der von ihm zur Zeit oder in Zukunft beherrschten Unternehmen[4], oder die Tochter sichert zu, dass auch ihre Mutter die vom Verbot erfasste Tätigkeit nicht ausüben werde. Fehlen solche Vereinbarungen oder sind sie ungenügend, ist die Konzernwirkung durch Auslegung festzustellen, entweder der Vertragsklausel, die auch das mittelbare Handeln verbietet, oder, fehlt diese Verdeutlichung, durch Auslegung der Unterlassungspflicht überhaupt[5]. Auslegungshilfen sind dabei Tatsachen innerhalb eines Konzerns, die den Inhalt der Pflicht oder die Umstände ihrer Begründung betreffen und die typischerweise auf eine Konzernwirkung hinweisen, ohne dass sie bereits Grundlage für feste Regeln oder Vermutungen sind[6].

2. Inhalt der vertraglichen Verpflichtung

a) Handlungspflichten mit Konzernwirkung

Geht man vom Inhalt der Vertragspflichten des einen Konzernglieds, oft der Mutter, aus, ist in der Regel bei denjenigen Verträgen eine Konzernwirkung mit Mitverpflichtung anderer Konzernglieder anzunehmen, die eine Leistung vorsehen, die ganz oder zum Teil *ausschliesslich* durch diese anderen Konzernglieder erbracht werden kann. Das ist zum Beispiel anzunehmen, wenn der Inhalt der vertraglichen Pflicht des Mutterunternehmens den Gebrauch von Anlagen und Möglichkeiten der Töchter nötig macht[7]. Weil die Pflicht zur Erbringung einer anderen als einer höchstpersönlichen Leistung immer auch die Bewirkung der Leistung durch einen

---

3 Vgl. oben § 26 III.
4 Illustrativ das Beispiel in Schneider, S. 179: "Jede Vertragspartei stellt sicher, dass die Pflichten aus diesem Vertrag auch durch die mit der Vertragspartei verbundenen Gesellschaften eingehalten werden."
5 Für das deutsche Recht: Rehbinder, S. 182.
6 Unten Ziff.2ff; Zur Vorsicht mit generellen Urteilen mahnt auch Rehbinder, S. 201.
7 Rehbinder, S. 227.

Dritten umfasst[8], umfasst sie beim Versprechen der Mutter auch die – wegen ihrer Leitungsmacht immer mögliche – Veranlassung der Leistung durch das Tochterunternehmen.

b) Unterlassungspflichten des Mutterunternehmens mit Konzernwirkung

Schwieriger zu beantworten ist die Frage nach der Konzernwirkung von Unterlassungspflichten, denn diese sind immer persönlich. Es stellt sich die durch Auslegung zu ermittelnde Frage, welches Unterlassen durch das Mutterunternehmen versprochen worden ist. Konzernwirkung auch zu Lasten anderer Konzernglieder kommt dem Unterlassungsversprechen der Mutter zu, wenn es das Versprechen beinhaltet, die Position des Dritten zu sichern, soweit sie nicht durch Dritteinflüsse, die beide Parteien nicht kontrollieren können, ohnehin beeinträchtigt wird[9]. Eine Beeinträchtigung der Position des Berechtigten durch eine Tochter des Verpflichteten ist kein solcher Dritteinfluss, sondern ein Handeln, das von der Mutter gestützt auf ihre Leitung des Tochterunternehmens verhindert werden könnte und im Rahmen der Pflicht, die Position der konzernfremden Vertragspartei zu sichern, auch verhindert werden müsste. Ob der Verpflichtete die Tochter gerade zu dem Zweck gegründet hat, damit diese die untersagte Tätigkeit aufnehme[10], oder ob eine bestehende Tochter dafür verwendet wird, spielt keine Rolle[11].

c) Unterlassungspflichten des Tochterunternehmens mit Konzernwirkung

Verpflichtet sich das Tochterunternehmen zu einer Unterlassung, verpflichtet es sich niemals die Unterlassung eines anderen Konzernglieds zu bewirken, weil es dazu gar nicht in der Lage ist. Es stellt sich in diesen Fällen allein die Frage, ob das Tochterunternehmen einen Erfolg versprochen und das Unterlassen anderer Konzernglieder garantiert hat und somit haftbar wird, wenn andere Konzernglieder sich nicht an ihre Unterlassungs-"pflichten" halten. Von den Unterlassungspflichten der Mutter mit Konzernwirkung unterscheiden sich die Unterlassungspflichten der Tochter auch in bezug auf die tatsächlichen Umstände, die auf einen Vertrag mit Konzernwirkung hinweisen. Der Vertrag, in welchem das Mutterunternehmen das Unterlassen der Tochter verspricht, ist wegen der Tatsache der einheitlichen Leitung jenes über diese und wegen des Vorliegens der wirtschaftlichen Einheit nichts

---

8   Unmöglich ist die Erbringung einer Leistung erst, wenn sie objektiv unmöglich ist, wenn auch Dritte sie nicht mehr erbringen können. Geschuldet ist in diesen Fällen eine Leistung, die auch erbracht ist, wenn der Verpflichtete sie mit fremder Hilfe oder durch Dritte erbringt. An seiner vertraglichen Verpflichtung - insbesondere in bezug auf nachvertragliche Pflichten - ändert sich dadurch nichts. Guhl/Merz/Koller, § 7 II Ziff.1.
9   Rehbinder, S. 169.
10   In diesem Fall liegt wohl ohnehin ein direktes Handeln des Verpflichteten vor und damit eine gesetzliche Konzernwirkung; vgl. unten III.
11   Auch Rehbinder, S. 186.

Ungewöhnliches; dass die Mutter in diesem Sinn über ihre Töchter verfügt, ist nicht unüblich und kein Vertragsinhalt, der von der Übung abweicht und nur bei klarer vertraglicher Regelung angenommen werden kann[12]. Im Gegenteil: die Mitverpflichtung der Töchter kann sich auch durch Auslegung ergeben und wird beim Vorliegen bestimmter Interessenlagen sogar angenommen[13].

Bei der Unterlassungspflicht der Tochter mit Konzernwirkung liegen die Dinge umgekehrt: Dass ein Tochterunternehmen ein Verhalten der Mutter verspricht, ist ebenso unüblich wie das Versprechen einer konzernfreien Partei, dass eine andere konzernfreie Partei leiste; dieser Fall liegt vor, wenn die Auslegung der Erklärung der Tochter ergibt, dass sie die Leistung eines Dritten durch einen Vertrag zu Lasten Dritten garantieren wollte[14].

3. Insbesondere die zeitliche Abfolge zwischen dem Vertragsschluss mit der Mutter und der Tätigkeit der Tochter

Ob das Tochterunternehmen durch die vertragliche Verpflichtung der Mutter mittelbar mitverpflichtet wird, kann sich auch aus der zeitlichen Abfolge zwischen der Verpflichtung des Mutterunternehmens und der Tätigkeit der Tochter ergeben: Hat das Tochterunternehmen das von der vertraglichen Bindung des Mutterunternehmens umfasste Handeln oder Unterlassen schon vorher ausgeübt, darf davon ausgegangen werden, dass es die Parteien von der vertraglichen Pflicht des Mutterunternehmens ausnehmen wollen, da sie es trotz Kenntnis nicht in die vertraglichen Pflichten aufgenommen haben[15], es sei denn, dass die vertragliche Pflicht die Einstellung der vom Tochterunternehmen ausgeübten Tätigkeit zum Inhalt hat, was sich aus der Auslegung des Vertrags ergeben muss[16].

4. Insbesondere die Mitverpflichtung des nach Vertragsschluss zum Konzern gestossenen Tochterunternehmens

Eine ähnliche Ausgangslage besteht, wenn das Tochterunternehmen erst nach der vertraglichen Bindung des Mutterunternehmens zum Konzern gestossen ist. Dann stellt sich die Frage, ob die Parteien eine mittelbare Mitverpflichtung auch der zukünftigen Tochterunternehmen haben stipulieren wollen. Ein Einbezug auch des

---

12 Bucher, Obligationenrecht, § 12 VI.
13 Vgl. dazu unten Ziff.3ff.
14 Vgl. dazu oben § 26 IV.
15 Wenn kein Lapsus in der Formulierung vorliegt; Rehbinder, S. 201; Von der bewussten Auslassung wird man wohl dann ausgehen dürfen, wenn der Vertrag an sich sorgfältig und detailliert ausgefertigt ist.
16 Rehbinder, S. 172.

neuen Tochterunternehmens ist anzunehmen, wenn davon die Erhaltung des bisherigen Verhältnisses von Leistung und Gegenleistung und die Ausgewogenheit des Vertragsverhältnisses[17] insgesamt abhängig ist, nicht aber, wenn er zu einer zu Lasten des Verpflichteten wirkenden Veränderung des Verhältnisses von Leistung und Gegenleistung führen würde[18]. Eine der Ausgewogenheit der vertraglichen Pflichten widersprechende Besserstellung der konzernfremden Partei läge zum Beispiel vor, wenn das neu konzernierte Unternehmen die den Gegenstand der Unterlassungspflicht bildende Tätigkeit schon vor der Übernahme durch das Mutterunternehmen ausgeübt hat; wenn es im Zeitpunkt des Vertragsschlusses einen Dritteinfluss[19] dargestellt hat, der für beide Parteien ausserhalb ihrer Kontrolle lag[20].

Die Beibehaltung der Äquivalenz kann auch in die andere Richtung wirken und zur Pflicht führen, eine Tätigkeit zu unterlassen oder nicht zu verstärken, die das Tochterunternehmen schon vor seiner Eingliederung in den Konzern ausgeübt hatte: Bindet das Mutterunternehmen die neue Tochter in den Konzern ein, indem es sie gleichzeitig stärkt und ihr die Möglichkeiten, die der Konzern bietet[21], zur Verfügung stellt, fördert es damit auch die von der Unterlassungspflicht umfasste Tätigkeit zu Lasten der konzernfremden Partei, was zu einer Störung der Äquivalenz führt. Ein solches Verhalten wird oft ein Verstoss gegen die Unterlassungspflicht darstellen[22].

5. Die Mitberechtigung anderer Konzernunternehmen

Verträge mit Konzernwirkung können auch andere Konzernunternehmen mitberechtigen[23]. Verpflichtet sich ein konzernfremder Dritter gegenüber einem Tochter- oder dem Mutterunternehmen zu einer Handlung oder Unterlassung, stellt sich die

---

17   Im Rahmen der normalen wirtschaftlichen Entwicklung sind Änderungen in der Äquivalenz möglich, die auf diese Weise nicht korrigiert werden dürfen; massgebend sind nur Änderungen, die auf den Einbezug des neuen Tochterunternehmens in die Pflichten der Mutter zurückzuführen wären.
18   Vgl dazu auch Bosman, S. 109.
19   Vgl. oben Ziff.3.
20   Entgegen Rehbinder, S. 226, dürfte aus diesem Grunde dem von Friedländer, S. 58f, zitierten Gerichtsentscheid zuzustimmen sein. Der Entscheid erklärte den Wettbewerb eines neu zu einer Vertragspartei gestossenen Tochterunternehmens als zulässig, obwohl die Mutter sich und ihre damaligen Töchter zum Wettbewerbsverzicht verpflichtet hatte. Anders wäre nur zu entscheiden, wenn die neue Tochter die Geschäfte der alten Töchter ganz oder zum Teil übernimmt und damit zu einer Veränderung des ursprünglich vereinbarten Verhältnisses von Leistung und Gegenleistung führt.
21   Zentrales Marketing, Vertriebsorganisation, Finanzierung u.s.w.
22   Rehbinder, S. 177f.
23   Vgl. dazu oben § VI.

§ 27 Konzernwirkung von Verträgen in der Anwendung

Frage, ob und wie beim Fehlen einer ausdrücklichen vertraglichen Regel gestützt auf diese Vertragsbeziehung auch andere Konzernglieder berechtigt sind resp. ob auch andere Konzernglieder einen Unterlassungsanspruch haben.

Wichtig ist auch in diesen Fällen die zeitliche Abfolge zwischen der Verpflichtung des Aussenstehenden und dem Bestehen des möglicherweise berechtigten Konzernglieds: Hat das Konzernglied schon vor der vertraglichen Bindung, zum Beispiel an ein Wettbewerbverbot, bestanden, darf davon ausgegangen werden, dass die Parteien es nicht berechtigen wollten, weil sie es trotz Kenntnis nicht in den Kreis der Berechtigten aufgenommen haben[24]. Ist das andere Konzernglied erst nach Vertragsabschluss des Wettbewerbsverbots zum Konzern gestossen, stellt sich die Frage, ob durch diesen Vertrag auch zukünftige Konzernglieder berechtigt werden sollten. Davon ist auszugehen, wenn durch ihren Einbezug das bisherige Verhältnis von Leistung und Gegenleistung beibehalten, aber nicht, wenn es zu Lasten des Verpflichteten verändert würde[25]. Die Beibehaltung der Äquivalenz führt namentlich in denjenigen Fällen zu einer Mitberechtigung anderer Konzernglieder, wenn diese aus der ursprünglichen Vertragspartei entstanden sind, zum Beispiel im Rahmen einer Umstrukturierung[26], aber nicht, wenn die neuen Konzernglieder nach der vertraglichen Verpflichtung zum Konzern gestossen sind[27].

III. Die gesetzliche Konzernwirkung von Verträgen

1. Das Tochterunternehmen als Instrument des Mutterunternehmens

a) Ausgangslage

Organe des Tochterunternehmens können zugleich Organe des Mutterunternehmens sein[28]; das Tochterunternehmen selber kann als Hilfsperson[29] oder als Erfüllungsgehilfe[30] des Mutterunternehmens tätig werden. Wirkt ein Tochterunternehmen durch Handeln oder Unterlassen auf ein Vertragsverhältnis zwischen einer konzernfremden Partei und dem Mutterunternehmen ein, stellt sich aus diesem Grund auch

---

24 Vgl. dazu jedoch FN 15 oben.
25 In dem ein Unternehmen neu an Pflichten gebunden wird, an die es bisher nicht gebunden war; vgl. dazu auch Bosman, S. 109.
26 Zu recht kritisch zum Entscheid des Bundesarbeitsgerichtes AP Nr. 2 Rehbinder, S. 397.
27 Anders wäre indessen zu entscheiden, wenn das neue Konzernglied Aufgaben von anderen Konzerngliedern übernommen hat, die gegenüber dem Aussenstehenden einen Anspruch gestützt auf die Konzernwirkung hatten.
28 Vgl. dazu unten § 32.
29 Vgl. dazu unten § 33 IV.
30 Vgl. dazu oben Ziff. 4.

die Frage, ob es sich beim zu beurteilenden Handeln oder Unterlassen tatsächlich um ein Handeln des Tochterunternehmens gehandelt hat oder nicht vielmehr um ein Handeln des Mutterunternehmens selbst. Im zweiten Fall wird das Tochterunternehmen als "ein blosses Instrument, das vollständig in der Hand seines Schöpfers[31], seinem Willen dienstbar bleibt[32]", verstanden, und die Frage einer allfälligen mittelbaren vertraglichen Verpflichtung des Tochterunternehmens stellt sich nicht.

b) *Das Verhalten des Tochterunternehmens als Verhalten des Mutterunternehmens*

Kein Eigenverhalten der Tochter, sondern ein Verhalten des Mutterunternehmens liegt vor, wenn die zu beurteilende Tätigkeit des Tochterunternehmens Folge von spezifischen und konkreten Weisungen des Mutterunternehmens ist. Verletzt das Tochterunternehmen eine Unterlassungspflicht des Mutterunternehmens auf seine Veranlassung hin, liegt tatsächlich ein vertragswidriges Verhalten des Mutterunternehmens selbst vor, begangen unter Verwendung des Tochterunternehmens[33] als Instrument. Von einer vertragswidrigen Verwendung des Tochterunternehmens ist insbesondere auszugehen, wenn es erst *nach* der Begründung der vertraglichen Pflicht des Mutterunternehmens gegründet worden ist[34].

Der Rückgriff auf Rechtsmissbrauchsüberlegungen[35] oder auf die Annahme einer konkludent geschlossenen vertraglichen Zusatzvereinbarung[36] ist in diesen Fällen unnötig, denn das Verbot eines solchen Handelns durch das Mutterunternehmen ergibt sich unmittelbar aus seiner vertraglichen Pflicht, selbst nicht vertragswidrig tätig zu werden[37].

c) *Gesetzliche Konzernwirkung zu Lasten des Instruments*

In demjenigen Umfang, in dem das Tochterunternehmen vom Mutterunternehmen als Instrument eingesetzt wird und konkret auf seine Veranlassung tätig wird, besteht eine gesetzliche Konzernwirkung zu Lasten des Instruments, die zu einer

---

31 Hier des Mutterunternehmens.
32 BGE 71 II 272 zur Verfügung über abhängige Gesellschaften; vgl. dazu auch unten § 31 II Ziff.2 (Durchgriff).
33 Von Steiger Werner, Holdinggesellschaften, S. 305a; BGHZ 5, 120f; 133, 136, zit. in Rehbinder, S. 169; mit anderer Begründung (Durchgriff) auch BGE 113 II 36.
34 Rehbinder, a.a.O.
35 Auch BGE 71 II 272.
36 So Bosman, S. 110.
37 So auch Bosmann, S. 108, der die aktive Förderung der Vertragsverletzung durch das Tochterunternehmen als von der vertraglichen Pflicht des Mutterunternehmens miterfasst erklärt.

Verpflichtung der Mutter führt mit dem Inhalt, entweder die einheitliche Leitung auszuüben[38] oder Schadenersatz zu leisten, wenn der versprochene Erfolg nicht eintritt[39]. Ein direktes Vorgehen gegen das Tochterunternehmen, welches gegen die dem Mutterunternehmen obliegenden Pflichten verstösst, ist in diesen Fällen nicht nötig, weil das Mutterunternehmen, das durch das Tochterunternehmen handelt, verpflichtet werden kann, das Tochterunternehmen Kraft Leitungsmacht zur Unterlassung der Tätigkeit zu veranlassen[40]. In diesem Sinn verpflichtet der Vertrag mit Konzernwirkung auch das Tochterunternehmen mittelbar.

d) *Gesetzliche Konzernwirkung zu Gunsten des Instruments*

Ist das Tochterunternehmen Instrument der Mutter, kann diese auch ihre Rechte durch das Instrument ausüben lassen. Sie kann das Tochterunternehmen die von ihr gemieteten Räume benutzen lassen, ohne dass sie dabei eine vertragswidrige Drittnutzung zulässt[41], oder sie kann ein Lizenzrecht unter Verwendung des Instruments ausüben[42], ohne dass sie dabei die Nutzung der Mietsache oder der Lizenz überträgt. Diese gesetzliche Konzernwirkung findet ausschliesslich innerhalb des Konzerns statt und belastet die aussenstehende Vertagspartei nicht. Deren konzernseitige Ansprechpartei und Haftungsbasis bleibt uneingeschränkt erhalten.

Unzulässig kann die Ausübung von vertraglichen Rechten durch ein Instrument aus dem gleichen Grund sein, welcher die Ausführung von vertraglichen Pflichten durch ein Instrument verbieten kann; wenn eine höchstpersönliche Leistung geschuldet ist oder wenn ein höchstpersönlich auszuübendes Recht gewährt wurde. Beides ist nicht anzunehmen, wenn das Mutterunternehmen eine juristische Person ist.

2. Fähigkeiten der Tochterunternehmen als Fähigkeiten des Mutterunternehmens

Das Mutterunternehmen hat gestützt auf seine einheitliche Leitung über die Konzerngesellschaften Zugriff auf die Möglichkeiten und Fähigkeiten des ganzen Konzerns. Verpflichtet es sich zu einer Leistung, die es zwar selbst nicht erbringen kann, aber ein Tochterunternehmen, hat es sich zu einer möglichen Leistung gültig verpflichtet[43]; auch dann, wenn sich die Unmöglichkeit der Eigenleistung erst nach

---

38 Vgl. dazu oben § 26 III.
39 Vgl. dazu oben § 26 IV.
40 Die Konstruktion des "umgekehrten Durchgriffs" (vgl. dazu Forstmoser, Schweizerisches Aktienrecht, § 1 N 178ff.) ist daher unnötig; auch Rehbinder, S. 355ff.
41 Vgl. dazu unten VII.
42 Auch Rehbinder, S. 411.
43 Von Tuhr/Peter, S. 263.

dem Vertragsschluss herausstellt[44]. Solange irgendein Konzernglied das vom Mutterunternehmen eingegangene Versprechen erfüllen kann, ist die Vertragserfüllung des Mutterunternehmens möglich. Das andere Konzernunternehmen ist im Rahmen einer gesetzlichen Konzernwirkung mittelbar mitverpflichtet, sein Nicht- oder Schlechterfüllen führt zu einem Verschulden des vertragschliessenden Konzernunternehmens und belastet das Mutterunternehmen und mit ihm wegen der wirtschaftliche Einheit den Konzern als Ganzes.

Verspricht demgegenüber die Tochter eine Leistung, die nur das Mutterunternehmen oder ein Schwesterunternehmen erbringen kann, handelt sie nicht schuldhaft, wenn dieses nicht leistet[45].

3. Wichtige Gründe im Konzern

a) Ausgangslage / Fragestellung

Ein zwischen zwei Parteien geschlossenes Vertragsverhältnis wird nicht nur durch das Gesetz, die Willenserklärungen beider Parteien und durch ihre Erfüllungshandlungen bestimmt und beinflusst, sondern auch durch Tatsachen, die innerhalb einer der beiden Parteien oder, in engen Grenzen, ausserhalb davon bei Dritten vorliegen. Solche Tatsachen haben dann eine Wirkung auf Vertragsverhältnisse, wenn sie Gegenstand eines wichtigen Grundes sind; ermöglicht das Gesetz einer Partei die Berufung auf einen wichtigen Grund[46], attestiert es diesen Tatsachen jene Wirkung[47]. Bei einer unabhängigen Gesellschaft stellt sich die Frage nur in qualitativer Hinsicht: *welche Tatsachen* müssen bei ihr oder bei Dritten vorliegen, damit ein wichtiger Grund vorliegt?; anders bei der Konzerngesellschaft, wo sich die Frage auch in quantitativer Hinsicht stellt – bei *welchen Konzerngesellschaften* dürfen welche Tatsachen vorliegen, damit ein wichtiger Grund vorliegt?

---

44   Spiro, Erfüllungsgehilfe, S. 165; von Tuhr/Escher, S. 131 (Möglichkeit der Hilfsperson als Möglichkeit des Geschäftsherrn; vgl. dazu auch unten Ziff.5 und § 33 IV).
45   Die von Druey, Aufgaben, in FN 125 aufgeworfene Frage, ob die Tochter Drittverschulden beanspruchen könne, wenn wegen Verspätung der Zulieferung von Material durch eine Schwestergesellschaft Verzögerungen eintreten, ist also positiv zu beantworten, weil die Tochter ihre Schwester nicht leitet, es sei denn, das Mutterunternehmen hätte dem Dritten die Vertragserfüllung garantiert oder die Tochter hätte einen Erfolg versprochen.
46   Entweder in dieser allgemeinen Formulierung zum Beispiel als Anlass für die Auflösung eines Dauerschuldverhältnisses oder reduziert auf bestimmte Beispiele wie zum Beispiel der Eigengebrauch als wichtigen Grund, die Mieterstreckung abzulehnen u.s.w.
47   Roggwiller, S. 36.

§ 27 Konzernwirkung von Verträgen in der Anwendung

b) Potestative wichtige Gründe

Tatsachen, die durch eine Vertragspartei selber verursacht worden und damit Teil der Vertragserfüllung sind, bezeichnen wir als potestative wichtige Gründe, wobei potestativ subjektive Gründe vorliegen, wenn der wichtige Grund in der Person einer Vertragspartei liegt, und potestativ objektive Gründe, wenn ein objektiv wichtiger Grund durch eine Vertragspartei gesetzt worden ist.

Im Vordergrund stehen dabei die potestativ subjektiven Gründe, also diejenigen wichtigen Gründe, die in der Person einer Partei liegen und von ihr selbst verursacht sind. Sie kommen vor als Beendigungsgründe für alle Dauerschuldverhältnisse, bei denen die Person einer Partei wesentlicher Vertragsbestandteil ist, und liegen vor, wenn diese Person sich selber durch ihr Verhalten als Vertragspartei unzumutbar macht[48]. Potestativ sind die wichtigen Gründe nicht nur, wenn sie durch eine Partei verursacht werden, sondern auch dann, wenn sie zwar kasuell sind, also durch Zufall verursacht, aber trotz Beseitigungsmöglichkeit vertragswidrig nicht beseitigt werden, denn beim Vorliegen einer Handlungspflicht wird die Unterlassung einer Handlung der pflichtwidrigen Handlung gleichgestellt.

c) Kasuelle wichtige Gründe

Tatsachen, die nicht durch eine Partei selber – durch Handeln oder Unterlassen – verursacht worden und die somit auch nicht Teil der Vertragserfüllung sind, sondern Teil des die Vertragsgrundlage bildenden Umfeldes, werden als kasuelle wichtige Gründe bezeichnet. Betrifft das Umfeld eine der Vertragsparteien selber, liegen kasuell subjektive Gründe vor[49]; in allen anderen Fällen kasuell objektive Gründe[50].

Die kasuellen wichtigen Gründe sind nicht Resultat der Vertragserfüllung resp. der verschuldeten Nicht- oder Schlechterfüllung einer Partei, sondern durch Dritte oder durch andere Faktoren verursacht. Die Aufhebung oder Rückabwicklung eines aus kasuell wichtigen Gründen unverbindlich gewordenen Vertrags führt gemäss Art. 119 OR nicht zu einer Schadenersatzpflicht, auch nicht desjenigen, der Gegenstand des kasuell subjektiven wichtigen Grundes ist[51].

---

48   Zum Beispiel Art. 539 Abs.3 OR (grobe Pflichtverletzung oder Verlust der Fähigkeit zu einer guten Geschäftsführung).
49   Zum Beispiel eine unverschuldete Krankheit oder im Konzern die Tatsache, dass eine Vertragspartei durch einen Dritten übernommen worden ist; Auch Druey, Aufgaben, S. 323 unten, wonach der Erwerb der anderen Vertragspartei durch einen Dritten einen wichtigen Grund darstellen kann.
50   Wenn zum Beispiel der Gesellschaftszweck aus objektiven Gründen, zum Beispiel durch Änderungen in der Gesetzgebung nicht mehr erreichbar ist.
51   Gauch, S. 225.

d) Kasuelle wichtige Gründe als Gründe mit Konzernwirkung

Es stellt sich die Frage, ob und inwieweit Tatsachen, die ausserhalb der Vertragsparteien, aber innerhalb des Gesamtkonzerns vorliegen, wichtige Gründe sind. In bezug auf die kasuell wichtigen Gründe ist die Frage einfach zu beantworten, denn diese sind nie Ergebnis der Willensbildung einer Vertragspartei, und die betroffenen Parteien sind auch nicht in der Lage, die Gründe selber zu beseitigen. Weil kasuell wichtige Gründe nicht Resultat einer individuellen Pflichtverletzung sind, sondern durch von den Parteien nicht zu verantwortende Dritteinflüsse entstehen und somit auch nicht Gegenstand eines Verschuldens sein können, spielt es keine Rolle, ob sie als kasuell subjektive Gründe bei einer Vertragspartei selber vorliegen oder als kasuell objektive Gründe nur bei Dritten; entscheidend ist allein die Frage, ob die Tatsache wichtig genug ist, um als wichtiger Grund auf das Vertragsverhältnis zwischen der konzernseitigen und der konzernfremden Partei zu wirken.

e) Potestative wichtige Gründe als Gründe mit Konzernwirkung?

Setzt das eine Konzernunternehmen einen wichtigen Grund, der auf ein Vertragsverhältnis einwirken kann, welches zwischen einem anderen Konzernunternehmen und einem Aussenstehenden geschlossen worden ist, ist immer zuerst die Frage zu prüfen, ob damit ein Dritter einen kasuellen wichtigen Grund gesetzt hat. Nur wenn der gesetzte Grund als kasueller Grund nicht wichtig genug ist, um zur von ihm abzuleitenden Rechtsfolge zu führen, stellt sich die Frage, ob er als Gegenstand eines potestativ wichtigen Grunds – wegen der Tatsache, dass er willentlich durch eine Vertragspartei gesetzt worden ist – wichtig genug ist, um zum Beispiel die dem Vertragsverhältnis zugrunde liegende Vertrauensbasis zu zerstören.

Ob dem durch ein anderes Konzernunternehmen gesetzten potestativ wichtigen Grund Konzernwirkung zukommt, hängt davon ab, ob sich diese Wirkung auch aus dem zugrunde liegenden Vertragsverhältnis ergibt. Verpflichtet sich die Mutter im Rahmen eines Dauerschuldverhältnisses gegen Entgelt, eine bestimmte Tätigkeit nicht auszuüben, mit Konzernwirkung zu Lasten der Töchter, wirkt der durch das mitverpflichtete Tochterunternehmen gesetzte potestativ wichtige Grund auf das Vertragsverhältnis zwischen der Mutter und dem Dritten: Der Dritte kann den wichtigen Grund gegenüber der Mutter geltend machen, wie wenn diese ihn selber gesetzt hätte.

In den übrigen Fällen ist der durch ein anderes Konzernunternehmen verursachte Grund erst wichtig im Rechtssinn, wenn er auch als kasuell wichtiger Grund wichtig genug ist, um auf das Vertragsverhältnis einzuwirken. Weil bei der Beurteilung des wichtigen Grundes die tatsächlichen Verhältnisse massgebend sind und nicht

§ 27 Konzernwirkung von Verträgen in der Anwendung

die formellen, kann die Tatsache der Konzernbeziehung berücksichtigt werden, wenn dies eine Tatsache wichtig erscheinen lässt, die, läge sie bei einem echten Dritten vor, unwichtig wäre[52].

f) *Einwendungen gegen die Geltendmachung wichtiger Gründe*

Wer sich auf einen wichtigen Grund beruft, darf ihn selber nicht verursacht haben[53]. Dieses Prinzip ist nur für potestative wichtige Gründe von Bedeutung, denn kasuelle wichtige Gründe sind immer durch Dritte verursacht. Weil jedoch durch Dritte – zum Beispiel durch andere Konzernunternehmen – verursachte wichtige Gründe, die durch die Vertragspartei vertragswidrig nicht beseitigt werden, tatsächlich potestative wichtige Gründe sind, kann das Mutterunternehmen, welches seine Leitungsmacht nicht verwendet, um den durch ein Tochterunternehmen gesetzten wichtigen Grund zu beseitigen, sich nicht auf diesen wichtigen Grund berufen[54].

4. Bindung des Mutterunternehmens an Verträge zwischen der Tochter und Dritten

Das Mutterunternehmen übt über das Tochterunternehmen die einheitliche Leitung aus. Gebunden ist es dabei in erster Linie an die gesetzlichen und statutarischen Bestimmungen und – selten[55] – an vertragliche Regeln zwischen ihm und der Tochter. Es stellt sich die Frage, inwieweit das Handeln der Mutter nicht nur durch diese konzerninternen Faktoren bestimmt ist, sondern auch durch Verträge des Tochterunternehmens mit konzernfremden Dritten, die mit der Mutter selbst nicht in vertraglicher Bindung stehen. Ohne vertragliche Konzernwirkung ist das Mutterunternehmen an die vertraglichen Vereinbarungen der Tochter nicht gebunden; es kann der Tochter die Vertragserfüllung verunmöglichen oder verbieten[56]. Befolgt das Tochterunternehmen eine entsprechende Weisung der Mutter und erfüllt es aus diesem Grund einen Vertrag nicht oder schlecht, wird es schadenersatzpflichtig für

---

52 Wird die Gesellschaft X vom Hauptkonkurrenten des Y übernommen, kann darin für Y ein kasueller wichtiger Grund sein, den Vertrag mit Z aufzulösen, wenn Z die Tochter von X ist.
53 *Venire contra factum proprium*; Art. 2 Abs.2 ZGB.
54 Die Konzernmutter X kann gegenüber dem konzernfremden Vermieter nicht den wichtigen Grund geltend machen, dass die Mietsache nicht vertragsgemäss genutzt werden kann, wenn der dafür verantwortliche Dritteinfluss von einem Tochterunternehmen ausgeht.
55 Vgl. dazu oben § 6 II Ziff.3.
56 Es sei denn, es handle in Schädigungsabsicht unlauter mit dem Mutterunternehmen; vgl. dazu ausführlich Pedrazzini, Vertragsbruch, S. 350ff.

das positive Vertragsinteresse, denn eine Unmöglichkeit liegt nicht vor[57]. Das Tochterunternehmen *kann* den Vertrag erfüllen, auch wenn ihm das Mutterunternehmen dies verbietet.

Kann in einem solchen Fall das Tochterunternehmen seinen Zahlungspflichten nachkommen und kommt es nicht zu seinem Konkurs, haftet das Mutterunternehmen wirtschaftlich gesehen mittelbar mit, denn mit der Leistung des Schadenersatzes durch die Tochter veringert sich wegen der Tatsache der wirtschaftlichen Einheit die Substanz des ganzen Konzerns. Die Mutter ist somit im Rahmen einer gesetzlichen mittelbaren Konzernwirkung auch an die durch das Tochterunternehmen geschlossenen Verträge gebunden.

Liegt in der Weisung der Mutter an das Tochterunternehmen, seinen Vertrag mit dem Dritten nicht zu erfüllen, zugleich ein unlauteres Verhalten[58], haftet sie nicht nur wirtschaftlich und mittelbar gestützt auf den durch das Tochterunternehmen geschlossenen Vertrag, sondern direkt aus unerlaubter Handlung[59].

5. Das Tochterunternehmen als Erfüllungsgehilfe der Mutter[60]

a) Ausgangslage

Lässt ein Konzernunternehmen eine eigene vertragliche Pflicht durch ein anderes Unternehmen erfüllen, das Teil des Konzerns sein kann, aber nicht sein muss, handelt es oft durch einen Erfüllungsgehilfen[61]. Im Unterschied zur ausservertraglichen Haftung für Hilfspersonen stellt sich bei der vertraglichen Haftung des Geschäftsherrn Mutterunternehmen für seinen Erfüllungsgehilfen Tochterunternehmen die Frage nicht, ob ein Tochterunternehmen wegen seiner juristischen Persönlichkeit Erfüllungsgehilfe seiner Mutter sein kann[62]. Dies ist in der Litera-

---

57 So im Ergebnis auch Entscheid des Einigungsamtes Basel-Land i.S. Firestone (Schweiz) AG, wo die Haftung der Gesellschaft mit der Weisung der Mutter begründet wurde; zit. in Recht und Politik im Kanton Basel-Land, 5.
58 Art. 4 lit.a UWG (Verleitung zum Vertragsbruch); Pedrazzini, Vertragsbruch, a.a.O.
59 Vgl. dazu unten § 30 II Ziff.2.
60 Die Haftung der Mutter als Geschäftsherr für die Tochter als Erfüllungsgehilfe ist Folge einer gesetzlichen Konzernwirkung, die den Erfüllungsgehilfen mittelbar mitverpflichtet. Aus systematischen Gründen folgen die Ausführungen dazu an dieser Stelle, obwohl sie sich auch auf Überlegungen stützen (Tochter als Organ oder Hilfsperson), die erst an späterer Stelle (§§ 32f) erörtert werden.
61 Art. 101 OR.
62 Zur Frage der deliktischen juristischen Hilfsperson vgl. unten § 33 IV.

§ 27 Konzernwirkung von Verträgen in der Anwendung

tur[63] und in der Rechtsprechung anerkannt[64]. Vereinfacht ist die Ausgangslage bei der Haftung des Mutterunternehmens für seine Tochter in ihrer Rolle als Erfüllungsgehilfe gegenüber Art. 55 OR zudem, weil der Erfüllungsgehilfe zum Geschäftsherrn nicht in einem Subordinationsverhältnis zu stehen braucht[65]; Erfüllungsgehilfe kann auch sein, wer vom Geschäftsherrn wirtschaftlich unabhängig ist; also auch der wirtschaftlich stärkere und grössere. Die Haftung für Erfüllungsgehilfen, die juristische Personen sind, knüpft nicht an eine Konzernbeziehung, wie die Haftung für Hilfspersonen gemäss Art. 55 OR[66]. Die Haftung eines Unternehmens als Geschäftsherr für ein anderes Unternehmen ist keine Erscheinung des Konzernrechts, sondern gleichermassen auch auf Beziehungen anwendbar, die nicht konzernrechtlich sind. Sie kommt aber im Konzern häufiger vor, weil in ihm Aufgabenteilungen häufiger sind als im konzernfreien Verhältnis.

b) Die Haftung für Erfüllungsgehilfen im Konzern als Ergebnis einer gesetzlichen Konzernwirkung

Das Mutterunternehmen, das eine eigene vertragliche Verpflichtung durch die Tochter erfüllen lässt, ist doppelt gebunden: Einmal als Folge des Vertrags mit dem Dritten, der das Mutterunternehmen zur Ausübung der einheitlichen Leitung gegenüber der Tochter zwingen kann, sofern es in der Lage ist, diese zu einem vertragskonformen Handeln zu veranlassen. Die Verletzung dieser vertraglichen Pflicht führt zu Schadenersatz. Zu dieser Haftungsgrundlage kommt hinzu die Haftung für Erfüllungsgehilfen gemäss Art. 101 OR, die ebenfalls zur Haftung der vertraglich gebundenen Mutter führt. Sind beide, Geschäftsherr und Erfüllungsgehilfe, Glieder des gleichen Konzerns, ist die Haftung für Erfüllungsgehilfen auch Ergebnis einer gesetzlichen Konzernwirkung; die Verletzung einer vertraglichen Pflicht des Mutterunternehmens durch die Tochter führt zu seiner Haftung.

Das gleiche gilt auch mit vertauschten Rollen, denn Erfüllungsgehilfe einer vertraglichen Verpflichtung des Tochterunternehmens kann auch das Mutterunternehmen sein, obwohl in diesem Fall zwischen Geschäftsherr und Erfüllungsgehilfe nicht nur das Subordinationsverhältnis fehlt, sondern im Gegenteil eines allerdings in der anderen Richtung vorliegt. Der Schuldner haftet gemäss Art. 101 OR unabhängig von seiner Einwirkungsbefugnis auf den Erfüllungsgehilfen, also auch dann, wenn eine solche wegen seiner untergeordneten Stellung tatsächlich gar nicht besteht. Auslöser der Haftung für Erfüllungsgehilfen ist nicht eine vertragliche Pflicht zur Ausübung der einheitlichen Leitung in einem bestimmten Sinn; entscheidend für die

---

63 Gauch/Schluep/Jäggy, N 1397; von Planta, Hauptaktionär, S. 76 und Spiro, Verhandlungsgehilfe, S. 187 mit Beispielen.
64 BGE 70 II 220; 95 II 53.
65 BGE 70 II 220; Spiro, a.a.O.; Guhl/Merz/Koller, § 31 V Ziff.3.
66 Vgl. unten § 33 IV.

Haftung ist allein die Tatsache, dass der Schuldner die Erfüllung seiner vertraglichen Pflichten einem Dritten überlassen hat[67]. Die erweiterte und über sein Verschulden hinausgehende Haftung des Tochterunternehmens kann auch vorliegen, wenn das Tochterunternehmen Geschäftsherr ist und die Mutter Hilfsperson. Die Folgen der Vertragsverletzung richten sich für das Tochterunternehmen in diesem Fall nach Art. 101 OR[68]. Liegt in der Schlechterfüllung durch das Mutterunternehmen als Erfüllungsgehilfe zugleich ein unerlaubtes Verhalten, haftet das Mutterunternehmen im Umfange seiner Schuldpflicht solidarisch mit der Tochter.

IV. Die konzernseitige Weitergabe von Informationen an andere Konzerngesellschaften

1. Fragestellung

Vertrauliche Informationen, die einer Gesellschaft mitgeteilt werden, dürfen in vielen Fällen gestützt auf gesetzliche Vorschriften[69] oder vertragliche Vereinbarungen nicht an Dritte weitergegeben werden. Im Konzern stellt sich bei dieser Ausgangslage die Frage, ob andere Konzerngesellschaften in diesem Sinne ebenfalls Dritte sind, an die solche Informationen nicht weitergeleitet werden dürfen. Die Frage ist besonders in denjenigen Konzernen von grosser praktischer Bedeutung, die zentrale Funktionen, zum Beispiel das Personalwesen oder die Verwaltung von Kundendaten, beim Mutterunternehmen oder einer spezialisierten Tochter zusammengefasst haben.

2. Das Wissen der Konzerngesellschaften und das Wissen des Konzerns

Wird eine Information einer Gesellschaft anvertraut, wird sie tatsächlich einer zur Vertretung dieser Gesellschaft befugten Person anvertraut, zum Beispiel einem Organ, einem Erfüllungsgehilfen oder einer Hilfsperson. Diese Person nimmt die Information für "seine" Gesellschaft entgegen. Im Konzernverhältnis kann die natürliche Person, welche für eine Konzerngesellschaft die Information entgegennimmt, zugleich eine oder mehrere andere Konzerngesellschaften vertreten; sogar

---

67   Und aus diesem Grunde auch die Folgen des fehlerhaften Verhaltens dieser Dritten zu tragen habe; BGE 114 Ib 70f.
68   Eventuell auch nach den Vorschriften des Garantievertrags; vgl. dazu unten § 28 II Ziff.3.
69   Zum Beispiel Vorschriften des Datenschutzes (Art. 12 Abs.2 lit.c DSG).

die Konzerngesellschaft selber kann als Erfüllungsgehilfe[70] oder als Hilfsperson[71] des Mutterunternehmens handeln. Hat diese Person beim Empfang solcher Informationen nicht nur für das Tochter-, sondern auch für das Mutterunternehmen gehandelt, ist das ihr in Ausübung ihrer Funktionen zugegangene Wissen zusätzlich auch demjenigen Unternehmen zugegangen, für welches sie Hilfsperson, Erfüllungsgehilfe oder Organ ist. Gleiches gilt, wenn das Tochterunternehmen Informationen als Hilfsperson, Erfüllungsgehilfe oder Organ des Mutterunternehmens empfangen hat[72]. Die Zulässigkeit der Weitergabe an das Mutterunternehmen hängt somit unter Umständen an der Qualität des Tochterunternehmens oder seiner Organe als Hilfsperson, Erfüllungsgehilfen oder Organe des Mutterunternehmens und führt in diesen Fällen gleichzeitig zur einer erhöhten Haftung des Mutterunternehmens[73].

Zu prüfen ist folglich nur noch die Frage, inwieweit Informationen, die einem bestimmten Konzernunternehmen und nur diesem anvertraut worden sind, an andere Konzernunternehmen weitergegeben werden dürfen.

3. Weitergabe an Dritte als Freisetzung der Information aus dem Machtbereich des Verpflichteten

Die Person, die eine vertrauliche Information an Dritte weitergibt, gibt damit immer auch die Kontrolle über diese Information preis, auch wenn sie mit der Auflage der Nichtweitergabe weitergegeben wird: Das Stipulieren einer Nichtweitergabepflicht sichert die Nichtweitergabe nicht, denn die Weitergabe *kann* auch in diesen Fällen als Vertragsverletzung erfolgen, ohne dass die Person, welche die Information ursprünglich weitergegeben hat, dies verhindern könnte. Die Information bleibt trotz Weitergabe nur dann in ihren Händen, wenn institutionelle Mechanismen vorhanden sind, um den Dritten daran zu hindern, die Information an Aussenstehende weiterzugeben[74].

Das Mutterunternehmen, das über die Tochterunternehmen die einheitliche Leitung ausüben kann, verfügt über solche Mechanismen. Wird eine an eine Konzerngesell-

---

70 Vgl. dazu oben III Ziff.5.
71 Vgl. dazu unten § 33 IV.
72 Das Mutterunternehmen, welches die Weitergabe der Information durch die Tochter an dieses als zulässig erachtet, stuft seine Tochter damit selber als Hilfsperson, Erfüllungsgehilfe ein und schafft u.U. eine Voraussetzung für eine sich aus dieser Tatsache ergebende Haftung des Mutterunternehmens.
73 Einheit von Herrschaft und Haftung; Vgl. unten § 35 VII Ziff.6.
74 Die Gefahr, dass eine Information trotz Leitungsmechanismen (strafbar) widerrechtlich an Dritte gelangen kann, besteht immer, auch wenn sie nur einer einzigen Gesellschaft anvertraut worden sind.

schaft gegebene Information an andere Konzernunternehmen weitergegeben, ist der Urheber der Information nicht beeinträchtigt, wenn die anderen Konzernunternehmen auch an die mit dem Informationsempfang geknüpften Pflichten gebunden sind und wenn dasjenige Konzernglied, welches dem Urheber gegenüber direkt verpflichtet ist, diese Bindung durch Mittel der einheitlichen Leitung durchsetzen kann. Eine dem Mutterunternehmen anvertraute Information kann unter diesen Voraussetzungen an Tochterunternehmen weitergeleitet werden, ohne dass eine Weiterleitung an Dritte vorliegt.

Gelangt eine Information trotzdem an Dritte, trifft eine allfällige Haftung daraus in jedem Fall auch das Mutterunternehmen: Entweder wegen unbefugter Weitergabe oder wegen Weitergabe ohne Weiterüberbindung von Pflichten oder – wenn die Weitergabe zulässig war und richtig erfolgt ist – wegen mangelhafter Einflussnahme auf das Tochterunternehmen. Im ersten und zweiten Fall liegt eine Haftung des Mutterunternehmens aus eigenem vertragswidrigen Verhalten vor, im dritten Fall eine Haftung gestützt auf eine Verletzung einer sich aus der gesetzlichen Konzernwirkung eines Vertragsverhältnisses ergebenden mittelbaren Pflicht des Tochterunternehmens.

4. Weitergabe an Dritte, die dem Verpflichteten nicht untergeordnet sind

Andere Konzernunternehmen sind in dieser Frage grundsätzlich als Dritte zu behandeln, auch wenn die Geheimhaltungspflicht auf sie übergeht, denn nur das Mutterunternehmen kann durch die einheitliche Leitung die Einhaltung der an die Weitergabe der Information geknüpften Pflicht sicherstellen – nicht aber ein Tochterunternehmen. Gibt dieses eine Information an das Mutterunternehmen weiter, gibt es die Information an einen Dritten weiter.

Handelt in einem solchen Fall das Tochterunternehmen nicht als Organ, Hilfsperson oder Erfüllungsgehilfe des Mutterunternehmens, liegt eine Weitergabe solcher Informationen an Dritte vor, die nur zulässig ist, wenn durch die Parteien in einem Vertrag zu Gunsten Dritter[75] mit dem Aussenstehenden als Promittent vorgesehen: Dieser verspricht dem Promissar und den berechtigten Konzernunternehmen, Handlungen zu dulden, die er ohne ein solches Versprechen verbieten lassen könnte. Zu denken ist zum Beispiel an die Bereitschaft des Arbeitnehmers einer Konzerngesellschaft, die seine Person betreffenden Arbeitgeberdaten an andere Konzernunternehmen weitergeben zu lassen, oder auch an das Recht der kon-

---

75 Vgl. oben § 26 VI.

§ 27 Konzernwirkung von Verträgen in der Anwendung 275

zernseitigen Vertragspartei, von einem Geheimhaltungsvertrag betroffene Informationen an andere Konzernunternehmen weiterzugeben und durch diese nutzen zu lassen[76].

V. Die Verrechnung mit Konzernforderungen

1. Ausgangslage

Der Schuldner, der mit verschiedenen Konzerngliedern in vertraglichen Beziehungen steht, kann in die Lage geraten, dass eine dieser Konzerngesellschaften ihm gegenüber eine Forderung geltend macht, während er selber Gläubiger einer gegenüber einer anderen Konzerngesellschaft bestehenden Forderung ist. Wäre der Konzern auch eine juristische Einheit, könnte er als Kompensant[77] der Forderung des Kompensaten[78] die Einrede der Verrechnung gegenüberstellen. Es stellt sich die Frage, ob gegenüber anderen Konzerngesellschaften oder dem Konzern diese Möglichkeit auch besteht.

2. Verrechnung nur bei Forderungen zwischen den gleichen Personen

Gemäss Art. 120 OR können Forderungen unter denselben Personen verrechnet werden, wobei jede Partei Gläubiger und Schuldner der anderen sein muss[79]; verrechnen kann nur, wer auch fordern könnte. Ist der Kompensat nicht zugleich Schuldner des Kompensanten, kann nicht verrechnet werden. Entscheidend dabei ist allein die Rechtspersönlichkeit: Der Kompensat und der Schuldner der zur Verrechnung gebrachten Forderung müssen identisch sein, was zwischen Konzerngesellschaften nie der Fall ist; deshalb kann nicht verrechnet werden. Das Gesetz spricht diesen Grundsatz für das Konzernrecht nur indirekt und nur für Verträge mit echter Konzernwirkung, die andere Konzerngesellschaften mitberechtigten, in Art. 122 OR aus: Der konzernfremde Promittent[80] kann eine ihm gegenüber vom konzernseitigen Promissar erhobene Forderung nicht mit seiner Schuld gegenüber einem konzernseitigen Dritten zur Verrechnung bringen.

---

76 In einem Vertrag zu Gunsten Dritter; vgl. dazu oben § 26 VI.
77 Die Person, welche die Verrechnung erklärt; vgl. zum Begriff, Aepli, Zürcher Kommentar, Vorb. zu Art. 120–126, N 10ff.
78 Die Person, gegenüber der die Verrechnung erklärt wird; vgl. zum Begriff, a.a.O.
79 Guhl/Merz/Koller, § 37 II Ziff.1.
80 Vgl. dazu oben § 26 VI Ziff.4.

Das Bundesgericht hat in BGE 85 II 113ff erkannt, dass in bezug auf die Frage der Verrechnung von Forderungen verschiedene juristische Personen nicht als Einheit behandelt werden dürfen, auch wenn eine dieser Personen die anderen wirtschaftlich vollkommen beherrscht. Die beurteilte Sachlage einer Forderung eines Alleinaktionärs, die man nicht mit der Forderung an eine durch diesen Alleinaktionär ausschliesslich kontrollierte Einmannaktiengesellschaft verrechnen könne, ist mit derjenigen der Konzerns bezüglich dieser Frage identisch.

3. Verrechnung im Konzern

a) Fragestellung

Trotz dieses Grundsatzes sind Fälle denkbar, in denen ein Aussenstehender als Kompensant gegenüber der durch eine Konzerngesellschaft A erhobenen Forderung seine gegenüber einer anderen Konzerngesellschaft B bestehende Forderung zur Verrechnung bringen kann.

b) Konzernverrechnungsklauseln

Zu Gunsten des Konzerns wirken vertragliche Vereinbarungen, die Konzerngesellschaften mit Dritten schliessen, welche dem Konzernglied ermöglichen, eigene Schulden beim Dritten mit Schulden, die dieser gegenüber einer anderen Konzerngesellschaft hat, zur Verrechnung zu bringen[81]. Diese Klauseln haben die Abrede zum Inhalt, dass demjenigen Konzernglied, gegen welches der Dritte eine Forderung erhebt, erlaubt wird, Forderungen anderer Konzernglieder zur Verrechnung zu bringen. Diese Verträge können die Liquidität des Dritten erheblich einschränken; im Fall seines Konkurses führt dies zu einer Besserstellung des Konzerns insgesamt, weil der konzernseitige Schuldner des Konkursiten diesen nicht befriedigen muss, sondern ihm eine Forderung eines anderen Konzernglieds entgegenstellen kann. Solche Klauseln sind jedoch zulässig; insbesondere steht ihnen das Verrechnungsverbot von Art. 213 SchKG nicht entgegen, denn das verrechnende Konzernunternehmen ist nicht *nach* dem Konkurs des Dritten sein Gläubiger[82] oder sein Schuldner[83] geworden. Die erweiterte Berechtigung an den Forderungen der Konzerngesellschaften – allerdings auf Fall der Verrechnung beschränkt – hat schon vorher bestanden und durch den Konkurs des Dritten keine Änderung erfahren; die Verrechnungserklärung des berechtigten Konzernunternehmens führt keine Änderung herbei, denn sie ist nicht Ursache der Verrechnungsmöglichkeit, sondern ihre Folge. Bei solchen Verträgen handelt es sich um

---

81 Rehbinder, S. 387, 414f; Schneider, S. 180.
82 Art. 213 SchKG Abs.2 Ziff.1.
83 Art. 213 SchKG Abs.2 Ziff.2.

§ 27 Konzernwirkung von Verträgen in der Anwendung

Verträge mit echter Konzernwirkung, die andere Konzernglieder mitberechtigen[84]. Auch aus tatsächlichen Überlegungen ist es nicht einzusehen, wieso die Konkursmasse zu Lasten des Konzerns einen Vorteil erlangen sollte, den sie nicht erlangen könnte, wenn der Konzern seiner wirtschaftlichen Einheit entsprechend auch eine juristische Einheit wäre.

Andererseits wirken Konzernverrechnungsklauseln gegen den Konzern, wenn sie dem Dritten erlauben, gegenüber Forderungen des einen Konzernunternehmens Forderungen zur Verrechnung zu bringen, die gegenüber einem anderen Konzernglied vorliegen. Solche Klauseln kommen jedoch kaum losgelöst in dieser Form vor, sondern meist in Verbindung mit einer zusätzlichen vertraglichen Einbindung der anderen Konzernglieder im Rahmen der Verpflichtung mehrerer konzernseitiger Vertragsparteien oder aber in Form einer Vereinbarung, welche die Verrechnung zwischen zwei Konzernen umfassend zulässt[85].

c) *Verrechnung gestützt auf die Vorschriften des Durchgriffs*

Lehre und Rechtsprechung verstehen den Durchgriff im Konzernrecht auch als Rechtsmissbrauchsverbot, das nicht nur Forderungen gegenüber anderen Konzernunternehmen begründen kann, sondern auch zur Unzulässigkeit von Einreden und Einwendungen – die Berufung auf die juristische Verschiedenheit der Konzernglieder – führen kann[86].

Der konzernfremde Kompensant, der gegenüber der einen Konzerngesellschaft eine gegenüber einem anderen Konzernglied bestehende Forderung zur Verrechnung bringen will, gibt tatsächlich eine Verrechnungseinrede ohne Verrechnungsbefugnis ab. In der Regel wird daraufhin der Kompensat den Umstand anrufen, dass die Verrechnung durch den Kompensanten ausgeschlossen sei. Erfolgt die durch den Kompensaten erhobene Berufung auf die tatsächlich fehlende Verrechnungsbefugnis rechtsmissbräuchlich, ist sie nicht zu hören und die Verrechnung durch den konzernfremden Kompensanten – obwohl grundsätzlich ausgeschlossen – zugelassen[87]. Die Durchgriffs- und Rechtsmissbrauchsregeln führen in diesem Umfang zu einer Verrechnung im Konzern, die *keine* eigene Forderung des Kompensanten gegenüber dem Kompensaten voraussetzt.

---

84 Vgl. dazu oben § 26 VI.
85 "Die Gesellschaften der beiden Gruppen X und Y sind berechtigt, alle Forderungen, die ihnen gegenüber Gesellschaften der anderen Gruppe zustehen, zur Verrechnung zu bringen"; vgl. dazu auch Schneider, Konzernverträge, S. 180.
86 BGE 95 III 54.
87 Aepli, Zürcher Kommentar, Vorb. zu Art. 120–126, N 97ff.

4. Faktische Verrechnung im Konzern beim Vorliegen mehrer Forderungen

Fehlt die rechtsmissbräuchliche Anrufung von verrechnungsausschliessenden Tatsachen, ist die Verrechnung gegenüber einer Forderung einer Konzerngesellschaft nur möglich, wenn der Kompensant zugleich Gläubiger des Kompensaten ist. Ob eine zusätzliche Verpflichtung des Kompensaten auch gegenüber dem Kompensanten vorliegt, ist gestützt auf die Regeln des Konzernhaftungsrechts und der Konzernwirkung von Forderungen zu prüfen.

Diese Situation kann auch dann vorliegen, wenn der Inhalt der Verpflichtung des Kompensaten mit seiner Forderung nicht gleichartig ist: Wenn zum Beispiel das Konzernunternehmen gegenüber dem Aussenstehenden eine Geldforderung geltend macht, während es ihm gegenüber zu einer Handlung – z.B. zu einer Einflussnahme gegenüber dem Tochterunternehmen – verpflichtet ist[88]. Sobald sich der Anspruch des konzernfremden Schuldners gegenüber der Mutter – weil die Ausübung ihres Einflusses auf das Tochterunternehmen nicht stattfindet – in eine Schadenersatzforderung verwandelt hat, kann der Konzernfremde verrechnen, was gerade in denjenigen Fällen denkbar ist, in welchen der Aussenstehende ein grosses Verrechnungsinteresse hat.

VI. Konzernverschaffungsverträge

1. Begriff / Fragestellung

Die Verpflichtung eines Produzenten zur Leistung von Gegenständen einer Gattung, die er selber produziert, wird in vielen Fällen ausdrücklich oder konkludent auf die Verpflichtung zur Leistung nur der eigenen Produkte, aber nicht von Fremdprodukten der gleichen Gattung[89] beschränkt. Der Hersteller wird durch diese Abrede entlastet, weil die Unmöglichkeit der Vertragserfüllung bereits dann vorliegt, wenn er selber nicht mehr herstellen kann; zu teuren Ersatzanschaffungen kann er nicht verpflichtet werden[90].

Die gleiche Situation kann im Konzern vorkommen, wenn ein Konzernunternehmen eine Sache zu leisten verspricht, die es zwar nicht selber herstellt, die aber innerhalb des Konzerns hergestellt oder vertrieben wird. Als ein Vertrag mit Konzernwirkung und mittelbarer Verpflichtung des Tochterunternehmens beinhaltet er das Versprechen des Mutterunternehmens, seine Leitungsmacht für die Vertragser-

---

88 Vgl. dazu oben § 26 III.
89 Begrenzte Gattungsschuld, von Tuhr/Peter, S. 57.
90 a.a.O.

§ 27 Konzernwirkung von Verträgen in der Anwendung

füllung durch die Tochter einzusetzen. Weil die Mutter nicht den Eintritt eines bestimmten Erfolgs beim Tochterunternehmen verspricht, ist ihre Leistungspflicht auf das durch das Tochterunternehmen Erbringbare beschränkt[91]. Hätte das kontrahierende Konzernunternehmen einen Erfolg versprochen, wäre es zur Leistung verpflichtet, bis die Gattung der Sache nicht mehr besteht.

2. Versprechen der Leistung der Tochter durch die Mutter; die Haftung der Mutter für mangelhafte Leitung der Tochter

Ein Konzernverschaffungsvertrag mit dem Inhalt, das Tochterunternehmen in einem bestimmten Sinn zu leiten, lässt das Mutterunternehmen nur, aber immer dann haftbar werden, wenn es selber schuldhaft handelt und die Leitungsmacht nicht oder schlecht ausübt[92]. Weil das Mutterunternehmen die Tochter gestützt auf seine Leitungsmacht zu jedem gesetzmässigen Handeln veranlassen kann, liegt immer eine schuldhafte Schlechtausübung der Leitung vor, wenn das Tochterunternehmen schuldhaft nicht erfüllt[93]. Ist im Zeitpunkt der Ausübung der Leitungshandlung durch das Mutterunternehmen die Leistung des Tochterunternehmens nicht mehr möglich, liegt ein Verschulden des Mutterunternehmens nur dann vor, wenn die Leitungshandlung zu spät erfolgt ist. Ein Verschulden und mit ihm eine Haftung des Mutterunternehmens liegt hingegen dann nicht vor, wenn das Tochterunternehmen aus anderen – unverschuldeten – Gründen nicht erfüllen kann[94].

3. Versprechen der Leistung der Mutter durch die Tochter

Weil das Tochterunternehmen, welches im Rahmen eines Konzernverschaffungsvertrags eine Sache aus dem Konzern verspricht, die Mutter nicht zur Erfüllung veranlassen kann, liegt in diesen Fällen immer – den Bindungswillen vorausgesetzt – das Versprechen eines Erfolgs vor[95]. Verspricht eine Tochter ein Verhalten der

---

91 Rehbinder, S. 199.
92 Zum Beispiel, indem es das Tochterunternehmen zu spät informiert; Rehbinder, S. 204.
93 Tatsächlich dürfte die Lage ohnhin so sein, dass das Mutterunternehmen das unwillige Tochterunternehmen nur vorschiebt; Rehbinder, S. 205.
94 Zu den gleichen Ergebnissen gelangt Rehbinder, S. 206, allerdings als Resultat einer Konstruktion, die das versprechende Mutterunternehmen für übernommenes Risiko haften lässt. Diese Konstruktion ist m.E. unnötig; auch ergibt sich der von Rehbinder ebenfalls vertretene Haftungsausschluss für unverschuldetes Nichterfüllen des Tochterunternehmens daraus nicht zwingend. Durch diese Ausnahme, die zu einer Haftung für übernommenes Riskio führt, soweit es sich auf die Leitungsmacht abstützt, kommt auch Rehbinder dogmatisch nahe an die hier vertretene Lösung der Haftung für schlecht ausgeübte Leitung.
95 Auch Rehbinder, S. 285; die Tochter verspricht eine Leistung, nicht eine Unterlassung, vgl. dazu auch oben § 36, III Ziff.2.

Mutter, haftet es als Garant, auch wenn es das Fehlverhalten der Mutter weder verschuldet hat noch hat verhindern können. Ist die Tochter zahlungsfähig und kommt sie ihren Pflichten nach, haftet wirtschaftlich die Mutter mit. Die wirtschaftliche Bindung des Konzerns ist beim Versprechen der Tochter grösser als bei einem entsprechenden Versprechen der Mutter, weil das Tochterunternehmen auch dann haftet, wenn die Mutter ohne Verschulden nicht erfüllt. Die Mutter hingegen haftet nur für schuldhaftes Unterlassen der Leitung.

VII. Einheitsbehandlung des Konzerns im Mietrecht

1. Nutzung der Mietsache durch andere Konzernunternehmen

a)   Fragestellung

Soweit ein Mietvertrag dem Mieter Rechte vermittelt, stellt sich die Frage, ob diese Rechte nur der konzernseitigen Vertragspartei zustehen oder auch anderen Konzerngliedern. Die Frage stellt sich unter dem neuen Mietrecht weniger im Zusammenhang mit der Untervermietung, zu der der Obervermieter seine Zustimmung nur in den vom Gesetz genannten Fällen[96] ablehnen kann. Wichtiger ist im Konzernverhältnis die Frage, ob bei der Nutzung der von einem Konzernglied gemieteten Sache durch ein anderes Konzernglied eine Gebrauchsüberlassung an Dritte überhaupt vorliegt.

b)   Überlassung der Mietsache an ein Tochterunternehmen

Überlässt ein Mutterunternehmen eine von ihm gemietete Sache seiner Tochter zur Nutzung, überlässt es die Nutzung einer Person, über die es gestützt auf die Leitungsmacht die einheitliche Leitung ausübt. Es ist dadurch insbesondere immer in der Lage, seine Verpflichtungen gegenüber dem Vermieter selber zu erfüllen und das Tochterunternehmen zu einer vertragskonformen Nutzung der Mietsache zu veranlassen. Anders der Untervermieter: Er beherrscht den Untermieter nicht und kann ihn nur mit denjenigen Mitteln zur vertragskonformen Nutzung der Mietsache veranlassen, die auch dem Obervermieter gegenüber dem Obermieter zustehen, nämlich den zivilprozessualen Zwangsmitteln. Überlässt eine Mutter die von ihm gemieteten Räume einer Tochter zur Nutzung, liegt folglich keine vertragswidrige Gebrauchsüberlassung an einen Dritten vor[97].

---

96   Art. 262 Abs.2.
97   Auch Rehbinder, S. 404.

c) *Überlassung der Mietsache an das Mutterunternehmen*

Anders ist indessen zu entscheiden, wenn das Tochterunternehmen eine von ihm gemietete Sache der Mutter überlässt. Die Mutter ist in dieser Beziehung Dritte, denn sie ist eine Person, die nicht von der Tochter geleitet wird, und die Tochter kann ihre vertraglichen Pflichten gegenüber dem Vermieter nur erfüllen, wenn die Mutter zustimmt. Die Überlassung der Mietsache an das Mutterunternehmen verschlechtert die Position des Vermieters sogar gegenüber der Überlassung der Mietsache an einen echten Dritten, denn der echte Dritte kann die Mieterin nicht dazu veranlassen, die durch ihn begangene Vertragsverletzung zu tolerieren, was dem Mutterunternehmen gestützt auf seine einheitliche Leitung möglich ist.

2. Konzernbetrachtungsweise beim Eigenbedarf im Mietrecht

Der Vermieter kann beim Vorliegen der gesetzlichen Voraussetzungen seinen Eigenbedarf der die Mieterstreckung rechtfertigenden Notlage des Mieters entgegenhalten[98]. Es stellt sich die Frage, ob ein Vermieter, der Teil eines Konzerns ist, dabei auch den Eigenbedarf des Konzerns geltend machen kann oder ob er eingeschränkt ist auf die Bedürfnisse seiner eigenen Person.

Nach herkömmlicher Auffassung und unter dem alten Recht kann eine juristische Person nur den Eigenbedarf für sich selber geltend machen[99], nicht aber für einzelne Gesellschafter[100]. Es stellt sich die Frage, ob die Geltendmachung des Eigenbedarfs des Konzerns durch ein Konzernglied gleich zu behandeln ist wie der nach herrschender Lehre unmassgebliche Bedarf der Gesellschafter[101]. Der Eigenbedarf einer juristischen Person ist – auch im konzernfreien Verhältnis – immer Folge und Konsequenz des eigenen Gesellschaftszwecks und Gesellschaftsinteresses. Hat sich ein Konzernglied durch seine Zweckbestimmung dem Konzerninteresse untergeordnet, ist das Konzerninteresse Teil ihres Gesellschaftsinteresses geworden[102]. Der durch das Gesellschaftsinteresse des Vermieters bestimmte Eigenbedarf umfasst in diesen Fällen auch den Bedarf anderer Konzernglieder. Der Eigenbedarf eines Konzernglieds, das nicht Vermieter ist, kann folglich die Mieterstreckung dann ausschliessen, wenn es die gleichen Interessen vertritt wie der Vermieter und wenn gestützt auf diese Identität der Interessen der Eigenbedarf des Konzernglieds, welches nicht Vermieter ist, den Eigenbedarf des vermietenden Konzernglieds

---

98 Art. 272 OR.
99 Egger, S. 135; Gmür/Gaviezel, S. 24; Schmid, S. 160 und die in Lachat/Stoll S. 366 zitierten.
100 Anders, ohne Begründung, nur Lachat/Stoll, S. 366.
101 So in einem Einzelfall BGE vom 5. September 1988 in Sachen W. ca. H.; zit. in Usteri, Art. 272 N 52.
102 Vgl. dazu oben § 13.

verursacht. Diese Situation liegt insbesondere bei Konzerngliedern vor, die durch ihre Zweckbestimmung sich dem Konzerninteresse untergeordnet haben.

§ 28 Verpflichtung mehrerer konzernseitiger Vertragsparteien

I. Vorbemerkung / Fragestellung

Die Einbindung weiterer Konzernglieder in eine Vertragsbeziehung zwischen einer konzernseitigen und einer konzernfremden Vertragspartei kann sich auf einen Vertrag mit echter Konzernwirkung[1] abstützen. In diesen Fällen führt der Vertrag mit einem Konzernglied zu einer Mitberechtigung oder einer mittelbaren Mitverpflichtung anderer Konzernglieder, ohne dass mit diesen direkte vertragliche Beziehungen bestünden.

Stützt sich die Mitverpflichtung der weiteren Konzernunternehmen nicht auf einen Vertrag mit echter Konzernwirkung, sondern auf eigene, mit diesen Konzerngliedern separat geschlossenen Verträge, liegt eine Verpflichtung mehrerer konzernseitiger Vertragsparteien vor. Die Konzernwirkung ist in diesen Fällen nicht Folge eines Vertragsinhalts, der diese vorsieht, sondern Folge von zusätzlich abgeschlossenen Verträgen. Zur besseren Abgrenzung gegenüber den Verträgen mit echter Konzernwirkung bezeichnen wir sie als Vertragsverhältnisse mit unechter Konzernwirkung.

Bei den Vertragsverhältnissen mit unechter Konzernwirkung wird eine Vertragsbeziehung zwischen einem Dritten und einem Konzernglied durch einen weiteren Vertrag zwischen eben diesem Dritten und einem weiteren Konzernglied – in der Regel dem Mutterunternehmen – abgesichert. Weil sich das weitere Konzernglied selber vertraglich bindet, wird es – anders als beim Vertrag mit echter Konzernwirkung – unmittelbar verpflichtet. Die Einbindung zusätzlicher Konzernunternehmen führt in der Regel zur Einbindung des Mutterunternehmens und mit ihm des Konzerns insgesamt, damit oft auch zur Verbreiterung der Haftungsbasis. Am weitesten geht diese Einbindung, wenn ein Mutterunternehmen erklärt, für alle Schulden des Konzernglieds uneingeschränkt und unmittelbar mitzuhaften; sehr viel weniger weit geht sie, wenn die Mutter dem Dritten erklärt, von bestimmten den Vertrag betreffenden Sachverhalten Kenntnis zu haben oder in bezug auf die Beziehungen zu Tochterunternehmen eine bestimmte Politik zu befolgen.

---

1   Vgl. dazu oben § 26f.

II. Vertragsverhältnisse mit unechter Konzernwirkung: Der ausdrückliche Einbezug von anderen Konzerngliedern

1. Unmittelbare und ursprüngliche Mitverpflichtung

Am stärksten ist der Einbezug des Mutterunternehmens, wenn dieses sich mit dem Tochterunternehmen und im gleichen Umfang aus dem gleichen Vertragsverhältnis gegenüber der konzernfremden Partei mitverpflichtet. Die konzernfremde Partei hat in diesen Fällen von anfang an zwei Vertragspartner aus dem Konzern: Das Mutterunternehmen zum Zweck der Konzernwirkung und das Tochterunternehmen zum Zweck der konkreten Vertragserfüllung.

Ob diese Einbindung der Mutter gewollt ist, ist beim Feststellen der konzernseitigen Vertragsparteien zu prüfen[2]. Dabei stellt sich nicht nur die Frage, *ob* ihre Einbindung vereinbart worden ist, sondern auch, *wie* diese in die Vertragsbeziehung mit der konzernfremden Partei eingebunden werden soll: Unterliegt sie den gleichen Pflichten wie der konzernseitige Hauptschuldner oder anderen Pflichten, die weniger weit gehen? Das zweite trifft zu, wenn das Mutterunternehmen dem konzernfremden Dritten die Zahlungsfähigkeit der Tochter garantiert[3] oder aber verspricht, dass es seine einheitliche Leitung über die Tochter in einem bestimmten Sinn ausüben werde. Garantiert demnach das Mutterunternehmen eine Leistung, die es unmittelbar selber nicht erbringen kann, ist das nicht mehr als ein Indiz[4], dass eine direkte Mitverpflichtung gewollt ist; gestützt auf seine Leitungsmacht hätte das Mutterunternehmen auch versprechen können, dass es sich zu Gunsten der Vertragserfüllung durch die Tochter einsetzen werde.

2. Schuldbeitritt

Der nachträgliche Schuldbeitritt des Mutterunternehmens ist ebenfalls gestützt auf die vertragliche Einigung festzustellen. Anders als bei der originären Mitverpflichtung bleiben in diesem Fall die Umstände des Vertragsschlusses zwischen dem Tochterunternehmen und der konzernfremden Partei unbeachtlich, da der Vertragsschluss zeitlich vorher stattgefunden hat; die Feststellung eines Schuldbeitritts gestützt auf Auslegung von konkludentem Handeln wird daher eher selten sein.

Das gilt insbesondere dort, wo nicht nur der Schuldbeitritt, sondern der Vertragsbeitritt bewirkt werden soll und die zustimmende Willensäusserung nicht nur vom Mutterunternehmen erfolgen muss, sondern auch vom konzernfremden Dritten.

---

2   Vgl. dazu oben § 25 II.
3   Vgl. dazu unten Ziff.3.
4   Anders Rehbinder, S. 296.

§ 28 Verpflichtung mehrerer konzernseitiger Vertragsparteien

Ein dem Schuldbeitritt inhaltlich ähnliches Versprechen liegt oft in einem Garantievertrag, welcher nicht die Vertragserfüllung durch das Tochterunternehmen sicherstellen soll – eine Haftung läge auch vor, wenn die Erfüllung ohne Verschulden der Tochter ausbleibt –, sondern ihre Zahlungsfähigkeit.

3. Der Garantievertrag

a) Begriff

Der Garantievertrag ist rechtstechnisch ein Vertrag zu Lasten eines Dritten, denn die Parteien vereinbaren eine Leistung, die ein Dritter – beim Vertragsschluss mit der Mutter das Tochterunternehmen – zu erbringen hat. Erbringt dieser Dritte die Leistung nicht, haftet die versprechende Partei für Schadenersatz. Der Garantievertrag ist im Konzern immer auch ein Vertrag mit echter Konzernwirkung, denn ein anderes Konzernunternehmen als Dritter wird mittelbar mitverpflichtet. Die den Promittenten treffende Schadenersatzpflicht trifft wegen der wirtschaftlichen Einheit des Konzerns immer auch den mittelbar mitverpflichteten Dritten[5].

b) Abgrenzungen

Schwierigkeiten bereitet die Abgrenzung zur Bürgschaft. Die Fragestellung ist von erheblicher praktischer Bedeutung; von ihrer Beantwortung kann die Gültigkeit der vertraglichen Verpflichtung überhaupt abhängen, denn das Bürgschaftsrecht knüpft die gültige Verpflichtung an Formvorschriften, auch im kaufmännischen Verkehr[6]. Der Verweis auf die strikte Akzessorietät der Bürgschaft hilft in der Regel nicht weiter, denn oft ist gerade diese strittig[7]. Dazu kommt, dass selbst bei strikter Akzessorietät ein Garantievertrag vorliegen kann. Die dem entgegenstehende vom Bundesgericht in BGE 113 II 436f vertretene Auffassung[8], wonach bei Akzessorietät Bürgschaft anzunehmen ist, und die Akzessorietät das entscheidende Abgrenzungsmerkmal darstellt, überzeugt nicht. Gerade der vom Bundesgericht angeführte Schutzgedanke zu Gunsten des Promittenten/Bürgen muss zu einem anderen Schluss führen: Ist Akzessorietät vereinbart worden, geht dessen Bindung *weniger* weit, als wenn er unabhängig vom Bestehen der Hauptschuld haftet. Die Begründung des Bundesgerichts hiesse hingegen, dass geringere Bindung zur durch Formvorschriften abgesicherten Bürgschaft führt und die schwerwiegendere zur risikoreicheren Garantie. Die Rechtsfolge macht keinen Sinn und ist vermutlich auch vom Bundesgericht nicht gewollt.

---

5   Vgl. dazu oben § 26 II Ziff.2 lit.a.
6   Schriftform und Angabe des Höchstbetrags (Art. 493 Abs.1 OR).
7   Guhl/Merz/Koller, § 22 III.
8   Auch in Schnyder, S. 62.

Ein taugliches Abgrenzungskriterium ist einzig dasjenige des eigenen Interesses des Promittenten an der Leistung des Dritten und am Vertragsschluss zwischen dem Dritten und dem Prommissar[9]. Stützt sich dieses Interesse auf mehr als auf das interne Versprechen, für die Schuld des Dritten "Garantie" zu leisten, liegt ein Garantievertrag und keine Bürgschaft vor. Dieses Abgrenzungskriterium lässt sich auch auf den Zweck der Formvorschrift für die Bürgschaft und den Schutzgedanken[10], der diesen Normen zugrunde liegt, abstützen. Geschützt werden soll derjenige, der ohne eigenes Interesse für einen Dritten "Garantie" leistet, sich für ihn verbürgt. Diese starke Bindung, der keine Gegenleistung gegenüber stehen muss, und die, wie erwähnt auch nicht im eigenen Interesse erfolgt, soll durch die Angabe des Haftungshöchstbetrags klar bestimmt sein, nur aufgrund einer einwandfreien Willensbildung und nicht überhastet erfolgen[11].

c) *Der Garantievertrag im Konzern*

Im Konzern bilden Promittent (Mutterunternehmen) und Dritter (Tochterunternehmen) eine wirtschaftliche Einheit. Promittent und Dritter verfolgen zur Stärkung dieser wirtschaftlichen Einheit einen gemeinsamen Zweck, den Konzernzweck[12]. Solange das vom Mutterunternehmen zu garantierende Verhalten des Tochterunternehmens dem Konzernzweck entspricht und im Konzerninteresse erfolgt, hat das Mutterunternehmen ein direktes und eigenes Interesse am Vertragsschluss zwischen der Tochter – dem Dritten – und der konzernfremden Partei – dem Prommissar. Alle Bindungen und Verhaltensweisen des Tochterunternehmens, die sich aus der Verfolgung des Konzernzwecks ergeben, liegen im Interesse auch des Mutterunternehmens. Versprechen der Mutter, Leistungen des Tochterunternehmens zu garantieren, sind daher immer als Garantieverträge[13] zu bewerten[14] und nicht als Bürgschaften. Konsequenz davon ist, dass sie auch formfrei, also auch durch konkludentes Verhalten, abgeschlossen werden können[15]. Das Mutterunter-

---

9 Guhl/Merz/Koller, a.a.O.
10 Vgl. dazu BGE 113 II 463f.
11 Dementsprechend stuft das Recht die Formerfordernisse ab nach dem Betrag der Bindung und nach der Geschäftserfahrenheit des Bürgen (Art. 493 Abs.2 OR).
12 Vgl. dazu oben § 13.
13 Resp. als Schuldübernahmen (oben Ziff.2), wenn nicht der Erfolg versprochen wird, sondern die subsidiäre Haftung; die Abgrenzung ist fliessend, denn das Garantieversprechen kann ebenfalls zum Inhalt haben, nur die Zahlungsfähigkeit der Tochter zu sichern, nicht aber die Vertragserfüllung, wenn diese zum Beispiel ohne ihr Verschulden unmöglich geworden ist.
14 Auch von Wittenfeld, S. 93; a.M. Rehbinder, S. 302, der die Frage ohne jeden Einbezug der Zweckbestimmungen und Interessenlagen im Konzern verneint.
15 Selbst wenn man Bürgschaft annähme, liegt bei der Berufung auf seine Nichtigkeit ein *venire contra factum proprium*, wenn der Bürge von den gestützt auf die Bürgschaft an die Tochter geflossenen Geldbeträgen profitiert hat, was beim Mutterunternehmen wegen der wirtschaftlichen Einheit des Konzerns immer der Fall ist; Rehbinder, S. 301.

§ 28 Verpflichtung mehrerer konzernseitiger Vertragsparteien

nehmen kann somit der konzernfremden Partei[16] gültig und ohne die Beachtung von Formvorschriften Leistungen des Tochterunternehmens versprechen; bleiben diese aus, haftet es aus Vertrag.

4. Bürgschaft

Verspricht das Mutterunternehmen der konzernfremden Partei die Vertragserfüllung des zwischen dieser und einer Tochter geschlossenen Vertrags, liegt in der Regel ein Garantievertrag vor und keine Bürgschaft. Trotzdem kann auch die Bürgschaft als Sicherungsgeschäft zu Gunsten des konzernfremden Dritten vorkommen: Wenn sie ausdrücklich vereinbart wird oder wenn der Vertrag, der Grundlage für die zu verbürgende Verpflichtung der Tochter ist, nicht im Konzerninteresse liegt.

III. Insbesondere Patronatserklärungen und ähnliches

1. Vorbemerkung

Der konzernfremde Dritte wird nicht in jedem Fall eine Erklärung des Mutterunternehmens erwirken können, die dieses aus Garantievertrag bindet und zur entsprechenden Haftung führt, wenn die Tochter nicht oder schlecht erfüllt. In vielen Fällen wird sich das Mutterunternehmen unverbindlicher äussern, etwa indem es erklärt, dass es von den Verpflichtungen des Tochterunternehmens Kenntnis habe, dass es dem Tochterunternehmen diejenigen Mittel zur Verfügung stellen werde, die nötig sind, damit dieses seine Verpflichtungen erfüllen kann, dass ein solches Verhalten der allgemeinen Geschäftspolitik des Konzerns entspreche, u.s.w. Solche Versprechungen werden gelegentlich als garantieähnliche[17] Verträge bezeichnet. Dieser Terminus ist irreführend und darf korrekterweise nur auf einen Teil dieser Äusserungen angewendet werden: Nur Versprechungen, die zu einer rechtlichen Bindung des Mutterunternehmens führen, sind garantieähnliche Verträge. Darunter fallen Verträge, welche die Vertragserfüllung durch die Tochter begünstigen und auf diese Weise wie eine Garantie wirken; zum Beispiel das Versprechen der Mutter, die Kapitalbasis der Tochter nicht zu verringern, oder das Versprechen, die Tochter bei ihrer Vertragserfüllung zu unterstützen[18]. Vereinbarungen, die keine Pflicht der Mutter zu Gunsten der Tochter begründen, sind keine

---

16 Dem Dritten, der hier nicht so bezeichnet wird um Verwechslungen zu vermeiden, mit der als Dritte bezeichnete Partei im Garantievertrag.
17 Guhl/Merz/Kummer, Das Schweizerische Obligationenrecht, 7. Auflage, Zürich, 1980, § 22 IV.
18 Nur diese Verträge werden nachfolgend als garantieähnliche Verträge bezeichnet.

garantieähnlichen Verträge. Oft stellen sich rechtlich gesehen überhaupt keine Verträge dar.

2. Garantieähnliche Verträge

a) Allgemeines

Jede verbindliche Erklärung des Mutterunternehmens gegenüber dem Vertragspartner des Tochterunternehmens, welche ein Versprechen beinhaltet, bestimmte Handlungen zu Gunsten der wirtschaftlichen Leistungsfähigkeit oder Kreditwürdigkeit der Tochter zu unternehmen, ist Teil eines garantieähnlichen Vertrags. Vom Garantievertrag unterscheidet dieser sich dadurch, dass das Mutterunternehmen dem Aussenstehenden nicht die Leistung des Tochterunternehmens garantiert, sondern lediglich deren Leistungsfähigkeit resp. grundsätzliche Fähigkeit, den Vertrag zu erfüllen. Ausserdem kann der garantieähnliche Vertrag Ausgangslage und Voraussetzung für einen Anspruch gegen das Mutterunternehmen aus culpa in contrahendo sein, wenn eine entsprechende Erklärung mit der Absicht abgegeben wurde, sie nicht einzuhalten[19].

b)   Garantieähnliche Verträge als Selbstauferlegung bestimmter Verhaltenspflichten

Die Rechtsordnung überlässt es dem Mutterunternehmen, wie dieses den Konzern führen und seine Töchter leiten will. Gebunden ist das Mutterunternehmen lediglich an den breiten Handlungsspielraum, der begrenzt ist durch die Konzernleitungsmacht auf der einen und die Konzernleitungspflicht auf der anderen Seite[20]. Das Mutterunternehmen ist nicht verpflichtet, bei seiner Konzernleitung den höchsten denkbaren Standard einzuhalten. Die Schwelle zur Widerrechtlichkeit, d.h. zur Haftung, liegt stets tiefer. Das Mutterunternehmen kann dem Tochterunternehmen zum Beispiel (in Grenzen) Gelder entziehen, es kann seine Beteiligung an der Tochter abstossen oder liquidieren, auch wenn dadurch Drittinteressen beeinträchtigt werden.

Ein Mutterunternehmen kann sich gegenüber einer konzernfremden Partei verpflichten, bei seiner Geschäftsführung und derjenigen der Tochter einen höheren Standard einzuhalten, als durch die Rechtsordnung vorgeschrieben ist; entweder in Form einer allgemeinen Erklärung, zum Beispiel durch das Versprechen, "to main-

---

19   Davon kann ausgegangen werden, wenn das Mutterunternehmen sich auf die Unverbindlichkeit ihrer Zusage beruft, obwohl es weiss, dass die konzernfremde Partei ohne Bindung der Mutter den Vertrag nicht eingegangen wäre.
20   Vgl. dazu oben § 14.

tain the highest standards of corporate behaviour and responsibility[21"], wie im anglo-amerikanischen Bereich üblich, oder aber durch die Zusage konkreter Handlungsweisen, etwa dem Versprechen, die Kontrolle über das Tochterunternehmen oder die bestehenden Beteiligungsverhältnisse[22] bis zur Vertragserfüllung beizubehalten und diese insbesondere nicht zu liquidieren[23].

Solche Zusagen gegenüber Dritten führen zu einer vertraglichen Haftung der Mutter wegen Verletzung der selbstauferlegten Sorgfaltspflicht, wenn das Tochterunternehmen wegen eben dieser Verletzung seine Pflichten nicht mehr erfüllen kann. Hätte das Tochterunternehmen auch dann nicht erfüllen können, wenn die selbst auferlegte Sorgfaltspflicht durch die Mutter beachtet worden wäre, haftet diese nicht.

c)   *Garantieähnliche Verträge als Verträge zu Gunsten Dritter*

Oft verspricht das Mutterunternehmen dem Aussenstehenden – entweder an Stelle oder neben den oben dargelegten selbstauferlegten Sorgfaltspflichten –, gegenüber dem Tochterunternehmen Leistungen zu erbringen, die dieses stärken und seine Kreditwürdigkeit erhöhen, oder aber auf Handlungen zu verzichten, die das Tochterunternehmen schwächen und wirtschaftlich aushöhlen[24]. Diese garantieähnlichen Verträge sind als Verträge mit echter Konzernwirkung, die ein anderes Konzernglied mitberechtigen, Verträge zu Gunsten Dritter, mit dem Tochterunternehmen als Dritten. Ob die Mutter dabei der Tochter ein selbständiges Forderungsrecht einräumen will, ob es sich also um einen unechten oder echten Vertrag zu Gunsten Dritter handelt, spielt für den Prommissar, den Aussenstehenden, keine Rolle: Sein Interesse liegt in der Vertragserfüllung durch den Promittenten. Dass der Vertragsschluss in diesen Fällen primär dem Vermögensinteresse des Prommissars dient[25], entspricht dem Wesen des Vertrags zu Gunsten Dritter; ohne eigenes Vermögensinteresse[26] wird sich der Gläubiger in der Regel keine Leistung an einen Dritten versprechen lassen[27].

Das Mutterunternehmen haftet also in diesen Fällen nicht, wenn die Vertragserfüllung durch das Tochterunternehmen ausbleibt, sondern nur dann, wenn die Vertragserfüllung wegen eines – vertragswidrigen – Tuns oder eines Unterlassens des Mutterunternehmens verunmöglicht wird; wenn die Mutter die dem Aussenstehenden versprochene Leistung gegenüber der Tochter nicht erbracht hat. Sie haftet aber

---

21   Schnyder, S. 60.
22   Von Planta, Hauptaktionär, S. 119.
23   Dieses Versprechen ist auch ein Vertrag zu Gunsten Dritter, vgl. unten lit.c.
24   Von Planta, Hauptaktionär, S. 120.
25   Von Planta, Hauptaktionär, S. 116; Obermüller, S. 22; Müllhaupt, S. 114.
26   Oder Affektionsinteresse, vgl. von Tuhr/Escher, § 82 I 1.
27   Wir stehen also vor einem durchaus gesetzestypischen Fall; auch Schnyder, S. 62.

nicht, wenn das Tochterunternehmen aus anderen Gründen (ausserhalb seines eigenen Herrschaftsbereichs), die auch bei einem unabhängigen Unternehmen vorliegen können und die trotz der Leistung der Mutter an die Tochter eingetreten sind oder eingetreten wären[28], nicht erfüllt.

d)   *Garantieähnliche Verträge als Verträge auf Auskunftserteilung*

Der aussenstehende Dritte hat in der Regel keinen Einblick in die interne Konzernstruktur[29]. Auch wenn er von der Kreditwürdigkeit des Gesamtkonzerns ausgehen kann, steht für ihn noch nicht fest, ob dasjenige Konzernglied, welches für den Vertragsschluss mit ihm zuständig oder bestimmt ist, ebenfalls diese Kreditwürdigkeit geniesst. Auskünfte des Mutterunternehmens zu diesem Punkt sind für den Dritten oft der einzige Anhaltspunkt. Falsche Auskünfte des Mutterunternehmens können den Dritten zu einem Vertragsschluss verleiten, den er bei Kenntnis der wahren Sachlage nicht getätigt hätte. Es stellt sich die Frage, ob das Mutterunternehmen ihm gegenüber für die Erteilung falscher Auskünfte haftet.

Äussert sich das Mutterunternehmen gegenüber dem Dritten auf seinen Wunsch hin ausdrücklich zur Kreditwürdigkeit der Tochter, erteilt es ihm eine Auskunft. Dabei wird das Mutterunternehmen immer als Beauftragte des Dritten tätig[30], haftet also für die Richtigkeit seiner Auskünfte aus Vertrag, weil es weiss, dass der Dritte eine verlässliche Antwort für weitergehende Dispositionen – für den allfälligen Vertragsschluss mit dem Tochterunternehmen – erwartet[31].

e)   *Hinweis: Haftung der Mutter für falsche oder unterlassene Auskunftserteilung*

Nicht immer kommt es zu einer vertraglichen Einbindung der Mutter im Rahmen eines Vertrags auf Auskunftserteilung. Aber auch ohne diese kann es zu einer Haftung der Mutter für falsche Auskunftserteilung, gestützt auf die Vorschriften über die culpa in contrahendo, kommen; wenn nämlich das Mutterunternehmen, welches die falsche Auskunft erteilte, dies wusste oder wissen musste und ein eigenes

---

28   Auch wenn die Mutter ihre Leistungen nicht erbringt, kann sie sich der Haftung entledigen durch den Nachweis, dass ihre Vertragsverletzung zum Schaden nicht kausal gewesen sei.
29   Es sei denn, der Konzern publiziere seine konsolidierte Konzernrechnung gemäss Art. 663e ff OR.
30   von Tuhr/Peter, S. 417, 65; Kaiser, S. 40.
31   BGE 112 II 350; Weber, S. 54.

Interesse am Vertragsschluss mit der Tochter hat. Beide Voraussetzungen liegen in der Regel bei der falschen Auskunft des Mutterunternehmens über Verhältnisse bei der Tochter vor[32].

3. Patronatserklärungen ohne Verpflichtungswillen

In vielen Fällen sind Patronatserklärungen so formuliert, dass aus ihrem Wortlaut keine eindeutige Pflichten entnommen werden können; das Mutterunternehmen erklärt zum Beispiel, vom Geschäft Kenntnis zu haben oder dass es seine Politik sei, Tochterunternehmen wenn immer möglich zu unterstützen, u.s.w. Die Schwierigkeiten, die sich beim Ableiten von vertraglichen Pflichten aus solchen Formulierungen ergeben, sind gewollt: Diese Erklärungen bestehen in der Regel aus bewusst und äusserst sorgfältig gewählten Worten und sind aus der Absicht entstanden, die moralische Bindung des Mutterunternehmens zu erreichen, ohne es gleichzeitig juristisch bindend zu verpflichten.

Werden diese Klauseln nur unter Beachtung ihres Wortlauts ausgelegt, weisen sie immer auf einen Bindungswillen der Mutter. Trotzdem kann aus ihnen in der Regel keine Haftung des Mutterunternehmens abgeleitet werden, weil fast immer feststeht, dass diese Formulierungen bewusst und in Kenntnis der eine Bindung bewirkenden anderen Rechtsformen gewählt worden sind, um eben diese Bindung zu verhindern, weil sie nicht gewollt ist[33]. Die bewusste Wahl einer unverbindlichen Patronatsklausel zeigt den fehlenden Bindungswillen beider Parteien, der auch durch nachträgliche Auslegung nicht ersetzt werden darf. Dass die konzernfremde Partei möglicherweise ohne eine solche Zusage die vertragliche Bindung nicht eingegangen wäre, ändert daran nichts[34]. Der konzernfremde Dritte verlangt diese Erklärung nicht, um das Mutterunternehmen rechtlich einzubinden[35], sondern um von ihm die weitgehendste Zusicherung, die dieses nicht rechtlich, aber moralisch verpflichtet zu erwirken. Die moralische Bindung als Zwischenstufe zwischen der fehlenden und der gerichtlich durchsetzbaren Bindung macht durchaus Sinn: Die konzernfremde Partei, die zu Schaden gekommen ist, kann gestützt auf eine solche Erklärung versuchen, das Mutterunternehmen zu einem freiwilligen Entgegenkommen zu bewegen, wofür ohne diese Erklärung kein Anlass bestünde.

---

32   Vgl. dazu ausführlich unten § 30 IV.
33   Auch Geigy-Werthemann, S. 29.
34   Anders Rehbinder, S. 331.
35   Das will oder kann er nicht bewirken.

4. Interessenerklärungen

Die in ihren Wirkungen am wenigsten weitgehenden Erklärungen der Mutter – nämlich dass sie Kenntnis von einem Sachverhalt habe[36] und diesen billige oder dass das Verhalten der Tochter in ihrem Interesse liege – führen, wenn die Tochter ihren Pflichten gegenüber dem Erklärungsadressaten nicht mehr nachkommen kann, in der Regel nicht einmal zu einer moralischen Verpflichtung der Mutter, den Dritten schadlos zu halten. Von einer rechtlichen Verpflichtung kann erst recht keine Rede sein.

Trotzdem kommt diesen Erklärungen eine gewisse Bedeutung zu, da das Mutterunternehmen durch sie seine Rechte gegenüber dem Tochterunternehmen einschränkt; verstösst es gegen die dem Dritten gegebenen Versprechungen, indem es zum Beispiel der Tochter verunmöglicht, die in der Erklärung gegenüber dem Dritten gebilligte Handlung vorzunehmen[37], kann es gegenüber diesem haftbar[38] werden für Schäden, die aus dem Unterbleiben der Handlung des Tochterunternehmens entstehen. Mittelbar ist das Mutterunternehmen durch die vertraglichen Pflichten der Tochter ohnehin verpflichtet[39]: Die Vertragserfüllung durch die Tochter bleibt möglich, auch wenn die Mutter diese verbietet; und der Beschluss der Tochter, einen Vertrag nicht zu erfüllen, führt als vertragswidriges Verhalten zu einer Schadenersatzpflicht aus Vertragsverletzung. In beiden Fällen genügt die Einwirkung der Mutter für die Begründung einer Schadenersatzpflicht gegenüber dem Dritten nicht[40]; sie kann jedoch Element einer Schadenersatzpflicht aus culpa in contrahendo sein oder aus Delikt[41], zum Beispiel begangen durch ein gemeinsames Organ[42].

---

36 Letter of awareness; Geigy-Werthemann, S. 21.
37 Wenn es die Erfüllung des Vertrags verbietet; vgl. oben § 27 III Ziff.4.
38 Rehbinder, S. 332.
39 Vgl. dazu oben § 27 III Ziff.4.
40 a.a.O.
41 Insbesondere Art. 4 lit.a UWG (Verleitung zum Vertragsbruch).
42 Vgl. dazu unten § 32.

C Die ausservertragliche Haftung der Mutter; insbesondere aus unerlaubter Handlung

§ 29 Übersicht über die Haftungsverhältnisse

I. Ausgangslage: Keine Haftung des Mutterunternehmens für Verbindlichkeiten der Tochtergesellschaft im Aktienrecht

Der Aktionär haftet nicht für Verbindlichkeiten "seiner" Gesellschaft[1]: Dieser Grundsatz ist Ausgangslage für die nachfolgend zu behandelnden Fragestellungen des Konzernhaftungsrechts. Weder die Gesellschaft selber noch ihre Gläubiger können den Aktionär zu zusätzlichen Leistungen verpflichten, *weil* er Aktionär ist, selbst dann nicht, wenn er gesellschaftsrechtlich widerrechtliche Beschlüsse bewirkt hat und, zum Beispiel, gestützt auf solche Beschlüsse Vermögenssubstrat der Gesellschaft entzogen hat[2]. Der Grundsatz, dass der Aktionär für Schulden der Gesellschaft nicht haftet, ist im Konzernrecht von grosser Bedeutung: Das Mutterunternehmen ist in der Regel Mehrheits- oder gar Alleinaktionär der Tochtergesellschaft; in vielen Fällen hat es sich gerade wegen dieser Rechtsfolge als Konzern organisiert.

II. Ausnahme: Haftung des Mutterunternehmens aufgrund anderer Haftungsgrundlagen wie ein Dritter?

Die meisten Aktionäre sind mit ihrer Aktiengesellschaft nur als Aktionäre verbunden und üben auf diese im Rahmen der den Aktionären zustehenden Mitgliedschaftsrechte ihren Einfluss aus. Anders das Mutterunternehmen: Es ist *auch* Aktionär (und haftet, soweit es nur Aktionär ist, nicht für Schulden der Gesellschaft), aber es ist *nicht nur* Aktionär, sondern nimmt auch auf anderen Ebenen Einfluss auf die Aktiengesellschaft und steht zu ihr in zahlreichen weiteren tatsächlichen und rechtlichen Beziehungen. Führen diese zusätzlichen Beziehungen zur Haftung des Mutterunternehmens, so handelt es sich dabei *nicht* um eine Haftung der Mutter für die Schulden der Tochter, sondern um eine Haftung der Mutter aus eigenem Verschulden oder präziser, weil auch die Kausalhaftungen dazugehören, zu einer Haftung aus "eigener Rechtssphäre[3]".

---

1 Art. 680 Abs. 1 OR.
2 Siegwart, Einleitung vor Art. 620ff, N 254ff.
3 Vgl. dazu auch A. Siegwart, Art. 620 OR, N 18 am Schluss.

III. Die Nichthaftung des Aktionärs für Verbindlichkeiten der Gesellschaft als Grund eines generellen Haftungsausschlusses?

1. Fragestellung

Es ist bereits darauf hingewiesen worden, dass zwischen dem Mutter- und dem Tochterunternehmen in vielen Fällen neben der Aktionärsbeziehung weitere Beziehungen bestehen können, aus denen sich eine Haftung des Mutterunternehmens ergeben kann. Als Vorfrage und als Grundlage des Konzernhaftungsrechts überhaupt stellt sich die Frage, ob der Grundsatz, wonach der Aktionär für Schulden seiner Gesellschaft nicht hafte, dazu führt, dass er selbst dann nicht haftet, wenn er gestützt auf nicht aktienrechtliche Normen haftbar wäre. Die Fragestellung ist gerechtfertigt, weil in der Praxis die Haftung der Konzernmutter oft ausschliesslich unter Hinweis auf die Nichthaftung des Aktionärs für Schulden der Gesellschaft abgelehnt wird, auch wenn die Haftung sich auf ganz andere Rechtsgrundlagen stützt.

2. Kein Haftungsausschluss bei gleichzeitigem Vorliegen einer Haftung des Mutterunternehmens aus eigenem Recht

Handelt eine Person rechtswidrig durch Verwendung einer anderen Person, zum Beispiel indem sie diese anstiftet, und entsteht dabei ein Schaden, haften beide gleichzeitig. Die eine Person haftet dabei nicht für die andere, sondern solidarisch mit ihr aus eigenem Recht. Ist die eine dieser beiden Personen Mutter der andern, haftet sie nicht als Mutter für die Tochter, sondern mit ihr für den gleichen gemeinsam verursachten Schaden. Die Haftung des Mutterunternehmens ist in diesem Fall nicht eine Haftung für Schulden des Tochterunternehmens, sondern eine Haftung gegenüber dem Geschädigten aus eigenem Recht. Sie ergibt sich aus dem Deliktsrecht und nicht aus dem Gesellschaftsrecht.

Wer trotz der unterschiedlichen Haftungsgrundlagen in diesem Fall die Haftung des Mutterunternehmens dennoch ablehnt, widersetzt sich nicht der Einführung einer neuen Haftung, *sondern schafft einen neuen Haftungsausschluss*. Für eine solche Ausnahmebestimmung zu Gunsten des Aktionärs gegenüber anderen Schädigern spricht nichts: Es gibt keinen Grund, einen mittelbaren Schädiger nicht haften zu lassen, nur weil er auch Aktionär seines Instruments ist, obwohl er – wäre er Dritter und nicht auch Aktionär – grundsätzlich haftbar wäre. Dieser Grundsatz ist im übrigen weder in Lehre noch in der Rechtsprechung bestritten[4].

---

4   Statt vieler: Siegwart, Art. 620, N 18.

§ 29 Übersicht über die Haftungsverhältnisse

IV. Die ausservertragliche Haftung des Mutterunternehmens; insbesondere aus unerlaubter Handlung

1. Abgrenzungen

Dass das Tochterunternehmen für eigene Verbindlichkeiten selber haftet, ist selbstverständlich und braucht nicht erörtert zu werden. Ausgeklammert kann auch die Frage der Haftung des Tochterunternehmens für das Mutterunternehmen werden: Eine solche Haftung ist denkbar und kommt auch in der Praxis vor; sie ist jedoch nicht konzernrechtlicher Art, weil sie sich nicht auf Leitungspflichten und -obliegenheiten des Mutterunternehmens[5] abstützt. Sie findet nur zufällig innerhalb eines Konzernverhältnisses statt und kann ebensogut und unter den gleichen Voraussetzungen zwischen zwei konzernrechtlich nicht verbundenen Personen vorliegen.

2. Die Haftung des Mutterunternehmens für eigenes Handeln

Das Mutterunternehmen haftet für eigenes Handeln. Es stellt sich die Frage, ob auch dann noch eine Haftung für eigenes Handeln vorliegt, wenn das Mutterunternehmen die Tochter gestützt auf seine Leitungsmacht zu einem widerrechtlichen Handeln veranlasst hat. Solche Sachverhalte kommen zwar auch im konzernfreien Verhältnis vor und nicht nur zwischen Mutter- und Tochterunternehmen; weil diese jedoch enger verbunden sind als konzernfreie Personen, sind solche Haftungssachverhalte im Konzernverhältnis häufiger. Eigene Pflichten kann die Mutter auch verletzen, wenn sie gegen Vorschriften verstösst, die sich aus ihrer Aktionärseigenschaft ergeben und die zur Haftung aus Durchgriff oder wegen Verletzung der aktienrechtlichen Treuepflicht führen können[6].

3. Die Haftung des Mutterunternehmens als Organ sowie für Organe der Tochter

Das Mutterunternehmen stellt in vielen Fällen seine einheitliche Leitung der Tochter durch Personen sicher, die sowohl beim Mutter- wie auch beim Tochterunternehmen Organe sind. Handeln diese Personen als Organe der Tochter, handelt die Tochter; handeln sie als Organe der Mutter, handelt die Mutter[7]; ob sich deren Organqualität auf einen formellen Bestellungsakt abstützt oder ob sie sich aus der Stellung ergibt, die das Organ jeweils einnimmt, spielt für die Zurechnung deren

---

5   Vgl. dazu oben § 14; insbesondere bei unterlassenen Leistungshandlungen.
6   Vgl. dazu unten § 31.
7   Vgl. dazu unten § 32 I Ziff.2.

Handelns auf die Gesellschaft keine Rolle. Es ist zu prüfen, ob ein Organ auch gleichzeitig für Mutter und Tochter handeln kann und ob dieses Handeln zu einer Haftung beider (vor allem natürlich des Mutterunternehmens) führt. Für das Konzernhaftungsrecht stellt sich weiter die Frage, ob und wie das Mutterunternehmen für seine Organe, die auch Organ der Tochter sind[8], haftet, und – in einem zweiten Schritt –, ob und wie die Mutter als Organ der Tochter[9] haftbar werden kann.

4. Die Haftung des Mutterunternehmens für Handlungen des Tochterunternehmens

Denkbar ist die Haftung des Mutterunternehmens für Handlungen und Sachverhalte beim Tochterunternehmen auch dann, wenn weder es selbst noch seine Organe mitwirken: Wenn es seine einheitliche Leitung des Tochterunternehmens durch eigene Hilfspersonen sicherstellt[10] oder wenn es das Tochterunternehmen selber als Hilfsperson[11] verwendet. Es stellt sich in diesen Fällen die Frage, ob und wie das Mutterunternehmen für Handlungen des Tochterunternehmens haftbar werden kann.

5. Haftung der Mutter als Halter / Inhaber der Anlage der Tochter

Es kommt vor, dass ein Mutterunternehmen eine Tochter einsetzt, um das Eigentum an einer gefährlichen Anlage oder Sache auszuüben und sie – formell – zu betreiben. Der Wunsch nach der Bildung von Haftungs- und Risikobecken[12] kann zu solchen Organisationsformen führen, welche allerdings oft nur fiktiv sind, weil der Betrieb dieser Anlagen tatsächlich durch das Mutterunternehmen erfolgt. Es stellt sich die Frage, ob es als Betreiber der Anlagen[13] den Geschädigten gegenüber direkt haftbar wird.

---

8   Vgl. dazu unten § 32 II.
9   Vgl. dazu unten § 32 III.
10 Vgl. dazu unten § 33 III.
11 Vgl. dazu unten § 33 IV.
12 Vgl. dazu unten § 34 I.
13 Vgl. dazu unten § 34 III.

§ 30 Die Haftung der Mutter für eigenes Verhalten

I. Fragestellung

Das Tochterunternehmen, das einem Dritten gegenüber auftritt, handelt in der Regel nicht allein und selbständig, sondern oft in irgendeiner Form begleitet durch das Mutterunternehmen. Diese Begleitung ist zum Beispiel von grossem Einfluss, wenn das Mutterunternehmen als Stellvertreter der Tochter alle Erklärungen abgibt und für den Dritten als Bezugsperson erscheint. Oft geht sie weniger weit, wenn dem Dritten lediglich die Existenz der Mutter bekannt ist und dieser daraus Schlüsse zieht, die sein Verhalten gegenüber der Tochter beeinflussen. In all diesen Fällen liegt aber immer ein aktives oder passives Verhalten des Mutterunternehmens vor, welches zu einer Haftung führen kann; aus Delikt, aus culpa in contrahendo oder aus Bereicherung. Die allfällige Haftung der Mutter stützt sich auf die gleichen Grundlagen ab, wie diejenige eines konzernfremden Dritten; das Mutterunternehmen haftet weder deshalb, weil es Mutterunternehmen ist[1] noch weil es als Aktionär der Tochter Aktionärspflichten verletzt hätte[2].

Die rechtlichen Voraussetzungen der Haftung der Mutter für eigenes Verhalten sind weder konzernrechtlicher noch gesellschaftsrechtlicher Art, sondern ergeben sich aus dem Haftungsrecht ganz allgemein. Trotzdem spielt die Tatsache der Konzernverbundenheit und die Stellung des Mutterunternehmens eine Rolle: Weil das Mutterunternehmen die Tochter leitet und diese in den Konzern eingebunden hat, bestehen zwischen ihm und der Tochter tatsächliche Beziehungen[3], die zwischen echten Dritten nicht vorliegen und die das Entstehen von konzernrechtsfremden Haftungen begünstigen.

II. Haftung des Mutterunternehmens aus Delikt

1. Ausgangslage

Mit der einheitlichen Leitung, welche das Mutterunternehmen über die Tochter ausübt, verfügt es über die Möglichkeit, das Tochterunternehmen für widerrechtliche Zwecke oder zur Begehung einer widerrechtlichen Handlung einzusetzen. Wider-

---
1 Vgl. oben § 29.
2 Vgl. unten § 31.
3 So bestehen zwischen einer Produktionsgesellschaft und einer Vertriebsgesellschaft des gleichen Konzerns zahlreiche faktische Bezüge, die zwischen Dritten fehlen.

rechtlich ist jede Handlung, die einen Verstoss gegen eine Rechtsnorm darstellt; sie liegt vor auch ohne Schädigungsabsicht[4] und ohne, dass ein Schaden entstehen muss[5]. Der Widerrechtlichkeitsbegriff ist breit. Neben der Verletzung von fremden Rechten, welche den Schutz der Rechtsordnung auch gegen Einwirkungen Dritter geniessen[6], umfasst er auch die Verletzung von Verhaltensvorschriften – wie Vorschriften über die Bilanzierung[7] und Buchführung oder über den unlauteren Wettbewerb – und somit auch Verstösse, die im gelebten Handelsrecht durchaus vorkommen können.

2. Insbesondere die absichtliche, sittenwidrige Schädigung (Art. 41 Abs.2 OR)

Ist die Handlung der Mutter, die beim Dritten zu einem Schaden führt, nicht widerrechtlich, sondern lediglich unanständig, sittenwidrig im weitesten Sinn, haftet diese nicht gestützt auf Art. 41 Abs.1 OR, sondern aus Abs.2, wenn die Handlung gegen die guten Sitten verstösst und in der Absicht erfolgt, einen Dritten zu schädigen[8]. Art. 41 Abs.2 OR knüpft anders als Abs.1 der gleichen Bestimmung nicht an ein widerrechtliches Verhalten an, sondern definiert eines: Die absichtliche Zufügung eines Schadens, ohne dass ein subjektives oder objektives Recht verletzt wird[9]. Absichtliche Vermögensschädigungen, die nicht mit Pflichtverletzungen oder der Verletzung von objektiven Rechten einhergehen, sind nicht nur in der Rechtsordnung, sondern auch in der praktischen Anwendung Ausnahmeerscheinungen.

Das gilt auch in bezug auf die von von Planta[10] erwähnte und als Hauptanwendungsfall dieser Bestimmung bezeichnete Verleitung zum Vertragsbruch. Dieses Verhalten ist nach herrschender Auffassung[11] auch gemäss Art. 4 UWG wider-

---

4	Oftinger, S. 136 und BGE 91 II 406.
5	von Tuhr/Peter, I, § 46 II 2.
6	Insbesondere Persönlichkeitsrechte, dingliche Rechte.
7	Insbesondere Art. 725 Abs.2 OR; Benachrichtigung des Richters bei Überschuldung.
8	Brehm, Art. 41 OR, N 243; von Tuhr/Peter, S. 427f; Oser/Schönenberger, Art. 41 OR N 97.
9	Oser/Schönenberger, Art. 41 OR N 93.
10	von Planta, S. 133ff.
11	BGE 108 II 312; 114 II 91; Pedrazzini, Vertragsbruch, S. 350ff.

§ 30 Die Haftung der Mutter für eigenes Verhalten

rechtlich und führt als widerrechtliches Verhalten – sofern die Voraussetzungen dafür vorliegen – zu einer Haftung aus Art. 41 Abs.1 OR[12], ohne dass Art. 41 Abs.2 zur Anwendung gelangen müsste.

3. Die Anstiftung durch das Mutterunternehmen

a) Feststellung des Anstifters

Ist eine Handlung widerrechtlich, ist es gemäss Art. 50 Abs.1 OR immer auch die Anstiftung dazu mit der Folge, dass Täter und Anstifter gegenüber dem Geschädigten solidarisch haften. Wird das Tochterunternehmen durch das Mutterunternehmen mittels eines externen Leitungsmechanismus'[13] zur Handlung veranlasst, liegt immer eine Anstiftung durch die Mutter vor, weil das Mutterunternehmen in diesen Fällen die Tochter zur Handlung veranlasst hat. Es stellt sich die Frage, wie vorzugehen ist, wenn das unmittelbar anstiftende Organ der Mutter zugleich auch Organ der Tochter ist[14]. Kann das widerrechtliche Verhalten der Tochter nicht auf eine Quelle zurückgeführt werden, die eindeutig ausserhalb seiner eigenen Person liegt oder wurde die Handlung durch eine Person veranlasst, die Organ beider Gesellschaften ist, so ist die durch diese Person verursachte Handlung dann der Mutter zuzuordnen, wenn das Organ dabei auch für die Mutter gehandelt hat[15].

b) Vorsätzliche und konkludente Anstiftung

Wer einen andern zu einer Handlung veranlasst, sei es vorsätzlich oder auch fahrlässig, setzt eine adäquat-kausale Ursache, die zum widerrechtlichen Erfolg führt; er stiftet den anderen dazu an[16]. Zwischen Personen, die nicht verbunden sind, geschieht die Anstiftung immer über zwei Schritte: In einem ersten Schritt muss der Angestiftete veranlasst werden, dem Anstifter zu folgen. Besteht die Bereitschaft, zu folgen, wird dem Angestifteten in einem zweiten Schritt die gewünschte Handlung mitgeteilt. In der Regel erfolgen diese beiden Schritte miteinander, weil der erste Schritt, die Erzeugung der Folgebereitschaft, immer auch vom zweiten, der Art der gewünschten Handlung, abhängt. Die Vornahme einer widerrechtlichen Handlung ist ein ausserordentliches Verhalten, und die Veranlassung dazu durch

---

12 Anders die h.M., insbesondere Brehm, Art. 41 OR, N 255 und N 42; Oser/Schönenberger, Art. 41 OR, N 16.
13 Vgl. oben § 6 II Ziff.3.
14 Interne Leitung; § 6 II Ziff.2.
15 Vgl. dazu ausführlich § 32 II Ziff.1.
16 von Tuhr/Peter, S. 464ff.

eine mit dem Anstifter nicht verbundenen Person dazu erfordert immer eine ausserordentliche Motivationsanstrengung des Anstifters – ein Zwang oder eine besondere Vergütung –, die über die blosse Mitteilung der gewünschten Handlung hinausgeht. Sie erfolgt immer ausdrücklich und nicht konkludent[17].

Anders zwischen verbundenen Personen, insbesondere zwischen dem Mutter- und dem Tochterunternehmen: Weil die Tochter der einheitlichen Leitung der Mutter bereits unterworfen ist, kann sie von dieser ohne besondere Motivationsanstrengung zu einem widerrechtlichen Verhalten angestiftet werden. Die Anstiftungshandlung muss keine Folgebereitschaft mehr erzeugen und kann sich darauf beschränken, dass die Mutter der Tochter die gewünschte Handlung mitteilt[18]. Weil es der besonderen Motivationsanstrengung im Konzern nicht bedarf, kann die Anstiftung des Tochterunternehmens durch das Mutterunternehmen auch konkludent erfolgen; zum Beispiel durch die Anordnung bestimmter Produktions- oder Rentabilitätsnormen, die ohne Gesetzesverletzungen nicht erreichbar sind.

Liegt keine ausdrückliche Anstiftung vor, sondern eine Anstiftung durch konkludente Handlung, ist es nicht immer einfach, festzustellen, zu welcher Normverletzung angestiftet werden sollte. Oft weiss dies das Mutterunternehmen selber nicht, welches der Tochter Aufgaben zugewiesen hat, welche diese mit gesetzmässigen Mitteln gar nicht erfüllen kann. Möglicherweise steht sogar fest, dass das Mutterunternehmen eine widerrechtliche Handlung der Tochter nicht gewollt hat und nicht gebilligt hätte, wenn es gewusst hätte, dass seine Weisungen nur auf diesem Wege erfüllbar sind. Für die Frage der zivilrechtlichen Haftbarkeit spielt das alles jedoch keine Rolle, da nicht nur die vorsätzliche Anstiftung zu einer Haftung des Mutterunternehmens führt, sondern auch die fahrlässige[19], die vorliegt, wenn der Anstifter weiss oder wissen muss, dass sein Verhalten beim Angestifteten die eingetretene Situation verursachen kann[20]. Das Mutterunternehmen hat gestützt auf die einheitliche Leitung der Tochter die Mittel, um festzustellen, ob das Tochterunternehmen seiner Weisung ohne die Schädigung Dritter folgen kann. Veranlasst es die Tochter zu einem Verhalten, ohne diese Prüfung vorgenommen zu haben, und führt dies zu einem Schaden bei einem Dritten, haften Mutter- und

---

17 BGE 57 II 420f; mit Abgrenzung zum Eventualvorsatz.
18 Die Anstiftung der Tochter durch das Mutterunternehmen bildet eine Mittelstufe zwischen der Anstiftung eines Dritten und der Anstiftung des omnimodo facturus, bei dem nicht nur die Folgebereitschaft vorliegt, sondern auch der Wille, die jeweilige Handlung vorzunehmen: Diese "Anstiftung" ist zum Schadensereignis nicht kausal; vgl. dazu auch Kramer, Kausalität, S. 302ff.
19 Oftinger, S. 355, BGE 45 II 316; 69 II 419; Anders im deutschen Recht, Münchener Kommentar zum BGB § 830 N 7 und 15.
20 Vgl. dazu unten Ziff.6 und BGE 57 II 420.

§ 30 Die Haftung der Mutter für eigenes Verhalten

Tochterunternehmen solidarisch wegen gemeinsamer Verursachung eines Schadens: die Tochter wegen der Vornahme der widerrechtlichen Handlung; die Mutter wegen fahrlässiger Anstiftung dazu.

4. Mittäterschaft und Gehilfenschaft durch das Mutterunternehmen

Diese Grundsätze gelten auch für die Mittäterschaft und für die Gehilfenschaft an einer widerrechtlichen Handlung, die ebenfalls zu einer solidarischen Haftung der Beteiligten führen[21]. Von erheblicher praktischer Bedeutung ist in diesem Zusammenhang die fahrlässige Gehilfenschaft des Mutterunternehmens, die auch dann vorliegt, wenn das Mutterunternehmen lediglich fahrlässig an einer fahrlässigen widerrechtlichen Handlung des Tochterunternehmens mitwirkt und somit Gehilfenschaft dazu leistet.

Das Mutterunternehmen haftet mit der Tochter, wenn seine Mitwirkung die unerlaubte Handlung des Tochterunternehmens ermöglicht oder unterstützt[22]; wenn es zum Beispiel für das Tochterunternehmen nach aussen hin mitauftritt und Dritten gegenüber den falschen Eindruck erweckt, dass es am konkreten Projekt beteiligt sei oder dass das konkrete Projekt auf seine Veranlassung hin vorgenommen werde, so dass auf diese Weise der Anschein eines grossen Haftungssubstrats oder einer grossen technischen Erfahrung entsteht. Führt das Verhalten der Mutter adäquat-kausal zu einem Schaden der Dritten und ist das auf diese Weise durch die Mutter unterstützte Verhalten der Tochter widerrechtlich, haftet das Mutterunternehmen mit der Tochter solidarisch für den daraus entstandenen Schaden.

5. Insbesondere die eventualvorsätzliche Handlung des Mutterunternehmens

Jedes Mitwirken des Mutterunternehmens an einem widerrechtlichen Handeln der Tochter führt zu seiner Haftung, auch wenn es nur eventualvorsätzlich begangen wird, d.h. wenn die Mutter ein bestimmtes widerrechtliches Verhalten des Tochterunternehmens bewusst in Kauf nimmt, ohne es selbst zu veranlassen. Das ist

---

21   Illustrativ der Fall des Reichsgerichts betreffend der Gehilfenschaft zu einer Patentverletzung; GRUR 1935, 99, 101, zit. in Rehbinder, S. 496.
22   Graf, S. 51 (Haftung für Weisung der Mutter).

insbesondere der Fall, wenn ein widerrechtliches Verhalten der Tochter Folge der von der Mutter diktierten Geschäftspolitik ist[23]. Obwohl es in solchen Fällen an der Anstiftung zum jeweils schadenauslösenden Einzeldelikt fehlt, hat das Mutterunternehmen durch die Festlegung einer Geschäftspolitik, die zu solchen widerrechtlichen Handlungen führen muss, deren Widerrechtlichkeit bewusst in Kauf genommen; ihre Haftung wird durch diese abgeschwächte Form der Anstiftung nicht reduziert. Ist es unklar, ob ein schadenstiftendes Verhalten der Tochter tatsächlich Folge der Geschäftspolitik der Mutter ist und somit durch diese verursacht wurde, stellt sich die Frage, ob die Mutter diesen Eindruck fahrlässig erzeugt hat; zum Beispiel indem sie unter Verletzung ihrer Sorgfaltspflichten[24] das Tochterunternehmen hat glauben lassen, dass ein bestimmtes Verhalten von ihr gedeckt und unterstützt würde.

6. Insbesondere die fahrlässige Handlung des Mutterunternehmens

a) Ausgangslage

Die widerrechtliche Handlung des Mutterunternehmens – auch die fahrlässig oder leicht fahrlässig begangene[25] – in jeder Form der Mitwirkung führt zur Haftung, wenn sie eine adäquat kausale Ursache für den Schadenseintritt war. Das Mutterunternehmen wirkt fahrlässig mit, wenn es den eingetretenen Schaden zwar nicht anstrebt, ihn aber voraussieht oder bei pflichtgemässer Vorsicht hätte voraussehen müssen[26]. Der Sorgfaltsmassstab, den das Mutterunternehmen dabei beachten muss, richtet sich nicht nach den effektiven Verhältnissen im Konzern, sondern – objektiviert[27] – nach dem, was der vernünftige und ordentliche Mensch im Geschäftsverkehr[28] als erforderlich ansehen würde. Massgebend ist, was nach objektiven Kriterien und aufgrund der allgemeinen Rechtsüberzeugung dem Mutterunternehmen zugemutet werden kann. Als Richtschnur gilt dabei, dass dort, wo grössere Gefahren drohen, auch erhöhte Sorgfaltspflichten zu beachten sind[29].

---

23 Sog. Policy-Delikte; Rehbinder, S. 501.
24 Vgl. dazu unten Ziff.6 lit.b.
25 Brehm, Art. 41 OR, N 197.
26 von Tuhr/Peter, S. 429; Brehm, Art. 41 OR, N 197.
27 Oftinger, S. 143.
28 Brehm, Art. 41 OR, N 184.
29 Oftinger, S. 147, von Tuhr/Peter, a.a.O., BGE 87 II 189.

§ 30 Die Haftung der Mutter für eigenes Verhalten

b) Geltungszeitlicher Sorgfaltsmassstab

Mit dem Bezugspunkt der allgemeinen Rechtsüberzeugung nennt der Gesetzgeber einen Faktor, der durch seine geltungszeitliche Umwelt bestimmt wird, denn die allgemeine Rechtsüberzeugung ändert sich laufend: Der objektive Sorgfaltsmassstab ist keine fixe Grösse, sondern eine variable, die sich mit der Zeit ändert. Beständig ist der objektive Sorgfaltsmassstab nur insoweit, als auch eine konstante Verletzung ihn nicht abändern kann – die Unsitte wird nie zur Sitte, es sei denn, die allgemeine Rechtsüberzeugung mache diesen Schritt mit.

Durch die Anknüpfung des Sorgfaltsmassstabs an die Vorstellungen der Geltungszeit schafft das Gesetz einen Bezug zwischen der Haftung des Mutterunternehmens und den geltungszeitlichen Vorstellungen über ein zeitgemässes Konzernrecht. Diese sind bestimmt durch gegenwärtig allgemein anerkannte Vorstellungen, wie eine Konzernmutter ihre Leitung gegenüber dem Tochterunternehmen ausüben sollte. Sie entsprechen dem, was die heutige Praxis als richtig und zeitgemäss erkennt; sie mögen weitergehen als die Vorstellungen, welche im Zeitpunkt des Erlasses galten, aber nicht so weit, dass sie alle modernen Postulate an ein allfälliges Konzernrecht mitumfassten[30].

c) Die wirtschaftliche Betrachtungsweise als Ausgangslage eines geltungszeitlichen Sorgfaltsmassstabs

In Teilen des öffentlichen Rechts[31] werden Konzernsachverhalte ausschliesslich nach der wirtschaftlichen Betrachtungsweise beurteilt und nicht nach den Regeln der gewählten juristischen Konstruktion. Die Einrede einer Konzernmutter, dass es sich bei der Tochtergesellschaft um eine eigene juristische Person handle, ist allerdings in diesen Rechtsgebieten bereits heute ausgeschlossen. Die wirtschaftliche Betrachtungsweise hat jedoch auch in den Rechtsgebieten, in denen sie nicht Recht ist, nicht zuletzt auch im Konzernrecht, Einfluss auf den Sorgfaltsmassstab, der bei Haftungsfragen beachtet werden muss. Rein wirtschaftliche Faktoren bestimmen den Massstab an die auszuübende Sorgfalt[32], indem an die Pflicht zu

---

30 Sie führen insbesondere nicht dazu, dass die Mutter aus jeder Zuweisung eines Geschäftsbereichs an eine Tochter zwingend haftbar wird, wie im Vorentwurf Sanders, Art. VII-3-7 für eine Europäische Aktiengesellschaft, Dok. Kom. 1100/IV/67, Brüssel 1966, vorgeschlagen.
31 Vgl. dazu oben § 4 I Ziff.1 lit.e.
32 Zum Beispiel in bezug auf die Frage, ob eine Schutzmassnahme ohne unverhältnismässigen Kostenaufwand für den Schädiger zumutbar war (Keller/Gabi, S. 57 und BGE 97 II 128).

schadenminderndem oder schadenausschliessendem Verhalten umso höhere Anforderungen zu stellen sind, je grösser für den Schadenverursacher der wirtschaftliche Nutzen aus der Tätigkeit zu werden verspricht[33], welche den Schaden verursacht. Dies ist für den Geschädigten deshalb von Interesse, weil erhöhte Sorgfaltspflichten dazu führen, dass eher Schadenersatz zu leisten ist. Es ist zum Beispiel durchaus vorstellbar, dass der wirtschaftliche Nutzen der Konzernmutter, den diese aus einer Tochter zieht, zu einem verschärften Sorgfaltsmassstab führt, wenn die Mutter durch die Tochter – zum Beispiel durch fahrlässige Anstiftung – einen Dritten fahrlässig schädigt.

Neben diese wirtschaftliche Betrachtungsweise als Ausgangslage für die Bemessung des zu beachtenden Sorgfaltsmassstabs tritt eine Erhöhung der Sorgfaltspflichten im Rechts- und Geschäftsverkehr überhaupt. Man erwartet – nicht nur im Konzernrecht – durch neue verschärfte gesetzliche Regelungen[34] und durch eine strengere Gerichtspraxis von den Rechtssubjekten ein sorgfältigeres Verhalten in ihrer geschäftlichen Tätigkeit[35]. Konsequenz der Haftung des Mutterunternehmens für fahrlässige Schadenverursachung ist die – an anderer Stelle[36] besprochene – Konzernleitungspflicht, hier die Pflicht zur Überwachung der Tochterunternehmen und damit zur Verhinderung von Handlungen der Töchter, die eine eigene Haftung der Mutter aus unerlaubter Handlung begründen könnten.

III. Haftung des Mutterunternehmens aus culpa in contrahendo

1. Fragestellung

Oft ist das Mutterunternehmen auch bei den Vertragsverhandlungen des Tochterunternehmen beteiligt; sei es durch die Verhandlungsführung durch eigene Vertreter des Mutterunternehmens oder aber durch die Durchführung der Vertragsverhand-

---

33 Das Gegenteil ist in Art. 44 und 99 OR ausdrücklich kodifiziert. In beiden Fällen können wirtschaftliche Verhältnisse beim Schädiger faktisch zu einer Senkung seiner Sorgfaltspflicht führen. Gemäss Art. 44 Abs.2 OR, wenn die Leistung von Schadenersatz den Schädiger in eine Notlage versetzen würde und gemäss Art. 99 OR bei Geschäften, die dem Schuldner keinen Vorteil bringen.
34 Als Beispiel seien die erhöhten Sorgfaltspflichten genannt, welche als Folge von Art. 305bis StGB (Geldwäsche) von der Bankenkommission als Standard der einwandfreien Geschäftsführung (Art. 3 BankG) formuliert worden sind.
35 Vgl. dazu Hinderling/Goepfert, in SJZ 83, S. 57ff.
36 Vgl. dazu oben § 14. Die Konzernleitungspflicht ergibt sich auch aus den Haftungsnormen, bei denen das Mutterunternehmen sich durch den Nachweis der pflichtgemässen Überwachung befreien kann; Haftung für Hilfspersonen.

§ 30 Die Haftung der Mutter für eigenes Verhalten

lungen in den Räumen des Mutterunternehmens; immer mit der Folge, dass beim Dritten das Vertrauen in den Konzern gestärkt wird. Es ist denkbar, dass aus diesen Vertragsverhandlungen ein Schaden bei einem Dritten entsteht. Es kann zu keiner Vertragsunterzeichnung kommen und damit zu einer Schädigung des Dritten, der sich auf die Vertragsbereitschaft der Tochter verlassen hatte. Möglich ist auch, dass es zwar zu einer Vertragsunterzeichnung kommt, dass aber die Vertragsabwicklung zu einem Schaden beim Dritten führt, etwa weil ein vertraglicher Schadenersatzanspruch gegenüber der Vertragspartei – der Tochter – wegen fehlender Mittel nicht befriedigt wird.

In beiden Fällen wird sich der Dritte auch durch das Mutterunternehmen geschädigt fühlen, weil dieses bei den Vertragsverhandlungen mit der Tochter mitgewirkt hat. Es stellen sich zwei Fragen: Haftet das Mutterunternehmen mit der Tochter aus culpa in contrahendo, wenn der Dritte geschädigt wird, weil mit der Tochter kein Vertrag zustande kommt? Diese Frage stellt sich insbesondere dann, wenn das Mutterunternehmen nur am Rand, zum Beispiel als fahrlässiger Gehilfe, beteiligt war und selber zum geschädigten Dritten keine spezielle Vertrauensbeziehung aufgebaut hat.

Kommt der Vertrag mit der Tochter zustande und haftet diese dem Dritten aus Vertrag, stellt sich die zweite Frage, ob das Mutterunternehmen, welches entgegen den Vorstellungen des Dritten nicht Vertragspartei geworden ist, diesem Dritten gestützt auf die culpa in contrahendo haftbar wird, wenn diesem wegen des fehlenden Einbezugs des Mutterunternehmens[37] in die Vertragsbeziehung ein Schaden erwachsen ist.

2. Die Teilnahme des Mutterunternehmens an einer culpa in contrahendo der Tochter

a) Die Teilnahme an einer culpa in contrahendo als widerrechtliche Teilnahme an einer widerrechtlichen Handlung?

Es stellt sich die Frage, ob auch die Teilnahme an einer culpa in contrahendo-Handlung eine Haftung begründen kann. Ausgangslage und Ursache der Haftung aus culpa in contahendo ist neben der Normverletzung[38] immer die spezielle

---

37 Der fehlenden Konzernwirkung des Vertrags mit der Tochter.
38 Zur Frage, ob die Norm dem Vertrags- oder dem Deliktsrecht zuzuordnen ist, vgl. insbesondere auch von Tuhr/Peter, S. 193 und dort zitierte Literatur. Das Bundesgericht

Vertrauensbeziehung zwischen Geschädigtem und Schädiger, die Ergebnis und Voraussetzung der geplanten Vertragsbeziehung ist[39]. Die Teilnahme an der culpa in contrahendo-Handlung führt daher nur dann zur Haftung des Teilnehmers, wenn dieser – im Konzern das teilnehmende Mutterunternehmen – selber ebenfalls den Pflichten in bezug auf das vorvertragliche Verhalten des Tochterunternehmens unterliegt. Die culpa in contrahendo ist die Verletzung nicht einer allgemeinen, sondern einer speziellen Rechtspflicht, die das Mutterunternehmen nicht trifft[40], wenn es zum geschädigten Dritten nicht in dieser Vertrauensbeziehung steht. Das Mutterunternehmen haftet für die culpa in contrahendo der Tochter, welche sie als Teilnehmer unterstützt oder als Anstifter veranlasst hat nur dann, wenn ihr Verhalten selbst eine culpa in contrahendo ist, eine widerrechtliche Handlung im Sinne von Art. 41 OR[41], oder wenn das Mutterunternehmen durch sein Verhalten zugleich auch eine eigene Rechtspflicht verletzt hat.

b) *Die Teilnahme an einer culpa in contrahendo als selbständige culpa in contrahendo des Mutterunternehmens*

Die Teilnahme an einer culpa in contrahendo des Tochterunternehmens führt nicht zu einer Haftung des Mutterunternehmens – es sei denn, das Verhalten des Mutterunternehmens führe zu einer unmittelbaren und eigenen Haftung wegen culpa in contrahendo, weil die dafür notwendige spezielle Rechtsbeziehung nicht nur zwischen dem Dritten und der Tochter vorliegt, sondern auch zwischen dem Dritten und der Mutter selbst. Eine solche Beziehung liegt vor, wenn die Mutter gestützt auf ihre Leitungsmacht über die potentielle konzernseitige Vertragspartei über die Vertragsverhandlungen und möglicherweise auch über den Vertragsgegenstand die Tatherrschaft[42] hat, zum Beispiel, indem es die Verhandlungsführung kontrolliert[43]; sogar wenn im Zeitpunkt der Tathandlung bereits feststand, dass die Mutter selber nicht Vertragspartei wird.

Im Konzernverhältnis ist die Einbindung der Mutter nicht auf die Fälle der Sachwalterhaftung beschränkt. Sie kann auch dort, wo sie die Verhandlungsführung nicht kontrolliert, sondern neben der Tochter handelt, selbständig aus culpa in contrahendo haften, und zwar aus folgenden Gründen und beim Vorliegen der

---

   scheint diese Frage situativ zu beurteilen (vgl. BGE 101 II 266). Die Frage kann offenbleiben.
39 BGE 108 II 311ff.
40 Canaris, S. 104.
41 Spiro, Verhandlungsgehilfe, S. 643; vgl. dazu auch FN 44 oben.
42 Canaris, a.a.O.
43 Sachwalterhaftung; Canaris, a.a.O.

§ 30 Die Haftung der Mutter für eigenes Verhalten

folgenden Voraussetzungen: Die Mitwirkung der Mutter erfolgt zu dem Zeitpunkt der Vertragsverhandlungen zwischen dem Dritten und dem Konzern, wenn – in vielen Fällen für den Dritten, oft auch für den Konzern selber – noch nicht feststeht, wer auf seiten des Konzerns Vertragspartei sein wird. Das gilt nicht nur für diejenige konzernseitige Vertragspartei, welche die Hauptleistung oder die vertragstypische Leistung zu erbringen hat, sondern auch für diejenige, die diese Hauptleistung möglicherweise garantiert[44]. Vertragliche Einigungen, auch solche, die zum Beispiel die Konzernwirkung vorsehen oder ausschliessen und für die Bestimmung der konzernseitigen Vertragspartei auslegend beigezogen werden können, fehlen noch.

Der Kreis der möglichen konzernseitigen Vertragsparteien ist in der Regel grösser als der Kreis der effektiven Vertragsparteien, nachdem die Verhandlungen zum Erfolg geführt haben. Alle Personen, die während der Vertragsverhandlungen als zukünftige Vertragsparteien erscheinen, können aus culpa in contrahendo haftbar werden und nicht nur diejenigen, die später effektiv Vertragspartei werden: Hat das Mutterunternehmen durch sein Verhalten beim Dritten den Eindruck erweckt[45], dass es in irgendeiner Form Teil der vertraglichen Einigung werde, kann es gegenüber dem Dritten – die übrigen Haftungsvoraussetzungen angenommen – aus culpa in contrahendo haftbar werden. Eine solche Haftung kann entstehen, wenn das Mutterunternehmen dem Dritten gegenüber den – falschen – Eindruck erweckt hat, zukünftige Vertragspartei zu sein[46], und ihn auf diese Weise zum Vertragsschluss mit der Tochter veranlasst.

3. Die Haftung des Mutterunternehmens aus culpa in contrahendo beim Vorliegen einer vertraglichen Haftung der Tochter

Nicht nur dann, wenn das Tochterunternehmen gestützt auf culpa in contrahendo haftbar wird und das Mutterunternehmen dabei mitgewirkt hat[47], kann das Mutterunternehmen aus eigener culpa in contahendo haftbar werden, sondern auch dann, wenn das Tochterunternehmen aus Vertrag oder einem anderen Rechtsgrund haftbar wird. Die Haftung der Mutter aus culpa in contrahendo ist nicht akzessorisch, sondern selbständig und Folge einer eigenständigen Rechtsbeziehung zwischen ihr und dem Dritten. Liegt sie vor, entsteht sie aus eigenem Anlass und unabhängig von einem Anspruch gegenüber der Tochter. Handlungen der Mutter, die Dritte

---

44 Vgl. dazu oben § 28 II Ziff.3.
45 Canaris, S. 120.
46 Rehbinder, S. 160.
47 Oben Ziff.2.

zum Vertragsschluss mit der Tochter veranlassen können, sind denkbar in der Form von Handlungen, die beim Dritten den falschen Eindruck erwecken, dass das Mutterunternehmen sich neben der Tochter verpflichten werde[48], oder aber in Form der Erteilung falscher Auskünfte[49], ohne die der Dritte die Vertragsbeziehung mit dem Tochterunternehmen nicht eingehen würde. In allen diesen Fällen ist für die Haftbarkeit der Mutter allein entscheidend, ob sie im Zeitpunkt ihrer Tätigkeit den Eindruck erweckt hat, zukünftige Vertragspartei des Dritten zu sein.

Die vertragliche Einbindung des Mutterunternehmens im Rahmen eines Vertragsverhältnisses mit unechter Konzernwirkung führt nicht immer zu einer vertraglichen Haftung für die Vertragserfüllung, sondern oft zu einer weniger weitgehenden Bindung der Mutter. Dementsprechend setzt die Haftung der Mutter aus culpa in contrahendo nicht erst dann ein, wenn der Dritte Anlass hatte zu glauben, dass die Mutter die Vertragserfüllung durch das Tochterunternehmen garantiert, sondern bereits dann, wenn sie den Eindruck erweckt hat, in irgendeiner anderen Form begünstigend Teil des Vertragsverhältnisses zu sein und wenn der Dritte ohne diese Einbindung der Mutter den Vertrag mit der Tochter nicht geschlossen hätte.

Ausgangspunkt für den Schadenersatzanspruch des Dritten gegen das Mutterunternehmen ist sein Vertragsschluss mit dem Tochterunternehmen, der in dieser Form nicht stattgefunden hätte, weil der Dritte in Kenntnis der wahren Sachlage – keine vertragliche Einbindung des Mutterunternehmens – zusätzliche Sicherheiten verlangt hätte oder den Vertrag überhaupt nicht eingegangen wäre. Sein Schadenersatzanspruch kann sich auf das negative Vertragsinteresse beziehen und nicht auf das positive Vertragsinteresse, wie gegenüber dem Tochterunternehmen. In vielen Fällen ergibt sich jedoch für den Dritten daraus keine Schlechterstellung, denn das negative Vertragsinteresse vermag einen Schaden, der durch die Zahlungsun-fähigkeit des Tochterunternehmens entsteht, ebenfalls zu decken.

4. Die Haftung des Mutterunternehmens für die culpa in contrahendo der Tochter

Ein vertraglich verpflichtetes Mutterunternehmen kann für die Vertragserfüllung das Tochterunternehmen als Hilfsperson einsetzen. Für durch diese angerichtete Schäden haftet es gestützt auf Art 101 OR[50]. Seltener kommt es vor, dass das

---

48 Auch von Planta, Hauptaktionär, S. 107, beim venire contra factum proprium der Mutter, welches in solchen Fällen oft vorliegt.
49 Geigy-Werthemann, S. 36; vgl. dazu auch oben § 25 IV.
50 Vgl. dazu oben § 27 III Ziff.5.

§ 30 Die Haftung der Mutter für eigenes Verhalten

Mutterunternehmen nicht die Vertragserfüllung durch die Tochter besorgen lässt, sondern die Vertragsverhandlungen und den Vertragsschluss. Es liegt in diesem Fall genau das Gegenteil des oben in Ziff.2 und 3 beschriebenen Sachverhalts vor: Nicht die Mutter wird in Verhandlungen, die für die Tochter wirken sollen, tätig, sondern die Tochter mit Wirkung für die Mutter. Ob die Mutter in diesen Fällen für ihre Hilfsperson Tochterunternehmen gestützt auf die gleiche Vertragsgrundlage haftet, wie wenn das Tochterunternehmen nach Vertragsschluss nicht oder schlecht erfüllt[51], oder aber gestützt auf die Haftung für Hilfspersonen[52], kann offenbleiben[53]. Im Konzern kann das Mutterunternehmen sowohl für die Tochter als Erfüllungsgehilfe[54], wie auch als Hilfsperson[55] haften.

IV. Haftung des Mutterunternehmens aus ungerechtfertigter Bereicherung

1. Fragestellung

Der Konzern ist eine wirtschaftliche Einheit, die von der Konzernmutter einheitlich geleitet wird. Jede Verbesserung der Vermögenslage bei einem Tochterunternehmen – sei es durch einen erzielten Gewinn oder durch einen verhinderten Schaden, auch weil zum Beispiel wegen des beschränkten Haftungssubstrats einer Tochter deren Gläubiger nicht voll befriedigt werden mussten – führt zu einer Bereicherung nicht nur des Tochterunternehmens, sondern des ganzen Konzerns überhaupt. Es stellt sich die Frage, ob und inwieweit gestützt auf das Recht über die ungerechtfertigte Bereicherung auf das Mutterunternehmen gegriffen werden kann, welches über den insgesamt bereicherten Konzern die einheitliche Leitung ausübt.

---

51 Wie von der herrschenden Meinung vertreten; statt vieler Spiro, Erfüllungsgehilfe, S. 643 und die dort genannten.
52 Art. OR 55.
53 Die Kontroverse ist nicht von spezifisch konzernrechtlichem Interesse, aber für dieses nicht ohne Bedeutung, weil bei der Haftung für Erfüllungsgehilfen der Befreiungsbeweis nicht möglich ist.
54 Vgl. dazu oben § 27 III Ziff.5.
55 Vgl. dazu unten § 33 IV.

2. Die Bereicherung

Das Mutterunternehmen ist bereichert, wenn das Vermögen direkt oder indirekt, also auch durch andere Vermögensmassen hindurch[56] – zum Beispiel jeder der Tochterunternehmen – zu ihm gelangt ist. Entscheidend ist allein, dass zwischen der Entreicherung des Dritten und der Bereicherung des Mutterunternehmens ein Kausalzusammenhang besteht.

3. Die ungerechtfertigte Bereicherung

Ein Anspruch aus OR 62ff besteht nur, wenn die Bereicherung ungerechtfertigt ist, wenn sie also ohne Rechtsgrund erfolgt ist. Weil im Bereicherungsrecht keine eigene Haftungsgrundlage liegt[57], besteht beim Entreicherten noch kein Anspruch, wenn die Bereicherung nur ohne Grund erfolgt ist, sondern erst dann, wenn sie wegen eines fehlerhaften Kausalverhältnisses besteht. Ist das Mutterunternehmen "bereichert", weil eine ihrer Töchter nicht für alle ihre Verbindlichkeiten hat haften können, ist es nicht wegen eines fehlerhaften Kausalverhältnisses zwischen ihm und dem Dritten "bereichert", sondern wäre es allenfalls gestützt auf ein fehlerhaftes Kausalverhältnis zwischen ihm und der Tocher oder zwischen dem Dritten und der Tochter. Das für die Frage des Bereicherungsanspruchs entscheidende Kausalverhältnis zwischen dem Dritten und dem Mutterunternehmen ist jedoch nicht fehlerhaft, wenn kein eigener Haftungsgrund vorliegt, durch welchen sich die Haftung des Mutterunternehmens begründen lässt. Die Bereicherung des Mutterunternehmens, die wirtschaftlich betrachtet vorliegen mag, ist nicht ungerechtfertigt, wenn das Mutterunternehmen nicht ohnehin gegenüber dem Dritten haften würde.

---

56 Guhl/Merz/Kummer, § 27 II.
57 Keller/Schaufelberger, S. 58ff.

§ 31 Die Haftung der Mutter gestützt auf aktienrechtliche Pflichten; insbesondere der Durchgriff

I. Ausgangslage / Fragestellung

Der Aktionär haftet grundsätzlich nicht für die Schulden seiner Gesellschaft. Dementsprechend haftet im Konzern das Mutterunternehmen als Aktionärin der Tochter nur, wenn es Normen verletzt, an die es wegen seiner Aktionärseigenschaft gebunden ist. Diese Normen setzen neben der Aktionärseigenschaft immer ein zusätzliches Verhalten des Aktionärs voraus: Eine Pflichtverletzung des Aktionärs; fehlt sie, haftet er nicht. Die Haftung der Mutter gestützt auf aktienrechtliche Pflichten ist keine Haftung des Aktionärs für Schulden der Gesellschaft, sondern eine Haftung wegen Verletzung von Aktionärspflichten.

Diese Pflichten knüpfen an die Möglichkeiten des Aktionärs innerhalb der Gesellschaft an: Er kann durch die Ausübung seiner Aktionärsrechte auf die Gesellschaft Einfluss nehmen; ist er Mehrheitsaktionär, kann er über sie bestimmen. Die Aktionärspflichten setzen der Art und Weise Grenzen, wie der Aktionär seine Rechte innerhalb der Gesellschaft ausüben kann.

II. Die Haftung der Mutter gestützt auf die Vorschriften über den Durchgriff

1. Vorbemerkung; Abgrenzung zum Begriff des Durchgriffs im weiten Sinn

Sachverhalte, die eine Haftung des Aktionärs für Verbindlichkeiten seiner Gesellschaft begründen, werden oft ganz allgemein als Durchgriffstatbestände bezeichnet, ohne dass es dabei eine Rolle spielen würde, auf welche rechtlichen Tatbestände in casu der "Durchgriff" abgestützt worden ist. Das führt zu einem wirtschaftlichen Durchgriffsbegriff, der immer zur Anwendung[1] gelangt, wenn das Mutterunternehmen für Verbindlichkeiten haften soll, die durch ein Verhalten des Tochterunternehmens entstanden sind.

---

1 Eindrücklich die in Kehl, passim, zitierte Bundesgerichtspraxis.

§ 31 Die Haftung der Mutter gestützt auf aktienrechtliche Pflichten

Meistens beschreiben diese "Durchgriffs"-Tatbestände eine Haftung des Mutterunternehmens aus eigenem Recht, aus Delikt[2], aus Vertrag[3] oder aus Gesetz[4] und ergeben sich entweder unmittelbar aus dem Gesetz oder durch Auslegung desselben[5]. Nur in denjenigen Fällen aber, die zur Haftung des Mutterunternehmens führen, ohne dass ein selbständiger Haftungsgrund vorliegt, liegt ein echter Durchgriffstatbestand vor und damit ein Haftungstatbestand, der sich allein auf die Aktionärseigenschaft des Mutterunternehmens stützt[6]. Ohne spezielle Normen über den Durchgriff blieben diejenigen Sachverhalte, die ihn auslösen, ohne Haftungsfolgen[7].

2. Der Durchgriff im engen Sinn

a) Ausgangslage

Lehre[8] und Rechtsprechung[9] anerkennen[10] den Durchgriff gestützt auf die modifizierte Einheitstheorie[11] als Haftung des Aktionärs, der mit der Gesellschaft wirtschaftlich identisch ist und der sich rechtsmissbräuchlich auf die rechtliche Selbständigkeit der Gesellschaft beruft, somit die rechtliche Selbständigkeit der Akti

---

2   Zum Beispiel wegen Anstiftung zu einem widerrechtlichen Verhalten oder wegen fraudulöser Vermögensschädigung; vgl. dazu oben § 30 II.
3   Bei Verträgen mit Konzernwirkung; oben §§ 25ff.
4   Haftung des Mutterunternehmens für Hilfspersonen; unten § 33 IV.
5   So insbesondere von Planta, Hauptaktionär, S. 155 und die von ihm dazu genannten Beispiele.
6   Caflisch, S. 223f.
7   Die statt vieler von Forstmoser, Aktienrecht, S. 33 N 126ff. genannten Durchgriffs-Fallgruppen gehören zum Teil nicht zum Durchgriff, wie er in dieser Arbeit verstanden wird: Die Vernachlässigung der Selbständigkeit der juristischen Person (sie ist regelmässig auch widerrechtliches Organhandeln oder führt zu einer Haftung der Mutter als Geschäftsherr, vgl. §§ 32 und 33), das Erwecken des Anscheins einer persönlichen Mitverpflichtung der Mutter (führt zu einer Haftung aus Vertrag oder culpa in contrahendo, vgl. § 30 III) und die Fremdsteuerung (Anstiftung, Haftung aus eigenem Recht, vgl. § 30 II).
8   Forstmoser, Aktienrecht, S. 28, N 102ff.; Rehbinder, S. 85ff.; Serick, passim; Caflisch, S. 175; Forstmoser/Meier-Hayoz, S. 310ff; Homburger, Durchgriff, S. 249ff.
9   BGE 71 II 272ff, 81 II 455ff, 85 II 111f, 98 II 96ff und zuletzt BGE 113 II 36.
10 Anderer Meinung jüngst Kehl, S. 49, der den Durchgriff als überflüssige Konstruktion bezeichnet.
11 Abgeleitet und auf Fälle des Rechtsmissbrauchs reduziert von der Isay'schen Einheitstheorie, die die Grenzen zwischen den juristischen Personen generell aufhebt und heute nicht mehr vertreten wird; ablehnend insbesondere auch von Planta, Hauptaktionär, S. 153; Caflisch, S. 206; Frankenberg, S. 136; Hausmann, S. 92; Nägeli, I, 331; Oesch, S. 138; von Steiger Werner, Holdinggesellschaften, S. 272a; Tobler, S. 26.

engesellschaft rechtsmissbräuchlich verwendet. Die Haftung aus Durchgriff im engen Sinn ist nicht Folge der Negierung der juristischen Persönlichkeit in bestimmten Fällen, sondern Folge eines rechtsmissbräuchlichen Verhaltens derjenigen Person, die die Gesellschaft beherrscht. Ob man statt Durchgriff lieber von der rechtsmissbräuchlichen Verwendung eines beherrschten Unternehmens sprechen soll, wie von Kehl[12] postuliert, ist reine Geschmacksache und ohne Relevanz, solange man den Begriff "Durchgriff" ausschliesslich für diejenigen Haftungssachverhalte verwendet, auf die er anwendbar ist.

b)   Wirtschaftliche Identität resp. tatsächliche Beherrschung

Als erstes Durchgriffserfordernis nennt die Lehre die wirtschaftliche Identität zwischen dem Aktionär und der Gesellschaft. Durch die Aktiengesellschaft kann hindurchgegriffen werden, wenn es sich bei ihr um "ein blosses Instrument (handelt), das völlig in der Hand seines Schöpfers, seinem Willen dienstbar bleibt"[13]. Massgebend sind dabei nicht formelle Elemente, also insbesondere nicht die vollständige aktienmässige Kontrolle des fraglichen Unternehmens, sondern die tatsächliche Beherrschung. Das Bundesgericht führte im zitierten Entscheid aus, dass es keine Rolle spiele, wenn neben dem tatsächlich kontrollierenden Aktionär auch noch andere Aktionäre vorhanden seien (in casu hielten diese immerhin 50% der Aktien). Entscheidend sei allein, dass der tatsächlich kontrollierende Aktionär, "das Verfügungsrecht über diese Gesellschaft allein gehabt und hievon auch Gebrauch gemacht" habe[14]. Mit dieser Umschreibung definiert das Bundesgericht nicht nur die wirtschaftliche Identität, sondern auch die Beherrschung durch die Mutter als Voraussetzung für deren Vorliegen[15]. Dieser Praxis ist zuzustimmen. Es ist nicht erforderlich, dass nur eine Person wirtschaftlich am Unternehmen beteiligt ist; entscheidend ist vielmehr, dass das Unternehmen einheitlich geleitet wird und der kontrollierende Aktionär in der Lage ist, die Gesellschaft wie ein Eigentümer als sein Instrument zu nutzen.

Der durchgriffsbegründende Begriff der tatsächlichen Beherrschung ergibt sich im Konzernrecht aus dem Konzernbegriff. Die Leitung einer Gesellschaft liegt entweder vor oder sie liegt nicht vor; sie kann nicht graduell oder zum Teil verwirklicht sein. Sind die Leitungsmechanismen zu schwach für die rechtsmissbräuchliche

---

12   a.a.O.
13   BGE 71 II 274.
14   a.a.O.
15   Ein Teil der Lehre kritisiert das Bundesgericht trotzdem mit der Begründung, es stelle nicht auf den Beherrschungstatbestand ab, sondern auf die wirtschaftliche Einheit; so insbesondere Albers, S. 125 und dort zitierte Literatur.

Verwendung des Tochterunternehmens, aber stark genug für das unbestrittene Tagesgeschäft, liegt eine Leitung im Sinn des Konzernbegriffs nicht vor, denn die Leitung hängt nie von einer Zustimmung der Tochter ab[16]. Ist ein Unternehmen mit dem Versuch, gestützt auf seine Leitungsmacht ein anderes Unternehmen rechtsmissbräuchlich zu verwenden, am Widerstand dieses Unternehmens gescheitert, hat in der Regel die einheitliche Leitung auch vorher nicht vorgelegen, obwohl eine solche angenommen worden war. In seltenen Fällen lag sie vorher vor, wurde aber durch die Emanzipation der Tochter zerstört[17], als diese die Absicht der Mutter zur rechtsmissbräuchlichen Verwendung erkannte.

c) *Rechtsmissbräuchliche Verwendung des Tochterunternehmens*

Ein Durchgriffsachverhalt liegt nach den vom Bundesgericht formulierten Anforderungen erst dann vor, wenn zudem die Berufung auf die wirtschaftliche Selbständigkeit des Tochterunternehmens rechtsmissbräuchlich erfolgt oder präziser, wenn ein beherrschtes Tochterunternehmen rechtsmissbräuchlich verwendet wird; denn die Rechtsmissbräuchlichkeit der Berufung auf die wirtschaftliche Selbständigkeit eines Tochterunternehmens hängt immer von den Ereignissen ab, die der Haftungsfrage vorausgegangen sind.

Gemäss Art. 2 Abs.2 ZGB findet der offenbare Missbrauch eines Rechtes keinen Schutz. Die zitierten gesellschafts- und aktienrechtlichen Grundsätze, die die Trennung von Aktionär und Gesellschaft regeln, sind in ihrem Gehalt nicht absolut und nicht auf alle Sachverhalte anwendbar, auf die sie "bei rein äusserlicher Betrachtung[18]" anwendbar scheinen. Der Anwendungsbereich beschränkt sich auf den tatsächlichen Inhalt dieser Bestimmungen; er umfasst somit keine Sachverhalte, die dem Sinn der Normen klar widersprechen und auf die sich die Rechtsanwender nur rechtsmissbräuchlich berufen könnten. Bei einer Beschränkung des Durchgriffs auf den Rechtsmissbrauch stellen sich Probleme der Rechtssicherheit, die jedoch nicht ganz zu vermeiden sind, sondern nur durch eine zurückhaltende Anwendung des Grundsatzes von Art. 2 Abs.2 ZGB eingeschränkt werden könnten. Dabei müssten dann allerdings materiell stossende Ergebnisse in Kauf genommen werden. Dazu kommt, dass die Umschreibung des tatsächlichen Inhalts einer Norm im Gegensatz zu ihrem scheinbaren Inhalt auch von geltungszeitlichen Wertmassstäben und in der Gerichtspraxis wohl auch vom Ergebnis im Einzelfall

---

16   Vgl. dazu oben § 6 I Ziff.3 lit.a.
17   Vgl. dazu oben § 20.
18   Meier-Hayoz, Einleitungsartikel, S. 118.

§ 31 Die Haftung der Mutter gestützt auf aktienrechtliche Pflichten

abhängt, was zu einer schleichenden Ausweitung der Rechtsmissbrauchstatbestände in Richtung einer allgemeinen aktienrechtlichen Treuepflicht führt[19].

d) Der Durchgriff im Konzern

Obwohl sich die Durchgriffsrechtsprechung des Schweizerischen Bundesgerichts nicht auf den Konzern bezieht, sondern auf die Einmannaktiengesellschaft, sind die dabei gewonnenen Grundsätze ohne weiteres auch auf den Konzern anwendbar, denn die haftungsauslösenden Tatsachen können in diesem in gleicher Weise vorliegen. Die objektiven Durchgriffsvoraussetzungen – die Beherrschung durch einen Gesellschafter und die gestützt darauf gebildete wirtschaftliche Einheit – liegen im Konzern gestützt auf den Konzernbegriff immer vor. Es stellt sich somit nur noch die Frage, unter welchen Voraussetzungen die Berufung auf die juristische Selbständigkeit des Tochterunternehmens durch die Mutter resp. die Verwendung des Tochterunternehmens als Instrument der Mutter rechtsmissbräuchlich ist.

e) Insbesondere die rechtsmissbräuchliche Unterausstattung des Tochterunternehmens

Der Missbrauch im Konzern kann in der mangelhaften Ausstattung der Tochter mit den für die Ausübung ihrer Geschäftätigkeit absolut nötigen Geld- oder Sachmitteln liegen. Weil in vielen Fällen ein Tochterunternehmen ohnehin widerrechtlich handelt, wenn es trotz ungenügender Geld- und Sachmittel tätig wird[20], haftet für den durch dieses widerrechtliche Verhalten entstandenen Schaden das Mutterunternehmen auch als Geschäftsherr[21], wenn die Tochter seine Hilfsperson war. Die ungenügende Ausstattung der Tochter lässt in diesem Fall den Exkulpationsbeweis nicht gelingen[22]. War das Mutterunternehmen Organ der Tochter, haftet es im Fall der widerrechtlichen Unterausstattung auch als Organ.

Eine selbständige Bedeutung kommt der rechtsmissbräuchlichen Unterausstattung der Tochter nur dort zu, wo das Mutterunternehmen weder als Geschäftsherr noch

---

19 Vgl. dazu die unten in lit.f aufgeführten Beispiele.
20 Zum Beispiel verstösst es gegen die Vorschrift, bei drohender Verschuldung den Richter zu benachrichtigen; Art. 725 OR.
21 Vgl. dazu unten § 33 IV.
22 Vgl. dazu unten § 33 IV Ziff.6.

als Organ haftet, zum Beispiel weil die Handlung der Tochter nicht widerrechtlich war[23] oder weil die widerrechtliche Handlung der Tochter den Schaden nicht kausal verursacht hat[24].

Schwierigkeiten bereitet die Abgrenzung zum erlaubten unternehmerischen Spielraum, der auch bei objektiver Unterausstattung des Tochterunternehmens sanktionslos bleiben muss, denn die Mutter ist nicht verpflichtet, in jedem Fall eine genügende finanzielle Ausstattung der beherrschten Gesellschaft sicherzustellen[25]. Der Spielraum ist erst verletzt, wenn zwischen dem Risiko und der kapitalmässigen Ausstattung ein offenbares – rechtsmissbräuchliches – Missverhältnis besteht. Genaue Abgrenzungsregeln lassen sich nicht aufstellen. Man darf jedoch davon ausgehen, dass die rechtsmissbräuchliche Unterausstattung der Tochter eher vorliegt, wenn sie Folge des Entzugs von Mitteln durch die Mutter ist[26], als wenn ihr neue Mittel verweigert werden; das Mutterunternehmen ist nicht zu Nachschussleistungen verpflichtet. Indessen kann sich auch in solchen Fällen die Frage stellen, ob das Mutterunternehmen nicht die Tätigkeit des Tochterunternehmens einstellen müsste, insbesondere dann, wenn aus ihr eine Gefährdung Dritter hervorgehen kann.

Die Unsicherheit dieser Definition hat zur Folge, dass ihre Bedeutung als Handlungsmaxime viel weiter geht wie als Haftungsgrundlage, weil sie Rechtsanwender, die eine Haftung aus Durchgriff vermeiden möchten, zu einem vorsichtigen Handeln zwingt und damit auch zu Unterlassungen oder Handlungen, deren Ausbleiben keine Durchgriffshaftung begründen würde.

---

23 Der Richter hat noch nicht benachrichtigt werden müssen.
24 Wenn der Richter zwar nicht benachrichtigt wurde, aber der Kredit des Geschädigten in einem Zeitpunkt gegeben wurde, als diese Pflicht noch nicht bestand.
25 Jeder Konkurs einer einheitlich beherrschten Gesellschaft mit Gläubigerverlusten wäre Folge eines rechtsmissbräuchlichen Verhaltens; die aktienrechtlichen Haftungsregeln würden ausser Kraft gesetzt.
26 Geigy-Werthemann, S. 36.

D Die Haftung der Mutter für Sachverhalte innerhalb der Tochterunternehmen

§ 32 Die Haftung des Mutterunternehmens als Organ sowie für Organe der Tochter

I. Die schadenstiftende Person als Organ des Tochter- und des Mutterunternehmens

1. Ausgangslage

Das Mutterunternehmen stellt seine Kontrolle über die Tochter durch den Einsatz von natürlichen[1] Personen sicher, die aufgrund ihrer Stellung als seine Vertreter in der Lage sind, bei der Tochter die einheitliche Leitung durchzusetzen. Das macht diese Personen als Funktionsträger in der Regel zu formellen – wenn sie Verwaltungsräte der Tochtergesellschaft sind – oder faktischen Organen des Tochterunternehmens[2]. Die Person, die gleichzeitig Vertreter des Mutterunternehmens und Organ des Tochterunternehmens ist, unterliegt zwei Pflichtverhältnissen, die meist zu identischen Entscheiden führen, möglicherweise aber auch zu widersprüchlichen[3]; mit der Folge, dass der Betroffene sich in diesen Fällen für *eine* Pflichtverletzung entscheiden muss. Entscheidet er sich dafür, seine Pflichten gegenüber dem Tochterunternehmen zu verletzen – was die Regel sein dürfte[4] – und liegt darin ein Verhalten, welches zur Haftung des Vertreters des Mutterunternehmens als Organ der Tochter gestützt auf das Verantwortlichkeitsrecht führt, stellt sich die Frage, ob die Person dabei auch als Organ des Mutterunternehmens gehandelt hat und ob neben ihm selber auch eine Haftung des Mutterunternehmens als Organ der Tochter gestützt auf Art. 55 ZGB und 722 OR oder gemäss Art. 754 OR vorliegt.

---

[1] Von Planta, Hauptaktionär, S. 60.
[2] Albers, S. 38.
[3] Albers, S. 93; Joss, S. 133ff; Schluep, Wohlerworbene Rechte, S. 248; Zweifel, Holdinggesellschaft, S. 88ff und oben § 15 II Ziff.2.
[4] Auch Druey, Aufgaben, S. 309. Tatsächlich haben diese Funktionsträger in den meisten Fällen ihr Beziehungsnetz beim Mutterunternehmen und wollen nach dem Einsatz beim Tochterunternehmen auch wieder dorthin zurück.

2. Vorfrage: Rechtliche Identität von Organ und Gesellschaft?

a) *Organhaftung als Haftung der Gesellschaft für eigenes Handeln*

Die juristische Person, die gemäss Art. 55 ZGB und 722 OR für Handlungen ihrer Organe haftet, haftet nicht *für* einen Dritten, wie sie etwa für Hilfspersonen haftet, sondern unmittelbar *selber für eigenes Handeln*[5]. Mit dem Organ handelt immer auch die Gesellschaft, und beim Verschulden des Organs liegt immer auch ein Verschulden der Gesellschaft vor, wenn dieses als Organ der Gesellschaft gehandelt hat. Grundlage der nachfolgenden Ausführungen ist daher die Frage, ob durch seinen Vertreter auch das Mutterunternehmen selbst Organ des Tochterunternehmens im haftungsrechtlichen Sinn wird; nur in diesem Fall haftet es für Schäden, welches seine Organe als Organe auch der Tochter verursachen.

Weil die Handlung eines Organs immer auch eine Handlung der Gesellschaft selbst ist, für die es handelt, kann das Mutterunternehmen als juristische Person *nur dann* für seine Organe, die es bei der Tochter als seine Vertreter einsetzt und die aus diesem Grunde auch deren Organe sind, haftbar werden, wenn *es auch selbst* Organ der Tochter ist.

b) *Die Organqualität als Momentanzustand und nicht als Dauerzustand*

Die deliktsrechtliche Organqualität beruht nicht auf einem formellen Bestellungsakt, sondern ergibt sich aus dem tatsächlichen Ereignis, welches zum Schadenfall geführt hat[6]. Dazu kommt, dass die Organqualität keine konstante und abstrakt feststellbare Grösse ist, auch nicht eine, die tatsächlichen Verhältnissen entnommen werden kann. Vielmehr ist die Frage der Organqualität von Fall zu Fall neu zu beantworten, und es kann durchaus vorkommen, dass der gleichen Person aufgrund der einen Handlung Organqualität zukommt, aufgrund der anderen nicht. Das gilt insbesondere für diejenigen Personen, denen die Organqualität gestützt auf eine einzelne Handlung in einem Tätigkeitsbereich zukommt, der ansonsten einem formell nominierten Organ vorbehalten ist[7].

Man darf aus diesem Grund im Zusammenhang mit Haftungsfragen nicht von einer Identität von Gesellschaft und Organ im Sinn einer institutionellen Gleichstellung sprechen: Die Identität von Gesellschaft und Organ besteht nur im Rahmen der fall-

---

5   Gemäss Art. 55 ZGB und 722 OR handeln die juristischen Personen durch ihre Organe; Oftinger/Stark, Band II/1, P 20 N 18.
6   Egger, Kommentar, Art. 54/55 ZGB N 18.
7   Das faktische Organ gemäss Art. 754 OR; Forstmoser, Verantwortlichkeit, N 657ff.

§ 32 Die Haftung des Mutterunternehmens als Organ sowie für Organe der Tochter   319

bezogenen Zurechnung eines konkreten Organhandelns für die Gesellschaft. Wer zugleich Verwaltungsrat des Tochter- und des Mutterunternehmens ist, handelt von Fall zu Fall entweder als Organ des einen, des andern oder beider gleichzeitig.

c) *Der fallbezogene deliktsrechtliche Organbegriff und die fehlende formelle Organqualität des Mutterunternehmens*

Gemäss Art. 707 Abs.3 OR sind juristische Personen nicht in den Verwaltungsrat einer Aktiengesellschaft wählbar. Ein Teil der Lehre[8] entnimmt dieser Vorschrift, dass die juristische Person als Organ und Mitglied der Verwaltung der Tochter ausscheide. Soweit sich diese Meinung auf die institutionelle Anerkennung einer juristischen Person als formelles Organ des Tochterunternehmens bezieht, ist ihr zuzustimmen; der eben dargestellte differenzierte fallbezogene Organbegriff des Deliktsrechts widerspricht ihr nicht. Selbst wenn man anerkennt, dass der Vertreter des Mutterunternehmens, welcher Organ des Tochterunternehmens ist, zugleich als Organ des Mutterunternehmens handeln kann[9], macht man ihn damit noch nicht auf Dauer zum Organ des Mutterunternehmens und damit auch nicht das Mutterunternehmen selbst zum Organ des Tochterunternehmens. In keiner Weise wird dadurch das personelle Element der Verwaltung der Aktiengesellschaft in Frage gestellt[10].

3. Die juristische Person als Organ (im haftungsrechtlichen Sinn) des Tochterunternehmens; die Frage der Doppelorganschaft

a)   Die grundsätzliche Zulässigkeit der Doppelorganschaft

Im Haftungsrecht wird von einer Doppelorganschaft gesprochen, wenn eine natürliche Person in einer konkreten Haftungssituation als Organ zweier Gesellschaften[11] gehandelt hat und wenn aus diesem Grund beide juristischen Personen haftbar werden, weil sie beide durch ihr Organ einen Schaden verursacht haben. Grundsätzlich und losgelöst von der Konzernfrage steht die Zulässigkeit der Doppel-

---

8   So insbesondere Vischer, Grossaktiengesellschaft, S. 91f und von Planta, Hauptaktionär, S. 87 (der jedoch eine Haftung der Mutter gemäss Art. 55 ZGB und 722 OR für ihre Organe, die auch Organe der Tochter sind, anerkennt; zur Relevanz dieser Unterscheidung vgl. unten III Ziff.4 lit.b).
9   Mit entsprechenden Haftungsfolgen.
10 Auch Albers, S. 170.
11 Diese Gesellschaften brauchen konzernrechtlich nicht verbunden zu sein.

organschaft in diesem haftungsrechtlichen Sinn fest; wie zwei natürliche Personen gemeinsam einen Schaden verursachen können, können das auch zwei juristische Personen; auch dann, wenn sie durch das gleiche Organ handeln[12].

Nicht konzernrechtlicher Art sind auch die Fragen, die sich aus der Tatsache ergeben, dass das Doppelorgan zweien Gesellschaften verpflichtet ist, deren Interessen einander widersprechen können. Die sich aus unterschiedlichen Interessenlagen von Mutter und Tochter ergebenden Interessenkonflikte, oft unter dem Stichwort des doppelten Pflichtnexus[13] thematisiert, können sich ebenso im konzernfreien Verhältnis ergeben; zum Beispiel, wenn das Doppelorgan auf eine Art und Weise tätig wird, die beide von ihm verkörperten Gesellschaften betrifft und verpflichtet. Die haftungsrechtliche Doppelorganschaft besteht in diesen Fällen sogar dann fort, wenn das Organ bei seinem Handeln die für diesen Fall vorgesehenen Regeln[14] verletzt und ein Schaden daraus entsteht; beide Gesellschaften haften in diesem Fall für ihr Organ gestützt auf Art. 55 ZGB und 722 OR.

b)   *Konzernspezifische Elemente bei der Frage der Doppelorganschaft*

Handeln zwei Gesellschaften, die miteinander nicht verbunden sind und nicht gestützt auf den gleichen einheitlich gebildeten Willen handeln, durch das gleiche Organ, liegen zwei zufällig gemeinsame, aber selbständige Handlungen zweier selbständiger Unternehmen vor. Die natürliche Person, die Doppelorgan ist, stützt ihre Organqualität bei der einen Gesellschaft nicht auf die andere Gesellschaft und ihre Funktion in dieser ab, sondern auf sich selber: Die eine Gesellschaft ist also nicht Organ der anderen und umgekehrt. Die Doppelorganschaft im konzernfreien Verhältnis verknüpft die Gesellschaften mit dem gemeinsamen Organ nicht.

In der Verknüpfung von Mutter und Tochter durch ihr gemeinsames Organ, welche, liegt sie tatsächlich und auch im Rechtssinn vor, die Mutter zum Organ der Tochter machen würde, liegt die konzernspezifische Problemstellung, welche basierend auf der grundsätzlichen Zulässigkeit der Doppelorganschaft zu lösen ist. Es stellt sich die Frage, ob juristische Personen durch ein gemeinsames Organ ver-

---

12   Die natürliche Person X, die Organ der Bank A und der Handelsgesellschaft B ist, veranlasst den Dritten Z als Organ der A durch eine falsche Auskunft über B zu einer Zusammenarbeit mit B. Wenn die gleiche Person X den Dritten Z als Organ der B widerrechtlich schädigt, haften beide A und B für ihr gemeinsamens Organ X.
13   Caflisch, S. 144.
14   Neben den gesetzlichen Vorschriften über die Doppelvertretung (vgl. dazu auch oben § 15 II Ziff.1) können im Verhältnis zu den beiden Gesellschaften weitere Vorschriften vorliegen, die zu sich widersprechenden Pflichten führen können; Egger, Kommentar, Art. 54/55 ZGB N 19.

knüpft werden können mit der Folge, dass die eine juristische Person selber zum Organ der anderen wird.

c) *Formelle Unabhängigkeit des Doppelorgans vom Mutterunternehmen und fehlendes Weisungsrecht*

Das Doppelorgan, welches als formelles Organ des Tochterunternehmens tätig wird, dabei aber auch die einheitliche Leitung des Mutterunternehmens verwirklicht, ist formell vom Mutterunternehmen unabhängig und deshalb formell auch nur dem Tochterunternehmen verpflichtet. Die Kritiker[15] der Doppelorganschaft im Konzern stützen sich auf diesen Umstand und führen zur Begründung ihrer ablehnenden Auffassung an, dass das Mutterunternehmen gegenüber seinem Vertreter im Tochterunternehmen kein rechtlich erzwingbares Weisungsrecht habe und aus diesem Grund der Vertreter nur Organ des Tochterunternehmens, nicht aber des Mutterunternehmens sein könne; seine Handlungen seien aus diesem Grunde nicht dem Mutterunternehmen zuzuordnen, sondern nur dem Tochterunternehmen.

Die Frage des Weisungsrechts der Mutter[16] ist indessen nicht entscheidend für die Beantwortung der Frage, ob das Mutterunternehmen Organ im haftungsrechtlichen Sinn der Tochter sein kann, und zwar aus folgenden Gründen: Das Organ verpflichtet seine Gesellschaft nicht nur durch jenes Verhalten, welches es gestützt auf ihre Weisungen vornimmt, sondern auch durch sein "sonstiges[17]" Verhalten. Der Gesellschaft werden also nicht nur diejenigen Handlungen des Organs angerechnet, welche es mit Erlaubnis der Gesellschaft tätigen darf, sondern überhaupt alle Handlungen, die es in seiner Eigenschaft als Organ tätigen kann, also auch widerrechtliche Handlungen, die in der Regel eine Kompetenzüberschreitung darstellen. Würde man nur von der Organqualität ausgehen dürfen, wenn das Organ auf Grund eines rechtlich erzwingbaren Weisungsrechts gehandelt hat, reduzierte sich die Kluft zwischen dem Können und dem Dürfen auf diejenigen Fälle, die eine

---

15   Insbesondere von Planta, Hauptaktionär, S. 68f, für Tochterunternehmen, die nicht zu 100% beherrscht werden, und von Steiger Werner, Holdinggesellschaften, S. 313a f; Falkeisen, S. 83.
16   Ein Weisungsrecht kann auch im Konzern beim Doppelorgan vorliegen, wenn sich dieses der Mutter vertraglich untergeordnet hat. Dass die Weisungsmacht der Mutter durch gesetzliche Vorschriften begrenzt ist, ändert daran nichts; vgl auch oben § 6 II Ziff.3 lit.d.
17   Art. 55 ZGB Abs.2.

widerrechtliche Handlung darstellen, aber keine Pflichtverletzung gegenüber der Gesellschaft sind; also diejenigen – hoffentlich seltenen[18] – Fälle, in denen das Organ auf Weisung der Gesellschaft eine widerrechtliche Handlung begeht.

Die Gesellschaft haftet jedoch grundsätzlich auch in denjenigen Fällen, in denen das Organ ohne Einverständnis der Gesellschaft widerrechtlich handelt und damit neben der objektiven Rechtsgutverletzung auch eine Pflichtverletzung gegenüber der Gesellschaft begeht[19]: Das Organ ist Teil der Gesellschaft und unterliegt auch im konzernfreien Verhältnis keinem rechtlich erzwingbaren Weisungsrecht; es kann mehr, als es darf, und die Gesellschaft, für die das Organ handelt, kann es nur dadurch an weiteren widerrechtlichen und pflichtwidrigen Handlungen hindern, indem sie es absetzt[20].

Dieselbe Möglichkeit hat auch das Mutterunternehmen beim Organ des Tochterunternehmens, denn die Kontrolle[21] über die Generalversammlung des Tochterunternehmens, welche für die Absetzung des Verwaltungsrates zuständig ist, ist ein Wesensmerkmal der einheitlichen Leitung[22] und damit des Konzerns. Aus dem fehlenden rechtlich durchsetzbaren Weisungsrecht des Mutterunternehmens gegenüber seinem Vertreter beim Tochterunternehmen lassen sich keine Schlüsse ziehen, die auf die Unzulässigkeit der Doppelorganschaft hinweisen würden[23].

d) *Fehlende Wählbarkeit der juristischen Person in die Verwaltung des Tochterunternehmens*

Ein Teil der Lehre[24] lehnt die Organqualität des Mutterunternehmens mit der Begründung ab, dass gemäss Art. 707 Abs.3 OR juristische Personen ausdrücklich nicht in den Verwaltungsrat wählbar seien, was zeige, dass die juristischen Perso-

---

18 Gemäss Spiro, Doppelorgane, S. 644, sind diese Fälle nicht selten, sondern unmöglich, denn eine gültige Anweisung, ein Delikt zu begehen, kann wegen ihrer Widerrechtlichkeit gar nie vorliegen. Die Frage braucht hier nicht entschieden zu werden.
19 "durch ihr sonstiges Verhalten"; Art. 55 Abs.2 ZGB; Tuor/Schnyder, S. 120.
20 von Planta, Doppelorganschaft, S. 601f.
21 Die auch vorliegt, wenn die Tochter nicht zu 100% beherrscht wird, oben § 6. Die von von Planta, Hauptaktionär, S. 69, aufgestellte Beschränkung der Doppelorganschaft auf Organe in zu 100% kontrollierten Töchtern lässt sich nicht rechtfertigen.
22 Vgl. dazu oben § 6.
23 A.M. Zweifel, S. 97; Falkeisen, S. 82; Forstmoser, Veranwortlichkeit, N 506; Vischer, Grossaktiengesellschaften, S. 91f.
24 Bürgi, Kommentar, Art. OR 707, N 27ff; Falkeisen, S. 72ff; Schucany, S. 13ff; de Capitaine, S. 91a; Caflisch, S. 264; für das deutsche Recht insbesondere auch: Gessler/Hefermehl/Eckard/Kropf, § 76 AktG, N 43; Mertens, Kölner Kommentar, § 76 AktG, N 41.

nen von der Mitgliedschaft in der Verwaltung ausgeschlossen seien; vielmehr werde das personale Element betont[25].

Art. 707 Abs.3 OR umschreibt eine Wählbarkeitsvoraussetzung für das Organ der Aktiengesellschaft im formellen oder im organisationsrechtlichen Sinn. Für die Frage, inwieweit eine Person Organ *im haftungsrechtlichen Sinn* sein könne, ist diese Bestimmung nicht entscheidend. Lehre und Praxis gehen einmütig davon aus, dass sich der haftungsrechtliche Organbegriff an tatsächliche Verhältnisse anlehnt und nicht an einen formellen Bestellungsakt. Für die Frage der Organqualität kann demnach auch nicht entscheidend sein, ob die fragliche Person in einem formellen Bestellungsakt zum Organ im organisationsrechtlichen Sinn hätte bestellt werden können[26]; ein Ausländer, der wegen der spezifischen Zusammensetzung des Verwaltungsrats nicht formell als Verwaltungsrat wählbar ist[27], kann ohne weiteres Organ im haftungsrechtlichen Sinn sein, wenn er innerhalb der Gesellschaft eine dem Verwaltungsrat zustehende Tätigkeit wahrnimmt. Das Mutterunternehmen ist nicht deshalb Organ der Tochter im haftungsrechtlichen Sinn, weil ihr Doppelorgan formell und in Übereinstimmung mit Art. 707 Abs.3 OR gewählter Verwaltungsrat der Tochter ist, sondern weil es über das Doppelorgan innerhalb der Tochter Befugnisse ausübt, die es zu einem faktischen Organ im haftungsrechtlichen Sinn machen.

Der Zweck der Nichtwählbarkeit juristischer Personen in den Verwaltungsrat – das Bedürfnis, im Haftungsfall immer auch auf eine mit ihrem ganzen Vermögen haftende Person greifen zu können – wird dadurch nicht vereitelt: Trotz der Organqualität der Mutter werden wegen den Wählbarkeitsvoraussetzungen formell immer nur natürliche Personen in den Verwaltungsrat der Tochter gewählt, welche gestützt auf ihre formelle Organqualität und im Einklang mit den allgemeinen Haftungsregeln gemäss Art. 55 Abs. 3 ZGB und Art. 754 OR ohnehin voll verantwortlich sind, auch wenn sie tatsächlich auf die Geschäftstätigkeit keinen Einfluss ausüben[28]. Die Haftung aus Verantwortlichkeitsrecht jener natürlichen Personen, die effektiv im Verwaltungsrat einsitzen, aber passiv bleiben, wäre nur reduziert, wenn die juristische Person selber auch formell wählbar wäre[29].

---

25 So insbesondere Vischer, Grossaktiengesellschaften, S. 91f und von Planta, Hauptaktionär, S. 87.
26 Anders Vischer, Grossaktiengesellschaften, a.a.O.
27 Art. 708 Abs.1 OR.
28 Forstmoser, Verantwortlichkeit, N 654.
29 Vgl. dazu auch Spiro, Doppelorgane, S. 646.

e) Gleichbehandlung der natürlichen und juristischen Konzernmutter

Ein Konzern kann auch von einer natürlichen Person als Mutterunternehmen beherrscht werden. Ist eine solche natürliche Person Organ der Tochterunternehmen, haftet sie in jedem Fall auch als Mutterunternehmen umfassend für den durch ihre Tätigkeit als Organ des Tochterunternehmens verursachten Schaden. Folgte man den Kritikern der Doppelorganschaft im Konzern, würde der sich daraus ergebende Haftungsausschluss für juristische Mutterunternehmen diese gegenüber den natürlichen Mutterunternehmen bevorzugen, welche als Organe ihrer Töchter in jedem Fall haftbar sind. Im Deliktsrecht werden juristische und natürliche Personen immer gleichbehandelt[30], weil das Deliktsrecht ein Schadenersatzrecht ist und Schadenersatz als unpersönliche Leistung durch natürliche und juristische Personen gleichermassen erbracht werden kann: Eine Benachteiligung der natürlichen und eine Bevorzugung der juristischen Person in dieser Frage verstiesse gegen das Gleichbehandlungsgebot natürlicher und juristischer Personen[31]. Auch aus diesem Grund ist die Beschränkung des haftungsrechtlichen Organbegriffs auf natürliche Personen falsch.

f) Weitere (tatsächliche) Gründe für einen weiten haftungsrechtlichen Organbegriff[32]

Der Einbezug der juristischen Person in den haftungsrechtlichen Organbegriff im Konzernrecht sowie die Anerkennung der Doppelorganschaft im engen Sinn lassen sich zudem auch auf die tatsächlichen Verhältnisse abstützen: Die Gesellschaft haftet für das Verhalten ihrer Organe umfassend; auch dann, wenn das Organ zwar in Ausübung seiner dienstlichen Verrichtungen, aber nicht erkennbar namens der Gesellschaft handelt und seine Organschaft hinter sich selber oder einem Dritten versteckt[33]. Es ist nicht zu einzusehen, warum die Muttergesellschaft gerade dann nicht mehr haften sollte, wenn sich ihr Organ hinter der Verwaltung eines Tochterunternehmens versteckt und bei Dritten formell namens des Tochterunternehmens

---

30 Art. 53 ZGB; vgl. Keller, Haftpflicht, S. 88f.
31 Max Albers, S. 158; Schucany, S. 82ff und für das deutsche Recht Rehbinder, S. 252 und Mestmäcker, S. 261ff.
32 Nicht zu den tatsächlichen Gründen, die eine Haftung der Mutter rechtfertigen, gehört das möglicherweise in die Mutter gesteckte Vertrauen, das für sich allein keine Haftungsgrundlage und kein Haftungsgrund bildet, wie Tobler, S. 81ff, meint. Es kann jedoch möglicherweise als selbständige Haftungsgrundlage wirksam werden (Haftung aus Vertrag oder culpa in contrahendo).
33 Das Organ, das sich durch Fälschung einer Unterschrift als ein Direktor ausgibt (sich somit hinter diesem versteckt) und in Ausübung seiner Geschäftstätigkeit einen Dritten schädigt, lässt seine Gesellschaft gemäss Art. 55 ZGB haften: BGE 48 II 10.

Schaden anrichtet. Versteckte das Organ sich – wiederum ohne Preisgabe des tatsächlichen Organverhältnisses – hinter sich selbst oder einem Dritten, stünde die Haftung der Gesellschaft für dieses Organ fest[34].

Unverständlich wäre die Beschränkung der Organqualität im haftungsrechtlichen Sinn auf natürliche Personen auch im umgekehrten Fall: Wenn eine als Organ der Mutter erkennbare Person die Tochter zu einer widerrechtlichen Handlung anstiftet. Ist diese Person *ausschliesslich* Organ der Mutter, nicht aber auch der Tochter, würde ihre Anstiftung zur Haftung der Mutter für eigenes Verhalten führen[35]. Ist diese Person zugleich aber Organ der Tochter, haftete das juristische Mutterunternehmen – lehnt man seine Organschaft im haftungsrechtlichen Sinn ab – nicht; die Organschaft der Person bei der Tochter würde die ebenfalls vorliegende Organschaft bei der Mutter derart überdecken, dass diese nicht mehr haftete[36]. Die bevorzugte Behandlung der Mutter im zweiten Fall gegenüber dem ersten ist nicht zu begründen, zumal im zweiten Fall das Organ dank seiner Position innerhalb der Tochter diese noch vereinfacht zu einem widerrechtlichen Handeln veranlassen kann.

4. Andere Vertreter des Mutterunternehmens beim Tochterunternehmen

Es ist denkbar, dass ein Mutterunternehmen seine Kontrolle über die Tochter nicht durch eigene Organe sicherstellt, sondern durch Personen, die im Mutterunternehmen selbst keinerlei Entscheidungsbefugnisse haben und lediglich auf seine Weisung hin tätig werden. Solche Personen sind keine Organe[37], sondern Hilfspersonen; entweder sind sie als Teil des Mutterunternehmens in untergeordneter Stellung in seine Hierarchie eingebunden, oder es sind Dritte, zum Beispiel Anwälte, die ebenfalls seiner Weisung unterliegen[38]. Die Handlungen solcher Personen innerhalb des Tochterunternehmens verpflichten das Mutterunternehmen

---

34 Egger, Kommentar, Art. 54/55 ZGB, N 18; zum Direktor, der sich als Organ hinter einem Prokuristen versteckt und diesen für sich handeln lässt.
35 Vgl. dazu oben § 30 II.
36 Spiro, Doppelorgane, S. 641.
37 Von Planta, Hauptaktionär, S. 69; Vischer, Grossaktiengesellschaften, S. 92; anders Schucany, S. 87; Wohlmann, S. 126; Tobler, S. 78.
38 Üben diese formell Dritten durch ihre faktische Position Organbefugnisse (auch der Mutter) aus, sind sie Doppelorgane und keine Hilfspersonen, auch wenn sie ursprünglich zu diesem Zweck berufen worden sind.

nicht unmittelbar, können indessen eine Haftung des Mutterunternehmens für Hilfspersonen begründen[39].

II. Widerrechtliche Handlungen des Organs und der Gesellschaft

1. Handlungen des Organs als Handlungen der Gesellschaft

a) Fragestellung

Die Gesellschaft haftet nur dann gestützt auf die Handlungen ihrer Organe, wenn diese tatsächlich als Organe der Gesellschaft in Ausübung geschäftlicher Verrichtungen tätig sind, aber nicht, wenn sie für sich selber oder für einen Dritten handeln[40]. Die Handlungen derjenigen Personen, die Vertreter der Mutter und zugleich Organe der Tochter sind, sind immer Handlungen auch der Tochter. Es stellt sich die Frage, unter welchen Voraussetzungen diese Handlungen auch Handlungen der Mutter sein können. Nur dann wird diese durch sie verpflichtet.

Die Zurechnung einer spezifischen Organhandlung des Doppelorgans auf die Mutter ist nur dann nicht Voraussetzung für deren Haftung, wenn diese sich auf Art. 754 OR abstützt[41]. In diesen Fällen ist das Mutterunternehmen selbst und unmittelbar faktisches Organ und haftet als Organ aus Verantwortlichkeit. Diese Haftung knüpft allein an die Organschaft des Mutterunternehmens an und liegt auch vor, wenn die natürliche Person nicht namens oder für die Mutter gehandelt hat.

b) Ausübung der internen Leitung

Das Doppelorgan stellt die interne Leitung[42] innerhalb des Tochterunternehmens sicher. Soweit seine Handlungen innerhalb des Tochterunternehmens Handlungen sind, die in Ausübung der einheitlichen Leitung erfolgen, sind es auch Handlungen der Mutter. Die Handlungen des Doppelorgans stehen in diesen Fällen in einem funktionalen Zusammenhang[43] zu seiner Funktion als Vertreter der Mutter[44]. Das ist immer der Fall bei Handlungen, die die Leitung der Mutter über den Geschäftsbe-

---

39 Vgl. dazu unten § 33.
40 Egger, Kommentar, Art. 54/55 ZGB, N 19.
41 Vgl. dazu unten III.
42 Vgl. zum Begriff oben § 6 III Ziff.2.
43 Oftinger/Stark, Band II/1, § 20 N 89; zur Hilfsperson, bei der sich diese Frage in der gleichen Art und Weise stellt, und Egger, a.a.O.
44 Albers, S. 59ff und 162.

reich sicherstellen sollen und die Geschäftspolitik der Tochter bestimmen[45]. Soweit die Geschäftspolitik auch durch Entscheide beeinflusst wird, die formal zwar nur Details sind und das Tagesgeschäft betreffen, aber gleichzeitig Ausdruck oder Konsequenz der Geschäftspolitik sind[46], sind auch die zu solchen Entscheiden führenden Handlungen des Organs Leitungshandlungen der Mutter.

Die Leitung über die Kernbereiche der Geschäftstätigkeit ist nur das konzernbegründende Minimum; die einheitliche Leitung eines Mutterunternehmens kann darüber hinaus derart weit gehen, dass sie den ganzen Handlungsspielraum der Tochter ausfüllt mit der Folge, dass jedes Handeln des Doppelorgans in Ausübung der einheitlichen Leitung erfolgt und dem Mutterunternehmen zuzurechnen ist[47]. Die Konsequenz, die sich daraus ergibt, ist vernünftig und erwünscht: Die Verantwortung der Mutter für das straff geführte Tochterunternehmen ist höher als ihre Verantwortung für eine Tochter, die einen grossen Handlungsspielraum hat, in welchem das Doppelorgan ausschliesslich für die Tochter handelt und nicht auch für die Mutter.

2. Die Verletzung individueller Pflichten als widerrechtliche Handlung nur des Organs

Die Handlungen der Organe der juristischen Person sind nicht Handlungen Dritter, sondern Handlungen der juristischen Person selber, sofern sie in ihrer Funktion als Organ gehandelt haben. Die Widerrechtlichkeit eines Verhaltens, welches zu einem Schadenersatzanspruch führt, hängt in der Regel nicht von der Person ab, die widerrechtlich handelt; das fragliche Verhalten würde bei allen Personen gleichermassen als widerrechtlich gelten, so dass sich in diesen Fällen die Frage nicht stellt, wer Adressat der Verbotsnorm ist – die Norm gilt für das Organ wie auch für die Muttergesellschaft.

Unterschiedliche Stufen der Widerrechtlichkeit liegen jedoch vor, wenn das Organ als Einzelperson individuellen vertraglichen Pflichten gegenüber der Tochtergesellschaft unterworfen ist, denen die Mutter selbst nicht unterliegt. Die Verletzung einer individuellen vertraglichen Pflicht, der nur das Organ unterliegt, ist nur eine rechtswidrige Handlung des Organs, aber nicht seiner Gesellschaft und führt auch nicht zu deren Haftung[48]. In anderen Worten: Wäre eine Handlung nicht wider-

---

45 Forstmoser, Verantwortlichkeit, N 714.
46 Rehbinder, S. 529, mit Beispielen.
47 Albers, S. 63.
48 Forstmoser, Verantwortlichkeit, N 715 und von Planta, Hauptaktionär, S. 75.

rechtlich, wenn sie durch ein anderes Organ der gleichen juristischen Person begangen würde, haftet die juristische Person nicht für das schädigende Verhalten des einer individuellen Pflicht unterliegenden Organs, auch wenn die übrigen Haftungsvoraussetzungen vorliegen würden. Für die Haftung des Mutterunternehmens für seine Organe massgebend sind daher auch die Verhältnisse bei ihm selber und nicht nur diejenigen beim Organ. Das widerrechtliche Handeln des Organs muss immer ein widerrechtliches Handeln der juristischen Person durch das Organ sein; das Mutterunternehmen haftet folglich nicht, wenn sein Organ bei der Tochter eine individuelle Pflicht verletzt, die ihm nur obliegt, weil es deren Organ im formellen Sinn ist.

Dieser Grundsatz ist für das Konzernrecht von erheblicher praktischer Bedeutung: Das Mutterunternehmen haftet für sein Organ bei der Tochter nur, wenn dieses gegen generell anwendbare Gesetzesnormen verstösst und nach Art. 41 OR widerrechtlich handelt oder aber wenn die Mutter gestützt auf seine faktische Stellung innerhalb der Tochter selber als faktisches Organ gemäss Art. 754 OR haftbar wird, indem es ihm obliegende Pflichten verletzt[49]. Fehlen diese Voraussetzungen, haftet das Mutterunternehmen nicht; zum Beispiel dann nicht, wenn sein Organ bei der Tochter gegen Pflichten verstösst, die sich nur aus dessen formeller Organqualität ergeben, denen das faktische Organ aber nicht unterliegt[50]. Das gilt erst recht, wenn das Mutterunternehmen die einheitliche Leitung des Tochterunternehmens durch Personen ausüben lässt, die keine formellen Organe des Tochterunternehmens sind. In diesen Fällen unterliegen weder die Mutter noch ihre Organe solchen formellen Organpflichten. Der Grundsatz kann auch in die andere Richtung zu Lasten der Mutter wirken: Liegen die zusätzlichen haftungsbegründenden Pflichten nur bei ihr vor, aber nicht beim Organ – was zum Beispiel bei Pflichten der Fall ist, die sich aus einer vertraglichen Bindung ergeben oder nur der Mutter wegen der Kenntnis bestimmter Tatsachen obliegen – haftet das Mutterunternehmen für jede Verletzung[51].

---

49   Vgl. dazu unten III Ziff.5.
50   Insbesondere führt der Verstoss gegen die in Art. 716a OR genannten Pflichten der Verwaltungsräte durch ein Organ, welches nur faktisches Organ ist, nur dann zu seiner Haftung, wenn es zur Konzernleitung verpflichtet ist; vgl. dazu oben § 14.
51   Vgl. dazu unten III Ziff.5 lit.b.

§ 32 Die Haftung des Mutterunternehmens als Organ sowie für Organe der Tochter

III. Die Haftung des Mutterunternehmens als Organ gemäss Art. 754 OR

1. Fragestellung

a) *Haftung des Mutterunternehmens als Haftung für Organe*

Gemäss Art. 754 OR sind die mit der Verwaltung der Aktiengesellschaft befassten Personen den Aktionären und den Gesellschaftsgläubigern für denjenigen Schaden verantwortlich, den sie durch die Verletzung ihrer Pflichten verursachen. Wird gestützt auf diese Vorschrift ein Doppelorgan oder eine Hilfsperson des Mutterunternehmens als Organ der Tochtergesellschaft verantwortlich, haftet die Mutter bereits gestützt auf die Vorschriften über die Organhaftung[52] resp. über die Haftung für Hilfspersonen[53] *für* diese Organe. Voraussetzung für die Haftung des Mutterunternehmens aus diesen Rechtsgründen ist die Organschaft der fehlbaren Person bei der Tochter, im erstgenannten Fall auch bei der Mutter, und das Vorliegen einer widerrechtlichen pflichtwidrigen Handlung der Mutter, begangen durch das Organ.

Gegenüber der Haftung der Mutter für seine Doppelorgane gestützt auf Art. 55 ZGB und 722 OR führt die Haftung der Mutter für Pflichtwidrigkeiten ihrer Organe, die eine Verletzung von Art. 754 OR darstellen, dazu, dass die Mutter auch haftet, wenn das Verhalten ihrer Organe nicht zugleich widerrechtlich im Sinne von Art. 41 OR ist[54].

b) *Haftung des Mutterunternehmens als Organ der Tochter*

Wird das Organ eines Mutterunternehmens bei der Tochter schadenstiftend tätig, liegt eine Handlung dieses Mutterunternehmens vor, wenn das Organ dabei für dieses gehandelt hat. Ist nicht nur der Vertreter der Mutter beim Tochterunternehmen ihr Organ, sondern auch die Mutter selber faktisches Organ gemäss Art. 754 OR, unterliegt sie selber den Pflichten, die dem faktischen Organ obliegen und haftet, wenn diese Pflichten verletzt werden. Das Mutterunternehmen haftet in diesem Fall unmittelbar auch dann, wenn keines der Doppelorgane pflichtwidrig und widerrechtlich gehandelt hat.

---

52 Vgl. dazu oben II.
53 Vgl. dazu unten § 33.
54 Forstmoser, Verantwortlichkeit, N 715.

Es stellt sich daher die Frage, ob nicht nur die Organe des Mutterunternehmens faktische Organe der Tochter gemäss Art. 754 OR sein können, sondern ob auch die Mutter selber eine mit der Verwaltung und der Geschäftsführung befasste Person sein kann[55]. Ihr direkter Einbezug würde insbesondere auch bedeuten, dass sie auch dann haftbar werden könnte, wenn keinem ihrer Organe eine die Verantwortlichkeit auslösende Pflichtverletzung vorgeworfen werden kann. Diese Frage stellt sich insbesondere bei der Haftung des Organs aus Unterlassung[56]. Die Relevanz der Fragestellung ergibt sich auch aus dem Umstand, dass das Mutterunternehmen ein Organ ist mit Möglichkeiten und Wissen, die in der Regel über das hinausgehen, was das "natürliche" Organ aufweist[57].

Es ist daher zu prüfen, ob und inwieweit die Bestimmungen zur aktienrechtlichen Verantwortlichkeit auch innerhalb des Konzernes anwendbar sind und inwieweit die Konzernmutter als faktisches Organ für ein Verhalten beim Tochterunternehmen verantwortlich werden kann, was zu einem Anspruch aus aktienrechtlicher Verantwortlichkeit führen könnte.

2. Der Organbegriff im aktienrechtlichen Verantwortlichkeitsrecht

a)   Der haftungsrechtliche Organbegriff im Schweizer Recht

Als "Organe" werden einerseits in organisationsrechtlichen Normen des Gesellschaftsrechts die Funktionsträger innerhalb einer Gesellschaft bezeichnet und andererseits diejenigen Personen, die die Gesellschaft verwalten, sie nach Aussen vertreten und die sie durch ihr erlaubtes und unerlaubtes Handeln verpflichten. Der zweitgenannte haftungsrechtliche Organbegriff ist enger – er umfasst nur die Mitglieder der Verwaltung – und weiter zugleich, da er an tatsächliche Momente anknüpft und nicht an einen formellen Bestellungsakt.

---

[55]   Dies wird befürwortet von Schucany, S. 82f; Wohlmann, S. 126; E. Schucany, Kommentar, Art. 707 N 5; Woernle, S. 23; Petitpierre-Savin, S. 135ff, wobei allerdings nur die letzte die Haftung direkt auf Art. 754 OR abstützt, und von Planta, Hauptaktionär, S. 87 (Haftung nur für das Organ nach Art. 55 Abs.2 ZGB, welches gegenüber dem Dritten aus Art. 754 OR haftet). Ablehnend insbesondere von Steiger Werner, Holdinggesellschaften, S. 313a; Zweifel, S. 96f. Forstmoser, a.a.O., lässt die Frage offen.
[56]   Vgl. dazu unten Ziff.5 lit.c.
[57]   Als Konsequenz auch von Albers, S. 172, aufgezeigt.

b) *Der Organbegriff im aktienrechtlichen Verantwortlichkeitsrecht; formelle Anknüpfungspunkte*

Der Bestimmung des Art. 754 OR sind "die Mitglieder des Verwaltungsrats und alle mit der Geschäftsführung befassten Personen" unterstellt. Mit der ausdrücklichen Nennung der Mitglieder des Verwaltungsrats, stellt der Gesetzgeber klar, dass der Organbegriff des Art. 754 in jedem Fall diejenigen Personen umfasst, die eine formelle Organstellung als Verwaltungsrat einnehmen[58]. Dieser Einbezug der formell zu Mitgliedern der Verwaltung und damit zu Organen im organisationsrechtlichen Sinn ernannten Personen, dient insbesondere auch dem Bedürfnis, alle im Handelsregister eingetragenen Verwaltungsräte den aussenstehenden Dritten gegenüber für Pflichtverletzungen haften zu lassen und zu verhindern, dass sich bloss fiduziarische Verwaltungsräte durch den Hinweis auf ihre fehlende tatsächliche Geschäftsführungsfunktion befreien können[59].

c) *Der Organbegriff im aktienrechtlichen Verantwortlichkeitsrecht; faktische Anknüpfungspunkte*

Der neue Wortlaut von Art. 754 OR beschränkt sich ausdrücklich nicht mehr darauf, die formell mit der Verwaltung und Geschäftsführung betrauten Verwaltungsräte zu erfassen. Durch die Umschreibung der passivlegitimierten Organe als alle mit der Geschäftsleitung und Verwaltung *befassten* Personen wird zum Ausdruck gebracht, dass nicht allein auf einen organisationsrechtlichen formellen Organbegriff abgestellt werden soll, sondern auch auf faktische Elemente. Als haftungsrechtliche Norm knüpft Art. 754 OR mit den anderen haftungsrechtlichen Normen des Gesellschaftsrechts auch an den haftungsrechtlichen Organbegriff und somit an tatsächliche Sachverhalte. Das Bundesgericht[60] verwendet für die Prüfung der Organqualität dementsprechend auch die gleichen Kriterien wie bei Art. 55 OR[61]. Die Ausweitung des Organbegriffs auf Personen, die Entscheide treffen, die eigentlich den ernannten Organen vorbehalten sind, oder die eigentliche Geschäftsführung besorgen, wurde durch das Bundesgericht zuletzt in BGE 107 II 354 bestätigt.

---

58 Forstmoser, Verantwortlichkeit, N 718.
59 Forstmoser, Verantwortlichkeit, N 654; Albers, S.41f.
60 BGE 101 Ib 422f.
61 BGE 65 II 6; Forstmoser, Verantwortlichkeit, N 645ff.

3. Die leitenden Personen beim Mutterunternehmen als faktische Organe des Tochterunternehmens

a)   Ausgangslage

Jene Personen, die beim Mutterunternehmen die einheitliche Leitung über die Tochter sicherstellen, nehmen in beiden Unternehmen eine Stellung ein, die derjenigen eines Organs gleichkommt. Es stellt sich die Frage, ob und unter welchen Voraussetzungen diese Personen faktische Organe der Tochter sind und – daran anschliessend – ob das Mutterunternehmen selber auf dem Wege der Organhaftung ins Recht gefasst werden kann[62].

b)   Die leitenden Personen beim Mutterunternehmens als faktische Organe der Tochter

Die einheitliche Leitung eines Tochterunternehmens kann durch Personen beim Mutterunternehmen erfolgen, die innerhalb der Tochter keine formelle Funktion ausüben. Trotzdem leiten sie die Tochter gestützt auf die Leitungsmacht der Mutter[63] und veranlassen diese zu Handlungen, die sie für die Sicherstellung der einheitlichen Leitung als nötig errachten. Ob sich diese Leitungsmechanismen auf eine 100%ige Beherrschung der Tochter abstützen oder auf andere Elemente, ist unerheblich[64]. Die Personen, welche auf diese Weise die Leitung ausüben, sind formell Aussenstehende und haben – formell – mit dem Tochterunternehmen nichts zu tun, treffen aber den Organen der Tochter vorbehaltene Entscheidungen oder besorgen die eigentliche Geschäftsleitung; sie nehmen auf diese Weise auf die Willensbildung der Gesellschaft massgebend Einfluss. Sie sind, wie die sogenannten stillen oder verdeckten Verwaltungsräte, faktische Organe[65]; als solche besorgen sie die eigentliche Geschäftsführung, ohne dass der Dritte sie als Organe des Tochterunternehmens erkennen könnte[66].

---

[62]   Vgl. dazu unten Ziff.4.
[63]   Vgl. dazu unten § 6 II.
[64]   a.a.O.
[65]   BGE 107 II 354 und die darin zitierten Entscheide.
[66]   Forstmoser, Verantwortlichkeit, N 710; Bürgi, N 124 zu Art. 753 OR; Albers, S. 58.

4. Die Konzernmutter als faktisches Organ

a) Das Mutterunternehmen als faktisches Organ des Tochterunternehmens

Es ist bereits festgestellt worden, dass das Mutterunternehmen für Organe der Tochter, die als Doppelorgane auch seine Organe sind, gestützt auf Art. 55 ZGB und 722 OR haftbar werden kann, weil es dadurch selber zum widerrechtlich handelnden Organ der Tochter wird. Es stellt sich daran anschliessend die Frage, ob die juristische Person Mutterunternehmen auch als faktisches Organ direkt und unmittelbar der aktienrechtlichen Verantwortlichkeitshaftung unterliegt.

Weil feststeht, dass die juristische Person Organ im haftungsrechtlichen Sinn sein kann[67], könnte sich eine Differenzierung auf der Stufe des Verantwortlichkeitsrechts und somit ein Ausschluss juristischer Personen als faktische Organe nur noch auf Art. 754 OR abstützen. Unter dem alten Recht verbat der klare Wortlaut der Norm jedoch eine solche Differenzierung: Die Bestimmung ordnete im gleichen Satz die Tätigkeitsbereiche "Verwaltung", "Geschäftsführung" und "Kontrolle" der Person zu, die gemäss Art. 727 Abs.3 OR als Kontrollstelle eine juristische Person sein kann. Eine Differenzierung dieser drei Tätigkeitsbereiche in solche, die nur einer natürlichen Person zugänglich sind, und in solche, die auch von juristischen Personen wahrgenommen werden können, liess sie aus, so dass eine solche Differenzierung nicht auf den Gesetzestext abgestützt werden konnte. Das revidierte Recht hat diese bewusste Gleichstellung der aus Verantwortung haftbaren Organe aufgehoben und die Revisionshaftung in einem separaten Art. 755 OR ausgegliedert. Der gegenüber Art. 754 weitgehend identische Wortlaut und Satzaufbau ("Alle mit ... befassten Personen sind sowohl der Gesellschaft...") zeigt, dass mit dieser Aufgliederung nicht der Wille verbunden war, zwei unterschiedliche formelle Organbegriffe zu statuieren. Ein solcher Wille ergibt sich auch nicht aus den Materialen. Formelle Gründe sprechen somit keine gegen die faktische Organschaft einer juristischen Person.

Wichtiger noch als die formelle Gleichstellung ist der Zweck der Norm, der die Anerkennung der juristischen Person als faktisches Organ nicht nur erlaubt, sondern ihn vielmehr erfordert und als zwingend erscheinen lässt: Der Einbezug des stillen Verwaltungsrats[68] als faktisches Organ zeigt, dass nicht nur die erkennbar für das fragliche Unternehmen tätigen Personen erfasst werden sollen, sondern auch die Kräfte im Hintergrund, die auf das Unternehmen einwirken und

---

67 Vgl. dazu oben II.
68 BGE 107 II 355; Forstmoser, Verantwortlichkeit, N 700.

es steuern. Das Mutterunternehmen, das auf diese Weise die Tochter steuert, ist faktisches Organ. Steuert das Mutterunternehmen die Tochter nicht auf diese Weise, ist es kein faktisches Organ[69].

b) *Folgerungen aus der Organqualität des Mutterunternehmens im aktienrechtlichen Verantwortlichkeitsrecht*

Weil das Mutterunternehmen selber faktisches Organ ist, haftet es auch in denjenigen Fällen aus Verantwortlichkeit, in denen es auf der Ebene des Tochterunternehmens nicht durch ein Organ handelt, für welches es ohnehin gestützt auf Art. 55 ZGB und 722 OR haften würde. Es haftet auch dann, wenn es seinen Einfluss auf das Tochterunternehmen durch eine weisungsbefugte Hilfsperson ausübt. Ist das Mutterunternehmen faktisches Organ der Tochter, haftet es insbesondere auch dann, wenn sein Vertreter als Organ der Tochter rechtmässig gehandelt hat und es somit weder durch diesen noch für diesen haften müsste[70]. Dazu kommt, dass das Mutterunternehmen als faktisches Organ unmittelbar haftet, also auch in denjenigen Fällen, in denen beim fehlerhaften Organ eine individuelle Haftungsvoraussetzung fehlt und dieses allein nicht haftbar wäre[71].

5. Die Haftung des Mutterunternehmens aus aktienrechtlicher Verantwortlichkeit

a) *Fragestellung*

Beim Vorliegen jener Voraussetzungen, die einen Verantwortlichkeitsanspruch begründen – Schaden, Pflichtverletzung beim Mutterunternehmen, adäquater Kausalzusammenhang und Verschulden –, haftet das Mutterunternehmen[72] direkt dem Geschädigten als Organ. Unter den genannten Haftungsvoraussetzungen ist das Verschulden von besonderer Bedeutung, weil es immer von den Verhältnissen des haftbaren faktischen Organs abhängt, welches, handelt es sich dabei um eine juristische Person, ganz andere Möglichkeiten hat als eine natürliche Person.

---

69 Seine Haftung für Sachverhalte bei der Tochter kann sich in diesem Fall nur noch auf die Haftung für Hilfspersonen abstützen; vgl. unten § 33.
70 Forstmoser, Verantwortlichkeit, N 714; Gl.M. auch Petitpierre-Savin, S. 153ff und Kehl, ohne Begründung, S. 55.
71 Vgl. dazu oben FN 48.
72 Der Hauptaktionär, der nur die Generalversammlung kontrolliert, nicht aber die Verwaltung, ist nicht Mutterunternehmen und haftet nicht; von Planta, Hauptaktionär, S. 85.

b) Insbesondere das Verschulden des Mutterunternehmens

Die Haftung aus Verantwortlichkeit setzt das schuldhafte – auch leicht fahrlässige – Begehen einer Pflichtverletzung voraus. Für die Frage der Schuld sind die Verhältnisse bei der schadenstiftenden Person massgebend. Entscheidend dabei ist, ob die in Frage stehende Person den Erfolg ihres Handelns hätte voraussehen können und müssen[73]. Den Fähigkeiten und dem Wissen der haftbaren Person kommt somit eine erhebliche Bedeutung zu. Weil die haftungsbegründenden Pflichten nicht nur den leitenden Personen obliegen, sondern auch dem Mutterunternehmen selber[74], sind bei der Prüfung des Verschuldens nicht nur die Verhältnisse bei diesen Personen zu beachten, sondern auch diejenigen des Mutterunternehmens insgesamt; sein ganzes Wissen und alle seine Fähigkeiten. Anders als bei der Haftung für Hilfspersonen oder Organe haftet das Mutterunternehmen in diesen Fällen nicht subsidiär für Drittverschulden, sondern direkt für eigenes Verschulden wegen Verletzung eigener Pflichten.

Das Wissen und die Fähigkeiten der juristischen Person übersteigen immer diejenigen der ihr angehörenden natürlichen Personen. Dazu kommt, dass die Fähigkeiten des Mutterunternehmens nicht nur in ihm selber liegen, sondern gestützt auf die einheitliche Leitung auch in den Möglichkeiten des Konzerns als Ganzes. Die durch qualifiziertes Wissen und hohe Fähigkeiten begründete erhöhte Verantwortung der Mutter macht aus der verantwortlichkeitsrechtlichen Organhaftung juristischer Personen ein griffiges Instrument des Konzernhaftungsrechts[75]. Es ist allerdings in seiner Wirkung auf das widerrechtliche Verhalten des die Tochter leitenden Mutterunternehmens beschränkt. Zu einer allgemeinen und gesetzwidrigen Haftung für die Schulden der Tochter führt sie nicht.

c) Insbesondere die Pflichtverletzung der Mutter und ihre Haftung aus Unterlassung

Das Mutterunternehmen ist gestützt auf die einheitliche Leitung in der Lage, das Tochterunternehmen zu einem Handeln zu veranlassen, dass sicherstellt, dass keine aussenstehenden Dritte geschädigt werden. Im Rahmen von Gesetz und Statuten übt die Mutter über die Tochter die Leitungsmacht aus, was sie zum faktischen Organ der Tochter macht. Anders als das formelle Organ unterliegt das faktische Organ keinen vertraglichen Pflichten, sondern ausschliesslich denjenigen gesetzli-

---

73 Von Tuhr/Peter, S. 429.
74 Es ist, wie die leitenden Personen bei der Tochter, Organ.
75 In der Lehre, Forstmoser, Verantwortlichkeit, N 703ff; Albers, S. 168ff; wird diese Möglichkeit verkannt.

chen Pflichten, die sich unmittelbar aus der Organqualität ergeben. Seine Haftung stützt sich direkt auf die Organqualität ab resp. auf die Handlung der Mutter als Handlung eines Organs; begeht es eine unerlaubte Handlung oder verletzt es eine gesetzliche Pflicht, haftet es für den dadurch entstandenen Schaden.

In vielen Fällen bleibt das Mutterunternehmen jedoch durch seinen Vertreter innerhalb der Tochter passiv, oft gerade dann, wenn die konkrete schadenstiftende Handlung eingeleitet wird. Es stellt sich die Frage, ob das faktische Organ auch aus Unterlassung haftbar werden kann. Als Haftung aus Geschäftsführung ohne Auftrag[76] hat die Haftung des faktischen Organs auch den Zweck, Personen, die ohne formelle Grundlage Organbefugnisse wahrnehmen, haftbar werden zu lassen, wenn ihre Einmischung zu Schäden geführt hat. Das ist auch der Fall, wenn sie nicht direkt und unmittelbar einen Schaden verursacht, sondern lediglich einen Ablauf in Gang gesetzt haben, der erst später und ohne Mitwirkung des faktischen Organs zum Schaden führt.

Das Mutterunternehmen, das sich Organbefugnisse anmasst, hindert dadurch im betroffenen Bereich die formellen Organe an der Wahrnehmung ihrer Kompetenzen, mit der Folge, dass sich die formellen Organe für diesen Bereich als nicht mehr zuständig erachten. Das Mutterunternehmen hat damit eine Gefahr geschaffen, die darin besteht, dass sich die formellen Organe nicht mehr verantwortlich fühlen und dass ihnen das Wissen verlorengeht, um die Geschäftsführungsentscheide kompetent zu fällen, zu denen sie verpflichtet sind. Die Schaffung der Gefahr ist nicht widerrechtlich, solange das Mutterunternehmen sicherstellt, dass keine Dritten zu Schaden gelangen, zum Beispiel weil das Tochterunternehmen eine nötige Entscheidung zu fällen unterlässt oder weil es falsch entscheidet. Das Mutterunternehmen ist dafür verantwortlich, dass diese Gefahr zu keinen Schäden bei Dritten führt; ihm obliegt eine Garantenstellung aus Ingerenz[77].

Das Mutterunternehmen haftet als faktisches Organ folglich nicht nur für sein aktives Tun, sondern auch für sein Unterlassen in demjenigen Bereich, in welchen es sich eingemischt[78] und dadurch die gesetzlich vorgesehenen Entscheidungswege verletzt hat. In diesen Fällen obliegt dem Mutterunternehmen eine auf vorgängiges Handeln gestützte Leitungspflicht[79]. Diese Pflicht besteht so lange, bis das Tochterunternehmen wieder selbständig entscheiden kann. Kommt das Mutterunterneh-

---

76 Die Anwendung dieser Vorschriften ist allerdings entbehrlich, weil das faktische Organ ohnehin der Sorgfaltspflicht für Organe unterliegt; auch von Planta, Hauptaktionär, S. 92.
77 Druey, Organ, S. 77; vgl. dazu auch oben § 25 IV Ziff.2 lit.d.
78 Forstmoser, Verantwortlichkeit, N 686.
79 Vgl. dazu oben § 14.

men dieser Pflicht nicht nach, wird es durch Unterlassen aus Verantwortlichkeit haftbar, denn die Unterlassung wird im aktienrechtlichen Verantwortlichkeitsrecht dem aktiven Tun gleichgesetzt.

§ 33 Die Haftung der Mutter für Handlungen der Tochter; die Tochter als Hilfsperson

I. Der Vertreter des Mutterunternehmens beim Tochterunternehmen als Hilfsperson

1. Fragestellung

a) Der Vertreter der Mutter beim Tochterunternehmen als Hilfsperson der Mutter

Wird das Mutterunternehmen aus einem Verhalten seiner Organe, die auch Organe der Tochter sind, haftbar, so haftet es nicht für das Verschulden und die Handlungen Dritter, sondern für eigenes Verschulden und für eigene Handlungen[1]. Übt das Mutterunternehmen direkten Einfluss auf die Tochter aus, haftet es für dadurch entstandenen Schaden als faktisches Organ gemäss Art. 754 OR. In vielen Fällen stellt das Mutterunternehmen die einheitliche Leitung des Tochterunternehmens jedoch nicht durch eigene Organe sicher, sondern durch Personen, die keine Organe des Mutterunternehmens sind. Es stellt sich die Frage, ob und unter welchen Voraussetzungen diese Vertreter Hilfspersonen des Mutterunternehmens sind und das Mutterunternehmen für die Folgen ihrer widerrechtlichen Handlungen haftbar wird.

b) Das Tochterunternehmen als Hilfsperson der Mutter

Die Gesellschaft haftet nur für ihre Hilfspersonen, wenn diese einen Schaden – mit oder ohne Verschulden – verursacht haben[2]. Oft wird eine Hilfsperson der Mutter als Organ des Tochterunternehmens selber nicht haftbar, weil sie an einer Pflichtverletzung der Tochter nicht selbst beteiligt war: Das widerrechtliche Verhalten einer juristischen Person ist nicht in jedem Fall die Folge einer Pflichtverletzung *aller* ihrer Organe; möglicherweise haben nur einzelne Organe der Tochter eine Pflichtverletzung begangen, zum Beispiel diejenigen, die weder Organ noch Hilfsperson der Mutter sind. Das führt zur Frage, ob auch das Tochterunternehmen als

---

[1] Vgl. dazu oben § 32.
[2] Statt vieler: BGE 95 II 97: dass er "durch sein Verhalten, sei es ein Tun oder eine Unterlassung, den Schaden verursachte oder mitverursachte".

solches Hilfsperson des Mutterunternehmens ist und ob aus diesem Grund das Mutterunternehmen als Geschäftsherr auch im deliktischen Bereich[3] für seine Tochter als Hilfsperson gemäss Art. 55 OR haftet.

2. Der Vertreter des Mutterunternehmens als Hilfsperson

a)   Der Vertreter des Mutterunternehmens als weisungsgebundener und untergeordneter Angestellter

Der Vertreter des Mutterunternehmens innerhalb der Tochter stellt die einheitliche Leitung[4] sicher. Diese wichtige Aufgabe wird das Mutterunternehmen in der Regel nicht einem untergeordneten Mitarbeiter anvertrauen, sondern jemandem, der aufgrund seiner Stellung in ihm Organ ist. Wird ausnahmsweise trotzdem die einheitliche Leitung der Mutter durch einen untergeordneten Angestellten sichergestellt, der gestützt auf Weisungen der Mutter handelt, sind seine Handlungen nicht eigene Handlungen, sondern mittelbare Handlungen der Mutter, die durch den Angestellten die Leitung über die Tochter ausübt und aus diesem Grund selber faktisches Organ ist[5]. Das weisungstreue Verhalten der Hilfsperson stellt daher immer auch ein Verhalten der Mutter dar mit den dafür vorgesehenen Haftungsfolgen[6].

b)   Der Vertreter des Mutterunternehmens als Dritter

In vielen Fällen wird nicht ein weisungsgebundener Mitarbeiter des Tochterunternehmens mit der Vertreterfunktion beauftragt, sondern ein Dritter, der nur aufgrund seiner rechtlichen Funktion als Beauftragter gegenüber dem Mutterunternehmen einem Subordinationsverhältnis unterliegt, nicht aber wirtschaftlich. Diese auf tatsächlichen Elementen aufbauende höhere Unabhängigkeit des Dritten zwingt im Einzelfall zur Prüfung, ob dieser aufgrund seiner – auch fachlichen Autorität – zum Entscheidungsträger und damit zum Organ des Mutterunternehmens geworden ist[7]. Die erhöhte Selbständigkeit der Hilfsperson führt auch dazu, dass das an und für sich weisungsbefugte Organ der Mutter – und mit ihm das Mutterunternehmen selber – trotz dieser Weisungsbefugnis nicht in jedem Fall zum faktischen Organ

---

3   Setzt das Mutterunternehmen die Tochter als Erfüllungsgehilfe gemäss Art. 101 OR ein, haftet es für den durch diese verursachten Schaden; vgl. oben § 27 III Ziff.5.
4   Vgl. dazu oben § 6.
5   Vgl. dazu oben § 32 III Ziff.4.
6   a.a.O.
7   Albers, S. 166 und dort zitierte Literatur.

des Tochterunternehmens wird. Nutzt die Hilfsperson ihren formell gegebenen Entscheidungsspielraum als Organ der Tochter in denjenigen Fällen aus, in welchen eine potentiell schadenstiftende Entscheidung zu treffen ist, und handelt sie selbständig als Organ der Tochter, aber nach den Interessen der Mutter, wie sie sie versteht, ist sie nur Hilfsperson des Mutterunternehmens, nicht aber dessen Organ. Geht ihre Selbständigkeit so weit, dass sie nicht im vermeintlichen Interesse der Mutter handelt, sondern selbständig gestützt auf ihr eigenes Fachwissen, ist sie nicht einmal mehr Hilfperson[8]. Das Mutterunternehmen ist in diesen Fällen nicht faktisches Organ, was der Fall wäre, wenn die Tochter zum Beispiel ohne eigenen Entscheidungsspielraum seine Weisungen vollzöge.

II. Das Organ des Tochterunternehmens als Hilfsperson des Mutterunternehmens

1. Die Vereinbarkeit mit Art. 707 Abs. 3 OR

Ein Teil der Lehre[9] lehnt es ab, das Mutterunternehmen aus Geschäftsherrenhaftung für das Verhalten seiner Vertreter innerhalb des Tochterunternehmens haften zu lassen mit der Begründung, dass eine solche Haftung Art. 707 Abs.3 widerspreche und mit dem Verweis darauf, dass ein Weisungsrecht fehle[10]. Dieser Auffassung kann nicht zugestimmt werden; in keinem Fall lässt sie sich auf Art. 707 Abs.3 OR abstützen. Dies sogar dann nicht, wenn man die in dieser Arbeit vertretene Auffassung ablehnt, wonach Art. 707 Abs.3 OR lediglich die formelle Organqualität betrifft, nicht aber die sich auf tatsächliche Umstände stützende Organqualität im haftungsrechtlichen Sinn[11], und damit auch die Doppelorganschaft im Konzern für ausgeschlossen hält.

Die Diskussion über die Doppelorganschaft verursacht deshalb Schwierigkeiten, weil die Handlung des Organs immer eine Handlung der juristischen Person ist[12]. Folgt man der Auffassung, dass ein Organ des Mutterunternehmens zugleich auch Organ im haftungsrechtlichen Sinn des Tochterunternehmens sein kann, wird das

---

8   Oftinger/Stark, Band II/1, § 20 N 67. Dass Anwälte wegen ihrer Selbständigkeit ganz grundsätzlich keine Hilfspersonen sein können, ist m.E. nicht zwingend. Gerade die Vertretung der Mutter innerhalb einer Konzerntochter ist eine Funktion, in der der Anwalt ausschliesslich – im Rahmen der Rechtsordnung – weisungsgebunden handelt.
9   Falkeisen, S. 83.
10   Vgl dazu Max Albers, S. 165 und dort zitierte Literatur.
11   Vgl. dazu oben § 31 I Ziff.2 lit.c.
12   Vgl. dazu oben § 31 I Ziff.2.

Mutterunternehmen zum Organ des Tochterunternehmens, was – bei enger Auslegung – tatsächlich Art. 707 Abs. 3 OR widersprechen könnte. Ganz anders liegen die Dinge bei der Hilfsperson, denn sie ist kein Organ; anerkennt man den Vertreter der Mutter innerhalb des Verwaltungsrates des Tochterunternehmens als eine Hilfsperson der Mutter, ist damit zur Organschaft des Mutterunternehmens beim Tochterunternehmen noch nichts gesagt. Ein Widerspruch zur Art. 707 Abs.3 OR ist somit ausgeschlossen[13].

2. Das fehlende formelle Weisungsrecht

a) Ausgangslage

Die Fragestellung ist ähnlich derjenigen, die sich im Zusammenhang mit der Frage der Doppelorganschaft gestellt hat mit dem Unterschied, dass der Vertreter der Mutter nur dann deren Hilfsperson ist, wenn er ihr gegenüber einem Subordinationsverhältnis unterliegt. Die Tatsache, dass das Organ des Tochterunternehmens sich formell in einer vom Mutterunternehmen unabhängigen Situation befindet, in welcher es – formell – nur dem Tochterunternehmen verpflichtet ist[14], scheint gegen diese Konstruktion zu sprechen; es ist zu prüfen, ob der Vertreter der Mutter beim Tochterunternehmen auch deren Hilfsperson ist oder nur Organ des Tochterunternehmens.

b) Pflichtbeziehungen der Hilfsperson und das Weisungsrecht des Mutterunternehmens

Jede Hilfsperson unterliegt zwei Pflichtbeziehungen; derjenigen gegenüber dem Geschäftsherrn und derjenigen gegenüber der Rechtsordnung insgesamt. Die durch die Rechtsordnung bestimmten Pflichten begrenzen das Weisungsrecht des Geschäftsherrn, der haftbar wird, wenn aus solchen Pflichtverletzungen ein Schaden entsteht[15]. Dabei spielt es keine Rolle, ob der Schaden in Ausübung oder durch Missachtung einer internen Weisung entstanden ist. Ist die Hilfsperson des Mutterunternehmens zugleich Organ des Tochterunternehmens, werden die ausserhalb des Weisungsrechts der Mutter liegenden gesetzlichen Pflichten um diejenigen Pflichten erweitert, welche die Rechtsordnung dem Organ des Tochterunternehmens

---

13 Albers, S. 165.
14 Das ist auch der Fall bei einer 100%igen Beteiligung; allerdings sind dort die Interessen der Tochter anders gelagert und mit denen der Mutter identisch; vgl oben § 13; von Planta, Hauptaktionär, S. 75.
15 Art. 55 OR.

auferlegt und deren Verletzung zu seiner Haftung führt. Auch bei diesen Pflichten handelt es sich um gesetzliche Pflichten, obwohl sie nicht für jedermann gleichermassen gelten. Die Tatsache, dass dadurch die Weisungsbefugnis des Geschäftsherrn zusätzlich begrenzt wird, ändert am Status als Hilfsperson nichts. Die Rechtsordnung kennt auch ausserhalb des Konzernverhältnisses Hilfspersonen, die gestützt auf ihren Status erhöhten Rechtspflichten unterliegen. Als Beispiel dafür sei der Notar genannt, der bei der Durchführung einer Beurkundung an das Notariats- und Standesrecht gebunden ist. Er unterliegt grundsätzlich ebenfalls dem Weisungsrecht seines Klienten, obwohl dieses nicht nur durch die Rechtsordnung im allgemeinen, sondern auch durch die zitierten Normen eingeschränkt ist. Die gesetzlichen Sorgfaltspflichten der Organe des Tochterunternehmens, die diesem klar definierte Pflichten auferlegen, zwingen diese dazu, ihr Ermessen im Interesse der Tochter und nicht der Mutter[16] auszuüben. Die Organpflichten, denen das Organ der Tochter unterliegt, beschreiben auch den Inhalt rechtmässiger Weisungen des Mutterunternehmens. Weisungen, die ihnen widersprechen sind nichtig. Weil sie das Weisungsrecht begrenzen, können sie somit zu ihm in keinem Widerspruch stehen[17].

III. Die Haftung für das Organ des Tochterunternehmens als Hilfsperson

1. Ausgangslage

Setzt die Mutter im Tochterunternehmen eine Person ein, die aufgrund ihrer Stellung bei der Mutter selber kein Organ ist, ist diese Person eine Hilfsperson[18]; entweder ein eigener Angestellter oder ein aussenstehender Dritter. Verursacht diese Hilfsperson in Ausübung ihrer Tätigkeit für die Mutter[19] widerrechtlich einen Schaden, kommt es zu einer Haftung der Mutter, es sei denn, diese habe die gebotene Sorgfalt zur Schadensvermeidung angewendet oder das Verhalten der Hilfsperson sei nicht für den entstandenen Schaden ursächlich gewesen[20]. Gelingt es der Mutter nicht, den Entlastungsbeweis anzutreten, dass sie die Hilfsperson sorgfältig ausgewählt, instruiert und überwacht habe und dass nicht eine unzweckmässige

---

16 Vgl. dazu oben § 6 II Ziff.3 lit.d.
17 a.a.O.
18 Dass nur eine natürliche Person Geschäftsherr sein kann, wird für das schweizerische Recht nicht vertreten; Oftinger/Stark, Band II/1, § 20 N 81; anders § 831 BGB.
19 Vgl. dazu die Ausführungen zum Organ, oben § 32 II Ziff. 1.
20 Art. 55 OR.

Organisation des internen Betriebsablaufs die Entstehung des Schadens begünstigt hat, ist sie haftbar.

2. Die Einrede der sorgfältigen Auswahl

Setzt die Mutter einen eigenen untergeordneten Mitarbeiter im Tochterunternehmen ein, wird man ihr entgegenhalten dürfen, dass sie nicht die richtige Person ausgewählt habe, denn die anspruchsvolle Stellung als Vertreter des Mutterunternehmens innerhalb des Tochterunternehmens rechtfertigt es, dass sie mit einer Person aus dem Mutterunternehmen besetzt wird, die aufgrund ihrer eigenen Stellung innerhalb des Mutterunternehmens Organ desselben ist und nicht nur untergeordnete Hilfsperson. In der Praxis kommen solche Lösungen auch nicht vor.

Trotzdem ist die Haftung für Hilfspersonen im Konzernrecht von erheblicher praktischer Bedeutung, weil – vor allem bei ausländisch beherrschten Gesellschaften wegen der Nationalitätsvorschriften für die Mitglieder des Verwaltungsrates[21] – oft Dritte als Organe der Tochterunternehmen bestimmt werden, die in der Regel[22] nicht wegen ihrer hierarchischen Stellung oder beruflichen Qualifikation keine Organe des Mutterunternehmens sind, sondern wegen ihrer Unabhängigkeit von ihm.

Aus dem Umstand, dass auf diesem Weg in der Regel fachkundige Personen als Organe der Tochterunternehmen bestimmt werden, kann jedoch nicht geschlossen werden, dass die Umstände der Auswahl der Hilfsperson in jedem Fall eine Haftung ausschliessen würden. Gerade bei Personen, die solche Mandate für eine Vielzahl von Klienten ausüben, obliegt es dem Mutterunternehmen – will es sich im Schadenfall auf die pflichtgemässe Wahl der Hilfsperson berufen – sicherzustellen, dass die gewählte Hilfsperson nicht nur fachlich in der Lage wäre, sondern auch tatsächlich in der Lage ist, die mit der Organstellung verbundenen Pflichten zu erfüllen.

---

21   Art. 708 OR.
22   Auch in diesen Fällen ist die Organqualität immer zu prüfen. Es ist sehr wohl möglich, dass ein als Aussenstehender in den Verwaltungsrat eines Tochterunternehmens gewählter Anwalt oder Treuhänder durch seinen Einbezug in Entscheide des Mutterunternehmens zum Organ desselben wird; vgl. dazu Albers, S. 166 und oben I Ziff. 2 lit.b.

3. Die Einrede der pflichtgemässen Überwachung und Instruktion und der zweckmässigen Organisation

Der Einsatz einer Hilfsperson hat in einem zweckmässigen organisatorischen Umfeld zu erfolgen; liegt dieses Umfeld nicht vor, haftet der Geschäftsherr im Schadenfall, auch wenn er den Nachweis der sorgfältigen Auswahl erbringen kann. Das Mutterunternehmen, welches eine Hilfsperson bei der Tochter plaziert, kann diese nicht frei wirken lassen, sondern hat die Ausübung ihrer auf die tatsächliche Stellung als Vertreterin der Mutter abgestützte Leitungsmacht zu überwachen und sicherzustellen, dass sie ihre Befugnisse kompetent wahrnimmt. In diesem Umfang besteht eine Leitungspflicht, die sich auf Ingerenz abstützt[23]. Die sich daraus ergebenden Pflichten der Überwachung, Instruktion und der Bereitstellung einer zweckmässigen Organisation in der Beziehung zwischen der Mutter und der Tochter sind ein Anwendungsfall der Konzernleitungspflicht der Mutter über die Tochter[24].

IV. Die Tochtergesellschaft als Hilfsperson

1. Fragestellung und praktische Bedeutung

Der Geschäftsherr haftet für widerrechtliche Handlungen seiner Hilfspersonen, die in Ausübung der Geschäftstätigkeit begangen werden[25]. Die erste der beiden Fragen, die sich gestützt auf diese Bestimmung für das Konzernrecht stellen, ist beantwortet: Die Mutter haftet grundsätzlich für ihren Vertreter im Tochterunternehmen, auch wenn er kein eigenes Organ ist, sondern eine Hilfsperson. An diesen Sachverhalt knüpft die im Konzernhaftungsrecht noch wichtigere Frage an, ob nicht nur der Vertreter der Mutter bei der Tochter Hilfsperson ist, sondern auch *die Tochter selber* für ihr Handeln, das sie im Konzerninteresse ausübt.

Jedes widerrechtliche Verhalten einer Tochter, das zur Schädigung Dritter führt, kann Grundlage für eine Haftung des Mutterunternehmens sein, wenn die Rechtsverletzung den Schaden kausal verursacht hat[26]. Widerrechtliches Verhalten liegt

---

23 Vgl. dazu oben § 32 III Ziff.5 lit.c.
24 Vgl. dazu oben § 14.
25 Art. 55 OR.
26 Also nicht, wenn der Richter zwar nicht benachrichtigt wurde, aber der Kredit des Geschädigten in einem Zeitpunkt gegeben wurde, als diese Pflicht noch nicht bestand; de lege ferenda noch weitergehend Vischer/Rapp, S. 202, die eine eigene Konzernpauliana postulieren.

§ 33 Die Haftung der Mutter für Handlungen der Tochter; die Tochter als Hilfsperson   345

nicht nur vor bei Delikten des Strafrechts, sondern bei jedem Verstoss gegen Rechtsnormen überhaupt, gegen Sicherheitsvorschriften des öffentlichen Rechts[27] zum Beispiel, oder gegen die Vorschrift, dass bei Überschuldung der Richter zu benachrichtigen ist. Weil in diesen Fällen die widerrechtliche Handlung von der Tochtergesellschaft ausgeht und nicht von einem Doppelorgan oder einem anderen Stellvertreter der Mutter, kann diese als Geschäftsherr auch haften, wenn keine Organe oder Hilfspersonen des Mutterunternehmens daran beteiligt waren. Der Fall, in welchem ein widerrechtliches Verhalten eines Tochterunternehmens vorliegt, ist häufiger als der Fall, in dem der Vertreter der Mutter an einem widerrechtlichen Verhalten der Tochter mitwirkt; denn in letzterem Fall liegt immer auch ersterer vor, nicht aber umgekehrt. Die Haftung der Mutter als Geschäftsherr für ihre Tochter als Hilfsperson kann aus diesem Grund von erheblicher praktischer Bedeutung sein[28].

2. Der Begriff der Hilfsperson resp. des Erfüllungsgehilfen in Art. 55 und 101 OR

a)   Unterschiedlicher Anwendungsbereich

Art. 55 OR statuiert die Schadenersatzpflicht des Geschäftsherrn für widerrechtliche Handlungen durch seine Hilfspersonen. Art. 101 OR regelt die Haftung für Erfüllungsgehilfen, die in Erfüllung einer vertraglichen Pflicht des Geschäftsherrn bei der anderen Vertragspartei einen Schaden verursachen. Diese beiden Bestimmungen betreffen beide Hilfspersonen[29]; sie unterscheiden sich darin, dass Art. 101 OR nur beim Vorliegen einer Vertragsbeziehung zwischen dem Geschäftsherrn und dem Geschädigten anwendbar ist, während Art. 55 OR Anwendung findet, wenn der Schaden nicht in Erfüllung einer Schuldpflicht verursacht worden ist[30].

b)   Unterschiedlicher Subordinationsgrad

Die Haftung gemäss Art. 55 OR als Haftung auch für die Verletzung von Überwachungspflichten[31] setzt voraus, dass die Hilfsperson zum Prinzipal in einem Unterordnungsverhältnis steht. Anders beim Gehilfen gemäss Art. 101 OR, der zur Er-

---

27   Keller, S. 122; vgl. dazu die Ausführungen zum Organ, oben § 32 II Ziff.1.
28   Wurde bisher allerdings verkannt; ausgesprochen sogar in Albers, S. 180.
29   Auch der Gesetzgeber verwendet in beiden Fällen diesen Begriff; vgl. dazu unten lit.c am Schluss.
30   Oftinger/Stark, Band II/1 § 20 N 25
31   *cura in custodiendo*; Keller, S. 124; Oftinger/Stark, Band II/1, § 20 N 3.

füllung einer vertraglichen Pflicht beigezogen wird; die Haftung für sein Verhalten ist die Folge der Verantwortung des Geschäftsherrn für ein Schuldverhältnis und für alle, die daran teilnehmen[32]. Ein haftungsbegründendes Unterordnungsverhältnis und eine Sorgfaltspflichtverletzung bei der Auswahl, Überwachung und Anleitung der Erfüllungsgehilfen sind in Art. 101 OR für die Haftung des Geschäftsherrn nicht Voraussetzung; vielmehr kann der Verursacher des Schadens als selbständiger Gehilfe dem Prinzipal auch neben- oder gar übergeordnet sein[33]. Der Verzicht auf das Subordinationsverhältnis beim Erfüllungsgehilfen gemäss Art. 101 OR macht diesen Hilfspersonenbegriff gegenüber demjenigen nach Art. 55 OR weiter und lässt ihn mehr Sachverhalte umfassen.

c)   *Identischer Hilfspersonenbegriff?*

Die dargestellten Unterscheidungen beziehen sich auf das Verhältnis zwischen dem Prinzipal und der Hilfsperson und auf das Verhältnis zwischen dem Prinzipal und dem geschädigten Dritten. Sie beschreiben jedoch keinen Unterschied zwischen den Hilfspersonen selber, die aus Art. 55 OR resp. Art. 101 OR ihren Prinzipal haftbar machen. Die Gründe, welche für die Unterscheidung zwischen dem Erfüllungsgehilfen gemäss Art. 101 OR und der Hilfsperson gemäss Art. 55 aufgeführt werden, sind personenunabhängig und können bei einer natürlichen und juristischen Person in gleicher Weise vorliegen[34]. Von ihrem Umfeld, insbesondere ihrer Beziehung zum Geschäftsherrn losgelöst, reduzieren sich die beiden Begriffe der Hilfsperson und des Erfüllungsgehilfen auf die Umschreibung der Person, die unmittelbar einen Schaden verursacht. Diese Person des unmittelbaren Schadenverursachers, die Hilfsperson resp. der Erfüllungsgehilfe, wird für beide Bestimmungen gleich umschrieben: In Art. 55 OR als "Arbeitnehmer oder andere Hilfspersonen"; in Art. 101 OR als "Hilfsperson, wie Hausgenossen oder Arbeitnehmer".

3.   Insbesondere die Hilfsperson als juristische Person

a)   *Wortlaut und systematische Einordnung*

Diese beiden inhaltlich identischen Beschreibungen der Hilfsperson und des Erfüllungsgehilfen der Art. 55 und Art. 101 OR – in beiden Normen wird der Begriff "Hilfsperson" verwendet – wurden gemeinsam mit der Revision des Arbeitsrechts

---

32   Spiro, Erfüllungsgehilfen, § 42.
33   Spiro, a.a.O.
34   Albers, S. 176.

parallel und im gleichen Sinne geändert[35], was auf eine Identität der Hilfspersonen-Begriffe hinweist. Aus diesem Grund kommt dem Umstand, dass das in beiden Art. 55 und Art. 101 OR verwendete Wort "Arbeitnehmer" oder das Wort "Hausgenossen" in Art. 101 OR auf eine Beschränkung auf die natürliche Person hinweisen, keine Bedeutung zu; in beiden Normen werden diese Begriffe als Beispiele für den Begriff "Hilfsperson" aufgeführt und nicht als dessen Umschreibung. Klarer kommt dies im französischen Gesetzestext zum Ausdruck, der von "auxiliaires" spricht und damit nicht die Personenqualität anspricht, sondern auf ihre Funktion als Hilfsperson. Die Hilfsperson unterscheidet sich vom Erfüllungsgehilfen erst, wenn sein Verhältnis zum Prinzipal, resp. das Verhältnis zwischen dem Prinzipal und dem Geschädigten, Teil des Begriffes werden. Aus dem im übrigen identischen Hilfspersonenbegriff folgt, dass die für die Hilfsperson gemäss Art. 101 OR in Literatur und Rechtsprechung anerkannte und unbestrittene[36] Ausweitung auf die juristische Person grundsätzlich auch für die Hilfsperson gemäss Art. 55 OR gelten muss.

b)   Zweck

Die Ausweitung des Hilfspersonen-Begriffs auf juristische Personen ergibt sich insbesondere aber auch aus dem Zweck der Normen: Wer seinen eigenen Handlungsspielraum und seine Handlungsfähigkeit durch den Einsatz von Hilfspersonen ausweitet, ist für die Handlungen, die in diesem erweiterten Handlungsbereich stattfinden, verantwortlich. Das Interesse des Geschädigten und die Verantwortung des Geschäftsherrn liegen dabei unabhängig von der Frage vor, ob die Ausweitung des Handlungsbereichs zum Zweck der Vertragserfüllung geschieht oder zum Zweck der wirtschaftlichen Tätigkeit[37]. Ebensowenig ist eine unterschiedliche Behandlung desjenigen Schadens gerechtfertigt, der entsteht, weil der Geschäftsherr seinen Handlungsbereich durch den Einsatz von natürlichen Personen, wie Arbeitnehmer, erweitert, gegenüber dem Schaden, der durch den Einsatz von juristischen Personen entstanden ist – das Vorliegen der übrigen Voraussetzungen, insbesondere des Unterordnungsverhältnisses, vorausgesetzt. Die Lehre[38] definiert die Hilfsperson einhellig ausschliesslich als Beziehung zum Geschäftsherrn. Zur Frage, ob die Hilfsperson auch eine juristische Person sein kann, äussert sie sich nur im Zusammenhang mit konzernrechtlichen Fragen[39].

---

35   Kehl, S. 58.
36   Spiro, Erfüllungsgehilfen, § 42, FN 26 und die dort zitierte Literatur.
37   Oftinger/Stark, Band II/1, § 20 N 11.
38   Oftinger/Stark, Band II/1, § 20 N 85; Guhl/Merz/Koller, § 25 II Ziff.1; Keller, S. 119.
39   Von Planta, Hauptaktionär, S. 136 und Kehl, S. 58ff.

Eine juristische Person, die zu einem Geschäftsherrn in einem Subordinationsverhältnis steht, ist Hilfsperson, und eine durch sie erfolgte Schadensverursachung führt beim Geschäftsherrn zu einer Haftung gemäss Art. 55 OR. Tochtergesellschaften sind immer juristische Personen. Es stellt sich die Frage, ob eine Tochtergesellschaft, die für das Mutterunternehmen tätig wird, Hilfsperson derselben sein kann mit der Folge, dass die Mutter für den durch die Tochter verursachten Schaden gestützt auf Art. 55 OR haftbar wird.

4. Die Tochter als Hilfsperson des Mutterunternehmens; die Frage des Subordinationsverhältnisses

a)   Ausgangslage

Die Hilfsperson gemäss Art. 55 OR unterscheidet sich von derjenigen nach Art. 101 OR durch ihr Unterordnungsverhältnis zum Prinzipal, was also ihr entscheidendes Merkmal[40] darstellt. Diesem Erfordernis kann die juristische Person leichter und weitgehender als die natürliche Person entsprechen; die Grenzen des Art. 27 ZGB gelten zwar für alle Personen, auch für juristische; aber anders als die natürlichen Personen können sich juristische Personen einem beherrschenden Unternehmen unterwerfen und ihre Persönlichkeitsrechte viel weitgehender einschränken, ohne sich rechts- oder sittenwidrig zu binden[41]: Tochtergesellschaften, die immer juristische Personen sein müssen, können grundsätzlich Hilfsperson sein, wenn sie zum Geschäftsherrn in einem Subordinationsverhältnis stehen.

b)   Die Hilfsperson als gegenüber dem Geschäftsherrn untergeordnete Person

Die Kontrolle der Tochtergesellschaft stützt sich in der Regel nicht auf rechtliche Beziehungen ab[42], sondern auf tatsächliche Beherrschungsinstrumente. Beim Recht der Haftung für natürliche Hilfspersonen ist das Verhältnis von Regel und Ausnahme zwar umgekehrt; die – auch[43] – formelle Unterwerfung ist die Regel und nicht die Ausnahme, doch kann auch hier die Unterwerfung sich ausschliesslich auf

---

40   Oftinger/Stark, Band II/1, § 20 N 60.
41   Vgl. dazu oben § 13 II Ziff.2 lit.a.
42   Die, ähnlich einem Arbeitsvertrag bei der natürlichen Person, ein Abhängigkeitsverhältnis statuieren.
43   Die formelle Unterwerfung kann für sich allein das Subordinationsverhältnis gar nicht begründen. Wo es vorliegt, ist es Grundlage für das tatsächliche Subordinationsverhältnis, welches Voraussetzung für das Hilfspersonenverhältnis ist; vgl unten lit.c; auch Albers, S. 177.

tatsächliche Gegebenheiten abstützen[44]. Es genügt vollkommen, wenn die tatsächliche, wirtschaftliche Beziehung zwischen Geschäftsherrn und Hilfsperson dem Geschäftsherr ermöglicht, der Hilfsperson Weisungen zu erteilen[45]; ein formelles und durch richterlichen Beschluss durchsetzbares[46] Weisungsrecht ist nicht Voraussetzung[47]. Ein haftungsbegründendes Subordinationsverhältnis kann insbesondere auch beim völligen Fehlen jeder vertraglichen Bindung vorliegen[48]. Im übrigen hat der Geschäftsherr auch über die natürliche und formell weisungsgebundene Person kein Weisungsrecht, das ihm erlaubte, sie zu widerrechtlichen Handlungen[49] zu veranlassen. Solche Weisungen sind gemäss Art. 20 OR nichtig und bestehen nicht; führen sie trotzdem zu einem Erfolg, dann ausschliesslich deshalb, weil die Hilfsperson faktischen Zwängen gefolgt ist.

Ein haftungsbegründendes Subordinationsverhältnis liegt nicht nur vor, wenn die Hilfsperson als Resultat der Kontrolle durch den Geschäftsherrn einen Schaden verursacht, sondern auch, wenn sie zum Geschäftsherr in einem Unterordnungsverhältnis steht und den Weisungen des Geschäftsherrn unterliegt, im Einzelfall aber ohne Weisungen selbständig gehandelt und einen Schaden verursacht hat[50]. Aus diesem Grund liegt zwischen einem Mutter- und einem Tochterunternehmen immer ein Subordinationsverhältnis vor; auch dann, wenn zwischen den beiden die Leitungsmechanismen nur vorliegen[51], die effektive Leitung im Zeitpunkt der Schadenausübung aber nicht ausgeübt wird.

---

44 Auch Rehbinder, S. 527, 530f; Anders die h.M. zum deutschen Recht, statt vieler: Ballerstedt, der das Subordinationsverhältnis nur beim Vorliegen einer vertraglichen Unterwerfung annimmt (die in Deutschland gestützt auf §§ 291ff AktG häufiger ist). Von Steiger Werner, Holdinggesellschaften, S. 192a und Caflisch, S. 263, begründen ihre Ablehnung der Hilfspersonenqualität der Tochter auf die ihrer Auffassung nach unmögliche formelle Unterwerfung; diese ist aber nicht Voraussetzung.
45 Oftinger/Stark, II/1, § 20 N 64.
46 Wie von von Planta, Hauptaktionär, S. 136, vertreten wird.
47 Es kann jedoch im Konzern vorliegen, und das Handeln gegen den Willen der Mutter kann widerrechtlich sein; oben § 19 II Ziff.5.
48 Oftinger/Stark, II/1, § 20 N 66; für Fälle in denen kein Vertrag zustande gekomken ist und BGE 41 II 494: Ein Lehrling einer Garage ist Hilfsperson des Kunden, für den er dessen Wagen fährt.
49 Vgl. dazu oben II; Auch Rehbinder, S. 525.
50 Illustrativ der Sachverhalt in BGE 95 II 100.
51 Vgl. dazu im Detail oben § 6 I Ziff.2 lit.d.

c) Kein Unterordnungsverhältnis bei der selbständigen Hilfsperson

Kein Unterordnungsverhältnis liegt indessen vor, wenn die Hilfsperson oder der Erfüllungsgehilfe selbständig ist und auf eigene Rechnung und nach eigenem Urteil handelt[52]. Ist die Hilfsperson dem "Geschäftsherrn" nur vertraglich subordiniert, aber faktisch ebenbürtig und nicht unterworfen, haftet der Geschäfsherr nicht. Man spricht in diesen Fällen auch von selbständigen Hilfspersonen[53]. Anders als das Tochterunternehmen im Konzern ist die selbständige Hilfsperson faktisch nicht untergeordnet: Die selbständige Hilfsperson kann sich dem "Geschäftsherr" entziehen – möglicherweise unter Erleidung einer wirtschaftlichen Einbusse –, anders als die Tochter, die mit institutionellen Mitteln[54] und in den meisten Fällen[55] durchsetzbar beherrscht wird. Die Tochter, die unabhängig erscheint und formell auf eigene Rechnung handelt, nicht aber wirtschaftlich betrachtet, ist demnach keine selbständige Hilfsperson, denn sie bildet mit der Mutter und den anderen Konzernunternehmen eine wirtschaftliche Einheit[56]; sie ist immer Hilfsperson, weil sie der einheitlichen Leitung des Mutterunternehmens unterliegt.

5. Verursachung des Schadens durch die Tochtergesellschaft in Ausübung geschäftlicher Verrichtungen

Der Geschäftsherr haftet für den durch seine Hilfsperson verursachten Schaden, wenn diese in Ausübung geschäftlicher oder dienstlicher Verrichtungen gehandelt hat und die schadenstiftende Handlung der Hilfsperson in einem funktionalen Zusammenhang zu ihrer Stellung steht[57]. Für die Rolle des Tochterunternehmens als Hilfsperson der Mutter im Konzern ist diese Einschränkung in den meisten Fällen[58] nur von theoretischer Bedeutung, denn im Gegensatz zur natürlichen Hilfsperson ist das Tochterunternehmen immer Tochterunternehmen und führt daneben keine konzernfreie Existenz, wie zum Beispiel der Angestellte, der auch als Privater handeln kann. Jede Handlung des Tochterunternehmens, die mit dem

---

52 Oftinger/Stark, Band II/1, § 20 N 67; Oftinger nennt als Beispiele dafür den Bauunternehmer im Verhältnis zum Bauherrn, den Taxifahrer im Verhältnis zum Passagier.
53 Oftinger/Stark, a.a.O.
54 Vgl. dazu oben § 6.
55 Ausnahme: Emanzipation, Vgl. dazu oben § 20.
56 Vgl. dazu oben § 7.
57 Guhl/Merz/Koller, § 25 II Ziff.2.
58 Nach Rehbinder, S. 533, dort, wo der Tochter ein – zwar entziehbares – Feld der eigenen Herrschaft zusteht, was die Folge hat, dass die Mutter für Schäden aus Handlungen in diesem Bereich nicht haftet.

§ 33 Die Haftung der Mutter für Handlungen der Tochter; die Tochter als Hilfsperson 351

Konzernzweck[59] konform ist, erfolgt in Ausübung geschäftlicher oder dienstlicher Verrichtungen. Wie bei der Handlung für eine Gesellschaft, welche zur Erreichung ihres Zwecks Dritte einsetzt, steht die konzernzweckkonforme Handlung der Tochter in einem funktionalen Zusammenhang[60] mit der Rolle des Tochterunternehmens als Hilfsperson des Mutterunternehmens und kann grundsätzlich eine Haftung des Mutterunternehmens gestützt auf Art. 55 OR auslösen[61].

6. Der Entlastungsbeweis des Mutterunternehmens

a) Ausgangslage

Das Mutterunternehmen als Geschäftsherr kann seine Haftung abwenden, wenn es selbst den Nachweis erbringt, dass es oder ein anderes der schadenstiftenden Tochter übergeordnetes Konzernunternehmen[62] "alle nach den Umständen gebotene Sorgfalt angewendet habe, um einen Schaden dieser Art zu verhüten, oder dass der Schaden auch bei Anwendung dieser Sorgfalt eingetreten wäre[63]". Gegenüber der Haftung aus Verschulden legt OR 55 dem Mutterunternehmen einen strengeren Massstab[64] an mit der Folge, dass – die kausale Verursachung vorausgesetzt – auch eine nicht als schuldhafte Handlung qualifizierbare Unsorgfältigkeit des Mutterunternehmens bereits den Entlastungsbeweis misslingen lassen kann und zur Haftung führt. Im einzelnen lassen sich die Sorgfaltspflichten des Geschäftsherrn bei der Verwendung von Hilfspersonen in vier Gruppen aufteilen: In die *curae in eligendo, instruendo, custodiendo* und die zweckmässige Organisation.

b) Die Einrede der sorgfältigen Auswahl (cura in eligendo)

Das Mutterunternehmen hat als Geschäftsherr seine Hilfsperson im Hinblick auf die geplante Verwendung sorgfältig auszusuchen. Das gilt auch für die Auswahl des Tochterunternehmens resp. für die Zuweisung von Aufgaben an dieses: Das Mutterunternehmen muss die nötige Sorgfalt üben und prüfen, ob das Tochterunternehmen den vorgesehenen Aufgaben gewachsen ist. Das gilt nicht nur für die Auswahl einer neuen Hilfsperson, also für den Zukauf eines bestehenden Unter-

---

59 Vgl. dazu oben § 13.
60 Oftinger/Stark, Band II/1, § 20 N 89.
61 Im Ergebnis auch Albers, S.178, sofern in einem zentralistisch organisierten Konzern gehandelt wurde.
62 Für natürliche Personen: Oftinger/Stark, Band II/1, § 20 N 123.
63 Art. 55 OR Abs. 1.
64 Oftinger/Stark, Band II/1, § 20, N 120.

nehmens, sondern auch für die Auswahl einer bestehenden Hilfsperson für eine bestimmte Aufgabe. Das Mutterunternehmen hat gestützt auf seine umfassenden Kenntnisse, die es durch die einheitliche Leitung über das Tochterunternehmen erworben hat, zu entscheiden, ob dieses für die Übernahme der geplanten Aufgabe geeignet ist. Verursacht das Tochterunternehmen in Ausübung dieser Aufgabe einen Schaden und stellt sich im nachhinein heraus, dass das Tochterunternehmen zum Beispiel aufgrund personeller, technischer, finanzieller[65] oder organisatorischer Mängel für diese Aufgabe nicht geeignet war, gelingt dem Mutterunternehmen der Nachweis der *cura in eligendo* nicht.

c) *Die Einrede der sorgfältigen Überwachung und Anweisung*
    (curae in custodiendo, instruendo)

Um sich zu befreien, muss der Geschäftsherr weiter nachweisen, dass er die Hilfsperson im Rahmen seiner Sorgfaltspflicht angewiesen und überwacht hat[66]. Anwendbarkeit und Umfang dieser Sorgfaltspflicht stützen sich nicht auf allgemeine, für Geschäftsherren bestimmter Kategorien anwendbare Regeln und hängen nicht von der Art und Qualität des Geschäftsherrn ab, sondern ergeben sich immer aus der Art der Tätigkeit, die der Hilfsperson zugewiesen wird[67]. Ob und inwieweit das Mutterunternehmen hier Massnahmen zu ergreifen hat, hängt von den Aufgaben ab, die die Mutter dem Tochterunternehmen zuweist. Je schwieriger und unüblicher die durch das Tochterunternehmen zu erfüllende Aufgabe ist, je mehr ist das Mutterunternehmen im Rahmen dieser Obliegenheiten verpflichtet, auf die konkrete Aufgabenerfüllung des Tochterunternehmens Einfluss zu nehmen, indem sie es anweist *(cura in instruendo)* und überwacht *(cura in custodiendo)*.

Weil die Überwachungspflicht der Mutter durch die dem Tochterunternehmen zugewiesene Aufgabe[68] bestimmt und begrenzt wird, muss das Mutterunternehmen eines dezentral geführten Konzerns nicht alle Einzelrisiken der Töchter überwachen[69]. Anders liegen die Dinge im zentralistisch geführten Konzern, in welchem das Mutterunternehmen die Tochter im Detail anweist und daher auch in der Lage ist, die weisungsgemässe Abwicklung der Geschäfte zu überprüfen.

---

65 Auch Albers, S. 180; Die widerrechtliche Handlung der Hilfsperson, die Haftungsvoraussetzung ist, dürfte sich in diesen Fällen auf Art. 725 OR abstützen; von der Lehre wird dieser Sachverhalt oft als Durchgriffstatbestand verstanden (Haftung wegen ungenügender Kapitalausstattung; vgl. dazu oben § 31 II Ziff.2).
66 Oftinger/Stark, Band II/1, § 20 N 135ff.
67 Oftinger/Stark, Band II/1, § 20 N 126; Guhl/Merz/Kummer, § 25 II Ziff.3.
68 Ähnlich einer Haftung aus Ingerenz, vgl. oben § 32 II Ziff.5 lit.c.
69 Rehbinder, S. 538.

Die Tatsache, dass sich das Mutterunternehmen nur entlasten kann, wenn es seine gegenüber dem Tochterunternehmen bestehenden Überwachungsobliegenheiten wahrgenommen hat, bestätigt den an früherer Stelle[70] erarbeiteten Konzernbegriff, wonach nicht bloss die tatsächliche Leitung, sondern bereits das Vorliegen von Leitungsmechanismen ein Konzernverhältnis und eine sich darauf stützende Konzernleitungspflicht[71] begründet. Das Mutterunternehmen, welches das Tochterunternehmen trotz vorliegenden Leitungsmechanismen nicht leitet und deshalb seiner *cura in custodiendo* nicht entspricht, kann gestützt auf die Hilfspersonenhaftung für das Verhalten dieses Tochterunternehmens haftbar gemacht werden.

d)   Der Nachweis der zweckmässigen Organisation

In grossen Organisationen, die über längere Zeit gewachsen sind, spielen sich oft Arbeitsteilungen ein, die durch den Zeitablauf und durch die veränderten Bedürfnisse unzweckmässig oder sogar falsch werden können. In solchen Fällen kann ein Schaden verursacht werden, ohne dass der Geschäftsherr die Obliegenheiten der *curae in eligendo, custodiendo* und *instruendo* verletzt hat. Die Lehre[72] hat aus diesem Grunde den drei traditionellen *curae* eine vierte beigefügt: Die Pflicht des Geschäftsherrn, seinen Herrschaftsbereich zweckmässig zu organisieren. Verursacht eine Hilfsperson einen Schaden und stellt sich heraus, dass dieser Schaden auch Resultat einer unzweckmässigen Organisation ist, haftet der Geschäftsherr. Ob eine Organisation unzweckmässig ist, wird im konzernfreien Verhältnis nach denjenigen Ansprüchen beurteilt, die von der Geltungszeit gestellt werden[73].

Diese Regel lässt sich ohne weiteres auf den Konzern übertragen. Im Konzern ist eine Organisation dann unzweckmässig, wenn sie dem Mutterunternehmen die Ausübung der Überwachungspflichten verunmöglicht oder wenn sie die Tochterunternehmen zu riskanten und ihre Möglichkeiten übersteigenden Handlungen verleitet, zum Beispiel, wenn die Tochter durch Rentabilitätsvorgaben zu einer riskanten Geschäftstätigkeit verleitet wird. Stellt sich die widerrechtliche Schadenverursachung durch ein Konzernglied als Resultat einer unzweckmässigen

---

70   Oben § 6 I Ziff.1 lit.d.
71   Oben § 14.
72   Statt vieler: Oftinger/Stark, Band II/1, § 20 N 114.
73   Wie weit das Bundesgericht in dieser Beziehung zu gehen bereit ist, zeigt illustrativ BGE 110 II 462. Das Bundesgericht erkannte, dass der Hersteller eines Produkts auch für die Endkontrolle seines Produkts zu sorgen habe, wenn damit eine Schädigung Dritter verhindert werden kann.

§ 33 Die Haftung der Mutter für Handlungen der Tochter; die Tochter als Hilfsperson

Konzernorganisation heraus, haftet das Mutterunternehmen aus Art. 55 OR; auch diese Bestimmung statuiert eine Konzernleitungspflicht[74].

e) *Der Nachweis, dass der Schaden auch bei Anwendung der gebotenen Sorgfalt eingetreten wäre*

Dieser in Art. 55 OR als zweiter Entlastungsgrund aufgeführte Nachweis legt fest, dass zwischen der allfälligen Pflichtverletzung des Geschäftsherrn und dem Schaden ein Kausalzusammenhang vorliegen muss. Konzernrechtsspezifische Fragen stellen sich in diesem Zusammenhang nicht.

7. Die Haftung des Mutterunternehmens für Kausalhaftungen des Tochterunternehmens

a) *Fragestellung*

Gemäss Art. 55 OR kann das Mutterunternehmen für Schäden haften, die das Tochterunternehmen verursacht. In vielen Fällen und oft gerade in Fällen, in denen ein sehr hoher Schaden zu ersetzen ist[75], haftet die Tochter nicht aufgrund eigenen Verschuldens, sondern aufgrund einer Kausalhaftung. Haftet die Mutter selber nicht unmittelbar kausal als Inhaberin der Anlage, von der die Schädigung ausgegangen ist[76], stellt sich die Frage, ob das Mutterunternehmen als Geschäftsherr auch dann haftbar wird, wenn die Hilfsperson Tochterunternehmen nicht gestützt auf eine Haftung aus Verschulden haftbar wird, sondern gestützt auf eine Kausalhaftung[77].

b) *Haftung für verursachten Schaden*

Der Geschäftsherr haftet für seine Hilfsperson, wenn diese einen Schaden verursacht[78]. Der Begriff "verursacht" ist bewusst gewählt und stellt klar, dass die Haftung des Geschäftsherrn nicht erst dann eintritt, wenn die Hilfsperson den Schaden verschuldet[79] hat, sondern schon vorher. Es genügt nach herrschender Lehre und

---

74 Oben § 14.
75 Haftung für Werkeigentümer, andere Kausalhaftungen, in Zukunft Haftung für Umweltschäden und mangelhafte Produkte.
76 Vgl. unten § 34.
77 Wie der Wachmann, dessen Hund beim Rundgang einen Dritten beisst.
78 Art. 55 OR Abs. 1.
79 Von Tuhr/Peter, § 49 bei N 14 und die dort zitierten Bundesgerichtsentscheide.

§ 33 Die Haftung der Mutter für Handlungen der Tochter; die Tochter als Hilfsperson

Rechtsprechung, wenn das – widerrechtliche – Verhalten der Hilfsperson zum Schaden führt, sei es durch aktives Tun oder durch Unterlassen[80], sei es verschuldet oder unverschuldet[81]. Der Begriff "verursacht" soll aber besonders in die andere Richtung eine Abgrenzung sicherstellen zu denjenigen Schäden, die der Hilfsperson nicht mehr zugerechnet werden können – zu denjenigen Schäden, die durch sie nicht adäquat verursacht worden sind[82]. Innerhalb dieser Grenze führen alle Handlungen zur Haftung der Mutter für ihre Hilfspersonen, die von der Hilfsperson verursacht wurden und ohne ihr Verschulden, aber adäquat kausal zu einem Schaden geführt haben.

Damit sind alle diejenigen Kausalhaftungen mitumfasst, die in irgendeiner Form eine schadenstiftende Handlung oder Unterlassung voraussetzen. Das ist der Fall bei der Werkeigentümerhaftung, bei der Haftung für eine fehlerhafte Anlage oder für mangelhaften Unterhalt[83], der Haftung für Tierhalter wegen Verletzung der gebotenen Sorgfalt bei der Verwahrung und Beaufsichtigung[84], der Haftung des Grundeigentümers wegen Überschreitung der Eigentümerrechte und bei der Haftung des Tochterunternehmens für seine Hilfspersonen[85], die allesamt Haftungen für ein Fehlverhalten sind. In diesen Fällen haftet das Mutterunternehmen für das Verhalten der Töchter, das zu deren Kausalhaftung führt.

Anders liegen die Dinge, wenn das Tochterunternehmen gestützt auf Kausalhaftungen haftbar wird, die eine Haftung auch dann auslösen, wenn keine schadenstiftende Handlung oder Unterlassung vorliegt, wenn es also auch bei einem einwandfreien Verhalten, allein aufgrund des Gefährdungspotentials, das es schafft, haftet[86]. Das Mutterunternehmen haftet nicht für die Tochter, welche gegenüber Dritten aus dem einwandfreien Betrieb gefährlicher Anlagen wie Rohrleitungen, Atomkraftwerke, Eisenbahnen, Stromanlagen, u.s.w. haftbar wird: Einwandfreies Verhalten der Tochter führt in diesen Fällen nur zu einer Haftung der Tochter, nicht aber auch der Mutter.

---

80 Oftinger/Stark, Band II 1, § 20 N 97.
81 Oftinger/Stark, a.a.O.
82 Vgl. FN 2 oben.
83 Art. 58 OR.
84 Art. 56 OR.
85 Diese Kausalhaftungen werden auch als milde Kausalhaftungen bezeichnet; so in Keller, S. 33.
86 Im Gegensatz zu den eben genannten werden diese als scharfe Kausalhaftungen bezeichnet; so in Keller, S. 35. Sie können eine unmittelbare Haftung der Mutter auslösen; vgl. dazu unten § 34.

§ 34 Die Haftung der Mutter als Inhaberin von Anlagen der Tochter

I. Fragestellung

Von modernen und komplexen Systemen der Technik können grosse Gefahren ausgehen. Weil Zwischenfälle aus solchen Systemen zu erheblichen Schäden führen können, für die oft niemand aus Verschulden haftbar ist, sah sich der Gesetzgeber dazu veranlasst, Kausalhaftungstatbestände zu schaffen, die ausschliesslich an den Betrieb solcher gefährlicher Systeme anknüpfen. Die Lehre bezeichnet diese Kausalhaftungen als scharfe Kausalhaftungen[1]. Scharf deshalb, weil auch gehaftet wird, wenn der Nachweis erbracht werden kann, dass alle zumutbare Sorgfalt aufgewendet worden ist; dies im Gegensatz zu den weichen Kausalhaftungen[2], die in Grenzen zur Abweisung der Haftpflicht den Nachweis zulassen, dass alle zumutbare Sorgfalt aufgewendet worden ist.

Im Konzernrecht spielen die scharfen Kausalhaftungen eine besondere Rolle, weil sie alle bei der Umschreibung der haftbaren Person nicht auf den zivilrechtlichen Eigentümer zum Beispiel der Anlage, von der der Schaden ausgegangen ist, Bezug nehmen, sondern durch die Verwendung der Begriffe "Inhaber" oder "Betreiber" auf tatsächliche Momente abstellen. Das führt zur Frage, ob und unter welchen Voraussetzungen ein Mutterunternehmen, das eine Anlage durch ein Tochterunternehmen innehat oder betreibt, im Haftungsfall unmittelbar selber haftet, obwohl sich die Anlage, von der der Schaden ausgegangen ist, zivilrechtlich allein im Eigentum des Tochterunternehmens befindet. Diese Haftungssachverhalte spielen im Konzernrecht eine wichtige Rolle.

Dies einmal deshalb, weil sie bereits heute den Betreiber oder Inhaber gefährlicher Anlagen kausal haften lassen, wenn der Betrieb zu einer Gewässerverschmutzung führt[3]. Vielleicht von geringerer praktischer Bedeutung für das Konzernrecht sind die Haftungen des Halters von Motorfahrzeugen[4] und der Betreiber von Eisenbahnen, elektrischen Anlagen, Rohrleitungen und Atomkraftwerken. Viel wichtiger als die scharfen Kausalhaftungen *de lege lata* ist für das Konzernrecht jedoch das Prinzip, das ihnen zugrunde liegt: Haftung des Betreibers, nicht des Eigentümers. Dieses Prinzip wird auch in zukünftigen Kausalhaftungen *de lege ferenda*

---

1   Keller, S. 35 und S. 174ff.
2   Zum Beispiel der Haftung des Geschäftsherrn für seine Hilfspersonen (Art. 55 OR).
3   GSG Art. 33; Oftinger, Band II/1, § 23 N 45.
4   Wohl aber als Ausgangslage für den Begriff des Halters; vgl. dazu unten II.

§ 34 Die Haftung der Mutter als Inhaberin von Anlagen der Tochter 357

Anwendung finden: Von besonderer Bedeutung ist die Haftung für Umweltschäden, die ebenfalls als scharfe Kausalhaftung ausgebildet werden wird[5]. Eine solche Norm wird wegen ihrer weitführenden Regelungsmaterie auf zahlreiche Konzernverhältnisse anwendbar sein. Wichtig werden diese Normen in der Praxis des Konzernhaftungsrechts vor allem in denjenigen Fällen, in denen der Konzern potentiell gefährliche Tätigkeiten an zu diesem Zweck gebildete Tochterunternehmen delegiert, an Produktionsgesellschaften zum Beispiel.

II. Der Begriff des Inhabers und des Halters im Haftpflichtrecht

1. Ausgangslage

Die spezialgesetzlichen Kausalhaftungen knüpfen – je nach Ausgestaltung des gefährlichen Systems – an den Begriff des Halters[6] oder des Inhabers resp. des Betreibers[7]; also an tatsächliche Beziehungen und nicht an das zivilrechtliche Eigentum oder andere formelle Rechte an der gefährlichen Sache. Wie das Mutterunternehmen die Tochter gestützt auf seine Leitungsmacht – gestützt auf faktische und nicht auf formelle Beziehungen – beherrscht, haftet der Halter oder Betreiber für die gefährliche Sache nicht, weil er ihr Eigentümer ist, sondern weil er zu ihr in einer faktischen Beziehung steht[8]. Es stellt sich die Frage, ob das Mutterunternehmen für einen Schaden haftbar werden kann, der von einer Anlage ausgeht, die im Eigentum der Tochter steht, aber vom Mutterunternehmen betrieben wird. Die Fragestellung ist von grosser praktischer Bedeutung: Die Auslagerung gefährlicher Tätigkeiten an Tochtergesellschaften würde in vielen Fällen dazu führen, dass das Mutterunternehmen für Schäden, die aus den gefährlichen Tätigkeiten entstehen, *aus eigenem Recht* und *unmittelbar* haftet, wie wenn die Auslagerung nicht stattgefunden hätte.

---

5   So die teilweise propagierte Norm einer allgemeinen Gefährdungshaftung für Umweltschäden; Schwenzer, S. 116.
6   Halter des Motorfahrzeugs (Art. 58 Abs.1 SVG) oder des Flugzeugs (Art. 64 Abs.1 LFG).
7   Betreiber der Anlage, von der die Gewässerverschmutzung ausgegangen ist (Art. 36 GVG), des konzessionierten Transportmittels (Art. 1 Abs.1 EVG für Eisenbahnen; Art. 3 Abs.2 für Postverkehr), der elektrischen Anlage (Art. 27 Abs.1 ElG), der Rohrleitung (Art. 1 Abs.1 RLG). *De lege ferenda* eventuell auch der Betreiber der Anlage, von der die Schädigung der Umwelt ausgegangen ist.
8   Oftinger/Stark, Band II 1, § 25 N 100 für die Haftung des Halters von Motorfahrzeugen; bei den anderen scharfen Kausalhaftungen gilt das gleiche.

2. Der Begriff des Halters resp. des Inhabers im Recht der scharfen Kausalhaftungen

a)   Ausgangslage

Die Begriffe des Halters und des Inhabers stützen sich auf materielle Kriterien[9]; auf tatsächliche Beziehungen und nicht auf formelle. Strukturen, die *nur* formell sind – was bei Konzernen der Fall sein kann –, bleiben bei der Bestimmung der haftbaren Person unbeachtlich; verantwortlich ist diejenige Person, die über den Betrieb oder die Anlage tatsächlich verfügen kann, auf deren Nutzen und Gefahr hin der Betrieb stattfindet und auf deren Rechnung er geht[10].

b)   Tatsächliche Verfügungsgewalt als Folge des eigentumsähnlichen Rechts

Wer über eine bestimmte kurze Minimaldauer hinaus – in der Rechtsprechung zum SVG einen Monat[11] – über die fragliche Sache wie ein Eigentümer bestimmt, verfügt tatsächlich über sie. Dies gilt für den Eigentümer selber und für alle diejenigen, denen aufgrund ihrer vertraglichen, gesetzlichen oder faktischen Beziehung zum Eigentümer diese eigentumsähnliche Stellung zukommt, also den längerfristigen Mietern, Borgern, Pächtern, Besitzern, u.s.w.

c)   Nutzen und Gefahr als Folge des eigentumsähnlichen Rechts

Zur eigentumsähnlichen Stellung gehört neben der tatsächlichen Verfügungsgewalt auch die Tragung des dem Eigentum entspringenden wirtschaftlichen Risikos. Nutzen und Gefahr aus dem Betrieb der Sache bestimmen über die Halter- resp. Inhaberqualität im Sinn der scharfen Kausalhaftungstatbestände. Das Eigentum an der Sache ist nur ein Hinweis auf die Halter- resp. Inhaberqualität; es ist nicht Voraussetzung dafür. Der Eigentümer, der das ganze Risiko aus der Sache und den ganzen Nutzen an der Sache einem Dritten weitergegeben hat, kann sich diesen Haftungen entziehen, und der Dritte haftet, obwohl er nicht Eigentümer ist[12].

---

9   BGE 92 II 42; Oftinger/Stark, a.a.O.; Keller, S. 242.
10   Oftinger/Stark, Band II 1, § 23 N 49 für die Haftung aus GSG.
11   Keller, S. 238.
12   Oftinger/Stark, a.a.O.

III. Das Mutterunternehmen als Halter resp. Inhaber des Betriebes, der im Eigentum des Tochterunternehmens steht?

1. Fragestellung / Vorbemerkung

Es kommt vor, dass ein Mutterunternehmen riskante Tätigkeiten an ein Tochterunternehmen delegiert, möglicherweise hat es dieses sogar zu diesem Zweck gegründet. In der Regel wird in diesen Fällen das Tochterunternehmen Eigentümer der riskanten Anlage, deren Betrieb aber tatsächlich nach den Vorgaben des Mutterunternehmens erfolgt. Läge zwischen dem Eigentümer der Anlage und dem Betreiber kein Konzernverhältnis vor, sondern ein Verhältnis zwischen Dritten – zum Beispiel ein Mietvertrag –, stünde die Inhaber- resp. Halterqualität des tatsächlichen Betreibers – in unserem Beispiel der Mieter und nicht der Eigentümer – fest[13]. Für das Konzernhaftungsrecht stellt sich die Frage, ob die haftungsbegründenden Elemente der tatsächlichen Verfügung über den Betrieb sowie der Tragung des Nutzens und der Gefahr auch vorliegen, wenn sie sich nur auf die tatsächliche Beherrschung stützen lassen und nicht auch auf ein formell geschlossenes Übertragungsverhältnis.

2. Tatsächliche Verfügung des Mutterunternehmens über den Betrieb

a) Ausgangslage

Das Gesetz stellt für die Bestimmung des Halters resp. Inhabers auf tatsächliche Beziehungen ab und nicht auf formelle: Diese müssen sich weder auf das Eigentum an der fraglichen Sache abstützen noch auf andere formelle Rechte. Entscheidend sind die faktische Verfügungsgewalt und das faktische Tragen des Risikos; aus diesem Grund darf auch die Grundlage dieser faktischen Beziehung sich ausschliesslich auf tatsächliche Beziehungen abstützen. Formelle Verknüpfungen – ein Mietvertrag oder im Konzern ein Beherrschungsvertrag – sind nicht nötig.

b) Keine tatsächliche Verfügung über die Anlagen der Tochter nur gestützt auf die Konzernbeziehung

Die konzernbegründenden Leitungsmechanismen sichern die einheitliche Leitung der Tochtergesellschaft als formell selbständige Person. Aus der Konzernbeziehung

---

13 Vgl. dazu den Sachverhalt in BGE 102 II 23.

folgt nur, dass das Tochterunternehmen *als Ganzes* der Kontrolle der Mutter unterliegt. Aus der Konzernbeziehung folgt *nicht*, dass das Mutterunternehmen auch die Kontrolle über alle Vermögenswerte der Tochter ausübt. Dieses ist deshalb nur im Ausnahmefall Besitzer der Werte der Tochter[14] und Halter oder Inhaber ihrer Anlagen. Allein auf die Konzernbeziehung lässt sich eine solche Stellung und damit die Haftung des Mutterunternehmens aus den scharfen Kausalhaftungen nicht abstützen[15].

c) *Tatsächliche Verfügung über die Anlagen der Tochter gestützt auf die Weisungsmacht im Einzelfall*

Als Betreiberin oder Halterin haftet die Mutter nur, wenn neben der konzernrechtlichen Beziehung zwischen Mutter und Tochter zusätzliche Elemente vorliegen; wenn die Leitung des Tochterunternehmens durch das Mutterunternehmen stärker ist, als dies zur Konzernbildung nötig wäre. Ist die Konzernleitung so stark, dass das Mutterunternehmen die unmittelbare Verfügungsgewalt über die Anlage der Tochter hat und sie die Handhabung der Anlage bestimmt, ist das Mutterunternehmen Halter oder Inhaber der Anlage mit den entsprechenden Haftungsfolgen. Ob sich die faktische Herrschaft der Mutter über die Anlage auch auf einen Vertrag abstützt – zum Beispiel einen konkludent vereinbarten Mietvertrag –, kann offenbleiben, weil die tatsächliche Verfügung über die Anlage auch ohne diesen möglich ist.

3. Nutzen und Gefahr des Betriebes beim Mutterunternehmen

Der Konzern ist eine wirtschaftliche Einheit. Der Verlust resp. Gewinn beim Tochterunternehmen ist immer auch ein Verlust resp. Gewinn des Konzerns insgesamt[16]. Wie die Person, die ein Interesse an der dauernden Inverkehrsetzung eines Automobils hat und die damit verbundenen Kosten trägt[17] dessen Halter ist, ist das Mutterunternehmen, das durch die Tochter im Konzerninteresse eine Anlage betreiben lässt, deren Inhaber. Wirtschaftlich betrachtet trägt im Konzern immer das

---

14 Vgl. dazu oben § 19 I Ziff.3.
15 Das bringt der Gesetzgeber in RLG Art. 33 Abs. 1 zum Ausdruck, welcher neben dem Betreiber auch den Eigentümer haften lässt, um bei reinen (schwachen) Betriebsgesellschaften auf die (starke) Mutter greifen zu können. Wäre sie bereits wegen der Konzernbeziehung Betreiberin, wäre diese Regelung nicht nötig.
16 Vgl. dazu oben § 7.
17 BGE 92 II 43.

Mutterunternehmen den Nutzen und die Gefahr der Anlagen ihrer Tochterunternehmen, sogar dann, wenn es über ihre Tochterunternehmen nicht tatsächlich verfügt.

IV. Die Haftung des Mutterunternehmens gestützt auf die scharfen Kausalhaftungen

Das Mutterunternehmen haftet orginär gestützt auf diejenigen Kausalhaftungen, welche die Haftung an den tatsächlichen Betrieb oder die das tatsächliche Halten der schadenauslösenden Sache knüpfen; wenn es selber neben dem Eigentümer Tochterunternehmen zu der Sache in der erforderlichen tatsächlichen Beziehung steht. Das Mutterunternehmen, welches das Eigentum und den Betrieb einer gefährlichen Anlage einer – zum Beispiel zu diesem Zweck gegründeten – Tochtergesellschaft zwar formell überlässt, die Anlage aber tatsächlich selber mit eigenem oder mit weisungsgebundenem fremdem Personal betreibt, haftet orginär und unmittelbar für Schäden, die durch den Betrieb der Anlage ihres Tochterunternehmens entstanden sind[18].

Die Haftung des Mutterunternehmens gestützt auf die scharfen Kausalhaftungen für Anlagen der Tochter, über die es bestimmt, ist ein gesetzlicher Anwendungsfall des Grundsatzes von Herrschaft und Haftung.

---

18   Auch Rehbinder, S. 509.

5. Teil: Zusammenfassung

§ 35 Das schweizerische Konzernrecht in der Übersicht

I. Ausgangslage

Bis auf wenige Bestimmungen, von denen die wichtigsten erst mit dem neuen Aktienrecht in Kraft getreten sind, fehlen im schweizerischen Privatrecht Normen des Konzernrechts. Trotzdem ist die Behauptung falsch, dass es in der Schweiz kein Konzernrecht gebe; Konzerne operieren nicht in einem rechtsfreien Raum, sondern unterliegen auch in der Schweiz konzernrechtlichen Normen. Der Unterschied zu den Rechtsordnungen, die ein Konzernrecht kodifiziert haben, besteht darin, dass im schweizerischen Konzernrecht die auf den Konzern anwendbaren Normen sich aus der Anwendung des geltenden Rechts verwandter Rechtsgebiete auf den Konzern ergeben.

II. Konzern: Begriff und Rechtsnatur

1. Begriff (§§ 4–7)

Gestützt auf die gesetzliche Definition in Art. 663e OR (Konzernrechnung) umschreiben wir den Konzern als durch Stimmenmehrheit oder auf andere Weise zusammengefasste Gesellschaften unter einheitlicher Leitung.

Der Konzern umfasst eine Mehrzahl von Unternehmen, verstanden als unternehmerisch handelnde Einheiten. Tochterunternehmen sind immer juristische Personen; das Mutterunternehmen kann auch eine natürliche Person sein, die mehrere unternehmerische Interessen verfolgt, was immer der Fall ist, wenn sie mehrere Töchter hat.

Die Tochterunternehmen werden von der Mutter beherrscht. Entscheidend ist die faktische Beherrschung; formelle Kriterien – zum Beispiel die Mehrheitsbeteiligung oder ein Beherrschungsvertrag – sind *nicht* Voraussetzung. Voraussetzung für die einheitliche Leitung der Tochter ist vielmehr die Beherrschung der Generalversammlung *und* der Verwaltung. In vielen Fällen wird das eine Organ über das andere beherrscht, meistens die Verwaltung über die Generalversammlung. Die einheitliche Leitung liegt vor, wenn Mechanismen vorliegen, sie zu begründen; also schon dann, wenn sie noch nicht faktisch etabliert ist, aber noch nicht, wenn sie nur potentiell ist und die Leitungsmechanismen noch nicht vorliegen.

Ein Konzern liegt erst vor, wenn die einheitliche Leitung zur wirtschaftlichen Einheit führt, wenn Mechanismen vorliegen, die zur einheitlichen Verwendung der Betriebsergebnisse im Konzern führen oder wenn die Tochter derart in den Konzern eingegliedert ist, dass sie für sich allein wirtschaftlich nicht lebensfähig wäre.

2. Rechtsnatur (§§ 8–13)

Alle Konzerne sind hierarchisch aufgebaut, denn sie umfassen neben der Konzernmutter eine Mehrzahl von einheitlich geleiteten Unternehmen. Diese Unternehmen sind in den meistem Fällen nicht mit dem *animus societatis* zusammengeschlossen; es handelt sich deshalb um *einheitliche Konzerne* und keine Körperschaften mit der Folge, dass auf sie als Ganzes nicht Normen des Rechts der Körperschaften anwendbar sind, sondern Normen, die für einheitlich beherrschte Vermögens- und Handlungssphären gelten.

Neben den einheitlichen Konzernen gibt es Konzerne, die Resultat eines freiwilligen Zusammenschlusses mehrerer Töchter zu einer Körperschaft sind: Auf der Ebene der mitgliedschaftlichen Kontrolle beherrschen sie die Körperschaft gemeinsam, in Fragen der Geschäftstätigkeit unterwerfen sie sich ihr. Solche Konzerne werden zum Teil als *Gleichordnungskonzerne* bezeichnet; korrekter, weil präziser ist der Begriff des *körperschaftlichen Konzerns*. Sie spielen in der Schweiz eine wichtige Rolle in der Form der Genossenschaftskonzerne, in welchen sich Einzelgenossenschaften durch freiwilligen Zusammenschluss einem Genossenschaftsverband unterwerfen.

III. Rechtsverhältnisse innerhalb des Konzerns

1. Konzernleitungsmacht und Konzernleitungspflicht (§ 14)

Die einheitliche Leitung gibt dem Mutterunternehmen nicht nur die Macht, die Töchter zu leiten; sie kann dieses auch dazu verpflichten. Zur pflichtgemässen Ausübung der einheitlichen Leitung gehört es auch, die Leitung der Tochter nicht abzubrechen, wenn dies die Tochter führungslos werden liesse, zum Beispiel weil ihre eigenen Entscheidungsmechanismen wegen der bisherigen Leitung durch die Mutter verkümmert sind.

2. Grenzen der einheitlichen Leitung: Verträge innerhalb des Konzerns (§ 15)

Folge der einheitlichen Leitung des Mutterunternehmens sind immer auch Verträge zwischen Mutter und Tochter. In vielen Fällen sind dies atypische Verträge, weil sie nicht Folge zweier übereinstimmender Willensbildungen sind, sondern nur einer Willensbildung, derjenigen der Mutter. Auf solche Verträge sind die Regeln über die Selbstkontrahierung anwendbar. Sind sie deshalb mangelhaft, stützt sich ihr Vollzug im Konzern *lediglich* auf die einheitliche Leitung ab, nicht aber auf das Vertragsrecht.

Verträge zwischen Konzerngesellschaften sind *nichtig*, wenn sie zweckwidrig sind oder zu einer übermässigen Selbstbindung der Tochter führen. Beide Mängel hängen vom Zweck der Tochter ab; ist er mit der Konzernierung geändert worden – bei 100%iger Beherrschung möglicherweise auch stillschweigend – und erlaubt er die Unterwerfung der Tochter unter die Interessen der Mutter und des Konzerns, sind Verträge zwischen Mutter und Tochter weder zweckwidrig noch übermässig bindend. In allen anderen Fällen sind solche Verträge nichtig; auch Dritte können sich darauf berufen und Erfüllungshandlungen, die in Kenntnis der Nichtigkeit getätigt werden, erfolgen ohne Grund und können Grundlage sein für einen Verantwortlichkeitsanspruch gegenüber dem Organ, das sie veranlasst hat. Eine Heilung der Nichtigkeit ist zudem praktisch unmöglich; sie hätte über eine Zweckänderung und einen neuen Vertragsabschluss zu erfolgen.

3. Grenzen der einheitlichen Leitung: Normen des Minderheitenschutzes (§§ 16–17)

In Tochtergesellschaften mit einem Minderheitsaktionariat ist die Leitungsmacht des Mutterunternehmens auch durch die Rechte der Minderheitsaktionäre begrenzt. Zu ihrem Schutz besteht neben den Normen des Gleichbehandlungsgebots, das die Tochtergesellschaft selbst trifft, und dem formellen Minderheitenschutz, der für wichtige Beschlüsse Quoren vorsieht, ein Gleichbehandlungsgebot der Aktionäre unter sich: Das Mutterunternehmen ist verpflichtet, die Minderheitsaktionäre in vermögensrechtlicher Hinsicht gleich zu behandeln wie sich selbst; mit der Folge, dass es mit seiner Tochter nur zu Marktbedingungen verkehren darf.

Der Minderheitenschutz geht nach geltendem Recht bis an die Grenze des objektiv messbaren. Jeder Ausbau der richterlichen Überprüfungsbefugnis führte zu einer richterlichen Überprüfung der Ermessensausübung der Verwaltung und zum Zwang, diese durch diejenige des Richters zu ersetzen. Trotzdem ist er ungenügend, denn auch der Minderheitsaktionär einer Tochter, mit der nur zu Marktbedingungen verkehrt wird, erleidet durch ihre organisatorische Einbindung in den Konzern eine Einbusse. De lege ferenda wäre zu prüfen, ob das Mutterunternehmen generell verpflichtet sein soll, die Beteiligungsrechte des Minderheitsaktionärs zum inneren Wert zu übernehmen, wie schon heute im Übernahmerecht vorgesehen.

4. Wechselseitige Beteiligungen (§ 18)

Gemäss Art. 659b OR wird der Erwerb von Aktien der Muttergesellschaft durch die Tochter dem Erwerb der eigenen Aktien gleichgestellt. Dieser Grundsatz gilt, wenn das Mutterunternehmen über die Tochter eine Kontrolle ausübt, die es ihm erlaubt, die Art der Stimmausübung der mit diesen Aktien verbundenen Mitgliedschaftsrechte zu bestimmen; er gilt nicht, wenn das Mutterunternehmen die Tochter nur in Bezug auf ihre Geschäftstätigkeit leitet, wie dies im körperschaftlichen Konzern der Fall ist.

5. Rechte der Mutter an der Tochter; Emanzipation der Tochter (§§ 19–20)

Das Mutterunternehmen ist im einheitlichen Konzern immer an jener Beteiligung – in der Regel an Aktien – berechtigt, die ihr die Kontrolle der Tochter ermöglicht. Der rechtlich geschützte Vermögenswert des Mutterunternehmens an seiner Beteiligung geht aber darüber hinaus: Er umfasst auch den Kontrollwert als Differenz zwischen dem Wert der Beteiligung und dem Wert des Tochterunternehmens. Dieser Kontrollwert als ein rechtlich geschützter Vermögenswert verkörpert das Recht der Mutter an der Tochter. Wird er dem Mutterunternehmen entzogen – zum Beispiel durch die Tochter, die seine Leitung nicht mehr beachtet und sich emanzipiert –, hat es einen Schaden erlitten. War die Emanzipation widerrechtlich oder vertragswidrig, hat das Mutterunternehmen Anspruch auf Schadenersatz. Eine Vertragswidrigkeit liegt vor, wenn eine zur Ausübung der einheitlichen Leitung innerhalb der Tochter beauftragte Person an einer Emanzipation mitwirkt und somit ihre vertraglichen Pflichten gegenüber der Mutter verletzt.

IV. Einheitsbehandlung des Konzerns: Konzernaussenrecht

1. Einheitsbehandlung als Ausnahme (§ 21)

Der Konzern ist keine rechtliche Einheit, und seine Einheitsbehandlung durch das Recht ist die Ausnahme, nicht die Regel.

2. Konsolidierungspflicht des Konzerns (§ 22)

Seit dem Inkrafttreten des neuen Aktienrechts sind grössere und kompliziertere Konzerne gemäss Art. 663e ff OR verpflichtet, eine konsolidierte Konzernrechnung zu erstellen und zu erklären, welche Gesellschaften zum Konzern gehören. Als Verkörperung der anerkannten kaufmännischen Grundsätze gelten die neuen aktienrechtlichen Konsolidierungsvorschriften auch für Mutterunternehmen, die keine Aktiengesellschaften sind, sofern sie der Buchführungspflicht unterliegen.

Die interne Konsolidierungspflicht als nötiges Führungsinstrument der Konzernleitung bestand schon unter dem alten Recht.

3. Einheitliches Persönlichkeitsrecht des Konzerns (§ 24)

Konzerne erscheinen Dritten gegenüber oft als Einheit. Sie haben eine dieser einheitlichen Erscheinung entsprechende einheitliche Konzernpersönlichkeit, die den Schutz des Rechts geniesst: Die Mutter kann gegen Persönlichkeitsverletzungen, die den ganzen Konzern treffen, als Betroffene vorgehen. Dabei spielt es keine Rolle, ob der Angriff sie wegen seiner Breite unmittelbar miterfasst oder ob er sich eindeutig nur gegen ein einzelnes Tochterunternehmen richtet, die Mutter aber mitbetroffen ist, weil die Konzernzugehörigkeit des Tochterunternehmens Gegenstand einer allgemein bekannten Tatsache und der Konzern als Einheit erkennbar ist.

Der Konzern geniesst auch einen einheitlichen Namensschutz: Das Mutterunternehmen hat einen Anspruch darauf, dass Dritte durch ihre Namensgebung nicht den Eindruck erwecken, Teil des von ihm beherrschten Konzerns zu sein; die Wahl eines individualisierenden Namens- oder Firmenzusatzes genügt nicht, auch wenn dadurch die Verwechslungsgefahr mit den einzelnen Konzerngliedern gebannt werden kann, solange der Dritte durch seinen Namen den Eindruck erweckt, Teil des Konzerns zu sein.

V. Konzernaussenrecht: Vertragsbeziehungen mit Konzerngliedern

1. Ausgangslage; Feststellung der Vertragsverhältnisse (§ 25)

Die Frage der konzernseitigen Vertragsparteien und ihrer Pflichten ist immer zuerst zu prüfen, wenn sich die Frage stellt, ob und wie ein Mutterunternehmen haftet, wenn eine seiner Töchter ihre vertraglichen Pflichten gegenüber einem Dritten nicht erfüllt.

Fehlt eine ausdrückliche Einigung darüber, mit welcher konzernseitigen Vertragspartei ein Vertrag zustande gekommen ist, ist diese nach dem Vertrauensprinzip festzustellen. Glaubt der Dritte mit der Mutter zu kontrahieren, während er sich tatsächlich mit der Tochter einigt, fehlt es demzufolge am Konsens über die Person der konzernseitigen Vertragspartei; glauben sich die Parteien in diesem Punkt geeinigt zu haben, aber irrtümlicherweise, ist der Vertrag mangelhaft. Lässt sich die fehlende resp. mangelhafte Einigung auf ein Verschulden der Mutter zurückführen – bei komplizierten Konzernstrukturen ist diese zur Aufklärung des Dritten verpflichtet – haftet sie für den dem Dritten erwachsenen Schaden. Dabei kann sie sogar verpflichtet werden, den Vertrag auf die effektive konzernseitige Vertragspartei übertragen zu lassen.

2. Verträge mit Konzernwirkung (§§ 26–27)

a) Verträge mit Konzernwirkung, die andere Konzernglieder mitberechtigen

Verträge, die, zwischen dem Dritten und einer konzernseitigen Vertragspartei geschlossen, andere Konzernunternehmen mitberechtigen oder mitverpflichten, sind Verträge mit Konzernwirkung. Als Verträge, die andere Konzernunternehmen mitberechtigten, sind sie Verträge zu Gunsten Dritter.

b) Verträge mit Konzernwirkung, die andere Konzernglieder mitverpflichten

Verträge mit Konzernwirkung können nur zu indirekt wirkenden Verpflichtungen anderer Konzernglieder führen, denn Verträge zu Lasten Dritter, die ein direktes Forderungsrecht beim Dritten begründen, gibt es nicht. Die Wirkung von Verträgen mit Konzernwirkung, die andere Konzernglieder mitverpflichten, liegt darin, dass das Fehlverhalten der indirekt mitverpflichteten Konzernglieder zu Rechts- und Haftungsfolgen bei demjenigen Konzernglied führt, welches die Leistung der anderen Konzernglieder versprochen hat. Das belastet in jedem Fall den Konzern wirtschaftlich als Ganzes und kann aus diesem Grund für das Mutterunternehmen Anlass sein, das indirekt verpflichtete Konzernglied zu vertragskonformem Handeln zu veranlassen oder – ist es selber durch die Tochter indirekt verpflichtet worden – sich selbst vertragskonform zu verhalten.

Das Versprechen eines Konzerngliedes, wonach ein anderes eine Leistung erbringen werde, kann ein Garantievertrag sein; mit der Folge, dass der Promittent haftet, wenn beim indirekt verpflichteten anderen Konzernglied der Erfolg nicht eintritt.

Als Versprechen der Mutter können Verträge mit Konzernwirkung und indirekter Mitverpflichtung der Tochter zudem die Verpflichtung zum Inhalt haben, die Konzernleitung über die Tochter in einem bestimmten Sinn auszuüben; denn das Mutterunternehmen ist gestützt auf seine Leitungsmacht in der Lage, ein solches Versprechen zu erfüllen.

Welches von beiden gewollt ist, ist durch Auslegung unter Beachtung der Äquivalenz des Vertragsverhältnisses zu ermitteln: Von einer Verpflichtung zur Konzernleitung der Töchter ist auszugehen, wenn die Konzernwirkung vereinbart wurde, um die Ausgewogenheit des Vertragsverhältnisses auch bei zukünftigen Änderungen in der Konzernstruktur sicherzustellen. Ein zur Holding gewordenes Mutterunternehmen kann gestützt auf einen Vertrag mit Konzernwirkung verpflichtet sein, seine Töchter die Vertragshandlungen vornehmen zu lassen, die zu erbringen es versprochen hat. Sind die Töchter aus Gründen dazu nicht in der Lage, die auch bei der Mutter vorgelegen hätten, haftet die Mutter nicht.

c) *Vertragsverhältnisse mit gesetzlicher Konzernwirkung*

Die Konzernwirkung von Verträgen ergibt sich in vielen Fällen direkt aus dem Gesetz; in diesen Fällen liegt sie vor, auch wenn nicht vereinbart. Möglichkeiten und Tatsachen, die bei einem Tochterunternehmen vorliegen, werden der Mutter zugerechnet und sind Teil ihrer Vertragserfüllung. Verpflichtet sich die Mutter zu einer Leistung, die nur durch ein Tochterunternehmen erbracht werden kann, ist das Tochterunternehmen indirekt mitverpflichtet: Erfüllt es nicht, haftet die Mutter und mit ihr wirtschaftlich der Konzern als Ganzes. Das gilt nicht nur, wenn die Mutter das Tochterunternehmen als Instrument für die Erfüllung der eigenen vertraglichen Pflicht einsetzt, sondern auch als Erfüllungsgehilfe.

Ein Dritter, der mit einer Konzerngesellschaft in Vertragsbeziehungen steht, kann in Grenzen wichtige Gründe geltend machen, die bei einer anderen Konzerngesellschaft vorliegen, aber auf das Vertragsverhältnis einwirken. Vertragliche Pflichten binden formell immer nur das kontrahierende Konzernglied. Weil aber zum Beispiel das Tochterunternehmen schadenersatzpflichtig wird, wenn die Mutter ihm die Vertragserfüllung verbietet – eine Unmöglichkeit liegt in diesen Fällen nicht vor –, wird indirekt auch die Mutter mitverpflichtet, denn solange die Tochter ihren Verpflichtungen nachkommen kann, belastet ihre Haftung wirtschaftlich auch die Mutter.

Unter den Vertragsarten mit gesetzlicher Konzernwirkung sind neben den Konzernverschaffungsverträgen – das Mutterunternehmen verpflichtet sich, aus dem Konzern zu leisten und somit zu einer Leitungshandlung gegenüber den Töchtern, aber nicht zu einem Erfolg – die Bestimmungen des Mietrechts zu nennen: Die Überlassung der Mietsache an ein Tochterunternehmen ist immer eine Eigennutzung und in jedem Fall zulässig. Eine gesetzliche Konzernbetrachtungs-weise findet auch in bezug auf die Frage des Eigenbedarfs im Verfahren der Mieterstreckung statt: Verfolgen mehrere Konzernglieder den gleichen Konzernzweck, kann der Eigenbedarf eines Konzernglieds die Mieterstreckung ausschliessen, auch wenn ihm die Mietsache nicht gehört.

Keine Konzernbetrachtung findet grundsätzlich in bezug auf die Verrechnung statt. Ohne vertragliche Vereinbarung ist die Konzernverrechnung ausgeschlossen, es sei denn, dass das Konzernunternehmen, dem die Verrechnung erklärt wird, selber gegenüber dem Kompensant haftbar sei. Ein solcher Anspruch kann auch ein Schadenersatzanspruch sein, wenn der Kompensat als weitere konzernseitige Vertragspartei zum Beispiel eine Handlungs– oder Unterlassungspflicht verletzt hat. Eine eigentliche Konzernverrechnung ist nur in denjenigen Fällen möglich, in denen der formell gerechtfertigte Einwand des Kompensaten, dass der Kompensant die Verrechnungseinrede zu Unrecht erhebe, rechtsmissbräuchlich erfolgt.

3. Mehrere konzernseitige Vertragsparteien (§ 28)

Im Vertrag mit echter Konzernwirkung ist die Konzernwirkung die Folge einer Verpflichtung *nur einer* Vertragspartei. Soll die Konzernwirkung eine Mitverpflichtung anderer Konzernglieder – in den meisten Fällen des Mutterunternehmens – sicherstellen, wird sie regelmässig durch zusätzliche, direkte Vereinbarungen mit diesen erreicht. Inhaltlich kann die Verpflichtung des Mutterunternehmens als zusätzliche konzernseitige Vertragspartei ein Schuldbeitritt sein, mit solidarischer Mitverpflichtung der Mutter, ein Garantievertrag oder auch eine blosse Erklärung, von der Verpflichtung der Tochter Kenntnis zu haben. In vielen Fällen beabsichtigt die Mutter mit solchen Erklärungen keine vertragliche Bindung, zum Beispiel,

§ 35 Das schweizerische Konzernrecht in der Übersicht 371

wenn es erklärt, dass es seine Politik sei, Tochterunternehmen zu unterstützen. Auch wenn kein Garantievertrag oder ein Schuldbeitritt vorliegt, ist manchmal trotzdem eine Bindung beabsichtigt: Nicht eine, welche die volle Haftung für Schulden der Tochter bewirken soll, aber eine, die das Mutterunternehmen zum Beispiel verpflichtet, der Tochter keine Gelder zu entziehen, ihre Pflichterfüllung gegenüber dem Berechtigten nicht zu behindern oder die Beteiligung an der Tochter aufrechtzuerhalten. Die Haftung des Mutterunternehmens ist in diesen Fällen auf Sachverhalte beschränkt, die Ursache der eigenen Pflichtverletzung sind; erfüllt die Tochter aus anderen Gründen nicht oder schlecht, haftet es nicht.

VI. Konzernaussenrecht: System der Haftung im Konzernrecht

1. Ausgangslage (§ 29)

Ausgangslage des Konzernhaftungsrechts ist der Grundsatz, dass der Aktionär nicht für die Schulden der Gesellschaft haftet; de lege lata ohnehin, aber auch de lege ferenda. Zwischen dem Mutter- und dem Tochterunternehmen bestehen jedoch zahlreiche Beziehungen, die zu einer Haftung der Mutter führen können, nicht weil sie Aktionärin ist, sondern aus Gründen, die in der engen Verknüpfung zwischen Mutter und Tochter liegen.

2. Haftung aus Vertrag (§§ 25–28)

In Fällen, in denen sich die Frage der Haftung des Mutterunternehmens stellt, liegt zwischen dem Geschädigten und einem anderen Konzernglied eine vertragliche Beziehung vor. Es stellt sich als erstes die Frage, ob und wie sich das Mutterunternehmen gegenüber dem Dritten ebenfalls verpflichtet hat und gestützt darauf haftbar ist.

3. Haftung aus culpa in contrahendo? (§ 30 IV)

War das Mutterunternehmen am Vertragsschluss zwischen dem Dritten und der Tochter beteiligt und hat es beim konzernfremden Dritten den Eindruck erweckt, dass es die Vertragserfüllung durch die Tochter sichern oder begünstigen werde oder dass die Tochter in der Lage sein werde, den mit dem Dritten eingegangenen

Vertrag zu erfüllen, kann eine Haftung aus culpa in contrahendo vorliegen, auch wenn es nicht zu einer eigenen vertraglichen Verpflichtung der Mutter gekommen ist.

VII. Insbesondere die Haftung der Mutter aus Delikt (§§ 30ff)

1. Haftung wegen eigener widerrechtlicher Handlung (§§ 30–31)

Das Mutterunternehmen übt über die Tochter die einheitliche Leitung aus und kann sie aus diesem Grunde – auch fahrlässig und durch Unterlassen – zu einem Handeln veranlassen, das entweder als Handlung der Tochter oder der Mutter widerrechtlich ist. Als Aktionär der Tochter ist es an Aktionärspflichten gebunden und kann Dritten gegenüber haftbar werden, wenn es diese Pflichten verletzt: Es haftet aus Durchgriff, wenn es Verhältnisse schafft, unter denen die Berufung auf die Verschiedenheit der Konzernglieder rechtsmissbräuchlich wäre.

2. Kausalhaftung gestützt auf Gefahren im eigenen Herrschaftsbereich (§ 34)

Diejenigen Kausalhaftungen, welche die haftbare Person nicht gestützt auf formalrechtliche Beziehungen zur Gefahrenquelle – wie zum Beispiel Eigentum bei der Haftung des Werkeigentümers – bestimmen, sondern gestützt auf die tatsächliche Herrschaft über die Gefahrenquelle, wie sie ein Halter oder ein Betreiber ausübt, führen zu einer unmittelbaren Haftung der Konzernmutter, welche die Gefahrenquelle selber betreibt, auch wenn sie einer Tochter gehört, die vielleicht sogar zu diesem Zweck gegründet worden ist.

3. Haftung wegen eigener widerrechtlicher Handlungen bei der Tochter (§ 32)

Die Mutter stellt die einheitliche Leitung über die Tochter oft durch Personen sicher, die als Doppelorgane Organe beider Gesellschaften sind. Führt das schadenstiftende Verhalten der Tochter zu einer Haftung solcher Organe, zum Beispiel aus Verantwortlichkeit, haftet das Mutterunternehmen, wenn das schadenstiftende Organ in Ausübung seiner Geschäftstätigkeit gehandelt hat und die Handlung auch als Handlung der Mutter widerrechtlich war. Mehr noch: Das Mutterunternehmen

§ 35 Das schweizerische Konzernrecht in der Übersicht   373

ist in vielen Fällen wegen seines effektiven Einflusses auf die Tochter – die formelle Organstellung ist nicht Voraussetzung dafür – deren faktisches Organ und unterliegt der Haftung des Art. 754 OR.

4. Haftung der Mutter für die Organe der Tochter als Hilfsperson (§ 32 I–III)

Ist der von der Mutter als Organ der Tochter bestimmte Vertreter kein Organ der Mutter, sondern nur Hilfsperson – zum Beispiel ein weisungsgebundender Anwalt –, haftet die Mutter für sein Verhalten nur, insoweit sie für Hilfspersonen haftet; insbesondere haftet sie nicht, wenn sie nachweisen kann, dass der Einsatz der Hilfsperson innerhalb der Tochter unter Einhaltung der Sorgfaltspflichten vorgenommen wurde.

5. Haftung der Mutter für die Tochter als Hilfsperson (§ 32 IV)

Die Haftung der Mutter aus Doppelorganschaft liegt nur vor, wenn das Mutterunternehmen durch ein Organ bei der Tochter haftbar wird oder wenn es als faktisches Organ direkt haftet. Beides setzt ein widerrechtliches Verhalten nicht nur der Tochter und ihrer Organe, sondern auch der Mutter voraus.

Soweit die Tochter als Hilfsperson der Mutter handelt, haftet die Mutter auch dann, wenn sie selbst nicht widerrechtlich gehandelt hat, denn die Haftung für Hilfspersonen ist keine Haftung für eigenes, sondern für fremdes Handeln. Die Hilfspersonenhaftung setzt demnach nicht ein eigenes – durch das Organ vermitteltes – schuldhaftes und widerrechtliches Verhalten voraus, sondern den unsorgfältigen Einsatz der Hilfsperson.

Setzt die Mutter das Tochterunternehmen als Hilfsperson im Konzerninteresse ein und fügt das Tochterunternehmen dabei einem Dritten einen Schaden zu, haftet die Mutter für ihre Tochter als Hilfsperson. Präventiv kann sich das Mutterunternehmen der Haftung für ihre Hilfsperson Tochter nur durch die Beachtung der Sorgfaltspflichten (*curae in custodiendo, instruendo, eligendo*; zweckmässige Organisation) entziehen, die der Gesetzgeber für den Einsatz der Hilfspersonen vorgeschrieben hat.

6. Einheit von Herrschaft und Haftung auch als Grundsatz des Konzernhaftungsrechts

Handelt die Mutter selber zum Beispiel als Organ beim Tochterunternehmen, oder durch seine Organe schuldhaft und widerrechtlich, haftet sie unbeschränkt. Setzt die Mutter das Tochterunternehmen als Hilfsperson ein und verletzt sie dabei die ihr obliegenden Sorgfaltspflichten, haftet sie unbeschränkt.

Sie haftet folglich weder als Täter, als Organ noch als Geschäftsherr, wenn sie und ihre Organe bei der Tochter nicht schuldhaft widerrechtlich handeln und wenn sie beim Einsatz der Tochter als ihre Hilfsperson sorgfältig vorgeht.

Mit diesen differenzierten Haftungsfolgen folgt auch das schweizerische Konzernrecht dem Grundsatz der Einheit zwischen (ausgeübter) Herrschaft und Haftung. Die Konzernmutter haftet für ihre als Aktiengesellschaften ausgebildeten Tochtergesellschaften nicht in jedem Fall, sondern aus Gesetz und aus Verschulden und nur in dem Umfang und Ausmass, wie sie das Tochterunternehmen faktisch beherrscht und beeinflusst. Je weitgehender sie direkt in die Entscheidungsprozesse der Tochter eingreift und über Angelegenheiten bestimmt, die nicht mehr in den Kompetenzbereich der Aktionäre, sondern in denjenigen der Verwaltung fallen, desto weitgehender ist auch ihre Haftung für widerrechtlich zugefügten Schaden.

Je grösser die Integration der Tochter in den Konzern, desto grösser ist die Verantwortung der Mutter. Die vertragliche Grundlage, welche im deutschen Konzernrecht Ausgangslage für die Haftung der Mutter ist, wird im schweizerischen Recht durch die Würdigung tatsächlicher rechtserheblicher Sachverhalte ersetzt.

7. Keine Haftung des Mutterunternehmens für Schulden der Tochter

Fehlen diese Voraussetzungen, haftet das Mutterunternehmen nicht. Es haftet insbesondere dann nicht, wenn nur es in der Lage wäre, den Schaden zu decken, nicht aber das Tochterunternehmen. Weil der Grundsatz der Nichthaftung Ausgangslage des Konzernhaftungsrechts ist, darf eine Haftung nur in den genannten Ausnahmefällen zur Anwendung gelangen.

Sachregister

A

absichtliche sittenwidrige Schädigung 298ff
aktienrechtliche Treuepflicht 148f
aktienrechtliche Verantwortlichkeit 328ff
Aktionärbindungsverhältnisse 83
Anstiftung durch die Mutter 299ff
Ausgliederung von Geschäftsteilen 105
Austritt siehe Emanzipation

B

Beherrschungsverträge 127ff
Besitzverhältnisse im Konzern 205ff
besondere Revisionsstelle 153
Beteiligungsrecht 166
Betriebsergebnis 57
börsenkotierte Gesellschaft 140
Bürgschaft 285f

C

culpa in contrahendo 304ff

D

Datenschutz im Konzern 272ff
deliktsrechtlicher Organbegriff 318ff
Deutschland 11
Doppelgesellschaft 81
Doppelorgan 317ff
doppelter Pflichtnexus 53, 320, 341f
Drohung 123
Durchgriff 277, 311ff, siehe auch Haftung des Mutterunternehmens

E

EG-Konzernrecht 14ff
Eigene Aktien siehe Selbstkontrolle
einfache Gesellschaft 85f
einheitliche Leitung
– aktienrechtliche Treuepflicht 148f
– Annahme durch die Tochter 54ff
– Ausübung 46ff
– durch Kontrollstelle 73
– durch Mitgliederversammlung 46f, 75f
– durch statutarische Bindungen 49f
– durch vertragliche Bindungen 49
– durch Verwaltung 47f, 73
– effektive Leitung 42ff
– Erschwerung 132
– Genossenschaft 72ff
– Geschäftstätigkeit 44ff
– Grenzen 144ff, 178ff
– Inhalt 44ff

- körperschaftlicher Konzern 67ff
- Lehre 32ff
- Leitungsmechanismen 43f, 46ff
- Leitungsvermutung 48f
- potentielle Leitung 42ff
- Umfang 44ff
- Zerstörung 130, 175ff

einheitlicher Konzern
- als Körperschaft? 62ff
- Begriff 23, 62f
- Rechtsnatur 65f

Emanzipation der Tochtergesellschaft
- Abwehr der Mutter 180ff
- Begriff 175ff
- Haftung der Organe 173
- Haftung Dritter 173f
- im Genossenschaftskonzern 72
- Schaden der Mutter 172ff
- Wirkung 179ff

England 13

Entherrschungsverträge 60, 129ff

Erfüllungsgehilfe 270ff

F

faktischer Konzern 22
faktisches Organ 332ff
Frankreich 12

G

garantieähnliche Verträge im Konzern 288ff

Garantievertrag im Konzern 285ff

Garantievertrag, Abgrenzung zur Bürgschaft 285f

Geheimhaltung im Konzern 272ff

Generalversammlung
- Anfechtung der Beschlüsse 153f
- Paritätsprinzip 122
- Quorumsbestimmungen 132
- Verwaltungshandlungen 122

Genossenschaft
- Konzernbildung 70ff
- Mutterunternehmen 82

Genossenschaftskonzern 70ff
Genossenschaftsverband 70ff
Geschäftstätigkeit 44
Gesellschaftsinteresse 107f, 178ff
Gesellschaftszweck 92, 125

Gewinnabführung an Aktionäre 57f, 116, 140ff

Gewinnstrebigkeit
- Aufgabe 96ff, 146
- Aufhebung 129

Gleichbehandlungsgebot
- der Gesellschaft 134ff
- im Aktienrecht 134ff
- im Gesellschaftsrecht 133
- im Konzern 147ff
- im Übernahmerecht 133f, 136ff
- unter Aktionären 136ff

Gleichordnungskonzern siehe körperschaftlicher Konzern

H

Haftung des Mutterunternehmens
- als Doppelorgan 317ff

Sachregister

- als faktisches Organ der Tochter 333ff
- als Gehilfe der Tochter 301, 305ff
- als Inhaber/Betreiber von Anlagen der Tochter 296, 356ff
- als Mittäter der Tochter 301, 305ff
- als Organ der Tochter 295, 317ff
- aus aktienrechtlicher Verantwortlichkeit 328ff, 334ff
- aus Anstiftung 299ff
- aus Delikt 297ff
- aus Durchgriff 277, 311ff
- aus eigenem Delikt 297ff, 326ff
- aus eigenem eventualvorsätzlichem Handeln 301f
- aus eigenem fahrlässigen Handeln 302ff
- aus eigenem Verhalten 295, 297ff, 326f
- aus eigener Culpa in Contrahendo 304ff
- aus fahrlässiger Anstiftung 299ff
- aus scharfen Kausalhaftungen 356ff
- aus Teilnahme an einer Culpa in Contrahendo der Tochter 305ff
- aus ungerechtfertigter Bereicherung 309f
- aus Unterausstattung der Tochter 315f, 351f
- aus Unterlassung 315f, 335f
- aus Verletzung des Gleichbehandlungsgebots 157
- aus Vertrag 219ff
- aus vorsätzlicher Anstiftung 299ff
- beim Vorliegen einer vertraglichen Haftung der Tochter 219 ff, 307ff
- Entlastungsbeweis 343ff, 351ff
- für absichtliche, sittenwidrige Schädigung 298ff
- für Auskunftserteilung 290f
- für die culpa in contrahendo der Tochter 308f
- für Doppelorgane 317ff
- für faktische Organe der Tochter 332ff
- für Handlungen der Tochter 296, 338ff
- für Kausalhaftungen der Tochter 354f
- für Organ der Tochter als Hilfsperson 342ff
- für Organe der Tochter 295f, 317ff
- für Produktionsgesellschaften 357
- für seinen Vertreter bei der Tochter 317ff, 339ff
- für Tochter als Erfüllungsgehilfen 270ff
- für Tochter als Hilfsperson 344ff
- für Umweltschäden bei der Tochter 356
- Grundsatz 293ff
- Sorgfaltspflichten 303ff, 335f, 343f, 351ff
- System der Haftung im Konzernrecht 371ff
- Übersicht 293ff, 371ff
- Verschulden 335

Hilfsperson 342f, 344ff

I

innerer Wert 168f
Interessenerklärungen 292
Interessengemeinschaft (IG) 9, 81

J

joint-venture 82f

K

Kartell, Abgrenzung zum 24
Konsolidierte Konzernrechnung
- Bilanzierung von Anteilen an Töchtern 200
- externe Konsolidierungspflicht 192
- Funktion 188
- Genossenschaft 194
- GmbH 194
- interne Konsolidierungspflicht 190
- Kapitalkonsolidierung 201
- kleine Aktiengesellschaft 193
- Kommanditaktiengesellschaft 194ff
- Konsolidierungskreis 199
- Konsolidierungspflicht 189ff
- Minderheitsanteile 202
- Teilkonzern 197ff
- Vornahme 199f

Konsolidierungskreis 56f, 106f, 199
Kontrollwert 166ff
Konzern, Rechtsnatur
- einfache Gesellschaft 54ff, 63f
- einheitlicher Konzern 64ff
- Körperschaft 62f
- körperschaftlicher Konzern 67ff
- Übersicht 363

Konzernbegriff
- Gesetz 26f
- Lehre 30ff
- Rechtsprechung 29f
- Übersicht 363

Konzernbildung 105, 127
Konzernerklärung 57
Konzernierung
- Abwehrmittel 98
- durch Beherrschungsverträge 127ff
- Mutterunternehmen 105

Konzernleitungspflicht 109ff, 191, 315f, 335f, 353
Konzernlogo 212f
Konzernname 216f
Konzernnamensschutz 217f
Konzernpersönlichkeit 209f, 212ff, 216f
Konzernvermutung 48, 130ff
Konzernverrechnungsklauseln 276f
Konzernverschaffungsverträge 278
Konzernwirkung von Verträgen 242ff, 263ff
Konzernzweck 93f
Körperschaft 62f
körperschaftlicher Konzern
- Begriff 23, 67
- Leitungsmechanismen siehe einheitliche Leitung
- Mutterunternehmen 80
- Rechtsnatur 67

L

Labile Leitungsmechansismen 53f
Leitungsmechanismen siehe einheitliche Leitung
Leitungsvermutung 48, 130ff

M

Mehrheitsaktionär 38f
Mietverträge 280ff
Minderheitenrechte
- Abwehr gegen Zweckänderungen 155
- Abwehrrechte 150ff
- Anfechtung der Generalversammlungsbeschlüsse 153f
- Auskunftsrecht 151
- bei börsenkotierten Gesellschaften 140
- de lege ferenda 157
- Einberufung der Generalversammlung 145
- Einsetzung des Sonderprüfers 151ff
- Gleichbehandlungsgebot 147
- im Konzern 142, 143ff
- im Übernahmefall 140
- Quoren 146
- Übersicht 365f

Minderheitenschutz 135, 144ff
Minderheitsaktionär 136ff, 143ff, 150ff
Muttergesellschaft siehe Mutterunternehmen
Mutterunternehmen siehe auch Haftung des Mutterunternehmens
- Abgrenzung zum Mehrheitsaktionär 38f
- Aktiengesellschaft 80
- als Doppelorgan 317ff
- als faktisches Organ der Tochter 333ff
- als Organ der Tochter 317ff
- Begriff 79
- einfache Gesellschaft 81
- Genossenschaft 82
- körperschaftlicher Konzern 80
- mehrere Mutterunternehmen 82f
- natürliche Person 37ff, 79
- Rechte an der Tochter 166ff
- Rechtsnatur 79f
- Weisungsrecht gegenüber der Tochter 182
- Zweck 103f

N

Namensrecht 216
Namensschutz 217f

O

Organghaftung siehe Haftung des Mutterunternehmens
Organbegriff
- im Deliktsrecht 318ff
- im Organisationsrecht 318ff
- im Verantwortlichkeitsrecht 330f

P

Paritätsprinzip 122
Patronatserklärung im Konzern 287ff
Patronatserklärung ohne Verpflichtungswillen 291
Persönlichkeitsrecht
- des Konzerns 209ff
- des Tochterunternehmens 86f
- Geltendmachung durch den Konzern 215f
- wirtschaftliche Persönlichkeitsrechte 211f, 214ff

R

Rechtsgeschichtliches 6ff
Rechtsmissbrauch 148, 277, 311ff

S

scharfe Kausalhaftungen 356ff
Schuldbeitritt anderer Konzernglieder 284,
Selbstkontrolle
- Aktiengesellschaft 80
- Genossenschaftskonzern 77
- wechselseitige Beteiligungen 160ff

Sonderprüfer 151ff
Statthalter der Mutter bei der Tochter 319ff, 325f, 332ff, 339f
Stellvertretung im Konzern 225ff
Stiftung 85

T

Täuschung durch anderes Konzernglied 238ff
Täuschung durch Dritten 238ff
Tochtergesellschaft siehe Tochterunternehmen
Tochterunternehmen
- Aktiengesellschaft 84
- als Erfüllungsgehilfe der Mutter 270ff
- als Hilfsperson der Mutter 344ff
- als Instrument der Mutter 263ff
- als Recht der Mutter 166ff
- Befolgungspflicht von Weisungen der Mutter 182
- Begriff 84
- einfache Gesellschaft 85f
- statutarische Bindungen 49f
- Stiftung 85
- übermässige Selbstbindung 86f, 94ff, 124ff
- Zweck 94ff

Trust, Abgrenzung zum 25

U

Übermässige Selbstbindung 86f, 94ff, 124ff
Übernahme-Kodex 133, 137
Übervorteilung 123
Umweltschäden 356
ungerechtfertigte Bereicherung 309f
Unterausstattung der Tochter 315f, 351f
Unternehmensbegriff 36ff
Unterordnungskonzern siehe einheitlicher Konzern

V

Verantwortlichkeit
- Haftung des Mutterunternehmens 328ff, 334ff
- Organe der Tochter 156

Verantwortlichkeitshaftung 328ff
Verlustdeckung 58
Verrechnung im Konzern 275ff
Vertrag auf Auskunftserteilung 290

Sachregister   381

Vertrag zu Gunsten Dritter 254f, 289

Verträge zwischen Dritten und Konzerngliedern
- Anscheinsvollmacht 225, 227
- Bindung der Mutter an Verträge der Tochter 269f
- error in persona 231ff
- fehlender Konsens über die konzernseitige Vertragspartei 229ff
- Feststellung der Vertragspflichten 258ff
- Feststellung der Vertragsverhältnisse 222ff
- garantieähnliche Verträge 288ff
- Garantievertrag 285ff
- Geheimhaltungspflichten 272ff
- gesetzliche Konzernwirkung 263ff
- Handlungspflichten mit Konzernwirkung 259
- Interessenerklärungen 292
- Irrtum über die konzernseitige Vertragspartei 231ff
- konzernseitige Vertragspartei 222ff
- Konzernverrechnungsklauseln 276f
- Konzernverschaffungsverträge 278
- Konzernwirkung 242ff, 263ff
- Mietverträge 280ff
- Mitberechtigung anderer Konzernglieder 253ff, 262f, 284ff
- Mitverpflichtung anderer Konzernglieder 242ff, 284ff
- Patronatserklärung 287ff
- Patronatserklärung ohne Verpflichtungswillen 291
- Schuldbeitritt anderer Konzernglieder 284
- Stellvertretung im Konzern 225ff
- Täuschung durch anderes Konzernglied 238ff
- Täuschung durch Dritten 238ff
- Tochter als Erfüllungsgehilfe der Mutter 270ff
- Tochter als Instrument der Mutter 263ff
- Übersicht 368ff
- Unterlassungspflichten der Mutter mit Konzernwirkung 260
- Unterlassungspflichten der Tochter mit Konzernwirkung 260f
- Verrechnung im Konzern 275ff
- Versprechen einer Leistung der Tochter durch die Mutter 245ff
- Versprechen einer Leitungshandlung 245ff
- Versprechen eines Erfolgs bei der Tochter durch die Mutter 247ff
- Vertrag auf Auskunftserteilung 290
- Vertrag zu Gunsten Dritter 289
- Vertretung der Tochter durch die Mutter 227f
- wichtiger Grund 266ff

Verträge zwischen Konzerngliedern
- Anfechtbarkeit 121, 156
- at arms length 115
- Beherrschungsverträge 127
- Doppelvertretung 117
- Entherrschungsverträge 129ff
- Nichtigkeit 120ff, 123, 156,
- Mängel 117
- Selbstkontrahierung 117f

- übermässige Selbstbindung der Tochter 124ff
- Übersicht 365
- unausgewogene Verträge 116, 142
- Vertragsschluss durch Mutter 126ff
- Vertragsschluss durch Tochter 117f, 120ff
- zu Konzernbedingungen 116
- zweckwidrige Verträge 122

Vertragskonzern 22

Verwaltung
- Funktion 47
- Sorgfaltspflichten 51ff, 95, 120f, 181, 191, 303ff, 335f, 343f, 351ff
- unübertragbare Befugnisse 51ff
- Vertretungsmacht 120ff, 126

- Grenzen 94ff
- stillschweigende Zweckänderung 100ff, 155
- Tochterunternehmen 94ff, 102
- Vornahme 100ff, 122, 155

W

wechselseitige Beteiligungen 160ff

wirtschaftliche Einheit
- Begriff 56ff
- Konsolidierungskreis 56f
- Lehre 23
- Zerstörung 59, 131

wirtschaftliche Persönlichkeitsrechte 211f, 214ff

Z

Zweck 92, 125

Zweckänderung
- Abwehrrechte 155
- Gläubigerrechte